ARAMON

1349

LK7
32499

# ARAMON

## TEMPS ANCIENS — ADMINISTRATION — TEMPS MODERNES

PAR

L'ABBÉ L. VALLA

CURÉ-DOYEN

de Villeneuve-les-Avignon (Gard)

---

> Est, est ; non, non.
> Dites : cela est ; ou : cela n'est pas.
> S. MATTH., ch. V, vers. 37.

MONTPELLIER
IMPRIMERIE DE LA MANUFACTURE DE LA CHARITÉ
—
1900

(PROPRIÉTÉ RÉSERVÉE)

A. D. T. P. E. T. B.

P. F. E, S. E.

---

A. L. B. V. M.

L. M. D. D. E. L. M.

---

A. M. T. C. E. T. A. M. A. L.

Q. D. M. L. G. A. J. P. E. F.

C'est une histoire que j'offre au lecteur et non pas un roman. Pour l'en convaincre, d'ailleurs, qu'il me permette de lui exposer, en quelques mots rapides, les sources où j'ai puisé mes récits.

On le sait, la vie d'un peuple gît tout entière dans les délibérations communales, dans les minutes des notaires et dans l'état-civil ; en sorte que, pour quiconque écrit l'histoire, avec de tels matériaux sous la main, la réussite est assurée. Il mettra dans son œuvre plus ou moins de vie, il y répandra plus ou moins de charme ; ce sera selon la richesse de son imagination, selon la grâce de son style ; mais il intéressera toujours : la vérité, par elle-même, a tant d'attrait.

Eh bien, délibérations communales, minutes des notaires, état-civil, voilà les matériaux précieux, qu'il nous a été donné de rencontrer, en prenant la plume pour écrire l'*Histoire d'Aramon* (1).

Et ce n'est pas tout. Avec ces matériaux, que nous pourrions appeler de premier ordre, il s'en est présenté une quantité d'autres, qui, pour être moins importants, nous ont été fort utiles encore : *Actes constitutifs Politiques de la commune ;*

---

(1) Ces pièces sont à la mairie, où elles ont été classées avec soin, par un homme d'un grand savoir, M. Bondurand, archiviste de la Préfecture.

*Travaux publics ; Affaires militaires ; Justice ; Police ; Hospice ; Culte ; Agriculture ; Industrie ; Commerce ;* puis, des dossiers relatifs à la *Seigneurie, Récollets, Ursulines, etc.* (1). Et c'est ainsi que nous sommes arrivé à compléter notre étude et à l'enrichir d'une foule de curieux détails.

Il est vrai que nous n'avons pas échappé aux lacunes : c'était même fatal.

Aramon, en effet, n'a pas joué, aux *temps anciens* un rôle assez considérable pour attirer sur lui les regards de l'histoire. Voilà pourquoi, en dehors de quelques inscriptions funéraires ou dédicatoires, léguées par les Romains, nous ne trouvons aucun écrit le concernant jusqu'au xiiie siècle : le plus ancien est de 1207.

De plus, nos archives municipales elles-mêmes ont été outrageusement mutilées : pas un seul registre de délibérations communales de 1616 à 1690 ; manque également celui qui a trait aux événements de 1812.

Mais, grâce à Dieu ! ces lacunes, nous avons pu les combler.

Pour les premières, nous avons eu recours à l'histoire générale, en procédant par analogie. Dans ce travail, Léon Ménard nous a été particulièrement utile.

Quant aux secondes, notre tâche a été plus facile encore. Voici comment :

Le xviie siècle a été surtout — nous parlons pour

---

(1) Parmi ces pièces, les unes se trouvent à la mairie, les autres à la Préfecture, etc. Moi-même, j'ai pu m'en procurer un grand nombre que j'ai classées par *liasses*.

Aramon — un siècle de procès. Or, pour les soutenir, il fallait nécessairement former des dossiers. De là, des copies sans nombre de délibérations communales, qui, collectionnées de main de notaires, avaient et ont encore la même valeur que les minutes.

Eh bien, ce sont ces copies, qui, revenues avec le reste des dossiers, aux archives de la mairie et jetées dans un coin, comme inutiles, nous sont, un jour, tombées dans les mains. Nous les avons très consciencieusement compulsées, et c'est grâce à elles surtout, que nous avons pu reconstituer les événements de cette période. Maintenant, c'est fait, et nous mettons bien au défi qui que ce soit d'arracher une seule pierre au modeste édifice que nous venons d'élever (1).

Un dernier mot.

J'ignore ce que me vaudra ce livre : louange ou blâme ; mais je l'en bénirai quand même, ne serait-ce que pour les jouissances qu'il m'a procurées.

Il est dit, dans la Genèse, que lorsque Dieu créait le monde, devant les merveilles écloses à sa voix toute-puissante, il laissa échapper à plusieurs reprises ce cri de satisfaction : *Voilà qui est bon! Vidit Deus quod esset bonum.*

---

(1) L'auteur de ces coupables mutilations ne serait pas difficile à trouver, s'il est vrai comme le veut le proverbe, que *celui-là les ait faites qui avait intérêt à les faire. Is fecit cui profecit.* Remarquons seulement qu'il a été bien maladroit. Puisqu'il y était, pourquoi ne pas détruire les copies des délibérations? Pourquoi ne pas acheter les minutes des notaires, quitte à les revendre, une fois *expurgées*? Pourquoi ne pas s'assurer la discrétion de l'état-civil? Qui veut la fin doit vouloir les moyens.
Mais voilà! On ne songe pas à tout.

Pauvre ouvrier, n'ayant rien, hélas ! de la puissance créatrice de Dieu, nous avons cependant ressenti quelque chose de cette satisfaction, en exhumant de la poussière des siècles, ce passé d'un pays qui nous est cher, et qui semblait y être enseveli pour jamais.

Que de fois, la nuit, après de longues heures de travail, devant une solution heureusement trouvée ou à la lecture d'un document révélateur, laissant là notre plume, nous nous sommes levé, en proie à une émotion étrange; volontiers alors, nous aurions, allumé toutes nos lampes, en signe de joie.

Doux moments !

Et maintenant, va, ô mon livre, fièrement appuyé sur ta noble devise (1), que le monde, hélas ! n'aime guère aujourd'hui, va ; elle est tout mon mérite, à elle je te confie. Mais n'oublie pas, si l'on allait te repousser. — et qui sait ? à cause d'elle peut-être, — que mes bras te sont ouverts.

Reviens !...

Tu as été l'ami de ma jeunesse, tu le seras de mes **vieux ans.**

L. V., c.-d.

---

(1) Est, est ; non, non. Dites : cela est ; ou : cela n'est pas, S. Matth. Chap. V, vers. 37.

# ARAMON

## CHAPITRE PREMIER

### PÉRIODE CELTIQUE

S'il faut en croire la tradition (1), Aramon aurait une origine fort ancienne. On raconte, en effet, qu'il y avait sur la montagne qui domine le pays, côté nord, à l'endroit même où s'élève aujourd'hui la croix du *Puech* (2), un autel fameux dédié à Sérapis, ou plutôt à Jupiter-Aramon. Le culte que l'on rendait à cette divinité était célébré avec pompe. Pendant les dix jours qui précédaient l'équinoxe de Septembre, on allumait de grands feux sur l'autel, on immolait de nombreuses victimes, on faisait de magnifiques processions à travers les rues du pays, pendant lesquelles les prêtres portaient aux mains des flambeaux allumés ; de là le nom de *Magistri luciferi (ministres qui portent la lumière)*, donné plus tard par les Romains à ces prêtres, qui étaient

---

(1) Cette tradition, fort répandue dans le peuple, est encore rapportée par le R. P. Césaire Cambin, archiviste des RR. PP. Récollets d'Avignon, et par l'abbé Thomas Blanc, ancien curé de Domazan (*Musc :* page 1, etc.), qui l'auraient trouvée dans les écrits de Vigenère, secrétaire du roi Henri III (Bibliothèque de Nîmes).

(2) Aussi loin qu'il est permis de remonter vers le passé, nous remarquons qu'il y a eu toujours une croix sur le Puech. En 1653, on y transporte la croix monumentale du cimetière Saint-Jean, qui

fort honorés du peuple, pour leurs fonctions saintes. Ce serait, dit-on même, en souvenir de ces antiques processions, que se serait établi, chez nous, l'usage cher à la jeunesse, de parcourir, à certains jours, les rues de la ville avec des faisceaux de roseaux trempés dans de la résine, en guise de flambeaux : ce qu'on appelle la *Pégoulade*. (1)

Quoiqu'il en soit, ces cérémonies étaient fort suivies. On y accourait en foule de toutes les localités voisines, et cela se conçoit d'autant mieux qu'une loi du pays voulait que chaque personne y participât au moins une fois dans sa vie. Ceux à qui l'âge et les infirmités ne permettaient pas de s'y rendre avaient du moins la consolation de les contempler de loin, car le feu brûlait nuit et jour sur la montagne et pouvait être facilement aperçu des pays voisins, étant donnée la situation topographique d'Aramon.

Une tradition locale ajoute que ce culte avait été apporté à Aramon par des étrangers, navigateurs et commerçants : que la statue, à laquelle on offrait des victimes humaines, était d'or et portait des cornes : qu'un jour ces étrangers, menacés par de puissants ennemis, quittèrent brusquement le pays et que, ne pouvant emporter leur dieu, ils le cachèrent dans une anfractuosité du Puech, se promettant bien de venir le reprendre plus tard. Mais ils ne revinrent pas et la statue resta cachée : de là ce proverbe fort usité dans le pays, où l'on dit, en parlant d'un homme misérable : « *En roilà un qui aurait besoin de trouver la chèvre d'or.* » Telle est la tradition.

---

avait été construite, vers 1600, par Daniel Delestre, en pierre de Pernes (*Archives municipales* BB. 9. — L. XV). En 1832, on répare la croix en fer du Puech (Registre de la Fabrique). Aujourd'hui la croix et son emplacement sont devenus la propriété privée du Marquis d'Aramon, par suite d'achats ou d'échanges, et grâce à la complaisance, intéressée peut-être, de certaines de nos administrations communales (Délibération du 12 novembre 1862).

(1) L'abbé Th. Blanc, etc.

Et ce qui a donné à cette tradition quelque apparence de vérité, c'est le nom même d'*Aramon* que porte le pays. Des savants sont venus parmi lesquels des hommes de valeur : le comte de Caylus, (1) par exemple, qui, décomposant le mot Aramon *(Ara-Montis)*, ont vu là une allusion manifeste à cet antique culte. Quelques vieux compoix d'ailleurs, où le nom d'Aramon est écrit par un *t* (*Aramont*), ont paru confirmer leur hypothèse, et ils ont cru, de la meilleure foi du monde que, si le *t* final avait disparu, dans l'ortographe moderne de ce mot, ce n'était qu'à la longue et par suite d'une euphonie très fréquente dans la langue provençale, si harmonieuse et si douce. (2)

Ce n'est pas tout. Partant de là, les héraldistes du xvii° siècle s'empressèrent de substituer aux vieilles armoiries du pays (3), des armoiries nouvelles, en rapport avec cette étymologie. Ils représentèrent un autel enflammé, placé sur une montagne, avec ces mots en exergue : « *Tueor et protego* ; Je défends et je protège » (4) ; ou bien, pour parler la langue héraldique : d'azur à une montagne de sinople, au sommet

---

(1) Caylus dit dans ses *Antiquités Gauloises* (planche 106)« L'ancien nom d'Aramon paraît facile à retrouver (*ara*, autel ; *montis*, de la montagne) ; il est même singulier qu'il ne soit pas plus commun... Je suis surpris qu'on n'ait pas trouvé sur cette montagne (le Puech) quelque monument, qui ait désigné la divinité qu'on y adorait en particulier. Quelques-unes des inscriptions employées dans le bâtiment (de l'église) nous auraient peut-être instruits. »

(2) Abbé Th. Blanc, *Muse*.

(3) Celles que l'on voit encore sur la face nord du clocher de l'église, et qui portent une sorte de parallélogramme sur lequel est une boule surmontée d'une croix, avec la date 1599. On les trouve également à la clé de voûte de l'ancienne chapelle des Récollets, transformée en remise, juste au-dessus de l'endroit où se trouvait l'autel.

(4) Nous lisons dans les comptes d'Antoine Boissay, 1ᵉʳ consul en 1645 :« M. de Laudun, mon devancier, m'ayant dict plusieurs fois qu'il estoit nécessaire de faire accommoder les armoiries portées par le valet des Consuls sur son manteau suivant l'étymologie interprétée

— 16 —

un autel antique d'azur, avec une flamme de gueules. C'étaient, on le voit, des armes parlantes et d'un effet très réussi.

Malheureusement, cette étymologie ne tarda pas à être contestée. On fit remarquer que les autels des faux dieux se trouvaient généralement sur des montagnes, comme l'attestent l'histoire et la Bible, et que, dès lors, le nom d'autel de la montagne (*ara-montis*) n'aurait eu rien de particulier à notre pays, mais se serait également appliqué à tous les autels de la contrée, au lieu que, disait-on, si on acceptait Ara-Ammoni (*autel du dieu Jupiter-Ammon*), ce serait bien différent. D'abord l'histoire ne disait-elle pas, en parlant d'Aramon, qu'il y avait « *sur une montagne de cette ville un autel dédié à Jupiter-Ammon. — Ara supra montem Jovi-Ammoni dedicatum?* » (1) Ensuite, n'avait-on pas trouvé à Caderousse, c'est-à-dire à deux pas d'Aramon, « *une tête colossale de Jupiter-Ammon, portant au front une bandelette dont les deux bouts passaient entre les cornes* » (2), preuve évidente que le culte de Jupiter-Ammon n'était pas inconnu dans nos contrées? Enfin, ne savait-on pas que les peuples de la Haute-Egypte, fervents adorateurs d'Ammon, étaient de hardis navigateurs (3) qui parcouraient

---

par Monseigneur l'Evesque de Lodève, que le nom d'Aramon veut dire un autel sur une montagne » (CC. 48). Nos armoiries sont donc de cette époque. « Cette étymologie, ajoute M. Bondurand, dans une note, est de pure fantaisie comme toutes les étymologies inventées au XVIIe siècle. (*Inventaire-Sommaire des Archives communales*).

(1) Ce serait là une citation extraite, par Nostradamus, de l'Histoire des Gaules. Inutile de faire remarquer que ce témoignage est faible comme valeur. — Michel Nostradamus mourut à Salon de Craux, en Provence, le 21 juillet 1566, à l'âge de 62 ans. Mais il n'est pas certain qu'il soit ici question de ce savant. Il existait aussi un poète provençal du nom de Jean Nostradamus.

(2) Panorama d'Avignon, du docteur Guérin.

(3) Suivant d'anciens récits, Cécrops fonda Athènes, Cadmus Thèbes, Danaüs Argos, pour ne parler que de ces villes célèbres (Victor Duruy, *Histoire ancienne de la Grèce*, p. 17). D'ailleurs, il est

les mers, contournaient les continents, pénétraient dans l'intérieur des terres, ici établissant des comptoirs, là fondant des villes et, partout, implantant leur civilisation; et, dès lors, n'était-il pas vraisemblable que des commerçants de ce pays seraient venus chez nous, en remontant le Rhône, et que frappés de la beauté du site, ils en auraient fait un des centres de leur commerce et, du même coup, y auraient intrônisé leur dieu ?

Cette opinion, plus savante, ce semble, que sa rivale, allait la supplanter, en dépit des armoiries toujours les mêmes, comme en dépit des vieux préjugés, lorsqu'une découverte récente a mis fin aux débats en reléguant toutes ces assertions au rang des fables et en jetant un vrai jour sur les origines de notre pays.

En 1873, un architecte nimois, M. François Germer-Durand, découvrait, à vingt kilomètres d'Aramon, sous les ruines de l'ermitage de Collias (Notre-Dame-de-Laval), dans une petite cour qui précède immédiatement la chapelle (1), l'inscription suivante :

ARAMONI
PORTICUM
LICINIA. P. FIL.
ACCEPTILLA
EX VOTO. D. S. P. F.

(Hauteur : 0,46 — Largeur ; 0,58)

Nous la traduisons : « *Licinia Acceptilla, fille de Publius, a élevé à ses frais, en ex-voto, cette chapelle à Aramon.* »

---

difficile de ne pas admettre que des Phéniciens aient fait le tour de l'Afrique (V. D. 71). Or, tous ces gens-là venaient de la Haute-Egypte.

(1) Ces détails qui appartiennent les uns à Charvet, les autres à Allmer, se trouvent dans le *Corpus inscriptionum latinarum,* p. 373. (Bibliothèque d'Avignon). Allmer fait remarquer qu'on a trouvé là d'autres incriptions, concernant les dieux du paganisme dans la région.

Cette inscription, qui se trouve actuellement au musée de Nimes, serait du premier siècle, au dire d'un homme très expert en ces matières, M. Gaston Maruéjols, peut-être même antérieure à l'ère chrétienne.

Quoi qu'il en soit, il ne faut pas l'examiner longtemps pour se convaincre : 1° qu'Aramon était le nom d'une divinité topique, n'ayant rien de commun avec les dieux de Rome ou d'Athènes, et, par cela même, adorée dans nos pays, bien avant la conquête romaine, c'est-à-dire cent vingt ans au moins avant Jésus-Christ; 2° que cette divinité avait donné son nom à notre pays, comme Nemausus l'a donné à Nimes, Avicantus au Vigan, Urnia à l'antique Ugernum, aujourd'hui Beaucaire (1).

Cette inscription est donc comme l'extrait de naissance d'Aramon; grâce à elle, nous savons que notre ville est d'origine celtique; mieux encore, que sa fondation se perd dans la nuit des temps (2). Or, n'est-ce pas là un résultat magnifique et bien fait pour flatter notre fibre patriotique? Que de villes plus importantes que la nôtre et plus brillantes aujourd'hui, qui ne pourraient se glorifier d'une pareille antiquité, ni surtout l'appuyer sur des preuves aussi indiscutables?

Maintenant, que signifiait le nom lui-même d'Aramon? Dirons-nous avec notre vieil ami, M. Gilles (d'Ayrargues, B.-du-R.), qu' « *il se compose de deux mots* : AR, *qui en celte signifie toujours* eau *et* AMOUN, *terminal roman qui veut dire* en l'air, au-dessus; *ce qui donnerait* : au-dessus de l'eau » et conviendrait parfaitement à la situation topographique de notre pays? Nous ne savons, mais il nous paraît peu scientifique d'accoler ainsi un radical celtique à une terminaison romane, et, bien que M. Gilles nous

---

(1) Alex. Eyssette : *Histoire de Beaucaire*, p. 7.

(2) Calvet dit :« Aramon devait être une ville assez considérable chez les anciens. » (*Procès-verbal de l'Académie du Gard*, 1872).

affirme « *que ce n'est pas la première fois qu'il a commis de ces associations bizarres et que cela lui a toujours réussi,* » nous ferons nos réserves, elles nous paraissent fondées.

En effet, on a voulu voir dans l'écossais moderne comme une dérivation du celte d'autrefois, et c'est à lui qu'on a eu recours toutes les fois qu'il s'est agi d'expliquer une inscription d'origine celtique. Malheureusement — nous le savons par le témoignage d'hommes compétents — ce procédé est loin d'avoir toujours réussi. Ainsi, pour ne citer qu'un fait, on possède à Nimes des inscriptions notoirement celtiques, et, cependant, en dépit de mille efforts, on n'a pu les expliquer avec le secours de la langue celtique (1).

Mais revenons à notre sujet.

Plus tard, quand les Romains se furent rendus maîtres de ces contrées, s'ils apportèrent avec eux leurs dieux, du moins ils laissèrent aux vaincus les leurs. C'était là leur politique : une sage politique, car la religion est le dernier des biens que l'homme abandonne, celui qui le console de la perte de tout (2).

Et bien qu'à partir de ce jour, des autels rivaux aient été dressés aux nouveaux dieux, dans nos pays, Aramon n'en demeura pas moins l'idole préférée de nos pères ; et il est probable que cette divinité eut longtemps encore ses temples, ses prêtres, ses sacrifices et ses adorateurs, surtout dans les rangs du peuple, toujours plus sincère que les grands et moins intéressé qu'eux à se tourner vers le soleil levant. L'inscription de Collias nous le fait assez entendre.

---

(1) D'ailleurs, à quoi bon vouloir pénétrer un secret peut-être insondable ? La science de l'homme n'est pas celle de Dieu. Elle a des bornes, sachons les respecter et prenons ce qu'elle nous donne Ce sera déjà bien beau, puisqu'elle nous permet de démontrer la haute antiquité de notre pays.

(2) *Pro aris et focis*, mourrons pour nos autels et pour nos foyers. — Remarquons-le : *pro aris* d'abord, *pro focis* ensuite. L'idée de Dieu est la plus profondément gravée dans le cœur de l'homme; **voilà pourquoi les Grecs définissaient l'homme : Un animal religieux.**

Cette divinité ne dut disparaître que longtemps après, lorsque nos pères, pleinement transformés au contact de leurs vainqueurs, sous le triple rapport du langage, des croyances et des mœurs, furent devenus de vrais Romains. Qui sait même si ce ne fut pas seulement à l'arrivée dans nos pays des missionnaires chrétiens, c'est-à-dire au commencement du ɪvᵉ siècle ?

Aramon a donc une origine fort ancienne ; c'est aujourd'hui indiscutable. Ajoutons maintenant que nous nous en serions douté à la seule inspection des lieux et en dehors de tout témoignage écrit.

On le sait, en effet : nos premiers ancêtres avaient l'habitude d'établir leurs demeures en des lieux particulièrement favorables et nettement déterminés : 1º sur des montagnes isolées et inaccessibles, sauf d'un côté, qu'ils fortifiaient encore par des murs en pierres sèches ; 2º près des cours d'eau, afin de pouvoir commodément apaiser leur soif et au besoin se livrer au plaisir de la pêche ; 3º dans la direction du midi, vers le soleil, cet astre aimé de l'homme entre tous, dont les rayons chauds et clairs raniment ses forces et récréent sa pensée (1).

Nous savons encore qu'ils ne dédaignaient pas, dans leur choix, de joindre l'agréable à l'utile. C'étaient généralement des sites charmants qu'ils recherchaient, où l'œil peut se porter au loin, où se déroulent de magnifiques paysages, où la nature répand à profusion sa verdure et ses fleurs.

Tel était l'habitat celtique.

Or, quelle situation plus favorable que celle de notre pays, à ces divers points de vue ?

Au nord, voici le Puech, l'antique *Podium* (2), ou habitat celtique, première demeure de nos pères, dont la masse

---

(1) Cependant lorsqu'il se trouvait, au midi, des marais insalubres, on a remarqué que les habitats étaient orientés vers le nord (J. Gilles, *Pays d'Arles*).

(2) On reconnaît les habitats celtiques « au nom de Puech ou Puy » (J. Gilles, *Pays d'Arles*).

énorme, rendue plus imposante encore par son isolement, semble vouloir devancer les autres collines et court se plonger vers le midi, dans les eaux bleues du Rhône... Eh bien, gravissez ce rocher : de là le spectacle est féerique.

A vos pieds, sur la pente adoucie du Puech, s'étend la ville, encadrée de ses deux faubourgs : Saint-Jean à droite, Saint-Martin à gauche. Mollement penchée vers le fleuve, elle semble vouloir se mirer dans ses eaux, avec le vieux donjon de Diane de Poitiers qui la domine, les tourelles encore debout de ses anciens coseigneurs et les deux clochers de sa remarquable église.

Plus loin, c'est une riche vallée, sillonnée par le Rhône, qui étincelle au soleil comme un large et capricieux ruban d'argent, et enserrée jusqu'à Beaucaire par deux bras de collines grises et dénudées, qui en font encore mieux ressortir la richesse: c'est le château féodal de Beaucaire, détachant sur le bleu du ciel ses tours hardies et mutilées; c'est le clocher de Sainte-Marthe (Tarascon-sur-Rhône), dressant fièrement sa flèche barbelée, à côté du palais légendaire du bon roi Réné ; c'est l'abbaye de Montmajour, avec ses ruines brillantes si aimées du touriste et, tout au fond, se perdant dans le lointain ensoleillé d'un horizon sans bornes, c'est Arles : Arles, la vieille métropole des Gaules, hélas ! bien déchue aujourd'hui !

Maintenant, à droite, voyez-vous cette sorte d'estuaire arrondi que traversent deux canaux et que domine un verdoyant rideau d'oliviers? Ce sont les paluns : étang poissonneux autrefois, vertes prairies aujourd'hui : ressource incomparable pour le bétail de nos pays. Le chemin de fer les borne au midi, et là commence cette belle plaine d'Aramon : vrai verger tout planté de jardins, tout peuplé d'arbres à fruits, dont les parfums, à la saison d'Avril, embaument l'air et feraient croire à un coin oublié de l'Eden.

Enfin, regardez à gauche, vous avez Avignon : Avignon avec ses clochers sans nombre; Avignon avec son vieux palais papal, le plus curieux échantillon qui nous reste de l'architecture militaire au Moyen-Age, et qui, mis en relief par le mont Ventoux qui lui sert de fond, se présente, dans sa masse formidable, comme un fantastique géant ; et, plus près de nous, de l'autre côté du Rhône, de blanches bastides jetées çà et là dans la plaine, qui étincellent comme des étoiles dans cet océan de verdure, et qui sont dominées au midi par le vieux donjon de Barbentane, et, plus loin, presque sur la même ligne, par les deux tours de Château-Renard.

Voilà le tableau.

Aussi que de fois le voyageur, le contemplant par une de ces magifiques journées de printemps, si fréquentes en nos pays, s'est écrié tout ému : « *Grand Dieu, que c'est beau !* »

Eh bien, maintenant de ce tableau, ôtez par la pensée tout ce qui lui vient de l'homme, ne laissez subsister que les ornements de la nature : fouillis de verdure dans la vallée; forêts séculaires sur les montagnes, rudes oppida celtiques, couronnant de leurs cahutes à pierres sèches, arrondies et coniques, d'où la fumée s'échappe, les sommets d'alentour, là-même où s'élèvent aujourd'hui Avignon, Château-Renard, Barbentane, Bourbon, Sernhac, Fournès, Théziers, Domazan et Estézargues, vous aurez le vieil Aramon, l'Aramon des âges celtiques. Le spectacle, en prenant une teinte mystérieuse, n'en sera peut-être que plus saisissant, et, vous même, vous ne pourrez retenir sur vos lèvres, ce cri dont je parlais tout à l'heure, oui, vous direz à votre tour : « *Mon Dieu, que c'est beau !* »

Il est vrai qu'il y a… un revers à la médaille, j'allais dire… un fléau : c'est le *Mistral* (1). Oh! oui, qu'il est redoutable,

---

(1) Vent du Nord-Ouest dans les départements voisins de la Méditerranée et plus particulièrement dans la vallée du Rhône (Bescherelle aîné). Il est, dit-on, engendré dans les Cévennes, et sa durée est de 3, 6, 9 jours. On a remarqué cependant que lorsqu'il commence à souffler le soir, il ne dure que jusqu'au matin. (Alexandre de Lamothe, archiviste du Gard).

ce fougueux enfant des Cévennes, lorsque soufflant en tempête, il s'engouffre dans notre vallée. Rien ne saurait lui résister : ici, ce sont des toitures qu'il soulève ; là des arbres qu'il déracine ; ailleurs, des murs qu'il renverse. Fleuve, collines, vallées, tout disparaît dans un nuage de poussière, qui laisse à peine transparer un jour triste et blafard. Le ciel et la terre semblent eux-mêmes se confondre et l'on croirait alors que notre pays, d'ordinaire si paisible, est devenu pour un instant le séjour de noirs démons.

En vain, pour échapper aux graviers qui l'aveuglent, aux sifflements qui l'épouvantent, au froid qui le pénètre, l'infortuné habitant de ces lieux rentre précipitamment chez lui, ferme sa porte, s'accroupit au foyer ; son ennemi s'acharne à sa poursuite et, passant à travers les ais mal joints, qu'il secoue, va lui faire sentir jusqu'au fond de sa demeure son despotique empire. Oh ! le vilain fléau !

Cependant, n'en disons pas trop de mal. Qui sait, après tout, si les services qu'il nous rend ne sont pas supérieurs aux ennuis qu'il nous cause ? Aramon est bâti presque en entier sur une immense nappe d'eau. Il est flanqué, au nord, d'un marais dont les eaux croupissantes deviennent un foyer d'infection pendant l'été ; ses maisons sont noires et serrées, privées d'air et de soleil ; ses rues étroites et tortueuses : des rues du Moyen-Age.

Or, dans ces conditions-là, que deviendrait note pays ? Ne serait-il pas à craindre qu'empoisonné par ces miasmes, il ne fût bientôt la proie des pires maladies ?

Mais alors arrive le Mistral qui, remplissant l'office de balayeur public (1) — sans qu'il en coûte un sou à la Mairie — dissipe tous les miasmes et sauvegarde la santé publique.

On a dit d'Avignon : *Avenio ventosa ; sine vento vene-*

---

(1) Le peuple l'appelle le *grand mangeur de boue* (Alex. de Lamothe).

*nosa ; sed cum vento fastidiosa* » (1). Ce mot, appliqué à Aramon n'est pas moins juste. Faisons-le nôtre. En signalant les inconvénients du Mistral, sachons reconnaître ses bienfaits et disons-nous bien, somme toute, que, s'il ne nous était donné gratuitement par Dieu... qui sait? peut-être que nous serions obligés de l'acheter.

---

(1) Avignon presque toujours battue du vent — dangereuse sans le vent — mais fatigante avec le vent.

# CHAPITRE II

## PÉRIODE ROMAINE

Avant d'aborder le récit de la conquête romaine, disons ce qu'était alors Aramon, au double point de vue politique et social.

La Gaule transalpine (1) comptait dans son sein plusieurs peuples de races différentes. De ce nombre étaient les Volkes. Belges (2) d'origine, venus dans nos pays, quelques siècles avant l'ère chrétienne, ils se divisaient actuellement en deux grandes familles : les *Tectosates*, qui habitaient le voisinage de la Garonne et des Pyrénées, et les *Arécomiques* (3) qui

---

(1) Cette Gaule comprenait la Savoie, le Dauphiné, la Provence, le Languedoc : ce qu'on appela Gaule Narbonnaise (Bescherelle aîné).

(2) Quelques siècles avant l'ère chrétienne, mais à une date incertaine, des hordes de guerriers appelés Belges, (Bolgs, Belg, belliqueux) venus des contrées germaines et qu'on présume avoir jadis peuplé la Pannonie et les bords du Pont-Euxin, envahirent la partie septentrionale de la Gaule et s'établirent, à leur tour, entre le Rhin et la Seine; quelques-unes de leurs tribus pénétrèrent même jusque dans la région voisine des Pyrénées : ce furent les Arécomiques et les Tectosages. Ces derniers fondèrent Tolosa (Toulouse). (A. Gabourg. *Histoire de France*, t. I, p. 6).

(3) *Ar*, en celte veut dire *sur*, *dans*; c'est le *super* des latins (?); *Comb'* ou *Cumm* signifie une *vallée*. On dit encore aujourd'hui une *combe*. Donc, les Arécomiques étaient les peuples des pays plats, et on les appelait ainsi, pour les distinguer des autres Volkes qui habitaient des endroits plus élevés (L. Ménard, t. I, p. 17). Un moderne (Spon. *Recherches* p. 163) le tire avec assez de vraisemblance de deux mots grecs : Ἀρης et κωγη — qui signifient : le pays de Mars, *Martis regio*. — On pourrait aussi le faire dériver du

occupaient le pays plat, des Cévennes à la mer (1). Nimes était la métropole de ce dernier pays.

Mais à côté de Nimes, la ville principale *(Civitas)*, il y avait naturellement des villes secondaires (2). Strabon en compte jusqu'à 24, qu'il appelle : *ignobilia loca*, espèces de camps retranchés, nous dit César dans ses Commentaires, situés sur des mamelons abrupts, et tirant de leur position même leur principal moyen de défense.

Quelles étaient ces villes secondaires, que le célèbre géographe ne désigne pas autrement ? On en connaît un certain nombre (3). et, quant aux autres, bien qu'on n'ait sur elles que des données fort vagues, on pense les avoir retrouvées, grâce

---

mot gaulois : *Ar*, qui signifie : *mer*; et du mot grec : κωμη, qui veut dire habitation. Ainsi le nom d'Arécomique signifierait : habitants d'une côte de mer. (D. Vic et D. Veissette, t. II, L. XI, p. 138).

(1) Il paraît que les Arécomiques s'étendirent au-delà du Rhône, à une certaine époque. Tite-Live (Livre XXI) faisant, d'après Polybe, le récit du passage du Rhône par Annibal, dit que les deux rivages de ce fleuve étaient habités par les Volkes Arécomiques : *Jam in Volcarum pervenerat agrum; gentes validæ colunt autem intra utramque ripam Rhodani*. Du temps de Strabon (il vivait sous Auguste et publia sa Géographie sous Tibère), ils n'habitaient plus que la rive droite du Rhône.

(2) D'après M. Charvet (*Compte-rendu de la Société scientifique d'Alais*, 1873) au-dessous de la *Civitas*, étaient les *Pagi*; il y en avait deux : Maguelone et Uzès, et chaque *pagus* avait, comme la *civitas*, ses *oppida*. Les *Pagi* auraient donc correspondu à nos chefs-lieux d'arrondissement. Toujours d'après M. Charvet, Nimes aurait été à la fois la *civitas* ou capitale de tout le pays des Arécomiques, et le *pagus* ou chef-lieu d'arrondissement de son nom. Tout cela paraît probable.

(3) L'inscription trouvée en 1747, à Nimes, dans un champ situé près du chemin de Sauves, nous les donne : (L. Ménard, t. VII, p. 226).

ANDUSIA
BRUGECIA
TEDUSIA
VATRUTE
UGERNI
SEXTANI
BRIGINN
STATUMÆ
VIRINN
UCETIÆ
SEGUSTUM

aux fouilles sans nombre qui ont été faites dans l'ancien pays des Volkes Arécomiques, et au moyen de l'importance comparée de leurs vestiges. Aramon serait de ce nombre ; il n'y a qu'une voix pour l'affirmer : *Ces lieux non désignés, nous dit Guiran, sont Aramon que je regarde comme un lieu fort ancien...* (1) *Les monuments trouvés à Aramon, déclare Calvet, me persuadent qu'Aramon était une de ces petites villes* (ignobilia loca), *que Strabon nous dit avoir été de la dépendance de Nimes* (2). M. Germer-Durand est de cet avis ; il pense que *l'existence d'Aramon aux temps gallo-romains ne peutêtre contestée* (3). Enfin, dans un récent travail. M. Charvet qui a cru pouvoir, en se basant sur des documents très nombreux et sur les appréciations des savants, donner le tableau de ces vingt-quatre bourgs ou villes secondaires, n'a pas hésité à y faire figurer Aramon. Nous donnons ici ce tableau :

CIVITAS

Nmy ; Nemis ; Nemausus ; Nime ; Nimes

*Oppida ignobilia dépendant du Pagus de Nimes :*

1º Andunum, Anazia, Nages.
2º Letinno, Ledenoun, Lédénon.
3º Mardieul, Marduel ou Sainte-Colombe.
4º Merium, Midrium, Villevieille.
5º Ugernum, Beucaïre, Beaucaire.
6º Virinno, Vedrino, Vedrine.

---

(1) L. Ménard, t. I, note 9.
(2) *Procès-verbal de l'Académie du Gard*, p. 186.
(3) *Item.*

*Oppida ignobilia dépendant du Pagus d'Uzès :*

7° Uccetio, Ucetia, Uzès.
8° Alestum, Ales, Alais.
9° Andusia, Anduso, Anduse.
10° ARAMON; ARAMOUN; ARAMON.
11° Brigium; Briginio; Brien ou Brienne.
12° Brugetia; Brouzet.
13° Laudunum; Laudun, ou S. Pierre de Castries.
14° Segustum; Suzou; S. Peyle; Suzon.
15° Statuma; Seïne; Seynes.
16° Tœdusia; Tesié; Théziers.
17° Vatrute; Vicio-cieuta; Vieille-cité.

---

*Oppida ignobilia dépendant du pagus du Vigan :*

18° Arisitum; Avicantus; Le Vigan.
19° Aganticum; Ganges.

---

*Oppida ignobilia dépendant du pagus de Maguelone :*

20° Magualona; Maguelone.
21° Altimerium; Murviel.
22° Ambrussum; Pont Ambroix.
23° Forum Domitii; Montbazin.
24° Sextantio; Substantion (1).

Aramon était donc au nombre des vingt-quatre villes secondaires des Volkes Arécomiques. Placé sous la dépendance d'Uzès, et, plus haut, sous celle de Nimes, formant avec ces villes un seul peuple, il avait même langue, mêmes mœurs, mêmes lois, mêmes magistrats, et des intérêts

---

(1) *Compte-rendu de la Société scientifique d'Alais*, 1873. Ajoutons qu'il y avait ensuite une foule de localités du 3ᵉ ordre.

absolument communs. Ses amis à lui étaient les amis des autres; ainsi de ses ennemis.

A son tour, Aramon, oppidum principal, avait sous sa dépendance d'autres circonscriptions territoriales, sur lesquelles il exerçait une influence effective et dont il était, en quelque sorte, le protecteur-né, toujours sous la haute direction de la métropole. Aux époques paisibles, la majeure partie de ces populations s'éparpillait dans les plaines environnantes et y formait des agglomérations assez semblables à nos hameaux; mais, aux jours du danger — et Dieu sait si cela se présentait souvent, étant donné le caractère batailleur de nos pères — elles se réfugiaient dans l'oppidum comme dans une citadelle, mettant là, en sûreté, leurs familles et leurs biens, et se défendant vaillamment dans ces remparts improvisés.

D'ailleurs, Aramon n'était pas isolé. Diverses voies sillonnaient son territoire et le mettaient en communication avec sa métropole, son pagus et les pays voisins. De nos jours, on a pu en reconstituer les tracés : ceux des grandes voies au moins. Nous croyons devoir les donner ici, en nous servant des travaux de MM. Charvet et J. Gilles : deux hommes qui ont étudié à fond la question, et qui, grâce à des connaissances techniques, étaient à même de la résoudre (1).

*Une première voie* partait de Nîmes, et, longeant le rideau de collines, qui borne au nord la plaine de Marguerittes, Saint-Gervasy, Bezouce et Lédenon, venait aboutir au gué de Remoulins. De là, passant au-dessus de la Chapelle rurale de Saint-Martin de Ferlières, elle franchissait la Valliguière, au devant du moulin Basset, remontait le revers opposé de la vallée, dans la direction du roc de Brignon, en laissant à droite la fontaine de Maruège, se confondait avec la route moderne, à la hauteur de Fournès, débouchait

---

(1) Charvet, *Compte-rendu de la Société scientifique d'Alais*, 1873, t. V, page 207. — J. Gilles : *Bulletin archéologique de Vaucluse*, p. 429.

comme elle sur le plateau de Signargue, par la combe de Mars, et, après avoir traversé le pont de Brignon, se bifurquait sur la ligne médiane du plateau, d'où l'une de ses branches se dirigeait, par Estézargues et Domazan, sur Théziers, d'un côté, et de l'autre, sur Aramon, à travers les collines.

Arrivée là, cette voie contournait entièrement le Puech, sur l'emplacement même de la rue de la Ville et se terminait aux bords du Rhône, presqu'en face de Barbentane, où un collège d'Utriculaires permettait aux voyageurs d'effectuer la traversée (1).

*Une seconde voie* longeait les collines qui bordent les paluns, à la hauteur à peu près de la grange d'Arnaud (2), passait devant Saint-Amand, et venait se relier là, aux voies de Nimes, Uzès, Montfrin, etc.

*Une troisième voie,* qui n'était au fond que le prolongement de la première, partait de la station des Utriculaires, passait près de Saint-Pierre du Terme, traversait les collines de Dève et aboutissait à Avignon, par le plateau de Bellevue. C'est cette dernière, qu'au dire de notre savant ami, M. J. Gilles, Hannon aurait suivie, lorsqu'il remonta le Rhône, pour faciliter à Annibal le passage de ce fleuve.

Enfin, il est probable qu'il y avait alors, le long du Rhône, des chemins très fréquentés, vu le rôle commercial joué par ce fleuve. Le sentier de la Resquiète — nous n'osons dire la voie — sur lequel on a construit notre belle route de grande communication n° 2, était du nombre : les piétons, qui avaient à se rendre à Avignon, n'en ont pas suivi d'autre, jusqu'au milieu de notre siècle.

---

(1) On aurait retrouvé le prolongement de cette voie de l'autre côté du Rhône. Un tronçon allait à Barbentane, l'autre à Erguletum (les Prémontrés), en passant près de la chapelle de Sainte-Marguerite et du Mas de M. Jean (Choisity). (J. Gilles, *Bulletin archéologique de Vaucluse*, p. 429).

(2) Le fait est que nous avons trouvé à cet endroit des quantités de **vieilles poteries**.

Ces tracés, on le voit, ne différaient pas sensiblement de nos routes modernes ; cela n'a rien d'étonnant. Que sont nos routes en somme ? si ce n'est le moyen le plus naturel, le plus commode et le plus court d'aller d'un lieu à un autre. Or, qui mieux que l'expérience est à même de les tracer ? N'est-ce pas elle qui les établit aux endroits les plus favorables, qui les améliore, qui les rectifie ? L'expérience donc, voilà le grand, voilà le suprême ingénieur, qui, dès les temps les plus reculés, a fait son œuvre, et l'on peut dire, d'une manière générale, que partout où a passé un peuple, le peuple qui vient passe également.

Aussi, nous approuvons, sans réserve, la réflexion de M. Charvet, quand il nous dit :« A part quelques modifications « de tracé, toutes les voies celtiques, phéniciennes ou gallo-« romaines considérées dans leur direction générale, furent « utilisées par les Romains, qui en empruntèrent le nombre, « en les rectifiant ; et les voies romaines, à leur tour, après « avoir été pratiquées pendant la durée du Moyen-Age, « composent en majeure partie, aujourd'hui, le réseau de nos « routes nationales, départementales, auxquelles il faut ajou-« ter même quelques chemins vicinaux de grande et moyen-« ne communication » (1).

Voilà donc ce qu'était notre pays, lorsque apparurent les Romains.

Ce peuple convoitait, depuis longtemps déjà, les riches contrées du midi de la Gaule, et n'attendait qu'une occasion pour s'en emparer. Enfin, elle se présenta. Voici comment :

A l'époque où nous sommes, les Saliens étaient en guerre avec leurs voisins, les Marseillais, alliés de Rome. Déjà même,

---

(1) Charvet, *Compte-rendu de la Société scientifique d'Alais*, 1873, t. V. p. 207. Quand on étudie les choses du passé : institutions politiques, administrations communales, circonscriptions territoriales, etc., on se rappelle involontairement le vieux proverbe : *Plus ça change, plus c'est la même chose*. Au fond les grandes lignes du cadre où se meut l'humanité sont toujours les mêmes, on peut le dire.

guidés par leurs chef Teutomal, guerrier fort redouté, ils avaient remporté plusieurs avantages sur leurs ennemis et les menaçaient d'une ruine complète (1).

Dans ce pressant danger, les Marseillais appelèrent les Romains à leur aide. Ceux-ci accoururent, heureux du prétexte qui leur était offert pour pénétrer dans les Gaules. Ils étaient sous la conduite de leur consul, Marcus Flavius Flaccus, que remplaça bientôt, d'ailleurs, dans le consulat, comme à la tête des légions, Caïus Sextius Calvinus (2).

Les détails de cette campagne ne nous sont point parvenus. Tout ce que nous savons, c'est que les Saliens furent défaits par C. Sextius; que Teutomal, leur roi, fut obligé de s'enfuir chez les Allobroges, peuple de la Savoie et du Dauphiné; que le vainqueur réduisit le pays en province romaine, et que, pour le tenir en respect, il jeta les fondements de la Ville d'Aix (Aquæ Sextiæ) : ceci se passait 125 ans avant Jésus-Christ et l'an de Rome 629.

Cependant, le roi Teutomal, retiré chez les Allobroges, ne négligeait rien pour pousser ces peuples à venger son injure, et à le rétablir dans ses états. Ils finirent par entrer dans ses vues. Bien plus, ils intéressèrent eux-mêmes à sa cause les montagnards de l'Auvergne et du Rouergue, gouvernés alors par Bituit : ce leur fut, d'ailleurs, facile, ce dernier se trouvant très irrité contre Caïus Domitius Ahenobarbus, proconsul de la Gaule transalpine, qui lui avait déjà refusé de rendre à Teutomal ses états.

Avec un tel allié, la ligue devenait redoutable ; le sort des armes ne lui fut cependant pas favorable.

L'an 121 avant Jésus-Christ, Bituit, après avoir ravagé le pays des Autunois, s'avança contre les Romains, commandés par leur proconsul Domitius. Les deux armées se rencontrèrent en un lieu situé près de l'embouchure de la Sorgues,

---

(1) Ménard, t. I. — *Histoire du Languedoc*, par D. Vic et D. Veissette.

(2) L. Ménard, t. I. — *Histoire du Languedoc*.

dans le Rhône, appelé *Vindalium* (1). Mais Bituit, en dépit de sa valeur comme en dépit du courage de ses troupes, fut défait, et ne dut qu'à la fuite d'échapper au vainqueur : il perdit, dans cette affaire, plus de 20.000 hommes. (2)

Cet échec ne le découragea pourtant pas. A peine rentré chez lui, il appelle aux armes les peuples de l'Auvergne, du Rouergue, etc., et sa popularité est si grande que 200.000 hommes se rangent bientôt sous ses drapeaux. Son intention était d'attaquer Domitius, mais ayant appris en route que le consul Quintus Fabius Maximus venait d'envahir le pays des Allobroges, il court à la rencontre de ce nouvel ennemi, et bientôt l'atteint dans une plaine située au confluent de l'Isère et du Rhône où il lui livre un combat furieux (3).

Mais cette seconde rencontre fut plus malheureuse encore que la première. 100.000 de ses soldats restèrent sur le champ de bataille. Lui-même il put s'échapper cependant, et il se préparait, dans l'indomptable énergie de son âme, à de nouvelles luttes, quand, trompé par Domitius, qui l'attira auprès de lui, sous prétexte d'une conférence, il fut enlevé, chargé de chaînes et conduit à Rome, où sans doute il périt (4).

La défaite de Bituit entraîna la soumission de nos pères. Unis aux Marseillais par les liens d'une amitié déjà ancienne; détestant, par dessus tout, la domination des Auvergnats grossiers ; enfin, se sentant trop faibles pour résister aux Romains, ils se donnèrent volontairement à ces derniers et leurs restèrent fidèles, même dans la mauvaise fortune : ici, s'exposant à la vengeance des Cimbres et des Ambrons, pour n'avoir pas voulu favoriser leurs mouvements; là, prenant fait et cause pour César contre Vercingétorix, lors de la grande insurrection des Gaules. De vrais Romains

---

(1) Strabon, *Géographie*, L. IV.
(2) L. Ménard et *Histoire du Languedoc*.
(3) L. Ménard, t. I. — *Histoire du Languedoc*.
(4) *Item*.

n'auraient pas mieux fait. Ils n'y perdirent rien : Aramon en particulier (1).

Rivoire raconte en effet que Marius, premier préfet de la Gaule Narbonnaise, fit construire des fortifications, le long du Rhône, aux endroits les plus propices et les plus pittoresques pour s'assurer la possession du pays conquis; qu'auprès de ces forteresses, on vit bientôt grossir le nombre des maisons déjà bâties, et que c'est ainsi que se formèrent plus tard des villes comme Beaucaire, Tarascon, Roquemaure, Aramon, etc... (2).

Nous ignorons où Rivoire a puisé son récit, mais il n'a rien d'invraisemblable, au contraire : les inscriptions funéraires et les tombeaux gallo-romains, trouvés en si grand nombre à Aramon, sont la preuve de l'importance que les Romains donnèrent à notre ville. Qu'on nous permette, ici, d'en parler assez longuement. Ce sont là comme les premières archives de notre pays; à ce titre, elles nous sont chères. Et puis, qui sait? Peut-être qu'en signalant, dans ce livre, leur importance et qu'en les décrivant minutieusement, nous contribuerons à les sauver de la dégradation et de l'oubli.

I. **Inscriptions.** — Elles sont au nombre de douze. Sur ce nombre, dix ont trait à des sépultures; la onzième contient une dédicace aux dieux lares; et la douzième est un hommage rendu aux Utriculaires d'Aramon. Elles ont été trouvées, les unes sur l'emplacement de l'église paroissiale et du cimetière, qui y était attenant, lors des grandes réparations de 1663 à 1669; les autres, dans le vieux cimetière gallo-romain de Saint-Martin, au nord de la chapelle de ce nom. Les voici avec leur traduction et quelques notes explicatives.

---

(1) L. Ménard, t. I. — *Histoire du Languedoc.*
(2) *Statistique du Gard.*

## N° 1

| | |
|---|---|
| MÁNIBVS<br>Q. RVTÍLÍ. EVELPIS<br>ATIMÉTVS. L. | MÁNIBVS<br>Quinti. RVTÍLÍ. EVELPIS<br>ATIMÉTVS Libens |

*Aux mânes de Quintus Rutilus Evelpis, Atimetus a voulu* (élever ce monument).

NOTA. — Cette pierre funéraire *(Cippe, dit Allmer)*, se trouve encastrée dans le mur de l'église, à l'extérieur, le long de la rue de la Ville. Elle porte des accents et a les deux I de RVTILI plus grands que les autres lettres. Hauteur : 1ᵐ25 ; largeur : 0ᵐ65.

---

## N° 2

| | |
|---|---|
| D. M.<br>L. CORN. SVPERSTITIS<br>E. POMP. FVSCAE<br>VXORIS<br>L. CORN. ROMÁNIO<br>E. L. CORNIANVÁRIS<br>PATRÓNÓ | Diis Manibus<br>Lucii CORNiannaris SVPERSTITIS<br>Emilia POMPoniæ FVSCAE<br>VXORIS<br>Lucio CORNiannaris ROMÁNIO<br>E. L. CORNIANVÁRIS<br>PATRÓNÓ |

*Aux dieux mânes d'Emilia Pomponia Fusca, épouse de Lucius Cornianuaris, encore vivant ; et à Lucius Cornianuaris Romanius, son patron, Emilius Lucius Cornianuaris* (a élevé ce monument).

NOTA. — Cippe *(Allmer)* en calcaire dur; hauteur : 0,ᵐ90; largeur : 0ᵐ60. — Se trouve à côté du précédent. — L'inscription, rédigée en latin élégant, porte des accents, et est encadrée d'une large moulure remarquablement sculptée,

## N° 3

EVNIAE. S
TERTIAE
TERENTIAE. T
SACELLAE
Q. PVLLIVS. Q. F. AVRIC
MATRI ET SORORI

Nota. — Inscription funéraire sur beau marbre noir — lettres mal faites et peu profondes — grosses dans les premières lignes, petites et serrées dans les dernières, comme si le graveur avait mal pris ses mesures ou si la plaque n'avait pas été faite pour l'inscription — hauteur : 0$^m$55 ; largeur : 0$^m$50 — se trouve encastrée dans le dernier pillier de l'église, à l'intérieur, en face de la Vierge de la Mission.

Le marbre a été brisé du haut en bas, presque régulièrement, du côté droit, et plusieurs lettres manquent. Aussi, quelques amateurs d'archéologie, remarquant que, seule de toutes les inscriptions funéraires, elle est placée dans l'église, et prenant l'E final de SACELLAE — en vérité fort mutilé — pour un R, en ont fait une incription chrétienne des premiers siècles; ils ont mis : SACELLARIIS (*Funia et Terentia employées au service de l'église*).

Mais, si on examine attentivement le mot SACELLAE, on finit par voir qu'il se termine par un E et non par un R. — En effet, la branche inférieure de l'E est visible et la moyenne est parallèle aux deux autres ; or, si c'était un R au lieu d'un E, on ne trouverait pas trace d'une branche inférieure et la moyenne irait de haut en bas.

Voici, d'ailleurs, comment l'avait copiée Calvet (*Mnsc. III, p. 183*) et comment, avant lui, l'avait donnée L. Menard (*T. VI, p. 471, n° 54*).

| | |
|---|---|
| EVNIAE. SEX. F | EVNIAE. SEXti. Filiæ |
| TERTIAE | TERTIAE |
| TERENTIAE. T. F. | TERENTIAE. Tertiæ. Filiæ |
| SACELLAE | SACELLAE |
| Q. PVLLIVS. Q. F. AVRICVLA | Quintus. PVLLIVS. Quinti. Filius. AVRICVLA |
| MATRI ET SORORI | MATRI ET SORORI |

*A Eunia Tertia, fille de Sextus, et à Terentia Sacella, fille de Tertia, sa mère et sa sœur, Quintus Pullius Auricula, fils de Quintus* (a élevé ce monument).

---

### N° 4

| | |
|---|---|
| MAMIDIA. LVTEVI. F | MAMIDIA. LVTEVI. Filia |
| SIBI. VIRO. FĪLIO | SIBI. VIRO. FĪLIO |
| VĪVA. FECIT | VĪVA. FECIT |

*Mamidia, fille de Lutevus, a, de son vivant, élevé ce monument à elle-même, à son époux, à son fils.*

Nota. — Inscription funéraire — haut.: 0ᵐ58; larg.: 0ᵐ87 — pierre fine, — lettres fort bien conservées, aux arêtes très-vives. Le premier I de FILIO et celui de VIVA sont surmontés d'un trait horizontal.

Cette inscription a-t-elle jamais été dans l'église d'Aramon, comme le veut Guiran (*Mnsc. II, p. 214*)? Nous l'ignorons; mais elle se trouve aujourd'hui dans la cour de la maison du Laurens, encastrée dans le mur, côté est, près de la porte intérieure.

## N° 5

| | |
|---|---|
| T.OCTAVIO.T.F.VOL. | Tito.OCTAVIO.Titi.Filio.VOLtiniæ (tribûs) |
| NIGRO | NIGRO |
| MAMIDIA. MATER | MAMIDIA. MATER |

*A Titus Octavius Niger, fils de Titus, de la tribu Voltinia, sa mère Mamidie* (a élevé ce monument).

NOTA. — Cette inscription, qui se trouverait, au dire de Rulman (*Mnsc. vol. I. récit 10*), «contre le mur extérieur de la chapelle Sainte-Anne, dans l'église paroissiale même » selon Guiran (*Mnsc. II, p. 214*), nous déclarons n'avoir pu la découvrir, en dépit des plus minutieuses recherches.

A l'endroit indiqué par Rulman, il n'y a sûrement pas trace d'inscription; et l'intérieur de l'église a été trop souvent crépi pour qu'on puisse la trouver, si elle y est. Remarquons la mention qu'on y fait de la tribu Voltinia.

---

## N° 6

| | |
|---|---|
| T. IVVENTIO | Tito. IVVENTIO |
| T. F. VOL | Titi. Filio. VOLtiniæ |
| MARTIALI | MARTIALI |
| C. IVVENTIO | Caio. IVVENTIO |
| T. F. VOL. | Titi. Filio. VOLtiniæ (tribûs) |
| SATVRNINO | SATVRNINO |

*A Titus Ivventius Martial, fils de Titus, de la tribu Voltinia, (et) à Caïus Ivventius Saturninus, fils de Titus, de la tribu Voltinia.*

NOTA. — Cette inscription, dont les caractères sont fort beaux (*Calv. Mnsc. III, p. 130*) et qui est enchâssée dans le mur — côté est — de la maison Farde; avait été malencontreusement recouverte d'une couche de mortier, lors du crépissage de ce mur, il y a vingt ans environ. J'ai obtenu du propriétaire, en 1897, qu'on l'en débarrassât. Dans celle-ci encore, la tribu Voltinia est mentionnée.

---

### N° 7

| | |
|---|---|
| T. IVVENTIVS | Titus IVVENTIVS |
| VOL. | VOLtiniæ (tribûs) |
| SECVNDVS. AED. | SECVNDVS. AEDiculam |
| SIBI. ET | SIBI. ET |
| CORNELIAE.SAMMI.F.WORI | CORNELIAE.SAMMI.Fiiiæ VXORI |
| VIVOS. F. | VIVOS Fecit |

*Titus Ivventius Secundus, de la tribu Voltinia, a, de son vivant, élevé ce monument, en forme d'oratoire, à lui-même et à son épouse Cornélie, fille de Sammus.*

NOTA. — Cippe carré — haut.: 0$^m$55 ; larg.: 0$^m$34 — trouvé en octobre 1880, au quartier Saint-Martin. Avait-il toujours été là? ou bien l'y avait-on porté accidentellement? On ne sait.

Aujourd'hui il se trouve au musée de Nimes *(Corp. insc. lat. XXII)*. A remarquer : VIVOS pour VIVVS, et la mention de la tribu Voltinia : c'est pour la troisième fois.

---

### N° 8

| | |
|---|---|
| M. MARINi | Marci MARINI |
| FAVENTINI | FAVENTINI |

*Aux mânes de Marcus Marinus Faventinus.*

NOTA. — Inscription trouvée à Saint-Martin — pierre dure — caractères romains de la belle époque — larg.: 0$^m$45 et se termine en chevron, par le bas. Cette inscription était à la campagne de M. Charles Sauvan. Je l'ai fait transporter au Musée de Nimes en 1897.

---

### N° 9

TOVTODIVICI. AN
TILLI. F. ET
IVLIAE. PORRONIS. F.

Nota. — Avant de donner la traduction, nous devons faire observer que la quatrième ligne a été entièrement mutilée, au dire d'Amerbach :

« *Cœtera mutila* » *(Cod. Bas. p. 382)*. Aussi, nous n'avons fait figurer dans cette copie, ni le signe « V » donné par Suarez *(cod. Vat. 914. p. 192)* ni les lettres « T VIIIIIIT », que pense avoir lues Anon (*Corp. Insc. lat. XII*) ; tout cela ne nous apprend rien, d'ailleurs.

Valladier fait précéder l'inscription de D. M. — Nous ferons comme lui.

Diis Manibus
TOVTODIVICI. AN
TILLI. Filii ET
IVLIAE. PORRONIS Filiæ

*Aux dieux mânes de Toutodivicus, fils d'Antillus et de Julia, fille de Porro.* — Le mari et la femme, probablement.

Nota. — Cette inscription se trouverait « *à Aramon, dans le mur de l'église paroissiale* » (Amerbach, Cod. Basil. p. 382) (Guirau, ins. 11, p. 391) — « *entre le pilier, près la grande porte, côté gauche* » (Rulman ins. I, récit 10). — Malgré toutes ces indications, il nous a été impossible de la découvrir,

## N° 10

Guiran *(Mnsc. 11, p. 221)*, — Valladier *(Cod. Vat. 8227, p, 557)* — Suarez *(Cod. Vatic, 9140. p. 192)(bis repetita)* — mentionnent l'inscription suivante, avec cette différence que ce dernier ne dit pas où elle se trouve, tandis que les deux autres affirment qu'elle est à Aramon.

Elle est, d'ailleurs, fort obscure et ils la donnent avec des variantes notables. Le *Corpus Insc. lat. XII*, après avoir reproduit et examiné ces variantes, dit que l'inscription doit porter à peu près ceci *(fuit fere)* — c'est son expression.

|  |  |
|---|---|
| IVLA PARV | IVLAe PARVulae |
| AN/ VIII SATVLL | ANnos VIII natae SATVLLae |
| FILIA BAEB BLANDA | FILIA BAEBia BLANDA |
| MATER | MATER |

Le sens paraît être celui-ci : *A Julia, petite fille de 8 ans, sa mère Blanda Babia, fille de Satella.*

Nota. — Valladier *(loc. cit.)* fait précéder l'inscription de D. M., et, de l'aveu des trois archéologues, cette inscription est funéraire.

---

## N° 11

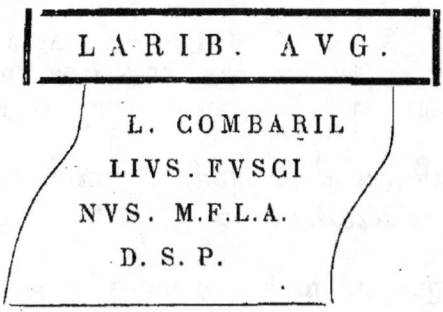

LARIB. AVG.

L. COMBARIL
LIVS. FVSCI
NVS. M.F.L.A.
D. S. P.

*Est-ce?*       *Est-ce?*

LARIBus. AVGustis.          LARIBus. AVGustis.
Lucius. COMBARIL            Lucius. COMBARIL
LIVS. FVSCI                 LIVS. FVSCI
NVS. Magister. Fani. Larum. August.   NVS. Monumentum. Fieri. Iussit. Amplum
De Suo Posuit               De Suà Pecuniâ

*Aux dieux lares augustes Lucius Combarillius Fucinus, prêtre du temple des lares augustes, a élevé ce monument à ses frais.*

*Aux dieux lares augustes, Lucius Combarillus Fucinus a fait élever à ses frais ce grand monument.*

Nota. — Inscription en lettres assez grossières, encastrée dans le mur de l'église, à l'extérieur, côté nord. La pierre qui la porte est petite, mais soigneusement taillée. Hauteur du parallélogramme : (LARIB. AVG) 0$^m$05 ; largeur : 0$^m$22 ; le reste a 0$^m$10 de haut et 0$^m$20 de large.

Ce n'était donc pas un *arula*, comme le prétend Almer (*Rev. épig. 1. p. 219*), mais très probablement la pierre principale du linteau ou du cintre de la porte d'un temple : sa forme semble ne pas laisser de doute à cet égard.

---

### N° 12

TRIC ARAM                  *U* TRICulariis ARAMonensibus
BINIANVS OB                *Sa* BINIANVS OB
EVERENTIAM                 *R* EVERENTIAM

*Aux Utriculaires d'Aramon, Sabinianus, en témoignage de sa considération,*

Nota. — Plaque en marbre blanc — brisée à gauche — quelques lettres manquent — six pouces de largeur dans la partie qui reste — un peu plus de trois pouces de hauteur —

donnée par M. Garic, chirurgien d'Aramon, en août 1792, à M. Calvet, et envoyée par ce dernier, au Musée National, le 20 juillet 1802 *(Calv. Mnsc. II. p. 28)* — aurait disparu, à en croire Babelon, conservateur audit Musée, section des médailles *(Corpus Insc. lat. XII)*.

Il n'est pas étonnant qu'il y eût à Aramon des Utriculaires, comme il y en avait tout près de là sur la Durance. En effet, une vieille voie romaine allait d'Erguletum (Frigolet) à Aramon *(Gilles, Bul. arch. de Vaucl. 1879, p. 431)* et venait aboutir sur la rive gauche du Rhône, un peu au-dessus de l'île d'Acier, aujourd'hui presque entièrement disparue, se prolongeant ensuite sur la rive droite, entre l'ancien et le nouveau bac. Elle avait dix mètres de large. On en voit encore les traces sur l'emplacement du moulin Gerbaud, à l'endroit même appelé vulgairement : *Chemin des bergers d'Arles*. Il fallait donc traverser le Rhône en cet endroit, et les Utriculaires avaient là leur place toute marquée (1).

Cette plaque devait se trouver dans le lieu de réunion des Utriculaires ou dans quelque temple élevé au génie de leur collège. *(Calv. Mnsc. II. p. 29)*. C'était probablement le don d'un admirateur enthousiaste ou de quelque client reconnaissant ; cela seul peut expliquer l'expression *ob reverentiam*, infiniment rare dans les marbres.

II. **Tombeaux.** — On en a beaucoup trouvé, paraît-il ; mais nous ne parlerons que de ceux dont la description nous a été laissée par des auteurs dignes de foi.

1° Récit du Comte de Caylus : « Au printemps de 1763, un « paysan qui bêchait un plant d'oliviers *(l'auteur n'indique*

---

(1) A cet endroit, le Rhône paraît avoir toujours été d'un accès facile, à cause des atterrissements nombreux qui s'y trouvent. Nous remarquons que, lors des guerres de religion, les protestants venaient généralement passer le Rhône, à la hauteur d'Aramon. (Marquis d'Aubais, t. I, p. 87, 196, 197, etc.)

« *pas autrement l'endroit)* découvrit une auge de pierre cou-
« verte et qui n'était chargée d'aucune inscription, ni d'aucune
« espèce d'ornements. Elle renfermait une urne de terre cuite
« rouge, d'une matière très fine. Cette urne simplement ornée
« de deux petites anses, et dont la forme ronde ne présentait
« pas plus d'élégance que de recherche, avait au moins vingt
« pouces de hauteur et plus de quatre pieds de circonférence.
« Il ne lui en fallait pas moins pour contenir un grand nombre
« de différents morceaux de verre et de terre cuite, dont la
« conservation ne laissait rien à désirer. On a retiré plus de
« trente de ces morceaux dans le château d'Aramon *(nous ne*
« *croyons pas qu'ils y soient aujourd'hui).* Il n'y en avait
« que quarante de terre, les autres étaient de verre. Cette urne
« renfermait aussi quelques médailles de moyen et petit bron-
« ze ; la seule qu'on ait pu lire était de bronze.

« M. Henri Pitot, de l'Académie des Sciences, m'a envoyé
« neuf morceaux, provenant de cette découverte : sept sont
« de terre et deux de terre cuite. Un de ces derniers est une
« tasse très bien conservée et travaillée dans l'ancienne manu-
« facture établie aux environs de Nîmes, et dont j'ai si souvent
« parlé, à l'occasion des ouvrages qu'elle a fournis dans les
« Gaules et dans l'Italie même » (1).

2° Récits de l'Abbé Th. Blanc. — *Premier récit :* « Au
« cours du rehaussement de la chaussée transversale (1875), à
« la Bastide-Vieille et tout près de la maison, on a trouvé un
« ossuaire renfermant, parmi des crânes et des ossements, deux
« belles amphores, dont l'une se trouve actuellement dans la
« salle de notre mairie. » L'Abbé Blanc ajoute qu'il y a tout
près de la Bastide-Vieille les restes d'une antique fabrique
de poterie et qu'on a trouvé de nombreuses têtes de morts
aux alentours.

---

(1) *Antiquités Gauloises*, planche CVI.

*Deuxième récit :* « Au mois de juillet 1877, le sieur Jean
« Féraud, en creusant un bassin dans son jardin, situé à une
« centaine de mètres au nord d'Aramon, trouva à deux mètres
« de profondeur un tombeau en maçonnerie. Ce tombeau avait
« 1ᵐ50 de longueur et 0ᵐ70 de largeur. Il renfermait un cercueil
« en plomb ou peut-être en bronze. Le sieur Féraud en retira
« une foule de crânes posés à côté les uns des autres (il en a
« compté jusqu'à dix joints ensemble), puis beaucoup de vases
« de différentes formes et dimensions, les uns sans anse, les
« autres à une seule anse. Nous les énumérons : 1° une très
« belle amphore renfermant des cendres, bien conservée, très
« élégante, avec un petit couvercle fermant l'ouverture ; 2° un
« vase sans anse, en forme de *lagena*, dans lequel étaient de
« petites boules percées, formées d'une sorte de pâte durcie :
« probablement les débris de quelques *torques* (collier) ; 3° un
« autre vase sans anse, de petite dimension, contenant une
« espèce de boue desséchée ; 4° deux épées brisées, sur l'une
« desquelles le sieur Féraud prétendait avoir distingué des
« lettres ; 5° deux couteaux, probablement des poignards ou
« couteaux de guerre ; 6° des *opercula*, de grande dimension et
« de forme convexe, en argile rougeâtre ; 7° quelques débris
« d'os poli, ou d'un mélange ressemblant à de l'ivoire, avec
« quelques débris de charnières : sans doute les restes de
« quelques coffre-fort.

« Malheureusement la plupart de ces objets ont disparu, les
« deux épées entre autres, emportés par des visiteurs. Quelques-
« uns seulement se trouvent au Musée du Grand Séminaire de
« Nîmes, et quelques autres au cabinet d'Histoire naturelle de
« l'Abbé Priad, à Domazan. La grande amphore est restée
« chez le sieur Féraud. On peut l'y voir encore. »

*Troisième récit :* « Les 24 et 25 janvier 1879, sur le terri-
« toire d'Aramon, à l'est, à l'endroit vulgairement appelé
« *Croix de Courtet*, les fouilles exécutées pour la construction
« de la voie ferrée ont mis à nu un tombeau antique renfermant
« les objets suivants : 1° une petite tasse circulaire en argile,

« très fine, de forme élégante avec deux petites anses,
« losangée, de couleur un peu jaunâtre. L'ouverture a 0$^m$12
« de diamètre ; 2° un petit vase élégant, brisé dans la partie
« supérieure, même couleur que la tasse, orné de branches de
« feuillage en relief, séparées par des points, en forme de
« triangles ; 3° un vase cinéraire en argile blanchâtre d'une
« pâte grossière, à une seule anse, semblable à plusieurs de
« ceux trouvés dans le jardin Féraud ; 4° deux sortes de
« gobelets en verre commun, très mince, dont l'un en bon état
« et l'autre brisé dans sa partie supérieure ; 5° une soucoupe
« en argile fine, de couleur rouge, avec une légère bordure sur
« le milieu, un peu convexe, sans bol ; 6° une autre soucoupe
« également en argile rouge ; les deux portent les noms de
« l'officine et du potier ; 7° une lampe très élégante représen-
« tant un pégase ou cheval ailé en mouvement ; elle est en
« argile jaunâtre, d'une pâte très fine ; 8° une autre lampe
« avec un génie ailé assis sur une branche et tendant les
« bras. Elle est en argile grisâtre ; 9° des médailles de la colonie
« de Nîmes, avec le crocodile enchaîné à un palmier ayant
« au revers les têtes d'Auguste et d'Agrippa, son gendre » (1).

Je crois devoir ajouter à ces récits quelques souvenirs personnels. En 1897 (j'étais alors Curé Doyen d'Aramon), la famille Sauvan-de la Devèze, ayant voulu élever une chapelle avec tombeau, sur l'emplacement même de l'ancien cimetière de Saint-Martin, aujourd'hui sa propriété, chargea des ouvriers de niveler le terrain pour y asseoir la construction. A la tête de ces derniers, se trouvait le sieur Pierre Aubéry, mon suisse.

Dans l'espoir que la pioche mettrait à jour quelque inscription, je priai le sieur Aubéry de vouloir bien me tenir au courant de tout. Moi-même, d'ailleurs, j'allais tous les jours faire une visite au chantier.

---

(1) Tous ces détails ont été pris dans un travail de l'abbé Th. Blanc, présenté à l'Académie du Gard en 1879.

D'inscription, on n'en trouva pas, mais en revanche, une foule de tombeaux construits en pierres plates, irrégulières, de toutes dimensions, et recouverts de larges tuiles à rebords, vulgairement appelées sarrazines, mais qui sont romaines, dit-on.

L'un de ces tombeaux attira surtout mon attention : la partie de la maçonnerie sur laquelle reposaient les pieds du squelette n'était autre qu'un tronçon de meule celtique, et des tuiles sarrazines, dont l'une en parfait état, le recouvraient. Je remarquai que la tête du squelette était assez petite et portait toutes ses dents, d'une blancheur relative, et bien plantées. Je pensai que ce devaient être les restes d'une jeune fille, et ce qui me confirma dans cette opinion, ce fut la découverte parmi les ossements, d'un anneau en métal, surmonté d'un chaton. Détail curieux : le devant du crâne portait une entaille assez profonde, faite par une hache probablement, qui partait de l'os frontal, au-dessus de l'œil gauche, et se prolongeait en ligne droite jusqu'à l'ouverture du nez. Une sorte de rouille assez semblable à du sang figé, couvrait les bords de l'entaille et formait sur le fond grisâtre du crâne une tache très apparente. Le tout m'a donné l'impression que la pauvre jeune fille avait succombé à une mort violente.

Inutile d'ajouter que j'ai respectueusement fait déposer tous ces ossements dans une fosse creusée sur le lieu même. ne conservant en dehors de l'anneau, qu'un ouvrier a emporté, que le tronçon de meule celtique et la tuile sarrazine. Aujourd'hui on peut voir l'une et l'autre, au Musée de Villeneuve, où je les ai déposées, en arrivant dans cette nouvelle paroisse.

Sous la domination romaine, Aramon fut donc « *une ville assez considérable* », selon l'expression même de Calvet. Ses Utriculaires lui assuraient des communications faciles avec la Provence (Inscription, n° 12); des personnages importants, des membres même de la tribu *Voltinia* : les nobles d'alors, ne dédaignaient pas de l'habiter et de s'y choisir leur sépulture

(Insc. du n° 1 au n° 10) ; des voies romaines établies sur les anciennes voies celtiques, mais élargies, rectifiées et bordées de tombeaux magnifiques, sillonnaient son territoire.

Ce n'est pas tout : riche par son sol, qui produisait en abondance l'huile, le vin et les céréales ; trouvant, dans son fleuve, un moyen naturel et facile pour l'écoulement de ses produits ; enfin, allié de Rome plutôt que tributaire, gratifié du droit latin, se gouvernant par ses propres lois (1), notre pays vivait libre, respecté et heureux (2). C'était la récompense de sa fidélité ; et sans doute qu'alors, en comparant sa situation avec celle de ses pères, encore présente à sa mémoire, il s'applaudissait de cette heureuse transformation, et, comme le poëte, rendait grâce au génie de Rome, à cette divinité tutélaire qui lui avait valu de tels biens : *Deus nobis hæc otia fecit* (3).

Nous savons d'ailleurs, par l'histoire, que ce bonheur durait encore au ve siècle, lorsque les Barbares firent leur apparition dans les Gaules.

---

(1) L. Ménard, t. I, p. 25.

(2) C'est à cette époque sans doute qu'abandonnant les hauts sommets du Puech, Aramon s'étendit définitivement sur la pente méridionale de la montagne, dans la direction du Rhône, et prit cette physionomie particulière, dûe à ses rues, à ses remparts et à son château, qu'il garde encore aujourd'hui.

(3) *P. Virgilius Maro.* (1re églogue).

# CHAPITRE III

## PÉRIODE CHRÉTIENNE

Ici, nous nous trouvons en présence d'une de ces lacunes, qui font le désespoir de l'historien : vaste trou béant, dans lequel semble avoir disparu sans retour tout ce qui fut le passé de notre pays : ses gloires et ses misères ; ses tristesses et ses joies ; ses luttes, ses triomphes, ses défaites.

Comment Aramon devint-il chrétien ? A quelle époque ? Quels furent les développements et les épreuves de sa foi ? L'histoire n'en dit rien, et nous le regrettons d'autant plus, qu'il nous aurait été particulièrement agréable à nous, prêtre, de connaître les détails de ce grand fait historique, qui arracha notre pays à l'erreur et le fit entrer dans la voie de la civilisation.

Toutefois, ne nous décourageons pas. A défaut de l'histoire, nous avons les traditions ; étudions-les ; peut-être que, par elles, nous arriverons à saisir une partie de la vérité, et à dissiper, dans une certaine mesure, l'obscurité qui plane sur ces temps lointains.

PREMIÈRE TRADITION. — « Vers l'an 72 de notre ère, saint
« Denis l'Aréopagite se serait rendu dans les Gaules, du
« commandement exprès de l'apôtre saint Paul, amenant
« avec lui plusieurs disciples, parmi lesquels saint Trophime,
« saint Eleuthère et saint Luc. Ce dernier, détaché de la
« mission à son arrivée sur le sol gaulois, aurait été chargé
« d'évangéliser la Narbonnaise Orientale, et c'est ainsi qu'il
« serait venu à Aramon, dès le début de son ministère.

« Or, Aramon avait alors un autel fameux dédié aux faux
« dieux et sur lequel on immolait des victimes humaines.

« Saint Luc aborde les gens du pays, leur démontre la
« fausseté de leur culte, la vérité de l'Evangile, et, ses
« miracles appuyant ses paroles, il les convertit.

« En action de grâces d'une telle victoire, l'Apôtre d'Aramon
« célébra la messe, sur l'autel purifié des idoles, qu'il ren-
« versa ensuite ; puis, après avoir établi des prêtres, élevé
« une église, organisé le service religieux, considérant son
« œuvre comme finie, il courut à d'autres conquêtes.

« On assure qu'ayant converti toute notre région, il alla
« rejoindre, à Paris, Saint-Denis, son Maître, afin de partager
« avec lui la gloire du martyre. »

Nous avons trouvé cette tradition dans les *Archives des Récollets* écrites par le père C. Cambin, en 1670 ; elle nous est donnée également, mais avec quelques variantes, par plusieurs manuscrits, sans noms d'auteurs ; enfin, nous devons ajouter que ses prétentions à une origine apostolique, toujours flatteuse pour l'amour-propre d'un pays, l'ont rendue très populaire à Aramon.

On n'attend pas de nous, sans doute, que nous la discutions ; cela nous mènerait trop loin, à une heure surtout où la lutte est si vive entre deux écoles rivales (1) touchant la conversion au christianisme de nos contrées. Mais nous donnerons simplement notre avis.

Qu'il y ait eu, dès le premier siècle, quelques chrétiens épars dans différents endroits de la Gaule, peut-être même à Aramon, c'est possible, disons plus, c'est probable, surtout quand on considère le besoin de prosélytisme, propre à la religion chrétienne, qui la porte sans cesse à se répandre ; la

---

(1) L'Abbé Failhon et l'abbé Duchêne. Le premier veut que la foi ait été apportée, dans nos pays, par les Saintes Maries ; le second, qu'elle nous soit venue de Lyon, avec Saint Pothin et ses disciples : grave problème, qui est loin d'être résolu.

proximité de Rome, centre de la foi, et ses facilités de communication avec les Gaules, au moyen des admirables voies qui sillonnaient nos contrées ; le va-et-vient perpétuel des légions, qui comptaient déjà, sûrement, dans leurs rangs des chrétiens.

Mais, de là à conclure, comme le voudrait notre tradition, que tout le pays, Aramon en particulier, avait embrassé la foi, le pas est trop grand, nous ne le ferons pas. Ce serait aller contre les plus sûres données de l'histoire, qui, nous le verrons bientôt, nous montre Nîmes, métropole de tout l'ancien pays des Volkes Arécomiques, encore payenne, vers la fin du troisième siècle.

D'ailleurs, il faut bien le reconnaître, nous n'avons aucun texte à l'appui de cette tradition ; qui ne voit, dès lors, combien il serait téméraire à nous de l'accepter ? Abandonnons-la. Cela vaut mieux que de nous exposer à passer pour des naïfs, aux yeux d'une critique sévère peut-être, mais prudente.

Cela dit, passons à la seconde.

Deuxième Tradition. — Celle-ci, je l'ai puisée dans Hector Rivoire (Statistique du Gard), en partie, et, en partie, dans divers manuscrits en ma possession ; c'est ici, d'ailleurs, celle de tous les gens qui lisent et qui pensent.

D'après cette tradition, ce serait probablement dans les commencements du IV<sup>e</sup> siècle, que le christianisme aurait pénétré dans Aramon. Il y aurait été apporté par les disciples de ces missionnaires fameux, que le Pape saint Fabien avait envoyés dans les Gaules, vers l'année 250 (1), et dont Grégoire de Tours a parlé avec tant d'éloge.

Cette tradition est peu explicite. Elle ne donne ni les noms des apôtres, ni l'énumération de leurs travaux, ni la peinture de leurs luttes, de leurs souffrances, de leurs triomphes, et

---

(1) Rohrbacher, t. III, p. 266.

c'est là, à notre sens, une garantie de vérité. Tout ce qu'elle nous apprend, c'est que *les habitants d'Aramon devenus chrétiens, élevèrent leur église sur les ruines d'un temple, auprès duquel se trouvait un cimetière gallo-romain.*

Contentons-nous des faits qu'elle nous livre ; examinons-les à la double lumière de l'histoire et des inscriptions antiques, que nous possédons : on verra alors ce qu'elle vaut.

I. **Histoire.** — Il paraît que le christianisme ne s'implanta que lentement, dans les Gaules. Cela s'explique, d'ailleurs, par la haine que lui avaient vouée les Empereurs de Rome et surtout Maximilien Hercule, qui, depuis son association à l'empire, en 286, faisait sa principale résidence dans nos pays.

Nîmes, en particulier, était payenne à cette époque. Nous le voyons par les *Actes du Martyre* de Saint Baudile, où il est déclaré qu' « il n'y avait alors, à Nîmes, ni chrétien, « ni évêque et que tous les habitants de cette ville étaient « plongés dans les erreurs du Paganisme (1). » Nous le voyons par les circonstances mêmes de ce martyre, telles que L. Ménard nous les donne. En effet, ce sacrifice solennel offert par tout un peuple, aux portes de la ville, dans un bois sacré ; cette explosion de rage, qui s'échappe de toutes les poitrines, quand le Saint reproche au peuple sa superstition ; cette condamnation à mort, par le tranchant du glaive, en dehors de toute forme régulière ; tous ces détails ne prouvent-ils pas qu'alors (vers 287) l'idolâtrie régnait en maîtresse dans la ville, et que, favorisée par les pouvoirs publics, elle comptait sur l'impunité ?

Et cet état de choses dura jusqu'en 292, où par suite d'un nouveau partage de l'Empire, les Gaules échurent à Constance-Chlore. Ce prince, d'un caractère plus doux, d'un

---

(1) L. Ménard, t. I, note 16.

esprit moins inculte que Maximilien-Hercule, et peut-être aussi subissant encore, à son insu, l'influence de sa première femme, la princesse Hélène, laissa les chrétiens respirer librement, malgré l'édit de persécution rendu par Dioclétien, vers 303 ; en sorte que, lorsque tout l'Empire retentissait du bruit des tortures, les Gaules étaient paisibles.

Grâce à cette tolérance, la foi fit de grands progrès : la mission envoyée par le Pape saint Fabien étendit le cercle de son influence. Là où n'avaient pu pénétrer les Saturnin de Toulouse, les Paul de Narbonne, les Gatien de Tours, pénétrèrent leurs disciples, et bientôt le paganisme, chancelant de toutes parts, sous cette poussée irrésistible, n'attendit plus que le coup de grâce: il ne se fit pas longtemps attendre.

Constance-Chlore étant mort au cours d'une expédition dans la Grande Bretagne, le 15 juillet 306, Constantin, son fils, déjà César, lui succéda comme Auguste. Ses sentiments chrétiens, qu'il tenait de sa mère, la pieuse Hélène ; sa victoire du Pont Milvius, qu'il attribuait à l'intervention divine ; et, plus que tout cela peut-être, le mépris qu'il avait conçu pour le culte à la fois immoral et puéril des idoles, le portèrent à favoriser ouvertement les chrétiens : en 313, il proclama, à Milan, l'édit de tolérance ; en 314, il ordonna la réunion du célèbre concile d'Arles, à l'occasion de l'hérésie des Donatistes ; enfin, allant plus loin encore, il engagea, dans plusieurs de ses rescrits, le peuple, à passer au nouveau culte. Sa voix fut entendue de la Gaule surtout, qui le chérissait, et le IVe siècle ne s'était pas écoulé, qu'un autre Tertullien aurait pu rééditer, en l'appliquant à nos pays, le mot fameux de l'ancien : « Nous ne sommes que d'hier et déjà
« nous remplissons la ville, la campagne, le forum, le Sénat,
« nous ne vous laissons que vos temples. »

Voici, d'ailleurs, ce qui se passa probablement pour Aramon :

« Il est constant, dit L. Ménard, que les premiers mission-
« naires qui prêchèrent l'Evangile dans les limites de l'Empire
« romain, s'attachèrent d'abord aux villes principales de

« chaque province et de chaque pays, soit parce qu'il était
« de l'intérêt de la foi de Jésus-Christ de la faire régner avec
« éclat, dans les endroits où l'idolâtrie était le plus en vigueur,
« soit parce que c'était la voie la plus sûre et la plus efficace
« pour la faire passer avec succès dans le reste du pays ; de
« plus nous savons que l'étendue d'un pays, considéré selon
« le gouvernement politique, servait alors pour la fixation
« des limites des diocèses et des évêchés : les métropoles
« civiles devenaient les métropoles ecclésiastiques, et l'église
« principale de chaque cité devenait la fondatrice et comme
« la mère des églises particulières des autres lieux ou villages.
« compris dans le district du gouvernement civil. » (1)

En vertu de ce double principe, Nimes dut être la première
à recevoir les semences de la foi, comme capitale de l'ancien
pays de Volkes Arécomiques. La première, elle eut son église,
la première, sa communauté chrétienne. Il faut même croire
que sa conversion s'opéra rapidement, puisque entièrement
payenne en 287, nous la voyons choisie, en 393, pour la
réunion du Concile contre les Ithaciens (2) : choix qui dénote
une église fondée depuis déjà quelque temps, et où la religion
est bien affermie.

Quant à Aramon, il ne tarda pas, sans doute, à embrasser
la foi ; c'était fatal : il fallait marcher sur les traces de la
métropole ; et il n'est pas téméraire de croire que, dès lors,
notre pays eut son église, ses prêtres et toute son organisation
religieuse.

Aramon resta sous la juridiction des évêques de Nimes,
jusque vers l'année 419. A cette époque et même un peu
avant, Uzès étant devenu le siège d'un évêché, Aramon lui
fut donné et fit partie de ce diocèse jusqu'à la Révolution (3).

---

(1) L. Ménard, t. I, note 21, p. 83.

(2) Sulpice Sév.re cité par L. Ménard, note 17, p. 73.

(3) L. Ménard, t. I, note 21, p. 85.

II. **Inscription**. — J'ai parlé plus haut, comme venant à l'appui de notre tradition, d'inscriptions antiques. Voici le fait : Lors de l'agrandissement de l'église en 1669, on trouva en creusant les fondements, une inscription payenne parfaitement conservée, que l'on eut soin d'encastrer dans le mur nord de la chapelle Saint-Eloi, à l'extérieur. Nous en avons donné la description au chapitre précédent (Inscription n° 11). Nous n'y reviendrons pas.

Or, qu'était cette pierre ? Tous ceux qui l'ont vue, l'ont prise pour la clef de voûte du linteau ou du cintre de la porte d'un temple ; sa forme même semble ne pas laisser place à une autre hypothèse. Seul, le savant épigraphiste de Lyon, M. Allmer, avait dit dans sa revue (t. I, p. 219) que c'était un petit autel (arula).

Mais lui ayant écrit récemment, pour lui demander les motifs qui l'avaient déterminé à cette interprétation ; ayant même profité de la circonstance, pour lui fournir, sur la pierre en question, des renseignements aussi minutieux qu'exacts, il m'a répondu que cette pierre lui a paru être un autel sous forme de console « sans que, dit-il, je me sois
« préoccupé davantage de cette forme singulière qui peut en
« effet, suggérer l'idée que cette pierre était la clef de la
« porte cintrée ou rectiligne d'un temple. » On le voit donc : M. Allmer n'est pas éloigné d'admettre notre hypothèse, et il ajoute, ce qui confirme notre dire, que « la personne qua-
« lifiée de magister était ici le prêtre, ministre du culte de
« Lares, desservant un laraire public. »

Il y avait donc là, sur l'emplacement de l'église, un temple payen. Quelles en étaient les dimensions ? Etait-il petit, comme semble le vouloir le genre des monuments élevés à ces sortes de divinités, et comme semble encore l'indiquer l'inscription *toute petite* de la porte ? Etait-ce même un oratoire privé, propriété d'une famille ? Il n'est guère possible de se prononcer ; car s'il est avéré, d'une part, que les Lares étaient les divinités du foyer — des dieux domestiques

— de l'autre, il aurait bien pu se faire que, dans ce champ de la mort, parmi toutes ces dépouilles des ancêtres, on eût eu l'idée d'édifier un temple aux dieux lares communs, ainsi que, chez nous, on édifie une chapelle aux morts, dans nos cimetières : c'est là ce qu'insinue l'inscription, telle que nous l'avons traduite et ce qu'affirme M. Allmer : « Laraire « public ».

Mais, d'ailleurs, que le temple ait été grand ou petit, public ou privé, cela importe peu. Pour justifier notre tradition, il suffit qu'il y ait eu là un temple, et le fait ne nous paraît pas discutable.

Lorsque Aramon devint chrétien, il est probable que l'on renversa ce temple et que, sur ses ruines, comme le dit la tradition, on éleva une église. C'est ainsi que l'on procédait généralement aux premiers siècles; car, dans leur zèle de néophytes, nos pères auraient rougi de faire servir au culte du vrai Dieu ce qu'avaient profané les idoles : à leurs yeux, c'eût été un sacrilège. Plus tard, ils se ravisèrent. Au lieu de renverser les temples, ils les tranformèrent, mettant la Croix là où trônait l'idole, et remplaçant par des symboles chrétiens tous les ornements profanes. C'est même à ce revirement du sentiment chez nos ancêtres, que bien des temples doivent d'être encore debout, et nous n'aurions pas à admirer aujourd'hui les beautés architecturales d'une foule de monuments antiques, s'ils n'avaient été appelés à l'insigne honneur d'abriter sous leurs voûtes le vrai Dieu : seule, cette transformation les a sauvées du marteau démolisseur.

Enfin, un dernier point que mentionne notre tradition, c'est l'existence d'un cimetière gallo-romain attenant au temple d'abord, à l'église ensuite. Ici, pas de doute possible. C'est là en effet, sur l'emplacement même qu'elle indique, le long de l'ancienne voie romaine, à mi-côte du Puech, dans un endroit que son élévation met à l'abri des inondations du Rhône, qu'ont été découvertes, de 1663 à 1669, la plupart de nos inscriptions funéraires : neuf sur douze, et c'est là qu'elles sont encore presque toutes (1).

D'ailleurs, il paraît que le sol en recèlerait bien d'autres, dans les limites attribuées par l'histoire et par la tradition au cimetière gallo-romain. C'est l'avis de M. Calvet (2) et de bien d'autres, notamment du comte de Caylus, qui nous dit dans ses *Antiquités gauloises* : « On en avait trouvé un « plus grand nombre, mais on a mieux aimé leur donner « place dans la fondation de cette même église que de les « conserver » (3).

L'église une fois construite, le cimetière gallo-romain devint naturellement chrétien. Il était, paraît-il, de grande étendue. Le plus ancien de nos compoix existant, celui de 1478 (4), nous le montre entourant l'église de deux côtés : nord et midi. Nous savons de plus que, sur une partie de son emplacement, furent construites, vers 1669, les chapelles saint Roch, saint Eloi, sainte Vierge, Sacré-Cœur, les maisons Noble et Sage et probablement aussi, de l'autre côté de l'ancienne voie romaine, les maisons Sauvan, Lafont, Farde, Féraud et Cavène. Un fait certain, c'est qu'on ne saurait donner un coup de pioche en cet endroit sans mettre à jour quelques ossements humains, comme si le sous-sol n'était qu'un vaste ossuaire.

Ce cimetière resta en activité jusqu'en 1669 (5). A cette époque l'agrandissement de l'église en ayant absorbé la plus grande partie, et le reste ayant été cédé à des particuliers,

---

(1) Il serait puéril de croire, comme l'ont fait quelques personnes, que nos pères auraient pris la peine de les y apporter de loin. L'existence, en cet endroit, d'un cimetière gallo-romain détruit radicalement cette supposition.

(2) Calv. msc. III, *passim*.

(3) Caylus, planche CVI.

(4) *Arch. comm.* CC. I.

(5) *It.*, GG. 8.

on n'enterra plus qu'à Saint-Jean (cimetière de l'Hospice). Nous le voyons par l'État-Civil, et il en fut ainsi jusqu'en 1777 (1). Le cimetière actuel date de cette année.

Voilà donc notre tradition solidement établie. Tout en elle — ensemble et détails — concorde avec l'histoire comme avec les monuments anciens. Résumons d'ailleurs : la tradition nous dit que le Christianisme pénétra dans Aramon à la suite de la mission du pape Saint Favien et l'histoire nous prouve, par des textes certains, que c'est à cette époque que Nimes et tout l'ancien pays des Volkes Arécomiques devint chrétien. La tradition nous dit que le peuple d'Aramon éleva une église sur les ruines d'un temple, auprès d'un cimetière gallo-romain ; et les vieilles inscriptions appuyant ce récit le mettent hors de doute. Nous le demandons, est-il beaucoup de traditions locales qui puissent se targuer d'une telle valeur, offrir de telles garanties, même parmi celles qui ont la prétention de marcher de pair avec l'histoire ?

Aramon était chrétien ; malheureusement sa foi, en lui donnant des croyances vraies, des mœurs pures et mille moyens de se sanctifier, ne le préserva pas des misères de l'invasion. Qui ne sait, d'ailleurs, que l'épreuve est le lot de l'humanité et qu'ici-bas, bon ou mauvais, personne n'y échappe ?

Cette épreuve dut être pour Aramon aussi longue que cruelle. Dès le commencement du v<sup>e</sup> siècle, c'est Crocus et ses Vandales. Venu du fond de la Germanie avec toutes ces hordes barbares qui, à l'instigation de Stillicon (2), s'étaient ruées sur l'Empire (406), ce prince avait choisi le midi de la Gaule pour théâtre de ses exploits. Le Lyonnais, l'Auvergne, le Gévaudan et le Vivarais furent successivement ravagés par lui. Puis, quand ces provinces ne présentèrent plus

---

(1) *Arch. comm.* DD. 10.

(2) On dit qu'il voulait, à la faveur de ces troubles, élever son fils, Eucher, à l'Empire.

qu'un amas de cendres et de ruines, il descendit vers le Rhône et porta la désolation dans les villes qui étaient des deux côtés de ce fleuve. De ce nombre furent Nimes, Uzès, Agde et bien d'autres sans doute, de moindre importance, comme Pont-Saint-Esprit, Aramon, Beaucaire. etc.

Crocus était payen ; aussi il n'est pas de cruautés qu'il n'infligeât aux catholiques. Il fit mourir les évêques : c'est alors que périt saint Félix, le premier des évêques de Nimes dont on ait une connaissance assurée ; il tortura une infinité d'autres personnes de tout rang, de tout sexe et de tout âge ; et, dans sa rage d'idolâtre et de barbare, il aurait fini par tout anéantir s'il ne s'était trouvé sur son chemin un général brave autant qu'habile : Marius.

Celui-ci, sans se laisser déconcerter, au milieu du désarroi général, leva des troupes, marcha contre lui, le battit sous les murs d'Arles (408), et, après l'avoir promené, chargé de fers, par les villes qu'il avait ravagées, le fit périr d'un supplice aussi ignominieux que cruel.

Crocus mort, ce fut le tour des Visigoths : les sectaires après les payens (1).

En 412, ces barbares, campés en Toscane, depuis Alaric, s'ébranlent à la voix d'Ataulphe, leur nouveau chef. Ils franchissent les Alpes, entrent dans les Gaules, s'y répandent comme un torrent, balayant tout sur leur passage. Marseille, ville riche et puissante, tente leur audace et leur cupidité. Ils veulent s'en emparer, mais le comte Boniface qui y commande, les prévient, et, fondant sur eux, les met en fuite.

Furieux de leur défaite, ils se jettent alors sur la Narbonnaise : les villes sont détruites, les campagnes ravagées. Bientôt toute cette province est conquise ; et c'est dans Narbonne même, sa capitale, que le vainqueur Ataulphe, mettant fin à un curieux roman, épouse, avec toute la pompe du cé-

---

(1) Les Visigoths étaient ariens.

rémonial romain, la princesse Placidie, sa captive, dont il avait enfin gagné le cœur (janv. 414).

Au reste, ce mariage ne porta pas bonheur aux Visigoths. Le patrice Constance, qui avait toujours aimé éperdûment Placidie, exaspéré par la perte de cette princesse, et peut-être aussi blessé dans sa fierté de patriote, court assiéger Narbonne, avec des forces si imposantes, que les Visigoths, désespérant d'en triompher, abandonnèrent le pays et passèrent en Espagne (414).

Cette invasion des Visigoths et, antérieurement, les ravages des Vandales avaient mis nos contrées dans un état de désolation extrême. Un historien du temps nous en donne une idée bien triste, quand il assure « que les Gaules inondées « par tout l'Océan n'auraient pas été réduites à un plus pi-« toyable état que celui où ces barbares les avaient plongées « depuis dix ans ; qu'ils avaient enlevé les bestiaux, les fruits « et les grains, désolé les vignes et les oliviers et ruiné les « maisons de campagne, où il ne restait presque plus rien ; « qu'ils avaient forcé les Gaulois dans les châteaux et les « villes les mieux fortifiés, pour en faire une cruelle bou-« cherie, sans distinction du sacré ni du profane, de l'âge « ni du sexe, du peuple ni des personnes de considération ; « qu'ils avaient brûlé les temples, pillé les vases sacrés et « attenté à la sainteté des vierges et à la piété des veuves ; « que sans respect pour l'épiscopat ni le sacerdoce, ils avaient « fait souffrir à ceux qui en étaient revêtus, les mêmes indi-« gnités, les mêmes supplices ; qu'ils les avaient enchaînés, « déchirés à coups de fouet et condamnés au feu comme des « coupables » (1).

Aramon, bâti sur les bords du Rhône, une des grandes routes de ces temps-là, ne dut pas être épargné ; et, sans doute que, s'il nous était permis de soulever le voile qui couvre ces temps lointains, nous trouverions bien des lar-

---

(1) *Carm. des Providentiâ*, p. 786 et *sequ. apud. Prosp.*

mes et bien des douleurs; ce furent pour nos pays les plus cruelles épreuves dont l'histoire nous ait conservé le souvenir.

Plus tard, il est vrai, les Visigoths revinrent. En 419, le patrice Constance, pour les récompenser des services qu'ils avaient rendus à l'Empire en qualité d'auxiliaires, leur céda, au nom d'Honorius, la seconde Aquitaine et la partie occidentale du Languedoc; eux-mêmes, par différents traités ou différentes conquêtes, étendirent, de 419 à 472, leur domination jusqu'au Rhône, fondant ainsi le royaume de Septimanie, avec Toulouse pour capitale; mais, au contact des Romains, les mœurs de ces barbares s'étaient adoucies; et, d'ailleurs, la crainte des Francs, devenus leurs voisins par suite des conquêtes de Clovis, les rendit sages. A partir de ce jour, leurs rois, si l'on en excepte Enric, se montrèrent bienveillants pour nos pères : l'heure des grandes invasions était passée et le catholicisme sortait triomphant (1).

---

(1) L. Ménard, t. I, p. 60.

# CHAPITRE IV

## PÉRIODE DU MOYEN-AGE

C'est toujours la même obscurité qui plane sur notre histoire locale, et, ici encore, pour nous faire simplement une idée des vicissitudes par lesquelles passa notre pays, durant la longue période du Moyen-Age, nous sommes obligé de faire appel à l'*Histoire générale*. Donnons donc rapidement les faits saillants de ces temps-là, en faisant remarquer ce ce qu'ils purent avoir de particulier pour Aramon.

### I. — Visigoths
(Goths de l'ouest du Dniester)

Enric, roi des Visigoths, après s'être emparé de nos pays, voulut y implanter l'Arianisme, dont il était partisan fanatique. Pour arriver à ses fins, il ne recula devant aucune violence : spoliation, exil, supplices. Aussi son règne fut-il une rude épreuve pour la foi de nos pères (472-484).

Ce prince étant mort à Arles, sur la fin de 484, Alaric, qui lui succéda, montra plus de tolérance à l'égard des catholiques. Il leur permit d'élire leurs évêques; il les autorisa à pratiquer publiquement leur culte : tout ceci, il est vrai, par calcul plutôt que par humanité.

A cette époque, en effet, les Francs, attirés par la fertilité du sol et la douceur du climat, s'étaient étendus peu à peu, vers les provinces méridionales de la Gaule, et avaient ainsi fini par toucher aux Etats des Visigoths. Or, depuis 495, les Francs étaient catholiques et avaient dans Clovis, leur roi, un chef très entreprenant. Alaric pouvait donc craindre la défection de ses sujets orthodoxes, s'il les persécutait : de là ses ménagements.

Au reste, la guerre éclata bientôt entre les deux peuples ; elle fut longue et mêlée de succès divers.

Les Francs eurent d'abord le dessus. En 507, Clovis bat Alaric à Vouillé, près de Poitiers, et tue ce prince de sa propre main ; puis, continuant sa marche en avant, il prend Toulouse d'assaut, « *tandis que son fils Thierry, soutenu par Gondebaud, roi des Burgondes, s'empare des principales villes de la Septimanie orientale et menace la Provence* ».

Les Visigoths étaient perdus. Un puissant secours envoyé d'Italie par le roi des Ostrogoths, Théodoric II, grand-père et tuteur d'Amalaric, et commandé par Ibbas, général fort habile, leur permit de rétablir leurs affaires. Les Francs, ayant voulu passer le Rhône devant Arles, pour entrer en Provence, ils les repoussèrent ; puis, prenant à leur tour l'offensive, ils les poursuivirent l'épée dans les reins, « *et leur infligèrent une sanglante défaite dans les plaines de Bellegarde (Gard)* » : trente mille Français, dit-on, restèrent sur le champ de bataille (509).

Ibbas reprit alors presque toutes les villes situées entre le Rhône et les Pyrénées, et il aurait porté plus loin ses armes, car les Français, démoralisés par leur défaite, s'étaient précipitamment réfugiés en Aquitaine, s'il n'avait été forcé de passer en Espagne pour combattre Gésalic, l'usurpateur du trône des Visigoths et l'allié secret de Clovis.

Les Français profitèrent de cette circonstance pour renouveler, de concert avec les Burgondes, leur tentative contre la Provence. « *Après avoir ravagé tous les environs du Rhône, ils passèrent ce fleuve et mirent le siège devant Arles* ». La vaillance des habitants les arrêta longtemps, sous les murs de cette place, et permit une seconde fois au roi des Ostrogoths d'envoyer des secours à la ville assiégée. Ainsi puissamment aidés, les Visigoths firent de violentes sorties, repoussèrent les Francs et les refoulèrent jusqu'au-delà de la Durance.

Cette nouvelle victoire assura aux Visigoths la domination dans nos pays, et ils en restèrent paisibles possesseurs tant que vécut Amalaric. Après le meurtre de ce prince (531), et l'élévation de Theudis au trône, Thierry, roi de Metz, qui n'avait plus à craindre l'intervention des Ostrogoths (1), crut le moment venu de réunir la Septimanie à ses Etats. Il lève donc une armée considérable et en donne le commandement à son fils Théodebert, l'un des plus grands capitaines de ces temps-là. Celui-ci se dirigea d'abord vers le Rouergue qu'il soumit ; ensuite « *poussant ses conquêtes jusqu'au Rhône, il se rend maître du château d'Ugernum (Beaucaire), d'Uzès, du Gévaudan et du Velay* ».

Cette conquête fut définitive. Séparé du royaume des Visigoths, notre pays fit désormais partie des Etats français. On y établit un gouverneur général qui commanda à l'Auvergne, au Rouergue et à l'Uzège et les maintint sous l'obéissance de nos rois (2).

## II. — SARRASINS
### (En arabe : *Saraka*, pillage).

Aux barbares du Nord succédèrent les barbares du Midi.

Les Sarrasins, peuple d'Arabie, après avoir conquis l'Afrique sur les Maures, étaient passés en Espagne. Sous le règne de Wittiga, ils occupaient déjà une partie de la Mauritanie Tengitane. De là mettant à profit les ressentiments du comte Julien contre Rodéric, roi des Visigoths, et guidés par un chef vaillant nommé Tarrik, ils s'avancèrent dans l'intérieur de l'Espagne. Rodéric voulut alors leur barrer le passage, mais

---

(1) Les Ostrogoths se désintéressèrent des affaires des Visigoths, après la mort d'Amalaric, petit-fils de leur roi.

(2) L. Ménard, t. I, p. 59-77.

il fut vaincu et tué dans la grande bataille de Xérès de la Frontera (17 juin 712) : avec lui disparut la monarchie des Visigoths.

Pour être maîtres de tous les états des Visigoths, il restait aux Sarrasins à faire la conquête de la Septimanie ; ils l'essayèrent à diverses reprises, mais en vain, tant les Visigoths se défendirent vaillamment.

Enfin, en 719, sous le kalife Omar II, Zama, gouverneur de l'Espagne, voulut en finir. Dans ce but, il leva une armée puissante, franchit les Pyrénées du côté du Roussillon, et se dirigea vers la Septimanie. Rien ne lui résista : Narbonne Agde, Béziers, Maguelonne, Nimes tombèrent successivement en son pouvoir, et l'année suivante ne s'était pas écoulée (720) que, maître de toute la Gaule Gothique, il mettait fin pour jamais à la domination des Visigoths.

Nos pays avaient vécu jusque-là tranquilles, sous le sceptre des rois francs. Ils finirent cependant par ressentir le contre-coup de ces luttes. En 721, les Sarrasins, soit besoin de s'étendre, soit désir de se venger de Eudes, duc d'Aquitaine, qui avait soutenu dans leurs luttes les peuples de la Septimanie, firent plusieurs irruptions dans les Etats français, « *vers le Rhône d'abord, d'où il furent repoussés par nos vaillantes populations riveraines* » et dans le Toulousain, ensuite, où Eudes leur infligea un rude échec. Mais ils revinrent bientôt avec de nouvelles forces, et, cette fois, Eudes eut le dessous. Sa situation devint même si critique que, faisant taire ses répugnances, il appela à son aide Charles Martel, dont la cause était au fond la même. Ce fut heureux. Bientôt, en effet, Charles Martel accourt et livre aux Sarrasins la fameuse bataille de Poitiers, qui ruina pour jamais leur puissance dans les Gaules (732).

Toutefois, après le départ de Charles Martel, les Sarrasins essayèrent de rétablir leurs affaires ; voici à quelle occasion :

Mauronte, gouverneur de la Provence, caressait depuis longtemps le rêve de se soustraire à l'autorité de Charles

Martel et, dans ce but, il s'était ligué avec les principaux seigneurs du pays des Burgondes, de Lyon à Marseille. Le complot allait éclater, lorsque Charles Martel, qui en eut vent, passa en Bourgogne : sa présence arrêta tout.

Ce contretemps ne découragea pas pourtant les rebelles. Ils reprirent bientôt leurs intrigues ; mais, cette fois, pour plus de sûreté, ils mirent dans leur jeu Jusif-Ibin-Abdhérame, gouverneur de la Septimanie, auquel ils offrirent de céder quelques places situées en deçà du Rhône s'il consentait à leur fournir des secours. Celui-ci accepta, convaincu que l'occasion était bonne pour relever l'éclat de sa nation.

Charles Martel se trouvait alors en Aquitaine, occupé à guerroyer contre les fils de Eudes. Les rebelles saisissent ce moment pour proclamer leur indépendance. A cette nouvelle, Charles Martel marche sur Lyon « *et a bientôt soumis tout le pays jusqu'à Arles et Marseille ;* » malheureusement une révolte des Saxons, en l'appelant sur les bords du Rhin, ne lui permit pas d'achever sa victoire et Mauronte en profite pour appeler les Sarrasins auxquels il livre Avignon et Arles.

« *C'est en ces circonstances que les Sarrasins ravagèrent tous les pays situés sur les deux rives du Rhône, portant partout le fer et la flamme.* »

Instruit de ces désordres, Charles Martel, avec cette fougue qui le caractérise, se jette en Provence, prend d'assaut Avignon, passe tous les Sarrasins qu'il y trouve au fil de l'épée ; puis, résolu à chasser tous ces infidèles des Gaules, « *franchit le Rhône, entre dans la Septimanie,* » marche sur Marseille, près de laquelle il bat et tue de sa main leur général, Amoroy, entre Talse et Sigean et anéantit presque entièrement leur armée. C'en était fait des Sarrasins, si la mort de Thierry IV n'avait obligé Charles Martel à regagner Paris, où des complications étaient à craindre ; mais, pour se venger des irruptions des Sarrasins, le terrible capitaine ravagea toutes les villes de la Septimanie qui se trouvaient sur son passage. Nimes fut de ce nombre. Son amphithéâtre en porte encore les traces.

La Septimanie ne tarda pas, d'ailleurs, à revenir à la France. Le joug des Sarrasins était odieux à la population, aux seigneurs Visigoths surtout. Un jour donc ceux-ci profitant des luttes intestines qui déchiraient l'empire du kalife, organisèrent un complot et chassèrent les infidèles (732) ; puis, s'érigeant en une sorte de république, ils élurent un seigneur goth, Ansémond, pour les gouverner.

Le coup avait réussi, mais on pouvait craindre un retour offensif des Sarrasins; aussi, bientôt après, pour se mettre à l'abri de tout danger, les conjurés offrirent-ils à Pepin, qui l'accepta, la suzeraineté de leur pays. De ce jour, les Sarrasins ne vinrent qu'en pirates dans la Septimanie (1).

### III. — Normans
(Hommes du Nord)

Avec Charlemagne, nos pays respirèrent : la religion reprit sa légitime et heureuse influence, les lettres refleurirent, les arts se relevèrent. Ce fut une belle époque. Mais les enfants de Charlemagne n'eurent malheureusement pas assez de génie pour porter un tel héritage : ils se livrèrent à des guerres intestines, qui firent le malheur de la France, et dont profitèrent les Normans, pour ravager le pays.

Ces peuples, venus du Nord, avaient déjà commencé leurs pirateries, au temps de Charlemagne, mais sans succès. « Sous Charles le Chauve, ils descendirent sur les côtes « méridionales de la France et, se servant des rivières pour « pénétrer dans l'intérieur des terres, ils ravagèrent tout. « Les villes de Nîmes et d'Arles et tous les lieux situés aux « deux côtés du Rhône essuyèrent, en 858, la fureur de ces « barbares, qui avaient pour habitude de piller les églises, « d'égorger les prêtres, de brûler les villes et d'amener les « femmes en esclavage. »

---

(1) L. Ménard, t. I, p. 88-99.

Ces épreuves cruelles durèrent longtemps, sinon pour nos pays, au moins pour la France : les princes ne songeant guère à défendre leurs peuples, divisés qu'ils étaient entre eux, et les barbares momentanément éloignés, à prix d'argent, revenant bientôt après, plus exigeants et plus féroces que jamais. Ce ne fut que sous Charles le Simple (911), que leurs ravages cessèrent. Ce prince se sentant incapable de les vaincre et voulant les gagner à lui, offrit à Rollon, leur chef, la partie méridionale de la Neustrie, qui a pris de là le nom de Normandie, et la main de sa fille Gizelle, ne demandant en retour aux Normans, que de se reconnaître Vassaux de la France et de se convertir à la foi chrétienne. Rollon accepta et tint parole. La paix régna de ce côté (1).

### IV. — Hongrois

Cette épreuve finissait à peine, qu'une autre bien plus redoutable encore commença pour nos pays ; des hordes de Hongrois venaient de franchir les Alpes. « Ces barbares, nous
« disent les Chroniqueurs du temps, étaient plus cruels que
« toute espèce de bêtes sauvages. Aussi peu civilisés que les
« scythes leurs ancêtres, ils campaient sur des chariots,
« seules habitations de leurs femmes et de leurs enfants, et
« combattaient à cheval, tantôt par des charges soudaines et
« rapides, tantôt en fuyant à la manière des Parthes. Ils
« vivaient non comme des hommes, mais comme des
« animaux féroces et l'on rapporte qu'ils mangeaient la chair
« crue et qu'ils buvaient le sang. Ils coupaient par morceaux
« le cœur de leurs prisonniers et le dévoraient ; ils ne se
« laissaient point fléchir à la miséricorde et ne savaient
« point ce que c'est que la pitié » (2).

Ce portrait est effrayant. Aussi les Hongrois s'étaient

---

(1) L. Ménard, t. I, p. 108-125.
(2) A. Gabourg, t. I, p. 343.

rendus si redoutables par les cruautés infinies qu'ils exerçaient partout où ils pénétraient, qu'au seul bruit de leur marche, les habitants, pour se dérober à leur fureur, prenaient la fuite. « Ce fut en l'année 925, qu'ils saccagèrent nos
« pays en particulier. Ils y amoncelèrent tant de ruines, ils
« y répandirent tant de sang, que tout fut bientôt transformé
« en un affreux désert. » Enfin, Raymond Pons, comte de Toulouse, s'étant mis à la tête de ses meilleures troupes, parvint à les chasser de ses états, secondé, d'ailleurs, par une terrible épidémie, qui fit, parmi ces barbares, plus de victimes encore que le glaive (1).

Ce fut là, à proprement parler, la dernière invasion pour nos pays. Plus tard (1364), il y aura bien les grandes Compagnies, qui, sous la conduite de deux de leurs capitaines, Spineta et Louis Robaud, s'avanceront jusqu'à Aramon et feront les plus grands efforts pour s'en emparer (2). Il y aura bien les Tuschins (1383), qui, donnant la main aux Provençaux, troubleront pendant de longs mois le Bas-Languedoc (3). Il y aura bien les Routiers (1418), qui occuperont les alentours d'Aramon et forceront nos populations à veiller, l'arme aux bras, sur les bords du Rhône (4); mais ces pillards, bien que redoutables, seront loin d'avoir la férocité que nous venons de constater chez les envahisseurs de race barbare. On le sent : la civilisation chrétienne a déjà passé par là.

---

(1) L. Ménard, t. I, p. 128.
(2) *It.*, t. II, p. 241.
(3) *It.*, t. III, p. 35.
(4) *It.*, t. III, p. 153.

## LA FÉODALITÉ

Nous voici arrivés à la période de transformation sociale, connue sous le nom de *Féodalité*. Décrivons-en à grands traits le mécanisme, nous en ferons ensuite l'application à nos pays.

A l'origine de la monarchie, surtout lorsque d'élective elle devint héréditaire, le principe d'autorité s'incarnait exclusivement dans le roi. Il en était comme le foyer et la source. De lui, elle descendait aux possesseurs d'alleux, aux bénéficiaires et aux titulaires des charges publiques (note A), qui formaient les hauts degrés de l'échelle sociale.

Mais, soit faiblesse chez les descendants de Clovis, soit audace chez les grands Vassaux, cet état de choses ne tarda pas à se modifier, au détriment de la couronne. Ce fut même un roi, Charles le Chauve, qui lui porta les derniers coups. Ce prince ne pouvant contenir les grands par la force, essaya de se les attacher par la reconnaissance. Dans une assemblée tenue à Mursen, en 847, il déclara d'abord « que les seigneurs « ne seraient forcés de suivre le roi à la guerre qu'en cas « d'invasions étrangères et que tout homme libre pourrait « se choisir pour seigneur un autre noble que le roi ». Puis, mettant le comble à ses concessions, il reconnut, dans l'assemblée de Quercy-sur-Oise, en 877 « l'hérédité des « bénéfices et il étendit cette faveur au titre de comte, c'est-« à-dire au gouvernement militaire des provinces ». De ce jour, la révolution fut complète autant que désastreuse. Si, théoriquement parlant, le roi resta à la tête de la hiérarchie sociale, s'il fut le suzerain par excellence, si ses états s'appelèrent toujours le royaume ; par le fait même de ces concessions, les feudataires, maîtres absolus chez eux, ne devant rien au roi, en dehors d'un hommage de pure forme, devinrent ses égaux. Le pouvoir même, qu'il se réserva, de déposséder, pour crime de félonie ou de trahison, des vassaux indignes ou rebelles, devint illusoire, nul en pratique; surtout qu'avec le temps, la diminution du nombre des seigneurs de premier ordre avait fini par concentrer la plupart des terres, villes et villages, aux mains de quelques familles seulement, dès lors assez puissantes pour résister au roi, et, au besoin, le tenir en échec.

L'hérédité une fois conquise, les grands feudataires réunirent sous leur juridiction des nobles d'ordre inférieur, qui leur rendaient hommage et formaient leur clientèle. Ce sont ces seigneurs de villes et de villages, qui investis de haute, moyenne ou basse justice (1), abrités derrière les murs de leurs châteaux forts et échappant pour ainsi dire à tout contrôle, vu les difficultés, en ces temps-là, des communications, ont joué un si grand rôle, dans nos affaires locales, au cours du Moyen-Age et plus tard : vrais souverains, parfois tyrans.

Enfin, tout-à-fait au bas de l'échelle sociale, il y avait les gens du peuple : vrais parias, qui se trouvant en butte à toutes sortes de tracasseries et dégoûtés d'une liberté chimérique, avaient fini par se donner, sous le nom de serfs ou manants, à des seigneurs capables de les défendre, sinon par amour au moins par intérêt, comme on défend sa chose, et que, seule, la religion, consolait soit en leur faisant entrevoir une vie plus heureuse, en compensation de leur abaissement et de leurs souffrances, soit en inspirant à leurs seigneurs — des hommes doués de sentiment après tout — la commisération et la bonté.

Tel était le système féodal.

---

(1) *Justice haute :* Juridiction d'un seigneur, dont le juge connaissait de toutes les affaires civiles et criminelles excepté les cas royaux. *Justice moyenne :* Juridiction d'un seigneur, dont le juge connaissait de toutes les affaires civiles, mais ne pouvait juger au criminel que les délits dont la peine n'excédait pas une amende de 75 sols. *Justice basse :* Juridiction d'un seigneur, dont le juge connaissait seulement des droits qui lui étaient dûs des actions personnelles au civil jusqu'à 60 sols parisis, et dont l'amende n'excédait pas 10 sols parisis. (Bescherelle aîné).

Voyons maintenant : 1° de quels rois; 2° de quels comtes; 3° de quels seigneurs particuliers dépendit Aramon, au Moyen-Age.

## I. — Rois

Nous avons dit que l'Uzège, et, par conséquent Aramon, avait passé au pouvoir des rois de France, sous Pépin-le-Bref. Il y resta sous Charlemagne et Louis le Débonnaire. Mais, à dater de ce prince, notre pays subit une foule de vicissitudes. Lors du partage fait à Verdun, en 843, entre les trois fils de Louis le débonnaire, il échut à Lothaire, avec l'Italie. De Lothaire, il passa à Charles, l'un de ses trois fils, puisque nous disent DD. Vic et Veyssette, « celui-ci avait étendu sa « domination sur la Provence et sur tous les pays situés des « deux côtés du Rhône, de Lyon à la mer. » Mais, ce prince étant mort sans postérité, en 863, ses deux frères, après de longues querelles, se partagèrent ses états. Lothaire eut notamment le Vivarais et l'Uzège, et l'empereur Louis garda la Provence proprement dite.

En 869 Lothaire mourut à son tour, sans postérité également. Charles le Chauve voulut alors s'emparer de sa succession; mais Louis le Germanique s'y opposa; enfin, les deux princes s'étant mis d'accord se partagèrent, au détriment de l'empereur Louis, tout le pays qui avait appartenu au roi Lothaire. (Août 870). Lyon, Vienne, Viviers, Uzès échurent à Charles le Chauve.

Il paraît, d'ailleurs, que tout ce pays était à conquérir. Nous voyons, en effet, Charles le Chauve, qui, à la tête d'une armée, s'empare de Lyon et de Vienne, dont il laisse le commandement à Bozon, son beau-frère; mais nous ne saurions dire s'il poussa plus loin ses conquêtes et s'il fut reconnu dans l'Uzège.

Sur ces entrefaites, mourut l'empereur Louis (875). Ce prince ne laissait pas d'enfant, et sa mort, en appelant à sa succession ses deux oncles et plus proches héritiers, Charles le Chauve et Louis le Germanique, légitima tout ce que les droits de ces derniers pouvaient avoir eu de douteux dans le passé. Ils en profitèrent pour renouveler le traité conclu entre eux, en 870, suivant lequel le premier devait régner sur les bords du Rhône, des deux côtés : les droits de la maison de France sur l'Uzège devinrent donc indéniables, à partir de ce jour.

Mais, à la mort de Louis le Bègue (avril 879), fils de Charles le Chauve nouvelle complication ; Boson, l'un des tuteurs des rois Louis III et Carloman, conçoit, à l'instigation d'Ermengarde sa seconde femme, fille de l'empereur Louis II, le dessein de s'emparer des provinces méridionales de ces deux princes. Sous prétexte que le pays était comme abandonné, depuis la mort de Louis le Bègue, il en réunit les évêques, à Montaille, en Dauphiné, et là, par menaces ou par caresses, les amène à le faire roi (octobre 879). Nous savons par les documents de l'époque, que l'Evêque d'Uzès souscrivit à cette élection : ce qui prouve que Boson tenait sous sa domination les deux côtés du Rhône.

Louis III et Carlomon s'efforcèrent bien de reprendre ces pays, avec l'aide de l'empereur Charles le Gros (880) ; mais les incursions des Normans et le peu de durée de leur règne ne leur permirent pas de mener à bonne fin cette entreprise. Boson continua à jouir des pays usurpés, jusqu'à sa mort, qui arriva en 888, regardé toutefois comme un usurpateur, par Charles le Gros.

Boson eut pour successeur son fils, Louis l'Aveugle, lequel, pas plus que son père, ne fut reconnu pour roi, par les souverains français.

Ajoutons qu'après la mort de Louis l'Aveugle (913), le Vivarais et l'Uzège ne firent plus partie du royaume de Provence et que les rois de France réunirent alors à leur couronne les deux pays, où ils furent reconnus suzerains, soit par les comtes de Toulouse, qui en demeurèrent les maîtres, soit par les prélats et les seigneurs (1).

---

(1) Frodoard. *Hist. gén. du Lang.*, t. IV, 1<sup>re</sup> part. Notes 1, 5, 12, 15.

## II. — Comtes

Le premier comte connu de Toulouse fut Frédelon. Il avait été investi de cette dignité, en 849, par Charles le Chauve Or, les fiefs et bénéfices étant alors devenus héréditaires, ses enfants lui succédèrent. Nous avons la liste des descendants de Frédelon jusqu'à Raymond - Pons, le vainqueur des Hongrois, mais il n'est pas certain que ces comtes aient possédé, au moins d'une façon suivie, le marquisat de Gothie, ni même que l'Uzège ait fait alors partie de cette province (1).

A la mort de Louis l'Aveugle, l'Uzège dut passer aux mains des comtes de Rouergue ; mais, raconte M. Charvet, « à l'extinction de la maison de Rouergue, en 1066, « Raymond VI de Saint Gilles augmenta ses possessions des « provinces de Rouergue, de Quercy et du diocèse « d'Uzès (2) », et de ce jour, les comtes de Saint Gilles en restèrent les maîtres, sous la suzeraineté des rois de France.

C'était une famille très puissante, la plus puissante peut-être de l'époque, que celle des comtes de Saint-Gilles. Elle possédait le Velay, le Gévaudan, le Vivarais, le Rouergue, l'Albi, le Toulousain, l'Uzège, et le Narbonnais, jusqu'à la mer. Aussi, l'histoire de nos pays est-elle pleine de ses souvenirs.

Cette famille compta des hommes vraiment remarquables par leur piété et par leur dévouement à la cause publique : tel ce Raymond IV de Saint Gilles, qui fut l'un des héros de la première croisade. Il est vrai que ses successeurs ne marchèrent pas tous sur ses traces. Nous voyons, en 1037, le comte Pons, qui assigne pour domaine à sa femme Majore

---

(1) *Hist. gén. du Lang.*, t. IV, 1re part., note 8.

(2) Charvet : *Ancienne maison d'Uzès.*

la « moitié de l'évêché de Toulouse et de l'Abbaye de Saint
« Gilles, avec l'évêché d'Albi en entier et diverses autres
« églises », comme si ç'avaient été des biens profanes. Nous
voyons encore, en 1106, le comte Bertrand, qui s'empare de
la ville et du monastère de Saint Gilles, emprisonne les
moines, prend à l'autel les offrandes, qu'il vend à beaux
deniers comptants. Bertrand avait, de plus, répudié sa
femme légitime, et en avait pris une autre : tout autant de
crimes qui lui avaient valu l'excommunication du Pape
Pascal II.

Mais le plus coupable fut Raymond VI.

Vers la fin du douzième siècle, les Albigeois s'étaient répandus dans tout le Languedoc (1), et, en dépit des jugements rendus contre eux par l'Eglise, ils y faisaient de grands progrès. Raymond, qui les favorisait, reçut de sévères avertissements des deux légats du pape, dans la province. Il n'en tint aucun compte et l'on se vit bientôt obligé de jeter l'interdit sur ses états, après l'avoir excommunié lui-même. Les anathèmes de l'Eglise n'étaient certes pas pour effrayer ce prince impie et sacrilège. Il se soumit néanmoins, lorsqu'il apprit que l'on se disposait à prêcher une croisade contre les hérétiques.

Malheureusement, plusieurs villes du Languedoc refusèrent de suivre son exemple ; ce que voyant, l'armée des Croisés, rassemblée à Lyon, se mit en marche, sous les ordres de Simon de Montfort, qu'elle s'était choisi pour chef.

Il avait été décidé par les Croisés, au moment du départ, que toutes les conquêtes faites sur les hérétiques appartiendraient de droit à leur chef. Irrité de cette décision, grosse de menaces pour lui, Raymond oublia ses serments et rendit ses faveurs aux hérétiques. La guerre commença : guerre qui causa les plus grands maux au Languedoc.

Simon, vainqueur à Muret, sur la Garonne (10 septembre 1213), porta ses armes vers le Rhône. Il conquit tous les

---

(1) Ancienne Septimanie ou Gothie.

pays qui avoisinent le fleuve, et les mit sous le gouvernement d'un sénéchal, qu'il établit à Beaucaire : le premier que l'on ait vu dans nos pays.

Cette confiscation fut un tort ; car le concile de Latran (1215), usant d'indulgence à l'égard de Raymond VII, qui venait de succéder à son père, lui avait réservé la partie orientale du duché de Narbonne, Nîmes, Beaucaire, la Provence, le comtat Venaissin « et les autres pays des environs du Rhône ». Aussi, fort de cette décision, et soutenu par l'amour de ses peuples, Raymond VII se mit à la tête d'une armée pour défendre ses droits : ses progrès furent rapides.

Pour résister à ce redoutable adversaire, Simon fit des prodiges de valeur ; mais il fut frappé mortellement sous les murs de Toulouse, qu'il assiégeait (25 juin 1218), et, avec lui, disparut la fortune des croisés.

Il laissait un fils : Amaury de Montfort. Celui-ci, sans autorité sur ses troupes, s'en vit bientôt abandonné. Découragé, il prit alors le parti d'offrir ses nouveaux états au roi Philippe-Auguste d'abord, qui les refusa, et ensuite au roi Louis VIII.

Ce dernier prince, sur les instances du cardinal des Saints-Anges, légat du pape Honoré III, qui voulait, coûte que coûte, arracher cette province à l'hérésie, accepta la donation et se croisa contre les Albigeois. Il prit successivement Nîmes, Avignon, Beaucaire, et il aurait soumis tout le pays, si la mort n'était venue le surprendre à Montpellier (8 nov. 1227).

Néanmoins, Raymond VII se sentit perdu ; aussi fit-il sa paix avec l'Eglise et avec le nouveau roi. Le traité, discuté dans la conférence de Meaux, fut signé à Paris le 12 avril 1229.

« Par ce traité, dit Ménard, le comte de Toulouse céda au
« roi le duché de Narbonne, les comtés particuliers de
« Narbonne, de Béziers, d'Agde, de Maguelonne, de Nîmes,
« d'Uzès, de Viviers ; tous ses droits sur ceux de Velay, de
« Gévaudan et de Lodève, une partie du Toulousain et le
« vicomté de Gévaudan. Le ressort de la sénéchaussée de
« Beaucaire et Nîmes fut formé des diocèses de Maguelonne,

« de Nîmes, d'Uzès, de Viviers, de Mende et du Puy. On y
« comprit ensuite la partie de ceux d'Arles et d'Avignon,
« qui se trouvent situés dans le Languedoc, à la droite du
« Rhône (1). »

### III. — SEIGNEURS PARTICULIERS

Nous avons dit qu'au-dessous des grands vassaux, qui n'étaient tenus qu'à l'hommage vis-à-vis du roi, il y avait les seigneurs particuliers des villes et villages, qui relevaient directement des premiers et leur devaient hommage, redevance et service militaire.

A Aramon, ces seigneurs particuliers possédèrent, sous la suzeraineté des comtes de Toulouse, la justice haute, moyenne et basse (2). Ils étaient donc très puissants. Mais, par suite soit de l'hérédité soit de divers achats, la seigneurie avait fini par être divisée en vingt-quatre parts (3), que possédaient inégalement plusieurs seigneurs. Nous en voyons qui avaient deux parts et demie, d'autres une part seulement (4). Nous en voyons également qui jouissaient de la justice haute, d'autres de la justice basse, quelques-uns même d'une portion seulement de cette dernière (5). Et ces droits multiples et inégaux formaient un ensemble tellement enchevêtré, qu'il ne nous est pas possible d'en donner un état exact et complet, avec les documents qui nous restent.

Maintenant quels furent les seigneurs d'Aramon, antérieu-

---

(1) L. Ménard, t. I, p. 228-265. Au point de vue religieux, Pascal II avait déjà ordonné, le 13 juillet 1107, par une bulle datée de Privas, dans le Vivarais, que les évêchés de Béziers, Carcassonne, Toulouse, Elne, Agde, Lodève, Maguelonne, Nîmes et Uzès seraient toujours soumis à la métropole de Narbonne.

(2) L. XI.

(3) F F. 4.

(4) L. XVII.

(5) F F. 6.

rement à la cession du Languedoc à Louis IX ? **Nous** en connaissons fort peu et cela se comprend : d'abord, les nobles d'Aramon, bien que puissants chez eux, **n'ont** pu jouer qu'un rôle modeste et effacé, dans l'histoire générale de nos pays ; ensuite, on écrivait peu en ces temps-là et le peu qu'on écrivait à péri souvent par l'incurie des hommes et par les bouleversements sociaux, politiques ou religieux de l'époque. Voici les quelques noms qui ont échappé à l'oubli et les faits auxquels ils le doivent :

1º Le 28 juillet 1094, dans une charte de Raymond de Saint-Gilles, en faveur de l'abbaye de Saint-Victor de Marseille, on nomme Pierre d'Aramon et ses frères (1).

2º Le 29 mars 1102, dans la charte d'union de l'abbaye de Saint-Roman à celle de Psalmodi, il est parlé de Pons d'Aramon, de Guillaume d'Aramon et de Pierre d'Aramon (2).

3º Le 6 des ides d'octobre 1207, Bertrand de Mézoargues, Guillaume d'Aramon, Paban d'Aramon, Pons d'Aramon, pour eux et les autres seigneurs du « chasteau » reconnaissent à Raymond, duc de Narbonne, en fief, tout ce qu'ils tiennent « de la roque supérieure du Gardon jusqu'aux isles de Saint- « Julien (château des Issarts) soit culte ou erme, en terre ou « en eau, à raison de la seigneurie qui appartient au Chas- « teau d'Aramon, et ses dépendances ; réservé au comte « Raymond sa domination, et abbergue et la cavalcade « accoustumé (3) ».

4º Le 13 mai 1218, à l'occasion du péage d'Aramon, il est fait mention de « noble Louise d'Aramon » et de « Jean d'Aramon » du « comte de la Marche, seigneur d'Aramon et Valz », de « Alfant d'Aramon » de Pierre d'Aramon et de ses neveux » (4).

---

(1) *Hist. gén. du Lang.*, t. V., colonne 775.

(2) *Item.*

(3) *Arch. comm.*, D D. 3.

(4) Archives départementales. E. 1.

5° En 1226, un « Bertrand d'Aramon » figure parmi les consuls du château des Arènes de Nimes (1).

Les rois de France, en succédant aux comtes de Toulouse, dans le domaine utile de nos pays (2), voulurent, sans déposséder les seigneurs particuliers, dont ils s'étaient engagés à respecter les droits, attirer à eux toute l'autorité et reconquérir en détail ce que Charles le Chauve leur avait fait perdre en bloc. Dans ce but, ils commencèrent par acheter des parts de seigneuries, dans les villes et les villages, soit directement, soit par prélation (3). Puis, au moyen des pariages (4) qu'ils surent imposer, ils ne tardèrent pas à acquérir une autorité prépondérante. Ce système fut employé surtout par Philippe-le-Bel et ses successeurs. Ajoutons que ce fut de la part de nos rois une bonne politique, surtout en ce qui concerne Aramon.

En effet, ce pays, depuis l'usurpation de la Provence par les empereurs d'Allemagne (5), était devenu une ville frontière, et nous pourrions même dire, sans exagération, une ville d'une certaine importance : la facilité qu'il y a à passer le Rhône, sous ses murs, par suite des atterrissements nombreux de la Roque-d'Acier, en faisant pour ainsi dire une des clefs du Languedoc. Il n'aurait donc pas été prudent de laisser Aramon aux mains de seigneurs particuliers qui auraient

---

(1) L. Ménard, t. 1, p. 258.

(2) Il consistait dans la jouissance des fruits ou des revenus d'une terre. Le domaine direct ne donnait droit qu'à l'hommage.

(3) Droit qu'avaient les rois de retirer une terre seigneuriale, en remboursant l'acquéreur, pourvu que celui-ci n'eût pas fait foi et hommage.

(4) Convention par laquelle un haut seigneur assurait sa protection à son coseigneur moins puissant.

(5) Après la mort de Louis L'Aveugle, fils de Boson, c'est-à-dire vers 924, le comte Hugues, roi d'Italie, s'était emparé de la Provence et avait ensuite disposé de ce pays en faveur de Rodolphe, roi de Bourgogne qui le transmit à ses successeurs, les empereurs d'Allemagne. (*Hist. gén. du Lang.*, t. IV. 1<sup>re</sup> part., note 12).

pu, à un moment donné, par trahison ou par faiblesse, livrer passage aux ennemis. C'est ce que comprirent fort bien nos rois et ce qui les porta à acquérir succesivement les vingt-quatre parts de la seigneurie (1).

Nous pouvons suivre, dans nos vieux documents, la marche progressive de cette prise de possession.

Ainsi, en 1270, le 15 des ides d'avril, le roi n'est en pariage que pour la vingt-quatrième partie de la seigneurie d'Aramon. Il est vrai qu'il possède Bertrand en entier — lequel formait une juridiction à part — et un quart de seigneurie aux Moutes.

Puis, dans les comptes de 1330, il est dit que le roi a treize portions sur les vingt-quatre de la juridiction basse et la moitié d'une portion sur les onze qui restent.

Enfin, nous voyons que le roi possède déjà avant 1380, dans la seigneurie d'Aramon, vingt-et-une portions « dont vingt-quatre faisant le tout » et qu'il acquiert la cinquième partie que les frères Reynaud et Jean Gordes avaient sur les trois autres portions.

D'ailleurs, d'un document daté de Nimes, le 4 juin 1390, il résulte que ceux des co-seigneurs qui restaient encore à cette époque, avaient été dépouillés de toute juridiction haute et moyenne par le cardinal de Bologne (2). Nous y lisons : « Pierre, Jacques, François, Catherine d'Aramon
« et Philippe Brasfort, coseigneurs d'Aramon, *condomini*
« *Aramonis*, après avoir dit, en faisant leur avèrement,
« tenir du roi de France, sous fief franc, *sub feudo franco*,
« le lieu et fort d'Ar. et du Terme, haute et basse juridiction
« sur ces lieux, droit aux amendes au prorata, droit aux

---

(1) Il resta cependant une petite partie de la juridiction basse, qui passa aux 5 familles nobles du pays : les coseigneurs.

(2) Les coseigneurs ne se relevèrent jamais de ce coup, et malgré toutes leurs protestations et toutes leurs luttes, ils se virent condamnés, en 1692, à faire hommage à Thérèse de la Barbézière (voir Chap. XXIV).

« criées et incans, droit aux contumaces, droit aux baux et
« fermes, droit de tutelle, droit aux notes des notaires, droit
« aux vacants, droit au veto du Roy, droit d'alauses et au-
« tres droits détaillés dans leurs anciens avèrements,
« auxquels ils se rapportent, ajoutent qu'ils ne per-
« çoivent plus rien de tous ces droits, parce que
« le cardinal de Bologne, alors qu'il était seigneur
« d'Aramon, les leur a ravis, bien qu'ils en eussent pacifi-
« quement joui jusque-là, et que ces droits fussent certains :
« *De quibus rebus prope dictis nihil nunc percipiunt, quia*
« *dominus cardinalis episcopus, tempore quo in manu*
« *sua tenebat, in eorum prejudicium prædicta certa*
« *membra occupavit, licet antea in possessione fuissent*
« *pacifica præmissorum* » (1).

Donc, à partir de l'administration du cardinal de Bologne, et malgré des prétentions à la haute et moyenne justice — prétentions affirmées dans des avèrements postérieurs, sous forme de protestation — les coseigneurs ne jouirent plus que de quelques droits attachés à la justice basse. Ce sont ces droits qui passèrent aux cinq familles nobles d'Aramon, dans les XVIe, XVIIe et XVIIIe siècles et permirent à leurs chefs de se qualifier du titre de « coseigneurs ». Nous en reparlerons dans un chapitre à part.

Voici la liste des coseigneurs, telle que nous avons pu l'établir à l'aide des documents que nous possédons encore :

1270 — Guillaume d'Aramon, Aramon d'Aramon, Pierre et Brémond Gros ;
1286 — L'Evêque de Cavaillon (nous ignorons son nom), Raymond de Masmolène ;
1304 — Jean Chausouard, Jean d'Aramon, Pierre d'Aramon ;
1309 — Etiennette, fille de Bernard d'Aramon ; Pierre d'A-

---

(1) Liasse XIII.

ramon, oncle d'Etiennette; Rostang d'Aramon, frère d'Etiennette; Pons d'Aramon, père de Pierre d'Aramon; Décan de Méozargue.

1314 — Rostaing de Coiran;

1315 — Jean et Pons d'Aramon (*bis*);

1328 — Décan de Mézoargues (*bis*); François d'Aramon; Pierre d'Aramon (*bis*); Rostaing d'Aramon; Bertrand Baccon; Bertrand d'Aramon et Guillaume Hugon d'Aramon; frères Pierre de Mérindol; Jean de Mérindol; Raymond et Jean d'Aramon frères; Bertrand du Luc, seigneur d'Aramon; Bernard Mascaron (1);

1329 — L'archidiacre d'Uzès;

1344 — Le cardinal de Bologne (1344-1373). Nommé à vie par le roi, il a la haute et moyenne justice exclusivement à tout autre, et jouit de la plus grande partie de la basse justice.

1346 — Bertrand d'Aymeric; Guillaume Hugon (*bis*); Jacques d'Aramon; Thomas de Graves; Pons des Arbres; Pons d'Aramon; Rostaing de Mérindol; Décan de Mézoargues, etc.;

1369 — Philippe Brasfort; Gaussende de Graves;

1370 — Jean Chausserdy; Véziane de Mérindol;

1373 — Philippe de Graves; Guillaume de Graves; Rostaing de Coiran, le jeune; Blaise des Arbres; Mascarone d'Aramon, fille de François d'Aramon et veuve de Jean de la Beaume;

1375 — François d'Aramon, fils de Raymond d'Aramon;

1377 — Guillaume de Graves (*bis*); Pierre d'Aramon, le vieux; Rostaing de Coiran, l'ancien; Rostaing de Coiran, le jeune (*bis*); Matthieu de Granville;

---

(1) Dans cet acte on semble avoir nommé tous les coseigneurs d'Aramon. Il y en aurait donc eu 13 en 1328, possédant les 24 parts de la Seigneurie.

François d'Aramon (*bis*) et Jean Chausouard, etc.;
1380 — Raymond et Jean Gordes, frères; Pierre Hugolin;
1389 — Bertrand et Pierre d'Aramon, frères;
1390 — Pierre et Jacques d'Aramon; François d'Aramon et Catherine, sa sœur;
1392 — Jacques Brasfort et sa grand'mère, Alésacine de Remoulins; Jean de la Rivière;
1395 — Pierre Tersolin;
1396 — Geoffroy le Meingre, dit Boucicaut;
1402 — Marguerite de la Baume; Jacques Geniez;
1403 — Rostaing de Castelin;
1443 — Jean Perrussy; Guillaume d'Aramon, fils de Léonard;
1445 — Pierre Maroan;
1457 — Gibaud et Bertrand Marigny, frères;
1460 — Laurent d'Aramon;
1461 — Léonard d'Aramon, seigneur de Lédenon;
1464 — Jacques d'Aramon; Laurent d'Aramon (*bis*); Marguerite de la Baume (*bis*);
1493 — Julien Perrussy, acquéreur de Léonard;
*Sans date* — François d'Aramon et Philippe de Granville;
1500 — Léonard et Guillaume d'Aramon;
Vers 1525 — Panisse.

Notons qu'en 1500, les Posquière et les Laudun ont déjà fait leur apparition; tandis que les du Jardin et les de Jossaud n'arrivent que vers 1520 et les de Malavalette sur la fin du xvi<sup>e</sup> siècle seulement.

# CHAPITRE V

## SAINT-PIERRE DU TERME

A deux kilomètres et demi de notre ville, sur le chemin de grande communication, n° 2, qui mène à Avignon, et tout près du Rhône, on trouve, adossées à la chaîne de rochers, qui sert de barrière à ce fleuve, au nord, quelques maisons généralement inhabitées : c'est l'ancien village de Saint-Pierre du Terme (1).

Il y avait là, autrefois, sur ce sol visiblement tourmenté par la main de l'homme, d'importantes carrières (2), dont les pierres ont servi à construire notre ville et même, dit-on, les remparts d'Avignon et le palais des Papes (3).

---

(1) « *Sanctus Petrus de Termino* ». Ce village était ainsi appelé parce qu'il bornait de ce côté l'archidiocèse d'Avignon.

(2) La pierre du Terme, bien qu'appartenant, ce semble, au même gisement que celle des Angles et de Villeneuve, a un caractère particulier, qui permet de la distinguer à première vue : elle porte généralement, noyés dans sa pâte, des silex qui la rendent peu accessible au ciseau des tailleurs; c'est pour ce motif que l'on ne s'en sert guère plus aujourd'hui.

(3) Il s'est transmis chez les mariniers d'Aramon, de père en fils, qu'au XIV° siècle, on transporta sur des barques par le Rhône, des quantités de pierres, prises aux carrières du Terme, pour la construction des remparts d'Avignon et du palais des Papes. Ceci, d'ailleurs n'a rien d'étonnant si l'on considère : 1° qu'au point de vue paroissial, Saint Pierre du Terme dépendait d'Avignon ; 2° que les remparts d'Avignon furent construits à la hâte, menacé que l'on était par le duc de Savoie (*Annuaire indicateur*, par Clément Lanot) et qu'on dut prendre, dès lors, les matériaux qu'on avait sous la main; 3° que le Rhône constituait un moyen facile pour transporter les pierres du Terme, en un temps surtout où les routes n'existaient pour ainsi dire pas.

Or, il paraît que cette localité, plus importante autrefois, puisqu'on en avait fait un centre paroissial, avec église, cimetière et presbytère, fut presque entièrement détruite par une épouvantable inondation. Voici ce que l'on raconte à ce sujet :

« Vers le milieu du treizième siècle, à la suite de grandes
« pluies, le Rhône ayant brusquement débordé, vint établir
« son lit sur la partie basse du hameau, renversant les
« maisons et comblant les carrières à demi épuisées. De la
« plaine, qui s'étendait verdoyante au midi, il fit une île :
« l'île du Terme ou du Mouton.

« Les habitants de Saint-Pierre, perdant alors l'espoir de
« rentrer jamais dans leurs demeures, et réduits à la dernière
« misère, firent appel à la générosité des Aramonais. Ce ne
« fut pas en vain. Les consuls offrirent immédiatement à ces
« malheureux, avec les secours les plus urgents, des terrains
« situés près de la ville, mais hors les murs, à l'orient, pour
« y bâtir des maisons : c'est ce qu'on appelle aujourd'hui les
« Bourgades. De plus, comme l'église d'alors était fort petite
« et n'aurait pu recevoir les nouveaux venus, on leur aban-
« donna la partie nord du cimetière adjacent à l'église
« paroissiale, pour y élever une chapelle.

« Les choses restèrent ainsi pendant bien des années ;
« mais, un jour, quand, par suite d'alliances, les deux
« populations se furent fondues l'une dans l'autre, on se dit :
« Que faisons-nous ? Nous ne sommes qu'un peuple, pourquoi
« deux églises ? Abattons le mur qui nous sépare. » « Ils le
« firent et voilà comment il se trouve que l'église a l'aspect
« de deux édifices juxtaposés. »

Cette tradition a du vrai, sûrement : le fait de l'inondation, par exemple. Dans un écrit de 1304, relatif à une contestation, qui s'était élevée, au sujet du Mouton, entre Jean Chausouard, l'un des coseigneurs d'Aramon, et les habitants du Terme, nous lisons que divers témoins cités par les parties déclarèrent « pour l'avoir entendu dire et pour l'avoir vu ; *dixit se audivisse et vidisse* — qu'il y avait autrefois, devant le village du Terme et reliée à lui une grande plaine, qui s'étendait du côté de Barbentane ; *quod olim magnum planum et territorium contiguum castro de Termino protendebatur versus Barbentanum* — que cette plaine fut totalement démolie par une crue du Rhône ; *quod illud planum est totaliter devastatum per pluvium Rhodani* — et qu'il se forma de l'autre côté du Rhône, toujours en face de Saint-Pierre, un crément, qui s'étendit de la rive actuelle du fleuve à la rive ancienne et qui n'est autre chose au fond que l'ancien territoire de Saint-Pierre et porte le nom d'île du Terme ; *illud planum quod factum est ultra Rhodanum ante Villam de Termino usque ad ripas veteres est et appellatur planum seu insula de Termino.* »

Au reste, le précieux document ne se borne point là : il détermine approximativement la date de la catastrophe. Parmi les témoins appelés à déposer, l'un dit qu'« il y a de cela trente ans environ ; *dixit se vidisse trigenta anni sunt elapsi vel circa ;* » un autre parle de « trente-cinq ans ; *dixit se vidisse trigenta quinque anni sunt elapsi ;* » mais le plus grand nombre affirme qu'« il y a cinquante ans ; *dixit se vidisse quinquagenta anni sunt elapsi :* » ce qui, en prenant la moyenne, soit quarante-cinq, et en la défalquant du millésime 1304, que porte notre document, assigne pour date à la catastrophe environ l'année 1260 (1).

D'ailleurs, à ce document d'une authenticité incontestable vient s'ajouter un fait, qui le corrobore singulièrement. Ici, quiconque a fréquenté les bords du Rhône, dans le voisinage du Terme, vous dira, que, pendant les grandes chaleurs de l'été, alors que le fleuve descend très bas, on aperçoit, tout au fond de son lit, d'anciennes carrières, visiblement taillées par la main de l'homme, et qui, émergeant ainsi, de temps à autre, des sables d'alentour, apparaissent tout à coup

---

(1) *Arch. comm.*, FF. 36. et L. IX.

comme d'indestructibles témoins, chargés de rappeler aux générations qui viennent la terrible catastrophe (1).

Mais, si le fait de l'inondation est certain, il n'en est pas de même des détails qui l'accompagnent (2) : ainsi rien de vrai dans la prétendue construction d'une chapelle, par les gens du Terme, adossée à l'église paroissiale : la petite nef ne date que de 1669, et s'il y avait auparavant une chapelle faisant pendant à celle de Saint-Joseph, il est démontré qu'elle ne s'appelait pas Saint-Pierre-ès-liens : nom que l'on n'aurait cependant pas manqué de lui donner, en souvenir de la patrie perdue (3).

Ainsi encore rien de vrai dans la prétendue installation des habitants du Terme sur l'emplacement des Bourgades. Le principal document du temps, nous l'avons vu, parle « du plan qui fut envahi par le Rhône, lequel était contigu « au village du Terme : *contiguum villa de Termino* » mais ne dit pas que le village ait été emporté (4). De plus, nous voyons dans le compoix de 1478, que le faubourg des Bourgades ne se composait, à cette époque, que de quelques remises, écuries, cours et jardins ; il n'y est pas question de maisons d'habitation (5). Donc la tradition fait erreur.

---

(1) Il est probable que la dépression de terrain, occasionnée par l'exploitation des carrières, facilita le déplacement du lit du Rhône.

(2) On ne parle que deux fois, dans nos archives, de l'inondation de 1260. 1° Dans un dénombrement fait en 1725, par le Marquis d'Aramon, nous lisons : « auquel lieu de Saint-Pierre, il n'y a à présent que quelques hameaux, les habitans s'estant retirés à Aramon depuis longtemps que le Rhône le démolit (L. XI). 2° Dans une délibération du 28 juillet 1779, les Consuls affirment que « depuis un temps immémorial, peut-être même depuis la destruction du village, les prieurs n'ont jamais habité que Saze, Aramon et Avignon. » Rien de précis là, mais un simple écho de la tradition.

(3) Notons encore que l'on ne s'expliquerait pas facilement que l'on eût conservé comme centre paroissial un pays détruit par les eaux et abandonné par ses habitants sans esprit de retour.

(4) *Arch. comm.*, FF. 36.

(5) *It.*, CC. I.

Ce qui est probable le voici : devant l'inondation qui montait sans cesse, engloutissant tout, les malheureux habitants du Terme, affolés, se réfugièrent à Aramon, où ils reçurent sans doute la plus fraternel accueil ; mais, le danger passé, ils rentrèrent chez eux, car c'était, avant tout, une population de carriers. Ils y étaient, dans tous les cas, lors des grands travaux des Papes, dont le souvenir est resté si vivace chez nos mariniers, et ils n'abandonnèrent leur pays que plus tard, lorsque les carrières épuisées ou délaissées ne leur permirent plus de gagner leur vie.

Quoi qu'il en soit, d'ailleurs, ce petit peuple nous a paru digne d'attirer un instant notre attention, par l'intelligence et l'énergie qu'il déploya principalement en trois circonstances.

### I. — Affaire contre l'un des coseigneurs d'Aramon

En 1304, une contestation s'était élevée entre Jean Chausouard, coseigneur d'Aramon « miles de Aramone » et les habitants du Terme représentés ici par leurs syndics ou procureurs : Pierre Bellegon, Raymond Guirard, Raymond Bernard et Guillaume Guerrier. Il s'agissait de l'île du Terme nouvellement formée, à la possession de laquelle on prétendait de part et d'autre. Après bien des démêlés, on convint de terminer cette affaire à l'amiable. En conséquence, le 8 des calendes de novembre, on nomma des arbitres ; ce furent Bertrand de Louviers (*de Luperiis*) et Jacques Inguerand, sous-viguier de Vallabrègues (*vice-vicarius Vallabricæ*), auxquels on adjoignit, pour le cas où ils ne pourraient s'entendre, Bernard de St-Quentin, juge de Beaucaire et Vallabrègues (*judex Bellocadri et Vallabricæ*). Et il fut entendu que si l'une des deux parties refusait d'accepter la sentence des arbitres, elle serait condamnée à cinquante livres tn. d'amende, payables moitié à l'autre partie, moitié au roi et aux seigneurs d'Aramon. Puis, on jura sur l'Evangile et en présence de témoins d'être fidèle aux conventions.

Ceci se passait dans l'île même du Terme.

Le tribunal ainsi constitué et tous les détails réglés, les arbitres invitèrent les parties à se trouver sur l'île, le samedi d'avant la Toussaint.

Au jour dit, les syndics du Terme se présentèrent, mais J. Chausouard fit défaut. Pourquoi ? Il semble résulter du texte, que ce fut par mauvaise humeur contre les syndics, qui s'étaient permis de citer des témoins : J. Chausouard ne l'aurait pas voulu, dans l'espoir que les droits de ses adversaires étant bien moins établis, il pourrait obtenir lui-même, des arbitres, des conditions plus favorables.

Quoi qu'il en soit, sur la demande énergique des syndics, on passa outre, et J. Inguérand, arbitre délégué, se déclara prêt à instruire l'affaire.

Les syndics du Terme proposèrent alors de démontrer :

1º que tout le crément laissé par le Rhône, de sa rive gauche jusqu'à son ancien lit vers Barbentane, appartenait au terrain de St Pierre ;

2º que les habitants du Terme avaient toujours joui et jouissaient encore de ce crément.

3º que, dans la viguerie de Vallabrègues (1) (*in vicaria Vallobricæ*), l'usage de temps immémorial *(alongissimis temporibus)*, était que si le Rhône démolissait une terre du côté du royaume de France et laissait un crément à l'opposite, ce crément revenait de droit à ceux dont la terre avait été démolie.

4º que le Terme et l'île en litige étaient et devaient être de la viguerie de Vallabrègues et relevait de son Viguier.

Puis, ils demandèrent que l'on citât des témoins originaires d'Aramon, du Terme et de Vallabrègues : ce qui fut accepté.

Les témoins au nombre de dix, déposèrent donc et leur déposition confirma de tout point les dires des gens du Terme.

---

(1) Le Terme et Aramon en dépendaient alors (FF. 36).

Ce n'est pas tout. Pour donner plus de force à leurs revendications, les syndics proposèrent de convoquer de nouveaux témoins. J. Chausouard, qui vit le tort que ne manqueraient pas de porter à sa cause tant de dépositions, voulut s'y opposer : d'abord en contestant aux syndics la validité de leurs titres ; ensuite, en déclarant qu'il ne se rendrait pas dans l'île, pour assister à la prestation de serment des nouveaux témoins. Les gens du Terme tinrent bon et onze témoins furent entendus, qui déposèrent dans le sens des premiers.

La cause était instruite ; en conséquence, le 6 des calendes de mars 1305 (probablement), Bernard de St Quentin, Bertrand de Loubiers et Jacques Inguérand se rendirent sur l'île en litige, où se trouvaient déjà les syndics du Terme et J. Chausouard ; « et là, nous dit le vieux document, après avoir « examiné les raisons des deux parties ; auditis rationibus « utriusque partis — ce qui suppose que J. Chausouard se « défendit — les arbitres prononcèrent leur sentence ; ils « tracèrent avec infiniment de soin une ligne allant du châ- « teau des Issarts au monastère de St Roman et déclarèrent « qu'à l'avenir cette ligne constituerait la démarcation des « deux propriétés: celle des gens du Terme et celle de J. « Chausouard. »

L'opération du bornage ne fut cependant déterminée qu'en 1306, à la suite d'une descente dans l'île, de Bertrand Baujon, bayle royal d'Aramon, sur l'ordre de Bernard de St Quentin (1).

### II. — AFFAIRE CONTRE LA COMMUNAUTÉ D'ARAMON

Depuis l'inondation du XIIIe siècle et malgré le regain de vie qu'avaient valu à cette population de carriers les grands travaux des Papes à Avignon, le Terme était resté bien

---

(1) *Arch. comm.*, FF. 36.

amoindri. Aussi, Aramon ne laissait-il passer aucune occasion de mettre ce pays sous sa dépendance, d'en faire comme un de ses hameaux.

C'est dans ce but, qu'en 1356, Jean Raynaud et Guillaume Pons, syndics d'Aramon, avaient présenté à Pierre Roubaud, viguier, une requête pour obtenir qu'il fût enjoint aux procureurs et habitants du Terme de faire l'avèrement de leurs biens conjointement avec les syndics et habitants d'Aramon. Et cette demande, les nouveaux syndics d'Aramon, Pons Garnier et Pons Bompar, la renouvelèrent bientôt après.

S'incliner devant de telles prétentions, c'était abdiquer toute existence propre. Pierre Simon et Jean Guerre, procureurs du Terme, le comprirent. Aussi, ripostèrent-ils en présentant à leur tour une requête, où il était dit en substance, que si l'usage était, pour le Terme, de contribuer avec Aramon, aux subsides royaux, tailles et autres charges, à raison d'un huitième, tout le monde savait que cette contribution était absolument distincte (*non tamen promiscue, communiter et indivisum sed distincte divisum*), et qu'ainsi les habitants d'Aramon n'avaient pas à s'occuper du mode employé par les habitants du Terme, pour la répartition entre eux de ce huitième, (*unde nihil interest hominum de Aramone nec ad illos pertinet quomodocumque quod dicti homines de termino invicem dividunt et subeant honus octave portionis predictæ.*)

La réponse était fière ; elle dut faire réfléchir les syndics d'Aramon, qui, pour éviter un procès, dont l'issue était douteuse, offrirent aux gens du Terme de transiger. On nomma un arbitre : Jean de Lédro, jurisconsulte de Nimes, auquel on fixa une date pour rendre sa sentence, à peine de nullité. Et il fut décidé que la partie qui refuserait de se soumettre, serait passible d'une amende de 100 marcs d'argent-fin.

A quelque temps de là, l'arbitre fit appeler les parties, prit note de leurs dires, et leur désigna le jour où il ferait connaître sa décision.

Quand ce jour fut venu, on chargea Guillaume Provincial,

curé du Terme, de se présenter, au nom des syndics, **devant l'arbitre et de lui demander sa sentence.**

Celui-ci la lui remit, en effet, renfermée dans une cédule en papier, et G. Provincial, s'étant rendu à Aramon, accompagné de P. Simon, la confia aux mains de Jean Masson, homme également estimé dans les deux camps.

Cependant, le temps fixé pour l'ouverture de la cédule s'écoulait, et les Aramonnais, soit qu'ils n'eussent pas foi dans leur cause, soit qu'ils gardassent rancune aux gens du Terme, ne cessaient de soulever des difficultés de forme afin de rendre la sentence caduque. Les gens du Terme s'en aperçurent; ils réclamèrent alors énergiquement l'ouverture de la cédule, menaçant les syndics d'Aramon des pénalités convenues en cas de résistance.

Cette énergie déjoua tous les calculs, et, le lendemain, après maintes formalités d'usage, le viguier se décida enfin à décacheter la précieuse cédule. Ce fut un triomphe pour les gens du Terme. En effet, dans ce pli, traduit séance tenante en langue vulgaire par le notaire d'Aramon, l'arbitre, après avoir constaté que les lieux d'Aramon et du Terme sont deux paroisses différentes et séparées, et que les habitants de chacune d'elles, forment une communauté distincte, bien qu'ayant certains points communs, ajoutait « que les habitants du
« Terme ne pouvaient être contraints par ceux d'Aramon à
« faire une nouvelle avération ou estimation de leurs biens,
« parce que cette avération ne regardait pas les gens d'Ara-
« mon et ne pouvait leur causer ni profit ni dommage » (1).

Cette sentence fut ratifiée par les gens du Terme, dans une assemblée tenue en mars 1357.

---

(1) *Arch. comm.*, FF. 34.

### III. — Affaire contre le maître des ports de Villeneuve-les-Avignon

Les habitants d'Aramon et du Terme avaient l'habitude de pêcher jusqu'au château des Issarts. Les coseigneurs de ce domaine, Laugier, Bermond et Rostang de Vénasque, voulurent les en empêcher. Ils portèrent donc plainte au Sénéchal de N. et B., Amédée des Baux, qui confia l'instruction de cette affaire à Pierre Laisent, maître des ports à Villeneuve.

P. Laisent le prit à l'aise; sans se donner la peine de faire une enquête, et peut-être aussi pour être agréable aux châtelains des Issarts, il défendit aux pêcheurs d'Aramon et du Terme d'exercer à l'avenir leur industrie au quartier des Issarts.

Ceux-ci ne l'entendirent pas ainsi : le 4 avril 1367, Guillaume Quentin, syndic d'Aramon, et Pons Viadier, procureur du Terme, se rendirent à Villeneuve et ayant rencontré P. Laisent dans la rue « auprès de la boutique *(apothecam)* « qui se trouve près de la tour royale du Pont-d'Avignon sur « le territoire de France » (tour de Philippe-le-Bel), ils lui déclarèrent que, de tout temps, les pêcheurs d'Aramon et du Terme avaient pratiqué le droit de pêche au quartier des Issarts, et que c'était à tort que les seigneurs des Issarts le leur avaient contesté. Ils ajoutèrent que, puisqu'on les avait condamnés sans prendre d'informations, ils allaient faire appel de cette injuste sentence au sénéchal de N. et B.

P. Laisent qui se sentait des torts, prit peur. Il calma les délégués et rétablit les choses dans leur premier état, ajoutant pour pallier sa défaite, qu'il statuerait plus tard sur le fond.

Il faut croire que la sentence, s'il la donna, fut favorable aux gens d'Aramon et du Terme, puisque nous les voyons user dans la suite du droit de pêche au quartier des Issarts (1).

---

(1) *Arch. comm.*, FF. 35.

Cependant, quelle que fût sa soif d'indépendance, Saint-Pierre-du-Terme finit par perdre son autonomie, au point de vue civil. A quelle époque? Voici : dans un premier document, celui de 1356, que nous avons analysé, nous voyons que le Terme, tout en contribuant avec Aramon à la solde des subsides royaux, formait une communauté à part et parfaitement distincte (1). Dans un second document, du 24 octobre 1588, nous remarquons, au contraire, que ce sont les consuls d'Aramon qui agissent directement dans les affaires du Terme (2). C'est donc entre ces deux dates, 1356-1588, que la vie civile disparut au Terme. Dans tous les cas, elle n'existait certainement plus en 1659, puisque nous lisons dans le mandement de l'évêque d'Uzès, de cette année : « Dans le terroir du Terme, qui est maintenant uni et incor-« poré à celui d'Aramon... » (3).

Mais il n'en fut pas de même de la vie paroissiale. Celle-ci se prolongea jusqu'à la Révolution et conserva à ce pays une physionomie propre. C'est d'elle exclusivement que nous aurons à nous occuper dans ce qu'il nous reste à dire de Saint-Pierre-du-Terme.

Saint-Pierre-du-Terme faisait partie du diocèse d'Avignon. C'était la dernière paroisse de la rive droite relevant de cet archevêché : de là son nom de *Terme* (*de termino*), comme nous l'avons déjà fait remarquer.

Saint-Pierre formait un prieuré rural (4), à la collation de l'archevêque et dont le produit, provenant de la dîme (5), se

---

(1) *Arch. comm.*, FF. 34.

(2) J. Pitot, not., 1588.

(3) L. XII.

(4) L. IV.

(5) Notons en passant, que cette dîme n'était pas le dixième des récoltes, tant s'en faut. Ainsi, il résulte d'une déposition faite en 1698 par Jean Gaucherand et Guillaume Vincent, anciens fermiers de la dîme du Terme, qu'on levait « la dixme des olives

montait à 300 florins (le florin : 12 sols), en 1523; à 310 en 527 et à 700 livres en 1590 (1). Il est vrai qu'il fallait déduire de cette somme les 100 ou 150 livres qui étaient annuellement affectées au repas offert aux propriétaires du Terme.

Comme centre paroissial, le Terme avait une église, un presbytère et un cimetière : c'est ce que nous démontrent les archives, aussi loin qu'elles nous permettent de remonter (2). Le prieur, tout d'abord, résidait dans la paroisse mais possédait une maison à Aramon (3), qu'il habita dans la suite.

En 1575, les pères Minimes étant venus s'établir à Avignon, à la demande du cardinal d'Armagnac (4), collégat et archevêque de cette ville, celui-ci, qui les affectionnait beaucoup, les combla de faveurs. Il leur donna entre autres choses le prieuré du Terme, par sa bulle du 2 nov. 1578 (5).

Les Minimes en prirent immédiatement possession, firent réparer l'église, qui était en mauvais état, et y établirent un prêtre pour administrer la paroisse, qu'ils payèrent naturellement avec les revenus du prieuré (6).

Tout alla bien pendant huit ans.

Mais à la suite des guerres de religion et pendant les trou-

---

suivant l'antienc coustume en foulant et chauchant les treize banastons ou cornudons de l'habitant et ne foulant ny chauchant pas le quatorzième de la dixme. » (M. A. Reboubet, not.).

(1) Il y avait aussi une pension de 360 l. attachée au prieuré du Terme, « mais elle ne provenait que de fondations faites au couvent des Minimes d'Avignon. » (L. IV.)

(2) Compoix de 1517 : « un cazau au Terme, du levant en la cloistre et en la gleize du Terme. » (Arch. comm., CC. 2).

(3) Compoix de 1478 : « un hostal près la porte soteiran (de Montfrin)... de levant en le prieur du Terme. » (maison Bonjean-Estran) Arch. comm., C. C. I.

(4) Histoire du Comté Venaissin. Fornery, notaire de Carpentras. Liv. X. Chap. V.

(5) L. IV.

(6) *Item*.

bles de la Ligue, des bandes de brigands s'étant organisées sur bien des points en Languedoc, qui, retirées en certains endroits isolés, comme dans autant de repaires, portaient ensuite le pillage et la mort dans les campagnes et jusque dans les villes (1), il arriva qu'une de ces bandes choisit le Terme, pays désert et d'accès difficile, pour lieu de refuge, s'établit dans l'église même et en fit une sorte de forteresse, d'où elle interceptait toute communication entre Aramon et Avignon (2).

Le duc de Montmorency, avisé du fait, fit déloger les brigands, et, pour prévenir le retour d'un pareil ennui, ordonna de démolir l'église (3). L'ordre fut exécuté par les consuls et les habitants d'Aramon, vers 1586 (4).

La conséquence de tout ceci fut l'interruption du service religieux au Terme.

Il n'y eut pas, d'ailleurs, de réclamations pendant deux ans.

Mais, le 14 octobre 1588, Joseph de Malavalette, assesseur, obéissant sans doute à la pression du pays, somma le Père Jean Isnard, procureur des Minimes, d'avoir à faire « le ser-« vice deubz et accoutumé fére en l'esglise de Saint-Pierre-« du-Terme, comme prieur de ce bénéfice... faute de quoy le « rendroit responsable de tous dépens ».

Le père J. Isnard répondit que les Minimes s'acquittaient consciencieusement de ce service à Avignon, dans leur couvent, depuis que les habitants d'Aramon avaient démoli l'é-

---

(1) L. Ménard, t. V. p. 181.

(2) J. Pitot, notaire, 1588. J. Arnaud, not. 1655.

(3) J. Pitot, notaire, 1588.

(4) Nous voyons que, le 11 novembre 1586, les consuls d'Aramon décidèrent d'enlever « les bards de l'Esglise du Terme abattue » pour réparer le vieux four, sauf à en payer le prix aux Minimes) Arch. comm., BB. 9) et ensuite, que les Minimes avaient vendu les fondements de l'église et ouvert une carrière sur son emplacement. (J. Arnaud, notaire, 1655).

glise et enlevé les matériaux, et que, si on voulait que le service fût repris, on n'avait qu'à remettre l'église dans l'état qu'elle était auparavant, ou bien à en faire reconstruire une autre (1).

Soit que la communauté d'Aramon ne voulût pas entamer un procès, à un moment où, par suite des guerres de religion et de la peste, ses finances étaient en fort mauvais état, soit qu'elle se rendît compte de ses torts en cette affaire, on en resta là.

Mais, soixante-six ans plus tard, c'est-à-dire vers le milieu du XVIIe siècle, l'affaire fut reprise. Le 25 novembre 1654. Antoine Peyric, second consul (2), se rendit à Tarascon, auprès de Simon (?) de Jossaud, premier consul, lui apportant une requête des habitants d'Aramon, avec prière de la présenter à Mgr Domergue de Marinier, alors en tournée pastorale dans cette ville. On demandait, dans cette requête, qu' « au lieu du Terme soit restably l'ancienne esglise paro-
« chiale de Dieu à l'honneur de Saint-Pierre-ais-Liens, la-
« quelle se trouve à présent destruicte » (3). L'archevêque répondit qu'il devait bientôt passer en Languedoc, pour visiter les paroisses de cette province relevant de sa juridiction et qu'il profiterait de cette circonstance pour s'arrêter à Saint-Pierre-du-Terme.

De fait, le 14 janvier 1655, il traversa le Rhône à la hauteur de la Roche-d'Acier, se rendit directement à Aramon où il fut reçu par les consuls S. de Jossaud et H. Peyric et con-

---

(1) J. Pitot, notaire. Un acte de 1690 dit : « Tout le monde scait que les Minimes firent faire le service dans la paroisse du lieu dit des Angles, jusqu'à la réédification de l'église dud. prieuré et mesmes il y fust estably, par lesd. pères, un curé amovible pour le service et l'administration des sacrements. » Cette modification eut lieu sans doute après 1588 et fut une sorte de concession qui porta les Aramonais à patienter tout un temps.

(2) L. XV.

(3) J. Arnaud, notaire, 1654.

duit par eux au Terme. Là, il trouva le Père Saumur, délégué du Provincial, et plusieurs autres Pères que l'on avait eu soin d'avertir quelques jours auparavant. Etaient présents également presque tous les habitants du Terme.

Il s'agissait d'abord de déterminer l'endroit précis où se trouvait autrefois l'église. Ce fut facile, grâce aux indications données sur le lieu même par deux vieillards du pays, qui y « avaient, disaient-ils, souvent entendu la messe dans leur « enfance ».

Ce premier point réglé, on s'occupa de savoir à qui devaient incomber les frais de la reconstruction. Une longue discussion s'engagea à ce sujet entre les consuls et les Minimes, pendant laquelle, silencieux et attentif, l'Archevêque écoutait.

Quand on eut fini de parler, l'Archevêque rendit sa sentence : 1º on construirait une église à l'endroit même indiqué par les vieillards ; 2º cette église aurait en principe dix cannes de long sur cinq de large, l'abside non comprise ; mais, présentement, six cannes de long suffiraient, avec des pierres d'attente à la façade, afin que si, plus tard, les habitants jugeaient à propos de l'agrandir ils le pussent aisément ; 3º les travaux seraient terminés dans six mois « à peine de « saisie des rentes du Prieuré » ; 4º on bâtirait également à côté de l'église, dans la direction du midi, un presbytère pour le desservant ; le tout, église et presbytère, en pierres de taille « vu que le lieu est tout plein de carrières de pierres ».

Quant aux charges, Sa Grandeur déclara que, s'il résultait de toutes les dépositions, que les habitants d'Aramon avaient pris les pierres de l'édifice pour construire leurs maisons et réparer leur four, il n'était pas moins vrai que les Minimes, de leur côté, en avaient « vendu les fondements » et qu'en conséquence il condamnait les Minimes à élever à leurs frais les fondements du nouvel édifice, jusqu'à fleur de terre ; que le reste de la bâtisse serait fait à frais communs par les deux parties (1).

---

(1) L'acte dit aussi que l'on présentera un prêtre à l'Archevêque, qui se réserve de l'approuver ; que ce prêtre résidera au Terme ;

Tout le monde acquiesça à cette sentence.

Alors, l'Archevêque planta une croix de bois à l'endroit désigné pour bâtir l'église, donna sa bénédiction et partit pour Saze (1).

Nous l'avons dit : l'église devait être construite en six mois. Il faut croire qu'il y eut encore des tiraillements, car ce fut bien plus long. Mais, en attendant, on transforma en chapelle une pièce de la métairie de Pierre Soumille, on nomma un curé, Claude Darmin, d'Aramon, et le service commença (2).

Le prix fait de l'église ne fut passé que le 18 mai 1664, et la construction dura quatre ans. Quand tout fut terminé, c'est-à-dire le 4 août 1668 (3) le frère Gabriel Couston, procureur des Minimes, se rendit à Aramon, pour inviter S. de Jossand, viguier de cette ville, ainsi que les consuls, à la bénédiction du monument, qui devait avoir lieu le lendemain, à 6 heures du matin. L'Archevêque avait désigné pour cette cérémonie : Pierre Guyon, chanoine de son église métropolitaine.

Le lendemain donc, le viguier, les consuls, en tenue consulaire, G. Couston, C. Darmin, des laïques de marque, tels que Laurent Choisity et Vincent Guiraud, et une foule de personnes « de l'un et l'autre sexe », se rendirent à la métairie de P. Soumille, auprès du chanoine P. Guyon. Aussitôt, on se mit en procession, au chant du *Veni Creator*: arrivé à l'église, le chanoine Guyon la bénit.

Et sur le seuil même de la nouvelle église, on rédigea le procès-verbal de la cérémonie (4).

---

enfin, que, près de l'église, on établira un cimetière avec mur de clôture.

(1) J. Arnaud, notaire, 1655.

(2) *It.*, 1668.

(3) Cette date se trouve également gravée sur le montant de droite de la porte de l'église.

(4) J. Arnaud, notaire, 1668.

Cette affaire de la construction de l'église était à peine terminée, qu'une autre commença : celle du repas du Terme.

L'usage s'était établi, par suite de la complaisance d'anciens prieurs, de payer chaque année un repas aux gens de la dîmerie du Terme, le jour de Saint-Pierre-aux-liens, patron de l'église du lieu. Mais, avec l'esprit léger de la population, l'abus ne tarda pas à se produire : ce fut bientôt « une assemblée de danses et de rendez-vous à la dissolution (1). » Déjà, le 22 juillet 1601, les scandales, donnés à cette occasion, avaient tellement révolté la partie saine et intelligente de la population, que les Consuls, après entente avec le fermier du prieuré, avaient cru devoir employer « l'argent du repas à la construction d'un couvert, pour la « croix du cimetière Saint-Jean (2). » Le 1er avril 1607, également, on avait « décidé que tant que Pierre Advocat serait « rentier du prieur, on renoncerait au repas » et que l'on en affecterait le montant à réparer la maison consulaire (3). Il en fut de même les années suivantes : cet argent du repas, qui se montait primitivement à 150 l., et avait été successivement réduit à 100, puis à 60, et enfin à 40 l., on l'employa soit à embellir l'église, soit à construire le couvent des Récollets, soit même à payer les dettes de la communauté (4).

En 1682, — peut-être parce que le froid avait tué les oliviers, principale récolte du pays et diminué ainsi les revenus du prieur (5) — on ne parle plus du repas, ni de son « équivalent ».

L'usage paraissait donc définitivement aboli ; mais voilà

---

(1) L. IV.

(2) *Arch. comm.*, BB. 9.

(3) *It.*, BB. 10.

(4) L. IV.

(5) Peut-être aussi parce que le roi avait déjà condamné ces sortes de libéralités, qui dégénéraient en licence (L. IV).

qu'en 1690, arrive un premier consul, qui se met en tête de le faire revivre : Joseph Labrousse, petit-fils d'un ancien aubergiste, homme fort connu pour ses accointances avec les calvinistes et auquel un document de l'époque applique ce mot de l'Ecriture : « Il entasse tout le jour des mensonges ; *tota die mendacium congregat* ».

Il n'y va pas, d'ailleurs, par quatre chemins, ce digne ascendant du sectaire de 1792. Les Minimes étaient venus en aide à la Communauté, en lui prêtant 3.000 l.; J. Labrousse retient soixante livres, sur les intérêts qu'on leur sert. Naturellement, un procès s'ensuit. J. Labrousse entasse argument sur argument. A l'entendre, l'usage du repas est immémorial... ce sont des agapes dignes de la primitive Eglise... on pourrait réparer l'hospice avec l'argent qui en reviendrait, etc.

Les Minimes n'eurent pas de peine à démontrer 1° que ce repas était un acte de pure générosité ; 2° qu'il servait d'occasion aux plus révoltants excès ; et 3° qu'enfin on ne pouvait les contraindre, eux Minimes, des étrangers en somme pour Aramon, à contribuer aux réparations de l'hospice.

Aussi, le 3 septembre 1690, M. de Lamoignon, intendant du Languedoc, « faisant droit pour le tout, déclara décharger « le syndic des PP. Minimes de la demande faite par la « communauté d'Aramon, du repas dont est question ou « valeur d'iceluy, tant pour le passé que pour l'avenir ». De plus, il condamna les consuls à payer aux religieux tous les intérêts échus. Tout finit là (1).

Nous avons vu plus haut, qu'en vertu de l'ordonnance épiscopale du 14 janvier 1655, avec l'église on devait construire, au Terme, un presbytère. Cette dernière construction n'eut lieu que plus tard. Voici dans quelles circonstances.

Au XVIe siècle, le Terme ressemblait plutôt à un hermi-

---

(1) L. IV.

tage (1) qu'à une paroisse, avec ses huit maisons seulement, dont deux inhabitées (2) ; avec son sol inégal tout semé de fondrières ; avec ses oseraies solitaires, le plus souvent couvertes d'eau. Aussi, ne sommes-nous pas étonné, en lisant les vieux écrits, du peu d'empressement que ses prieurs mettaient à l'habiter et de la préférence marquée qu'ils avaient soit pour Avignon, la brillante cité papale (3), soit pour Aramon, où ils possédaient une jolie maison, près de la porte de Montrin (4), soit même pour le petit village de Saze, riche, coquet, à deux pas d'une belle route (5).

Mais, il faut en convenir, il y avait là un inconvénient. En effet, les jours de pluie comme les jours de froid, le prieur, se rendant au Terme pour remplir ses fonctions curiales, se trouvait forcément sans abri, et condamné, dès lors, ou bien à endurer le mauvais temps, ou bien à demander asile à ses paroissiens : alternative également fâcheuse.

Cet état de choses finit par occasionner un conflit.

Dans le courant de l'année 1730, le prieur du Terme, Charles Héraud, qui résidait à Saze, chez son père, demanda aux consuls d'affermer pour lui la « gardette joignant l'église », afin qu'il pût s'y abriter, en cas de mauvais temps (6). Les consuls déclarèrent acquiescer à cette

---

(1) On raconte qu'un ermite de la tierce règle de Saint-François, appelé Frère Claude Gana, « demeurant à l'ermitage de Saint-Pierre du Terme, » devenu vieux, fit venir auprès de lui un autre ermite de la même règle, nommé Antoine Pons; et qu'ensuite, le 24 mars 1537, il déclara, devant notaire, qu'il lui laisserait son petit avoir, en récompense des services qu'il lui avait rendus et pourrait lui rendre encore. (Ant. Orionis, not.). En vérité le **Terme** convenait bien à des ermites.

(2) *Arch. comm.*, BB. 29.

(3) *Item*.

(4) J. Pitot, not. 1596.

(5) *Arch. comm.*, BB. 29.

(6) *It.*, BB. 16.

demande, d'ailleurs fort juste. Mais il faut croire que les démarches par eux faites auprès du propriétaire, un sieur Crouzet, d'Avignon, n'aboutirent pas, puisque nous voyons le 16 novembre 1733, l'abbé Ch. Héraud, qui somme par huissier la communauté d'Aramon d'avoir à lui fournir un logement, et, en attendant, de lui payer, chaque année, une indemnité de 60 livres (1).

Devant cette mise en demeure, les consuls offrirent au prieur la métairie Guiraud ou la métairie Martin à son choix. Ils prenaient à leur charge, bien entendu, le montant du loyer, soit 25 francs environ. Mais l'abbé Héraud répondit que la maison Martin se trouvait éloignée d'un quart de lieu de l'église, dans le terroir d'Aramon, et que la maison Guiraud était déjà occupée par une famille : il ne pouvait donc accepter ni l'une ni l'autre (2).

Le procès allait suivre son cours, lorsque, le 12 mars 1735, intervint une ordonnance de l'Intendant, qui enjoignait aux consuls de payer annuellement au prieur 30 livres, comme indemnité de loyer « jusqu'à ce que l'on fût en mesure de « bâtir un presbytère (3) ».

Tout le monde s'inclina devant cet ordre.

On n'en eut pas fini toutefois avec la question du presbytère, et la querelle, tout un temps assoupie, se réveilla plus vive que jamais, sur la fin du XVIIIe siècle.

A cette époque, tout avait renchéri et avec les 30 livres fournies par la communauté, il n'était pas possible au prieur de se loger convenablement. Aussi, le 11 décembre 1774, l'abbé Maurel, curé du Terme, demanda la construction, *sans plus tarder*, d'un presbytère, avec une indemnité de logement de 100 livres par an, jusqu'après la construction.

---

(1) *Arch. comm.*, BB. 17.
(2) *Item*.
(3) L. IV.

L'Intendant fut de cet avis ; il réduisit seulement l'indemnité à 72 livres.

En séance publique, les consuls déclarèrent vouloir se conformer à cette décision ; mais, sous main, ils usèrent de toutes sortes de moyens, pour faire traîner les choses en longueur, espérant ainsi décourager l'abbé Maurel : nous remarquons en effet, que le devis, fait par le maçon Lambert, ne fut présenté au Conseil que le 26 octobre 1776.

L'abbé Maurel n'était pas dupe de cette manœuvre. Pour y mettre un terme, il obtint, le 27 février 1777, une ordonnance qui enjoignait aux consuls de procéder immédiatement à l'adjudication des travaux. Devant cet ordre formel, il n'y avait plus qu'à s'exécuter, ce semble. Mais alors l'opposition jeta le masque. Au moment même où se faisait, par la ville, la publication des enchères, un huissier se présenta au nom de Charles-René Pitot, seigneur de Lannay, premier avocat général à la Cour des Comptes, Aides et Finances de Montpellier, Charles-Gaspard Boissière de Bertrandy, juge du Marquisat d'Aramon, Antoine Cavène, Augustin Cavène, Claude Granier, etc., qui fit opposition à l'ordonnance, sous prétexte qu'elle avait été surprise et déclara que les plaignants allaient en appeler à l'Intendant lui-même (1).

En effet, le 6 avril, ceux-ci envoyèrent une requête à l'Intendant, où ils exposèrent longuement et violemment leurs griefs. Non contents de cela, ils se mirent à intriguer auprès de M. Joubert, syndic général du Diocèse, et finirent par lui arracher un avis favorable à leur cause (2).

Mais tout fut inutile : il paraît que, selon le mot de Moreau, procureur de la communauté à la Cour de Montpellier, l'abbé Maurel avait fait « recommander l'affaire par quelques « personnes de grande considération. »

En 1780, l'Intendant, après s'être fait remettre les pièces

---

(1) *Arch. comm.*, BB. 28.
(2) *It.*, FF. 65.

du procès et les avoir attentivement examinées, rendit une ordonnance, qui condamnait définitivement la communauté à bâtir, sans autre délai, une maison pour le desservant, au Terme (1).

Restait à déterminer l'emplacement de l'édifice. L'abbé Maurel commença par faire du cimetière une place, au devant de l'Eglise, et, avec l'autorisation de ses supérieurs, en bénit un nouveau : celui-là même que l'on remarque encore au-dessus de la route, tout près de la « Maisonnette ». Puis, il demanda que le presbytère fût construit au nord de la nouvelle place, sur un terrain appartenant aux Minimes. Les consuls, dans un but d'économie ou peut-être par un reste de mauvaise humeur, désignèrent un emplacement peu commode, mais qui appartenait à la communauté. Il fallut de nouveau recourir à l'Intendant, qui donna une fois encore raison au curé. Nous voyons, en effet, que le 21 janvier 1781, le père Louis-Noël Bouis se rendit au Terme, et qu'il vendit aux consuls « deux pougnadières, un quart d'une olivette « près l'église, au prix de 45 livres 16 sols (2). »

Après enchères, le bail fut passé à Jean Bernard, menuisier d'Aramon, à raison de 2.778 livres. Il y eut un supplément de 439 livres 3 sols, pour des dépenses imprévues. Le presbytère fut terminé le 20 juillet 1783 : c'est cette maison carrée qui se trouve au nord de la place et au couchant de de l'église (3).

D'ailleurs, l'édifice ne garda pas longtemps sa destination première : la Révolution était là.

Au moment où elle éclata, il y avait pour curé, au Terme, l'abbé Paul Tournès. Celui-ci prêta serment à la constitution civile du clergé, le 30 janvier 1791, « après avoir prononcé, « nous disent les documents de l'époque, un bref discours

---

(1) *Arch. comm.*, FF. 65.

(2) *It.*, BB. 30.

(3) *Item*.

« respirant les sentiments les plus patriotiques et la soumission
« la plus respectueuse envers les décrets de l'Assemblée na-
« tionale. » Mais cet acte de faiblesse ne le sauva pas. A
quelque temps de là, la cure du Terme fut supprimée, et l'abbé
P. Tournès, retiré à Graveson, son pays natal, put assister de
là, à la vente de son église et de son presbytère, qui eut lieu
à Beaucaire, siège du district, le 15 février 1792. Ce fut le
nommé Paul Fabre, négociant d'Aramon, qui obtint le tout,
au prix de 2200 livres ; mais le cimetière ne fit pas partie du
lot, la loi du 15 mai 1790 s'opposant à la vente de ces sortes
d'immeubles, avant dix ans révolus, depuis la dernière sépulture (1).

Cette profanation retentit sans doute douloureusement dans
le cœur de l'ancien curé du Terme, et, en dissipant ses dernières illusions, réveilla en lui le remords. Nous en avons la
preuve dans la protestation qu'il envoya de Graveson, au
Maire d'Aramon, le 20 mai 1791, et que nous transcrivons ici
en entier, persuadé que nous ne saurions clore plus heureusement ce chapitre.

20 mai 1892. — « Par devant nous, Maire et officiers muni-
« cipaux de la ville d'Aramon, ci-devant curé de la paroisse de
« St-Pierre du Terme, a fait sa rétractation du serment qu'il a
« prêté devant la municipalité et dans l'église de ladite pa-
« roisse, le peuple étant assemblé, le 30 janvier 1791, ainsi
« qu'il suit :
« Je, Paul Tournès, soussigné, prêtre et curé de St-Pierre de
« Terme-lès-Aramon, diocèse d'Avignon, partie du Langue-
« doc, voulant obéir au cri de ma conscience, vivre et mourir
« en enfant soumis de la sainte Église catholique aposto-
« lique et romaine, déclare me rétracter volontairement et de
« mon plein gré, du serment pur et simple inscrit dans les
« registres de la municipalité d'Aramon, en date du 30 jan-

---

(1) Préfecture de Nîmes. Vente des biens du clergé, n° 261.

« vier 1791, en ce qu'il renferme d'hétérodoxe et de contraire
« aux droits et maximes de l'Église. Je renouvelle cependant
« le serment de fidélité, qu'à pareille époque j'aurais prêté
« à la nation, à la loi et au roi, ne reconnaissant d'autres
« bornes à l'obéissance que mon cœur leur a vouée, que la loi
« de Dieu et le cri de ma conscience. Résolu de donner à cette
« présente déclaration toute la publicité authentique, j'ose
« prier MM. le Maire et officiers municipaux, pour qu'il
« conste de la sincérité de mes sentiments orthodoxes, de
« daigner l'insérer au livre de la Municipalité et de m'en faire
« expédier extrait.

« A Graveson, le 13 mai 1792.

« P. Tournès, prêtre-curé.

« Nous dits Maire et officiers municipaux avons donné acte
« audit sieur Tournès de la déclaration et avons signé avec
« notre secrétaire greffier (1).

---

(1) Registres municipaux.

# CHAPITRE VI

## INSTITUTIONS FISCALES, JUDICIAIRES ET COMMUNALES [1]

### I. — Institutions Fiscales

Elles se composaient d'un triple rouage : Etats-généraux, Assiette diocésaine, Consulat; le tout parfaitement coordonné.

1° *Etats-Généraux* (2). — Les Etats-Généraux *votaient* l'impôt [note B]. Chaque année le Roi réunissait les généraux des finances et faisait un état, par estimation, de l'année à venir. Le montant de la taille était fixé d'après les prévisions des Aides et de la Gabelle. A partir de Louis XII, le Languedoc paya environ le dixième de la taille commune.

Cela fait, le roi envoyait dans chaque province, une ou deux fois l'an, des commissaires avec plein pouvoir, pour lever la portion de la taille afférente au pays et c'étaient eux qui convoquaient les Etats-Généraux (3).

---

(1) Tous les détails d'intérêt général, contenus dans ce chapitre, ont été tirés : 1° de A. Spont. (*La taille en Languedoc* — Annales du Midi, 1890-1891); 2° de P. Dognon *(Institutions politiques et administratives du pays de Languedoc, du XIII° siècle aux guerres de religion)*; 3° de A. Gabourg (*Histoire de France*).

(2) Jusqu'à la fin du XIII° siècle, les revenus de la Couronne, évalués à 200.000 l. environ, avaient suffi aux rois de France; mais les grandes guerres qui suivirent mirent la royauté dans la nécessité de s'adresser directement à la noblesse, au clergé et aux communautés, pour en obtenir des subsides. Une affaire d'argent, telle fut donc l'origine des Etats-Généraux.

(3) Dans le principe, les commissaires royaux convoquaient auprès

Les États du Languedoc se composaient d'abord (1318) de cinq sénéchaussées : Toulouse, Carcassonne, Beaucaire-Nîmes, Rodez, Périgueux-Cahors. Ces deux dernières, séparées des possessions françaises par le traité de Brétigny (1360), ne firent plus partie des Etats du Languedoc, même lorsqu'elles furent revenues au roi, par la rupture de ce traité (1370). Par *pays de Languedoc*, on n'entendit à l'avenir que les trois premières sénéchaussées.

La réunion des Etats avait lieu tantôt dans une ville tantôt dans une autre ; cela tenait à des raisons particulières. Il y avait remontrances, amendes, confiscation, pour les députés qui ne s'y rendaient pas ; mais, pour la validité des résolutions il suffisait que leur nombre fût « convenable ».

Chose curieuse : le nombre des députés était fort restreint (1). En 1418, nous en comptons seulement douze de la noblesse et quinze du clergé. Quant à ceux des communautés, ils sont bien plus nombreux. Il y en a même plus que de communautés : il est vrai qu'un seul par communauté a le droit de voter, les autres l'assistant tout au plus de leurs conseils.

D'ailleurs, vers 1526-1531, c'est-à-dire lorsque les circonscriptions diocésaines ont été substituées au vigueries, l'usage s'établit et devient une règle de déléguer aux Etats un député pour la ville principale et un autre pour l'ensemble des autres villes du ressort (2). On peut évaluer de 120 à 130 les communes du pays qui se partageaient le rôle politique.

La convocation aux Etats arrivait au syndic du diocèse, qui la transmettait aux Consuls des Communautés, appelées à y

---

d'eux, à Paris, les personnes féodales. Ce système entraînait forcément de grosses dépenses. Aussi, on ne tarda pas à faire entendre d'énergiques réclamations, devant lesquelles le pouvoir prit le parti de convoquer les Etats à Tours, Toulouse, etc.,

(1) En janvier 1509, le chiffre total fut de 60.

(2) Le diocèse d'Uzès formait une exception à cette règle, ou plutôt une particularité ; nous le verrons bientôt.

prendre part, une quinzaine de jours avant la réunion. On nommait le député tantôt en conseil privé, tantôt en conseil général (1). Au xvie siècle, l'habitude de nommer le premier consul était à tel point invétérée, que celui-ci se regardait comme « commis de droit aux Etats » (2). Disons cependant que, lorsqu'il y eut des maires, ceux-ci y furent envoyés, à l'exclusion des consuls ; c'était même un droit de leur charge (3); et cet usage se poursuivit jusqu'à la Révolution (4).

Dès que les députés étaient rendus en séance et placés à leurs rangs respectifs, les commissaires présentaient la requête au nom du roi. Aussitôt, un membre de l'assemblée demandait aux commissaires la permission, pour les trois ordres, de se réunir. Les commissaires l'accordaient et se retiraient eux-mêmes, pour attendre la réponse à la requête : ce qui pouvait durer plusieurs semaines.

Les Etats commençaient par choisir un président, c'était un prélat d'ordinaire (5). On délibérait, chaque ordre à part, mais la délibération finale sur chaque point avait lieu en réunion plénière, et à la pluralité des voix, dès le xvie siècle. C'était là un grand avantage pour les députés des communes, qui, plus nombreux que ceux de la noblesse et du clergé, pouvaient faire facilement pencher la balance de leur côté.

Dans le principe, on discutait « l'octroi » à faire au roi, et l'on posait comme condition d'acceptation ou de refus, les réformes, améliorations, etc., contenues dans les cahiers des doléances. Mais, à partir de François Ier, le droit de concéder ou de refuser l'octroi n'est plus qu'une pure formalité. On

---

(1) M. A. Reboulet, notaire, 1723. Etc., etc.

(2) *Arch. comm.* BB. 25.

(3) *Item*.

(4) *It.*, BB. 28.

(5) Les députés étaient défrayés entièrement. Au xvie siècle, les Etats donnaient à leur président 200 l. s'il était évêque et la moitié seulement, s'il était vicaire général, etc.

commence par souscrire au chiffre fixé par le roi et la demande de ce dernier est acquise, quel que soit le sort réservé au cahier des doléances.

Cependant, les Etats, s'ils sont forcés d'accepter le chiffre du Roi, ne lui laissent jamais, à lui ou à ses commissaires, le soin de déterminer la nature de l'impôt. Ils payeront tant, c'est bon ; mais ils se réservent de décider eux-mêmes si ce sera au moyen de « fouages » (1), ou de « capages » (2), d'« équivalents » (3) ou de « gabelles » (4) et la répartition est faite, en cours de session, entre tous les diocèses (5),

Les communautés qui prenaient place aux Etats, bien que formant un contingent supérieur à celui de la noblesse et du clergé, ne constituaient en somme que le très petit nombre des villes de chaque diocèse. C'étaient presque uniquement les « loca sublimia, localités insignes », celles qui avaient des intérêts plus importants à défendre et qui pouvaient mieux supporter les frais de longs voyages. Aussi se regardaient-elles comme « répondant » pour les villes de la circonscription qu'elles dominaient, et qui, convoquées ou non, n'avaient pas assisté à l'assemblée.

D'ailleurs, elles n'y perdaient rien. Que de faveurs particu-

---

(1) Ce mot vient de *focus*, feu. On entendait par feu une maison et le ménage qui l'habitait. Seuls, étaient imposables les feux qui avaient un capital de dix livres au moins, et, pour cela, on faisait estimer les biens. Notons que le feu n'était pas un moyen de répartition ou d'assiette de l'impôt, dans l'intérieur des communautés : ce n'eût pas été juste. Il servait seulement à répartir l'impôt entre les communautés, à fixer leur quote-part. Ensuite, pour payer cette quote-part, chaque communauté s'imposait à sa guise. Le fouage est devenu l'impôt foncier.

(2) Tribut imposé sur les personnes et par tête (*caput*).

(3) Impôt sur les denrées.

(4) Impôt sur le sel.

(5) A partir de 1466, l'impôt est payé en quatre parties égales : novembre, février, mai, août. Quelquefois par anticipation, vu les besoins pressants de la couronne.

lières, que de passe-droits même ne leur accordait-on pas, dans la répartition de l'impôt? N'étaient-elles pas la puissance, qu'il fallait ménager, gagner à soi?

On finit par s'en apercevoir dans le reste de la province, et, dès lors, chacun voulut avoir sa part d'honneur et de profit. Les villes principales du diocèse d'Uzès en particulier : Aramon, Barjac, les Vans, Montfrin, Saint-Ambroix, Vallabrègues, engagèrent des démarches dans ce sens, après s'être concertées.

Jusqu'au milieu du xv<sup>e</sup> siècle, l'usage était que le diocèse fût représenté aux Etats : 1° par deux députés d'Uzès, dont un seul avait voix délibérative ; 2° par un député de Saint-Esprit, alternativement avec un député de Bagnols.

Devant les réclamations des autres villes, Saint-Esprit et Bagnols se résignèrent pour la première fois, en 1476 (29 mai) à laisser ces derniers siéger aux Etats « par tour et ordre « avec l'alternative d'icelles », mais en réservant à leurs seuls députés le droit de vote.

Celles-ci voulurent mieux, et une lutte s'engagea toute mêlée de curieux incidents : les Aides prenant fait et cause, dans une pensée de libéralisme, pour les villes sacrifiées du diocèse ; les Etats fidèles aux traditions du passé, soutenant les privilèges de Saint-Esprit et de Bagnols, et les deux juridictions donnant des décisions diamétralement opposées.

Le débat dura près d'un siècle. Pour en finir, on eut alors l'idée d'en appeler au Conseil du Roi, l'affaire y fut même évoquée par lettres patentes du 9 juillet 1604 ; mais au dernier moment, les parties reculèrent devant les frais énormes qui ne pouvaient manquer de leur incomber et préférèrent s'entendre. En conséquence, le 6 janvier 1606, une transaction fut passée à Uzès, par devant Georges de Guillaumont, écuyer du roi, gentilhomme ordinaire de la chambre de Mgr le duc de Montpensier, etc., entre tous les consuls des villes du diocèse : Pierre Bellon, bourgeois, représentait Aramon.

Il y était dit : 1° qu'à l'avenir, deux consuls d'Uzès (l'ancien premier consul et le nouveau) iraient aux Etats, tantôt avec un consul de Saint-Esprit, tantôt avec un consul de Bagnols ; mais que ces députés appelleraient un des consuls des autres villes « maîtresses » par tour et ordre, lequel aurait voix délibérative dans la séance du soir, tandis que celui de Saint-Esprit ou de Bagnols la garderait dans la séance du matin.

2º Que le consul de Saint-Esprit ayant assisté avec celui de Saint-Ambroix à l'assemblée de Narbonne en 1605, ce serait cette année-ci (1606) le tour de Bagnols et Roquemaure ; puis viendraient Saint-Esprit et les Vans ; Bagnols et Aramon ; Saint-Esprit et Barjac ; Bagnols et Montfrin ; Saint-Esprit et Vallabrègues, toujours dans cet ordre.

3º Que les journées et vacations de ces députés « alterna-« tifs » seraient à la charge du diocèse et sur le taux de celles des députés d'Uzès (1).

Ainsi finit la querelle.

2º *L'assiette diocésaine.* — L'Assiette *répartissait* l'impôt. — Nous voyons dans les procès-verbaux de l'époque, qu'à la fin de chaque session des Etats, les commissaires royaux expédiaient des sous-commissaires dans les diocèses, avec mission de réunir les députés des communautés et de fixer avec eux pour chacune d'elles, au moyen des cadastres, la part qui leur incombait, des contributions générales : c'est ce qu'on appelait l'Assiette.

Ces sous-commissaires étaient généralement des personnages ayant assisté aux Etats : châtelains, viguiers, juges et même parfois des consuls et des syndics. Sous prétexte de les soustraire à toute influence locale, mais en réalité pour rester maîtres de l'Assiette, le Pouvoir avait soin de leur adjoindre des hommes à lui. Il paraît même que, pour plus de sûreté encore, il leur faisait délivrer par un greffier spécial, avec leurs lettres de commission, des instructions

---

(1) L. XIX.

très détaillées, touchant la répartition de l'impôt, dont ils ne devaient s'écarter sous aucun prétexte.

L'Assiette durait quelques jours seulement ; il n'y avait pas de délibérations proprement dites, et, d'ailleurs, les sous-commissaires assistaient à toutes les réunions.

Jusqu'en 1646 au moins (1), c'étaient les consuls d'Uzès, qui transmettaient aux communautés les ordres de convocation. Plus tard (2), ce fut le syndic général du diocèse. Comme pour les Etats, les convocations avaient lieu une dizaine de jours avant la réunion.

C'est à Uzès, que se tenait invariablement l'assiette du diocèse, laquelle était composée de nobles, de clercs et des consuls des villes maîtresses seulement. En 1492, elle ne comptait que dix membres.

Tout d'abord « en vertu de la coustume », la députation à l'Assemblée appartenait au premier consul (3) ; pour des raisons que nous ne connaissons pas, cette fonction passa ensuite à l'assesseur ou ancien premier consul (4) et finit par devenir une des prérogatives des Maires (5). Mais quel que fût le député, il résulte des actes de l'époque, que c'était toujours la communauté qui le déléguait ou qui paraissait le déléguer; car c'est toujours au nom de cette dernière, qu'est passée devant notaire une procuration.

Le député de l'Assiette, bien qu'ayant un rôle inférieur à celui des Etats, était encore un personnage : on lui allouait, par jour, deux, quatre, six livres, selon le diocèse et suivant le cas : ce qui pour l'époque constituait une jolie indemnité.

De plus, durant tout le temps de sa mission, il était logé

---

(1) Boyer, not.
(2) *Arch. comm.*, BB. 17.
(3) *It.*, BB. 9.
(4) *Item* et Boyer, not., 1651.
(5) *Arch. comm.*, BB. 17.

et nourri aux frais du diocèse, entouré d'égards de la part des autorités et l'objet de mille gâteries.

A Aramon, le voyage du député n'allait pas sans une certaine pompe : Le valet consulaire, revêtu de sa « casaque de « cadis bleu » aux armes de la ville, venait le prendre à sa maison, l'escortait jusqu'à Uzès, ramenait les montures ; puis, la session finie, allait le reprendre et le reconduisait chez lui (1).

L'Assiette elle-même, en dépit du cadre restreint où elle se mouvait, comme en dépit de la surveillance dont elle était l'objet, avait toute l'apparence d'un corps politique, avec son syndic général, ses greffiers, ses agents divers et surtout sa commission de permanence. C'étaient des Etats au petit pied, mais d'une réelle importance. Qu'on en juge d'ailleurs : elle répartit la taille sur les communautés ; elle nomme le receveur général, aux mains duquel se centraliseront les fonds perçus ; elle fait précéder la « co-équation » d'une recherche ou estime générale. Grâce à elle, l'arbitraire et le soupçon sont réduits à leur minimum. Derrière elle, d'ailleurs, le sous-commissaire royal est là qui rétablirait au besoin l'équilibre et corrigerait les criants abus, sans parler du contrôle plus sévère encore de la Cour des Comptes.

Après la clôture, chaque député emportait un procès-verbal des séances et un état des charges qui incombaient à la ville maîtresse et aux communautés qui dépendaient d'elle.

3° *Le Consulat.* — Les Consuls *levaient* l'impôt. Cet impôt ils le puisaient à deux sources : 1° la taille proprement dite, à sol et à livre, qui était répartie sur les biens meubles et immeubles, d'après une estimation faite et consignée dans les cadastres ou compoix (2) ; 2° les taxes sur les

---

(1) *Arch. comm.*, BB. 9.

(2) Notons que les biens meubles et immeubles y étaient évalués d'après la déclaration faite sous serment du propriétaire, mais que

denrées, à la vente, à l'achat, à l'entrée, à la sortie : impôt de comsommation que les riches préféraient, parce qu'il retombait sur tout le monde, et que le peuple payait plus volontiers, à cause de sa modicité apparente. Le pouvoir, d'ailleurs, se désintéressait absolument du mode adopté par les consuls : l'essentiel pour lui était que l'impôt arrivât et il arrivait toujours.

Dans cette question du prélèvement de l'impôt, les Consuls étaient personnellement responsables. C'est à eux que s'en prenaient les commissaires royaux, en cas d'insuffisance ou de retard. Aussi que de précautions de leur part pour échapper aux rigueurs du pouvoir et assurer le bon fonctionnement de l'impôt !

D'abord (1) c'est non pas sous seing privé ou simplement en présence de témoins, mais devant notaire, qu'ils passent un contrat avec l'exacteur (2). Que celui-ci obtienne sa charge « par soumission aux enchères » (3) ou qu'il soit désigné par la communauté réunie en conseil général (4), ils auront toujours soin de le lier « soubs obligation de sa personne et « de ses biens meubles et immeubles présents et advenir « devant la Cour ordinaire d'Aramon, Présidial et toutes « autres Cours Roïales » (5) et, de plus, lui demanderont un « plège » ou « répondant » (6). Ils spécifieront dans l'acte que l'exacteur sera responsable même « en cas de guerre et

---

lorsqu'ils soupçonnaient quelque fraude, les Consuls faisaient procéder à une expertise.

(1) Les Consuls faisaient procéder aux publications du livre de la taille, trois dimanches consécutifs. *Arch. comm.*, BB. 32.

(2) J. Pitot, not., 1588.

(3) G. Faulquet, not., 1673.

(4) J. Arnaud, not., 1651.

(5) J. Pitot, not., 1595.

(6) M. A. Reboulet, not., 1730. G. Faulquet, not., 1673. Plus tard quand les misères du temps auront rendu ces fonctions si difficiles

de peste » (1), ils le forceront à se conformer dans la levée de l'impôt à « l'estat du livre, » qui a été dressé par eux, avec l'assistance du secrétraire « selon le mandement de l'As-« siette ; lequel livre a tant de feuillets, commence par tel « propriétaire et finit par tel autre » (2). S'ils l'autorisent à prélever de ses mains le montant de ses gages, à raison de tant par livre, ils veilleront à ce qu'il remette, avant tout, scrupuleusement, à date fixe, tout ce qui revient au receveur du Roi, et que le surplus c'est-à-dire ce qui doit servir à payer les intérêts dus par la communauté, etc. soit employé selon leurs « mandements » ; enfin. l'année finie, ils l'inviteront à rendre compte de sa gestion et ce qui restera alors en caisse sera remis au trésorier de la communauté (3).

Ajoutons que, pour plus de sûreté encore, les consuls confiaient souvent la levée de l'impôt à plusieurs exacteurs ; il y en avait pour la taille ; il y en avait pour les deniers extraordinaires, etc. Il est évident qu'en accordant moins de responsabilité à un seul homme, ils diminuaient d'autant les chances de faillite. dans un pays surtout où les fortunes étaient modiques. Aussi, c'est à peine si, durant un laps de plusieurs siècles, nous trouvons quelques « reliquats » en souffrance, par suite du décès de l'exacteur ou de quelque calamité publique : réliquats, d'ailleurs, que l'on finissait toujours par faire rentrer, dans les caisses publiques, au moyen d'un bon procès intenté aux héritiers du défunt (4).

---

que personne ne se présentera plus pour les remplir, on nommera d'office l'exacteur en ayant soin de le prendre parmi les personnes les plus aisées du pays. *Arch. comm.*, BB. 32.

(1) J. Pitot, not., 1590.

(2) M. A. Reboulet, not., 1730.

(3) Tous les notaires déjà cités.

(4) *Item.*

## II. — INSTITUTIONS JUDICIAIRES

Les rois de France, une fois maîtres de nos pays, avaient établi dans les villes tant soit peu importantes du Languedoc et de la Provence, mais au-dessous des Sénéchaux, des magistrats chargés de les représenter : de là, leur nom de Viguiers *(vicarius — vices gerens)*.

Les fonctions des Viguiers étaient les mêmes que celles des Prévôts-Royaux, institués dans les autres provinces de France. Les voici, d'ailleurs, telles qu'un monument du XVe siècle nous les décrit, en ce qui concerne Aramon.

« Le Viguier, y est-il dit, sera chargé de gouverner la
« juridiction de Vallabrègues et d'Aramon, de maintenir tous
« les droits royaux et d'en percevoir tous les émoluments, de
« rendre la justice, d'instituer les notaires, les sergents, les
« clavaires, les gardiens, les receveurs, le juge et les autres
« officiers, au nom du roi et de recevoir leurs serments (1). »

On le voit donc, le Viguier était la souveraine autorité dans les villes de province : il tenait à la fois du général, du préfet, du président de tribunal, du trésorier-payeur général. Rien ne pouvait se faire dans l'ordre militaire, administratif, judiciaire et fiscal, que de son aveu ; il concentrait tous les pouvoirs dans ses mains. C'est ce qui a fait dire à P. Dognon :
« Le Sénéchal dans sa Sénéchaussée, et, au-dessous de lui, le
« Viguier dans sa Viguerie, jugent, administrent, font la
« recette et la dépense des revenus domaniaux, commandent
« les troupes féodales, bref, possèdent, dans sa plénitude, la
« puissance publique (2). »

A Aramon, le Viguier avait, par lui-même ou par son lieutenant, la haute main sur la Cour ordinaire, qui était composée d'un juge, parfois d'un lieutenant de juge, d'un

---

(1) *Arch. comm.*, FF. 5. (2 avril 1456).

(2) P. Dognon (Institutions, etc.)

greffier (1), d'un huissier, et probablement aussi d'agents de police chargés de prêter main-forte au juge et de faire exécuter ses arrêts.

Cette cour jugeait en première instance, au civil et au criminel, puis, selon le cas, on relevait appel soit au Présidial (Nîmes), soit à la Cour des Aides et à la Chambre des Comptes (Montpellier), soit au Parlement (Toulouse), soit au Conseil du Roi (note C.), qui dominait tout, en somme.

La cour d'Aramon jouissait, d'ailleurs, d'une juridiction très étendue (2): elle pouvait confisquer les biens, appliquer la question, et même condamner à mort. Nous en avons la preuve dans un retentissant procès de l'époque : une fille dénaturée, à peine âgée de 18 ans, Catherine Gilles, a trempé dans le meurtre de son père, de concert avec deux misérables du pays, Fabien Phéline et Pierre Capian, et peut-être à leur instigation. Aussitôt la cour d'Aramon se saisit de l'affaire, et, grâce à certains indices, d'abord, soigneusement relevés par le juge (3), et ensuite à des aveux formels elle parvient à établir les responsabilités. Or voici l'arrêt qu'elle porte contre les coupables :« ... Avons condamné et condamnons Phéline
« et Capian à être roués vifs; mais attendu qu'ils sont
« défaillans, ils seront exécutés en effigie. En outre, avons
« déclaré et déclarons lad. Catherine Gilles atteinte et con-
« vaincue d'estre complice dud. assassinat et coupable des
« crimes de parricide et de larcin, pour réparation desquels
« l'avons condamnée à estre mise entre les mains dud.

---

(1) La charge de greffier s'affermait cent livres en 1653. Le greffier avait un tant « sur les Actes de justice et expédition qu'il faisait en « toutes les instances civiles, politiques et criminelles qui se « traictaient en lad. Cour. » — J. Arnaud, not.

(2) Nous avons vu (Chap. IV) que les seigneurs d'Aramon jouissaient de la justice haute, moyenne et basse.

(3) Il est raconté que les meurtriers, leur crime accompli, s'étaient essuyé les mains, rouges de sang, aux draps de lit de la victime : cette empreinte servit de pièce à conviction. (Arch. dép., E. 39.)

« exécuteur de la haute justice et par icellui menée en lad.
« place publique de cette ville, pour y estre pendue et
« estranglée à une potence, qui sera à cest effect dressée,
« jusqu'à ce que mort naturelle s'ensuive, préalablement
« appliquée à la question (1). »

Et ce qui prouve qu'en agissant ainsi, la cour d'Aramon n'avait pas outrepassé ses droits, c'est que Catherine ayant fait appel de cette sentence au Parlement de Toulouse, celui-ci la confirma, sauf en ce qui touche la question, déclarant que la « cause avoit esté bien jugée par lesd. ordinaires d'Aramon » (2).

Ajoutons que, conformément à la sentence de la cour d'Aramon, ratifiée par le Parlement, la malheureuse Catherine Gilles fut exécutée, place Saint-Georges, à Toulouse (3).

Aramon n'eut pas de Viguier tout d'abord. Aux XIIIe et XIVe siècles, il dépendait de celui de Beaucaire et même du sous-Viguier *(vice-vicarius)* de Vallabrègues (4) : c'est ce qu'atteste un document de 1304 (5).

Le premier Viguier, dont fassent mention nos archives, fut établi par le cardinal de Bologne, seigneur « à vie » de notre pays. Il dut l'être dès la nomination de ce dernier c'est-à-dire en 1344. Il n'apparaît toutefois, dans les écrits que nous possédons, qu'en 1356. Il s'appelait Pierre Roubaud (6).

---

(1) *Arch. dép.* E. 39. (23 octobre 1690).

(2) *Item.*

(3) *Item.*

(4) Ceci tendrait à prouver que Vallabrègues, à cette époque, avait une importance supérieure à celle d'Aramon : importance que ce pays dut perdre à la suite des inondations qui ravagèrent son territoire et diminuèrent sa population. Vallabrègues était situé sur la rive droite du Rhône, d'abord. Il devint île au XVe siècle, et, aujourd'hui, il est sur la rive gauche; mais il fait toujours partie du département du Gard et du canton d'Aramon.

(5) *Arch. comm.*, FF. 36.

(6) *Id.*, FF. 36.

Après la mort du cardinal (1373), Aramon retomba sous la juridiction du Viguier de Beaucaire, noble Pierre Scatisse, jeune, qui s'intitulait également Viguier « de Vallabrègues « et Aramon ; » mais il y eut alors un lieutenant de Viguier résidant à Aramon, Rostang de Coiran (1).

Vers 1396, le roi ayant donné la terre d'Aramon à Geoffroy, le Meingre, dit Boucicaut, sa vie durant, « *ad vitam dum-*« *taxat* ». celui-ci, à l'exemple du cardinal de Bologne, institua un Viguier, Aiméric Bermond (2). Et, à dater de cette époque, même au cours de la disgrâce de Boucicaut (1415-1420 probablement), lorsque notre pays fut revenu au roi (3), il y en eut toujours un, lequel eut longtemps juridiction sur Vallabrègues et même sur Comps (4).

Parmi les Viguiers qui se succédèrent à la tête du pays, et qui tous étaient pris dans les rangs de la noblesse, quelques-uns furent des hommes remarquables, comme Alzias de Posquière (1456), (5), Denis Du Jardin (1618) (6), Accurce de Garnier surtout (1599) (7). Le rôle que joua ce dernier, au cours des troubles religieux et politiques qui attristèrent la fin du xvi<sup>e</sup> siècle, est tout à sa gloire. Voici la déclaration qu'il faisait lui-même, le 24 août 1599, devant J. Pitot, notaire, à l'adresse de son seigneur, le duc de Bouillon. Mieux que toutes nos paroles, elle va nous dire l'homme que c'était :
« Ayant heu cest honneur que de commander despuis trente
« ans en ça en ceste ville, tant durant la guerre que en
« l'exerssice de la justice, sans en bouger ny pouvoir donner
« ordre à mes affaires particulières, à cause du commande-

___

(1) *Arch. comm.*, BB. 2.

(2) *It.*, BB. 3.

(3) *It.*, BB. 4 et 5.

(4) *It.*, FF. 5. *passim*.

(5) *It.*, FF. 5.

(6) L. 2.

(7) J. Pitot, notaire.

« ment exprès, que je avoys de Mon Seigneur le connestable,
« j'ai estimé, plus que Dieu nous a donné la paix, que vous
« aurez agréable que je me despanse avec votre permission,
« d'aller jusque à ma maison au Compté de Venize qui est
« seullement à quatre ou cinq lieues d'icy, pour un couple
« de moys, pour après revenir continuer ledit debvoyr de ma
« charge, soubz votre authorité, tout ainsy que j'ai sy devant,
« du vivant de mes dames les duchesses de Valentinois et
« duc de Bouillon, avec autant d'affection et fidélité que je
« deusse appourter à l'exécution de tels commandements.
« Ayant néantmoingz, pendant mon absence proveu d'un
« personnage confident et capable, mon lieutenant, Jean de
« Raviot; la suffisance duquel est telle que j'estime qu'il
« n'arrivera aulcune altération au faict de la justice qu'il est
« nécessaire pour vos subjects, ny en l'estat de vos affaires
« que j'aurai tous jours aussi chers et recommandés que ma
« propre vie. De quoy je vous prie fère estat et croire que je
« veulx estre et demeurer à jamais, Mon Seigneur, vostre très
« hobéissant serviteur.
   « De Garnier, Viguier de la ville d'Aramon. »

La Viguerie subsista à Aramon jusqu'à la Révolution, en subissant, toutefois, au cours du xviii<sup>e</sup> siècle, la perte de quelques-unes de ses attributions, qui passèrent aux maires, comme celles de présider les assemblées, les jours d'élection, de porter la baguette, etc. Le dernier Viguier fut Charles-Gaspard Boissière de Bertrandy.

### III. — INSTITUTIONS COMMUNALES

1º *Origine.* — Nous ignorons quelles étaient les institutions communales établies à Aramon, sous la domination des Comtes de Toulouse, car les rares documents de l'époque n'en disent rien ; mais il est à croire que, comme la plupart des villes du Languedoc, et, en particulier, Nîmes, Beaucaire, et Saint-Gilles, Aramon était primitivement administré par des consuls, assistés d'un conseil. (Note D).

Lors de la conquête de nos pays sur les Albigeois, Aramon fut-il privé de son consulat et placé sous la juridiction directe de ces officiers royaux, qui, nous dit l'histoire, concentraient dans leurs mains tous les pouvoirs, judiciaires, civils et militaires ? C'est probable, si nous en jugeons par les villes voisines, mais là encore nous ne saurions rien affirmer, faute de documents précis.

La plus ancienne pièce que nous possédions relativement à nos institutions municipales, peut-être même le procès-verbal de notre réorganisation (1), est daté de 1337. En voici l'analyse : Les habitants d'Aramon ont demandé à Philippe de Brie, Sénéchal de B. et N., l'autorisation de créer des syndics, pour l'administration de leurs affaires communales. Le document énumère ces affaires : ce qui nous permet de constater qu'il s'agit là d'une institution permanente et non de circonstance. C'est, y est-il dit en substance, 1° pour défendre les pâturages de la communauté et faire planter des bornes; 2° pour déterminer ses droits dans les eaux du Rhône, en ce qui concerne la pêche et « autres explèches »; 3° pour entretenir ses fossés, ses murailles, etc.; 4° pour repousser les usurpations commises sur les chemins publics; 5° pour conserver ses franchises et ses libertés; 6° pour poursuivre divers procès engagés contre le Seigneur des Issarts, contre les lieux de Saze et de Domazan, au sujet des pâturages,

---

(1) Ce qui nous porte à croire que c'est là une réorganisation, c'est que nous voyons bientôt après, en 1374. (*Arch. comm.*, BB. 2,) les syndics et conseillers solliciter de P. Scatisse le rétablissement des anciennes coutumes de l'université, c'est-à-dire la permission de se réunir où ils voudront, en l'absence du Viguier ou d'un magistrat quelconque, sans réquisition ni convocation, avec ou sans notaire. P. Scatisse ayant examiné une procédure faite sur cette question par Arnaud, Fabre et Marc de Sangosse, fait droit à la réclamation des syndics et révoque ses ordonnances contraires, en réservant les droits du roi.

enfin contre les communautés de Tarascon, d'Albaron et de la mer *(de mari)*, à l'occasion des droits d'Aramon, dans les eaux du Rhône, et, en particulier, dans le bras de Saint-Gilles, dont les habitants et seigneurs de ces divers lieux cherchaient à s'approprier l'usage exclusif.

Vu la nature des motifs invoqués, le Sénéchal se rend au désir des habitants. Ceux-ci se réunissent alors, sous la présidence du lieutenant de Viguier, dans la curie, et élisent quatre syndics : Raymond Martin, Pons Sablon, Raymond Grageil et Nicolas Jourdan. Assistaient à l'opération, comme témoins, divers personnages d'Aramon et d'ailleurs, qui tous paraissent appartenir à la noblesse. Un notaire rédige le procès-verbal de l'élection; il s'appelle Raymond Folquier.

Tout paraissait fini ; mais chose bizarre, et qui caractérise bien une institution à ses débuts ! Voilà que les quatre syndics élus nomment, à leur tour, en présence des mêmes témoins et du notaire, quatre personnages, qui, nous dit l'acte, « à titre de syndics substitués — *syndici substituti*, seront « effectivement chargés de l'administration des affaires du « pays — *negociorum dicte universitatis gestores et « defensores.* » — Ce sont Bertrand Nègre, dit Carrier, Gilles Roquète, Bertrand Guinard et Bertrand Natalis. Les nouveaux élus acceptent ; puis prêtent serment aux mains du Viguier et la séance est levée (1).

2° *Organisation.* — Evidemment, ce n'est là qu'une ébauche ; mais qui ne voit poindre en elle les éléments divers qui constitueront nos institutions municipales, à dater du XV° siècle ? D'ailleurs, avec le temps, l'ébauche se perfectionne. Nous remarquons dans les procès-verbaux qui suivent, des modifications notables et le plus souvent définitives : ainsi, ce n'est plus quatre syndics, mais deux seulement

---

(1) *Arch. comm.*, BB. 1.

que l'on élit, à partir de 1346 (1) ; ainsi, les nouveaux syndics sont présents à l'élection et même élus par les anciens assistés de leurs conseillers (2) ; ainsi, au lieu d'être nommés pour un temps indéterminé, ce semble (3) (de 1337 à 1436 au moins), ils le sont pour un an seulement, et le jour de Saint-Blaise (3 février). (4)

Puis, tout se complète : dès 1374 au moins, il y a des conseillers, dont le nombre varie tout un temps, tantôt huit, tantôt dix, jamais plus de douze (5) ; lesquels, nommés d'abord par les électeurs (6), le sont ensuite par les anciens syndics et les anciens conseillers (7), et enfin par les nouveaux consuls (8).

Le corps électoral se compose de tous les chefs de maison « capita hospicii » (1392). (9) Les membres de ce corps sont convoqués par un héraut, à son de trompe (1374). (10) Les réunions ont lieu à l'hôtel de ville, ou partout ailleurs, au choix de la communauté (1466). (11) Il y a une amende pour quiconque néglige de se rendre (1392). (12) La liste des élec-

---

(1) *Arch. comm.*, BB. 1.

(2) *It.*, BB. 4. AA. 1.

(3) *It.*, BB. 1, 2, 3, 4, 5, 6, 7.

(4) *It.*, AA. 1.

(5) *It.*, BB. 2, 3, 4, 5, 6, 7.

(6) *It.*, BB. 2. (1374).

(7) *It.*, BB. 4. (1415).

(8) *It.*, AA. 1. (1466).

(9) *It.*, BB. 2.

(10) *It.*, BB. 2. BB. 7. AA. 1.

(11) *It.*, AA. 1.

(12) *Arch. comm.*, BB. 2. En 1392, l'amende était de dix sols tn. *Arch. comm.*, BB. 2. Nous savons, par divers documents, que cette amende était applicable à l'hôpital, ou à une œuvre pie. *Arch. comm.* BB. 30.

teurs est déposée sur le bureau (1374). (1) Enfin, après les élections, les syndics et leurs conseillers nomment les officiers d'administration de concert avec les nobles, « chascun de « leur cartier. » (2)

Quant aux candidats, nous ne saurions affirmer qu'ils aient été, dans le principe, divisés en deux classes ou échelles : les « docteurs, avocats et plus califfiés bourgeois » (3) d'une part, et les ménagers, marchands et artisans de l'autre : les premiers, pour la charge de premier consul, les seconds, pour celle de deuxième ; mais cette distinction ne dut pas tarder à s'établir, car nous voyons, dès 1392, (4) un notaire, Jean Baraland, premier consul. Ceci était d'ailleurs tout naturel. Que fallait-il, avant tout, à la tête d'un pays ? si ce n'est des hommes instruits, c'est-à-dire à même de comprendre ses intérêts et capables de les défendre. Or, ces hommes où les prendre, en dehors des notaires, avocats, docteurs ou gros bourgeois ? La distinction des classes s'imposait donc par la force des choses.

Telles étaient nos institutions municipales, à la fin du XVe siècle. A cette époque, leur organisation était donc complète. Ajoutons qu'elles avaient été officiellement reconnues et approuvées par les divers seigneurs, qui s'étaient succédés au château, comme on le voit par les transactions de G. de Poitiers, en 1466, et de G. de Luetz, en 1532, (5) lesquelles reproduisent tous les détails que nous venons d'énumérer et leur donnent ainsi une sorte de consécration définitive.

Il manquait cependant encore deux choses à ces institutions : un nom et des insignes dignes d'elles.

---

(1) *Arch. comm.*, BB. 2.
(2) *It.*, AA. 1. BB. 2, 3, 4, 5, 6, 7.
(3) Arrêt du 31 août 1619.
(4) *Arch. comm.*, BB. 2.
(5) *It.*, AA. 1.

Ainsi que le rappelait dédaigneusement Honoré de Goudin, dans sa requête au Parlement de Toulouse, le mot de syndics ne désignait en somme que de « simples procureurs munici- « paux. » (1) C'était bien modeste, pour des gens qui avaient la prétention, légitime après tout, de représenter tout un pays. On voulut avoir mieux ; l'exemple des autres villes était là, d'ailleurs, qui poussait : nos édiles prirent donc le titre de Consuls.

En quelle année et comment eut lieu cette substitution ?

Fut-ce en vertu d'une charte royale ? Nous ne le pensons pas : car cette charte nous serait parvenue sûrement, conservée qu'elle aurait été aux archives avec un soin jaloux. Fut-ce par une progression lente, par une tendance naturelle, inconsciente peut-être, à se mettre à l'unisson des autres villes de la Province ? C'est probable.

Quoi qu'il en soit, le titre de syndic, encore en usage en 1547, comme on peut le voir dans les actes des notaires et dans les transactions de Guillaume de Poitiers, cède la place à celui de consul, en 1552. C'est sous ce nom, qu'à dater de cette époque, on désigne nos magistrats municipaux.

Avec le titre de consuls, nos édiles paraissent avoir pris également le chaperon de drap rouge, (2) comme insigne de leur dignité. S'il faut en croire H. de Goudin, ce seraient les seigneurs qui les y auraient autorisés, « pour leur permettre, « dit-il, de se distinguer ainsi du reste du peuple et de s'en « faire plus facilement obéir. » (3) Le fait est qu'ils le portèrent à Aramon, dès le milieu du XVIe siècle.

Plus tard, trouvant ce costume peu brillant, ils voulurent lui substituer un chaperon de velours cramoisi, et ils envoyè-

---

(1) Arrêt du 31 août 1619. L. XIII.

(2) Le chaperon (du latin *cappa*, chape) était une espèce de manteau, qui tenait lieu, dans les anciennes municipalités d'avant la Révolution, de nos écharpes de maire et d'adjoint.

(3) Arrêt de 1619. L. XIII.

rent à Paris, Laurent de Bertrandy, pour demander au Roi cette faveur. Bertrandy fit les démarches voulues, et, en avril 1614, obtint de Louis XIII, des lettres patentes, qui autorisèrent la substitution (1). Mais cette faveur, payée d'ailleurs à beaux deniers comptants (2), fut rendue inutile, par la malveillance du Sénéchal de B. et N., qui refusa d'enregistrer les patentes, et ordonna aux consuls, déjà en possession du nouveau costume, de reprendre l'ancien. Force fut donc de recommencer les négociations (3).

Elles réussirent d'ailleurs pleinement, cette fois, grâce aux bons offices de Jacques Sauvan (4), alors secrétaire-conseiller du roi en ses finances : le 10 septembre 1614, paraissaient de nouvelles lettres patentes, qui maintenaient la concession du chaperon de velours cramoisi et enjoignaient au Sénéchal de cesser à l'avenir toute opposition (5).

Maintenant donc tout allait de pair : les fonctions, le titre et les insignes. Aussi, le consulat devint-il, dès lors, une charge très honorable et très enviée, que ne tarda pas à se disputer ce que la ville d'Aramon comptait de plus distingué, au triple point de vue de la naissance, de l'éducation et de la fortune.

---

(1) Il y était dit : « afin de traicter favorablement nos bien aymés « les Consuls du lieu d'Aramon, en Languedoc, et rendre à leur « charge plus d'honneur et dignité. » *Arch. comm.* BB. 10.

(2) Peut-être fit-on valoir, auprès du roi, la conduite d'Aramon, pendant les troubles de la Ligue (voir Chap. XVIII).

(3) *Arch. comm.* AA. 2.

(4) Ces offices ne furent cependant pas gratuits. J. Sauvan réclama des honoraires assez élevés qu'on décida de lui payer, le 14 décembre 1614. *Arch. comm.*, BB. 10. et AA. 2.

(5) *Arch. comm.*, AA. 2.

# CHAPITRE VII

## FONCTIONNEMENT — MODIFICATIONS -DÉCADENCE DES INSTITUTIONS MUNICIPALES

1° *Fonctionnement* (1). — Il serait facile, après ce que nous avons dit au précédent chapitre, et en tenant compte de quelques modifications de détail qu'apportèrent forcément les années, de se faire une idée exacte du fonctionnement de nos institutions municipales, au XVIe siècle. N'importe, pour la commodité du lecteur, dépeignons-le dans les moindres détails.

Chaque année, le 2 février, veille des élections, on célébrait, à l'église paroissiale, une messe « en l'honneur de la Sainte « Trinité, avec prière et invocation à Dieu vouloir assister « par son St Esprit à l'assemblée générale pour l'eslection et « nomination des consuls, conseillers et autres officiers poli- « tiques » (2). Le soir, le sergent de ville — notre appariteur moderne — passait par les rues et carrefours, annonçant, à son de trompe, que le lendemain, « par ordre et mande- « ment du Viguier » auraient lieu, les élections consulaires.

Le lendemain donc, 3 février, fête de St Blaise, vers les 10 heures du matin généralement, au signal donné par la cloche, tous les chefs de maison, c'est-à-dire tous les hommes âgés de 25 ans révolus et se trouvant à la tête d'un « mes- « nage » (3), se rendaient au lieu désigné : salle basse de la

---

(1) Les détails puisés dans le précédent chapitre et reproduits ici le seront sans indication de source.

(2) *Arch. comm.*, CC. I.

(3) *It.*, BB. 10.

Mairie, ou salle du Cloître, et cela sous peine d'amende parfois.

Le Viguier ou son lieutenant présidait la réunion. Plus tard, ce furent les maires, et, en l'absence des maires, tantôt d'anciens premiers consuls, tantôt le premier consul en exercice. Le Viguier annonçait que la séance était ouverte et qu'on allait procéder à l'élection conformément aux anciens usages (1), et le greffier — un des notaires d'Aramon, invariablement — prenait les noms de tous les électeurs présents et en déposait la liste sur le bureau (2).

Ces préliminaires terminés, les deux consuls, dont le mandat expirait, se retiraient avec leurs conseillers dans une pièce particulière, et là, choisissaient chacun deux candidats de leur rang ou échelle, parmi leurs conseillers politiques (3). Notons qu'ils ne pouvaient prendre ni leurs pères, ni leurs frères, ni leurs beaux-frères, ni leurs oncles, ni leurs neveux, ni peut-être même leurs cousins-germains ; que leur choix devait avoir l'approbation des conseillers (4) ; et enfin que leurs candidats, s'ils étaient anciens consuls, devaient être sortis de charge depuis un temps que nous n'avons pu déterminer, mais qui, dans nos pays, n'était pas inférieur à trois, quatre et même sept ans (5).

De retour au milieu de l'assemblée, chacun des consuls proclamait les noms des candidats choisis (6). Ceux-ci pouvaient rester, mais il n'était pas rare de les voir sortir de la salle, par discrétion, afin de ne pas gêner les électeurs (7).

Si personne ne faisait opposition aux candidats, — car il y

---

(1) L. XIII.

(2) *Item*.

(3) *Arch. comm.*, BB. 9, 26, 32.

(4) *It.*, BB. 15.

(5) P. Dognon. Institutions, etc., p. 82.

(6) L. XIII.

(7) *Arch. comm.*, BB. 29.

avait la question préalable (1) — on passait au vote et l'on désignait, à la pluralité des voix, celui des deux candidats de la première échelle, que l'on voulait pour premier consul; même opération pour les deux candidats de la seconde échelle (2).

C'est le Viguier qui recevait les voix et le notaire-greffier qui les notait, à mesure que l'on défilait devant le bureau : en ces temps-là, il y avait si peu de gens sachant écrire et même lire (3).

On proclamait ensuite le résultat : c'était l'affaire du Viguier ; et aussitôt les anciens consuls allaient prendre les deux élus, qu'ils conduisaient devant le Viguier pour la cérémonie du serment. Ce serment, que les consuls prononçaient l'un après l'autre sur les saints Évangiles, le voici tel que nous le trouvons dans un document de l'époque : « Je jure « devant Dieu de bien et deubment veiller ausd. offices du « consollat, ausquels j'ai été nommé, procurer les biens, « profficts et utilité de lad. communauté, obvier, en tant que « me sera possible, au domaige d'icelle, rendre compte et « prester le reliquat devant toutes courtz et juridiction, de « procéder à la nomination de nos conseillers, comme est de « tout temps accoustumé fère » (4).

Après le serment, les anciens consuls livraient les chaperons aux nouveaux (5), qui s'en revêtaient, avec l'aide du sergent de ville (6). Notons, en passant, que les insignes consulaires restaient à la maison commune dans une armoire *ad hoc*, confiés aux soins dudit sergent (7).

---

(1) L. XV.

(2) *Item*.

(3) L. XIII.

(4) L. XIII.

(5) *Item*.

(6) *Arch. comm.*, BB. 12.

(7) *Item*. Nota : Les fonctions consulaires étaient-elles gratuites à Aramon ? *Oui.* — Nous remarquons en effet : 1° qu'il n'y a pas la

Le jour de l'élection ou le lendemain (1), les nouveaux consuls, assistés des anciens (2), nommaient leurs conseillers politiques : douze généralement, six de chaque échelle, qu'ils prenaient parmi les personnes établies depuis dix ans au moins, dans le pays (3), et auxquels ils faisaient prêter serment, aux mains du Viguier, sur l'Evangile, de « bien et « deubment conseiller les consuls (4) ».

Ce jour-là, on nommait aussi l'assesseur ou suppléant du premier consul (5), et, quant aux anciens consuls, ils restaient dans le conseil comme membres de droit, après avoir rendu leurs comptes, devant deux auditeurs, pris l'un dans le nouveau conseil, l'autre hors du conseil (6).

---

moindre trace, dans les comptes de la commune, d'un traitement fait aux Consuls ; 2° qu'on leur allouait des indemnités pour le temps qu'ils consacraient à certaines affaires de la communauté, comme un voyage à Montpellier, etc.., ce qui n'aurait pas eu lieu, s'ils avaient eu déjà un traitement fixe. Cependant voici ce que nous lisons en 1783 : « Il ne faut penser — c'est Moreau, le procureur de « la Communauté, qui écrit de Montpellier — à faire augmenter les « gages des consuls ; MM. les commissaires refusent toute augmen- « tation.» Arch. comm. CC.22. Peut-être les payait-on, au XVIII° siècle, ainsi que cela se pratiquait à Avignon, etc. — Nous avons trouvé qu'en 1402 (BB. 3) la communauté d'Aramon exemptait ses consuls de plusieurs obligations, entre autres de la caution, etc. « *Judicatum* « *solvi ; ab omni onere sattisdandi ; judicio sisti ; etc.* » C'était tout.

(1) *Arch. comm.*, BB. 32.

(2) L. XIII.

(3) Un conseiller ne pouvait avoir pour collègue, au Conseil, ni son père, ni son fils, ni son frère, ni son beau-frère, ni son neveu, ni son cousin germain. Cette règle était encore en vigueur en 1603. (*Arch. comm.*, BB. 10). Mais on dut la modifier ; car, nous voyons, au commencement du XVIII° siècle, les deux Martin, père et fils, membres du Conseil. (*Arch. comm.* BB. 27)

(4) *Arch. comm.*, AA. 1.

(5) C'était généralement l'ancien premier consul. (M. A. Reboulet, notaire, 1737). L'usage voulait qu'il fût député à l'assiette d'Uzès. (J. Arnaud, notaire, 1646.)

(6) *Arch. comm.*, BB. 14. Notons que, dans le principe, c'étaient les Consuls qui tenaient les comptes des recettes et des dépenses.

Enfin, les consuls, de concert avec les nobles, mais « chascun de leur cartier », procédaient à la nomination des officiers politiques ou auxiliaires de l'Administration : capitaines des portes, ouvriers de l'église, etc. (1). Après quoi, ils demandaient au Viguier de vouloir bien valider les délibérations prises ; le Viguier « apposait alors sur le tout son décret « et autorité judiciaire (2) », et signait le procès-verbal rédigé par le notaire-greffier.

Nous l'avons vu, l'administration municipale avait pour mission de s'occuper des biens et des affaires de la communauté. Elle le faisait, dans des réunions dites tantôt ordinaires, tantôt générales.

Les conseillers politiques seuls prenaient part aux premières (3). Elles se tenaient à des époques indéterminées et avaient lieu sur une convocation des consuls, faite la veille, par billets à domicile, et le jour même, un moment avant la séance, par quelques coups de cloche. On se réunissait généralement dans la salle basse de la mairie, assez souvent, surtout vers 1606, dans une des salles du cloître, et, quelquefois même, chez le greffier. Là, sous la présidence du premier consul, ou, en l'absence de celui-ci, sous celle du second, on traitait des affaires courantes de la communauté, comme proclamation des bans, vente des ossons, etc., mais en se renfermant dans l'ordre du jour, préalablement fixé par les

---

(*Arch. comm.*, CC. 16) : tantôt le premier, et tantôt le second. (*Arch. comm.*, CC. 17, 18, 19). Antoine Pausier est le premier, qui, en 1613, ait été trésorier consulaire, sans être consul. (*Arch. comm.*, CC. 20). Il payait, nous dit l'acte, « du mandement des consuls ». Plus tard, on nomma des clavaires ou trésoriers municipaux, en conseil. *Arch. comm.*, C C. 19, 20, 21.

(1) *Arch. comm.*, AA. 1. BB. 12. L. XIII.

(2) L. XIII.

(3) A diverses reprises, on avait établi une amende pour les conseillers qui ne se rendaient pas aux réunions. En 1778, notamment, cette amende était de 5 livres. (*Arch. comm.*, BB. 30.)

consuls. Les décisions étaient prises à la majorité des voix, et les signatures des membres présents apposées au bas du procès-verbal, dressé par le notaire-greffier.

Dans les cas majeurs, c'est-à-dire, lorsqu'il s'agissait par exemple d'établir de nouveaux impôts, de créer un établissement, de prendre une détermination relativement à un grand procès, etc., les consuls, pour mettre leur responsabilité à couvert, et donner plus de poids aux décisions, convoquaient à son de trompe tous les chefs de maison, après en avoir obtenu la permission du Viguier, et l'Assemblée prenait alors le nom de générale ou extraordinaire. Le Viguier, et plus tard, le maire en présidait les opérations. Les délibérations étaient là encore prises à la majorité des voix, mais mention était faite, au procès-verbal, par le notaire-greffier, des oppositions. Le tout se terminait par l'approbation du Viguier, avec cette particularité qu'il signait seul l'acte.

Voilà donc décrit, aussi minutieusement que possible, le fonctionnement de notre ancienne administration municipale. Eh bien, qu'il nous soit permis de le dire, ce système en valait bien un autre, et, en le comparant avec nos institutions modernes, nous sommes tenté de nous demander où est le progrès.

Sans doute qu'alors le pouvoir était presque en entier aux mains de la bourgeoisie, c'est-à-dire, de la classe riche et instruite, tandis qu'aujourd'hui, avec le suffrage universel, tout le monde est appelé à l'exercer. Mais, au fond, n'était-ce pas un bien ? Qui ne sait que ce sont surtout ceux qui possèdent la fortune et l'instruction, qui sont les plus intéressés au maintien de l'ordre, ou les plus à même de l'assurer ? Et n'est-ce pas pour l'avoir trop oublié, dans notre organisation moderne, que nous avons essuyé ces tristes révolutions, qui ont fait couler tant de sang, et mis la patrie à deux doigts de sa perte ?

Certes, que l'on s'efforce, par toutes sortes de moyens, d'améliorer la situation du petit, du faible et du pauvre, rien de mieux ; notre cœur le désire et l'Evangile l'ordonne : nous sommes tous frères. Mais pourquoi confier parfois le pouvoir à des hommes ignorants et sans fortune, qui ont tout à gagner à un bouleversement, et qui ne sont que trop portés à le désirer, aujourd'hui surtout qu'en tuant la foi dans les âmes, on a fermé devant eux l'idéal si réconfortant de l'autre vie, et tout circonscrit aux choses du temps ?

Nos pères étaient plus sages.

2° *Modifications*. — L'Administration municipale se montre à nous, dans le principe, avec un caractère exclusivement bourgeois. Si, au XIV°, XV° et XVI° siècles, nous voyons des nobles figurer dans les procès-verbaux des élections, ce n'est qu'à titre de témoins (1). Peut-être dédaignaient-ils alors ces modestes fonctions de syndics, et croyaient-ils avoir assez fait pour leur intérêt et celui du pays, quand ils avaient aidé à mettre, à la tête de l'Administration, des hommes honnêtes, intelligents et sages.

Plus tard, lorsque ces fonctions eurent acquis de l'importance, ils voulurent bien se mettre sur les rangs ; mais, soit instinct démocratique, soit esprit de coterie, on leur barra impitoyablement le chemin. Le fait est que c'est à peine si, au cours de trois siècles, nous trouvons, sur la liste des consuls, un ou deux noms appartenant aux familles nobles du pays. Il paraît même que, vers 1600, on avait poussé l'ostracisme contre leurs membres jusqu'à ne plus les convoquer aux assemblées communales (2).

Convenons-en : ces gens-là n'étaient pas des parias. Aussi, vexés de ces procédés humiliants, et, sans doute encore, encouragés par les triomphes des gens de leur caste, à Beaucaire et à Nîmes, qui avaient réussi à se faire accorder, dans les charges consulaires, les premières places (3), ils attaquè-

---

(1) *Arch. comm.*, BB. 2, 3, 4, 5, 6, 7.

(2) Arrêt du 31 août 1619.

(3) A. Eyssette : *Histoire de Beaucaire*, t. I, p. 138. L. Ménard, *passim*.

rent la communauté devant les tribunaux, la sommant de leur attribuer les fonctions de premier consul, et de les convoquer à leurs assemblées (1).

Ils établissaient leurs prétentions sur trois arguments en particulier : 1° la large part qu'ils prenaient aux impôts publics ; 2° leur éducation bien supérieure à celle du peuple ; 3° les récents arrêts du Parlement, en cette matière (2).

L'affaire fut portée à Toulouse ; quand vinrent les débats, les consuls affirmèrent d'abord qu'on n'avait jamais entendu exclure les nobles des charges consulaires, et que, s'ils n'étaient pas élus, la faute en était à leur impopularité ; puis, se voyant à la veille d'être battus, ils offrirent d'admettre leurs adversaires au consulat «en concurrence avec les docteurs, « advocats, et plus califfiés bourgeois ». Mais le Parlement ne fut pas dupe de ces finasseries, et trancha la question fort sagement (3).

Pour assurer une place aux nobles, il décida qu'une année, on élirait, comme premier consul, le chef de l'une des cinq familles coseigneuriales, et, l'année d'après, un des candidats de la première échelle ; et, de plus, que chaque fois qu'il y aurait réunion, pour les affaires de la communauté, on y appellerait les nobles (4).

En conséquence, chaque année, le jour de Saint-Blaise, le premier consul sortant de charge présentait deux candidats aux suffrages des électeurs, lesquels étaient : une année, deux membres des familles nobles ; et l'autre, deux citoyens de la première échelle. Les nobles exerçaient ainsi, tous les deux ans, la première magistrature du pays (5).

Ajoutons que le gentilhomme, ancien consul, restait dans le

---

(1) Arrêt de 1619.
(2) *Item*.
(3) *Item*.
(4) *Item*.
(5) *Item*

conseil, l'année suivante, comme « député des nobles » et prenait part à ce titre à toutes les affaires de la communauté (1).

Cet état de choses dura jusqu'en 1638 ; mais, à cette époque, plusieurs familles des anciens coseigneurs ayant disparu du pays, comme les du Jardin et les de Jossaud (2), ou n'étant plus représentées que par des enfants, comme les de Malavalette (3), il ne resta plus en somme que les de Posquière et les de Laudun, pour remplir la charge de premier consul : ce qui allait la rendre forcément alternative entre ces deux familles. C'est alors que des nobles arrivés récemment dans le pays ou alliés aux anciennes familles coseigneuriales : les de Coucols, les de Bertrandy, les de Prémont, etc., crurent le moment venu de s'élever au consulat. Sous prétexte que l'arrêt de 1619, réservant cet honneur aux familles nobles, n'était pas suffisamment explicite, ils soulevèrent un procès, et le gagnèrent. Un arrêt du 24 janvier 1642, décida, en effet, que tout gentilhomme d'Aramon, sans distinction d'origine, serait créé premier consul, alternativement avec l'un des candidats de la première échelle et jouirait du bénéfice de l'arrêt de 1619. Furent également admis à cet honneur les cadets des anciennes familles coseigneuriales (4).

Cet arrêt fut exécuté durant plusieurs années, sans opposition, comme on le voit par les délibérations consulaires de l'époque.

Mais, après la mort d'Accurce de Posquière, en 1649 (5), son fils, Jean-Louis, « creut qu'en s'appropriant le cousulat, « il en retirerait de grands avantages (6) ». Sous l'empire de

---

(1) Arrêt de 1619.

(2) Les du Jardin s'étaient retirés à Vallabrègues (G. Faulquet, not. 1649), et les de Jossand à Nimes. (L. XIII).

(3) L. XIII.

(4) L. XIII.

(5) *Arch. comm.*, GG. 6.

(6) L. XIII.

cette idée, il s'entendit avec Laudun, et, de concert avec lui, demanda l'application stricte de la transaction du 6 octobre 1619 (1), ce qui donna naissance à une foule de procès entre la communauté et les gentilshommes. Il eut gain de cause.

Mais ce n'est pas tout. J.-L. de Posquière avait obtenu du tribunal, que le sieur de Coucols prendrait à sa charge, comme héritier des de Malavalette, une partie des frais provenant de ces procès. Or, de Coucols, n'ayant pu ou voulu payer la part qui lui incombait, Posquière le fit exclure du consulat, par arrêt du Parlement, le 19 janvier 1675, « tant que, dit « l'acte, il ne se serait pas libéré de sa dette ». Et, de ce fait, le consulat devint comme le patrimoine de Posquière et de Laudun, qui l'exercèrent alternativement pendant vingt ans.

Mais il ne faut pas s'y méprendre : si Posquière et Laudun tenaient tant au consulat, ce n'était que pour avoir « l'entrée « aux Etats et surtout la rétribution qui y était attachée ». Or, après toutes ces éliminations, ils étaient encore deux : un de trop par conséquent. Aussi la guerre ne tarda pas à éclater entre eux. En 1684, Laudun, qui avait caressé l'espoir d'obtenir cette charge, voyant que Posquière allait l'emporter et voulant à tout prix le faire échouer, ne trouva rien de mieux que de renoncer lui-même aux droits qu'il avait au consulat, de par l'arrêt de 1619. Il fit même approuver son désistement par le Parlement de Toulouse. La conséquence s'imposait : du moment qu'on ne pouvait présenter au choix des électeurs deux candidats, ainsi que l'exigeait la loi, il n'y avait pas d'élection possible, et Posquière perdait par cela même l'espoir d'entrer aux Etats.

Pour parer ce coup, Posquière se pourvut immédiatement contre cet arrêt, et, pendant les trois ans que dura la procédure, le bourgeois qui exerçait les fonctions de premier consul resta en place.

---

(1) Il n'était question, dans cette transaction, que des familles des *coseigneurs*.

Cependant l'année 1688 était arrivée : celle de l'entrée aux Etats, pour le député d'Aramon. Nos deux adversaires, voyant alors qu'ils n'ont rien à attendre, laissent là brusquement leur procès et reprennent la lutte sur le terrain électoral. Elle fut très vive ; mais enfin Laudun eut le-dessus (3 fév. 1689) « par le crédit et l'authorité qu'il s'était acquis depuis « long temps dans cette communauté. » On le nomma premier consul, sans tenir compte de son acte de désistement.

Tout ne fut pas fini. Laudun avait été comptable de la communauté, et se trouvait encore « rélicataire envers elle. » Or, un arrêt du Conseil, du 13 décembre 1675, défendait de nommer, à n'importe quelle fonction publique, aucun comptable s'il était réliquataire. Posquière saisit la balle au bond : il fait signifier à la communauté l'arrêt du Conseil contre Laudun; puis, une seconde fois, celui du Parlement de Toulouse (1675) contre Goucols, et, débarrassé de ses deux concurrents, il s'apprête à recevoir le chaperon de premier consul.

La Communauté ne l'entendit pas de cette oreille. Considérant que puisqu'il « n'y avait point d'autre sujet pour estre « mis en eslection concurremment avec lui, on ne pouvait pro- » céder à ladite eslection consulaire, suivant les us et cou- « tumes », elle prit une délibération, le 3 février 1690, portant que l'on s'adresserait à l'Intendant pour le prier « de « tirer la pauvre communauté de l'embarras où elle se trouve « toutes les fois que les gentilshommes sont de tour, la déli- « vrer par un règlement de la tyrannie de ces deux familles, « qui se sont approprié le consulat et qui la constituent tous « les jours en frais, par une infinité de procès, qu'ils lui sus- « citent, lorsqu'ils veulent ou ne veulent pas être consuls ».

Ces plaintes étaient justes. Le roi, en ayant pris connaissance, rendit, de Versailles, un arrêt, le 4 décembre 1690, qui maintenait « les deux familles de Posquière et de Laudun au droit « d'être admises au consulat ; en sorte néantmoins que quand « l'un desdites deux familles aura esté consul, aucun de ladite « famille ne pourra rentrer audit consulat qu'à la dixiesme

« année, de la mesme manière qu'il l'aurait esté, si les autres
« troix familles nobles subsistoient encore » (1).

Cet arrêt mit fin à la lutte. Du reste, on n'eut pas à l'exécuter longtemps. En 1735, les Posquière s'éteignirent dans la personne de François, le fondateur de l'Ordre de la Boisson, et, vers 1750, les Laudun se retirèrent à Tarascon. Il est vrai que, dans l'intervalle, les Jossaud étaient revenus à Aramon, mais seuls, que pouvaient-ils? D'ailleurs, le consulat acheté par la communauté, était rentré dans le droit commun, et, jusqu'à la Révolution, on ne distingua plus, à Aramon, que des Consuls de première et de seconde échelles.

3ᵉ *Décadence.* — L'Administration consulaire d'Aramon subit, au cours du XVIIIᵉ siècle, bien des vicissitudes : vicissitudes communes, d'ailleurs, à toutes les administrations de cet ordre. Nous allons les raconter rapidement.

A la suite des malheurs de la France, le gouvernement de Louis XIV, se trouvant à court d'argent, eut l'idée, pour s'en procurer, de créer dans les principales villes du royaume des mairies perpétuelles (2). C'étaient des offices que l'on achetait à un prix assez élevé, et qui apportaient à leurs titulaires certains avantages honorifiques et pécuniaires : ainsi les Maires présidaient les assemblées électorales et politiques, portaient la baguette de Viguier, avaient le pas sur les consuls, étaient de droit députés aux Etats et à l'Assiette (3), etc. Ce fut Joseph de Laudun, qui, en 1693, acheta cette charge, à Aramon. On ne dit pas le prix qu'il la paya.

Le pays vit cette création de mauvais œil, naturellement.

---

(1) L. XIII.

(2) 16 août 1692. *Arch. comm.*, BB. 12.

(3) *Arch. comm.*, BB. 13. Remarquons que la Mairie devint alternative, par un édit du Roi, de décembre 1706. A cette époque, Jean Elzière l'occupa de concert avec Jean-François de Laudun. *Arch. comm.*, BB. 13, 14.

Il fit même entendre d'énergiques protestations, en particulier, lorsque de Laudun voulut, pour la première fois, présenter aux électeurs les deux candidats de la première échelle. Mais il lui fallut s'incliner, car les règlements étaient formels (1).

Cette grave atteinte portée aux franchises et libertés du consulat, fut bientôt suivie d'une autre qui aurait pu détruire, en fait, cette institution, si on n'avait paré le coup.

Vers 1700, toujours sous l'empire des mêmes préoccupations financières, le gouvernement avait rendu vénales les charges consulaires. Or, un jour — le 9 décembre 1704 — on apprend à Aramon, par l'intermédiaire de Mercier, procureur de la communauté, à la cour de Montpellier, que Claude de Sauvan, baron d'Aramon, a fait des offres pour la charge de premier consul : six cents livres, non compris les deux sols par livre, et que cette offre vient d'être transmise à Paris.

A cette nouvelle, l'alarme se répand dans le pays. « Mon « Dieu ! que deviendraient les intérêts de la Communauté en « de telles mains ? » s'écrie-t-on de toutes parts. Là dessus, on s'assemble, et, d'une seule voix, on décide de couvrir l'offre du comte de Sauvan : on donnera 900 livres, plus 2 sous par livre, pour le premier chaperon et même pour couper court à toute surprise, on ajoutera 500 livres pour le second. Puis on présente une requête à l'Intendant, le priant de vouloir bien autoriser l'emprunt de ces deux sommes, « attendu, y « est-il dit, qu'il est de la dernière conséquence pour cette « Communauté acquérir les dits offices pour se mettre à « couvert non seulement des procès pendants, mais de tous « ceux qui seraient intentés par le proposé du dit sieur « Sauvan, s'il acquérait le dit office, ne pouvant ignorer les « mauvaises intentions que le dit sieur Sauvan et ses consortz « ont toujours conservé contre les habitants et qu'ils

---

(1) *Arch. comm.*, BB. 12. Le second consul conserva le privilège de présenter les deux candidats de la deuxième échelle, assisté du Conseil.

« mettraient à l'advenir à exécution, comme ils l'ont fait
« pour le passé, s'il leur étoit permis de faire exercer le dit
« office par quelqu'une de ses créatures ; d'autant mieux que
« cette communauté, par moyen de l'acquisition des dits
« offices maintiendra et conservera tous ses droits, privilèges,
« facultés et prérogatives. »

En réponse à cette requête, l'Intendant rendit une ordonnance, le 31 janvier 1705, qui autorisait l'emprunt sollicité par la Communauté (1).

Ainsi fut déjoué le plan des Sauvan et conservée au pays cette institution du Consulat qui avait fait sa force, dans ses luttes contre le château.

A cette époque également, s'opéra une modification notable dans le mode d'élection des consuls. Le 20 septembre 1689, le roi avait ordonné par arrêt de son Conseil qu'il fût établi, dans toutes les Communautés du royaume des conseils politiques ordinaires, composés de 24, 12, 6 membres, selon l'importance de la localité (2). Ceci ne concernait pas Aramon, où la chose existait déjà. Mais plus tard, à l'occasion d'élections consulaires faites en assemblées générales, des troubles graves s'étant produits dans plusieurs villes du Midi, telles que Narbonne, Castelnaudary, Villeneuve près Montauban, etc., le roi, pour en prévenir le retour, voulut (4 août 1718) qu'à l'avenir, partout où existaient des conseils politiques ordinaires, « ces conseils nommassent les consuls en la
« forme qu'ils en avoient l'habitude pour le reste et non
« plus par assemblées générales. » (3). Cette ordonnance fut exécutée à Aramon. A partir de ce jour, si on réunit encore en assemblées générales les chefs de maison, pour avoir leur avis dans certaines circonstances graves, en fait d'élection, les choses se traitèrent sans bruit. Consuls et officiers ne

---

(1) *Arch. comm.*, BB. 13.

(2) *It.*, BB. 14.

(3) *It.*, BB. 14.

furent plus nommés qu'en conseil politique ordinaire, et pour ainsi dire sous le manteau de la cheminée. Le prestige de nos édiles n'y gagna rien sans doute ; mais le patriotisme de la classe qui dirigeait alors, et à la tête de laquelle se trouvaient les Martin, suffit pour maintenir à une certaine hauteur les fonctions municipales, et sauvegarder les intérêts de la Communauté.

Cependant, il paraît que la vente des offices municipaux n'avait pas donné le résultat attendu. Dans un but de popularité, d'ailleurs, le Régent les supprima le 11 septembre 1717 (1).

Il est vrai qu'ils furent rétablis bientôt après, en août 1722. Joseph-François de Laudun reprit alors sa charge (2) qu'il exerça tranquillement jusqu'à sa mort (3) (1734).

En l'année 1736, Etienne de Laudun, fils du précédent, acheta l'office de maire et le garda jusque vers 1760. Nous le voyons, pendant vingt-quatre ans, présider les assemblées, avec le titre de « maire ancien » (4), puis, nous perdons sa trace. Peut-être se retira-t-il alors à Tarascon. De 1760 à 1771, c'est le viguier ou son lieutenant qui préside toutes les assemblées (5).

Au temps de la mairie d'Etienne de Laudun, un fait se passa qui mérite d'être raconté. Le conseil politique était composé d'hommes entièrement dévoués à la Communauté, nous l'avons dit, et c'était bien nécessaire ; car, à cette époque, elle soutenait de grands procès contre les nobles du pays : seigneur et coseigneur, touchant les biens dits roturiers, et avait plus que jamais besoin d'être guidée avec intelligence

---

(1) *Arch. comm.* BB. 14.

(2) *It.*, BB. 15.

(3) *It.*, BB. 17.

(4) *It.*, BB. 25.

(5) *It.*, BB. 25 et 26.

et énergie. Pour briser cette force, ou du moins en atténuer les effets, le maire — un des principaux intéressés — sous prétexte que les conseillers politiques et extraordinaires (1) n'étaient pas en nombre suffisant, en nomma de sa propre autorité quelques nouveaux qu'il choisit naturellement parmi ses créatures. (Séances des 13 avril et 1er juin 1749).

Le coup était audacieux et bien porté. Les consuls ne se laissèrent pas intimider. Des protestations éclatèrent immédiatement au sein du conseil. Antoine Grégoire surtout, le notaire-greffier, se distingua par la vivacité de ses attaques. C'est alors que Laudun s'étant écrié qu' « il était insensé « qu'un secrétaire fît de l'opposition dans le conseil à son « maire et qu'il porterait plainte contre lui devant qui de « droit »; A. Grégoire lui fit cette fière réponse : « Vous « avez tort de regarder mes observations comme une « opposition; mais, quand cela serait, je crois bien en avoir « le droit, non seulement comme greffier, mais encore comme « taillable ». Et Laudun se tut.

Du reste, les consuls ne s'en tinrent point là. Dans une requête, rédigée le jour même, ils demandèrent à l'intendant de casser les délibérations des 13 avril et 1er juin 1749, et d'enjoindre au Maire de laisser les anciens conseillers exercer tranquillement leurs fonctions : ce qui fut fait par une ordonnance en date du 15 août 1749 (2).

Cet incident, si glorieux pour nos édiles, fut bientôt suivi d'un autre qui ne l'est pas moins. Comme on le sait, à cette époque, les charges municipales étaient redevenues vénales. La communauté qui, lors de la suppression de ces charges, avait dû renoncer à la propriété du consulat, contre remboursement sans doute, craignant maintenant que Et. de Laudun et ses amis, les autres nobles, ne fissent acheter

---

(1) Nous avons compté dix-huit conseillers extraordinaires vers 1750; mais nous ignorons à quelle occasion ils furent créés.

(2) *Arch. comm.*, BB. 21.

sous main, par quelque créature à eux, dans l'intérêt de leurs procès, la charge de premier consul, décida, le 7 juillet 1749, de faire elle-même cette acquisition, et, dans ce but, offrit 500 livres. L'offre fut agréée le 30 décembre, et Joseph Guiramand nommé consul, d'après le mode usité (1).

Tout paraissait fini, mais voilà qu'un jour, aux élections de 1760, se présente Simon de Jossaud, qui réclame le premier chaperon en vertu de l'arrêt du 31 août 1619 et de la transaction du 6 octobre même année. Puis, c'est Bazile, le procureur fiscal du marquis, qui déclare s'opposer à l'élection, sous prétexte que les convocations n'ont pas été faites du consentement de son maître. Ces manœuvres, évidemment concertées, n'avaient qu'un but de la part du château et de la noblesse : entraver les procès en cours et au besoin les faire trancher dans un sens favorable à leur cause. Les consuls ne s'y méprirent pas, et, bien décidés à ne pas livrer les intérêts de la communauté à leurs adversaires, ils passèrent outre, disant à S. de Jossand qu'étant seul noble, depuis l'élévation d'Et. de Laudun aux fonctions de maire, il n'était pas possible de le présenter aux suffrages des électeurs ; que, d'ailleurs, par le fait de l'achat du premier chaperon, la communauté avait repris son ancien droit « d'eslire « deux personnes conseillers politiques du conseil », et à Bazile : que l'on s'était présenté chez le viguier, mais que celui-ci ne s'était pas trouvé chez lui et que, de par les règlements, on n'était pas tenu à autre chose (2).

Ces fières réponses fermèrent la bouche à leurs adversaires et l'élection resta acquise.

En mars 1766 parut encore un édit qui supprima les charges municipales. A Aramon, cependant, sans que nous sachions pourquoi, le consulat, ce *palladium* des libertés

---

(1) *Arch. comm.*, BB. 22.

(2) *Arch. comm.*, BB. 24.

municipales, resta la propriété de la communauté (1) et fonctionna comme par le passé. Mais de grandes modifications furent apportées au mode électoral et à la constitution des conseils. A partir de cette année, « les élections aux charges » municipales et à celle de greffier durent être faites dans « une assemblée générale, par voie de scrutin et à la plu- « ralité des suffrages » (2). De plus, toujours en vertu du même édit, et selon le même mode, il fallut créer un conseil politique et un conseil renforcé dont les membres devaient être soumis, chaque année, au renouvellement (3).

On créa donc les deux conseils, mais de même qu'autrefois, eu égard à la pénurie des sujets, on n'avait pas tenu un compte rigoureux de l'arrêt du conseil du 20 septembre 1689, qui prescrivait le renouvellement de la moitié des conseillers, lors des élections consulaires (4) ; pour la même raison, on décida, dans une réunion préparatoire, tenue en 1768, la veille de la St Blaise, de réduire le nombre des conseillers politiques et renforcés : six, au lieu de douze, dans chaque conseil, dont trois de chaque échelle, sans y comprendre les nouveaux consuls. Cette décision fut approuvée le lendemain, en assemblée générale, et mise à exécution. (5)

Après cette loi, qui est sensiblement plus libérale, il y eut encore un édit de création de charges municipales, en novembre 1771, dans le but toujours de venir en aide aux coffres vides de l'Etat. Jean-Joseph Labrousse et Antoine Dunan en profitèrent pour acheter, vers 1772, le premier la charge de Maire, au prix de 4.000 l. ; et le second, celle de greffier, au prix de 2.000 l. (6)

---

(1) *Arch. comm.*, BB. 32.

(2) *It.*, BB. 26.

(3) *It.*, BB. 26.

(4) *It.*, BB. 23.

(5) *It.*, BB. 26.

(6) *It.*, BB. 27.

Mais cet état de choses ne dura pas. En octobre 1774, la province du Languedoc, dans un but patriotique, racheta toutes les charges municipales, créées par l'édit de 1771. (1) Les communautés reprirent donc tous leurs anciens droits.

D'ailleurs, il se produisit alors d'autres modifications. Nous remarquons : 1° que le premier consul élu par les conseillers politiques et extraordinaires, reste en charge pendant quatre ans et le second pendant trois seulement ; 2° que les conseillers sont renouvelés par moitié, le lendemain des élections consulaires ; 3° que le premier consul porte également le titre de Maire. (2)

Et il en fut ainsi jusqu'à la loi du 14 décembre 1789, « qui « en créant dans chaque commune des municipalités, donna « le nom de Maire, au premier officier municipal élu par les « Assemblées primaires. »

---

(1) *Arch. comm.*, BB. 29.
(2) *Item.*

# CHAPITRE VIII

## AUXILIAIRES DE L'ADMINISTRATION

La réorganisation du Syndicat ou Consulat (chap. VI) demanda quelques années. Mais la chose une fois faite — et elle l'était sûrement, dans ses grandes lignes, en 1396 (1) — nous voyons apparaître successivement, aux procès-verbaux des élections, des officiers municipaux et des agents secondaires, que l'on crée pour servir d'auxiliaires à l'Administration.

Ce sont d'abord, en 1402 (2) : 1° deux capitaines des portes *(capitanei portalium)* : noble Pierre d'Aramon et Etienne Jouve ; 2° deux ouvriers *(operarii)* (3) : noble Blaise des Arbres et maître Bernard Gall ; 3° des estimateurs et voyers (4) *(estimatores et carreyrerii)* : noble Jacques Geniès et Jacques Long : toujours un noble et un roturier, comme on peut s'en convaincre par la lecture des procès-verbaux de l'époque.

Ces agents sont nommés, d'une part, par les syndics et conseillers qui entrent en charge, et, de l'autre, par les nobles

---

(1) *Arch. comm.*, BB. 3.

(2) *Item.*

(3) Les ouvriers remplissaient à l'église les fonctions de Fabriciens, et, à l'hospice, celles de Recteurs.

(4) C'étaient des hommes de capacité et moralité notoires, qui exerçaient, avec un caractère public, les fonctions d'experts et appréciateurs, dans certaines circonstances, prévues par les privilèges et les usages locaux.

du pays (1) : ce qui ne les empêche pas de vivre en bonne intelligence. Ils prêtent serment aux mains du Viguier (2). On les renouvelle chaque année aux élections consulaires (3). Ajoutons que leurs fonctions sont rétribuées, bien que nous ne puissions dire si c'est au moyen d'un traitement fixe ou bien d'indemnités proportionnées au temps qu'ils y consacrent.

Dans le procès-verbal des élections de 1479 (4), nous trouvons, indépendamment des agents susnommés, des Inspecteurs des poids pour la viande et les poissons *(visitatores ponderum cum quibus carnes et pisces, qui venales exponuntur, ponderantur )* : noble Maroan de Posquière et Pierre Casseyrol ; des Gardes des pâturages *(defensores patuum)* : noble Jean de Posquière et Pierre Ripert ; des Courtiers et priseurs publics *(correterii et presonate publici)* : Jean Guiot et Pierre Christophore (5) : ce qui, avec les Gardes des fruits, les Gardes des chaussées et martilières, les Gardes des chèvres, les Gardes des pourceaux et les Peseurs publics, complète la liste des Auxiliaires de l'Administration. Et maintenant disons un mot de chacun d'eux.

---

(1) *Arch. comm..* BB. 5. 1420. Nous lisons : « Les syndics assistés « de quelques nobles, élisent ensuite comme ouvriers de l'église et « de l'hôpital... comme capitaines des portes... comme estimateurs » voyers-arpenteurs, etc. » Et dans la charte de 1466 (*Arch. comm.*, AA. 1). « Et illecques mesmes sont les nobles avecques lesd. scindicz « et pour chescun de leur cartier, leurs officiers comme ouvriers « d'esglise, etc. »

(2) *Arch. comm.*, AA. 1.

(3) *It.,* BB. 3, 4, etc.

(4) *It.,* BB. 8.

(5) C'est la seule charge où nous ne voyons pas un noble figurer à côté d'un plébéien. Peut-être les nobles la dédaignaient-ils, comme n'étant pas une sorte de magistrature, mais plutôt un métier, que l'on obtenait, nous le verrons bientôt, aux enchères, à prix d'argent.

## I. — CAPITAINES DES PORTES

Nous ne trouvons, dans nos archives, que fort peu de détails, touchant les Capitaines des portes, à Aramon. Les procès-verbaux ne mentionnent guère que le fait de l'élection et les noms des élus. Mais nous pouvons nous faire une idée assez exacte des prérogatives et des fonctions de nos Capitaines des portes, en étudiant les institutions similaires, établies dans les grandes villes voisines. Evidemment celles-ci ont servi de modèle à celles-là.

Or, nous savons qu'aux XV$^e$ et XVI$^e$ siècles, les Capitaines élus, comme nous l'avons dit, par les consuls et leurs conseillers, « exerçaient des fonctions permanentes, en temps
« de guerre comme en tout autre ; qu'ils étaient nommés
« pour veiller à la garde de la cité, placer des postes et des
« sentinelles, faire des rondes dans toute l'étendue des mu-
« railles, en bas comme en haut ; que pour l'exécution de
« leurs ordres et autres mesures concernant la défense et la
« sûreté de la place, ils pouvaient, par déclaration d'amendes
« et même par corps, contraindre à tout légitime service les
« citoyens désobéissants ; que les peines pécuniaires pronon-
« cées par eux devaient être adjugées au profit de la com-
« munauté » (1).

C'étaient des personnages que les capitaines des portes, en ces temps troublés où la sécurité d'un pays dépendait d'eux. Aussi, ne nommait-on à ces fonctions que des hommes d'un patriotisme sûr, d'une prudence consommée, d'un courage à toute épreuve. Il est facile de s'en convaincre, d'ailleurs, en lisant, dans les procès-verbaux des élections, les noms des titulaires, qui, presque tous, ont joué un certain rôle dans le pays (2).

---

(1) A. Eyssette. *Histoire de Beaucaire*, t. I. p. 171.

(2) *Arch. comm.*, BB. 3, 4. 5, etc.

Les capitaines avaient chacun une clef de la ville. Ces clefs apportées par les syndics, le jour de Saint-Blaise, à la maison commune, et déposées aux mains du Seigneur ou de son Viguier, étaient ensuite remises par celui-ci aux capitaines nouvellement élus. Cependant, le seigneur se réservait de les reprendre, toutes les fois que besoin serait, dans l'intérêt de sa justice (1).

Nous trouvons des nominations de capitaines, jusqu'en 1540 (2). Il est même fait mention d'eux dans la requête des nobles en 1619 (3), et, plus tard encore, en 1628, dans la transaction du marquis de Grimault (4). Mais à ces dernières dates, cette institution n'était déjà plus qu'un souvenir, un mot pompeux précieusement conservé dans la nomenclature de nos libertés politiques, auquel rien de réel ne correspondait dans la pratique.

Il avait été prudent, en effet, au milieu des guerres politico-religieuses qui ensanglantèrent la région, de ne mettre à la tête du pays que des hommes du métier, de vrais soldats, et non plus de ces capitaines improvisés, très respectables, sans doute, mais en qui le patriotisme ne pouvait tenir lieu de science militaire. On l'avait parfaitement compris dans les hautes sphères comme chez le peuple. De là, ces délibérations des 31 juillet 1583, 12 septembre 1585, et 5 août 1585 (5), où A. de Garnier, un gentilhomme d'épée, est supplié de prendre en main la défense d'Aramon, avec promesse de lui obéir en tout ; de là ces lettres d'investiture données par le duc de Montmorency à ce dernier (6), qui ratifient pleinement le choix du peuple.

---

(1) *Arch. comm.*, AA. 1.

(2) L. XIII.

(3) *Item*.

(4) L. XIX.

(5) *Arch. comm.*, BB. 9.

(6) J. Pitot not., 1599.

D'ailleurs, nous remarquons que, dans les procès-verbaux des élections qui suivirent cette époque, il n'est plus question des capitaines des portes (1) et nous comprenons aisément, dès lors, le bon marché que firent, de cette faculté illusoire, les nobles, dans leur transaction avec la communauté, en 1619. La vérité est qu'en cédant alors à cette dernière leur droit de créer des capitaines des portes, ils ne cédèrent rien au fond.

### II. — OUVRIERS DE L'ÉGLISE

Aujourd'hui dans toutes les paroisses, il y a, à côté du curé, quelques laïques — 5 ou 7, suivant l'importance de la localité — lesquels choisis généralement parmi les plus honorables familles ont mission de le seconder dans l'administration temporelle de la paroisse. L'ensemble — en y comprenant le maire — forme le conseil de fabrique.

Avant la Révolution, cette charge, à l'exercice de laquelle participaient les consuls, était particulièrement remplie par des agents nommés ouvriers, que l'on désignait le jour de Saint-Blaise (2).

Dans le principe, ils étaient deux : un noble *(proparte nobilium)* et un roturier *(proparte particularium)*. Ils s'occupaient à la fois de l'église et de l'hospice (3).

Plus tard, c'est-à-dire, vers 1580, on nomma un ouvrier pour l'église et un recteur pour l'hôpital (4).

A partir de ce temps-là, il fut même de règle que le premier consul sortant de charge devînt ouvrier de l'église, et le second recteur de l'hôpital (5).

---

(1) L. XIII.

(2) *Arch. comm.*, AA. 1.

(3) *It.*, BB. 3, 4, 5. Nic. Bonnefoy, not., 1525.

(4) L. XIII.

(5) *Arch. comm.* GG. 35. M. A. Reboulet, not., 1736. G. Faulquet, not., 1673.

Les fonctions de l'ouvrier étaient généralement les mêmes que celles de nos modernes fabriciens, mais bien plus étendues. Les voici telles que nous les donnent les documents de l'époque : « Les ouvriers ont été établis pour administrer « les biens de l'œuvre. Leurs fonctions consistent à faire la « quête pour l'œuvre, les dimanches et fêtes, à prendre soin « des reliques (1), croix et de la propreté de l'église, à fermer « et ouvrir les portes de l'église, à fournir aux curés tout ce « qui est nécessaire pour le service divin, à sonner les clo- « ches (2), à veiller sur l'arrangement des bancs » (3).

L'ouvrier affermait, du consentement des consuls, les terres qui appartenaient à l'œuvre (4). Il remettait au curé qui arrivait, par acte passé devant notaire, « les meubles et « reliquaires, la clef de l'armoire qui est dans la sacristie « servant d'entrepôt ; plus, les registres des baptêmes, maria- « ges et mortuaires » (5). Il recevait les dons faits à l'église, vendait et achetait les propriétés, percevait les revenus (6), etc. Son rôle était donc prépondérant dans l'église. En réalité il en était le maître. Aussi, nous ne sommes pas étonné de lire, dans un document du xviii° siècle, ces mots : « La com- « munauté avait par elle-même ou par ses marguilliers, « l'administration et la police de l'église, en sorte qu'on ne « peut y faire des fondations, y rétablir des chapelles, y « avoir des sépultures, ni y placer des bancs, sans son con-

---

(1) Les curés devaient remettre à l'ouvrier, incontinent après les fêtes, les reliques qu'on avait exposées (*Arch. comm.*, BB. 9).

(2) En 1600, on donnait « au sonneur, » 7 s. 6 d., pour les trois glas qu'il sonnait. (*Arch. comm.*, BB. 9). L'ouvrier ne sonnait donc pas lui-même, mais avait sous sa direction le sonneur.

(3) L. XVI.

(4) Nic. Bonnefoy, not., 1538.

(5) M. A. Reboulet, not., 1687.

(6) Nic. Bonnefoy, not., 1525.

« sentement, ni surtout y introduire des confréries, c'est-à-
« dire un corps étranger » (1).

Aujourd'hui la police de l'église appartient au curé et ce n'est pas un mal : l'ordre et la décence y trouvent leur compte.

### III. — RECTEUR DE L'HOSPICE

Nous avons vu que, dans les commencements, les ouvriers de l'église exerçaient également la charge de Recteur de l'hospice.

Vers le milieu du XVIe siècle, G. de Poitiers, seigneur d'Aramon, ayant appris que « les habitans prenoyent les revenus « dudit hospital, sans en tenir aulcuns comptes et que pys « est, auroyent converti et convertissoyent le dit revenu à « leurs usages propres et particuliers contre tout devoir, « rayson et conscience, » donna ordre à Jean Gauthier, son bailli et procureur général, de mettre fin à ces abus. Celui-ci convoqua le peuple, et, le 4 décembre 1547, fit décider que chaque année, le jour de saint Blaise, les habitants désigneraient « un homme de bien, capable et suffisant, pour « estre procureur et administrateur des biens et revenus au « dit hospital » (2).

Nous remarquons, toutefois, que cette clause resta tout un temps lettre morte, puisque l'on continua jusqu'en 1580 au moins, à nommer un noble et un roturier comme recteurs de l'hôpital (3).

Mais un jour vint où on se la rappela, et où l'on voulut la faire sortir à effet. C'était en 1597, au plus fort des démêlés des coseigneurs et du peuple (chap. XX). Elle fut mise au nombre des revendications communales, dans une requête

---

(1) L. XVI. (1775).

(2) L. XIX.

(3) Ant. Bonnefoy, not.

adressée au sénéchal et vivement soutenue. Les nobles, de leur côté, défendirent avec énergie ce qui avait été jusque-là leur droit. Ils produisirent une foule de procès-verbaux d'élections, firent appel aux délibérations communales, invoquèrent même la prescription. Leurs efforts vinrent échouer contre la transaction de 1547 : leur tort avait été de ne pas protester alors contre elle, et de s'être laissé endormir par la prétendue modération du peuple. Un arrêt du sénéchal, en date du 10 septembre 1599, déclara définitivement acquise la fameuse clause et la communauté seule investie du droit de nommer un Recteur. Seulement, on autorisa les nobles à désigner parmi eux un contrôleur, assermenté mais non payé, avec injonction aux consuls de le convoquer lorsque le Recteur rendrait ses comptes (1).

A partir de cette époque, il n'y eut donc plus qu'un recteur, et c'est alors sans doute que s'établit l'usage de nommer à cet emploi le second consul sortant de charge (2), usage qui se conserva jusqu'au commencement du xviii<sup>e</sup> siècle (3). Quant aux fonctions du Recteur, les voici, d'après l'acte de réorganisation en 1547, et autres documents que nous avons pu consulter.

Le Recteur a l'administration de l'hôpital et de la charité, bien que ce soient là deux établissements distincts (4). Il perçoit les rentes, retire le blé et autres produits dans des greniers, aux frais de l'œuvre, acquitte les dettes (5), intente des actions judiciaires (6). Il rend compte, à la fin de l'année, de sa gestion, en présence du viguier, du procureur juridictionnel du seigneur, du prieur, des syndics et du contrôleur

---

(1) L. XIII.

(2) *Arch. comm.* GG. 25.

(3) *It.*, BB. 23. M. A. Reboulet, not., 1712.

(4) L. I. *Arch. comm.* GG. 18.

(5) J. Pitot, not. 1609.

(6) *Item*.

de la noblesse (1), et remet le réliquat, séance tenante, après en avoir obtenu une décharge en règle (2).

Au fond, le recteur n'est que le délégué des consuls. Il est placé sous leur haute surveillance et n'agit jamais qu'avec leur autorisation, qu'il s'agisse de ventes ou d'achats, etc. (3).

Le recteur est un vrai fonctionnaire; aussi lui fait-on un traitement. Nous remarquons que, vers la fin du XVIe siècle, on lui donnait vingt-cinq florins, petite monnaie, que l'on prenait naturellement sur les revenus de l'hospice; mais que, dans cette somme, n'étaient pas comprises ses vacations hors du pays (4).

Plus tard, en 1698, lors de la réorganisation par décret des administrations des hospices, il se produisit une amélioration des plus heureuses; ce ne fut plus le second consul sortant de charge, homme généralement peu instruit, parfois insuffisant, qui eut de droit pour ainsi dire l'administration de l'hospice. Le Bureau se réserva de choisir ce fonctionnaire et le fit presque toujours avec intelligence. C'est à cette époque que nous voyons les deux Martin, père et fils, se vouer successivement à cette œuvre, alors tombée bien bas (chap. XIV) et la relever au point de pouvoir placer aux intérêts la somme, fort considérable pour ce temps, de 20.000 livres.

### IV. — Estimateurs — Voyers — Arpenteurs.

Quels étaient ces fonctionnaires au nom si compliqué, bien que ne désignant jamais que deux personnes, un noble et un roturier : « *Terminatores et carreyrarii* » (5), d'abord (1402);

---

(1) L. XII.

(2) J. Pitot, not., 1603.

(3) G. Faulquet, not., 1673.

(4) J. Pitot, not., 1603.

(5) Arpenteurs-voyers. *Arch. comm.* BB. 2.

puis « *estimatores, careyrarii et terminatores* », en 1420 et 1436 ? (1)

A défaut d'autres documents, le mot lui-même nous le dit assez, et surtout cette expression, que nous trouvons dans un procès-verbal d'élections syndicales, en 1478 (2), « *estimatores et terminatores territorii et carreriarum* » : c'étaient des agents qui avaient la police des rues et des chemins, qui veillaient à l'intégrité du territoire et prononçaient comme experts dans les questions de dommages faits aux propriétés communales ou privées (3). Qui sait même si, dans la confection des cadastres, ils n'intervenaient pas, à la demande des consuls, pour rectifier les déclarations intéressées de certains propriétaires et faire taxer les biens selon leur contenance et leur valeur ? (4).

A Nîmes, dans les premiers temps, les voyers, une fois institués, avaient des pouvoirs très étendus et absolument indépendants. Ainsi, ils décidaient seuls des réparations à faire, ordonnaient l'exécution des travaux, contraignaient même, à en payer leur contingent, ceux qui étaient tenus d'y contribuer (5)

Le rôle de nos Voyers était plus modeste. Une réparation se présentait-elle, nécessaire ou simplement utile? Les Voyers la signalaient aux Consuls ; mais c'étaient ceux-ci qui, réunis en séance, l'approuvaient ou la rejetaient. Lorsqu'ils

---

(1) *Arch. comm.*, BB. 7. Estimateurs-voyers-arpenteurs.

(2) *Arch. comm.*, BB. 8.

(3) L. XIII. 1606. M. A. Rebouiet, not., 1730.

(4) P. Dognon raconte que quelquefois on s'en tenait au serment et qu'on ne prenait pas d'autres garanties; mais que généralement, surtout dans les derniers temps, on donna moins de valeur aux déclarations et davantage à l'enquête. Les estimateurs, généralement compétents par leur savoir et leurs connaissances, faisaient un rapport aux consuls, et leur avis était toujours suivi dans l'estimation et la cotisation des biens. (Instit., etc., p. 290).

(5) L. Ménard. *Hist. de Nîmes*, t. II, p. 136.

l'approuvaient, ils commençaient par en déterminer la nature et en régler les détails ; puis ils mettaient les travaux aux enchères, par devant la Cour ordinaire, et passaient un bail chez le notaire avec les entrepreneurs. Cela fait, mais alors seulement, apparaissaient de nouveau les voyers qui, au nom de la communauté, exerçaient un droit de surveillance, une sorte de contrôle légal sur les travaux, par rapport aux conditions stipulées dans le bail (1).

C'est là du moins ce qui nous a paru ressortir d'une foule de procès-verbaux, d'ailleurs assez peu explicites, qu'il nous a été donné de parcourir.

Ajoutons que les fonctions de Voyer ne manquèrent pas d'une certaine importance, au XVII° siècle, lorsque Colbert, en donnant un vigoureux essor au commerce, eut fait d'Aramon un port assez important. Il est évident qu'il fallut alors améliorer les routes qui aboutissaient aux villages voisins : Domazan, Estézargues, Saze, Théziers et même Fournès, afin de permettre aux habitants de ces pays d'apporter chez nous leurs denrées et de les expédier ensuite au loin. Cette œuvre, qui contribua pour une large part à la prospérité de notre pays, fut surtout celle des Voyers.

### V. — DÉFENSEURS DES PATURAGES

A Aramon, tout habitant avait le droit de saisir le bétail des étrangers que l'on trouvait paissant sur les terres de la communauté (2), et par étrangers, on entendait surtout les gens de Domazan, Saze, Théziers et Estézargues.

Mais il y avait, en outre, deux fonctionnaires appelés Défenseurs des pâturages « *Défensores patuum* », qui jouissaient spécialement de ce droit, en ce qui concernait les pro-

---

(1) Tous les notaires.

(2) *Arch. comm.*, AA. 1. Nic. Bonnefoy, not. 1523. Ant. Bonnefoy, not., 1578.

priétés communales, telles que les paluns, bois, garigues, etc. (1).

Ces fonctionnaires n'étaient pas astreints, comme aujourd'hui nos gardes champêtres, à parcourir régulièrement le territoire, mais ils devaient se transporter partout où un délit du genre précité leur était signalé (2).

Lorsqu'ils saisissaient un troupeau appartenant à des étrangers, ils le mettaient en fourrière dans une des pièces de la maison commune, et en avisaient les consuls (3).

Le Conseil s'assemblait alors et s'érigeait en une sorte de tribunal (4).

Le Viguier ne paraissait jamais à ces sortes de réunions, si ce n'est, quelquefois, à titre de témoin (5). C'était là, paraît-il, un privilège de la charge consulaire auquel nos édiles tenaient, d'ailleurs, beaucoup (6).

Devant ce tribunal, les défenseurs des pâturages faisaient le récit de leur prise (7).

D'ordinaire, le tout se terminait par une transaction. Le propriétaire du bétail saisi se présentait et offrait de payer ce qui serait trouvé juste par le Conseil (8).

---

(1) *Arch. comm.*, DD. 3. BB. 8.

(2) *Item*.

(3) Nic. Bonnefoy, not., 1525.

(4) Ant. Bonnefoy, not., 1578. *Arch. comm.*, DD. 3.

(5) Ant. Bonnefoy, not., 1563.

(6) *Arch. comm.*, BB. 10. Le 7 sept. 1603, un troupeau saisi par un propriétaire ayant été conduit au château, les Consuls protestèrent énergiquement disant : 1º que les officiers ordinaires ne devaient pas être saisis, avant eux, du délit; 2º que les Consuls délibéraient d'abord sur la peine et amende encourue, et qu'ensuite venaient les officiers qui exigeaient le ban champêtre. Ils décidèrent même de monter au château pour se plaindre. Et l'acte dit que Claude de Buis reconnut leur droit et leur donna raison.

(7) Ant. Bonnefoy, not., 1678.

(8) *Item*. DD. 3.

Celui-ci délibérait alors et rendait une véritable sentence, fixant l'amende à tant, par tête de bétail ou par troupeau (1).

Le délinquant acceptait toujours : le fait est que nous n'avons pas trouvé aux archives un seul procès émanant de cette source. Puis, on passait un acte devant notaire, où étaient consignées toutes les conditions de la transaction : les défenseurs des pâturages prenaient part à toutes ces formalités (2).

Voilà comment allaient généralement les choses; mais il y avait parfois des incidents, celui-ci en particulier. Lorsqu'on était réuni, on remarquait tout à coup que l'on n'était pas en nombre suffisant pour délibérer; alors que faire? surtout quand le troupeau saisi pouvait avoir à souffrir d'un trop long retard, parce que, par exemple, les brebis avaient de jeunes agneaux à la bergerie. Dans ce cas, on livrait le troupeau, mais après avoir eu soin de faire constater devant notaire, les « confession et offre » du délinquant, pris un plège (caution), exigé même parfois que le bétail serait présenté de nouveau (3).

Quant à l'amende, toutes les transactions voulaient qu'une moitié revînt au Seigneur et l'autre aux Syndics et défenseurs des pâturages (4). Elles furent scrupuleusement observées sur ce point comme en font foi une foule d'actes notariés insérés en guise de preuves, à la suite de ces transactions, dans le *Recueil des droits et privilèges d'Aramon* (5).

Nous l'avons dit, il y avait au commencement deux Défenseurs des pâturages. Vers la fin du XVIe siècle, nous n'en

---

(1) *Arch. comm.*, DD. 3.

(2) *Item*.

(3) Ant. Bonnefoy, not., 1563.

(4) *Arch. comm.*, AA. 1.

(5) *It.*, DD. 3.

voyons jamais qu'un figurer sur les procès-verbaux d'élection et c'est toujours un membre du Conseil (1).

D'ailleurs, c'est à cette époque qu'apparaissent les Banniers ou Gardes-fruits, dont nous allons parler. Les Défenseurs des pâturages devenaient donc inutiles. Ils disparurent de fait, si le nom resta encore, dans les premières années du XVIIe siècle.

## VI. — BANNIERS OU GARDES-FRUITS

Nous l'avons dit : à Aramon, la police des champs appartenait à tout le monde et particulièrement, en ce qui concernait les propriétés communales, à deux agents nommés Défenseurs des pâturages; mais ce système ne tarda pas à paraître insuffisant : *tout le monde* en effet, ce n'était *personne* au fond.

Des vols ayant été commis, on voulut le compléter, c'est alors que l'on créa les Banniers ou Gardes-fruits.

Il est question d'eux pour la première fois en 1523, et nous remarquons alors qu'on en « loue » un pour les blés, un pour les raisins, un pour les olives, et que, ces récoltes une fois enlevées, leurs fonctions cessent (2).

Mais, à la fin du XVIe siècle, ces fonctions prennent un caractère plus général et plus stable : les banniers sont alors nommés pour un an et ont la surveillance de toutes les récoltes du pays.

Le premier Bannier proprement dit que nous connaissions est le nommé Jean Geboin. Le 15 avril 1590, il se présente

---

(1) L. XIII. 1606. Transactions de 1466-1532-1540. DD. 3.

(2) *Arch. comm.* AA. 1. DD. 3. En 1523, nous trouvons un Jean del Calyre qui s'engage à garder les blés semés ou à semer « dans le « plan, hors des levades, pour neuf florins petits, valant douze sols « le florin ». On obtiendra cette somme au moyen de cotisations imposées par les Syndics sur les propriétaires du plan, au prorata de la quantité de blé de chacun. (Nic. Bonnefoy, note 1523).

aux consuls pour servir, durant un an, de « garde-terres » et, à ce titre, il s'engage à « suyvre le terroir en tous les endroits « d'icelluy et tant de nuict que de jour, veiller et prendre « garde de tous ceux et celles qui ferons et donneront dom- « mage aux fruits des arbres en aulcune façon que ce soit, « tant par eulx que leur bestail gros et menu ». Ceux qu'il prendra en faute, il les « repourtera » devant le greffe de la Cour ordinaire « indifféremment et sans excepter aulcun « habitant d'Aramon, povre ou riche ». Il sera tenu de faire « deub et loyal rapport, duquel sera creu et adjousté foy à « cesdits rapports comme est accoustumé fère ». Il procèdera en tout « en homme de bien et sans fraude, candeur de cons- « cience à peyne de tous dépans, dommaiges et intérêts ». La moitié de l'amende reviendra au garde-terres et, de plus, les consuls lui donneront, pour ses gages, vingt-huit livres, dont dix présentement, et le reste en des échéances échelon- nées de trois mois en trois mois (1).

C'était maigre comme salaire, eu égard surtout à la sur- veillance de nuit. Aussi les gages des banniers s'élevent- ils assez vite : en 1591, quatre-vingt livres (2) — en 1595, quatre salmées de bon blé et la moitié des amendes (3) — en 1602, douze écus et la moitié des amendes (4).

Le 28 mars 1595, Jean Pallier s'engage à veiller à la garde et conservation des fruits « sur tout le territoire et juridic- « tion d'Aramon et jusques aux limites des pays voisins ». Il recevra pour ses gages quatre salmées de bon blé et la moitié des amendes, qui « de droict appartient à la commu- « nauté » (5).

Bien plus tard, le 29 avril 1730, M. A. Reboulet, notaire,

---

(1) J. Pitot, not. 1597.

(2) *Arch. comm.* BB. 9.

(3) *Item.*

(4) *Item.*

(5) J. Pitot, not.

nous apprend que cette charge fut mise « aux enchères publi-
« ques pour un an, à l'éteing des bougies », par les consuls
eux-mêmes, en présence du juge d'Aramon. A cette époque, il
y avait deux banniers. On donna à chacun d'eux cent quarante livres. Voici quelles étaient leurs obligations :

1º Ils se reconnaissaient solidairement responsables de
tous les dégâts causés dans les champs par les grosses bêtes
de labour, bêtes à laine, etc. et devaient en rembourser le
montant aux propriétaires lésés, s'ils ne pouvaient découvrir
les auteurs de ces dégâts. Mais, dans le cas contraire, ils n'é-
taient tenus qu'à dénoncer ces derniers. Aux propriétaires
de les poursuivre alors, pour obtenir d'eux des dommages et
intérêts ;

2º S'ils surprenaient des voleurs dans les champs, ils
étaient obligés de les dénoncer aux intéressés, mais ne pouvaient être rendus responsables des dommages occasionnés
par eux ;

3º Ils n'étaient autorisés qu'à faire leur travail, jamais celui des autres, avec ou sans salaire ;

4º Ils étaient tenus « d'aller dehors » pour les affaires de
la communauté, toutes les fois que les consuls le leur com-
mandaient, sans pouvoir exiger autre chose que « leurs dépenses de bouche ; »

5º Ils avaient à enlever les broussailles, ronces, etc., qui
pouvaient être laissées dans les brassières par les crues du
Rhône, comme aussi à « hausser et tomber » les portes des
martellières (1) « toutefois et quantes que besoin sera » (2).

Voilà des fonctions qui n'ont guère varié depuis le XVIe
siècle ; il est facile de reconnaître là nos modernes gardes
champêtres.

---

(1) En 1753, nous trouvons des « gardes-chaussées et martellières »
élus pour un an, mais que l'on gardait davantage si on er était satisfait. (*Arch. comm.* BB. 22).

(2) M. A. Reboulet, not. 1730.

## VII. — Inspecteurs de la boucherie, de la poissonnerie et des poids publics

Dans la transaction de 1466, reproduite presque en entier dans celle de 1532, il est fait mention d'agents « visiteurs de « poyson (poisson) et de masel (boucherie) et de poys (poids) » que « les nobles avecques lesd. scindicz font ches- « cun de leur cartier, le jour de Sainct-Blaise » (1).

En 1478, cette charge multiple était exercée par Maroan de Posquière et Pierre Carseyrol, qui avaient encore celle d'experts-voyers *(Estimatores et terminatores territorii et carreriarum nec non visitatores ponderum cum quibus carnes et pisces qui venales exponuntur ponderantur)* (2).

Nous avouons n'avoir rien trouvé, au cours de nos recherches, sur les fonctions d'inspecteurs de la boucherie et de la poissonnerie. Nous remarquons même qu'en 1730, lorsque J.-B. Mounet osa servir au public des brebis mortes de la clavelée, le Maire chargea quatre membres du Conseil de surveiller ses menées coupables (3), ce qu'il n'aurait pas fait s'il y avait eu alors un Inspecteur attitré.

Quant aux fonctions d'inspecteurs des poids et mesures, c'est différent. Sur ce point, si les détails n'abondent pas, ils sont suffisants pour nous donner une idée assez complète de la chose.

Après leur nomination, à la Saint Blaise, on remettait aux Inspecteurs certains ustensiles qui étaient les mesures légales de ces temps : les étalons municipaux. Il y avait un « pel- « chier, une fouillette estaing et une marque de fer servant « à marquer les pots des hostes et autres vendeurs et une

---

(1) *Arch. comm.* AA. 1.

(2) *It.*, BB. 8.

(3) *It.*, BB. 16

« mesure boys appelée vingteinier » (1). C'était en 1608. En 1617 on augmenta ces mesures, étalons d'« une livre et d'une « demy livre » et l'on décida de faire faire « une canne, la- « quelle servira pour allieler les autres cannes et barralz « de mollins », et également « une cymine pour allieler les « autres » (2).

Il paraît que les inspecteurs faisaient de temps à autre des descentes chez les revendeurs et boulangers du pays, escortés des consuls et d'un certain nombre de conseillers. Ce n'était pas d'ailleurs sans quelque besoin, si nous nous en rapportons à un document de l'époque. Nous y lisons sous la date du 9 mars 1627 : « a esté représenté par lesd. Srs consuls « qu'ils auroient cejourd'hui, avec l'assistance de la plus « grande partie des Srs conseillers susnommés, procédé à la « visitte des poix et ballanses des revendeurz dud. Aramon « et vériffication de chascung d'iceulx faicte par sire Jacob « Teyssier, marchant, assistant led. sire Arnaud, visitteur « des poix et mesures, auroict treuvé un poix de deux livres « appartenant à Henry Thailade, court de trois tarnaux, et « aultre poix de demy livre appartenant à Marguerite Vellaye « court de trois tarnaux, et aultre poix d'une livre et aultre « de demy livre appartenant à Jean Bouneyre, courtz chacunz « de demi-once, et aultre poix d'une livre appartenant à la « femme de messire Phelip Bautinet, court de demy-onse, et « aultre poix de demy-livre, appartenant à Honorade Fou- « rese, court de demy-onse, et aultre poix de deux livres « appartenant à Françoise Palière, touz deux courtz de trois « tarnaux. Les poix de Aurias Roger, Jean Brèque et Cathe- « rine Grosse, tous bons, ensemble les ballances. Et aussi « vérisfié et pessé le pain des bollangiers, treuvé que mes- « sire Jean Dayon faict le pain court d'un tiers d'once ; celluy « de Pierre Durand et de Jean Crouset est de poix, mais

---

(1) *Arch. comm.* BB. 10.
(2) *Item.*

« celluy de dud. Crouset n'est assez blanc ; et d'aultant que
« ceulx desd. revandeurs et bollangiers treuvés en fraude
« ont encouru lamande, ont requis l'assemblée sur icelle
« vouloir délibérer » (1).

A Beaucaire, les inspecteurs étaient payés sur le montant des amendes et des confiscations (2). Nous inclinons à croire qu'il en était de même à Aramon, bien que nos archives soient muettes sur ce point.

Il y avait encore deux inspecteurs en 1608 et 1627 (3); mais, vers la fin du xviii° siècle, nous n'en trouvons jamais qu'un et il est toujours pris parmi les membres du Conseil (4).

### VIII. — PESEURS ET MESUREURS PUBLICS

Les agents désignés dans nos vieux écrits sous le nom peu harmonieux de « *Correterii* » n'étaient autres que des peseurs et mesureurs publics. Le premier document qui parle d'eux est de 1466, le second de 1478; mais, dans l'un comme dans l'autre, nous n'avons pu découvrir le moindre détail concernant leurs fonctions. Le mot y est, voilà tout.

Il faut arriver à 1559 pour trouver une pièce qui parle d'eux explicitement. Elle est du notaire Nicolas Bonnefoy. Nous la donnons en entier : « L'an 1559 et le 25 jour du moys
« febvrier, en la place publique du lieu d'Aramon, à la
« requeste de probes Pierre de Loustal et Jehan Maleval,
« consulz dud. Aramon, et en leur présence (5), par Jehan
« Gros, sergent, aussi dud. lieu, a esté mys à enquandt le

---

(1) L. II.

(2) A. Eyssette. *H. de Beaucaire* I. p. 228.

(3) C'étaient le capitaine Etienne Fabre et Jean Arnaud.

(4) *Arch. comm.*, BB. 28.

(5) Plus tard, en 1673, par exemple, les enchères se faisaient en présence des officiers de la Cour ordinaire d'Aramon (G. Faulquet. not.)

« courretaige dud. lieu à la chandelle, ayant au préalable
« led. Jehan Gros, sergent, illec rappourté avoir par réitérées
« foys, crjé en les carrefourz qui vouldroit entendre aud.
« arrentement heust à se trouvé aud. jour, lieu et heure. Et
« icelluy arrentement avoir crjé à cinq livres tn. pour l'année
« prochaine venant, à comter du jour présent semblable
« jour, lad. année complète et révolue finissant, et à la
« charge que celuy à qui sera livré payera le pryx de son
« enchère, c'est incontinent après la délivrance la moitié et
« l'autre moitié à la fin de ladite année; aussi que durant
« lad. année ne pourra traficquer, achepter aulcunes mar-
« chandises pour aulcunz marchand. Et à lad. somme de
« cinq livres tn. jusqu'à l'extinction de troys chandelles par
« lesd. de Loital et Maleval, consulz, a été déclaré sera dé-
« livré led. arrentement à une quatriesme chandelle que par
« led. Jehan Gros, sergent, a esté alumée. Et ce par icelluy
« Jean Gros crjé. Jehan Mouger y a dict à cinq livres et un
« sol ; Jehan Bourdaud dud. Aramon à cinq livres et deux
« sols et sur ce s'estant lad. chandelle extinte, a ledit Bour-
« daud, dernier surfaillant aud. prys et somme de cinq livres
« deux sols tn. a esté déclaré led. arrentement ; moyennant
« qu'il a promis led. prys payer à les pactes... sur l'obliga-
« tion de personne et biens ausd. Cour d'Aramon, présidial,
« etc. et juré aux sainctes escriptures ». Suivent les noms
des témoins et du notaire.

Il suffit de lire ce bail, pour se faire une idée exacte de
ce qu'étaient les agents du « courretage. » Cependant, pour
compléter la chose, nous ajouterons quelques détails que
nous trouvons dans divers baux.

Le Peseur devait se servir des romaines de la ville (1), et
les rendre « accommodées », en cas d'usure ou d'accident, à
l'expiration de son bail (2).

---

(1) Il y en avait trois, sans compter la petite, dite « Briquet ». (G. Faulquet, not. 1673).

(2) *Arch. comm.* BB. 10.

Il était tenu d'habiter la ville et de se tenir à la disposition du public (1).

Les consuls pouvaient lui ordonner de ne rien prendre dans le pesage ou le mesurage de telle ou telle denrée (2) ; mais nous remarquons qu'on l'autorisait généralement à prélever un peu d'huile pour ses « ensalades » en guise de casuel (3).

Il était obligé de tenir un rôle des marchandises qu'il pesait ou mesurait, comme aussi un régistre où figuraient les noms et prénoms des vendeurs et des acheteurs (4).

Il devait verser dans le sac ou dans l'urne, les marchandises pesées ou mesurées, sans pouvoir rien exiger (5).

Enfin, il lui était formellement interdit de se livrer lui-même au trafic, sous peine de nullité pour toutes les affaires qu'il ferait (6).

Quant aux droits des Peseurs, aucun des premiers documents n'en parle. Seuls, un acte de 1673, et un autre de 1716, les mentionnent (7).

Les Peseurs auront : 1° un sol, par quintal de viande « vive ou morte » ; 2° trois deniers, par quintal de bois à brûler ; 3° un sol, par salmée de blé, seigle, avoine, etc. ; 4° un sol, par livre « pour chaque pesée de soye crue », mais les habitants pourront vendre en détail leur blé et autres grains, jusqu'à 5 salmées, sans payer aucun droit.

Enfin, les « boulangers sont en dehors » (8).

Nous voyons qu'en 1716, cette charge rapportait à la

---

(1) M. A. Reboulet. not., 1716.

(2) *Item*.

(3) Ant. Bonnefoy, not. 1580.

(4) Ant. Bonnefoy, not., 1580. — G. Faulquet, not. 1673.

(5) *Item*.

(6) Tous les notaires.

(7) G. Faulquet, not. — M. A. Reboulet, not.

(8) *Item*.

commune 76 livres, sans compter 9 livres que le Peseur devait remettre au capitaine de la jeunesse, pour l'achat d'une épée et de divers autres prix destinés aux fêtes du 1er mai (1). Aujourd'hui, elle lui en rapporte plus de 350, grâce aux importants marchés établis dans le pays.

### IX. — GARDIENS DU BÉTAIL

Nous ne voulons pas clore ce chapitre, sans dire quelques mots de trois fonctionnaires fort modestes sans doute, mais auxquels le grand Homère lui-même n'a pas dédaigné d'accorder une place dans son Odyssée : les gardiens du bétail.

Les uns étaient chargés du gros bétail des habitants, les autres de leurs chèvres, d'autres enfin de leurs pourceaux.

1° *Gardiens du gros bétail*. — C'était l'usage autrefois, — XVe, XVIe, XVIIe siècles et probablement bien avant, — de mener paître aux paluns (2) le gros bétail et les bêtes à laine, de la fin avril au 1er novembre. Mais, laissées à elles-mêmes, ces bêtes pouvaient sortir de la palun, se répandre dans les champs, et y commettre des dégâts. Aussi, nommait-on chaque année des gardiens : deux généralement, auxquels on confiait la surveillance du bétail. D'un contrat passé en 1606, devant Jean Pitot, notaire, il résulte que c'était aux conditions suivantes : 1° Les gardiens devaient veiller, de jour et de nuit, sur le bétail et ne laisser sortir aucune bête de la palun, si ce n'est par ordre du maître, ou emmenée par lui ; 2° Si une bête venait à être dérobée, mais de jour seulement, les gardiens en étaient responsables et devaient en payer la valeur au propriétaire, à dire d'experts ; 3° Enfin,

---

(1) G. Faulquet, not. — M. A. Reboulet, not.

(2) Nous lisons dans le compoix de 1517 : « deux paluns, l'une pe« tite, l'autre grande; le milloy (milieu) por (pour) le pasturage del « bestial del labour ». Voilà qui détermine parfaitement l'endroit affecté au gros bétail. (*Arch. comm.* CC. 2.)

tout dommage causé dans la campagne, par les bêtes dont ils avaient la garde, leur incombait également.

En retour de ces services, les consuls remettaient, **tous les ans** à chaque gardien « la quantité de quatre saulmées bon « bled fourment, marchant et de recepte, mesure dud. « Aramon », moitié à la Madeleine, moitié à la Toussaint.

2º *Gardiens de chèvres.* — C'était pour les gens du pays, très occupés, pendant l'été, à leurs moissons, à leurs fourrages et à leurs vignes, une faculté bien grande que de pouvoir se reposer du soin de leur bétail sur des hommes payés ad hoc ; mais ce n'était point la seule. A Aramon, comme chez toutes les populations rurales de ces temps-là, on élevait, paraît-il, beaucoup de chèvres. Si nous en jugeons par les textes que nous avons sous les yeux, il n'était pas rare d'en compter jusqu'à dix, quinze et même vingt, chez les bons propriétaires. Il fallait donc là encore un gardien et chaque année, à la St-Firmin, les consuls en désignaient un (1).

En 1585, nous voyons un certain Honorat Lambert, nommé chevrier de la communauté (2). C'est le plus ancien, dont il soit parlé dans nos écrits ; mais, à partir de cette date, nous en trouvons un, chaque année, dans les baux qui suivent et que nous résumons ici.

1º Le chevrier municipal gardait les chèvres dans « les herbages, boys et pasturages » nous dit un acte « par les « terroirs et lieux accoustumés » nous dit un autre : ce qui nous porte à croire que c'était dans la partie montagneuse du territoire, à Dève, à Table-Mise, à Plane d'hommes et autres lieux circonvoisins.

2º Le bon matin, le chevrier « cournoit » par les rues de la ville « sur le Puech, sous et près le Chasteau ; » et à ce signal les propriétaires lui amenaient leurs chèvres.

---

(1) J. Pitot, not., 1585, 1590, 1609.
(2) *Item.*

3° Le chevrier tenait un rôle exact des chèvres et n'était responsable que de celles qui y figuraient.

4° Le soir venu, le chevrier ramenait les chèvres au pied des murs d'Aramon, et chaque propriétaire venait reprendre les siennes. Il est évident que le gardien était formellement responsable des dégâts fait par les chèvres durant le jour.

5° Quand une bête s'égarait, il en repondait, si on la lui réclamait avant « l'Ave Maria frappé ; » car il avait alors le temps d'aller à sa recherche ; sinon, il n'était tenu à rien.

6° Il n'était également tenu à rien, si les loups venaient à dévorer une bête, sans qu'il y eût de sa faute, ou bien si une bête mourait de maladie ; mais, dans ce dernier cas, il devait donner de bonnes explications.

7° Les propriétaires qui avaient des chevriers particuliers ne pouvaient les charger de la garde des chèvres d'autres propriétaires, sans payer au chevrier municipal son salaire accoutumé.

8° Ce salaire était de 5 s. 6 d. (1585), ou de 9 s. 6 d. (1590), ou de 8 s. (1609), selon le temps et les circonstances, et il en était tenu compte sur un registre. De plus, le chevrier était dispensé de toute garde, au château, sur les remparts, etc., et avait le droit de faire paître, avec les bêtes de la communauté, ses propres bêtes, jusqu'au chiffre de soixante (1).

3° *Gardiens de pourceaux.* — Il y a quelques points communs entre ce que nous pourrions appeler le cahier des charges des Porchers et celui des Chevriers. Ainsi, ils sont également nommés par les consuls, responsables du bétail aux mêmes conditions, dispensés de corvée militaire, munis d'un registre ; mais, à côté de ces points communs, il y a des particularités qu'il nous a paru bon de signaler:

1° Les porchers sont nommés à la St-Michel.

---

(1) J. Pitot, not., 1585, 1590, 1609, etc.

2° Ils doivent entretenir à leurs frais, dans le troupeau « un bon et suffisant verrat. »

3° Ils sont payés tantôt à la semaine, le dimanche, à raison de six deniers par pourceau — tantôt quatre fois l'an, à raison de quatre sols tn., pour chaque bête, grosse ou petite — tantôt deux fois seulement, en faisant inscrire le pourceau sur le rôle et à la St-Michel, à raison de un sol trois deniers par bête ; mais, dans ce dernier cas, les propriétaires sont obligés de fournir au porcher, tous les dimanches, un pain « par deux pourceaux » et, si le pain était jugé trop petit, le porcher aurait le droit d'exiger à la place six deniers tournois.

4° Enfin, il est défendu aux habitants d'avoir des porchers particuliers (1).

---

(1) Nic. Bonnefoy, not., 1559-1563. — J. Pitot, not., 1590.

# CHAPITRE IX

## DROITS ET PRIVILÈGES

Nous avons parlé jusqu'ici des droits et privilèges politiques, dont jouissait la ville d'Aramon ; mais il y en avait d'autres très importants, les uns individuels, les autres collectifs : nous allons en dire un mot (1).

**I. Déguisement.** — Le plus remarquable de tous était le déguisement ou remplacement.

Le Rhône, en sortant de la double chaîne des rochers qui l'enserrent, entre le château des Issarts et Barbentane, pénètre dans la plaine d'Aramon, et, comme un prisonnier délivré de ses fers, semble vouloir y prendre ses ébats. Aussi promène-t-il son lit sans cesse, tantôt à droite, tantôt à gauche : pas un coin de notre plaine qu'il n'ait successivement parcouru, au cours des siècles. Les graviers de rivière que l'on rencontre partout, sous un lit de sable et d'alluvion, les monuments qui nous ont été conservés aux archives, et surtout la situation de Vallabrègues, qui détachée du Languedoc d'abord, puis transformée en île (2), enfin soudée à la Provence, avec

---

(1) Nous ne parlerons pas du droit de *franc-alleu*, vu que ce droit était étendu à toute la province du Languedoc. Nous nous bornons à reproduire ici l'article de la charte de G. de Poitiers, en 1466, qui le mentionnait : « Item sont en liberté et pocession lesd. hab. tant nobles « que borgoys, tenir pocessions et herbaiges en franc-allotz, que est « tout le pays de Languedoc et icelluy bailher à cense, ou pencion, « ou tazque, si bien leur semble. (*Arch. comm.* AA, 1).

(2) *Arch. dép.* E. 26. — Il paraît d'ailleurs que la nature du terrain

laquelle elle fait corps aujourd'hui (1), sont la preuve manifeste de ces déplacements sans nombre.

Or, les rois de France s'étant, on le sait, arrogé de tout temps des droits de régales mineures (2) sur le fleuve du Rhône et les arrêts du Parlement de Toulouse ayant confirmé leurs prétentions à diverses reprises (3), il serait fatalement arrivé, après un laps de temps plus ou moins considérable, que toutes les terres de la plaine, par suite de leurs transformations successives en îles et créments, seraient devenues la propriété des rois, au détriment du peuple : ce qui eût été souverainement injuste.

Pour parer à cet inconvénient grave, l'usage s'était établi, dans la viguerie de Vallabrègues, dont faisaient partie Aramon et les Termes (4) et cela de temps immémorial puisque le fameux document de 1304 la donne comme déjà très ancienne et qu'un autre la déclare même issue du droit romain (5), de pouvoir, lorsque le Rhône avait emporté une terre et l'avait ensuite rendue en nature, la réclamer au Seigneur, encore qu'il ne fût resté « cap ni motte (6) » sur les îles et créments, en justifiant de ses droits par titres légitimes. C'est ce qu'on appelait le déguisement, dans le langage du pays, ou, pour parler plus clairement, le remplacement.

Nous voyons cet usage pratiqué, le 7 janvier 1287, par l'Evêque de Cavaillon, suzerain de l'île d'Acier, en faveur de

---

de Valabrègues est absolument la même que celle du terrain de la Coiranne de Montfrin, avec laquelle elle faisait corps autrefois sans doute.

(1) Depuis au moins la fin du dernier siècle. (P.P.2).

(2) La loi féodale donnait au roi ou bien aux hauts-justiciers la propriété des créments et des îles.

(3) Voir L. Ménard.

(4) *Arch. comm.* FF. 36.

(5) *It.*, DD. 3.

(6) *It.*, FF. 38. — Arrêt du 23 nov. 1693. — Arrêt du 3 sept. 1618.

Raymond de Momolème, Raymond de Graves (1) ; le 6 des calendes de Mars 1305, par Raymond de St Quentin, en faveur des habitants du Terme (2) ; le 27 novembre 1450, par Alzias de Posquière, Viguier d'Aramon, en faveur d'Alboin Pierre (3) etc. ; le 15 juin 1477, par le Viguier d'Aramon, en faveur de Guillaume Militis, notaire ; etc. (4).

Voici comment on procédait : Quand le propriétaire, dépouillé par le Rhône, s'apercevait que ce fleuve, en déplaçant son cours, avait restitué la terre envahie, il adressait une demande en déguisement au seigneur ou à ses officiers (5). Ceux-ci étaient tenus d'agir à la première réquisition (6). Ils examinaient donc immédiatement les titres, et par titres, il faut entendre non seulement les monuments écrits, tels que minutes de notaires et compoix, mais encore les dépositions des témoins (7). Si la demande paraissait fondée, on déguisait, avec l'aide d'arpenteurs et d'experts : donnant le tout, quand le Rhône avait tout rendu, ou, dans le cas contraire, une partie seulement (8) ; pour le reste, le propriétaire attendait (9). Plus tard même, une disposition de l'arrêt du 23

---

(1) *Arch. dép.* E. 17.

(2) *Arch. comm.* FF. 36.

(3) *It.*, DD. 3.

(4) L. V.

(5) Tout individu qui possédait une terre revenue en nature pouvait en conscience la garder et en jouir jusqu'au déguisement qui, alors, la restituait à son vrai maître. Le seigneur avait également ce droit, mais ne pouvait faire d'inféodation avant d'avoir donné le déguisement. (Transactions de G. de Poitiers, 1547. — *Item* de M. d'Allard, 1628. — *Arch. comm.* DD. 3. L. V.

(6) Avis de Lenain, L. XVII.

(7) *Arch. comm.* FF. 36. *Arch. dép.* F. 26. *Arch. comm.* DD. 3.

(8) L'acte dit : « Pourvu qu'en mesme lieu feussent lesd. pièces ». (*Arch. comm.* FF. 38).

(9) Il ne devait jamais être deguisé en eau, comme l'avait prétendu la cruelle Thér. de la Barbézière. (*Arch. comm.* DD. 3. L. XI) et

novembre 1693 permit de compléter ce qui pourrait manquer, en le prenant à l'opposite, en droite ligne, s'il se trouvait là quelque crément ; et, au cas où cette parcelle serait réclamée par un autre propriétaire, c'était aux deux prétendants de s'entendre : le Seigneur n'avait rien à y voir.

Ajoutons que les frais du déguisement devaient être supportés. « en cas de contestation par ceux qui étaient déboutez
« de leurs demandes et où il n'y avait pas de contestation.
« par les seigneurs, lorsqu'il étoit justifié qu'ilz avoient jouy
« des isles et crémentz, sur lesquelles les demandeurs en dégui-
« sement avaient droict pour le remplacement de leurs posses-
« sions desmolies ; et par les particuliers qui avoient jouy
« desdits sobres, lorsque lesdits seigneurs le justifioient » (1).

Considéré au point de vue théorique et en dehors de toute application, ce système avait bien son mérite. Grâce à lui, la plaine devenait comme un vaste damier aux carreaux intangibles. Le Rhône avait beau démolir des terres par-ci, en former d'autres par-là ; bref, changer entièrement l'aspect des lieux, il ne pouvait détruire les confronts, anéantir les titres, et tout était là ; le propriétaire provisoirement dépouillé conservait toujours l'espoir de recouvrer l'héritage perdu, et trouvait dans cette pensée une consolation à son malheur.

Mais ce système avait en pratique un côté souverainement défectueux, qui en détruisait toute l'heureuse harmonie. C'était le Haut-Justicier, qu'il fût roi ou seigneur, qui faisait le déguisement par ses officiers ou par lui-même (2). Or, la règle étant que le surplus des créments, une fois le déguisement fait,

---

comme semble encore le prétendre le Pair de France dans son exposé de 1790. (P.P. 2).

(1) Arrêt du Parlement de Toulouse du 23 nov. 1693. — Il paraît que l'arrêt des requêtes de l'Hôtel du 30 déc. 1660 avait déjà posé cette règle et annulé la procédure contraire du Sr de la Rouvière. (*Arch. comm.* DD. 3).

(2) *Arch. dép.* E. 26.

lui revenait (1), son intérêt était de déguiser le moins possible. De là bien des abus.

Quand le Haut-Justicier s'appelait Poitiers et même d'Allard, passe encore. Avec des défauts et en dépit d'une situation besogneuse parfois, ces gens-là — de vrais nobles — ne manquaient pas de générosité ni de justice. Le déguisement alors se faisait loyalement. Mais, quand c'était un Sauvan, sorti hier des rangs du peuple et tout imbu de l'esprit mercantile de sa race, ou bien un Elyas de Récords, le régisseur sans scrupule, uniquement dévoué à ses maîtres parce qu'il y trouvait son profit, les choses allaient autrement. Pour écarter le déguisement et rester maîtres du sol volé, on soulevait des difficultés sans nombre, ici enlevant par ruse et retenant de force les seuls titres probants, là opposant sans cesse la question préalable, mutilant les textes, déclarant obscurs les termes des arrêts, et, sous ces prétextes, greffant procès sur procès (2). On peut s'en rendre compte, en étudiant l'affaire des 72 salmées de Bertrand, celle des biens de l'hospice, etc.

Les malheureux habitants luttaient bien tout un temps, pour rentrer en possession de l'héritage de leurs ancêtres ; mais un jour venait forcément où, faute de ressources, lassés et sans espoir, ils se voyaient obligés d'abandonner leurs biens aux mains de ces hommes rapaces, et, ce jour-là, la spoliation était consommée.

En 1790, Pierre-Philippe-Auguste-Antoine de Sauvan, marquis d'Aramon, adressa à l'Assemblée Nationale, un mémoire dans lequel il prônait fort le système du déguisement « au point de vue surtout, disait-il, des intérêts du peuple, » et qu'il terminait en demandant une application générale et définitive de ce système, qui fût comme une liquidation du passé et rétablît chacun en ses justes possessions.

Quel était son but ? Voulait-il se mettre en règle et calmer

---

(1) *Arch. comm.* DD. 3, etc.

(2) *It.*, BB. 12 et 14. — P.P. 17, etc.

le peuple, au moment où la Révolution allait lui demander ses comptes ? Ou bien espérait-il, à l'aide de procédés qui lui avaient si bien réussi, à lui et aux siens, opérer une dernière razzia ? Nous l'ignorons. Toujours est-il que sa demande fut repoussée, et qu'alors la loi d'alluvion remplaça la loi de déguisement.

Et depuis cette époque, chaque propriétaire a le droit d'ajouter à son champ le crément que le Rhône y apporte, tout en courant le risque des démolitions qui peuvent survenir.

II. **Pêche**. — Il est dit, lors de la première élection des Syndicts, en 1337, que le but de la communauté, en les créant, a été de défendre les droits du pays, et, en particulier, de poursuivre les procès déjà engagés contre les communautés de Tarascon, d'Albaron et de la mer (de Tharascone, de Albarone et de mari), au sujet de la pêche dans les eaux du Rhône et dans le bras de ce fleuve appelé bras de St-Gilles (in braceria Rhodani vocata braceria St-Ægidii) (1), dont les habitants et seigneurs de ces divers lieux cherchaient à s'approprier l'usage exclusif, au détriment des gens d'Aramon. Par où l'on voit qu'à cette époque, la communauté d'Aramon exerçait ou prétendait exercer le droit de pêche, sur une grande étendue, c'est-à-dire, jusqu'à la mer.

Quel fut le résultat du procès en question ? Nous l'ignorons ; aucun document concernant cette affaire ne nous étant parvenu ; mais ce qui est certain, c'est que la communauté d'Aramon exerça le droit de pêche, de concert avec les gens du Terme, «de la roche Gardon jusqu'au château des Issarts». Nous avons même vu déjà (chap. V), que ce droit un instant contesté, en 1369, par les coseigneurs des Issarts, lui fut laissé, comme auparavant, par le garde des ports de Villeneuve, agissant ici au nom du sénéchal de B. et N. (2).

---

(1) *Arch. comm.* BB. 1.
(2) *It.*, FF. 35.

En dehors des marais, qui constituaient une pêche réservée affermée par les consuls au profit de la communauté, ainsi que nous le verrons au chapitre X, on pouvait pêcher partout (1) : sans la permission du seigneur, si l'on possédait quelque propriété le long du Rhône ; avec sa permission, dans le cas contraire (2). Mais, il y avait toujours une redevance à lui payer. C'étaient « six alauzes (poissons) pour « chescun an, taurées (taxées) à deux sols chescune alauze, « la moictié de Caresme et de Carnal l'autre moitié (3) », sans parler des aloses dues aux coseigneurs, et dont il sera question au chapitre XX.

La pêche alors était faite surtout au moyen de « coups » ou « révols ». On appelait ainsi une sorte d'éperon en maçonnerie, qui s'avançait à quelques mètres dans le fleuve, dont il coupait presque en droite ligne le courant, et qui abritait une eau dormante, où le poisson venait se reposer. On le prenait là avec un filet (4).

La communauté avait le droit de construire des révols le long de tous les chemins et lieux publics (5). Elle en possédait un au bilhot, qu'elle affermait « quatre escus sols par an » en 1599 (6) ; et un autre au Terme, qu'on appelait, nous ne savons pourquoi, le « coup des bons hommes (7). »

Les riverains avaient également ce droit. Aussi est-il parlé, dans les minutes des notaires, d'une foule de coups.

---

(1) Dans la charte de G. de Poitiers (1er juillet 1476), confirmée le 21 mars 1540, par celle d'un autre G. de Poitiers, nous lisons : « Ils « peuvent pêcher et faire palhières à la frontière de leurs posses- « sions, en payant l'usaige accoustumé au seigneur, l'année que « pêchent ». (L. XIX).

(2) *Arch. comm.* DD. 3.

(3) *It.*, AA. 1.

(4) L. X.

(5) *Arch. comm.* DD. 3. J. Arnaud, not., 1642.

(6) J. Pitot, not.

(7) *Item.*

Il y avait celui des Guiraud, au Terme ; celui du prieur de Saint Pierre, en face l'église ; celui des Choisity ; celui des Posquières (1) ; etc...

On pêchait toutes sortes de poissons, l'alose (2) surtout ; mais, en dehors de l'alose, celui dont il est fait le plus souvent mention, c'est l'esturgeon. On en prenait, paraît-il, beaucoup, même au commencement du XVIII<sup>e</sup> siècle (3). Nous remarquons, chez les notaires, une foule d'actes, par lesquels des pêcheurs s'engagent à livrer à certains individus — des revendeurs sans doute — « tous les esturgeons qui « seront pris à leurs coups », au prix de tant le quintal. A la fin du XVI<sup>e</sup> siècle, c'était généralement huit livres le quintal (4).

L'esturgeon, on le sait, a la chair un peu fade, mais il est de belle taille. Aussi, lorsqu'on jugeait à propos, chez nous, de faire un cadeau aux puissants du jour, pour les remercier d'un service, ou se conserver leurs bonnes grâces, on leur envoyait un esturgeon, de préférence. C'est ainsi que Montmorency en reçut plusieurs (5).

**III. Chasse.** — Nous trouvons dans Nic. Bonnefoy, notaire, à la date du 3 août 1530, une autorisation donnée par les syndics, Jacques Joucard et Antoine Fouquet, à des gens de Caderousse, de chasser la tourterelle, à Aramon, à la condition de présenter d'abord le gibier sur le marché de ce pays.

---

(1) L. X.

(2) L'alose est un poisson de mer qui remonte, en avril, les eaux du Rhône, où elle dépose son frai. « Trop dessalé en amont, pas « assez dessalé en aval, ce poisson n'est bon, dit-on chez nous, qu'à « la hauteur d'Aramon ». Notons qu'on dit la même chose à Villeneuve et à Beaucaire.

(3) M. A. Reboulet, not., 1718.

(4) Tous les notaires.

(5) *Item*.

Faut-il voir, dans ce fait, la preuve que nos ancêtres jouissaient du droit de chasse ?

Autre chose : dans le recueil des droits et privilèges d'Aramon, nous remarquons que ce droit est formellement énoncé. Or, l'y aurait-on mis sans raison ? (1).

Enfin, Alex. Eyssette raconte que Raymond VII donna aux Beaucairois le droit de chasser, dans toute l'étendue de la commune : droit qui fut reconnu par le roi Louis X, le 15 mai 1315, et confirmé par le roi Louis XI, en mars 1463 (2). Mais qu'y aurait-il d'étonnant à ce que ces princes eussent étendu ce privilège à notre pays ? Beaucaire et Aramon, plus que jamais alors unis d'idées, de mœurs et d'intérêts ne semblent-ils pas avoir été appelés à partager les mêmes faveurs ?

Aussi notre opinion est-elle que ce droit de chasse, nos ancêtres l'ont eu et l'ont gardé longtemps ; peut-être même pourrions-nous indiquer la date précise où ils le perdirent ; voici ce que nous lisons dans un document de 1566. « Jehan « Dazart déclare cognoistre certaine ile (d'Aramon) pour ce « que ordinairement il s'y seroit transporté tout auprès et « au dedans avec batteaux, pour et à cause de la chasse quy « y estoit fréquente, tant des vanneaux que aultres qu'il « suyvoit à l'arquebouge (comme auroict jusques les prohibi- « tions du roy faictes) » (3). Ces derniers mots, nous paraissent assez clairs.

Quoi qu'il en soit, d'ailleurs, ce privilège n'exista plus dès le milieu du XVIIe siècle. Le 5 janvier 1650, un arrêt du Parlement de Toulouse fit « défense à toutes sortes de per- « sonnes, de quelque qualité et conditions qu'elles soient, de « tirer à aucune sorte de gibiers en volant à peine de punition « corporelle et pareillement à tous paysans, artisans et

---

(1) *Arch. comm.* DD. 3.

(2) Alex. Eyssette, *Hist. de Beaucaire*. T. I. p. 256-258.

(3) *Arch. comm.* FF. 38.

« autres roturiers généralement à tous ceux qui ne sont pas
« de la qualité portée par les ordonnances et arrêts, de chasser,
« servir et porter arquebuse, ni fusil, ni autre arme à feu, à
« peine de confiscation desdites armes, dont ils se trouveront
« saisis pour la chasse et sur même peine aux dits paysans,
« roturiers et autres, d'aller au guet, tendre des lacets et
« cordes pour prendre le dit gibier et tirer aux pigeons et
« prendre les cailles... sur même peine et despens et que des
« contraventions il sera enquis. » (1).

Ce n'est pas tout. Comme si cet arrêt n'était pas assez dur, le Parlement, à la demande et sur les instances du marquis d'Aramon, Alex. de Sauvan, le fit suivre de deux autres, aux allures draconiennes, frisant la cruauté.

Dans le premier, en date du 23 décembre 1731, défense est faite aux habitants d'avoir des chiens « qu'ils n'ayent
« un gros bâton au col ou qu'ils n'ayent un jarret
« coupé » (2) et dans le second, qui est du 17 janvier 1756, il leur est enjoint « de tenir leurs chiens attachés tant de
« jour que de nuit, depuis le premier mai jusqu'au premier
« août suivant ; et le restant de l'année, de leur attacher au
« col un bâton de deux pans et demi de longueur, dont un
« des bouts traînera par terre à peine de vingt-cinq livres
« d'amende et ce, pour éviter le dépérissement du gibier ;
« autrement permet au dit Sauvan de faire tuer tous les
« chiens qui seront trouvés dans les champs, sans avoir un
« bâton attaché au col. » (3).

Ajoutons que ces arrêts furent impitoyablement maintenus, malgré les réclamations des habitants et de sérieux dommages causés aux troupeaux par les loups (4).

---

(1) P. O. 316-317.
(2) *Arch. comm.* BB. 16.
(1) P.P. 33.
(2) *Arch. comm.* BB, 16.

IV. **Foires et Marchés.** — Ce fut sans doute la merveilleuse prospérité de la foire de Beaucaire, qui donna l'idée d'en établir une à Aramon. Il paraît même qu'on en demanda deux, du même coup, au roi Charles IX, avec un marché tous les lundis. La demande fut d'ailleurs agréée et des lettres patentes expédiées en février 1565 (1).

Malheureusement, on était au plus fort des guerres religieuses, dans nos pays, et l'on perdit de vue cette affaire. Tout un siècle se passa même sans qu'il en fût question. Enfin, dans les derniers mois de 1672, on présenta les lettres patentes de Charles IX à M. de Besons, intendant du Languedoc, avec prière de vouloir bien les faire enregistrer. Nous ne savons au juste l'accueil que leur fit l'intendant. Tout paraît s'être borné, de sa part, à autoriser les marchés, si nous nous en rapportons à la délibération du 16 avril 1703, où il est dit : « lequel (de Besons) eust la bonté d'ordonner
« que toutes choses qui seroyent saisies d'authorité du Juge
« de lad. ville d'Aramon et dont la vente seroit ordonnée,
« seroient vendues aud. lieu, un lundi, jour destiné pour la
« tenue dud. marché » (2), et si nous fouillons attentivement nos archives, dans lesquelles nous ne relevons pas la moindre trace d'une foire.

Dans tous les cas, ce qu'il y a de certain, c'est qu'au commencement du XVIII<sup>e</sup> siècle, il n'y avait ni foire ni marché à Aramon.

Mais, à cette époque, le roi ayant permis aux communautés,
« qui avoient anciennement des foires et des marchés, de
« les continuer et restablir où elles avoient esté, » on décida, à Aramon, le 16 avril 1703, de demander à l'Intendant l'autorisation d'emprunter 300 livres, pour couvrir les frais probables du « restablissement desd. deux foires, l'une le premier
« jour de mai, jour de saint Jacques et saint Philippe, et la

---

(1) *Arch. comm.* BB. 13

(2) *Item.*

« seconde le onzièsme jour de novembre de chaque année ; et
« dud. marché tous les lundis de chaque semaine » (1).

Dès que l'on eut connaissance de ces démarches à Beaucaire et à Villeneuve, on s'y opposa. L'Intendant du Languedoc, M. de Lamoignon, saisi des doléances de ces deux villes, chargea de Fressieux « colonel et inspecteur des cottes du Rhône » de faire une enquête. De fait, nous trouvons, de ce dernier, deux lettres, l'une du 28 févr. 1708, et l'autre du 11 mars même année, dans lesquelles il invite les parties intéressées à lui transmettre « leurs dires et contestations » et de plus, un exposé des motifs qui ont porté Aramon à demander des foires et des marchés, avec une réfutation des objections élevées par les villes opposantes. Il n'est pas fait mention au dossier de l'avis donné par le commissaire enquêteur à l'Intendant, mais tout porte à croire qu'il fut favorable à Aramon, sauf en un point de détail peut-être : Aramon demandait le 1er mai pour l'une de ses foires, il est probable que, pour ne pas gêner quelqu'une des localités voisines, de Fressieux conseilla de lui assigner le jeudi après l'Ascension (2).

C'était une faveur qu'avait demandée la ville d'Aramon, elle la paya assez cher. D'abord son avocat à la Cour, un sieur Chazel, à qui elle avait déjà compté des sommes assez rondes, dont il avait refusé de justifier l'emploi, demanda encore 200 livres, menaçant, en cas de refus, de se désintéresser de l'affaire en cours et de garder les pièces qu'on lui avait confiées. Il fallut donc s'exécuter et se procurer les 200 livres en question au moyen d'un emprunt (25 juin 1709).

Puis, il y eut à payer les fameuses lettres de confirmation elles-mêmes, soit 437 l. Un acte passé devant M. A. Reboulet, en 1710, nous apprend que les consuls empruntèrent cette somme à Malortigues, au nom de la communauté, et qu'ils

---

(1) Arch. comm. BB. 13.

(2) Item.

la versèrent aux mains de Elzière, alors maire alternatif, avec mission de négocier l'expédition des lettres patentes.

Tout paraissait donc bien fini cette fois ; mais voilà qu'en 1737, c'est-à-dire 27 ans après, des commissaires royaux étant venus vérifier les dettes de la communauté et n'ayant pas trouvé trace des lettres patentes, déclarèrent « que rien « ne justifiait l'emploi des 437 livres et que dès lors, lad. « communauté n'avait pas à en payer l'intérêt. » Malortigues protesta et le conseil politique avec lui. On examina alors mieux la chose et il resta démontré que P. Elzière avait gardé l'argent (1).

Des procès commencèrent aussitôt contre les héritiers de ce dernier ; mais nous en ignorons le dénouement (2).

A dater de 1709, Aramon eut donc ses deux foires.

Menacées un moment en 1790, elles furent conservées, grâce à la municipalité d'alors, et c'est ainsi qu'elles nous sont parvenues toutes deux, bien qu'inégalement prospères. Celle du 11 novembre a toujours effacé sa rivale, par le nombre et l'importance des affaires qui s'y traitent, comme aussi par l'affluence des étrangers qui s'y rendent. Aujourd'hui encore, la « Saint Martin (3) » est un jour de fête pour le pays.

Mais, il faut bien le reconnaître, avec la facilité que l'on a, de nos jours, grâce à de belles routes et au chemin de fer d'aller s'approvisionner à Avignon, le peuple se désaffectionne peu à peu de ces vieilles institutions et le temps n'est pas très éloigné peut-être, où elles disparaîtront totalement, comme des vestiges d'un autre âge.

Pour les marchés, c'est autre chose. Après avoir longtemps végété, en dépit de louables efforts tentés par les adminis-

---

(1) *Arch. comm.* BB. 13.

(2) *It.*, BB. 34.

(3) C'est le nom qui a prévalu.

trations communales, ils se relevèrent tout à coup par la force même des choses.

On le sait, en effet, Aramon est admirablement situé pour la culture des primeurs et des fruits. Le rideau de collines, qui l'abrite au nord, en fait comme une serre chaude, qui vaut à ses produits une avance de huit à dix jours, sur ceux des pays voisins. De plus, toute sa plaine est un sol d'alluvion, très riche et très fécond.

Aussi, lorsque cette situation vraiment privilégiée et la création de la ligne de Nîmes au Teil, eurent donné au pays l'idée de substituer aux céréales et à la vigne, les primeurs et les fruits, il fallut songer à leur écoulement : c'est alors que la municipalité demanda, par délibération du 11 Mai 1880 (1), et obtint de l'administration centrale, un marché quotidien, allant du 20 Avril au 30 Novembre, aux lieu et place de l'ancien marché hebdomadaire.

Et aujourd'hui le marché d'Aramon est certainement le plus prospère qu'il y ait aux alentours et bien loin peut-être.

V. **Fête locale.** — Comme toutes les villes du royaume, Aramon avait sa fête locale : fête de tradition immémoriale, bien que le plus ancien document qui la mentionne ne soit que du 27 février 1600 (2). On la célébrait le 1<sup>er</sup> Mai (3), sur l'invitation des consuls.

Ce jour-là, on faisait venir du dehors, de Tarascon généralement, des joueurs d'instruments : tambours et musettes (4). Il y avait divers jeux, tels que courses d'hommes et de chevaux, luttes, sauts, etc. (5), auxquels se livrait la jeunesse, sous la direction d'un chef appelé l'Abbé de la jeunesse

---

(1) Registre des délibérations.
(2) *Arch. comm.* BB. 9.
(3) L. VII.
(4) *Arch. comm.* BB. 13. L. VII.
(5) J. Arnaud, not. 1655.

d'abord (1) et plus tard, le Capitaine de la jeunesse (2). Ce chef était probablement désigné par les administrateurs consulaires le jour de leur élection. C'est ainsi du moins que la chose se pratiquait à Beaucaire, la ville modèle pour Aramon (3).

Après les jeux, les consuls distribuaient en grande pompe les prix aux vainqueurs. C'étaient, en dehors de l'épée déjà remise au capitaine, « douze pans de taffetas — *pour des cein-* « *tures probablement.* — des éperons, des aiguillettes et des « bonnets (4). » Les fonds nécessaires à l'achat de ces divers objets étaient fournis généralement par le Corretier ou Pescur public. Dans le plus grand nombre des procès-verbaux relatifs au corretage, nous remarquons que l'on impose à l'adjudicataire, en sus du prix convenu, l'obligation de verser neuf livres aux mains du capitaine de la jeunesse, dont cinq seront affectées à l'achat de l'épée et les quatre autres à l'achat des éperons, aiguillettes, etc.

Il est évident qu'on ne pouvait aller bien loin avec un tel budget. Aussi, sommes-nous porté à croire que pour augmenter ses ressources, la jeunesse avait recours à quelque industrie particulière : quête à domicile, souscription, etc., ainsi que cela se pratique encore dans certains pays, où se sont conservés les usages d'autrefois.

Bien que nos vieux écrits ne le disent pas, il est probable que l'on plantait le *mai*, ce jour-là, pour fêter le retour de la belle saison. On le fait encore aujourd'hui à Aramon, avec cette particularité, que l'on ne manque jamais d'aller déposer des branches d'arbres devant les portes de toutes les

---

(1) *Arch. comm.* BB. 9.

(2) J. Arnaud, not., 1655. — M. A. Reboulet, not., 1716.

(3) A. Eyssette. *Hist. de Beaucaire*, T. I., p. 307.

(4) *Arch. comm.* BB. 9. J. Arnaud, not. 1655. — M. A Reboulet, not. 1716.

jeunes filles, en accompagnant ce dépôt du légendaire
« reveyer » (1).

Il y avait des danses aussi ; car, pas de fête en nos pays
sans danse. C'est par là que l'on clôturait la journée, à une
heure fort avancée de la nuit.

Il paraît que ces jeux, assez innocents d'ailleurs, ne furent
pas toujours du goût des seigneurs du pays. En 1706, la
grincheuse Thérèse de la Barbézière, dans le but « d'attrister
« le peuple et brècher aux privilèges de la Communauté et
« suprimer la fête locale, fit faire des défenses très expresses
« par publications et affiches » (2). Il y eut même à cette
occasion un incident des plus violents, dont voici le récit, tel
que nous l'a transmis un écrit du temps : « ...Le vendredi,
« trentième du mois d'avril, M. Laurens Choisity, premier
« consul de cette ville, venant du lieu de Barbantanne, en
« Provence, où il avoit resté deux jours pour aler courir le
« bénéfice de la cure du lieu de Bourbon pour messire
« Christophe Choisity, prêtre, son parent, sur la mort du
« curé du dit lieu de Bourbon et à son retour au bateau du
« passage du bac de Provence en cette ville, il auroit fait
« rencontre par azard des deux tambours de la ville de
« Tarascon, qui venoient en cette ville pour la feste locale
« et au sortir du dernier bac du costé de cette ville
« se seroit présenté à luy, Monsieur le marquis d'Aramon
« (Alex. de Sauvan) qu'il lui dit ; Et ce toy, consul de
« m.... de, qui amène ces tambours ? — Le dit sieur Choisity
« luy auroit répondu : qu'il estoit d'usage et de toute
« ancienne coustume que pareil jour que demain, premier

---

(1) On nous assure, d'ailleurs, que la chose ne va guère sans
quelques malices de la part des jeunes gens, grâce au « langage des
plantes ». A côté de jeunes filles qui ont le plaisir, à leur réveil, de
constater l'hommage discret rendu à leur beauté ou à leur vertu,
combien d'autres à qui ce même réveil apporte de cruelles décep-
tions, une critique acerbe.

(2) L. VII.

« du moys de may, que se fezoit la feste locale du dit Aramon.
« Et sur cela, le dit sieur Marquis aurait injurié le dit sieur
« Choisity, consul, de diverses paroles injurieuses contre sa
« qualité de consul, et, non comptant, auroit mis la main
« sur ses pistoletz ; le dit sieur Choisity, consul, s'étant
« aproché pour s'opposer et empêcher qu'il ne luy tirat, le
« dit sieur marquis luy auroit donné divers coups sur les
« mains et l'obligea de lâcher prise ; et le dit sieur Chris-
« tophle Choisity, prêtre, s'étant aproché pour un bien de
« paix auroil saizi la bride du cheval du dit sieur marquis
« pour l'empêcher qu'il ne tira sur le dit sieur Choisity,
« consul; en représentant au dit sieur d'Aramon qu'il n'avoit
« pas lieu ny sujet de maltréter le dit sieur Choisity, consul,
« son parent ; sur quoy le dit sieur d'Aramon auroit donné
« divers coups sur les mains du dit sieur Choisity, prêtre, en
« telle sorte qu'il l'obligea à lâcher prise. Le dit sieur
« marquis d'Aramon, se voyant apuyé de M. de Lenoncourt,
« son oncle, et de trois de ses domestiques, seroit venu sur
« le dit sieur Choisity, consul, qui s'étoit retiré dans un
« endroit impraticable, pour se mettre à couvert de la portée
« du pistolé, le dit sieur marquis auroit mis pied à terre et
« le terrain n'étant pas propre pour aprocher le dit sieur
« Choisity, consul, à l'endroit où il s'étoit retiré, le dit sieur
« marquis seroit allé à luy, tout esmeu de colère, le pistolé à
« la main, ce quy obligea le dit sieur Choisity, consul, de
« mettre l'épée à la main pour se metre à couvert et esviter
« qu'il ne le tuât, et se retiroit à mesure que le dit
« sieur marquis avansait à luy, lequel estant arrivé à la
« portée du pistolé, il tira son pistolé contre le dit sieur
« Choisity, consul, et le dit sieur de Lenoncourt, oncle du dit
« sieur Marquis, après le dit coup de pistolé tiré, se seroit
« saisy de l'épée du sieur Grasset, commis au passage du dit
« bac et seroit venu sur le dit sieur Choisity, consul, et
« lui auroit porté divers coups d'épée ; et voyant, le dit sieur
« marquis d'Aramon que le dit sieur Choisity, consul, se
« deffendait l'épée à la main contre le dit sieur de Lenon-

« court, il auroit crié à ses valets qu'on lui porta un autre
« pistolé : cela obligea le dit sieur Choisity, consul, de se
« retirer le mieux qu'il lui fût possible pour esviter qu'il ne
« fut tué, n'estant plus en estat de pouvoir se défendre contre
« cinq personnes quil n'étoient pas venu là autre dessein que
« de le tuer. Et comme sest un assassinat formé et que cella
« regarde uniquement un consul et chef de la commu-
« nauté..... » (1).

A la suite de cette tentative d'assassinat, la communauté porta plainte contre le marquis d'Aramon et le sieur de Lenoncourt, son oncle. Thérèse de la Barbézière, de son côté, sous prétexte qu'on avait violé ses défenses, donna ordre aux officiers de sa Cour d'informer contre les maire et consuls et, avec eux, contre quinze à vingt personnes du pays, « ce qui n'aurait pas manqué, ainsi qu'on le fait observer dans la délibération communale du 25 mai 1706, de lui procurer une assez grosse somme. » (2).

Conseillés par leurs deux avocats, Démissols et Vialla, le maire et les consuls, sans s'occuper davantage de la Cour d'Aramon, firent appel au sénéchal. On joignit à cette dernière affaire l'affaire du guet-apens Choisity et le procès commença (3).

Le droit de la communauté ne paraissait pas douteux relativement à la célébration de la fête locale, puisque l'arrêt du Conseil d'Etat du 15 décembre 1693, qui a pour but de régler les différends qui peuvent survenir entre seigneurs et particuliers, porte expressément, art. XXIII, qu'« à l'exclusion
« des seigneurs particuliers, les maires convoqueront les
« assemblées pour les courses et autres exercices où il distri-
« bueront les prix lorsque le fond en sera fait — c'était le

---

(1) L. VII.

(2) *Item*.

(3) *Item*.

« cas présent, — par les habitants des communautés » (1). Aussi, sans connaître au juste (2) le résultat du procès, nous avons tout lieu de croire que les prérogatives de la communauté et des consuls furent intégralement maintenues; surtout que M. A. Reboulet, notaire, parlant, en 1716, de ces réjouissances du 1er mai, nous dit que tout se passait « selon la coutume » (3).

Le 1er mai est resté un jour de fête pour notre jeunesse ; mais les jeux dont nous avons parlé plus haut ont été transportés au 8 septembre, jour auquel le pays célèbre sa fête votive.

VI. **Fours banaux.** — Il n'y en avait qu'un d'abord, comme en font foi plusieurs actes notariés et transactions de 1466 à 1532 (4). On en construisit un second, un peu avant 1559, à côté du premier (5).

Ces fours étaient situés rue de la ville, en face une petite place qui, de là, prit le nom de « place des fours » (6). C'est aujourd'hui la maison Gibert-Viaud ; la place existe toujours mais a perdu son nom.

Les fours se composaient d'une maison avec une « court découverte ». La maison avait 43 cannes, 2 pans de superficie, et la cour 11 cannes, 6 pans.

Les fours d'Aramon nous apparaissent avec un double caractère : ils étaient 1° banaux, c'est-à-dire que tous les habi-

---

(1) L. VII.

(2) Voir ce qui est dit de l'affaire Choisity, vers la fin du chap. XXIV, dans les quelques phrases citées du mémoire des Consuls.

(3) Cependant Alex. Eyssette nous dit que les abbayes de la jeunesse, dans le Bas-Languedoc, furent dissoutes par le prince de Conti, gouverneur de cette province sous Louis XIV. (*Hist. de Beaucaire*, T. I, p. 311.

(4) Nic. Bonnefoy, not. *Arch. comm.* AA. 1.

(5) Ant. Bonnefoy, not.

(6) J. Arnaud, not, 1642.

tants étaient tenus d'y cuire leur pain, moyennant une redevance, « sauf en cas depeste, nous disent les actes, ou aultres cas fortuitz (1) » ; 2° indivis, c'est-à-dire que le seigneur et la communauté avaient sur eux des droits égaux, tout en conservant la liberté d'en affermer chacun une moitié, comme ils l'entendaient, au double point de vue de la durée du bail et du prix de louage (2).

Cette indivisibilité était fort gênante et donnait lieu à bien des tiraillements. Aussi, remarquons-nous qu'à diverses reprises la communauté essaya de la rompre, en offrant au seigneur, soit de lui céder sa part, soit d'acheter la sienne, soit de lui servir une cense annuelle et perpétuelle, etc.; mais le seigneur refusa toujours, et les fours restèrent indivis jusqu'à la Révolution (3).

C'était pour la communauté une source précieuse de revenus que les fours. D'après de vieux documents, on les affermait 23 livres en 1524 (4); 33 en 1527 (5); 64 en 1537 (6). Puis le prix s'éleva à mesure sans doute que croissait la population. Nous trouvons 300 livres en 1643 (7); 735 l. en 1749 (8); 2,040 l. en 1765 (9); 2250 l. en 1777 (10).

---

(1) *Arch. comm.* AA. 1.

(2) Cela dura jusqu'en 1765. (*Arch. comm.* BB. 26). Cette année, et peut-être un peu avant, on les afferma en bloc : seigneur et communauté ensemble, probablement pour mettre fin à des tiraillements qui se produisaient entre les fourniers du château et ceux de la communauté. (*Arch. comm.* BB. 20).

(3) *Arch. comm.* BB. 10.

(4) Nic. Bonnefoy, not.

(5) *Item.*

(6) *Item.*

(7) J. Arnaud, not.

(8) *Arch. comm.* BB. 20.

(9) *It.* BB. 26.

(10) *It.* BB. 27.

A la Révolution, la banalité fut abolie : ce qui causa un grand dommage à la communauté. Un document du 17 octobre 1790 nous raconte que les offres des « fourniers » furent dérisoires, à ce point que Retournès, procureur du marquis, refusa de signer le bail. On passa outre. Mieux valait cela que rien : ce fut l'avis des consuls.

Nous trouvons dans J. Arnaud, notaire, sous la date du 12 septembre 1655, un bail « d'arrentement de la moitié des « fours banniers » qui nous donne, en résumant les baux précédents, une foule de détails, qu'il ne sera pas sans intérêt de lire. Le voici *in extenso* :

« ... Lesquels (consuls) de leur gré, pour et au nom de la
« communauté... ont baillé et baillent, à titre d'afferme en
« arrentement à Mr Antoine Ortolan, mesnager, Sr Jacques
« Pansier, marchand, Anthoine Lafont, rebeyrier et Laurens
« Pélissier, cordonnier, habitans aud. Aramon, acceptant et
« stipulant solidairement et sans division, l'un pour l'autre,
« un seul pour le tout, scavoir est la moitié des fours ban-
« niers de lad. ville appartenant par commun et indivis au
« seigneur dud. Aramon et à lad. communauté et est pour
« le temps et terme de quatre années complettes et révolues
« commençant au jour et feste de St Michel prochain, que le
« présent arrentement finira, lesd. quatre années complètes
« et révolues finissant à semblable jour et feste St Michel de
« l'année 1659, pour et moyennant le prix de rente annuelle
« de 455 l. chascune année ; payable en quatre cartiers
« esgaux, de trois en trois mois, eschéant le premier le der-
« nier jour du mois de Décembre prochain, et ainsi continuant
« durant lesd. quatre années. Et à laquelle somme de 455 l.
« la délivrance de lad. afferme a esté faite aud. Ortolan
« comme dernier susdisant, aux enchères publiques, par
« devant Messieurs les officiers de la Cour ordinaire aud.
« Aramon : le tout soubz les pactes et conditions contenues
« aux articles dud. arrentement, y participant led. Ortolan
« pour une moitié, led. Pansier pour un quart et lesd. Lafont
« et Pélissier pour un huitième chascun ainsi qu'ils ont dit

« et déclaré (bien que) la deslivrance soit faite aud. Ortolan
« seul. En premier lieu que lesd. Ortolan, Pansier, Lafont et
« Pélissier, rentiers susdits, seront tenus de faire cuyre le
« pain desd. habitants bien et deuement conjointement
« avec les fermiers et rentiers de la moitié dud. seigneur de
« jour et non de nuict sinon en cas de nécessité et à la
« réquisition desd. consuls ; seront aussi tenus de tenir de
« bons et suffisants fourniers et porteurs de pain de la qualité
« requise, du gré, consentemant et approbations desd. con-
« suls ; lesquels avant qu'entrer et mettre en charge seront
« présentés ausd. consulz, et estant trouvé de la qualité
« requise seront reçus chacune année lesd. jour et feste de
« St Michel ; seront tenus lesd. rentiers pour la moitié desd.
« fours de fournir et pourvoir tout le bois requis pour le
« chauffage d'iceux bien et deuement sec et non vert, avec
« les lumières et chandelles et autres choses requises pour
« lesd. fours qu'ils feront ouvrir incontinent qu'il sera jour
« et commencer à travailler à iceux et ayant parachevé la
« journée, iceux seront fermés jusqu'au lendemain ; et ainsi
« sera continué journelemant, sauf les dimanches et festes
« commandées par l'Eglise ; ne sera permis ausd. rentiers
« de tenir aucune personne suspecte ny autres que ceux quy
« sont destinés pour le service desd. fours ; seront tenus de
« faire cuyre le pain desd. habitants bien et deuement durant
« lesd. quatre années, tant en temps de paix, guerre, peste,
« famine ou autres temps quelconques sans exception ny
« excuse, à peine de tous despens, dommages et intéretz
« tant des particuliers habitants que de lad. communauté.
« Ne sera remis à chaque fournier pour cuyre que la quantité
« de unze à douze eyminées de blé en paste ; ne sera permis
« ausd. rentiers, fourniers et porteurs de pain de demander,
« prendre et se faire payer ausd. habitans aucuns deniers,
« boyre, paste, gasteau, farine, pain cuit, vin ny autre chose,
« sinon tant seulement le droit de fournage du pain, lequel
« sera cuit à raison de deux pains pour le nombre de trente

« desd. habitans (1), sauf réservé tant seulement led. droict
« de fournage à raison de deux pains pour trente-cinq pour
« les maisons des cinq familles des Gentilshommes de lad.
« ville quy sont les maisons des sieurs de Landun, de Jossaud,
« de Pousquière, du Jardin et de Malevalette, et pour les
« chefs de familles d'icelles tant seulement conformément à
« la transaction du 6 oct. 1619, sans le pouvoir augmenter
« ny accroistre pour quelle cause que ce soit, à peine de tous
« despens, sans que lesd. fourniers pour lad. rente puissent
« préthandre aucun autre droict que led. droict de fournage,
« à diviser avec lesd. fourniers, porteurs de pain et fournil-
« lers, en la forme cy devant accoustumée ; ne pourront
« remettre ny soubzarranter lad. moitid desd. fours, que du
« gré et consentement desd. consulz ; seront tenus inconti-
« nent avec les rentiers dud. Seigneur à leurs fraix coustz
« et despens faire chaufer lesd. deux fours journelemant,
« les rendre chaudz et bien disposés à cuyre le pain des
« habitans. Et pour obvier aux dommages et intéretz que
« lad. communauté pourrait souffrir à l'advenir ne sera per-
« mis ausd. rentiers de prendre ny faire coupper bois aux
« garrigues et pactus dud. Aramon, sinon ce que sera néces-
« saire pour le chauffage desd. fours tant seulement, sans
« le pouvoir arracher ny vandre à aucun, à peine de la
« confiscation d'icelluy et de lamende de dix livres applica-
« bles au proffict des pauvres, toutes les foys quilz y contre-
« viendront ; sera permis ausd. mettayers et grangers de
« faire du pain pour leur usage, comme ilz ont accoustumé
« de tous temps faire sans payer aucun droict ; tous lesd.
« habitans quy sont et demeureront tenus de faire cuyre leur
« pain ausd. fours payeront led. droict de fournage, à raison
« de deux pains pour trente et pour trente-cinq desd. familles
« de gentilhommes, à l'exception desd. mettayers et des

---

(1) En 1733, les rentiers des fours demandèrent 3 pains pour 40. On refusa ; de là conflit. Nous en ignorons le dénouement,

« bollengers de lad. ville pour leur pain blanc tant seule-
« ment et non du bis quilz seront tenus de cuyre ausd. fours
« et en payer led. droict de fournage comme les autres habi-
« tants, sauf et réservé le cas le Seigneur et lad. communauté
« feraient cy apprès un four bannier de bollangerie et pain
« bis duquel ils ne prendront aucun droict, demeurant pro-
« hibé par exprès ausd. fourniers et porteurs de pain de
« prendre aucuns paste, farine ny portion de pain de ceux
« quy cuysent ausd. fours à peine de trois livres damande
« applicables comme dessus, à laquelle escheront tant le
« preneur que bailleur ; seront tenus entretenir lesd. fours
« **en bons mesnagers et pères de famille**, payer lad. rente
« **aux terme et tems susdits** et lesd. consulz les en faire jouir
« durant lesd. quatre années et y faire toutes les réparations
« nécessaires pour la moitié les concernant ; et pour l'obser-
« vation de tout le contenu cy dessus, lesd. parties... »

Il est parlé, dans cet acte, de boulangers qui, en 1655, vendaient chez nous du pain blanc et du pain bis. Mais il ne faudrait pas croire que l'institution de la boulangerie proprement dite dans notre pays ne datât que d'alors. En effet, déjà en 1599, nous voyons un sieur Jean Crouzet qui vient s'établir à Aramon pour y vendre du pain « blanc, rousset et bis ». Pour favoriser son commerce, dans l'intérêt même du pays, les consuls l'autorisent à vendre son pain, à l'exclusion de tous les boulangers du dehors, sous peine, pour ces derniers, de « confiscation d'icelluy pain et aultres esmandes arbitraires. » J. Crouzet de son côté s'engage à n'acheter que le blé des habitants et à vendre son pain au prix de celui de Beaucaire (1).

Après Crouzet, il en vint d'autres, toujours aux mêmes conditions. Du reste, les consuls surent les y ramener, lorsqu'ils voulurent s'en écarter : nous le voyons par l'exemple des boulangers Jean-Joseph Jouve et Pierre Mounet qui, en

---

(1) *Arch. comm.*, BB. 9.

1780, ayant mis leur pain au prix de celui de Beaucaire « en temps de foire » furent menacés de voir casser leurs contrats et durent se soumettre.

Aujourd'hui, on suit chez nous généralement les tarifs d'Avignon.

VII. **Moulins**. — Nous n'avons pas trouvé trace, dans les diverses chartes que nous possédons, du droit qu'aurait eu la communauté « de tenir moulins sur terre et sur eau. » Cependant, comme ce droit fut hautement réclamé par les consuls sur la fin du xvi$^e$ siècle, nous allons en dire un mot.

Le plus vieux document qui fasse mention des moulins est la charte de G. de Luetz. Or, voici ce que nous y lisons :
« Art. XV : « *Item* a esté dict et accordé que suivant certaine
« transaction autrefois passée entre les seigneurs du dict
« lieu, ses prédécesseurs et les dicts nobles du dict lieu
« d'Aramon, que le dict seigneur toutes fois qu'il vouldra
« mettre et érigé molins à bled, sur la rivière du Rosne, en
« la juridiction du dict lieu, qu'il ne sera permis ni loisible à
« aucun desdicts habitants et aultres dans la dicte juridiction
« d'Aramon, fere et ériger en la dicte rivière ; ains (mais)
« tous et chascuns, les dicts habitans du dict Aramon seront
« tenus mouldre aux molins du dict seigneur et iceulx molins
« tenir baniers... comme est contenu en la dicte transaction.
« Sera toutes fois tenu le dict seigneur tenir les dicts molins
« en bon nombre suffisant et iceulx bien accoustrés et mouldre
« aux dicts habitants au vingtain ». (1).

Il résulterait donc de ce texte : 1° que les habitants d'Aramon avaient renoncé au droit de tenir des moulins, s'ils l'avaient jamais eu ; 2° qu'à dater de cette époque — 1532 — les moulins furent banaux.

Mais il faut croire que ces défenses imposées au peuple par

---

(1) Transaction de 1532. *Arch. comm.* AA. 1.

la force ne furent pas longtemps observées et que les habitants, profitant de l'éloignement de leurs seigneurs ou de leur jeune âge, cherchèrent à reconquérir ce qu'ils regardaient pour eux comme un droit, car voici ce qu'écrivait d'Agde, le 20 mars 1593, aux consuls d'Aramon, le duc de Montmorency : « ...Ai entendu dire aulcunz habitans de ce lieu y « vouloyr construire des moulins à vent ; faites surseoir « l'édiffication desd. moulins jusqu'à ce que je me sois « informé au vray, si Monseigneur le duc de Bouillon, seigneur « dud. lieu, y est intéressé ». (1).

D'ailleurs, les consuls ne s'inclinèrent pas devant cet ordre. Ils décidèrent de supplier le « sieur viguier fere response à « la lettre de Monseigneur de Montmorency et par icelle luy « fere entendre que les habitants dud. Aramon sont en liberté « et faculté y avoyr moulins tant à vent que sur eau, en la « rivière du Rosne et à ce ne peuvent estre empeschés. « Semblable response luy feront les consulz, au nom de la « communauté. » (2). Et puis les contestations continuèrent jusqu'en 1609 (31 août), où l'affaire fut portée devant le Parlement de Toulouse et tranchée en faveur du seigneur, mais avec une restriction importante pour le peuple. Nous donnons ici la partie du dispositif de l'arrêt concernant ce chef : « ...sans avoir esgard à la transaction du 20 mars 1532 « qui concerne la banalité des moulins, a maintenu et « maintient iceluy (de Gondin) en la faculté de bastir et « dresser moulins sur la rivière du Rosne, durant l'étendue « dud. terroir d'Aramon et de prohiber à tous autres d'en « avoir et tenir sur lad. rivière sans son congé, sans que « pour ce regard il puisse prétendre aucune banalité pour « lesd. moulins. » (3).

---

(1) *Arch. comm.* BB. 9.

(2) *Item.*

(3) L. XI.

**IX. Boucherie**. – Il est fait mention, aux archives, de plusieurs baux de boucherie, passés par les consuls à des particuliers. Le plus complet que nous possédions est du 20 mars 1552. Le voici : « Sçachent tous présens et advenir
« que l'an 1552 et le 20^me jour du moys de mars, dans la
« maison quomune du lieu d'Aramon, au diocèse d'Uzès, par
« devant moy, notaire royal et en la présance des témoinz
« bas escriptz, ont esté establys en personne les descretz
« hommes Jacques Guiraud, Jacques Poyse, quonsulz, An-
« thoine Astruc, Anthoine Vollard, Guillaume Martin, Ven-
« turin Saladin, mestre Jéhan Meynier, roddier, Jacques
« Boutoug, Pancrasse Vigiers, Etienne Quichard, et Jéhan
« Molle, quonsélhiers dud. lieu. Lesquelz, de leur bon gré,
« tous ensemble, au nom de toute la généralité dud. lieu
« ont bailhé et bailhent à mestre Philip Chau...illec présant
« et acceptant à fournir et servir la table de la boucherie
« dud. Aramon, pour deux ans et demy, au jour présant (1)
« accommensant et semblable jour finissent lesd. deux ans
« et demy passés et révolus, soubz les pactes et accordz
» entre icelles parties respectivement estipulés et accordées.
« Et primo a esté accordé que lesd. quonsulz et quonselhiers,
« au nom de toute lad. communauté seront tenus faire avoyr
« et tenir aud. Chau durant lesd. deux ans et demy lad.
« table de boucherie close en fasson que personne tant habi-
« tant que estranger ne puysse couper ny vendre aulcunes
« chairs fresches ny salées, en détail soit-il en gros, ou le
« menu, dans la juridiction dud. lieu (2). — Item, iceulx
« quonsuls et quonselhiers ont déclaré, que par teneur des
« présantes, donnent permission, auctorisation et licence
« aud. Chau, fermier, de pouvoir faire paistre et tenir le

---

(1) L'adjudication de la boucherie avait lieu toujours à Pâques, (tous les documents).

(2) En 1673, nous voyons que les habitants pouvaient tuer leurs bœufs, moutons, agneaux, etc., et les vendre en gros. Ils pouvaient encore se les partager entre eux. (G. Faulquet, not.).

« bestail gros et menu qui sera requis pour la provision de
« lad. table et non davantage (1), dans les pasturages et
« paluns quomuns du présant lieu d'Aramon, tout ainsi que
« par cy-devant lon a accoustumé fère, sans quil soyt permis
« aux habitants dud. Aramon y pouvoyr mestre aulcun leur
« bestail menu ny gros, ormys le bestail de larrayre et tel
« que par lesd. quonsulz sera ordonné. — Item, ne sera
« permis aud. Chau de garder ausd. quomuns pasturages,
« avec le bestail desd. boucheries, aulcun bestail gros ny
« menu des habitans dud. Aramon et moingz des estrangers.
« — Item, a esté accordé que led. Chau sera tenu de laisser
« durant led. bail aux habitans dud. Aramon, la livre de la
« chair du mouton pour 8 d. tn. et la teste et quatre pyés
« du mouton, pour le pris d'une livre de chair, et sembla-
« blement la levade avec son complement. — Item, la livre
« du bœuf, menon et brebis, despuys la feste St-André jus-
« ques à la feste St-Jehan Baptiste, à rayson de 7 d. tn. Et de
« lad. feste St-Jehan, jusqu'à la feste Saint-André à rayson
« de 6 d. tn la livre chaque an durant le présant bail. Et ne
« sera permis aud. Chau de faire poystide ou souquet des
« testes de bœufz ny de vendre la-chair de menons ou brebis
« pour chair de mouton, sous peyne de confiscation des d.
« chairs et d'aller vendre lesd. menons et brebis à un banc
« que lesd. quonsulz leur adresseront au portal tirant à
« Montfrin, lieu accoustumé vendre telles chairs. — Item, a
« esté accordé que ne sera loysible aud. Chau vendre aulcu-
« nes desd. chairs, telle quelle ne puysse aller sur sespiedz à
« la boucherie ny pareillement de quonflair lad. chair avec
« la bouche, ains avec ung bouffetz. — Item, a esté quon-
« venu et accordé que led. Chau sera tenu de servir et faire
« servir bien et deuement et de bonnes chairs et en bonne
« souffizance tant bœufz que moutons, durant led. bail, en

---

(1) Il est dit en 1673 que les fermiers de la boucherie pouvaient tenir jusqu'à 250 moutons.

« tout temps, soyt-il saing ou dangereux, de peste ou guerre,
« en qualité que lesd. habitans n'ayent matière de soy que-
« reler et plaindre. Et pour ce dessus tous garder et observer
« lesd. parties et plèges d'elles ont obligé et ypothéqué : à
« scavoir : lesd. quonsulz et quonselhers les biens de lad.
« communauté et led. Chau les siens et sa personne propre
« aux cours ordinaires du présent lieu d'Aramon, Royalle de
« Beaucaire, au Président de Nimes, du Petit Scel royal de la
« cité de Montpellier et à chescunes d'elles. De quoy faict ce
« que dessus, en présence de mestre Vital, Chabet, Gilles,
« Serre, maistre de l'escolle dud. Aramon et de moy, Ant.
« Orionis, not. royal dud. Aramon, cy soussigné. »

Ce bail renferme toutes les clauses essentielles concernant la boucherie d'Aramon. C'est même pour cette raison que nous l'avons inséré en entier. Mais, avec le temps, de nouvelles clauses vinrent s'ajouter aux premières, qui, pour ne viser guère que des points de détail, n'en sont pas moins curieuses.

Ainsi, on fit défense aux fermiers de la boucherie de débiter du chevreau, sous peine de 5 s. d'amende, applicables à l'hospice (1). — Ainsi, les habitants, qui se croyaient lésés, furent autorisés à faire contrôler le poids de leur viande à l' « archimbel » ou poids public de la ville et à réclamer ce qui pouvait leur manquer (2) ; plus tard même on établit une amende (3). — Ainsi, on obligea le boucher à couper son bœuf « ung quartier du devant et ung quartier du derrière » alternativement « à ce que chescung habitant puisse avoyr
« pour son argent indifféremment et tant les povres que les
« riches (4). » — Ainsi, il fut défendu au fermier de débiter sa viande ailleurs qu'à Aramon. Nous voyons cependant

---

(1) J. Pitot, not., 1580.

(2) *Item.*

(3) G. Faulquet, not. 1673.

(4) J. Pitot, not. 1580.

qu'en 1673, on fit une exception en faveur de Théziers, vu que, dit l'acte, on avait « autorisé le boucher à mener paître « ses bêtes dons les communs de ce pays (1). »

Il paraît, d'ailleurs, qu'en dépit de toutes ces mesures, la boucherie d'Aramon ne fut pas sans donner quelques ennuis à la communauté et aux consuls. Les affaires Jouve, Boucoiran et Mounet, la dernière surtout, en sont la preuve. Racontons-les brièvement.

I. *Affaire Jean-Baptiste Mounet.* — Un sieur J.-B. Mounet, venu on ne sait d'où, avait obtenu, le 15 avril 1710, la ferme de la boucherie d'Aramon, grâce à l'appui d'une coterie puissante (2). A peine installé dans ses fonctions, cet homme audacieux et grossier traita sans égard sa clientèle, se répandant en injures surtout contre les consuls, qu'il appelait couramment des Jean-f...tres. Un trait entre mille : le 26 juillet 1710, une femme Mazoyer, dont le mari était malade, se présente chez lui pour acheter de la viande. Elle est brutalement éconduite, sous prétexte que l'heure est passée. Plainte au premier consul, Joseph Gilles, qui se rend à la boucherie, accompagné de la pauvre femme, et ordonne à J.-B. Mounet de la servir. Refus de J.-B. Mounet, puis discussion violente, au cours de laquelle celui-ci se laissant aller à sa grossièreté naturelle, déclare au consul qu' « il ne baillera « pas de viande ; qu'il se f...t de lui, des malades et de tous « les habitants d'Aramon ; qu'il souhaite que la malédiction « les crève tous ; qu'il ne leur baillera de viande qu'à la « pointe de la halebarde. » Irrité, le consul donne ordre à la femme Mazoyer d'aller chercher un serrurier ; on enfoncera la porte (3).

---

(1) G. Faulquet, not.

(2) Il est facile de comprendre, à certaines expressions que nous citerons plus loin, quelle était cette coterie.

(3) *Arch. comm*, BB. 13.

Cependant, la femme de J.-B. Mounet, qui avait assisté à cette scène, descend sans bruit et va servir la femme Mazoyer. Ce que voyant, J.-B. Mounet redouble de violence, disant au consul « qu'il s'allât faire f...tre, et tous les habi-
« tants : qu'il se souciait fort peu des malades ; qu'il souhai-
« tait qu'ils crevassent tous » et ajoutant à ces injures, dit le texte « d'affreux reniements du Saint Nom de Dieu. » (1).

Il n'y avait rien à attendre d'un tel homme, évidemment. Le consul fit donc informer contre lui, et obtint même du sénéchal un décret de prise de corps. Mais à quoi bon ? J.-B. Mounet était trop bien appuyé, pour que l'affaire eût des suites (2).

En 1712, le 8 avril, il fut encore assez habile, en menaçant ses concurrents, pour se faire adjuger la ferme de la boucherie. Ce succès ne fit qu'accroître son audace. Il en vint même jusqu'à refuser tout bail, afin d'être absolument libre de vendre sa viande — et quelle viande : « des chairs mortes,
« des brebis, etc. » — au prix qu'il voudrait, déclarant en plus « qu'il n'oublierait rien pour faire périr et crever tous
« les habitants ; qu'il se f...tait des consuls et de tous les
« habitants ; que, malgré tout, ils passeraient sous sa
« barre. » (3).

Devant tant d'insolences, le Conseil décida de faire surveiller J.-B. Mounet pour le prendre en défaut : on se débarrasserait ainsi de lui (4).

De fait, le 20 août 1713, on le surprenait, dans une pièce contiguë à sa bergerie, occupé à tuer des bêtes malades, qu'il portait ensuite à la boucherie, et on lui faisait infliger une amende de 100 l. (5).

---

(1) *Arch. comm.*, BB. 13.

(2) *It.*, BB. 14.

(3) *Item.*

(4) *Item.*

(5) *Item.*

J.-B. Mounet quitta la boucherie le jour même, non sans proférer « des reniements effroyables, » affirmant « que « malgré les consuls il vendrait où bon lui semblerait et « quand il voudrait. » Les consuls pourvurent aussitôt à l'approvisionnement de la boucherie et firent publier de nouvelles enchères (1).

Un individu se présenta, Jacques Queilat, qui fit de bonnes conditions ; on l'accepta. Mais voilà que, le jour même, J.-B. Mounet, « poussé toujours par lesd. personnes, ennemis « jurés des consuls, » se mit sur les rangs. On répondit que le bail était adjugé. J.-B. Mounet déposa aussitôt une plainte contre les consuls, toute remplie de calomnies. Les consuls ripostèrent, en dépeignant J.-B. Mounet sous les traits « d'un homme de mauvaise foi et regardé dans le pays comme une peste publique. » (2).

L'affaire traîna en longueur et, Grand Dieu, que d'ennuis !

En 1718 cependant J.-B. Mounet, se sentant perdu, proposa un accommodement. La communauté nomma aussitôt Ch.-Ant. Martin pour s'entendre avec lui. Un accord intervint, mais, quand il fallut l'exécuter, J.-B. Mounet éleva des difficultés. Tout fut rompu et le procès reprit son cours. Il se termina, selon toute apparence, en faveur de la communauté (3).

D'ailleurs, on n'en fut pas quitte pour cela avec J.-B. Mounet. Chassé de la boucherie, celui-ci obtient la ferme de l'équivalent, et, sous ce couvert recommence ses tracasseries, tantôt refusant de tenir un registre « du poids des viandes. » tantôt ne délivrant que des « reçus sommaires : » tout cela pour mettre en faute ses clients à l'égard du fisc. Et lui-même, il ne se gêne pas pour débiter de la viande sur le pied qui lui convient : c'est le gâchis complet, jusqu'en 1729 (4).

---

(1) *Arch. comm.* BB. 14.

(2) *Item.*

(3) *Item.*

(4) *It.*, BB. 15 et 16.

Enfin, le 16 juin de cette année, un boucher de Margueritttes, Antoine Boucoiran, se présente à l'instigation des consuls. Il fait des offres très avantageuses, mais à la condition qu' « on lui passera le bail sur-le-champ, » ajoutant qu' « autrement il ne moindrirait pas. » On accepte, espérant ainsi pouvoir se débarrasser de J.-B. Mounet (1).

C'était une infraction au règlement. J.-B. Mounet en profite pour faire casser le bail ; puis, ne pouvant se présenter lui-même, il met en avant son fils, Pierre Mounet, qui l'emporte sur son concurrent, aux enchères du 18 juillet 1729, en mettant la viande à un prix dérisoire : 2 s. le bœuf ; 3 s. le mouton. Les consuls étaient battus, et il leur fallut encore soutenir un procès contre Ant. Boucoiran, qui réclamait des indemnités (2).

Le 19 mars 1730, nouvel assaut. Ant. Boucairan se représente ; il offre le bœuf à 2 s. 8 d., le mouton à 4 s. et se charge en outre de « payer les deniers de l'équivalent et de fournir « 6 quintaux de viande aux Récollets ; » c'est en vain ; une fois encore, les Mounet l'emportent, déclarant, non sans une ironie cruelle, qu' « au besoin ils donneraient la viande gratis pour être agréable à la communauté » (3).

Ils l'auraient pu, d'ailleurs, sans trop de perte, vu que nous dit un document, « depuis le jour de son bail, P. Mounet ne « tua que des brebis attaquées de la picotte, » qu'il vendait au prix du mouton ; mais on ne leur en laissa pas le temps (4).

A cette époque, il y avait à Aramon une compagnie de soldats. Or, quelques-uns d'entre eux étant tombés malades avec bon nombre d'habitants « pour avoir mangé d'une vache

---

(1) *Arch. comm.* BB. 16.
(2) *Item.*
(3) *Item.*
(4) *Item.*

« trouvée morte et d'une autre atteinte d'un charbon, » le capitaine en informa son chef, le marquis de la Fare (1).

Celui-ci ne prit pas la chose en riant. Il porta plainte immédiatement à l'Intendant qui, cette fois, ordonna une enquête sévère (2).

Le résultat fut ce qu'il devait être : J.-B. Mounet fut arrêté et conduit aux prisons de Nimes ; son fils décrété d'ajournement (22 avril 1731). (3).

On les condamna solidairement à 200 livres d'amende et aux frais du procès « avec défense expresse de se présenter « à l'avenir pour obtenir la boucherie, dans aucune ville ou « bourg de la province, soit en leurs noms, soit sous celui « d'autres, à peine de nullité de bail et d'être procédé extraor- « dinairement contre eux. » (4).

Ainsi, il avait fallu l'intervention de l'autorité militaire pour mettre fin aux agissements des Mounet.

Au reste, il y eut bien d'autres abus. L'année d'après, c'est Ant. Boucoiran lui-même, le concurrent si longtemps malheureux des Mounet, qui vend « des moutons attaqués de maladies » et que l'on est forcé de garder « quoique malpropre, « inhabile à couper la viande et n'ayant pour toute caution « que son tripier », un sieur Jean Lambert (5).

Puis (1733), c'est Simon, qui, surpris par les consuls au moment où il « débitait une brebis de « très mauvaise qualité » se reconnaît humblement coupable et déclare qu'il n'y reviendra plus : ce qui lui vaut son pardon (6).

Enfin (1738), c'est Louis Jouve qui sert aux Ursulines « un cartier de mouton absolument irrecevable » et qui

---

(1) *Arch. comm.* BB. 16.

(2) *Item.*

(3) *Item.*

(4) *Item.*

(5) *It.*, BB. 17.

(6) *Item.*

« pour cette faute et pour d'autres journellement commises » est déféré à l'Intendant (1).

Aussi, il ne paraît pas que la suppression, vers 1790, du monopole de la boucherie, à Aramon, ait excité les regrets du peuple. Ce privilège disparut sans que l'on s'en aperçut pour ainsi dire.

---

(1) *Arch. comm.* BB. 31 et 32.

# CHAPITRE X

## PROPRIÉTÉS DE LA COMMUNAUTÉ

Le compoix de 1478 — le plus ancien que nous possédions actuellement — a été mutilé. Onze feuillets du commencement ont disparu, qui traitaient des biens de la communauté ; en sorte que l'on ne peut savoir au juste quels étaient ces biens, à cette époque. Dans les pages qui suivent, il est fait mention de nombreuses propriétés en « terres labourables, prés, vignes, « orts d'oliviers. » Nous remarquons en particulier une « terre als canniers » et un « cazal ; » le tout de la contenance de « 4 sestayrades et demie » (1).

Le compoix de 1517 parle à son tour, d'une « terre « semade » en Bertrand : cinq sestayrades, et d'une pièce de « bosc » dans l'île de Bertrand : 32 salmées — d'une « faysse » avec terre et bois dans les îles de Maliven et du Mouton : 112 salmées — de deux « paluns » l'une petite et l'autre grande (2).

La communauté payait en impôts pour ses terres et bois, 2 l. 10 d. — pour les îles de Maliven, et du Mouton, 56 l. — pour Bertrand, 16 l. — pour les paluns 25 l. — Quant aux canniers (3), nous n'avons pu lire le chiffre.

La communauté possédait encore des « patus, garrigues et

---

(1) *Arch. comm.*, CC. 1.

(2) *It.*, CC. 2.

(3) *Item*.

« vacans (1), » qui n'étant d'aucun rapport proprement dit, ne figurent pas sur les compoix.

Entrons dans quelques détails relativement à chacune de ces propriétés.

**I. Ile du Mouton** (2). — Cette île constituait le plus bel immeuble de la communauté. Ce n'était au fond, nous l'avons déjà dit (chap. V), que la partie basse de l'ancien terroir du Terme. Sa contenance a souvent varié et variera encore. Elle comptait 112 salmées en 1517 (3) — 136 en 1547 (4) — 140 en 1667 (5) — 86 en 1750 (6) — 168 en 1786 (7). Aujourd'hui, elle compte plus de 100 hectares, grâce aux travaux exécutés par M. de Barbentane, vers l'embouchure de la Durance, et par M. Percie, à la Vernède : travaux qui ont rejeté le Rhône contre la chaussée de M. Sorbier de Pougnadoresse, et presque desséché, par ricochet, la branche droite de ce fleuve, longeant Aramon (8).

Cette île appartenait à la communauté, comme en font foi : 1º la transaction passée le 8 des calendes de novembre 1304, entre les habitants de St Pierre-du-Terme et J. Chausouard, coseigneur d'Aramon (9) ; 2º celle du 8 août 1516, entre les

---

(1) L. XI, etc.

(2) Nous ne dirons rien de l'île de Maliven, qui paraît n'avoir fait qu'un tout avec celle du Mouton, ni de celle du Petit Mouton qui faisait suite à celle du Grand-Mouton, et d'ailleurs, paraissait et disparaissait. (*Arch. comm.*, BB. 17, — DD. 3).

(3) CC. 2. *Arch. comm.*

(4) *Arch. comm.*, DD. 3.

(5) G. Faulquet, not.

(6) *Arch. comm.*, BB. 22.

(7) *It.*, DD. 10.

(8) Souvenirs de M. Desmaret.

(9) *Arch. comm.*, FF. 36.

habitants d'Aramon et les Chartreux de Villeneuve (1) ; 3° celle du 4 décembre 1547, entre les consuls et G. de Poitiers (2) ; 4° enfin, une foule d'actes, constatant les uns, des achats de terre faits à des particuliers (3), les autres, des travaux de culture exécutés par des journaliers (4) ; mais elle relevait de la directe du seigneur, sous la censive de 15 sols (5).

La communauté n'était pas seule propriétaire de l'île. En dehors des 136 salmées, qui lui avaient été reconnues par la transaction de 1547, nous remarquons : 1° que le seigneur d'Aramon possédait 4 salmées et demie, qu'il donna en 1547, « à nouvel achaipt » à Bernard Bernard (6) ; 2° qu'en 1516, la communauté céda aux Chartreux de Villeneuve, 9 salmées en règlement d'anciens droits (7) ; 3° que plusieurs terres et oseraies appartenaient à des particuliers (8) ; 4° et même que le seigneur s'était réservé tous les créments, qui viendraient à s'ajouter aux 136 salmées de la communauté (9).

La communauté tirait de bons revenus de cette île, qu'elle exploitait elle-même (10) ou qu'elle affermait à des particuliers (11). Voici quelques chiffres que nous avons relevés : en 1570 : 67, s. 7 émines, 1 fouguadière de froment, vendues

---

(1) *Arch. comm.* DD. 1.
(2) L. XIX.
(3) *Arch. comm.* DD. 7. — L. 2.
(4) *It.*, DD. 3.
(5) L. XIX.
(6) *Item.*
(7) *Arch. comm.* DD 1.
(8) L. 2.
(9) L. XIX.
(10) Nic. Bonnefoy, 1524. *Arch. comm.* DD. 3, etc.
(11) *Arch. comm.* BB. 27, etc.

1030 livres à Mathieu Bour (12) ; en 1610 : 91 s. de blé (1) ; en 1771, 1825 l. de ferme (2) ; etc. Aussi, ne la négligeait-on pas. Nous voyons que chaque année les consuls la parcouraient dans tous les sens, pour se rendre compte de son état. Et puis c'étaient sans cesse des embellissements et des réparations : en 1611, on y plantait un magnifique cordon de 300 mûriers (3) ; en 1642, on y construisait « une petite metterie « de deux membres, l'un sur l'autre avec un couver servant « d'escuirye (4) » etc. : ouvrage que l'on compléta d'ailleurs en 1781, en y ajoutant pour 2.375 l. de bâtisse, etc (5).

Cette île fut souvent disputée à la communauté ; il fallut, pour la défendre, soutenir une foule de procès (6).

1° *Le premier en date est celui de Chausouard, coseigneur d'Aramon en 1304.* — Nous l'avons mentionné tout au long, au chapitre V ; inutile d'y revenir.

2° *Le second est celui des habitants de Barbentane, vers 1517.* — Les Chartreux possédaient, paraît-il, dans l'île du Mouton, de grandes propriétés, qui furent démolies par le Rhône. Longtemps après, ces propriétés étant revenues en nature, les habitants de Barbentane s'en emparèrent, à l'encontre de tout droit. Aramon, du « taillable » duquel avait toujours dépendu l'île, et qui, dès lors, se trouvait lésé dans ses droits, protesta hautement et invita les Chartreux, plus directement intéressés, à se joindre à lui, contre Barbentane.

C'étaient des gens paisibles que les Chartreux ; ils refusè-

---

(1) *Arch. comm.* DD. 3.

(2) J. Pitot, not.

(3) *Arch. comm.*, BB. 27.

(4) *It.*, BB. 10.

(5) J. Arnaud, not.

(6) *Arch. comm.*, BB. 30.

rent de se lancer dans un procès long et coûteux. Aramon dut lutter seul.

Il triompha.

Mais alors survinrent les Chartreux, qui, invoquant la loi de déguisement, demandèrent à rentrer dans leurs anciennes possessions.

On ne contesta pas le bien-fondé de leur demande, mais on mit en avant les frais, que l'on avait dû faire pour conserver l'île.

D'ailleurs, un accord intervint bientôt. Il fut entendu que l'on remettrait aux Chartreux, 9 s. de terre, dans l'île « pour « le bien de paix, attendu mesmement que lesd. MM. les « Chartreux nuyt et jour prient Dieu pour leurs bienffac- « teurs, et confiant à plein, qu'ilz auront pour recommandé « la commune d'Aramon et particulier d'icelle en leurs « prières et oraisons. » (1).

3º *Le troisième est celui de d'Elbeuf et Saint-Aignan.* — Marie-Marguerite-Ignace de Lorraine et le duc de Saint-Aignan avaient obtenu de Louis XIV, vers 1665, la jouissance « des revenus des isles et crémens, des terres et droict de « pesche de la rivière du Rosne. » Les donataires réclamèrent, à ce titre, 140 salmées dans l'île du Mouton, et, devant l'opposition de la communauté, s'adressèrent à M. de Bezons, pour qu'il les mit en possession des terres susdites.

Avant de se prononcer, celui-ci lança une ordonnance, le 20 déc. 1666, dans laquelle il enjoignait à la communauté d'avoir à « justifier que les seigneurs (d'Aramon) ont droit de « régale ou à ce défaut, de présenter ses titres primordiaux ; « faute de quoy les donataires entreroient en possession de « l'immeuble. » Les consuls se mirent aussitôt en mesure de se procurer une déclaration de J. Sauvan, seigneur d'Aramon, constatant que les 140 s. relevaient bien de sa directe. Nous

---

(1) *Arch. comm.*, DD. 1.

trouvons même, dans G. Faulquet, notaire, un acte, rédigé en forme de sommation, adressé à ce dernier (8 mars 1667). Mais que se passa-t-il? Y eut-il de la part de J. Sauvan impossibilité (1) ou mauvais vouloir? Le fait est que, faute de pouvoir présenter l'attestation réclamée, les récoltes des années 1668 et 1669 furent saisies aux mains du fermier, par ordre de d'Elbeuf et Saint-Aignan et mises sous séquestre.

A bout de patience, les consuls s'adressèrent au Sénéchal, le priant de forcer Madeleine de Fleurigny, veuve Sauvan, à les soutenir. Les incidents se multiplièrent alors : lutte mesquine, sans dignité. Enfin, le 9 août 1669, M. de Bézons ordonna « que les parties se retireroient devant le roi et nos-
« seigneurs de son conseil pour leur estre pourveu, ainsi
« qu'il appartiendra, octroyant cependant la main levée aux
« suppliants des fruicts sur eux saisis, avec toutes contraintes
« contre les séquestres et autres détempteurs. » Cette ordonnance faisait prévoir le résultat final. De fait, il fut entièrement conforme aux prétentions de la communauté (2).

4° *Le quatrième est celui de la Provence.* — La Provence avait demandé, en 1732, à mettre à la taille l'île du Mouton « vu que, disait-elle, cette île faisait corps avec elle,
« depuis que le Rhône avait porté son cours du côté du Lan-
« guedoc. » Aramon ne l'entendit pas ainsi. Il demanda aussitôt à l'Intendant l'autorisation de plaider, pour « démon-
« trer que le Mouton est du Languedoc, et, dès lors, à la
« taille d'Aramon : » autorisation qui lui fut accordée, le 15 avril 1733. Puis, comme dans toutes les circonstances graves, on envoya Charles Martin, à Montpellier, à l'effet de consulter des avocats et de mener les choses rondement.

Grâce à cette énergie, le succès ne se fit pas attendre et fut complet. On n'eut pas de peine à prouver que l'île avait été,

---

(1) Il était déjà atteint de la maladie dont il mourut. (Chap. XXIV).
(2) L. IX.

de tout temps, du taillable d'Aramon, et que si présentement elle était soudée à la Provence, rien ne disait qu'il n'en serait autrement demain, étant donnés les déplacements si fréquents du fleuve. La Provence s'inclina devant l'arrêt, mais il dut lui en coûter beaucoup, car bien des fois encore et jusqu'au milieu de ce siècle, nous la voyons qui tente de mettre la main sur ce riche patrimoine (1).

5° *Le cinquième est celui du Domaine.* — Lors du recensement des biens domaniaux vers 1750, les commissaires royaux avaient porté sur leur liste l'île du Mouton. En conséquence, un arrêt du Conseil ordonna la vente de l'île. L'adjudication devait avoir lieu au Palais des Requêtes à Paris. Déjà même, l'Intendant avait reçu une foule d'offres. Il fallait se défendre sans retard sous peine d'être dépouillé (2).

Consulté en cette extrémité, Moreau, procureur de la communauté à Montpellier, conseilla de rechercher toutes les pièces se rapportant à l'affaire, et de les envoyer à de la Roche, avocat au Conseil du roi à Paris. On le fit et c'est ainsi que de la Roche put faire opposition à la vente de l'île, le 6 novembre 1750 (3).

Le procès ne fut pas terminé pour cela, puisque, un an après, en sept. 1751, on demandait à l'Intendant l'autorisation d'emprunter 120 livres « pour fournir aux frais de « l'opposition susdite », mais il finit comme les autres : Aramon garda son île (4).

Cependant, tous ces procès avaient découragé le pays et, d'ailleurs, depuis que certains travaux avaient été faits par les Chartreux, à la Vernède, sur les bords du Rhône, ce

---

(1) *Arch. comm.*, BB. 17.

(2) *It.* BB. 22.

(3) *Item.*

(4) *Item.*

fleuve, en dirigeant son courant vers l'île, en avait démoli une partie — 60 s. environ — et menaçait d'emporter le reste (1). On voulut donc la vendre ; avec les 80 ou 100.000 l. qu'on en retirerait, on pourrait payer les dettes de la communauté et créer un établissement pour les Frères, que demandait le peuple. Ce fut Manivet, second consul, qui en fit la proposition au Conseil, le 22 juillet 1783. On l'approuva et une demande en autorisation fut immédiatement adressée à l'Intendant (2).

Le 22 avril 1784, les commissaires du roi chargèrent M. de Trinquelagues, syndic du diocèse, de se rendre à Aramon et de faire un rapport sur la question (3).

M. de Trinquelagues vint donc à Aramon, et, le 16 juin 1785, adressa une « longue relation » aux commissaires qui, après en avoir pris connaissance, ordonnèrent aux consuls de convoquer le Conseil politique, renforcé des plus forts contribuables, et de décider si on voulait vendre l'île ou la garder (4).

Conformément à ces prescriptions, le Conseil se réunit le 15 août 1785 et opta pour la vente (5). Un document nous apprend même que des affiches furent imprimées (6). Mais que se passa-t-il alors ? Les acquéreurs firent-ils défaut ? ou bien les prix offerts furent-ils trouvés insuffisants ? Toujours est-il que la vente n'eut pas lieu, et que, quelques années après, en 1793, les habitants se partagèrent l'île, c'est-à-dire 90 s. environ (7).

---

(1) *Arch. comm.*, BB. 13.

(2) *It.*, BB. 31.

(3) *It.*, L. XVI.

(4) *It.*, BB. 31.

(5) *Item*.

(6) *It.*, DD. 10.

(7) M. Desmaret m'a dit 90 s. Un document (délibération du 12 novembre 1861) dit : 60 hect., 70 ar. 50 c., et ajoute qu'il resta encore

II. **Marais ou Paluns**. — On appelle marais ou plus communément paluns, dans le langage du peuple, une immense plaine en forme d'estuaire, qui se trouve au nord-nord-ouest du pays et se compose de prairies naturelles dans sa partie basse, de terres cultivées, très fertiles et très belles dans sa partie haute. Elle se divise en deux zones : la grande palun et la petite, comprenant en tout cent hectares et séparées par une sorte de butte appelée le moulon, autrefois « le moulon du roi. »

Les deux paluns sont aujourd'hui la propriété de 270 propriétaires environ.

Deux grandes brassières datant du dernier siècle, dans leur forme actuelle, conduisent les eaux des paluns au Rhône, et, au besoin, les eaux du Rhône aux paluns, en temps de sécheresse par exemple, au moyen de deux martellières dites l'une (petite-palun) de Saint-Bénézet, l'autre (grande palun) de Thibaud ; et ces deux brassières, après s'être réunies près de la Bastide-Vieille, dans un canal commun et avoir traversé une étendue de terre d'environ 2 kilomètres, presque en droite ligne, vont déverser leurs eaux au Rhône, quartier dit des Agasses.

Aux xv$^e$, xvi$^e$ et même xvii$^e$ siècles, la communauté d'Aramon possédait aux paluns de grandes propriétés. Dans un « adverement » fait par les consuls, en 1612, nous lisons : « au fondigué (1) une pallung, la grande, faisant angles et

---

24 hect. 65 ar. 57 c. En 1812, on vendit à MM. Ch. Sauvan, Simon Lacroix et Brun, environ 7 hect. 48 ar. 5 c. La commune aurait donc encore des droits sur 17 hect., 22 ar., 52 c. (*Item*).

L'île avait été partagée en vertu de la loi du 10 juin 1793. Dans ce partage, on réserva l'ancienne métairie, pour servir d'abri aux bêtes de tous les propriétaires de l'île, en temps de pluie. (Délib. du 26 fév. 1809). Plus tard, on y ajouta un « cabanon » en roseaux, et on l'afferma, du consentement verbal des propriétaires de l'île, pour les chevaux de halage. (*Item*).

(1) Fondigué (*Fons-aquæ* ou mieux *Fondus aquæ*) paraît avoir été le nom primitif des paluns. De fait, il y a là une source (*fons aquæ*)

« contours et confrontant du levant, couchant et marin la
« brassière de lad. pallung et du levant aussy le pred de
« André Juvenel, M. Pierre Bonnefoy et terres des hoirs de
« Nicolas Vincent ; du cousté du vent droict, les prés de
« André Bertrand (1) et hoirs de Pierre Perret, Joseph de
« Malavalette, hoirs de Gabriel de Laudun, Jacques Choisity (2)
« et plusieurs autres faisant le circuit de lad. pallung...
« contenant le tout, sans comprendre lad. brassière, la
« quantité de 49 saulmées, 2 eyminées, 1 pougnadière, y
« compris les fossés particuliers des costés du levant et midi
« et parti de ceulx de vent droict... »

« A la petite pallung, une pallung soubz le terroir de
« Valcarès, confrontant du levant la brassière, du couchant
« au chemin montant du moulon, de la Métérye vieilhe à la
« métérye neufve, d'aure droicte avec M. Jean de Joussaud,
« conseiller du roy, du marin hoirs de Martin Meynier et la
« brassière et aultres, faisant le sircuit de lad. pallung,
« contenant le tout 7 saulmées, 2 eyminées et les fossés sont
« de la ville. » (3)

Voilà de précieux détails. Grâce à eux, nous connaissons désormais l'emplacement et la contenance des anciennes propriétés de la commune, aux paluns.

Il paraît, d'ailleurs, que cette partie du terroir n'aurait pas toujours été marais : l'existence d'une « chaussée » déjà « vieilhe » en 1478 (4), allant des Cazers à la Bastide-Vieille, sur l'emplacement même de la route de Théziers nous porte

---

au-dessus de la brassière carrée, qui formait naturellement une nappe d'eau (*fondus aquæ*). D'ailleurs, J. Arnaud, notaire, le dit nettement : « ... au terroir cy-devant le Fondigué et à présent la grand « palun » (1646).

(1) Les prés du Réal (à M. du Laurens).

(2) Les prés du Repos (à M. Dunan).

(3) L. XI. D'après ce même document, la communauté possédait encore une palun à Dèves, de 4 eymines.

(4). *Arch. comm.*, CC. 2. — Voir Chap. XIII.

fortement à le croire. A quoi bon une chaussée, si on n'avait eu là des propriétés à défendre ? De plus, nous lisons dans les minutes de J. Arnaud, notaire, à la date du 1er mai 1642, « que le tènement de terre et marais appelé palun arriva à « la communauté par le délaissement faict antiennement par « des particuliers au proffict de la communauté des pièces « qu'ilz y possédoient, à cause qu'il demeuroit la plus part « du temps, comme il faict encore, couvers des eaux pluviales « et de la rivière du Rhône et ne leur raportoit aulcun « revenu. » Or, ce texte ne démontre-t-il pas qu'avant d'être marais, ce sol avait été cultivé?

Aussi notre opinion est-elle : 1° que les paluns, avec leur chaude exposition au midi, leur rideau protecteur de collines au nord, les mille ruisseaux venus des montagnes voisines, qui les sillonnent dans tous les sens — le Réal surtout, aux eaux si pures et abondantes — avaient été primitivement le jardin d'Aramon : un sol particulièrement riche et fécond ; 2° que, pour mettre ce sol à l'abri des incursions du Rhône, qui passait alors tout près de là, à Saint-Bénézet (1), les habitants élevèrent une forte chaussée, grâce à laquelle ils purent longtemps jouir des revenus de leurs terres ; 3° mais qu'un jour vint où, le Rhône ayant exhaussé, par le dépôt successif de ses alluvions, la partie du sol comprise entre sa rive et la chaussée, les paluns se trouvèrent en contrebas, dans l'impossibilité, par suite, d'écouler leurs eaux au fleuve, et qu'alors elles devinrent marais ; 4° que les habitants fatigués de payer l'impôt pour des terres dont ils ne retiraient aucun revenu, se décidèrent à les abandonner à la communauté, qui en devint ainsi légitime propriétaire (2).

---

(1) *Arch. comm.*, CC. 1. Nous savons, par notre compoix de 1478, qu'il y avait à Saint-Bénézet un « coup à pescher ».

(2) La propriété des paluns fut reconnue à la communauté par tous les seigneurs d'Aramon : par G. de Poitiers, en 1466. (*Arch. comm.*, AA. 1); par G. de Poitiers, frère de Diane, en 1540 et 1547. (*Arch.*

La vérité est là, ce nous semble.

Dès que la communauté fut en possession des paluns, elle songea à les rendre productives. Il fallait tout d'abord les débarrasser des eaux fluviales et des eaux de sources, qui toutes convergeaient là, comme dans un entonnoir. Elle fit donc creuser des brassières.

Nous savons qu'il y en avait déjà une en 1389, grâce au texte suivant : « Sequuntur bona dicti Petri de Aramone : « 1° Ad brasseriam... — Voici la liste des biens de Pierre « d'Aramon : 1° A la brassière (1).,. » et qu'en 1479, un bail fut passé à Jean du Jardin, pour en faire le « recurement « despuis lesd. patus jusqu'à la rivière du Rosne (2) : » ce qui constituait un gros travail.

Ensuite, on en construisit une seconde, vers la fin du XV° siècle. Jean Choisity, notaire, nous dit en effet que le 2 juin 1499, les consuls firent « visiter la brassière nouvellement « faite pour pourvoir que les eaux eussent leur cours libre. » Et, à partir de cette époque, nos vieux écrits mentionnent une foule de réparations, faites aux brassières : ainsi, le 16 août 1544, ce sont les consuls Antoine Martin et Antoine Aillaud, qui, « par deslibération de leur conseil, baillent à

---

*comm.*, DD. 3) : par le marquis de Grimault, en 1628. (*Arch. comm.*, DD. 3) ; par J. Sauvan en 1638. (*Arch. comm.*, DD. 3) ; mais, dans le principe, ces seigneurs y avaient ou s'y arrogeaient des droits : G. de Luetz voulait que « lesd. herbaiges ne se vendissent poinct sinon « qu'il y en heust si grande superfluité qui souffît au bestailh dud. « seigneur et desd. habitans. (*Arch. comm.*, AA. 1). Ce fut aussi la façon de voir d'H. de Gondin (L. V.). Le 12 déc. 1623, les consuls demandèrent, à l'encontre de ce dernier, le pouvoir de vendre le foin avant de mettre aux paluns le bétail des habitants et du seigneur. Il y eut procès ; mais Gondin ayant vendu la seigneurie d'Aramon à Grimault, celui-ci passa avec la communauté une transaction aux termes de laquelle, moyennant 5 salmées de pré, qu'on lui donnerait à la petite palun, les habitants pourraient faire de leurs foins l'usage qu'ils voudraient. (*Arch. comm.*, DD. 3).

(1) *Arch. comm.*, DD. 3.

(2) L. V.

« curer les brassières (1). » Le 16 mars 1649, c'est la communauté qui invite les consuls à veiller « pour tenir les « brassières nettes (2). » Mais la plus considérable paraît avoir été celle de 1558. On y consacra 1670 l., que l'on se procura en vendant, pour 10 ans, les « gragnons » des habitants. Le travail avait été donné à prix fait, à raison de 4 s. tn., la canne. Une fois réparées, les brassières devaient avoir 6 pans au fond et 12 pans au sommet. Cette réparation s'étendait également aux martellières de la grande et de la petite paluns (3). Un autre document nous dit que les brassières avaient alors une demi-lieue de longueur (4).

Les avantages que la communauté retirait des paluns expliquent les soins qu'elle leur donnait : il y avait les foins ; il y avait la pêche. Ces foins, tantôt on les vendait, après délibération des habitants, pour faire face à des besoins généraux (5) et nous remarquons qu'en 1642, ils rapportaient de 6 à 700 l. (6) ; tantôt on les mettait à la disposition des particuliers, qui alors avaient le droit d'y mener paître leur bétail « le gros », avec défense cependant d'en couper et d'en emporter, sous peine d'amende (7) ; on faisait cela les années où l'hiver avait été mauvais ou bien lorsque les récoltes avaient manqué. Quant à la pêche, on l'affermait (8). Aux archives de Nimes, nous lisons qu'en 1378, une amende fut infligée à certains individus qui s'étaient permis de pêcher

---

(1) *Arch. comm.*, DD. 3. J. Choisity, not.

(2) *It.*, DD. 3.

(3) Nic. Bonnefoy, not.

(4) J. Arnaud, notaire, 1642.

(5) *Arch. comm.*, BB. 10, etc.

(6) J. Arnaud, not. 1642.

(7) *Arch. comm.*, BB. 9.

(8) *Item*.

dans les brassières au détriment des fermiers (1). Item, en 1411, 1425, 1426, etc. (2).

Et ce qui prouve qu'il ne faudrait pas juger de la quantité des poissons qu'il y avait autrefois aux paluns, par ce qu'il y en a aujourd'hui, c'est qu'en 1544, 1er septembre, le nommé Antoine Chaud, devenu adjudicataire de la pêche, au prix de 20 l. — somme relativement élevée — s'associa Dominique Gilles, Antoine Chaniol, Catherine Biscuesse, Barthélemy Bouscadier, Antoine Villard, Francis Chervet et Guillaume Vigouroux, à raison de 40 s. chacun, qu'ils payèrent comptant. Chaud se réserva même, dans le contrat, la faculté de s'adjoindre encore deux personnes (3).

En 1597, nous trouvons également cette mention dans les comptes des clavaires : «... Receu 20 escus dud. Jehan Cas- « serol... pour luy avoir vendu le poyson de la palun. » (4).

Cependant, malgré ces avantages, il fallut, un jour, se résigner à vendre Fondigué : on avait de grosses dettes à payer, et, d'ailleurs, de toutes les propriétés communales, Fondigué était celle dont l'entretien occasionnait le plus de dépenses (5). Cette décision fut prise en Conseil général, le 17 février 1641, et l'on convint, pour activer la vente, de la faire à parties brisées, d'une salmée chacune (6).

Autorisée par un arrêt du Conseil d'Etat, en date du 20 mars 1642, cette vente durait encore en 1646 (7). Il faut même croire que tout ne put se vendre, puisque, en 1687, M. A. Reboulet, notaire, nous parle « d'une vente de foin

---

(1) L. XI.

(2) *Item* et BB. 9.

(3) L. XVI.

(4) *Arch. comm..* CC. 16.

(5) Vers 1642, on consacrait à l'entretien des brassières, 6 à 700 journées d'hommes. (J. Arnaud, not.).

(6) J. Arnaud, not.

(7) *Item.*

« faite au nom de la communauté et provenant de 4 salmées
« de blé appartenant à cette dernière dans la grande
« palun. » (1).

Quoi qu'il en soit, d'ailleurs, si cette vente allégea momentanément les charges de la communauté, elle lui valut en retour bien des misères.

Nous l'avons vu, tant que la palun lui avait appartenu, elle avait soigneusement veillé à l'entretien des brassières. Il en fut tout autrement après : les nouveaux propriétaires les négligèrent. Aussi, les eaux ne tardèrent-elles pas à tout couvrir, menaçant même « de noyer les vignes du plan. » Il fallut remédier à cet état de choses. Le Conseil général se réunit donc, le 29 juin 1653 et décida de faire aux brassières les réparations reconnues nécessaires. Jean Choisity, comptable, fut chargé de s'occuper de cette affaire. Il se rendit à Arles, où se trouvait le sieur Voulan, ingénieur du prince d'Orange. Voulan vint à Aramon. Il jugea bon de séparer les eaux du Réal de celles de Fondigué et de les conduire, par un canal particulier, dans la petite palun, en ouvrant une roubine le long du chemin des vignes (2). Le Conseil général de la communauté approuva le projet et emprunta 1200 l. pour faire face aux premières dépenses. Puis eurent lieu les enchères, et les travaux de la nouvelle roubine furent finalement confiés à Antoine Phéline, Vidal, Arnaud, Louis Bonnefoy et Louis Girard, qui se chargèrent également de construire deux ponts et de creuser quelques ruisseaux. Le

---

(1) Nous lisons dans la délibération du 26 février 1809, que le 12 messidor an III, la direction du district de Beaucaire vendit 4 prés appartenant à la communauté au prix total de 29,500 fr. De quels prés s'agit-il ?

(2) Jusqu'à cette époque, les eaux du Réal allaient du pont du Fraï à Saint-Bénézet, en contournant le Moulon au levant, par la brassière dite des Pénitents.

tout paraît avoir été terminé dans les premiers mois de l'année suivante, 1654 (1).

Après ces travaux, qui durent coûter cher, on n'en eut pas fini avec les paluns. Il s'agissait maintenant de conduire les eaux jusqu'au Rhône, dans de meilleures conditions qu'auparavant. Dans ce but, on demanda au Sénéchal l'autorisation de les faire passer par une brasssière qui longeait « la petite « isle appelée du Milan » au territoire de Montfrin. Ce fut accordé, mais à la condition que l'on se chargerait de l'entretien de cette brassière (1675). Malheureusement, la condition ne fut pas tenue, et les eaux, n'ayant plus leur pente naturelle, firent de sérieux dégâts aux alentours (2).

Le marquis de Monténard, à titre de seigneur de Montfrin et de grand propriétaire, porta plainte alors. Un procès s'ensuivit : Aramon le perdit et se vit dans la nécessité de construire un canal sur ses terres, du pont de la Pomparesse au Rhône (3).

Nous ignorons par qui furent faits les plans et devis. Quant aux travaux, l'Intendant les déclara acquis, après enchères, à Joseph Cabiac, en même temps qu'il autorisait la communauté a emprunter jusqu'à 10.000 l. L'ordonnance est du 13 février 1724 (4).

Les travaux traînèrent en longueur : peut-être parce qu'on ne payait pas très régulièrement J. Cabiac. Un moment même, il fallut menacer ce dernier d'un procès. Enfin, le 15 mars 1725, tout étant terminé, les experts, après examen, acceptèrent l'ouvrage (5).

C'étaient là d'excellentes réparations. Néanmoins, comme

---

(1) L. XV.

(2) *Arch. comm.*, BB. 15.

(3) *Item.*

(4) *It.*, BB. 15.

(5) *Item.*

les canaux s'obstruèrent souvent, en 1733 et en 1740 (1), par exemple, les habitants, fatigués, conçurent l'idée de « dessécher entièrement d'une manière solide et permanente « les paluns. » Ils prièrent l'Intendant de leur venir en aide. Celui-ci leur envoya Henri de Pitot, directeur des travaux publics en Languedoc, et leur compatriote, avec mission de faire un rapport (2).

Le plan de Pitot fut trouvé trop onéreux. On se contenta d'un sérieux curage aux brassières : travail qui coûta 2.000 l. et se fit sous la direction des deux Martin, père et fils (3).

En 1773, on revint à l'idée d'un desséchement complet. Grangent, successeur de Pitot à la direction des travaux publics en Languedoc, se rendit à Aramon. Mais, ayant parlé d'une dépense de 42.000 l., on recula (4). Après Grangent, ce fut Delisle, l'inspecteur. Son projet moins coûteux, mais aussi moins avantageux, fut également rejeté (5).

Désespérant alors de réaliser leur rêve, les habitants voulurent au moins améliorer la situation : ils commencèrent par rectifier une partie du tracé de la brassière, au-dessus du pont de la Pomparesse ; puis, de ce pont au Rhône, ils la revêtirent d'un « caladat, » en gros pavés : le tout d'après les plans et devis de Delisle (6).

Ce dernier travail, fort considérable, fut exécuté par Antoine Roux, de Vallabrègues, sous la surveillance de Pierre-Laurent Lamy, et terminé en 1782 (7). Des fonds, les

---

(1) *Arch. comm.*, BB. 17 et 18.

(2) *It.*, BB. 20.

(3) *Item.*

(4) *It.*, BB. 28.

(5) *Item.*

(6) *It.*, BB. 30.

(7) *Item.*

uns accordés par le roi (1), les autres votés par les Etats (2), d'autres enfin empruntés par la communauté (3), en payèrent le montant.

Depuis lors, les choses en sont restées là (4). Grâce à un curage périodique, les paluns ne sont plus un foyer d'infection et donnent d'excellents produits.

III. **Patis**. — Aussi loin que nous permettent de remonter nos archives : 1392 et même 1330, nous ne voyons rien figurer dans les comptes du Domaine qui justifie les droits du roi sur les patis (5), ce qui prouverait que ceux-ci n'appartenaient pas au seigneur, mais à la communauté.

Au reste, nous avons mieux ici qu'un argument négatif.

Si G. de Luetz fit décider, en 1532, « que tous et chascuns, « les vaccans et pactis mis en agriculture despuys quinze ans « en ça, sont, seront et appartiendront aud. seigneur d'Ara- « mon ; mesmement ensemble ceulx que de présent sont en « herme pour en disposer à sa volonté, sauf aud. habitans, « l'espleche et l'eneraige (droit au bois)... » (6) cette clause imposée de force fut abrogée bientôt après.

En effet, la transaction du 21 mars 1540 dit que « les

---

(1) *Arch. comm.*, BB. 32.

(2) *It.* BB. 30.

(3) *It.* BB. 32.

(4) On est revenu parfois à l'idée du dessèchement des paluns (an 13, 1867, etc.); mais le bon sens a toujours eu raison de ces tentatives. Notons ici : 1º que Pitot, Grangent et Delisle conseillaient d'introduire, à certaines époques de l'année, les eaux bourbeuses du Rhône dans les paluns, pour en exhausser le sol *(Arch. comm.* BB. 30 ; 2º que l'inondation de 1856 les exhaussa de trois pans, dit-on. Eh bien ! ne serait-ce pas là le bon moyen de les dessécher ? Nous croyons qu'en dehors de cela, il faut se contenter de tenir les brassières bien propres.

(5) L. XI. — *Arch. comm.*, DD. 3.

(6) *It.* AA. 1.

« habitants peuvent vendre les herbages, si ce n'est que le
« seigneur vienne à faire sa résidence. » (1).

Celle du 3 janvier 1543 adjuge les garigues aux **habitants**.
Cette transaction est en forme de sentence ; elle est signée,
après une enquête qui justifie les droits de la communauté.
Il est permis aux consuls de « bailher les garrigues à nouvel
« achaipt et d'y establir une redevance pour les povres » (2).

Celle du 4 déc. 1547 déclare que « les habitans jouiront
« des herbages et vaccants. » (3).

Enfin l'arrêt du 31 juillet 1619 confirma ce droit aux
habitants, et J. Arnaud, notaire, constatait en 1642 que
« les patis, garigues et vaccans appartenaient à la commu-
« nauté. » (4);

Ces patis étaient considérables. Dans le dénombrement des
biens de la communauté, en 1642, nous lisons : « Plus
« tiennent et possèdent (les habitants) en plaine propriétté
« franche et allodiale, les patus, garrigues et vacants quy
« sont dans le terroir dud. Aramon de la contenence d'environ
« deux cents salmées, la plus part de roschers, montagnes
« sèches, stériles, confrontant la rivière du Rhosne, les
« garrigues des frères Chartreux de Villeneufve, terroir dud.
« Aramon et les terroirs et limites des lieux des Essarts, de
« Satze, Domasan et Théziers ; des herbages et bois desquelles
« ne se retire aucun revenu, servant tant seulement le peu
« des herbages qu'il y a dans l'enclos desd. montagnes, pour
« y faire dépaistre le bétail desd. habitans, et led. bois quy
« n'est austre que d'abaux, bouys, romarin, thaim et autres
« petits arbustes, pour le chauffage sans rien payer, sans

---

(1) *Arch. comm.*, DD. 3.

(2) *It*. DD. 3.

(3) *Item*.

(4) L. XI.

« laquelle faculté les dicts fours ne seroient d'aucun
« cervice » (1).

Tous les habitants d'Aramon avaient le droit de jouir des patis. Cependant, le 8 février 1615, à la réunion générale de la Saint-Blaise, il fut décidé que « tous les nouveaux habi-
« tants d'Aramon n'ayant pas 20 sols de présage payeraient
« 30 sols pour jouir des patis et autres droits. » (2).

Dans la transaction du 3 janvier 1543, dont nous avons parlé plus haut, on voit que les syndics avaient l'habitude de donner des garigues à qui en voulait parmi les habitants d'Aramon, « en payant une pougnadière de blé par saumade
« à la charité et aussi les tailles royales. » (3). Quant au gros bois, ils le vendaient au profit de la communauté. Nous trouvons en particulier une vente de bois faite par ces derniers à des particuliers dans « les devois de Dèves » le 31 oct. 1526 (4).

On le voit par toutes ces ventes, les droits de la Communauté étaient absolument certains. Seule, une Thér. de la Barbézière pouvait les contester. Elle n'y manqua pas ; mais l'arrêt du 23 novembre 1693 rejeta définitivement ses prétentions (5).

Les patis restèrent propriété communale : ils le sont encore.

IV. **Canniers**. — Elyas de Récords, le trop fameux agent de D. de Poliers, avait laissé en mourant, une succession très obérée. Le 20 novembre 1571, ses biens furent saisis, par ordre de la Cour d'Aramon, et vendus aux enchères publiques (6).

---

(1) J. Arnaud, not.
(2) *Arch. comm.*, BB. 9.
(3) Nic. Bonnefoy, not., 1543.
(4) *Item*.
(5) *Arch. comm.*, BB. 12.
(6) J. Arnaud, not. 1654.

Or, il paraît qu'au nombre de ses dettes figurait une partie du montant de ses tailles. En conséquence, le sieur de Vallabris « recepteur des deniers royaux au diocèse d'Uzès », s'en prit aux consuls de ce retard et les assigna en justice : c'était la loi (1).

Les consuls réunirent leur conseil, le 2 juin 1602, et l'on décida de « poursuivre sur les biens de feu sieur E. de « Récords, payement de lad. somme » (2) : une sorte de compensation au fond.

Voilà, croyons-nous, comment la communauté devint propriétaire des 40 salmées du cannier, qui avaient appartenu à E. de Récords (3).

Mais, même en supposant que ces biens lui soient venus autrement, il est certain qu'elle les posséda, à dater de cette époque : le compoix de 1602, le dit expressément dans son folio IV (4), et un « avèrement » de 1612 en détermine parfaitement la nature et l'emplacement : « Item au canier vieulx à « présent appelé Malataverue, un bois vergantière et gravier « appartenant à la communauté par acquisition de la discu- « tion des biens de feu Allias de Records, confrontant du « levant avec les hoirs de Pierre Perret, acquis dud. de « Récords (ancien jardin du seigneur, propriété aujourd'hui « de M. Cadenet, pharmacien) ; du couchant et marin, la « rivière du Rosne ; d'aure avec les hoirs de feu Anthoine « Guiraud, les hoirs de feu Nicolas Gazaigne, hoirs d'Anthoine « et Raynaud Bouscadier, Pierre Charvet, M. Pierre Bonne- « foy, Jean Cadaix, contenant le tout 40 saulmées (5) ». Voilà qui est clair.

---

(1) *Arch. comm.*, BB. 10. Voir Chap. VI.

(2) *Item*.

(3) Elles lui étaient venues ce semble, par inféodation des 4 et 5 nov. 1558. (Pièces officielles, 318).

(4) *Arch. comm.*, CC. 4. — Dél. du 26 déc. 1792.

(5) L. XI.

Maintenant que devint cette propriété ? Elle fut démolie peu à peu par le Rhône, et s'en alla grossir de ses débris, l'île de Carlamejean. Voici ce que nous lisons dans un dénombrement de 1692 : «.... plus est en faculté la communauté « d'avoir un tenement de terre au terroir dud. Aramon, dit « autrement le canier vieux, appellé Malataverne, a présent « démoly en partie par la rivière du Rosne de la contenance « de 40 salmées, acquises par lad. communauté de la discu- « tion d'Alzias de Récords, confrontant du levant les hoirs de « Pierre Perret, acquéreur dud. de Récords ; du couchant et « Midy la rivière du Rosne ; de bize les hoirs de sieur Antoine « Guiraud, Nicolas Cassagne et hoirs de Bouscadier, avec « droit de déguisement, franche et allodiale, néanmoins « rurale duquel tenement lad. communauté en a payé à sa « Majesté le droit d'amortissemant en 1642 (1) ».

Dépouillée donc ainsi de cette partie de son patrimoine, la communauté invoqua longtemps la loi du déguisement. Tous ses efforts furent vains : J. Sauvan, Thér. de la Barbézière, Alex. de Sauvan, en éludèrent tour à tour, par astuce ou par violence, les justes prescriptions (2). Il fallut se résigner.

Enfin, la Révolution éclata. Un des premiers soins de la communauté fut de réclamer alors ses 40 salmées du cannier. Le 13 mars 1792, on désigna le Procureur de la commune, pour s'occuper de l'affaire, auprès du Directoire du département, en même temps que l'on demandait l'envoi d'un commissaire, pour lever les scellés apposés aux archives du château.

On espérait trouver là des pièces décisives ; mais il paraît que les régisseurs avaient eu soin de les faire disparaître.

Après cette déconvenue, et le 12 décembre 1792, arriva un

---

(1) L. XI.

(2) Voir Chapitres XXIII, XXIV, XXV.

arrêté du Directoire du District, qui autorisait la municipalité à faire faire des recherches « touchant les crèments usurpés « par le sieur Sauvan », et permettait le vote de 300 francs, pour couvrir les frais de ces recherches, ajoutant que l'on statuerait ensuite sur la valeur des titres.

Séance tenante, on nomma dans ce but, Jean Séveyrac, Joseph Féline, Jean Granier et Jean-Joseph Pansier, auxquels on adjoignit, le 4 février 1793, François Fabre et Marignan.

Le dossier, fait par eux, fut envoyé au Directoire du département, en avril 1793, accompagné d'une énergique pétition.

L'agent national du District de Beaucaire désigna alors deux experts, Pierre l'aîné et Plantin, pour représenter le « cy-devant seigneur » émigré ; et la municipalité nomma Roman et Carrière, pour représenter la commune.

Les arbitres, après avoir tout bien examiné, rendirent une sentence, le 15 vendémiaire, an 3, qui adjugeait à la commune 40 salmées, à prendre dans l'île de Carlaméjean, sur l'emplacement même de l'ancien cannier.

D'après la loi du 16 août 1790, pour rendre exécutoires les arrêts de ce genre, il fallait le visa du tribunal du District. En conséquence, le Conseil se réunit, le 4 Brumaire, et fit déposer la sentence au greffe de Beaucaire.

Tout paraissait donc terminé et le résultat certain, lorsque survint la loi du 21 Prairial, an 4, qui ordonnait de surseoir à tout partage de biens communaux (1). L'île fut alors affermée comme propriété nationale. Toutefois, le 22 Brumaire, an 6, on demanda, par voie de pétition, que l'emplacement des 40 salmées fût déterminé par des experts ; « quant au « partage, disait-on, on le ferait, dès qu'une nouvelle loi le « permettrait. » La demande fut accordée et André Henri de Saze, désigné pour procéder à l'opération.

---

(1) L'idée du pays était de partager par tête les 40 s. du cannier, entre tous les habitants, comme on l'avait déjà fait pour le Mouton et les Agasses.

Le 11 Floréal, an 10, lorsque le marquis d'Aramon demanda à rentrer en possession des 72 salmées de Bertrand, le peuple irrité signa une pétition, dans laquelle il réclamait, à nouveau, les 40 salmées du cannier. Le Conseil déclara qu'il soutiendrait le peuple et un procès commença.

Il dura jusqu'en 1806, époque à laquelle un arrêt de la Cour de cassation annula la sentence arbitrale du 15 Vendémiaire, an 3, et renvoya les parties devant le tribunal de Nîmes (1) ; mais il est probale que la commune avait été mal défendue, puisque nous lisons dans l'acte qu'on la condamna « par défaut » et que, d'ailleurs, l'arrêt ne fut jamais « ni expédié, ni signifié » : le marquis était alors si puissant à la mairie.

Les choses en restèrent là jusqu'en 1840.

A cette époque, le marquis d'Aramon ayant été nommé maire, par arrêté préfectoral, Pierre Sauvan, dans un but politique peut-être, souleva, au sein du Conseil municipal, à propos des 40 s., un violent incident.

Il fit un long historique de l'affaire, et, après avoir montré toutes les chances que l'on avait d'arriver à une bonne solution, il proposa : 1º de choisir trois avocats, les plus éclairés du département, pour étudier la question ; 2º de leur adjoindre quatre membres du Conseil à même de les renseigner parfaitement ; 3º et de charger l'adjoint de faire signifier au marquis d'Aramon « tous actes conservatoires. »

La motion de P. Sauvan fut adoptée ; « mais, m'a dit M. Desmaret, les avocats ne furent pas d'avis de pour« suivre ».

Qui sait si un jour cette affaire ne reviendra pas sur l'eau ?

V. **72 salmées de Bertrand ou des Agasses.** — La communauté d'Aramon possédait-elle autrefois, en Bertrand,

---

(1) Notons que la Cour ne s'était pas prononcée sur le fond, naturellement, et qu'elle laissait intactes toutes les prétentions du pays sur les 40 s.

une grande propriété ? Le fait ne nous paraît pas discutable. Outre le texte déjà cité du compoix de 1517, où il est parlé : 1° « d'une terre semade en Bertrand » contenant « 5 sestayrades ; » 2° d'une pièce de « bosc » de 32 s. dans l'île de Bertrand : propriétés pour lesquelles la communauté paye en présage 16 l. (1), voici diverses preuves que nous avons pu recueillir ; nous les donnons sans commentaire, en laissant au lecteur le soin de les apprécier.

1° Dans le compoix de 1478, page 88, il est dit que Guillaume Geneste confronte du levant en Bertrand, « une terre de « la communauté » (2).

2° Le 31 juillet 1516, François Carseyrol va faucher du foin dans l'île des Agasses et le fait porter sur une barque au « portalet dict de Berlen. » Ce foin est saisi par ordre des syndics, Nicolas Bordaud et Etienne Bonnet. Ensuite, le garde des ports, Jacques de Jouquars, vient à Aramon et demande à Carseyrol, où et de quel droit il a pris ce foin. Carseyrol déclare l'avoir pris à l'île des Agasses « comme y ayant les mes- « mes droicts que les autres particuliers d'Aramon. » Sur cette déclaration on fait main levée (3).

3° Le 14 octobre 1523, Antoine Saussine et Guillaume Milon, syndics d'Aramon, afferment à Etienne et Guillaume Peyron (des étrangers sans doute) « les pasturages de leurs jumentz » à diverses conditions, celle-ci entre autres, que les particuliers « y puissent faire paistre leurs jumentz et que les syndics « puissent permettre à d'autres d'aller faire dépaistre dans « ladite isle » (4).

4° La transaction de 1547, après avoir déclaré que l'île de Bertrand appartiendra désormais au seigneur, ajoute : « et « parce que autrefois ont esté faicts déguisements de ladite

---

(1) *Arch. comm.*, cc. 2.

(2) *It.*, CC. 1.

(3) Antoine Danhet, not. — L. XVII.

(4) L. XVII.

« isle et a appartenu ou peut appartenir à plusieurs particuliers
« ou ayant droict et cause en icelle, particulièrement ou en
« commun, en requérant le seigneur d'Aramon ou ses officiers
« de leur faire déguisement, il sera tenu à ce faire et leur
« fera droict par les instruments et documents que par eux
« seront exhibés, soit en particulier soit en commun » (1).

5º Le 28 novembre 1556, les consuls et habitants d'Aramon affirment, devant Pierre de Rozel, conseiller au Présidial de Nîmes, qu'ils sont « possesseurs d'une terre dans le terroir « de Bertrand » (2).

6º Louis Chaud reconnaît, le 9 octobre 1557, avoir pour confronts en Bertrand « de bize la terre de la communauté et « de marin la terre de la Pomparesse appartenant au sei- « gneur » (3).

7º D'une reconnaissance faite par Jeanne Martin, le 12 octobre 1557, il ressort qu'au couchant de l'une de ses terres, en Bertrand, se trouve « la terre de la communauté » (4)

8º Le sénéchal de B. et N., dans sa sentence du 21 octobre 1612, dont il sera question plus loin, certifie « sur le veu de « plusieurs actes, » que la communauté possédait autrefois, dans le terroir de Bertrand, plus de 72 s. (5).

Ajoutons enfin une remarque que nous avons eu l'occasion de faire en parcourant les pièces de Démissols, c'est que le présage des de Luetz, en 1501, justifie que les seigneurs ne possédaient, en Bertrand, que « 22 cestérées. » Voilà, ce nous semble, une sorte de contre-épreuve, qui corrobore singulièrement la série des textes précités (6).

---

(1) *Arch. comm.*, DD. 3.

(2) Communiqué par Thér. de la Barbézière elle-même, le 15 fév. 1692.

(3) *Item*, le 9 juin 1693.

(4) Communiqué par Thér. de la Barbézière... *Item*.

(5) L. XI.

(6) *Item*.

Il paraît qu'à la fin du XVIe siècle, le Rhône, au cours de ses déplacements, emporta le vieux patrimoine de la communauté, et que, vers 1607, un gravier se forma à proximité, « confrontant, nous dit un acte, du levant, les Pères Chartreux « de Villeneuve ; du couchant et du marin, le Rhosne ; de « bize, Joseph de Malavalette ». Les trésoriers généraux de France, en la généralité de Montpellier, mirent aux enchères ce gravier, qui était de la contenance de 8 à 10 s. Malavalette qui avait eu là des fonds, invoqua ses droits au déguisement et obtint ainsi la préférence sur ses concurrents, moyennant un droit d'entrée de 30 l. et une albergue de 2 s. par an. Le bail fut signé le 18 mars 1608, et enregistré à Nîmes, le 30 mars 1610 (1).

Cette affaire était à peine réglée, que des contestations s'élevèrent entre Malavalette et la communauté. Celle-ci avait eu également des fonds en cet endroit et réclamait en conséquence une partie des 10 s. L'affaire s'arrangea à l'amiable le 9 juillet 1613. Malavalette céda volontairement à la communauté 2 s. « confrontant du levant, J. de Malavalette ; « du couchant, la communauté ; du vent droit, l'ancienne « terre de J. de Malavalette ; du marin, Accurce de Pos« quière » et la communauté prit à sa charge 6 l. pour droit d'entrée, et 4 s. par an, pour droit d'albergue (2).

A peu près à la même époque « le Rhône délaissa un autre « gravier, limier et bois dans le terroir de Bertrand, Ber« trannet autrement Pissevaque, confrontant du levant, un « gros tas de sable assis en l'île de Malataverne vis-à-vis le « mas de l'Hospital, du côté de Provence et du côté du « Languedoc, vis-à-vis de la Bastide du Moulon ; du couchant « la terre de Jean de Jossaud, conseiller au Sénéchal de « Nimes ; de vent droit, Jean Cadaix, les Bouscadiers, les « Astrucs, le plantier de François Bertrand et Antoine Gilles

---

(1) L. XVII.
(2) *Item.*

« fils ; de marin, le Rhône et l'île des Agasses ; de la conte-
« nance de 70 s. (1). »

Adjugé d'abord à quelques particuliers d'Aramon, ce crément fut bientôt revendiqué par la communauté qui démontra même, preuves en main (2), qu'elle avait eu autrefois, sur cet emplacement, des fonds bien plus considérables. Le Sénéchal en convint loyalement, et, considérant en cette circonstance la cession comme un déguisement, il enjoignit aux adjudicataires, par ordonnance du 29 octobre 1612, de remettre les 70 s. à la communauté, avec obligation pour celle-ci de les rembourser de leurs avances. Ces avances, en y comprenant les droits d'entrée, les droits d'albergue et quelques réparations faites à l'immeuble, se montaient à 460 l., que la communauté paya le 2 décembre de cette même année (3).

Jusqu'en 1645, la communauté jouit paisiblement (4) des 72 s. de Bertrand ; mais, à cette date, J. Sauvan s'en empara à la faveur de l'arrêt du 31 juillet 1638, qui cassait « toutes
« les inféodations faites par les officiers du domaine et
« ordonnait que le sieur Sauvan serait réintégré dans la
« possession desd. îles et créments, avec obligation d'en
« faire le déguisement aux habitans, sur titres bons et
« valables, comme on l'a fait de tout temps. » Et il le put d'autant mieux, qu'il avait réussi à mettre alors, à la tête du pays, des consuls complaisants (5).

La spoliation, cependant n'alla pas sans murmures. Pour

---

(1) L. XVII.

(2) *Item*.

(3) *Item*.

(4) Il est raconté cependant que Denis du Jardin et Enémond Ridelet, soutenus par H. de Gondin, contestèrent à la communauté la propriété de 8 s. en Bertrand. Mais, en 1628, le marquis de Grimault abandonna les poursuites engagées par son prédécesseur et reconnut les droits de la communauté. (L. XVII).

(5) L. XVII.

les apaiser, J. Sauvan se déclara prêt à donner le déguisement, tant à la communauté qu'aux particuliers ; il chargea même le second consul, Jean Plantier, une créature à lui, de l'offrir officiellement au Conseil ; mais ce n'était là qu'une ruse pour endormir ses victimes et le déguisement ne vint pas (1).

Fatigués d'attendre, les habitants s'adressèrent aux Requêtes de l'Hôtel, et en obtinrent trois arrêts : 5 Mars 1648, 8 juillet 1650, 13 juillet 1654, qui condamnaient J. Sauvan à donner le déguisement, conformément à la sentence du 31 juillet 1638 (2).

J. Sauvan ne s'y refusa pas, mais il déclara qu'avant de procéder au déguisement « il estait préalable que la commu-« nauté d'Aramon fit régler ses limites avec les autres « communautés voisines. » Les Consuls comprirent et protestèrent. Un nouvel arrêt qu'ils obtinrent, le 23 novembre 1656, débouta J. Sauvan « de ceste prétention injuste » et ordonna qu'il serait procédé au déguisement par les soins du sieur de la Rouvière, juge royal de Nimes (3).

Le sieur de la Rouvière se mit donc à l'œuvre ; mais sur ces entrefaites, J. Sauvan étant mort, sa veuve, Mad. de Fleurigny, attaqua la procédure, se basant sur quelques irrégularités de détail (4).

La procédure fut cassée par un arrêt du 30 décembre 1660, qui enjoignit néanmoins d'avoir à faire le déguisement, dans l'espace de deux mois, ainsi que le voulaient les précédents arrêts, ajoutant qu'à cet effet un commissaire choisi par les parties, où, à défaut d'entente, nommé d'office, examinerait à nouveau les titres, interrogerait les intéressés, se rendrait sur les lieux, objets du litige, accompagné d'experts, ferait un procès-verbal du tout « avec figure et

---

(1) L. XVII.
(2) *Item.*
(3) *Item.*
(4) *Item.*

« description si besoin est de l'estat des lieux » et que « à
« faute par lad. dame de faire les diligences pour l'instruc-
« tion entière et exécution dud. arrest, dans le temps de
« deux mois, et icelluy passé, il est permis aux habitans
« de poursuivre l'exécution et en avancer les frais, sauf à
« les répéter sur lad. dame d'Aramon tous dépens réser-
« vés » (1).

En exécution de cet arrêt, les parties convinrent de la personne de François de Rochemaure, lieutenant général au Présidial de Nimes : ce qui n'empêcha pas la dame d'Aramon de travailler en dessous, pour entraver la procédure. Il fallut toute l'énergie des intéressés, celle de Jean-Louis de Posquière en particulier, pour l'obliger à marcher ; deux arrêts furent même nécessaires, dont l'un est du 19 janvier 1661, et l'autre du 7 septembre même année (2).

Les titres furent alors remis au sieur de Rochemaure. Il est vrai que Chastang, son greffier, les ayant « baillé en communication » à Dujot, procureur de Mad. de Fleurigny, celui-ci en retint quatre par devers lui : ceux de la communauté, de Charles Martin, d'Antoine Damour et des cordeliers de Beaucaire : une vraie canaillerie. Plus tard, le « livre des receus de Chastang » que l'on put se procurer, permit de constater la mauvaise foi et le vol (3).

Cependant, J.-L. de Posquière est déguisé à l'Acier, dans les limites mêmes fixées en 1286 par l'Evêque de Cavaillon. Il demande aussitôt à l'être en Bertrand, et, avec lui, tous les autres intéressés. Fureur de la dame d'Aramon, qui, sentant que tout va lui échapper, relève appel de la procédure du sieur de Rochemaure. Mais après de grandes et longues poursuites, le 6 février 1665, paraît un arrêt qui la déboute de son appel et réitère l'obligation pour elle de parachever le

---

(1) L. XVII.

(2) *Item.*

(3) *Item.*

déguisement, dans l'espace de deux mois, toujours par-devant le sieur de Rochemaure (1).

Pour empêcher l'exécution de cet arrêt, elle élève alors un conflit de juridiction « soubs le nom de René Javeau qui luy « prestant son ministère avoit surpris un bail judiciaire « d'authorité des requestes du Palais. » Nouvel arrêt du Conseil du 22 novembre 1665, qui ordonne que l'affaire ira aux Requêtes de l'Hôtel. Elle y fut, en effet, et prit vingt audiences. Enfin un arrêt du 30 mai 1666 débouta une fois de plus de ses prétentions Mad. de Fleurigny.

Mais celle-ci n'était pas à bout de chicanes. A l'occasion de la saisie par le fisc de la baronnie d'Aramon, elle éleva tout aussitôt un nouveau conflit de juridiction entre les Requêtes de l'Hôtel et la Chambre de justice. L'instance renvoyée devant cette dernière donna lieu à un autre arrêt, en date du 8 octobre 1667, qui confirma celui du 6 février 1665 et en ordonna l'exécution immédiate. D'ailleurs, quelques jours après, c'est-à-dire le 18 octobre, un second arrêt de la Chambre de justice, rendu à la demande des consuls en particulier, ordonna que « l'adjudication par décret qui sera faite de la « terre d'Aramon ne pourra préjudicier aux droits de dégui- « sement de la Communauté. » (2).

Elle allait bien, comme on le voit, Mad. de Fleurigny ; avec Thér. de la Barbézière, ce fut pire encore ; car, celle-ci, à la mauvaise foi ajoutait la violence. La lutte reprit donc de plus belle (3). Il y eut arrêt sur arrêt ; signalons-en un seul, celui du 3 février 1680 « qui ordonne que les précédents seront « exécutés par le sieur de Rochemaure de Grille. » Mais, ce fut en vain. « Toutes les poursuites des habitants, nous dit un « document de l'époque, ont toujours esté inutiles jusqu'à « présent et on a trouvé le secret de les éluder par des

---

(1) L. XVII.
(2) *Item.*

« chicanes et par des vaines promesses de leur faire raison à
« l'amiable, et cependant on a joui de leurs biens. » (1).

A partir de 1729, il n'est plus question des 72 s., dans les délibérations communales ; mais il ne faudrait pas croire que ce silence fût l'oubli. On attendait, ce semble, une occasion favorable : la Révolution la fournit.

Une loi parut en effet, le 28 août 1792, qui rendait aux communes la jouissance des propriétés usurpées autrefois par les seigneurs. Tout aussitôt une pétition s'organise pour demander, entre autres choses, les 72 s. de Bertrand. Le marquis est d'abord cité « en désistat » devant le juge de paix du canton, puis attaqué devant le tribunal de Beaucaire.

Mais voilà que le 15 février 1793, le maire annonce que l'on ne peut donner suite à ce procès « vu que par arrêté du
« directoire du département du Gard, en date du 4 février,
« les biens du sieur Sauvan ont été séquestrés pour cause
« d'émigration. »

Ce contre-temps ne décourage pas le peuple, car « c'est le
« vœu général des habitants d'Aramon d'obtenir le partage
« des 72 s. » On décide de s'adresser au Département et d'envoyer à Nîmes M. François Fabre pour faire les démarches voulues.

Les choses allèrent vite, puisque le 30 mars 1793, un arrêté du Département, basé sur les pièces fournies par la commune, déclara celle-ci « réintégrée dans les 72 s. dites terre de la
« ville. » On triomphait enfin.

Il s'agissait maintenant de se partager l'immeuble. On se réunit donc le 23 septembre 1793, et, conformément à la loi du 10 juin 1793, qui règle le mode de partage des biens communaux, on désigna des experts et des indicateurs, avec ordre de terminer au plus vite le travail, « vu que, dit

---

(1) Nous racontons cette lutte aux chap. XXIV et XXV; inutile d'en parler ici.

« l'acte, la saison est la plus propre pour procéder à cette
« opération. » Il paraît que l'on donna par tête deux ares
onze centiares.

VI. **Carrières**. — Le Compoix de 1650 donnant les
confronts d'une terre située au Terme dit : « d'aure la perière
(carrière) de la ville. » Dans les documents postérieurs, nous
n'avons plus rien trouvé, mais nous savons qu'aujourd'hui
encore, la commune possède au Terme, une carrière fort
délaissée d'ailleurs, la même sans doute, dont il est fait
mention plus haut.

VII. **Puits**. — Il y en avait cinq avant la Révolution, appartenant à la Communauté.

1º *Le Puits du Bourg-Mathéron*. — Il se trouve dans la
rue de ce nom, sur une petite place à côté de la porte du
sieur Joubert. Il doit être très ancien, puisqu'il est dit qu'en
1675, il tombait en ruine et qu'il fut alors réparé par Antoine
Pujet, maçon (1).

2º *Le puits de l'eau fraîche*. — C'est le puits du faubourg
Saint-Jean. Il en est souvent fait mention dans le compoix
de 1478 (2). De tous nos puits, c'est celui qui donne la
meilleure eau.

3º *Le puits de la ville* ou *de la Sonaille*, car nous croyons
que c'est le même. — Nous lisons qu'en 1585, les consuls
achetèrent une certaine place « le long de la grand'rue » et
que sur cet emplacement « a esté faict et construict ung
« nouveau puis à servir au commung. » (3). Voilà, ce semble,
l'origine du puits de la ville. Quoi qu'il en soit, d'ailleurs, il

---

(1) L. IV.
(2) *Arch. comm.*, CC. 1.
(3) *It.*, DD. 7.

existait sûrement en 1602, puisque, à cette époque, la maison de Jacques Pansier, qui était située dans l'enclos d'Aramon près la porte d'Avignon, le long de la grand'rue avait pour confront au couchant « le puys de la Communauté. » (1).

5° *Le puits des Jourdans.* — Il a pris le nom du quartier où il se trouve, au faubourg Saint-Martin, en face la maison de M. Séveyrac, imprimeur. Le compoix de 1560 le mentionne plusieurs fois (2). Il avait une tour qui fut réparée en 1718 (3).

5° *Le puits du Planet.* — Nous voyons que la Communauté acheta, en 1610, aux de Laudun un emplacement situé devant la porte de Montfrin « pour à icelle fere un puis. » (4). De plus, les comptes de Guillaume Chateauneuf nous apprennent que ce puits fut construit en 1644 (5). On l'appela tout un temps le Puits-Neuf. C'était, au dire de nos vieux écrits, « le plus grand et celui où l'on puisait le plus. » (6). Il est, d'ailleurs, resté le puits principal d'Aramon.

Ces cinq puits existent encore, et depuis la Révolution, on en a construit plusieurs autres.

Aujourd'hui, ils sont presque tous munis de pompes.

VIII. **Boutiques de la Boucherie.** — Nous lisons dans Jean Pitot, notaire, que le 27 août 1595, les consuls Joseph de Malavalette et Jacques Villard autorisèrent, au nom de la communauté, le nommé Pierre Richard à construire une « botique de maréchal à la porte de Montfrin, jonchant par « dehors la murailhe du revelin de la porte d'entrée dicte de

---

(1) *Arch. comm.*, CC. 4.

(2) *It.*, CC. 3.

(3) *It.*, DD. 2.

(4) *It.*, DD. 7.

(5) *Arch. comm.*, CC. 45.

(6) *It.*, BB. 28.

« Montfrin, confrontant du levant le fossé, du cochant la rue
« publique, du marin led. revelin. » Superficie : 3 cannes
de long et 2 cannes et demie de large.

P. Richard devait en jouir, lui ou les siens, pendant
vingt ans, à la condition de « servir tous les habitans d'Ara-
« mon, tant povres que riches, comme mareschal, sans
« pouvoir quitté le pays souls aucun prétexte. » Après ce laps
de temps, la maison reviendrait à la Communauté.

C'est cet atelier de maréchal qui, agrandi et modifié, devint
plus tard la boucherie d'Aramon. Il est facile de s'en convaincre
par l'examen des confronts. Voici ce que nous lisons dans le
dénombrement de 1642 : « Plus possède (la communauté)
« deux boutiques scituées au Bourg-Inférieur, servant de
« tabliers pour les bancs de la boucherie, contenant 18 cannes
« un pan, confrontant du levant le fossé, de couchant et
« aure la rue, de midy le revelin de la porte de Montfrin. »(1).

En 1721, il est parlé d'une écorcherie « joignant de bize
« les deux boutiques, près la porte de Montfrin (2). Mais il
paraît que les « deux boutiques et écorchoir » n'étaient au
fond qu'un seul et même bâtiment, puisque nous lisons un
peu plus loin « les deux boutiques qui servent de boucherie
« close et écorchoir. » (3).

Quoi qu'il en soit, il résulte clairement de ces textes, que
la boucherie se trouvait alors sur l'emplacement de cette
partie du Planet, qui fait face à la petite maison de M. Louis
Laffont, dit le Rouge. Elle y resta jusqu'en 1765. A cette
époque, le bâtiment menaçant ruine, on décida d'en construire un nouveau « sur la place du Marché, adossé à la
« maison Jouve (Louis), du côté de la bize. » Ce fut Jean-
Pierre Meynier, qui en fit les plan et devis.

La boucherie est devenue notre halle moderne et porte

---

(1) L. XI.

(2) *Arch. comm.*, BB. 15.

(3) *It.*, BB. 26.

encore cette inscription : « L'année 1766 du consulat de « Pierre Bénézet Choisity, bourgeois, et Antoine Granier, « mesnager. » (1).

IX. **Four à chaux**. — Enfin, nous remarquons, au nombre des propriétés communales, un four à chaux, situé à la Vernède, près du chemin d'Avignon qui fut affermé par les consuls, le 15 janvier 1525, à Magis, Nigri et Guillemet (2). Il n'existe plus et depuis longtemps sans doute.

La communauté en eut d'ailleurs d'autres dans la suite.

---

(1) *Arch. comm.*, BB. 26.
(2) *It.* DD. 3.

# CHAPITRE XI

## MONUMENTS RELIGIEUX

I. **Eglise paroissiale**. — Le 18 Novembre 1851, un maçon du pays, Lucien Simon, recevait l'ordre de pratiquer dans le fond de l'abside, une armoire, pour les livres des chantres. Au premier coup de marteau, le mur ayant sonné creux, L. Simon avertit l'abbé Imbert, curé de la paroisse, qui lui dit : « Jetez bas ce mur ! » Le maçon obéit, et, quelques instants après, on voyait apparaître une arcature d'une beauté surprenante, malheureusement mutilée, que des gens sans goût avaient autrefois recouverte d'un mur de placage. L'ensemble de l'ornementation dénotait le xii$^e$ siècle et appartenait au roman le plus pur.

Le malheur voulut, d'ailleurs, que l'on suppléât aux pièces brisées : bases, fûts ou chapiteaux, par des moulures en plâtre, qui, pour être l'œuvre d'un habile ouvrier, un sieur Moreau, de Montfrin, et avoir été façonnées sur le modèle de notre magnifique arc triomphal, resté intact, n'en sont pas moins une faute. Il aurait fallu là une restauration soignée, d'après les plans et sous la direction d'un Révoil : nous le regretterons toujours (1).

Nous venons de le dire : l'église d'Aramon, à en juger par son abside, est du xii$^e$ siècle. Mais ceci n'est pas le seul caractère attestant cette époque. Nous avons encore son orientation au levant, l'axe de son abside incliné à droite,

---

(1) Livre de compte de Lucien Simon. — Souvenirs de son fils, Honoré Simon, qui fut présent à la découverte.

son transept relativement prolongé et terminé par de larges fenêtres romanes, les corbeaux émergeant des voussures de ses arcs-doubleaux, aux chapelles de la Vierge et de saint Joseph, comme aussi sur le grand arc de la nef : corbeaux que l'on retrouve également sous la toiture extérieure de l'abside, toute faite de larges dalles, comme celle de la grand'nef, enfin la maçonnerie elle-même de l'édifice ; en effet, lorsqu'on examine attentivement le mur extérieur de l'église, dans la ruelle de la *Clastre*, on remarque le long de la nef, à la partie qui correspond aux piliers intérieurs — car les chapelles ont été souvent remaniées depuis — l'appareil Philippe-le-Bel : appareil très authentique au dire des gens experts : ce qui nous rejette déjà à la fin du xiiie siècle, ou au commencement du xive. Ce n'est pas tout : avec un peu d'attention on s'aperçoit bien vite que cet appareil n'a été employé lui-même qu'au cours d'une réparation nécessitée par quelque cataclysme, œuvre des hommes ou du temps, puisque les assises inférieures de la nef, ainsi que celles du sanctuaire se trouvent en moellons d'un genre tout différent, véritable appareil moyen, dont la soudure avec la maçonnerie d'à côté est frappante. Et c'est ainsi que l'on est forcément amené à conclure que l'édifice, ou tout au moins le chœur, est du xiie siècle.

Aramon était un prieuré-cure qui rapportait à son titulaire, en 1533 : 650 l. (1) — en 1558 : 715 l., sans compter quelques petites réserves (2) — en 1679 : 1500 l. en argent, plus : douze salmées de blé ; deux cents quintaux de bois d'olivier ou autres ; neuf cannes d'huile, avec obligation au fermier de payer les deniers épiscopaux et autres, les tailles et charges ordinaires, l'entretien de deux prêtres et d'un clerc, l'huile pour la lampe du sanctuaire, le cierge pascal, les honoraires des prédicateurs de l'Avent et du Carême, soit 150 l. et douze

---

(1) Nic. Bonnefoy, not.
(2) *Item*.

livres pour l'entretien du bâtiment (1) — enfin, en 1714 : 1850 l., le fermier payant les tailles, et le Prieur les charges ordinaires et extraordinaires, ou bien 2200 l., mais alors le Prieur prenant tout à sa charge (2). Et ce chiffre paraît s'être maintenu jusqu'à la Révolution.

On obtenait ce produit en prélevant anciennement (3) le vingtain « du grain en lhière, du vin au tirer du tinal, de « lhuile au tirer du moulin », et, plus récemment le quatorzième, « le treize restant aux propriétaires : » c'est ce qui constituait la dîme.

Il y avait un usage se rattachant à la dîme, qui mérite d'être signalé : c'est celui des repas.

Durant la saison des moulins, le Prieur avait coutume de payer ou de faire payer par son fermier, un repas tous les dimanches « aux mouliniers et cabassiers des moulins d'huile « d'Aramon (5). » Il en payait également deux à tous les habitants soumis à la dîme, dont l'un le dimanche d'après Pâques (6), et l'autre, à la fête de Noël (7) ; ces deux derniers se donnaient dans la clastre.

Ces divers repas, dus uniquement à la munificence des Prieurs et où tout se passait fort bien dans le principe, ne tardèrent pas à dégénérer en abus. Nous en avons la preuve dans une délibération du 21 décembre 1597, où nous lisons : « ... pour obvier auls abus et désordres qui annuellement se « commettent au repas etc. (8). » Aussi s'efforça-t-on dans la

---

(1) Guil. Faulquet, not.

(2) Marc-Ant. Reboulet, not.

(3) En 1580 : *Arch. comm.* BB. 9. — *Item* en 1523 : Nic. Bonnefoy, not.

(4) En 1710, M. A. Reb.. not.

(5) Ant. Saladin, not., 1586.

(6) 1580. *Arch. comm.* BB. 9.

(7) 1597. *It.*, BB. 9.

(8) *Arch. comm.*, BB. 9.

classe dirigeante, parmi les hommes sages du pays, de les supprimer. En 1580, nous voyons les consuls qui proposent au Prieur de renoncer au repas de Pâques, à la condition qu'il abandonnera lui-même ses droits au vingtain sur les agneaux (1) : ce qui fut probablement accepté, car il n'est plus question de ce repas, dans les écrits du temps. En 1597, c'est Etienne Julien qui, à son tour, offre de faire construire une horloge, pourvu qu'on le décharge pour un certain temps du repas de Noël. Et l'horloge fut faite (2). Quant aux repas des mouliniers, à la suite de certains abus, les Prieurs leur substituèrent une gratification de cinq sols par tête et par dîner : ce qui faisait, pour la saison entière, environ quarante livres ; puis, vers 1690, ils supprimèrent purement et simplement cet usage, au grand mécontentement de la population, qui décida de protester, mais le fit en vain, une ordonnance du roi ayant alors proscrit ces sortes de gratifications (3).

Les Archidiacres d'Uzès étaient de droit Prieurs d'Aramon (4). (Note E). Mais eu égard sans doute à leurs fonctions qui les attachaient plus spécialement à la personne de l'Evêque, ces Prieurs, si nous exceptons Etienne Julien et Gédéon de Faïn de Pérault, n'habitèrent guère Aramon, d'une façon régulière et suivie. Ils se contentaient d'y entretenir des prêtres gagés, pour y faire le service et les y suppléer : deux généralement, un curé qui prit aussi le titre d'official jusqu'en 1615, et un secondaire (5). Plus tard, vers 1630, il y eut « deux curés et prestres (6) » puis trois prêtres (7), par

---

(1) *Arch. comm.*, BB. 9.

(2) *Item*.

(3) L. IV.

(4) Ant. Bonnefoy, not., 1556.

(5) *Arch. comm.*, GG. 2. — Nic. Bonnefoy, not., 1520; Pierre Bonnefoy, not., 1602; Jean Pitot, not., 1606.

(6) Antoine Bonnefoy, not., 1550; J. Pitot, not., 1595.

(7) *Arch. comm.*, GG. 2, 1630. — Guil. Faulquet, not,, 1679.

ordonnance de l'Evêque d'Uzès (1), lesquels prenaient indistinctement le titre de curé et étaient tenus à la résidence. Cela dura ainsi jusqu'à la création de la vicairie perpétuelle, érigée à Aramon, vers 1687, avec un curé et un secondaire d'abord, puis deux secondaires en 1774, par ordonnance de l'Evêque, et sur la demande des consuls et de la communauté (2).

Ajoutons, d'ailleurs, qu'en dehors de ce clergé — clergé paroissial proprement dit — il y avait encore (3) plusieurs autres prêtres. Nous en comptons trois en 1543 ; quatre et même plus en 1557 (4), etc. Généralement originaires du pays, ces messieurs prenaient part, dans une certaine mesure, au ministère paroissial, à titre de chapelains ou de prêtres retirés, et percevaient une portion du casuel, avec la permission des curés, auxquels ils étaient tenus de céder le pas en tout et partout (5).

Il est curieux de voir, dans nos vieilles archives, comment on entretenait ce clergé. En 1558 (6), nous lisons que Pierre Féline, fermier du prieuré, s'engage à donner à Raymond Favier et à Jean Mille « pour luy servir de curé et secondaire la « somme de 41 l. 10 s. tn. » à raison « de onze l. dix-sept s. et « six d. par trimestre » ; encore faudra-t-il que curé et secon-

---

(1) 2 déc. 1659. L. XII. Notons cependant que, si le troisième prêtre remplissait certains offices à la paroisse, il était toutefois spécialement attaché au couvent des Ursulines, où il disait la messe fêtes et dimanches, moyennant salaire, (*Arch. comm.* BB. 27. — Guil. Faulquet, not., 1673), et cela en dépit de l'ordonnance de l'évêque, qui lui interdisait tout autre service « ny celuy des pénitens, ny celuy des religieuses ». (L. XII).

(2) *Arch. comm.*, BB. 27.

(3) Ant. Orionis, not.

(4) Nic. Bonnefoy, not.

(5) Ord. de l'évêque d'Uzès, 1659. (L. XII).

(6) Ant. Bonnefoy, not.

daire payent le clerc (1) et fournissent le luminaire. Il est vrai que le fermier leur abandonne toutes les offrandes, qui se font habituellement à l'église (2). En 1587, les choses ne doivent pas se passer autrement : le Prieur d'Aramon rend quitte Raymond Mille, son fermier « de la nourriture des prestres, clerc « et prêcheur durant l'Avent dernier » (3). En 1679, Gédéon de Pérault fait donner à ses « deux prestres et curés » par son fermier, quinze livres par mois, sans compter une sorte de gratification de dix l., à la fin de l'année et dix l. par mois pour les « gaiges » du clerc, à la charge par eux de fournir cierges, chandelles, pain et vin du sacrifice (4).

On le voit, ce n'était pas lourd, mais il est juste d'ajouter que toutes les offrandes leur revenaient (5) ; qu'ils étaient recteurs de diverses chapelles : fonctions auxquelles étaient attachés des émoluments ; qu'ils avaient un tant sur le produit des services funèbres, offices, messes (6), bénédictions (7) : vé-

---

(1) Il semble résulter de plusieurs textes que ce clerc n'était au fond qu'une sorte de séminariste. Ainsi François Calvin se qualifie en 1544, de « clerc servent » ; puis, en 1549, de « prestre » (Ant. Orionis, not.).

(2) Et probablement le produit du bassin de l'œuvre, qui avait pour but de faire face, comme aujourd'hui aux dépenses du culte. *Arch. comm.* BB. 10. *Item* celui des troncs. *Arch. comm.* BB. 10.

(3) Ant. Saladin, not.

(4) Guil. Faulquet, not.

(5) *It.*, 1673.

(6) Tous les jours, à l'exception des dimanches et fêtes, il y avait une grand'messe pour les âmes du Purgatoire, dont l'honoraire était fourni, soit par le bassin des âmes, soit par diverses fondations, celle de Firmin Guiraud en tête (L. XII), et tous les lundis, on donnait « une absolve au cimetière de l'église » à laquelle étaient conviés les prêtres du voisinage, qui recevaient une « aumône » (*Item*). Le bassin des âmes du Purgatoire, l'un des quatre dont les porteurs étaient élus chaque année, le 3 février, avait le pas sur les autres, même sur celui de l'œuvre (*Arch. comm.* BB. 10).

(7) Notons la bénédiction du Saint-Sacrement, fondée par Jean Choisity, le 16 mai 1661. Elle avait lieu tous les jeudis, à 4 h. du soir,

ritable casuel probablement plus rémunérateur que leurs appointements fixes. Enfin, curés et secondaires avaient leur logement (1). Les secondaires habitaient une petite maison « destinée de tout temps à cet usage ». Cette maison, adossée au mur extérieur de l'abside, se composait, en 1772, d'une cuisine, d'une chambre et d'une cave (2). On y arrivait par un escalier qui se trouvait dans la cour de la clastre d'abord, et qui, plus tard, vers 1753, fut transféré, à la demande du prieur, Pierre Rafin, près de la petite porte du Chœur (3) : c'est là qu'il se trouve encore.

Ce logement était misérable. Aussi, vers 1772, le vicaire Ricard refusa-t-il de l'habiter « au contre de ses prédécesseurs ». Il l'afferma aux Pénitents gris, qui lui en payèrent la rente. Lui-même logea en ville (4).

Cette maison a fini par revenir au sacristain, qui l'occupe toujours.

Quant aux curés, ils avaient leur logement dans la clastre, ou, du moins, dans une de ses dépendances. Il est dit en effet de l'abbé Joseph Gaucherand, premier vicaire perpétuel d'Aramon, nommé en juillet 1687, sur la présentation de l'archidiacre G. I. Huart « qu'il habitait avec son frère et non la « maison claustrale appartenant à cette communauté quy a « esté de tout temps occupée par les curés ses prédéces- « seurs » (5). Après Gaucherand qui exerça le saint ministère

---

et était annoncée par un carillon. J. Choisity avait, dans ce but, constitué une rente annuelle de dix livres. (Guil. Faulquet).

(1) *Arch. comm.*, BB. 16.

(2) *It.*, BB. 27.

(3) *It.*, BB. 22.

(4) *Arch. comm.*, BB. 27. — Lorsqu'en 1774, l'évêque d'Uzès eut nommé un deuxième secondaire, entièrement attaché à la paroisse, on lui vota trente-six livres d'indemnité de logement. (*Arch. comm.*, BB. 27).

(5) *Arch. comm.*, BB. 14.

trente-cinq ans et se démit de ses fonctions pour cause d'infirmités, le 3 décembre 1723 (1), arriva, en mars 1724 (2), Joseph-François Domergue qui choisit pour demeure la maison Guiraud, place St-Jean — aujourd'hui maison Desmaret — La communauté se chargea de payer le loyer : 45 l. (3). Et c'est là sans doute que l'abbé J.-F. Domergue composa son fameux noël : *Dé matin aï rescountra lou trin...* Note F. Puis ce fut l'Abbé Jacques Méro, du diocèse de Grasse (4), qui après son installation en date du 25 mai 1728 (5) habita une maison Cavène, au loyer de quarante-cinq livres (6), jusqu'à sa mort (7). Laugery qui lui fut donné pour successeur, le 2 novembre 1739 (8), accepta ce même logement et l'occupa, à raison de cinquante francs de loyer, jusqu'au jour où (novembre 1743) il « fut obligé de sortir du Diocèse par lettre de « cachet ». Nous ignorons pourquoi. La paroisse n'eut alors « et jusqu'à sa mort » qui dut arriver en 1758 (9), qu'un pro-curé (10), l'abbé Joseph Vincent. En effet, le 10 avril 1758, pour la première fois, l'abbé Vincent signe : Curé perpétuel (11).

Originaire d'Aramon, celui-ci habita une maison « qu'il

---

(1) M. A. Reboulet, not. — L'abbé Gaucherand, originaire d'Aramon, mourut le 23 septembre 1729, (*Arch. comm.*, CC. 13) à l'âge de 87 ans. Il dut être enterré dans la chapelle de N.-D. de l'Annonciation, dont il était chapelain à sa mort (*Item*).

(2) *Arch. comm.*, BB. 12.

(3) *It.*, BB. 15.

(4) M. A. Reboulet, not.

(5) *Item*.

(6) *Arch. comm.*, BB. 18.

(7) Il mourut le 22 octobre 1739, à l'âge de cinquante-deux ans, et fut enterré dans le chœur. (*Arch. comm.*, CC. 13).

(8) *Arch. comm.*, GG. 13.

(9) *It.*, BB. 25.

(10) *It.*, GG. 13.

(11) *It.*, GG. 14.

« avait en propre (1) »; mais demanda cinquante francs d'indemnité de loyer par an : ce qui lui fut accordé, de 1758 à 1761 (2).

Au commencement de l'année 1762, l'abbé Vincent s'étant démis de ses fonctions, fut remplacé par l'abbé Bigourdan. On maintint, en faveur de ce dernier, l'indemnité ; on la porta même au chiffre de soixante-douze francs (3).

Enfin, après le départ de l'abbé Bigourdan, nommé, en 1768, prieur de Sauzet, l'abbé Vincent reparut comme procuré d'abord, puis comme curé perpétuel et continua à toucher l'indemnité ; car il logeait toujours dans sa maison (4).

Les choses en étaient là en 1782, lorsque le 1er décembre de cette année, Jean-Louis Sauvan, premier consul, après avoir constaté, en plein Conseil, qu'il n'y avait pas de maison presbytérale à Aramon, annonça que M$^{me}$ Vigile de Forton, nièce et héritière de Charles-Antoine Martin, offrait de vendre celle qu'elle tenait de ce dernier, à de bonnes conditions. Le Conseil saisit cette occasion et, séance tenante, autorisa Sauvan à négocier l'affaire. Celui-ci se mit immédiatement à l'œuvre et fit si bien que, le 22 janvier suivant, la maison était achetée : elle coûtait 5,200 fr. (5).

Il paraît qu'en se rendant acquéreur de l'immeuble, le Conseil avait deux buts : loger le curé et ses vicaires et se procurer une salle pour les délibérations communales, l'ancien Hôtel-de-Ville se trouvant alors tout délabré. Mais, quand on en vint à la distribution des pièces, il fut reconnu qu'il y aurait trop à faire pour rendre le logement des vicaires

---

(1) *Arch. comm.* BB. 30.

(2) *It.*, BB. 25.

(3) *It.*, BB. 25. — GG. 14.

(4) *It.*, BB. 30. — GG. 14. — La maison de l'abbé Vincent s'élevait sur une partie de l'emplacement de la maison ou café de M. Léonce Brun, au couchant de l'ancien hôtel des de Jossaud. (Souv. de M. Desmaret.)

(5) *It.*, BB. 30.

habitable et, plutôt que de se jeter dans des réparations coûteuses, on décida de suivre, à l'égard de ces derniers, l'ancien usage : on leur donna des indemnités de logement. Seul, le curé fut installé dans l'hôtel des Forton (1).

C'est cette maison qui sert encore de presbytère : édifice humide, sombre, tout vermoulu, n'ayant un peu de gaîté que du côté du Cours et qui est resté, en dépit du progrès et des améliorations générales, ce qu'il était à la fin du xviii<sup>e</sup> siècle.

C'est un des plus tristes presbytères du Gard.

Nous avons déjà parlé de la clastre, habitation des Prieurs. Elle existe encore ; c'est aujourd'hui la maison Pansier : vieil édifice qui doit remonter à l'établissement même du prieuré à Aramon, et qui, dans tous les cas, existait déjà en 1478, comme en fait foi notre compoix (2).

La clastre devait être peu de chose, alors que les prieurs ne résidaient pas à Aramon, mais elle s'embellit singulièrement sous Et. Julien et G. de Pérault.

En effet, nous voyons qu'en 1587 le prieur Julien fait exécuter divers travaux par Jean Lambert et son fils, charpentiers d'Avignon (3). Il y en eut d'autres d'ailleurs, nous en sommes sûrs, bien que les écrits du temps n'en parlent pas. De ce nombre furent les deux portails qui se trouvent au couloir longeant l'église. Sur le premier, celui qui s'ouvre sur la rue, nous lisons : « *Mihi adhœrere bonum est et* » avec la date 1605 ; et sur le second, plus monumental, qui donne accès dans la cour intérieure : « *Ponere in Domino Deo spem meam.* Ps 71. — 1599 » (4). Le premier portait

---

(1) *Arch. comm.*, BB. 30.

(2) *It.*, CC. I.

(3) Ant. Bonnefoy, not.

(4) Voici la traduction : « Il est bon pour moi de rester uni au Seigneur, et — De placer en lui ma confiance. *Psaume 71.* — Année 1599 ».

deux écussons et le second quatre, que la Révolution a mutilés.

Ce fut surtout G. de Pérault qui donna à l'édifice un aspect princier. Au midi de l'habitation et au-dessus de la Saunerie, il y avait une grande écurie. En 1648, le nouveau Prieur ordonna à Claude Meynier, maçon de Rochefort, de l'abattre puis d'y faire un petit jardin (six cannes de long, quatre et demie de large), après avoir préalablement voûté la Saunerie en pierres de taille. Il devait encore construire une « balustre » du côté du Rhône, avec des corbeaux en saillie et ouvrir, sur le jardin, diverses portes et fenêtres pour embellir le cabinet du prieur, situé au couchant, ainsi que plusieurs autres pièces; coût 630 livres (1).

L'année suivante, les réparations continuèrent, confiées toujours au même maçon. Elles portèrent cette fois sur divers embellissements et améliorations, dont nous trouvons le détail tout au long dans les minutes de G. Faulquet (2), et qui achevèrent de donner au bâtiment l'aspect que nous lui connaissons aujourd'hui.

Il faut croire que, lors de la création de la vicairie perpétuelle, les Prieurs, n'ayant plus aussi directement charge d'âmes, délaissèrent la clastre. Le fait est que nous remarquons que, vers 1693, la communauté avait « déchargé de la maison claustrale » le prieur G.-J. Huart (3). Nous voyons de plus que, vers cette époque, « on tenait ordinairement le « conseil de la communauté dans la maison claustrale, salle « basse d'iceluy » (4). Cela dut se prolonger même jusqu'en 1762, où, par le crédit de Charles-Antoine Martin, la maison fut cédée au prieur Rafin, qui y fit des réparations considé-

---

(1) Guil. Faulquet, not.
(2) Item 1649.
(3) Arch. comm., BB. 12.
(4) L. XIII.

rables (1). Enfin, le dernier prieur, Chauvin, en jouissait depuis un an à peine, lorsque parut le décret de l'Assemblée Nationale, qui ordonnait la vente des biens domaniaux et ecclésiastiques, jusqu'à concurrence de quatre cents millions. La clastre fut comprise dans cette mesure (2). Au Conseil politique, on réclama énergiquement, sous prétexte que cette maison appartenait à la communauté et qu'on en avait besoin pour loger le clergé (3). On ne tint pas compte de la réclamation. Le 3 vendémiaire, an 3, la clastre fut mise aux enchères et resta après six feux, à Raymond Pansier, pour la somme de 6,600 fr. (4).

Déjà le 18 Déc. 1791 « une cour dépendant du cy-devant « prieur d'Aramon et séparée de la maison claustrale, con- « frontant du couchant l'église paroissiale et du nord Joseph- « Michel Pansier avait été vendue » à ce dernier, au district de Beaucaire, au prix de 135 fr. (5).

Mais revenons à l'église et disons un mot de chacune de ses chapelles.

1° *Chapelle Saint-Pancrace.* — L'autel principal était dédié à saint Pancrace, célèbre martyr de Rome sous Dioclétien, et avait une chapellenie (6). A quelle date remontait cette chapellenie? Quels en étaient les patrons? Ici deux versions. Quand les Sauvan eurent acheté, en 1635, la seigneurie d'Aramon, avec cet esprit d'envahissement qui leur est propre, ils prétendirent que la chapellenie avait été fondée au

---

(1) Délibération du 30 janv. 1791.

(2) Dél. du 9 mai 1790.

(3) Dél. du 30 janv. 1791.

(4) *Arch. de la Préfecture.* Biens du Clergé, n° 231. — Pour échapper à la conscription, Raymond Pansier s'était fait nommer commis, dit-on, au district de Beaucaire. (Souvenirs de M. Desmaret).

(5) *It.* N° 257. — Cette cour avait environ 22 cannes de superficie.

(6) Ant. Bonnefoy, not,, 1557.

commencement du xv⁰ siècle, par Bertrand d'Aramon, baron de Lédenon, Cabrière et Clausonne, lequel avait dû, naturellement se réserver le droit de patronage, et que ce droit, après avoir passé aux Luetz, par suite de la vente à ces derniers des biens de Bertrand, leur aurait été dévolu à eux-mêmes comme héritiers des Luetz (1). De fait, nous lisons dans le compoix de 1517, page 245 : « un prat à la « petite palun... devers l'aure en lo prat de la capellanie de « monsieur de Lédenon » (2). De plus, nous voyons qu'en 1649, les Sauvan présentent à l'évêque d'Uzès, comme chapelain de Saint-Pancrace, Antoine Lahondès, de Théziers, et demandent pour lui des lettres de collation (3).

Mais nous remarquons d'autre part : 1° que nos plus anciens monuments affirment que la chapellenie Saint-Pancrace a été fondée par Agnès Jougleresse ; qu'elle est à la collation de l'évêque ; que les syndics en sont les patrons *In altari majori ecclesiæ parochialis per quamdam Aguelem fondatam, cujus collatio est intituta ad reverendum episcopum Ucetiencem... syndici patroni* (4) ; 2° qu'en 1553, ce sont les consuls Jacques Guiraud et Jacques Payet qui présentent le chapelain, parce que « comme telz, dit « l'acte, ils ont le droit de patronat de lad. chapelle » (5) ; 3° que, même après la revendication des Sauvan, on continue à désigner officiellement cette chapelle sous le nom de « chapelle d'Agnès Jougleresse » (6).

Quoi qu'il en soit, la chapellenie Saint-Pancrace paraît avoir

---

(1) G. Faulquet, not., 1649.

(2) *Arch. comm.*, CC. 1.

(3) G. Faulquet, not.

(4) Nic. Bonnefoy, not., 1525. — Ant. Orionis, not., 1553. — Ant. Bonnefoy, not. 1557. — Pierre Bonnefoy, 1595.

(5) A. Orionis, not.

(6) G. Faulquet, not., 1662. — M. A. Reboulet, not., 1688. — *Arch comm.*, BB. 32.

été généralement possédée par des prêtres étrangers et non résidants. C'est tantôt un Pierre de Mousargue, chanoine de Sainte-Marthe de Tarascon (1), tantôt un Jean de Revis, d'Avignon (2), tantôt un Raymond Bourdon, capiscol de Saint-Agricol (3). Ils sont investis du bénéfice par lettres papales (4). Bien plus, en 1590, nous voyons Jean de Dailhe, un laïque, qui fait faire le service de cette chapelle par Antoine Bonnet, prêtre, auquel il donne deux écus pour salaire (5). Evidemment, il jouissait du bénéfice et ce n'était pas le seul qu'il possédât : un acte du 4 janvier 1576 nous le montre prenant possession de la chapelle Sainte-Marthe par provisions apostoliques et lettres datées de Rome. Nous remarquons même que Vidal Gibaud, alors curé d'Aramon, l'installe en lui faisant baiser l'autel, tout comme à un prêtre (6).

A la Révolution, la chapellenie disparut, mais le nom du saint resta : saint Pancrace est toujours le patron de la paroisse.

2° *Chapelle de Saint-Etienne ou du Saint-Esprit ou de Saint-Joseph*. — La chapelle qui « est au cotté gauche « du grand authel » s'appelait primitivement la chapelle « Saint-Estienne » (7). Ce nom, elle le conserva même lorsque eut été faite la fondation de Guillaume Ripert, sous le titre

---

(1) Ant. Orionis, not., 1546.

(2) Ant. Bonnefoy, not., 1557.

(3) J. Arnaud, not., 1630.

(4) Ant. Bonnefoy, not., 1557.

(5) Ant. Bonnefoy, not.

(6) *It*. Les de Dailhe étaient venus à Aramon à la suite de G. de Poitiers. Celui dont il est ici question était sans doute proche parent — neveu ou cousin — de ce J. de Dailhe qui fut noyé dans le Rôhne, par ordre du duc de Luynes, à Pont-Saint-Esprit, en 1577. (Père Justin).

(7) *Arch. comm.*, GG, 5. — M. A. Reboulet, 1714. — L. XII.

de chapellenie du Saint-Esprit ; mais nous remarquons qu'alors on la désigne indistinctement, tantôt sous l'un, tantôt sous l'autre de ces deux noms (1) ; et cela dure jusque vers 1661 (2). époque à laquelle la première et la seconde dénominations disparaissent peu à peu, pour faire place à une troisième, celle de Saint-Joseph, qu'elle conserve encore aujourd'hui.

Nous avons trouvé l'acte de fondation de la chapellenie du Saint-Esprit ; le voici en substance : le 7 novembre 1532, un laboureur d'Aramon, Guillaume Ripert, déclare devant notaire vouloir doter la chapelle du Saint-Esprit qu'il a déjà fondée et bâtie, *per eumdem Ripertum fundatam et ædificatam.*

Dans ce but, il donne six terres, dont le revenu annuel sera affecté au service de la chapelle. Ce sont le premier syndic et l'ouvrier de l'église qui en seront les patrons et nommeront le chapelain, à l'exclusion formelle du pape, de l'archevêque et de l'évêque ; et ceci sous peine de voir les biens de la fondation vendus par le collecteur et le produit réuni à l'œuvre de la Fabrique. Le chapelain sera tenu : 1º de résider dans la paroisse ; 2º de prendre part aux offices et cérémonies qui se feront dans l'église ; 3º de dire trois messes basses avec absoute tous les ans à l'intention du fondateur ; 4º de s'engager à ne jamais permuter.

Chaque année, le lundi de la semaine sainte, on devra prélever sur les revenus de la fondation « deux eymines bon bled en pain et un barral bon vin », que l'on distribuera aux pauvres devant la maison de G. Riper ou de ses ayants droit.

Les patrons auront soin de désigner un bon prêtre ; surtout pas de simonie. Si le prêtre désigné n'avait pas les qualités requises, ou s'il n'administrait pas les biens de la chapelle en bon père de famille, les patrons auraient le droit de le renvoyer.

---

(1) *Arch. comm.*, GG. 6.
(2) L. XII.

Au cas où les patrons ne pourraient s'entendre touchant le choix du chapelain, le Conseil communal serait appelé et trancherait le différend à la majorité des voix.

Enfin, le fondateur se réserve la nomination du premier chapelain (1).

Dans l'acte que nous venons d'analyser, deux détails nous frappent, qui paraissent témoigner d'un fort mauvais esprit chez le fondateur : c'est d'abord l'exclusion formelle du pape et de l'évêque, en ce qui concerne la nomination du chapelain ; c'est ensuite l'ingérence de l'élément séculier représenté par le Conseil communal dans le domaine religieux. Que devenait dès lors la juridiction ecclésiastique et son contrôle absolument indispensable en cet ordre de choses ? Nous nous le demandons.

Et il paraît que les patrons ne se dessaisirent pas facilement de cette double clause. Nous voyons un acte du 14 août 1656, dans lequel les patrons, après avoir demandé pour le chapelain de leur choix à l'évêque d'Uzès les lettres de collation, déclarent ensuite, dans un second acte inséré en marge, sous la date de novembre, même année, que c'est par ignorance de leurs droits qu'ils ont agi ainsi : que, conformément aux clauses de l'acte de Ripert, ils révoquent leur demande et qu'ils nomment purement et simplement, en vertu de leurs pleins pouvoirs, Pierre des Achards (2). Et il faut croire que, pour un bien de paix, l'administration diocésaine ferma les yeux, car l'Etat-civil, en enregistrant le décès de

---

(1) Ant. Orionis, not. — Il faut croire qu'il y eut plus tard, à cet acte, une clause additionnelle, car nous voyons dans Ant. Bonnefoy (1587), que Jacques Gaucherand et Blaise Advocat sont patrons de l'œuvre, avec le premier consul et l'ouvrier de l'église, « comme succédant aux biens de Guillaume Ripert ». Mais, soit que ces familles se fussent éteintes, soit qu'elles eussent abandonné leurs droits, à partir de 1656 au moins (J. Arnaud, not.), le premier consul et l'ouvrier de l'église apparaissent seuls comme patrons de la chapelle.

(2) J. Arnaud, not.

des Achards, en 1659, 28 décembre, lui donne le titre de recteur de la chapellenie du Saint-Esprit (1).

La même opposition se reproduisit trente ans plus tard, en octobre 1699. Les patrons nommèrent Jean Marthe, sans demander à l'Evêque le *forma dignum* ; on l'installa même le lendemain (2), mais cette fois l'évêque y mit bon ordre et força les patrons à se conformer aux lois (3). Depuis lors, tout se passa régulièrement.

La chapelle Saint-Joseph, après avoir été le lieu de sépulture de Ripert et de ses ayants droit, les Advocat, etc. (4), servit de tombeau à la famille Bertrandy qui la garda jusqu'à la Révolution (5).

3° *Chapelle Sainte-Anne.* — Il y en avait deux, l'une que l'on désignait simplement sous le nom de Sainte-Anne, l'autre que l'on appelait Sainte-Anne de Chaniol.

La première avait été fondée par Jean et Denis Chambon, qui vivaient encore — ce dernier du moins — vers le milieu du XVI° siècle (6). Elle avait pour patron André Bertrandy, héritier des Chambon et était à la collation de l'Evêque d'Uzès (7).

Placée probablement au couchant de l'autel de Notre-Dame

---

(1) *Arch. comm.*, GG. 6.

(2) M. A. Reboulet, not.

(3) M. A. Reboulet, not., 1699.

(4) *Arch. comm.* GG. 6.

(5) *It.* GG. 8.

(6) Le 15 janv. 1537, Denis Chambon fonde une rente perpétuelle de 45 l. tn, tant que se fera un service composé de quatre messes et des vêpres à la chapelle Ste-Anne, les quatre jours des fêtes des Morts (Nic. Bonnefoy, not.). Mais la chapellenie existait déjà : un acte de de Pine, not., nous apprend que Jean Vitalis en était chapelain le 25 décembre 1520.

(7) J. Pitot, not., 1600.

du Rosaire (1), elle a été rebâtie presque sur le même emplacement, lors des grandes réparations de 1665. C'est celle qui existe aujourd'hui, toujours sous le vocable de Sainte-Anne.

Quant à la seconde, elle est de date plus récente ; aussi possédons-nous tous les détails relatifs à sa fondation. Les voici :

Antoine de Chaniol, l'un des hommes les plus remarquables d'Aramon, avait laissé en mourant un legs pour la fondation d'une chapelle « dicte de Ste-Anne de Chaniol, » (2) dans laquelle il désirait avoir son tombeau. Après sa mort, Louise de Barras, sa femme, mettant à exécution les dernières volontés de son mari, donna, le 4 mai 1649, à Jean Damour, maçon du pays, le prix fait de la chapelle.

Celle-ci devait s'élever, nous dit l'acte « dans » le cimetière « à la droite » du maître-autel, « au levant » de la chapelle du Rosaire, « au midi » de la maison Pélissier, aujourd'hui Joseph Noble : c'est dire qu'elle allait se trouver sur l'emplacement même de notre chapelle du Sacré-Cœur (3).

Malgré un contre-temps fâcheux, la mort de Jean Damour, le travail confié à Michel, fils de ce dernier, et à son associé Benoit Bernard, fut activement poussé : l'année d'après tout était terminé, comme le constate L. de Barras elle-même, dans son testament daté du 1er décembre 1650 (4).

Ajoutons que L. de Barras, par ce même testament, affecta encore à cette fondation une somme de 600 l., dont la rente devait servir à la célébration de deux anniversaires, celui de son mari et le sien, et qu'elle donna tout un nécessaire de chapelle : ornements, linges, vases sacrés, etc.

Ste-Anne de Chaniol venue tard dura peu. Il en est encore question, lors de la vente, en 1664, d'une parcelle du cime-

---

(1) L. XIV.

(2) J. Arnaud, not., 1638.

(3) J. Arnaud, not., 1649-1650. — L. XIV.

(4) J. Arn. not.

tière, à Laurent Pélissier. L'acte dit que cette parcelle a pour confront, au midi, la chapelle Ste-Anne de Chaniol (1). Mais déjà, en 1666, nous trouvons à sa place, la chapelle du St-Enfant Jésus (2). Pourquoi cette substitution ? Avait-on jugé inutile d'avoir deux chapelles portant le même nom? Ou bien les remaniements exécutés dans la chapelle de Chaniol, à l'occasion de l'agrandissement de l'église, la transformèrent-ils au point de lui ôter sa physionomie première et jusqu'à son nom? Nous ne saurions le dire. Toujours est-il que ce nom d'Enfant Jésus lui resta depuis, et qu'elle l'avait encore, au milieu du siècle dernier (3).

Aujourd'hui, elle n'est connue que sous le nom de chapelle du Sacré-Cœur, et, seules, quelques personnes très âgées savent, pour l'avoir oui dire, qu'elle était autrefois dédiée à l'Enfant-Jésus.

4° *Chapelle de N.-D. de Pitié ou du Chapelet ou du Rosaire.* — C'est sous ces noms qu'elle est désignée dans nos documents (4). Comme celle de St-Etienne, à laquelle elle faisait pendant, elle dut être l'une des premières fondées dans notre église. Mais nous n'avons rien trouvé touchant ce fait. Nous savons seulement par divers actes de notaires :

1° Que le recteur de cette chapelle n'était pas tenu à la résidence. Ainsi Jean Sabatier, recteur en 1556, habitait tantôt Beaucaire, tantôt Aramon (5); ainsi encore François de Roux, recteur en 1606, demeurait à Villeneuve-lès-Avignons, où il possédait un canonicat, et faisait faire le service, moyennant salaire, par Ant. Bonnet, d'Aramon (6).

---

(1) L. XIV.

(2) It. et *Arch. comm.*, GG. 14.

(3) En 1753. *Arch. comm.*, GG. 14.

(4) A. Orionis, not., 1554. — A. Bonnefoy, 1565. — J. Arnaud, not, 1644 et 1655.

(5) Ant. Bonnefoy, not.

(6) J. Pitot, not.

2° Que cette chapelle avait un bassin, appelé bassin de Notre-Dame, l'un des quatre qui passaient dans l'église, dimanches et fêtes, et dont les titulaires étaient nommés par les consuls le jour de St-Blaise (1).

3° Qu'il y avait une confrérie de N.-D. du Chapelet (2), ayant sa vie propre, ses recteurs, ses statuts, ses fêtes, ses usages, bien que nous ne connaissions pas les détails de son organisation.

Cette chapelle existe toujours. On l'appelle simplement la chapelle de la Vierge. Elle possède un fort bel autel.

5° *Chapelle de N.-D. de l'Annonciation ou de l'Annonciade et tous les Saints.* — Un prêtre vénérable qui apparait toujours comme témoin dans les actes les plus solennels de la vie civile et religieuse de notre pays, au XV° siècle (3), Guillaume Talhier, prieur du Terme, fonda, par acte notarié du 8 février 1439 (4), la chapelle de N.-D. de l'Annonciation (5) ou de l'Annonciade (6), comme on disait alors, auquel nom on ajouta plus tard celui de « et tous les saints » (7). C'est actuellement la chapelle des Ames du Purgatoire.

Aussi loin qu'il nous est possible de remonter dans le passé, nous trouvons les Laudun patrons de cette chapelle : Jean de Laudun en 1541 (8) ; Jacques de Laudun en 1547, etc. : ce qui nous porte à croire ou bien que l'abbé Guillaume Talhier était allié à cette illustre famille, ou bien qu'il lui avait transmis

---

(1) Nic. Bonnefoy, not., 1523.

(2) Ant. Orionis, not., 1534.

(3) *Arch. comm.* BB. 7.

(4) M. A. Reboulet, not., 1729.

(5) J. Arnaud, not., 1630.

(6) A. Bonnefoy, not., 1578.

(7) *Id.*, not., 1587.

(8) Ant. Orionis. not.

(9) Nic. Bonnefoy, not.

ses droits. Il est juste d'ajouter que l'ouvrier de l'église participait au privilège du patronage (1).

Vers la fin du xvi<sup>e</sup> siècle, le nombre des patrons s'accrut d'une unité. Jean de Jossaud, gendre de Laudun « vieulx » en héritant de son beau-père, acquit des droits à la nomination du chapelain et ses droits passèrent à ses descendants, qui les exercèrent jusqu'à la Révolution (2).

D'après l'acte de fondation, il était requis que le chapelain résidât dans la paroisse (3) ; remarquons toutefois que l'on fut loin de tenir un compte rigoureux de cette clause, et notamment en 1644, où l'on nomma recteur Antoine de Jossaud, chanoine de la cathédrale de Nîmes (4), et, en 1687, où ce fut un conseiller au Présidial, membre de la même famille, François de Jossaud (5), qui obtint la même faveur.

Le « forma dignum » était toujours délivré par l'évêque d'Uzès (6).

C'est cette chapelle de l'Annonciade, qui, avant la Révolution, servait de tombeau aux familles de Laudun et de Jossaud.

6º *Chapelle de Ste-Marthe, St-Jaume et St-Jacques.* — Ces trois chapellenies avaient généralement le même recteur. Ainsi, pour ne citer que deux exemples, l'abbé Antoine Jaquenet en 1644 (7) et l'abbé Joseph Vincent en 1792 (8).

La Chapellenie Ste-Marthe avait été fondée par Nicolas Rostang, vicaire d'Uzès, nous ne savons à quelle date, mais à

---

(1) Ant. Orionis, 1541. — Ant. Bonnefoy, not., 1581.

(2) Ant. Bonnefoy, not., 1587.

(3) M. A. Reboulet, not., 1729.

(4) J. Arnaud, not.

(5) *Item.*

(6) *Item.* 1630.

(7) J. Arnaud, not.

(8) *Arch. pers.* — Note de l'abbé J. Vincent.

coup sûr avant 1537, comme en fait foi l'acte de prise de possession de Pierre de Sales (1). Elle était, paraît-il, à la collation du Pape, et c'est l'Evêque, qui donnait, par délégation, les lettres d'immission (2).

Il n'est pas probable que cette chapellenie ait eu un autel particulier, puisque nous remarquons que, dans toutes les prises de possession, c'est le maître-autel que l'on fait baiser au récipiendaire. Ant. Bonnefoy notaire, dans un acte de 1558, malheureusement mutilé, semble appeler le maître-autel, autel St-Pancrace et Ste-Marthe.

La fondation de la chapellenie St-Jacques est du 8 mars 1527 (3).

Dans son testament, en date de ce jour, Poncet Chrestian déclare consacrer à cette fondation cent écus, payables un an après son décès. Les syndics, qui, de droit, seront patrons de l'œuvre, devront placer cette somme sur des propriétés et le revenu en sera affecté au service de la chapelle. Le fondateur veut de plus que le chapelain soit tenu à la résidence et qu'il dise une messe par semaine, dans l'ordre suivant : 1re semaine, messe pour les morts; 2e semaine, messe en l'honneur de Notre-Dame; 3e semaine, messe du Saint-Esprit; puis qu'il recommence (4).

A noter : l'acte dit que Poncet Chrestian fonda une chapellenie sur l'autel de Saint-Jacques : « *fundavit unam capellanum de super altare sancti Jacobi* », nous ne pensons pas cependant que cette chapellenie ait eu son autel propre, pas plus que la précédente; c'est là du moins ce qui semble résulter de tous les textes que nous avons eus sous les yeux (5).

---

(1) Nic. Bonnefoy, not.

(2) J. Pitot, not., 1600.

(3) Nic. Bonnefoy, not.

(4) Nic. Bonefoy, not.

(5) *Item*.

Quant à la chapellenie Saint-Jaume, nous ne connaissons aucun détail la concernant. Bien plus, en considérant que Saint-Jaume ne signifie pas autre chose que Saint-Jacques, en langue provençale, nous sommes à nous demander si ces deux dénominations ne s'appliqueraient pas à une seule et même chapellenie. Au lecteur d'apprécier.

7° *Chapelle Saint-Nicolas.* — Nous trouvons souvent dans les écrits du xvi<sup>e</sup> et du xvii<sup>e</sup> siècles, ces mots : « *Chapelle de l'Annonciation ou de Saint-Nicolas* » appliqués à notre moderne chapelle des âmes du Purgatoire (1). Dans l'Etat-Civil, cette dénomination de Saint-Nicolas semble même primer celle de l'Annonciation (2). Mais cela s'explique. Saint-Nicolas, qui avait son autel auprès de celui de l'Annonciation, à l'endroit même, d'après divers documents, où se trouve aujourd'hui le confessionnal du Vicaire, était le patron d'une confrérie portant son nom et fort nombreuse, paraît-il, au milieu du xvii<sup>e</sup> siècle : c'est là ce qui lui valait d'être mieux connu, plus souvent cité.

Cet autel fut déplacé en 1667 (3), à la demande de Jean de Jossaud, conseiller au Présidial de Nîmes et de Etienne de Laudun, qui obtinrent une ordonnance favorable d'Antoine de Vaux, Vicaire Général d'Uzès. Au reste, nous ignorons le motif qui détermina cette mesure, à moins que ce ne fût, chez les Laudun et les Jossaud, le désir de mettre fin aux ennuis toujours inséparables du voisinage d'une association considérable et naturellement bruyante. Cet autel, réparé et déplacé aux frais des Laudun et des Jossaud, qui débour-sèrent, en cette circonstance, cent vingt livres (4), fut proba-

---

(1) *Arch. comm.*, — Notaires. — *Passim.*
(2) *It.*, GG. 2, 6, etc.
(3) J. Arnaud, not.
(4) *Item.*

blement adossé au mur, près de la grande porte de l'église, et y resta après les réparations de 1669 : c'est là, du moins, ce que nous donnent à entendre certains détails concernant l'assassinat de Maurensac qui, frappé à mort, dans la rue, se traîna jusqu'à la porte de l'église, et vint mourir sur l'autel de Saint-Nicolas, en 1673 (1).

Saint-Nicolas était à Aramon le patron des mariniers, ou comme le dit Alexandre Eyssette, dans son histoire de Beaucaire, des nautes du Rhône. En 1667, la confrérie avait pour prieur Enémond Soumille (2) et se trouvait à l'apogée de sa prospérité; c'était l'époque, d'ailleurs, où, grâce à la protection accordée par Colbert au commerce, Aramon était devenu un centre important, un port considérable. Mais, depuis cette époque, il n'est plus question, dans nos archives, ni de confrérie ni d'autel Saint-Nicolas. Il faut croire que dès lors tout avait disparu.

8° *Chapelles Saint-Blaise, Saint-Roch, Saint-Sébastien.* — Un saint qui aurait dû être populaire à Aramon, c'est Saint Blaise. N'est-ce pas le jour de sa fête que le pays se retrempait dans la vie civile, par l'élection de ses consuls et de tous ses fonctionnaires? Cependant nous n'avons rencontré qu'une seule fois le nom de ce saint ou plutôt celui de sa chapelle, au cours de nos recherches. C'est dans l'Etat-Civil, en 1605. Nous y lisons que Madeleine de Provençal, femme de Laurent de Posquière, fut ensevelie dans « la chapelle Saint-Blaise » (3). Voilà tout.

Nous avons été plus heureux en ce qui concerne Saint Roch

---

(1) *Arch. comm.* GG. 8.

(2) J. Arnaud, not. — Enémond Soumille et son frère Louis étaient à la tête de la batellerie du Rhône, à Aramon. Leurs bureaux se trouvaient sur le billot, dans la maison probablement qui appartient aujourd'hui à M. Cadenet, vannier.

(3) *Arch. comm.*, GG. 2.

et Saint Sébastien. Le « Livre de réception de la dévote con-
« frérie des bienheureux Saint Roch et Saint Sébastien,
« relevée en l'année 1803, » nous apprend en effet que, le
4 décembre 1588, c'est-à-dire au lendemain de la peste, qui
avait causé tant de ravage dans le pays, le prieur Etienne
Julien institua une confrérie composée d'hommes et de femmes,
sous le vocable de Saint-Roch et Saint-Sébastien, et cela à la
demande d'une foule de personnes qui en avaient fait vœu,
si elles échappaient au fléau (1).

De plus, nous lisons dans l'Etat-Civil : « Le dix-septième
« jour dudit mois de janvier 1592, Anthonie Galande, femme
« à Estienne Couche, boursier, confrère de Saint-Sébastien
« et Saint-Roch, est allée de vie à trépas (2) ».

Etablie dans ces circonstances, la confrérie fonctionna
jusqu'à la Révolution et ne disparut qu'au plus fort de la
tourmente.

En 1803, quand la liberté eut été rendue au culte, elle fut
réorganisée par l'abbé Falguier, et resta longtemps prospère,
dit-on (3).

Le dernier procès-verbal qui la concerne est du 20 mars
1879, (4). C'est aussi son acte de décès : il n'en a plus été
question depuis.

Toutefois, tandis que l'autel de Saint Blaise a disparu,
Saint Roch et Saint Sébastien ont conservé le leur. Il se
trouve dans l'ancienne chapelle de Saint François de Sales,
qui porte aujourd'hui leur nom.

---

(1) L. XX.
(2) *Arch. comm.*, GG. 1.
(3) L. XX.
(4) *Item*.

# CHAPITRE XII

## MONUMENTS RELIGIEUX
### — SUITE —

I. **Eglise paroissiale** *(suite)*. — Primitivement, l'église d'Aramon était petite, mais admirablement proportionnée, comme on peut s'en convaincre par un simple coup d'œil. En longueur, elle ne dépassait pas la chapelle du Purgatoire et sa largeur était exactement celle de la grande nef : en tout donc la moitié de sa surface actuelle. Mais, dès la fin du xvi$^e$ siècle, commencèrent des réparations qui la tranformèrent et la mirent dans l'état où nous la voyons aujourd'hui.

Le premier qui mit la main à l'œuvre fut le prieur Et. Julien. Après avoir ouvert, dans le chœur, une petite porte menant du cloître à l'église (aujourd'hui la porte des chantres) ; rapproché l'autel de l'abside et peut-être aussi, construit l'affreux mur de placage, dont il a été déjà question (1), il s'occupa à relever le clocher.

Avant les guerres de religion, Aramon possédait un joli clocher tout à fait en rapport avec son église (2), et plusieurs cloches dont l'une est désignée dans les monuments du temps sous le nom de grosse cloche « magna campana » (3). Mais il paraît que, vers 1562, tout fut détruit, et que, lors de la nomination d'Et. Julien au prieuré d'Aramon, il n'y avait plus

---

(1) Ant. Bonnefoy, not., 1579.

(2) J. Pitot, not., 1598.

(3) Nic. Bonnefoy, not., 1543.

qu'un clocheton (1), élevé sans doute à la hâte et une « petite
« cloche » (2) que la communauté s'était procurée comme elle
avait pu (3).

Et. Julien se met donc d'accord avec les consuls André Bertrandy et Domergue Gilles, et, le 23 Novembre 1598, un bail est signé avec Guillaume Moulèry, maître-maçon de Montfrin, aux conditions suivantes :

1º G. Moulèry construira « ung clocher au dessus de lad.
« esglise parrochialle à quatre faces dont deux avec des
« pierres de taille de Villeneufve-lez-Avignon et les deux
« autres avec des pastouïres » (4).

2º Ce clocher aura : « douze pans et tout carré, hors d'œu-
« vre faict avec ses ancoulles et aultrement, comme il est
« commencé et monstré le vieux bastiment y estant, qu'il
« sera tenu ensuivre... despuis le plan du vieux fondement »
jusqu'à une hauteur de trois cannes deux pans, tout compris :
fenêtres, corniche, voûte, flèche.

3º On gravera les armoiries de l'Archidiacre-Prieur et de la communauté, à l'endroit qui sera ultérieurement indiqué.

4º On élèvera le petit clocher qui est sur la porte de l'église
« de six pans plus hault qu'il n'est à présent, pour servir à
« soubtenir la cloche de l'horloge ». Et le tout sera terminé
« entre icy et le jour et feste Ste-Marie-Madeleine ».

En retour, l'Archidiacre et les consuls s'engageaient à remettre à l'entrepreneur, chacun par moitié, « 215 escus
« sols, à 60 s. l'escu, ce qui faisait 645 l. dont 215 au com-

---

(1) J. Pitot. not., 1598.

(2) It., 1599.

(3) Cette petite cloche porte le millésime 1568, l'année même où Aramon fut repris par le duc de Joyeuse.

(4) L'acte dit qu'il pouvait se servir, si bon lui semblait, des « pastouïres qui se trouvent de présent dans le simentière de lad. esglise ». Qui sait donc si, comme pour l'église, lors de son agrandissement, on n'a pas employé là quelques-unes de ces pierres tombales, si précieuses pour l'histoire du pays ?

« mencement, 215 au milieu et les 215 restantes quand tout
« serait terminé » (1).

Tout se passa à peu près comme on l'avait réglé dans l'acte, car le dernier versement était fait le 23 sept. 1599 (2).

Il fallait maintenant songer aux cloches. Et Julien en fit venir « deux grosses par eau » de chez Benoit Bazin, marchand de Lyon (3). Le prix de ces deux cloches, en y comprenant « port et voyture d'icelles, ensemble montaige de bois et « fer requis et montaige d'aultre petite cloche estant aupara- « vant aud. clocher » fut de « 375 escus sols et quarante trois « sols » soit : 1127 l. 3 s. (4). Le prieur paya tout ; mais, comme il avait été entendu que la moitié de cette somme incomberait à la communauté, le 4 Février 1600, les consuls s'engagèrent par écrit, à rembourser au prieur, 187 écus, 51 sols, 6 deniers et les remboursèrent, en effet, le 3 Mars 1602 (5).

Quant à la cloche de l'horloge qui fut prise chez Jean Béringuier, fondeur à Avignon, et qui pesait « six quintaux, trente cinq livres, » elle resta exclusivement à la charge de la communauté, conformément aux conventions et malgré tous les efforts plus ou moins détournés des consuls, pour mettre le prieur en part dans le prix d'achat. Il est vrai que ce dernier offrit bientôt après de faire construire une horloge à ses frais, si on voulait renoncer, pour un certain temps, au repas de Noël qui se donnait à Aramon et à celui de Saint-Pierre du Terme ; ce qui fut accepté probablement (6).

---

(1) J. Pitot, not. 1598.

(2) *It.*, 1599.

(3) C'étaient des cloches d'occasion ; B. Bazin était marchand et non fondeur : ce qui explique pourquoi notre grosse cloche, celle des deux qui n'a pas été refondue, porte le millésime 1486.

(4) J. Pitot, not., 1600.

(5) *It.*, 1599-1600. — *Arch. comm.*, BB. 10.

(6) *Arch. comm.*, BB. 10.

Les deux clochers une fois terminés, on organisa le service des cloches. Un sonneur « en titre » fut désigné par les consuls : Jacques Péladan ; mais, pour remédier à certains abus, on lui imposa un règlement où il était dit en substance : 1° qu'il ne toucherait désormais que 7 s., 6 d. pour les trois glas réglementaires ; 2° qu'il renoncerait à toute « réfection corporelle ; » 3° qu'il sonnerait les glas avec les trois cloches ; 4° qu'il n'exigerait rien des enfants « des « défunts vraiment povres ».

De plus, il fut entendu qu'il recevrait 20 l. pour monter l'horloge et une salmée de bon blé ou 12 l. pour sonner les cloches, en temps « tempesticl ». Il semble même qu'on lui ait permis de faire une quête de blé « par les hyères » (1) : ce n'était donc pas trop mal pour un sonneur en ces temps-là.

Cependant la population d'Aramon s'accroissait considérablement sous la sage administration de Sully. Elle s'accrut bien davantage sous Colbert, lorsque, grâce à l'essor donné au commerce par ce grand ministre, Aramon fut devenu un port important de la région (2). L'église, réduite aux dimensions étroites que nous avons indiquées, ne suffisait plus à contenir « les deux tiers des fidèles » (3) ; il fallut songer à l'agrandir.

On eut d'abord l'idée de construire une tribune pour les hommes (4). De fait, on en fit une au bas de la nef qui y resta jusqu'en 1669 (5). Mais cette demi-mesure fut bientôt jugée insuffisante.

Nous lisons dans les comptes de Jean Plantier qu'en 1662 diverses délibérations furent prises pour agrandir l'église,

---

(1) *Arch. comm.*, BB. 9.

(2) L. XII.

(3) L. XIV.

(4) *Arch. comm.*, BB. 10. 1603

(5) L. XIV.

« tant en largeur du costé de bize, qu'en longueur du costé du
« couchant ». Pour y arriver, on commença par dégager
le monument. Le 30 Octobre 1663, on acheta la maison d'Antoine Busquet, qui se trouvait au couchant, et, le 6 Septembre
1664, celle de Jacques Teyssier qui faisait corps avec la première.
Puis, on les abattit, et, sur leur emplacement, on fit une place :
aujourd'hui la place de l'Eglise. A cette occasion, Charles
Martin et Pierre Bonnefoy, dont les immeubles, voisins de la
place, augmentaient naturellement de valeur, offrirent 50 l.
chacun (1).

A ce moment, une souscription s'organisa sur l'initiative
des curés. Riches et pauvres donnèrent comme à l'envi, tant
l'œuvre était populaire. Les fonds provenant de cette souscription, plus 600 l. votées par le diocèse, plus 650 l. obtenues
par la vente d'un coin de cimetière, plus diverses sommes
données par la communauté furent déposées aux mains de
J. Plantier, lieutenant du Viguier : un homme absolument
sûr. Ensuite, on fit venir d'Arles le père Clément, un religieux
Jacobin « fort versé en l'architecture », qui donna le
plan (2).

On commença par la partie nord. Sous la direction d'un
maçon du pays, nommé Benoît Bernard, on creusa les fondements du futur édifice jusqu'au rocher et l'on éleva les murs
d'un pan au-dessus du sol ; ce travail, fait cependant « par
« prestation volontaire », coûta encore 435 l. (3).

Arrivé là, on jugea à propos d'appeler un habile maçon.
Deux frères se présentèrent, Esprit et Toussaint Rochas, originaires de l'Isle, au comtat, qui obtinrent « la délivrance des
« travaux. » Le bail fut passé le 30 août 1665, sous le consulat de Jean de Malavalette et Benoît Chaud (4).

---

(1) L. XIV.
(2) *Item*.
(3) *Item*.
(4) *Item*.

Les entrepreneurs s'engagèrent à construire sur les fondements déjà posés : 1° les deux chapelles de Ste-Anne et de St-Eloi (mais sans toucher à celle de la Vierge); 2° la petite porte du nord ; 3° un vitrail de 6 pans de diamètre au mur du couchant, avec une toiture en tuiles, sur la partie neuve. Le tout devait coûter 1960 l. et être terminé en mai 1666 (1).

Le 2 février 1666, nouveau bail. Il paraît qu'on n'était pas satisfait de certains travaux exécutés pourtant d'après le plan primitif. On décida de porter en arrière la chapelle du St-Rosaire ou de la Vierge, sur l'alignement même de celle de Ste-Anne (2), de retoucher l'arceau de celle de l'Enfant-Jésus (Sacré-Cœur), et de graver les armoires de la ville sur la porte du nord, au-dessus de la niche, comme aussi « à la clef de la « voute des croisières des chapelles. » Coût : 360 l. Livraison des travaux en juillet 1666 (3).

Enfin, le 28 juillet 1666, il y eut un dernier bail du prix de 160 l., passé à Esprit Rochas, ayant trait à des travaux de détail : « arrondissement du grand pilier » de la chapelle de la Vierge — construction des fonts baptismaux en pierre de taille, avec des degrés « en rond », un vase ou bassin en pierre, une coquille en plâtre — pose d'une chaire en pierres de Perne « en forme de cul de lampe » contre le pilier qui se trouve entre les chapelles de St-Joseph et de St-Nicolas (Ames du Purgatoire) (4).

Et nous lisons dans les comptes de J. Plantier, que celui-ci solda à E. Rochas son dernier terme, soit 50 l., le 4 juillet

---

(1) Avon, not.

(2) En exécutant ce travail, on laissa subsister contre les deux piliers du grand arceau, côté nord, les deux culs-de-lampe qui servaient d'appui aux nervures de la primitive chapelle de la Vierge, ce qui permet de se faire une idée exacte de son emplacement.

(3) Avon, not. — L. XIV.

(4) Avon, not. — L. XIV. — Auparavant, la chaire était adossée au grand pilier, du côté de l'Evangile, comme le veut la liturgie.

1667, et qu'ensuite il déposa ses comptes, qui furent approuvés, le 15 avril 1668, avec 2.943 l. 10 s. aux dépenses, et 2.937 l. aux recettes ; déficit : 6 l. 10 s. (1).

Parmi les souscripteurs qui avaient le plus généreusement contribué à ces réparations, nous devons citer le prieur d'Aramon, G. de Pérault. Il avait donné 300 l., don vraiment princier pour l'époque, et de beaucoup supérieur à tous ceux qui figurent sur les registres de J. Plantier (2).

Du reste, il ne s'en tint pas là. Si la partie nord de l'église était achevée, il restait encore la partie du couchant, et le pays était épuisé. G. de Pérault en fit son affaire.

Son premier soin fut de s'entendre avec Jean-Louis de Posquière et Pierre Bonnefoy, dont il connaissait les intentions bienveillantes, et qui possédaient en commun un immeuble attenant à l'église. Au moyen d'une cession de terrain, appartenant au prieuré, et d'une somme de 700 l. payée par la communauté, il désintéressa le premier ; et, quant au second, il obtint son désistement complet à la seule condition « qu'il ne contribuerait en rien » à la répartition qui serait faite des 700 l. susdites, sur tous les membres de la communauté (3).

Ajoutons que le chapitre d'Uzès appelé naturellement à donner son avis sur cette combinaison l'approuva de tous points, le 6 janvier 1669, après un rapport très favorable fait par l'un des siens, M. Joseph Andrieu (4).

Ces préliminaires terminés, G. de Pérault, qui s'était chargé de tout à ses frais, présenta ses plans et devis. Deux maçons. E. Rochas, déjà connu et Nicolas Lieutard, de Tarascon, acceptèrent de les exécuter de concert. Le bail fut passé le 25 février 1669 (5).

---

(1) L. XIV.

(2) *Item*.

(3 *Item*.

(4) G. Faulquet, not.

(5) *Item*.

Il s'agissait 1° d'abattre la vieille façade de l'église et d'en faire une nouvelle, en droite ligne du mur ouest de la chapelle St-Eloi, « avec bans, pilastres, chapitaux, architraves « importes, archivoltes, couronnementz ou frontons, cartou- « ches et armes dudit 1$^{er}$ archidiacre et autres spécyfiées et « marquées, le tout en pierres de tailhe de Fontvieilhe du « mas rouge de la plus belle et nette que se pourra trouver; » dans laquelle façade s'ouvrirait la porte principale, haute de 16 pans et large de 8, précédée de « marches en forme de « perron, » encadrée de deux colonnes avec niches pour statues derrière les colonnes, et surmontée d'un œil-de-bœuf; 2° de construire la chapelle de l'Archidiacre « du costé du « couchant, à main droicte en entrant dans ladite esglize, où est justement le cimetière » avec une voûte en berceau et un « lanternon par-dessus à l'ouest et à couvrir de dales la partie « neuve de la toiture, à l'instar de la partie vieilhe; » 3° de pratiquer dans l'épaisseur de la façade, « une caisse en vide » pour les poids de la future horloge (1).

Et ce travail, accepté au prix de 3.000 l., devait être commencé 15 jours après la signature du bail, et terminé « sans aucuns deffaux et dans une entière perfection dans le « temps et terme des festes de Pàsques prochaines en un an, « à peyne de tous despans (2) ».

Il faut dire ici, que déjà, le 10 février 1669, J.-L. de Posquière avait fondé par acte devant notaire, dans la chapelle du prieur (3), après entente avec ce dernier, une

---

(1) G. Faulquet, not., — Nous n'avons rien trouvé touchant la construction de la tour de l'horloge, si ce n'est une date — 1671 — sur la girouette qui la surmontait avant 1830 et qui, après avoir été remplacée par un drapeau tricolore en métal, se trouve aujourd'hui sur le pavillon de M. Cavène, potier.

(2) *Item*. La pose de la première pierre fut faite, le 30 mars 1669, par G. de Pérault. (*Arch. comm.*, GG. 8).

(3) C'est sur l'emplacement de cette chapelle que les Posquière avaient auparavant leur tombeau de famille. (*Etat civil*, GG., *passim*.

chapellenie, sous le titre de Saint-François de Sales. En voici les conditions : 1° le chapelain serait tenu à la résidence ; 2° il dirait chaque jour la messe à 5 heures, d'octobre en avril ; à 4 heures, d'avril en octobre ; 3° il célébrerait une grand'messe avec diacre et sous-diacre, aux jours anniversaires de la mort des deux fondateurs ; 4° il serait présenté à l'Evêque d'Uzès par G. de Pérault, tant que celui-ci vivrait, et, après sa mort, par les enfants de J.-L. de Posquière, qui devaient être à perpétuité les patrons de la chapelle ; 5° enfin, le fondateur imposait comme un devoir à ses ayants droit de préférer toujours, dans le choix du chapelain, « les enfants de la ville d'Aramon, prestres idones et « capables de service (1). »

Pour assurer ce service, J.-L. de Posquière donnait une somme de 5.000 l., qui devait être placée sur la communauté, et dont l'intérêt, absolument irréductible, au 5 0 0, soit 250 l., serait payé à perpétuité au chapelain (2).

Les choses se passèrent d'ailleurs ainsi. Il est dit dans les minutes d'Avon, notaire, que les consuls reçurent cette somme le 27 septembre 1669, autorisés qu'ils y avaient été déjà, par les commissaires de sa Majesté et qu'ils l'affectèrent à éteindre une dette de la communauté, en octobre 1669 (3).

Après ces grands travaux et quelques réparations faites au pavé de l'église, en 1673, par ordre de l'Evêque (4), G. de

---

(1) G. Faulquet, not.

(2) *Item*. Cette pension fut payée intégralement au chapelain, jusqu'en 1768. A cette époque, on la frappa d'une taxe de 27 l. 10 s.; mais, sur les réclamations énergiques du chapelain, on la paya comme auparavant (L. XII., *Arch. comm.*, BB. 27), jusqu'à la Révolution (11 prairial an 2).

(3) L. XII.

(4) G. Faulquet, not. — Il y avait dans l'église une foule de tombeaux sur les dalles desquels chacun avait gravé des « armoiries »: de là inégalité du sol. On les fit disparaître.

Pérault, qui paraît s'être fixé à Aramon, autant par goût que par nécessité, abandonna d'abord les revenus attachés à ses fonctions d'archidiacre qu'il voulut être employés aux réparations de la cathédrale d'Uzès (1) ; puis, finit par se démettre de sa charge de prieur, puisqu'il vendit, le 21 mars 1682, les meubles du cloître à Jean-Baptiste de Balan, que l'acte qualifie de « Archidiacre d'Uzès et Prieur d'Aramon (2) ». Il mourut le 9 septembre 1684, à Aramon, à l'âge d'environ 74 ans, et fut enseveli dans la chapelle de Saint-François de Sales (3).

L'église possédait donc une belle façade, tout-à-fait digne d'elle, grâce à la générosité de son prieur. Malheureusement, deux maisons la masquaient encore. Que faire ? Les temps étaient mauvais ; on attendit.

Enfin, le 30 août 1758, l'Evêque d'Uzès, étant venu à Aramon, fut choqué de cet état choses. Il ordonne de dégager la façade, en abattant les deux maisons (4). L'administration communale reconnut le bien fondé de la mesure, mais, pour ne pas aggraver davantage les charges du pays, elle décida, sur la proposition et avec le concours de l'abbé J. Vincent,

---

(1) G. Faulquet, not., 1679.

(2) Item.

(3) *Arch. comm.*, GG. 9. — G. de Pérault avait eu devant lui un avenir brillant : à 11 ans il était déjà archidiacre d'Uzès et prieur d'Aramon (*Arch. comm.*, GG. 9; il serait devenu évêque. Mais la révolte de son père Henri de Pérault, châtelain et sénéchal de Beaucaire), et de son oncle Paul-Antoine-François de Pérault, évêque d'Uzès qui, en 1632, avaient embrassé, avec Henry de Montmorency, leur parent, la cause du duc d'Orléans contre Richelieu, lui fut funeste. Si on lui laissa sa double charge d'archidiacre d'Uzès et de prieur d'Aramon, il dut se fixer définitivement dans notre pays, par ordre du nouvel évêque d'Uzès. (L. XII), 1659. Ajoutons qu'il en prit bravement son parti, consolé qu'il fut, peut-être, par la pensée de vivre à proximité de ce château de Beaucaire où il avait été élevé, et dont il apercevait, de son cabinet de travail, la gracieuse silhouette se détachant sur le ciel bleu.

(4) *Arch. comm.*, BB. 25.

curé d'Aramon, de faire appel à la générosité des braves gens : on réunit ainsi 589 l. (1).

Avec cette somme, on acheta la maison d'Antoine-Louis Boyer, au prix de 425 l. ; puis, avec les 164 l. qui restaient, 400 l. que l'on emprunta et 200 l. que l'on retira de la vente de divers matériaux provenant des susdits immeubles, on paya la maison d'Anne Peyric, veuve Futelle (2).

Ceci se passait en 1762. Et voilà comment la façade de l'église fut dégagée et sa place agrandie.

Vers la même époque, eut lieu la construction de notre cimetière actuel. Nous avons déjà dit (chap. III) que, jusqu'au milieu du xvii$^e$ siècle, l'église paroissiale était entourée, au nord et au couchant, par l'ancien cimetière gallo-romain, lequel était devenu chrétien en même temps que le pays. C'est là, comme aussi dans la nef et dans les chapelles (3), que l'on enterra presque exclusivement jusqu'en 1600 (4). Le cimetière Saint-Jean, fort petit (5) d'ailleurs, ne servait guère alors qu'aux étrangers et aux pauvres de l'hospice. C'était même un lieu de sépulture dédaigné (6).

Mais, lorsque la population se fut accrue, et surtout après

---

(1) It., DD. 10.

(2) It., BB. 25-27.

(3) Du travail auquel nous nous sommes livré, en nous basant sur l'Etat-civil, il résulte que, du milieu du xvi$^e$ siècle à la fin du xviii$^e$, on a enterré dans la nef ou dans les chapelles environ 2,500 personnes.

(4) Arch. comm., GG. 2.

(5) 2 pougadières, soit 211 mètres de superficie ; la pougadière représentant un huitième de l'émine, laquelle est de 844 mètres à Aramon.

(6) Arch. comm., GG. 9. — Nous voyons un prieur du Terme, Claude Darmin, qui demande par humilité, dans son testament, a être enterré « dans le cimetière des pauvres Saint-Jean ». (Arch. comm., GG. 9, 1634).

l'agrandissement de l'église, le cimetière Saint-Jean devint le cimetière paroissial et le resta plus d'un siècle (1).

Enfin, à la suite des représentations du clergé de France, le roi ayant fait défense d'enterrer désormais dans les églises (15 mai 1776) (2), le conseil communal décida de demander à l'évêque d'Uzès l'autorisation de construire un nouveau cimetière. On choisit même, séance tenante, pour son emplacement, une terre de M. de Laudun, située au quartier Saint-Jean, et l'on chargea J.-J. Labrousse et Pierre Brice Féline d'en négocier l'achat (3).

Un maçon du pays, Jean-Pierre Meynier, qualifié d'architecte par les écrits du temps, fit les plans et devis du cimetière ; mais, quand il fallut s'entendre avec les Laudun, ceux-ci, qui avaient un procès pendant avec la communauté, au sujet de la « nobilité prétendue de leurs biens », ne voulurent consentir à céder le terrain demandé, qu'« à titre « noble ». Accepter dans ces conditions, c'eût été reconnaître pour certain un droit douteux. Les consuls, pour ne rien compromettre, rompirent alors avec les Laudun, et s'adressèrent aux héritiers de Pierre Guiraud, qui possédaient un terrain « au quartier des Aires. » Ces nouvelles démarches ne réussirent d'ailleurs pas mieux. Jean-François Desmaret, de Tavel, représentant de la famille, vint à Aramon, pour se rendre exactement compte de la valeur de l'immeuble, et en demanda 1200 l. puis 1000, mais à la condition qu'on lui laisserait un chemin de 16 pans de large, le long du nouveau cimetière, pour se rendre à ses autres propriétés. Les consuls, n'ayant pas cru devoir accepter cette condition, s'abouchèrent avec Antoine Cavène « philosophe autant agréable que bon

---

(1) *Arch. comm.*, GG. 8, 9, 10, etc. — Les deux derniers morts enterrés dans le cimetière de l'église, furent deux enfants, Jacques et Jean Fougasse (8 et 3 ans), qui avaient péri dans l'inondation du 6 nov. 1674. (*Arch. comm.*, GG. 8).

(2) *It.*, BB. 29.

(3) *Item.*

citoyen ». Celui-ci consentit enfin à vendre une partie de son jardin, à raison de 400 l. l'émine. L'acte de vente fut passé le 6 mars 1778, par devant Antoine Dunan, notaire ; on emprunta, en cette circonstance, 1900 l. à l'hospice : 990 l. pour l'achat du terrain ; 850 l. pour la construction du mur de clôture, dont l'entreprise fut donnée à Alexandre Lacroix, et le restant sans doute pour divers menus frais (1).

Environ sept ans après, le second consul, Pierre-Brice Féline, ayant exposé au Conseil, que « les murailles de l'an- « cien cimetière (saint Jean) étaient presque toutes croulées ; « que les chiens et autres animaux y allaient creuser, déter- « rant les ossements et occasionnaient par les cavités qu'ils « y faisaient des exhalaisons infectes, qui portaient préjudice « tant aux pauvres malades qu'aux autres voisins dud. « ancien cimetière, qui est situé presque au centre du fau- « bourg inférieur », on décida « de transporter les ossements « de l'ancien cimetière dans le nouveau ». (2).

On adressa donc une demande en ce sens, à Mgr Henry-Benoît-Jules de Béthisy, évêque d'Uzès, à laquelle on joignit un certificat du docteur J.-J. Labrousse, déclarant que l'opération pouvait se faire sans le moindre danger. Sur le vu de ces pièces, Mgr de Béthisy rendit une ordonnance, le 22 février 1785, qui autorisait le transfert à la condition toutefois que le curé de la paroisse ou l'un de ses vicaires serait appelé et les cérémonies prescrites en pareil cas religieusement observées (3).

Quand tout fut terminé, P.-B. Féline, proposa au conseil de donner l'ancien cimetière à l'hospice, avec lequel il faisait corps. « Là, disait-il, on pourrait former un petit jardin à

---

(1) *Arch. comm.*, BB. 29. — DD. 1.. — Ce cimetière, emporté plusieurs fois par le Rhône, et notamment en 1840, fut alors agrandi de plus de la moitié (Registres de la Fabrique). Il fut également emporté en 1856, lors de la rupture de la chaussée.

(2) *Arch. comm.*, BB. 31.

(3) *Item* et DD. 10.

« l'effet d'y faire spacier les pauvres convalescents et pour
« pouvoir y mettre des plantes médicinales pour l'usage
« journalier dud. hospital. » (1).

La proposition Féline fut goûtée du conseil, qui demanda aux commissaires du roi leur approbation et l'obtint bientôt (1785) (2).

Et aujourd'hui, l'ancien cimetière St-Jean sert de cour de récréation aux élèves de l'école des filles.

2° *Chapelle des Pénitents Blancs.* — Il devait y avoir autrefois, à l'extrémité de ce qui est aujourd'hui le faubourg St-Jean, une chapelle rurale dédiée à ce Saint, et c'est elle qui, à notre sens, aura donné son nom à l'hôpital bâti tout auprès, et, plus tard, au foubourg lui-même, comme la chapelle St-Martin a donné le sien au faubourg de ce nom.

Quoi qu'il en soit, d'ailleurs, cette chapelle existait déjà en 1478, ainsi qu'en fait foi notre vieux compoix, où nous trouvons cette mention souvent répétée : « Item.., près de la « capelle de St-Jehan ». « Item..., à la carrière de St-Jéhan ». Item..., à St-Jéhan » (3).

Voici comment cette chapelle, qui paraît avoir été, dans le principe, absolument indépendante de l'hospice, devint la chapelle des Pénitents blancs.

A une époque que nous ne saurions préciser, probablement bientôt après l'établissement des Pénitents blancs à Avignon (4), une confrérie de ce nom s'était fondée à Aramon, qui comptait et compta longtemps, parmi ses membres, les plus honorables personnes du pays.

L'idée des confrères était d'abord de s'établir dans la chapelle St-Jean ; ne pouvant la réaliser encore, nous ne

---

(1) *Arch. comm.*, BB. 31.

(2) *Arch. comm.*, BB. 31.

(3) *It.*, CC.. 1.

(4) Ils s'y établirent en 1527, comme le porte encore le drap de mort de la célèbre confrérie, toujours florissante.

savons pourquoi, ils demandèrent qu'on leur laissât la jouissance d'une autre petite chapelle, qui se trouvait dans le cloître, et que l'on voit toujours, parfaitement conservée, bien qu'elle ait été plusieurs fois ensablée par le Rhône. On la leur accorda à la condition sans doute de la réparer : ce qu'ils firent ; et, une fois installés là, s'y trouvant bien, ils parurent avoir renoncé à la chapelle St-Jean (1).

Ceci se passait en 1581. Nous les voyons à cette époque retirer une somme de 113 l., qu'ils avaient déposée aux mains de J. Pitot, notaire, pour payer les réparations susdites (2).

Mais, en 1590, l'archidiacre Et. Julien, prieur d'Aramon, qui avait fixé sa résidence dans notre pays, voulut rentrer en possession de sa chapelle et en fit la demande. Les Pénitents ne bougèrent pas. Il fallut alors s'adresser au Présidial de Nimes qui enjoignit aux récalcitrants de sortir sur-le-champ, avec obligation au prieur de leur rembourser le montant des réparations faites, à dire d'experts. Celui-ci leur remit 113 l., (3).

Que devinrent alors les Pénitents ? Mirent-ils de suite à exécution leur premier projet ? C'est probable. Le fait est que nous les voyons installés dans la chapelle St-Jean en 1603. A cette date même, cette chapelle porte déjà le nom d' « esglize des frères pénitents » et vient d'être réparée, moyennant 150 l., par un plâtrier, Aymès Corbette, sur l'ordre direct des confrères et sans l'assistance du recteur de l'hospice : ce qui prouve que la chapelle était bien la propriété de la confrérie (4).

Cependant la confrérie prospéra. En 1581 elle comptait 17 membres « agissant, nous dit un acte, pour eux et pour les

---

(1) Ant. Bonnefoy, not.

(2) *Item*.

(3) J. Pitot, not.

(4) *Item*.

« autres. » (1). Puis le chiffre s'éleva : c'est 58 membres qui en font partie en 1651, « représentant la plus grande et saine « partie des confrères. » (2).

Dans ces conditions, la petite chapelle ne pouvait plus suffire ; on décida de la reconstruire sur des bases plus larges.

Le 21 avril 1650, après avoir, dans un but d'économie, creusé eux-mêmes les fondements du futur édifice et élevé ses murs au-dessus du niveau du sol, les Pénitents passèrent un bail à Jacques Baneur, maçon de Tarascon, en vertu duquel celui-ci s'engagea à parfaire la construction, à raison de 9 l., 1 s., la canne carrée : ce qui, d'après des évaluations probables, devait porter la dépense totale à 1800 l., environ.

Nous n'entrerons pas dans les détails de ce bail. Qu'il nous suffise de dire que cette chapelle n'est autre que celle de l'hospice aujourd'hui ; pas moyen de s'y tromper : c'est bien le plan tel qu'il a été exposé dans le bail (3).

Pour faire face à ces dépenses, les Pénitents, réunis en assemblée plénière, s'étaient imposés des cotisations en rapport sans doute avec la situation de fortune de chacun : cotisations qui, pour Accurce de Posquière au moins, s'élevèrent à 24 l. (4). Malheureusement l'argent ne rentra pas, vu la misère des temps.

J. Baneur ne recevant rien se fâcha. Il menaça de traduire les Pénitents en justice : ce qui obligea ces derniers à faire divers emprunts ; puis, se voyant toujours mal payé, il fit de la mauvaise besogne (5)

Les Pénitents se fâchèrent à leur tour. Après avoir usé de mille moyens pour amener l'entrepreneur à refaire plusieurs

---

(1) Ant. Bonnefoy, not.

(2) Guil. Faulquet, not.

(3) *Item.*

(4) Boyer, not., 1651,

(5) G. Faulquet, not., 1651. — M. A. Reboulet, not., 1700.

parties fort défectueuses de l'ouvrage, ils adressèrent un pourvoi à la Cour de Toulouse. Devant cette menace, et grâce surtout à un supplément de 80 l. qu'on lui accorda, Baneur s'exécuta (1).

Il ne toucha, d'ailleurs, cette dernière somme, que lorsqu'il eut terminé tous les travaux.

Nous avons dit que les Pénitents avaient fait divers emprunts. On en paya les intérêts tout un temps; mais, vers 1685, les créanciers ayant demandé le remboursement de leurs créances et ne pouvant l'obtenir, actionnèrent la confrérie devant les Tribunaux (2).

La situation devenait mauvaise. C'est alors que l'on décida de répartir les sommes empruntées sur la tête de tous les confrères : opération qui fut autorisée par la Cour des Aides, le 18 avril 1682 (3).

Tout ne finit point là.

Les collecteurs chargés de lever la part de chacun s'acquittèrent mal de leur mandat : les uns restèrent tranquillement chez eux, les autres ne rendirent aucun compte : ce fut un vrai gaspillage (4).

Les créanciers cependant ne voyant rien venir, ni intérêt, ni somme, reprirent leur instance. Se sentant acculés, les confrères, après avoir prié les créanciers « de modérer leurs « prétentions pour ne pas porter tort au service divin et à la « prospérité de la confrérie, » parlèrent de contracter un emprunt, en se réservant de faire rendre gorge aux collecteurs infidèles (5).

Et, en effet, nous voyons qu'ils empruntèrent 1200 l. à l'abbé Chayssi d'Aramon, prieur de Flaux, et qu'ils liquidè-

---

(1) G. Faulquet, not., 1652.
(2) M. A. Reboulet, not., 1700.
(3) *Item*.
(4) *Item*.
(5) *Item*.

rent leur situation, le 6 janvier 1701, après avoir obtenu quelques concessions, de la part des créanciers (1).

Maintenant comment désintéressèrent-ils l'abbé Chayssi? Probablement au moyen de leurs cotisations et des dons volontaires, qui, nous le voyons par les minutes des notaires de l'époque, arrivèrent nombreux (2).

A partir de ce moment, les Pénitents occupèrent tranquillement leur chapelle, se livrant à leurs exercices pieux, et rendant bien des services au pays. Malheureusement il leur arriva un jour, à eux, ce qui arrive à toute association que la foi n'anime plus : ils tendirent à s'organiser peu à peu en corps indépendant. Déjà, en 1659, nous trouvons une ordonnance de l'évêque d'Uzès, qui leur enjoint « de ne faire jamais « dire leur messe le jour du dimanche qu'après celle du « prône » (3). Il y avait donc eu quelque abus. Et cet esprit de coterie et de révolte ne fit que s'accentuer, à mesure que l'on s'achemina vers la Révolution. Au milieu du xviiie siècle, les Pénitents avaient rompu tout lien avec la paroisse : ils avaient leur chapelain qu'ils payaient, leurs offices qu'ils célébraient en grande pompe, leurs messes auxquelles ils convoquaient leurs familles, et jusqu'à leurs sépultures particulières qu'ils s'étaient choisies dans leur chapelle. C'était en quelque sorte une église dans l'église, avec des instincts de sectaires (4).

L'abbé J. Vincent patienta longtemps ; enfin, poussé à bout, il s'avisa, pour ruiner leur influence, d'un moyen habile peut-être, mais qui, en réalité, aggrava le mal. Ceci mérite d'être raconté.

En 1723, une seconde confrérie s'était fondée à Aramon, sous le nom de « Ninivites » ou « confrères de la croix » ; et

---

(1) M. A. Reboulet, not. 1700.

(2) G. Faulquet, not., 1668-1678, etc.

(3) L. XII.

(4) *Arch. comm.*, GG. 11 et *passim*.

l'évêque d'Uzès, Mgr de St-Jal, en avait autorisé l'érection, par ordonnance du 4 juin 1731 (1).

Cette confrérie, qui avait avant tout pour règle de se mettre sous la direction du curé, s'accrut rapidement. Bientôt elle compta plus de 400 membres, qui prirent alors le nom de « Pénitents gris, » de la couleur même du vêtement qu'ils portaient (2).

L'abbé J. Vincent, qui trouvait en eux de précieux auxiliaires pour son dessein, leur offrit de célébrer leurs offices dans l'église ; ils acceptèrent et choisirent modestement l'heure de midi : heure à laquelle l'église était complètement déserte. C'en fut assez cependant pour exciter chez les Pénitents blancs une profonde irritation (3).

Le conflit éclata bientôt.

Un jour, les Pénitents gris ayant été invités à prendre part à un enterrement, les Pénitents blancs, qui s'étaient attribués jusque-là le monopole de ces sortes de services et surtout celui des rétributions qui y étaient attachées, poussèrent de hauts cris. Pour se débarrasser de leurs rivaux, ils eurent d'abord recours à la ruse, se disant prêts à les accepter dans leurs rangs : un bon moyen au fond de les annihiler. Puis, comme ceux-ci refusèrent, objectant que « leurs statuts ne leur « permettaient pas de vivre sous une direction autre que « celle de leur curé, (4) » ils portèrent l'affaire au conseil politique, où ils se savaient très appuyés. Celui-ci décida, en effet, dans sa séance du 2 février 1773, par six voix contre trois, d'écrire à l'évêque d'Uzès, pour l'inviter à prononcer la fusion, et, à défaut d'une réponse favorable, d'en appeler « à qui de droit » (5). L'évêque parfaitement au courant de

---

(1) L. XVI.

(2) *Item*.

(3) *Item*.

(4) *Item*.

(5) *Arch. comm.*, BB. 27.

la situation, et froissé peut-être par cette sorte de mise en demeure, garda le silence, et le procès commença (19 mars 1774) (1).

Il dura 7 ans, non sans surexciter beaucoup les esprits. Enfin après je ne sais combien d'instances et d'appels, alors que les deux partis, c'est-à-dire le maire et le conseil, derrière lesquels se tenaient les Pénitents blancs, d'une part, et, de l'autre, les Pénitents gris avec qui marchait l'abbé J. Vincent, se disposaient à comparaître devant la Cour souveraine de Toulouse; tout-à coup, sur l'initiative de l'abbé J. Vincent, quelques hommes des plus honorables du pays, dans le but d'éviter à la communauté de plus grands frais et de mettre fin à de regrettables divisions adressèrent, à l'Intendant une requête, le priant de vouloir bien offrir en leur nom au Conseil une transaction raisonnable (2).

Cette requête fut transmise au Conseil, le 21 juin 1781, et, deux jours après, le conseil accepta un accord sur les bases suivantes: 1° les Pénitents gris ne feraient plus aucun exercice dans l'église, en dehors de leurs deux fêtes de la croix (3 mai et 14 septembre) et de leurs cinq processions d'usage ; 2° ils ne pourraient enterrer que leurs confrères « reçus dans « leurs assemblées ordinaires et non dans des maisons parti- « culières » ; 3° quant aux frais résultants du procès, chaque partie payerait les siens. Ainsi se termina le différend (3).

Exclus de l'église paroissiale, les Pénitents gris célébrèrent désormais leurs offices dans la chapelle de la maison Posquière (4), qui existe encore. Mais ce qui prouva plus tard combien l'abbé J. Vincent avait raison de se plaindre des Pénitents blancs, ce fut leur conduite à la Révolution. En effet, c'est dans leurs rangs que la Terreur alla prendre ses

---

(1) L. XVI. Ordon. du 6 nov. 1773.
(2) L. XVI.
(3) *Arch. comm.*, BB. 27.
(4) *Journal du Pair de France.*

plus chauds partisans ; Pierre Pons, entre autres, l'un des membres de la commune en 1793, avait été recteur de la confrérie (1).

Pénitents blancs et pénitents gris disparurent à la Révolution. La dernière fois qu'il est fait mention d'eux, c'est le 8 avril 1792: ils assistèrent, ce jour-là, à l'enterrement fait par l'abbé L. Savoye, de trois volontaires, qui s'étaient accidentellement noyés dans le Rhône (2).

Après la Révolution, les Pénitents blancs se reconstituèrent (3). Malheureusement, avec leur ancien train de vie, ils reprirent leur mauvais esprit, affectant de n'avoir rien de paroissial, créant sans cesse des difficultés à leurs curés, etc. Aussi, vers 1860, l'abbé Auguste Bayle, comprenant qu'il n'y avait rien à attendre d'une telle association, se décida à la dissoudre. L'affaire fit grand bruit dans le pays ; mais tout s'efface si vite en ces natures impressionnables et légères ! On n'en parla bientôt plus, et, depuis lors, Aramon fut tranquille (4).

Quant à la chapelle, elle fut comprise parmi les biens nationaux, et, comme telle, vendue au district de Beaucaire, le 2 prairial, an 3. Ce fut un maçon, Louis Lambert, qui, après neuf feux, l'obtint au prix de 3.100 fr. (5).

La chapelle avec ses dépendances, était d'une superficie de 80 toises carrées. L. Lambert la dépeça, pour en tirer meilleur parti sans doute. Il céda la sacristie à J.-J. Labrousse, qui la fit abattre pour faciliter ses entrées et sorties

---

(1) Délib. communales.

(2) *Arch. comm.* GG. 16.

(3) Nous ignorons en quelle année. Seulement, nous lisons dans l'État-civil, que le 29 sept. 1821, Marie Monchaud fut ensevelie dans le cimetière d'Aramon en présence des Pénitents blancs. (Rég. de cathol.).

(4) Souv. de M. Desmaret.

(5) *Arch. de la Préfecture.* Biens ecclésiastiques, n° 517.

de l'immeuble d'en face, qui lui appartenait (1). Il vendit la grande pièce du midi aux Billon (2), et, quant au corps même de la chapelle, ne trouvant probablement pas d'acquéreur, il la loua à l'Administration communale, pour en faire le temple décadaire (An 7) (3).

Plus tard, en l'an 13 de la République, L. Lambert vendit enfin à l'hospice sa chapelle. Celle-ci fut alors réconciliée et rendue de nouveau au culte, mais sans service régulier (4).

En 1861, Jean-Joseph-Antoine Pansier, étant devenu maire, proposa, au lieu de la construction déjà projetée d'une tribune à l'église paroissiale, d'affecter au culte, « mais d'une « manière toute particulière », la chapelle de l'hospice : on demanderait un second vicaire ; ce qui permettrait d'avoir, dimanches et fêtes, une messe à l'hospice ; on mettrait les jeunes filles de l'école à la tribune, les petits garçons dans la nef, etc. (5).

De fait, le vicaire fut nommé, et, pour donner une sacristie à la chapelle, on racheta des Billon l'immeuble voisin, au prix de 1600 fr. (6).

Depuis cette époque, la chapelle de l'hospice est devenue, pour ainsi dire, une chapelle de secours, où l'on dit régulièrement la messe, dimanches et fêtes.

2º *Chapelle de Saint-Martin.* — Il y a toute apparence que cette chapelle fut bâtie sur les ruines d'un ancien temple : sa position à mi-côte, près d'une fontaine, sur l'ancienne voie romaine, comme aussi son cimetière gallo-romain, dont

---

(1) Souv. de M. Desmaret.

(2) Dél. com. 1861.

(3) *Item.*

(4) Dél. comm.

(5) *Item.*

(6) *Item.*

les inscriptions ont été déjà mentionnées au chapitre III, nous paraissent appuyer sérieusement cette hypothèse.

Le temple païen érigé sur la voie, selon l'ancien usage, fut remplacé, lors de la conversion du pays, par une chapelle dédiée à l'un de nos saints les plus populaires : saint Martin, et cette chapelle démolie et reconstruite plusieurs fois sans doute, au cours des siècles, a fini par être aujourd'hui une chapelle rurale qui paraît dater du xv$^e$ siècle. Du moins, le compoix de 1478 fait souvent mention d'elle et de son cimetière également (1).

Cette chapelle n'a pas d'histoire jusqu'à la Révolution. Tout ce que nous savons, c'est qu'on y disait la messe le jour de Saint-Martin, qui était l'un des patrons particuliers du pays, et qu'on enterrait dans son cimetière, en temps de peste et peut-être d'inondation (2).

A la Révolution, la chapelle et le cimetière (3) mis en vente comme biens du clergé « furent acquis par Jacques-« Honoré de Moyneuse, propriétaire foncier d'Aramon, au « prix de 650 fr., après six feux » (4).

J. de Moyneuse avait un frère, officier de cavalerie, Louis-Augustin de Moyneuse, qui s'étant retiré à Aramon, fut

---

(1) *Arch. comm.*, CC. 1. — Nous lisons sur un des contreforts de la chapelle, à l'extérieur, près de l'abside, côté nord, cette inscription : « Les impurs, ny les larrons, ny les adultères ne verront jamais Dieu ». On prétend dans le pays que ces paroles, tirées d'ailleurs de la Sainte Ecriture, auraient été mises là par un ancêtre de M. Ch. Sauvan, comme une critique à l'adresse de je ne sais plus quel marquis d'Aramon. C'est une légende. L'inscription est manifestement contemporaine de l'édifice. Or, les ancêtres de M. Ch. Sauvan ne sont venus de Tresque, chez nous, que vers la fin du dernier siècle.

(2) On le fait encore pendant les inondations.

(3) Contenance de la chapelle : 10 toises. — Contenance du cimetière (l'acte dit : terrasse) : 2 pouquadières (210 mètres).

(4) *Archives de la Préfecture*. — Biens du clergé. N° 540.

enterré dans la chapelle, le 16 mai 1803. Son tombeau se trouve dans l'intérieur de la nef, à droite (1).

Plus tard, J. de Moyneuse vendit au grand'père de M. Ch. Sauvan l'ancien cimetière et toute la propriété qui entourait la chapelle, ne gardant absolument que l'édifice lui-même et un lambeau de terrain y aboutissant (2).

En 1813, il demanda à l'archevêque d'Avignon que Saint-Martin fût conservé comme chapelle patronale ; et sa demande, appuyée par le conseil de fabrique et par le conseil municipal, fut agréée (3).

Il paraît qu'avant de mourir, il légua sa chapelle au marquis d'Aramon ; mais en s'y réservant sa sépulture (4).

Les marquis d'Aramon en ont fait, à leur tour, leur tombeau de famille.

Ajoutons que, de nos jours (1897-1898), une nouvelle chapelle, fort gracieuse, a été érigée sur l'emplacement du cimetière gallo-romain, parallèlement à l'ancienne, par la famille Ch. Sauvan=de la Devèze. Ce sera là désormais le lieu de sépulture de cette famille.

4° *Chapelle du Calvaire*. — Celle-ci ne date pas de loin. Commencée peu avant la Révolution, elle resta longtemps inachevée (5), ne possédant que « son sanctuaire et ses deux « murs latéraux » (6). Elle fut terminée par l'abbé Imbert, en 1851, à la suite d'un jubilé, grâce à la générosité des fidèles (7).

---

(1) *Journal du Pair de France.*

(2) Souv. de M. Desmaret.

(3) Dél. comm.

(4) Souv. de M. Desmaret. — J. de Moyneuse avait été l'agent de la famille d'Aramon dans l'affaire Marie (*Arch. dép.*, E. 35) et en était resté l'ami : ceci explique son acte.

(5) *Journ. du Pair de France.*

(6) Règ. de la Fabrique.

(7) *Item.*

L'abbé Imbert fit également ériger, devant la chapelle, une magnifique croix, le 19 septembre 1852; c'est celle qui existe aujourd'hui (1).

Depuis 1851, on dit la messe deux fois l'an, à la chapelle du Calvaire : le 3 mai et le 14 septembre.

---

(1) Rég. de la Fabrique.

# CHAPITRE XIII

## MONUMENTS CIVILS

Aramon s'est longtemps borné à la partie de sa circonscription actuelle que l'on désigne aujourd'hui encore sous le nom de « ville ». Les deux faubourgs Saint-Martin et Saint-Jean, séparés de cette dernière par les boulevards, sont de date relativement récente.

Saint-Martin (*bourg Sobeyran* (1) — *faubourg supérieur, faubourg Saint-Martin — bourgades*), qui est adossé au Puech dans la direction du levant, à 500 mètres environ de la chapelle, ne paraît pas antérieur au xv$^e$ siècle. A cette époque même, il ne renfermait guère que des écuries, des remises, des cours, des jardins, sans aucune maison d'habitation proprement dite : cela ressort de l'étude des compoix (2). Saint-Jean (*bourg Soteyran — faubourg inférieur — faubourg Saint-Jean*) qui est situé à l'ouest du pays, sur un sol bas et dès lors facilement submersible, est encore moins ancien peut-être. Ils ne se sont formés véritablement l'un et l'autre qu'au xvii$^e$ siècle, époque où bien des gens, originaires des villages voisins, vinrent se fixer à Aramon, attirés qu'ils y furent par le commerce considérable qui s'y faisait.

La ville proprement dite, construite en amphithéâtre, sur la pente méridionale du Puech, formait une sorte de quadri-

---

(1) So-beyran : sus lou ran, c'est-à-dire sur le rocher. — So-teyran : sou-to lo ran : c'est-à-dire au-dessous du rocher. (*Diction.* de Fréd. Mistral).

(2) *Arch. comm.* CC. 1, 2, 3.

lataire presque régulier, avec une légère inflexion vers le nord. Au sommet du rocher qui la dominait et la protégeait à la fois se trouvait le château ; au bas le port. Le tout était clos de murs, flanqué de tours, garni de portes, ce qui donnait au pays un aspect redoutable et l'avait fait désigner dans les écrits du temps, sous le nom de « castrum de Aramone : lieu fortifié » (1).

L'intérieur de la ville était divisé en quartiers : à l'ouest, le bourg Mathéron, traversé par une rue qui subsiste encore en entier ; au centre, les Infirmières et le plan du Saule, avec la maison consulaire au-dessus et les patis à côté ; au sud, c'est-à-dire au-dessous de la rue de la ville qui allait et va encore de la porte d'Avignon à la porte de Montfrin, la petite place du Four, la Saunerie et la place du Port ; enfin au levant, le plan de l'Angle, dont le nom s'est perpétué, et sert encore à désigner la porte, ouverte en 1771, tout près de cette antique place (2).

On le voit, c'était à peu de chose près l'Aramon moderne.

Et maintenant entrons dans quelques détails.

I. **Château**. — Nous avons exposé déjà (chap. XI) l'opinion de H. Rivoire, touchant l'existence d'une forteresse, qui aurait été élevée par Marius, préfet des Gaules, après la conquête de nos pays, nous n'y reviendrons pas. Mais ce que nous pouvons affirmer, c'est qu'antérieurement au château que nous voyons aujourd'hui, peut-être même dès le x$^e$ siècle, il y en avait un autre désigné en 1550 sous le nom de « viel « chasteau » et composé alors « d'une vielhe tour ruynée, avec « certaine place, sive cazal y joincte. » Nous connaissons son emplacement. Il confrontait « du levant, avec les « murailles de la ville ; du cochant avec la rue publicque ; « du marin, à la maison de Brancasse Vincens ; d'autre

---

(1) *Passim*.
(2) *Arch. comm.*, CC. 1, 2, 3, etc.

« droicte, à la maison de Jehan Cadaix » (1), c'est-à-dire qu'il se trouvait un peu au-dessous du château d'aujourd'hui et plus au levant : probablement à l'endroit même où est le puits (2), sur le bord du rocher coupé à pic.

En 1550, cette « ruyne » ayant été mise en vente par Jean de Flessan, surintendant de D. de Poitiers, fut acquise par Jacques de Malavalette au prix de 62 l. « plus, dit l'acte, un « bon et gros chapon chasque année à la Noël. » Mais J. de Malavalette, « voulant de tout son pouvoyr gratiffier et com- « plaire à noble et esgrege personne Monsieur Messire Jehan « de Cotis », docteur d'Avignon, qui désirait l'avoir, le lui céda le même jour et au même prix ; l'argent en fut remis à Elyas de Récords, « récepteur pour Madame » (3).

Ce vieux château, détruit peut-être pendant les guerres des Albigeois, fut remplacé par un autre, vers la fin du XIII° siècle ou au commencement du XIV°, comme l'indique l'appareil employé, qui est celui de Philippe le Bel.

Celui-ci se composait, en 1464, « d'une maison et d'une « tour » (4). En 1553, il fut agrandi par D. de Poitiers et orné « d'une esplanade par devant. » (5). En 1639, il avait « deux corps de logis contenant salles et chambres basses, « cour et jardin » (6). Et plus tard, en 1725, il est encore parlé « d'une place servant d'issue du côté du nord » (7) sur

---

(1) Ant. Orionis, not.

(2) Ce puits est aujourd'hui abandonné. — J. Arnaud, not., en parle dans un acte de 1683. Il l'appelle « puits du château ». Son éloignement du château actuel semble prouver qu'il n'a pas été construit pour ce dernier.

(3) Ant. Orionis, not.

(4) *Arch. de Nimes*. L. XI.

(5) *Journ. du Pair de France*.

(6) L. XI.

(7) *Item*.

l'emplacement sans doute de l'ancienne demeure des du Jardin. Le « tout contenait environ deux salmées » (1).

Aujourd'hui, la tour seule est debout : vaste carré, surmonté de créneaux et d'une tourelle qui domine au loin le pays. On l'appelle le « donjon de Diane de Poitiers » en souvenir de la célèbre courtisane, toujours populaire dans ce pays aux mœurs faciles. Quant à la « maison », c'est-à-dire la partie non fortifiée de l'ancien château, elle a disparu. C'est à peine si on en aperçoit quelques vestiges, au pied de la tour, dans la direction du levant : ici, quelques arceaux ayant fait partie d'une salle (2) ou d'une cour d'honneur ; là, les dernières assises de l'ancien pavillon des archives, etc. : ruines tristes et informes.

Le château fut jusqu'au milieu du XVIIe siècle, la citadelle du pays (3). A défaut des seigneurs (4), les consuls en avaient soin (5), se chargeant eux-mêmes des réparations (6), s'efforçant de le rendre inaccessible, surtout du côté du Puech — le point vulnérable — où ils avaient construit un pont-levis dominant un large fossé taillé dans le roc : lequel fossé creusé (7) plus profondément dans la suite est devenu la rue (8).

Vers le milieu du XVIIIe siècle, les Sauvan, trouvant sans doute trop étroite ou mal commode la vieille habitation seigneuriale, firent construire sur l'emplacement de l'ancienne maison des du Jardin, ce qu'on appelle aujourd'hui « l'aile

---

(1) L. XI.

(2) *Journ. du Pair de France.*

(3) Ant. Bonnefoy, not., 1592.

(4) Nic. Bonnefoy, not., 1558.

(5) Ant. Bonnefoy, not., 1592.

(6) *Item.*

(7) Dél. comm. 1863.

(8) L. XV. 1653.

nord du château » (1) une sorte de parallélogramme d'un style lourd et très bourgeois, qui jure outrageusement avec le si gracieux donjon de Diane.

C'est à Jean-Pierre Meynier que fut, dit-on, confié ce travail (2).

En même temps, pour donner au château, vu du côté du Rhône — la grande route d'alors — un aspect uniforme, on remplaça, au midi, la belle façade du donjon par une autre évidemment calquée sur celle de l'aile-nord : acte de vandalisme que nous regrettons vivement dans l'intérêt du goût et au nom des souvenirs.

Tous ces travaux, auxquels il faut ajouter le pont monumental, qui relie le château au Puech, et le grand portail qui s'ouvre dessus, furent terminés en 1769 (3).

A la Révolution, le château subit un véritable sac ; tout fut pillé : meubles, glaces, tableaux, bibliothèque, cheminées en marbre et jusqu'à une rampe en fer forgé, d'un beau travail. On essaya même, paraît-il, après avoir brisé portes et fenêtres, d'incendier le donjon : le fait est que l'on aperçoit distinctement des traces de flamme sur la façade du couchant (4).

A son retour de l'exil, le marquis d'Aramon, irrité de tous ces dégâts et peu désireux d'habiter un château, dont il « n'avait jamais aimé la situation », en fit démolir une grande partie, en particulier la salle ou cour des arceaux et le pavillon des archives, et, de leurs débris, se fit construire une demeure par Gardon, maçon du pays, à l'ouest du couvent des Récollets, qu'il venait d'acheter. Ceci se passait en 1806, etc. (5).

---

(1) Souv. de M. Desmaret.

(2) *Item.*

(3) *Journ. du Pair de France.*

(4) *Journ. du Pair de France.* — Souv. de M. Desmaret.

(5) *Journ. du Pair de France.*

Puis, quelques années après, c'est-à-dire de 1812 à 1815, il abattit la vieille façade gothique et en construisit le bassin du puits-à-roue (1). Rien ne trouvait grâce devant cet homme.

Le vieux château, ainsi mutilé, resta longtemps en ruine. Le comte d'Aramon qui l'aimait, y installa, un jour, un billard et un lit de camp, se proposant sans doute de le restaurer plus tard ; mais la mort ne lui en laissa pas le temps. Ce ne fût qu'en 1855, que commencèrent les travaux : construction du grand vestibule, réparation des chambres, etc. ; et le couvent cédé alors à M$^{me}$ de Chamoys fût habité par elle jusqu'à sa mort, en 1880 : époque à laquelle il est devenu une simple dépendance du château : le lieu où l'on remise chevaux et voitures (2).

II. **Remparts.** — Nous l'avons déjà dit, les remparts (*Barri*, en langue vulgaire) entouraient la ville proprement dite. C'étaient des constructions grossières : ébauches, ce semble, de l'art à ses débuts, ou bien œuvre de maçons inhabiles, n'ayant rien de ce fini, de cette grâce que nous admirons aujourd'hui dans certaines fortifications encore debout de quelques villes voisines, comme Avignon, Aigues-Mortes etc. ; mais qui constituaient, par leur hauteur et leur solidité, un ouvrage de défense imposant et redoutable. Formés d'un double parement ou placage en moellons de rocs reliés entre eux par un béton plus dur que le ciment, d'une épaisseur moyenne de 1 mètre 30 sur toute leur étendue, hauts de 12, couronnés de créneaux, servis par un chemin de ronde, dont on distingue parfaitement encore les vestiges au-dessus du portail Mathéron, semés de guérites et de postes d'observation qui permettaient à l'œil de plonger au

---

(1) *Journal du pair de France.*
(2) Souv. de M. **Desmaret.**

loin et d'éviter toute surprise, ces murs paraissaient à même de défier les efforts des hommes et du temps. Ajoutez à cela, d'ailleurs, le château au nord, le Rhône au midi, deux tours au levant, un profond fossé avec une autre tour au couchant, et vous aurez une idée complète de notre système de défense au moyen-âge.

Les murs appartenaient à la communauté, « sous le bon « plaisir du roi » bien entendu, comme en font foi tous les dénombrements (1) ; et c'est à ce titre, qu'elle les entretenait : de là, ces comptes sans nombre, payés à des maçons, à des charpentiers, à des serruriers, que nos clavaires ont enregistrés, se rapportant à ce chef (2). Maintenant, à quelle époque ces murs furent-ils construits ? Aucun document ne nous le dit ; mais il n'y aurait rien d'étonnant à ce qu'ils remontassent au X$^e$ siècle, la partie nord du moins. Voici pourquoi.

Dans le langage du pays cette partie des remparts est appelée « mur romain ». Or, n'est-ce point là une indication déjà ? Nous remarquons, de plus, que, bien des assises dans la partie moyenne de la hauteur, sont en forme d'arrête de poisson (appareil carlovingien). Enfin, il nous paraîtrait difficile d'admettre qu'on ait employé, dans cette construction, le moellon de roc — matière peu commode à façonner — si on avait connu les carrières du Terme, exploitées cependant, depuis longtemps déjà, au XIII$^e$ siècle.

Quoi qu'il en soit, ces remparts, sauvegarde du pays aux époques troublées de notre histoire, furent longtemps respectés. Nous voyons qu'en 1525, le Sénéchal faisait défense aux habitants d'y pratiquer des ouvertures, sous des peines sévères (3). Ici, d'ailleurs, seigneurs et habitants se surveillaient avec un soin jaloux. En 1530, G. de Luetz ayant fait ouvrir

---

(1) J. Arnaud, not., 1642, etc.

(2) *Passim.*

(3) L. XI.

une porte derrière son château, avec l'autorisation de deux commissaires de M. de Clermont, « lieutenant pour le roy en « Languedoc », les consuls protestèrent immédiatement, et, devant le refus opposé par Honorat de Lengua, juge royal, de recevoir leur plainte, menacèrent d'en appeler à la Cour de Toulouse (1). Par contre, sur la fin du xvie siècle, les consuls, se montrant trop faciles à permettre des ouvertures aux remparts, H. de Goudin les mit en justice et obtint qu'ils ne pourraient à l'avenir donner aucune autorisation de ce genre, sans l'assentiment du seigneur (2).

Les remparts ne furent réellement négligés que vers la fin du xviie siècle, inutiles qu'ils étaient alors par suite de la double transformation opérée dans l'état social et dans l'art militaire. Nous remarquons cependant qu'à cette époque quelques pans du mur s'étant éboulés, on demanda à l'Intendant l'autorisation de les relever (3).

A la Révolution, on ferma les yeux sur ces sortes d'empiétements, et, dès lors la ville changea d'aspect.

Aujourd'hui, à part le mur du nord, qui, bien que découronné, a gardé quelque chose de sa physionomie d'autrefois, les autres se sont pour ainsi dire fondus dans les maçonneries adjacentes, et font partie des maisons qu'ils avaient protégées. Mais, n'importe, en dépit de cette humiliante transformation, on peut être sûr qu'ils resteront debout longtemps encore, car nos pères n'étaient pas comme nous : lorsqu'ils bâtissaient c'était pour des siècles.

III. **Portes.** — Il y en avait trois d'abord : la porte de Montfrin, la porte d'Avignon et la porte de Berline, auxquelles vinrent s'ajouter ensuite la poterne du château, la porte Mathéron, le Portalet de Posquière et la porte de l'Angle.

---

(1) *Arch. comm.*, FF. 8.

(2) Arrêt de 1619. — *Arch. comm.*, DD. 3.

(3) *Arch. comm.* BB. 25.

1° *Porte de Montfrin*. — Elle se trouvait et se trouve encore à l'entrée de la ville, dans la direction du village de Montfrin : de là son nom.

Cette porte avait cela de particulier qu'elle était « toute de contour : » ce qui en rendait l'accès « fort pénible pour les « charrettes et voitures, » c'est vrai, mais constituait pour elle une défense remarquable. On aperçoit encore quelques assises de son vieil arceau, derrière le montant droit de la nouvelle porte (maison L. Lafont dit le rouge) ; et l'on peut ainsi se faire une idée exacte de sa position comme aussi de sa solidité.

Cette porte munie d'une barbacane en pierres de taille (1) et protégée par un revelin (2), avait, à côté d'elle, un fossé profond, que l'on franchissait, en 1525 (3), comme en 1586 (4), au moyen d'un pont-levis, et, plud tard, (1771) d'un pont en pierre (5). Enfin, au-dessus d'elle, s'élevait une tour, dans laquelle logeait le modeste fonctionnaire, valet des consuls (6) ou autre, qui était chargé d'ouvrir et de fermer les portes de la ville.

Il paraît qu'en 1701, cette porte se trouvait dans un état de délabrement complet « n'étant plus soutenue que par un « méchant pilier de bois. » Six ans auparavant, un nommé Sébastien Meiron y avait été écrasé par un éboulement, et l'on pouvait craindre, chaque jour, pareil accident. De plus, sa conformité particulière — une sorte de cul-de-sac — la

---

(1) L. XIV, 1607.

(2) Ant. Saladin, not., 1586.

(3) Nic. Bonnefoy, not.

(4) J. Pitot, not.

(5) *Arch. comm.*, BB. 27.

(6) *Arch. comm.*, BB. 10. — Il fermait les portes la nuit, après avoir agité une petite cloche, et était tenu de les ouvrir de jour et de nuit· On lui donnait pour salaire « 10 eymines bon blé ». (*Arch. comm.*, BB. 9 et 10).

rendait peu sûre ; plusieurs personnes y avaient été assassinées, et il s'y « commettait journellement de mauvaises « actions. » Le Conseil, n'étant pas cependant en mesure de la reconstruire, décida simplement de la réparer, et cette réparation permit à la vieille porte de subsister quelques années encore (1).

Enfin, en 1774, « des malfaiteurs inconnus l'ayant ren- « versée, les consuls en firent enlever les débris, » et la remplacèrent par une autre, dans le style de l'époque, qui s'ouvrait dans l'axe même de la rue. Ce travail confié à Antoine Lambert, maçon, coûta 850 l., et fut terminé en 1774 (2).

C'est la porte que nous voyons encore aujourd'hui.

2° *Porte d'Avignon*. — Celle-ci devait son nom à son orientation vers la cité papale, et terminait, au levant, la rue de la ville. Elle était de la même époque que celle de Montfrin (3), et possédait comme elle une tour (4), encore debout, un revelin (5), une barbacane (6) et un pont-levis (7).

Rien de bien remarquable à noter jusqu'en 1617.

A cette époque, il paraît qu'au moindre bruit de guerre, on murait la porte d'Avignon, plus particulièrement exposée aux attaques des « Provençaux. » Les habitants d'Aramon, ceux des bourgades en particulier, que cet état de choses fatiguait, se plaignirent aux consuls. Le 30 avril 1617, ceux-ci réunirent leur conseil, et l'on fut d'avis de construire une

---

(1) *Arch. comm.*, BB. 13.

(2) *It.*, BB. 27.

(3) Nic. Bonnefoy, not., 1525.

(4) Elle est appelée parfois « tour de Saladin », du nom du propriétaire de la maison voisine. (Ant. Bonnefoy, not., 1578).

(5) L. XIV, 1578.

(6) *Item*.

(7) *Item*.

seconde tour, qui, en donnant toute sécurité à la ville, permettrait à l'avenir de laisser ouverte la porte d'Avignon.

En conséquence, le 5 décembre 1617, un bail fut passé à Jean Trial et Claude Borrel, qui s'engagèrent 1° à exhausser de deux pans, la porte, qui existait déjà ; 2° à « faire la tour « joignant le port, au nord de cette porte ; » 3° à donner à cette tour « trois cannes et demie de longueur, trois cannes « de largeur et une canne et demie au-dessus de la courtine « de la muraile de la ville ; » 4° à ménager « un corps de « garde dans lad. tour avec cheminée, avec manteau, « faisant sortir le canon trois pans hors le plus-haut du toit « de lad. tour », plus « trois fenestres regardant les trois « costés et une porte pour pouvoir entrer de la muraille dans « icelle ; » 5° à construire à l'extérieur « une autre porte « semblable à la première munie d'une sarrasine... d'une « barbacane... d'un pont-levis... et d'un revelin (1). »

Ces travaux, activement menés, furent terminés vers la fin de 1718, conformément d'ailleurs, aux conventions (2). On en préleva le montant, soit 700 l. sur le produit des « gragnons de la communauté, » que l'on avait vendus pour 9 ans (3).

La nouvelle tour prit bientôt le nom de « tour du bréchet » ou plutôt « brochet » (4). Réparée en 1760, du côté qui fait face au Rhône, « avec des pierres taillées en cadète prises » aux anciennes carrières d'Aramon (5), » elle se dresse

---

(1) La porte d'Avignon se composait donc en réalité de deux portes séparées par une sorte se couloir, comme la porte du Fort St-André, à Villeneuve.

(2) *Item.*

(3) L. 2.

(4) *Arch. comm.* DD. 9.

(5) *It.* Remarquons que tout le haut de l'édifice était de cet **appareil.**

encore dans sa masse imposante, et longtemps, sans doute, n'aura rien à craindre des efforts du temps.

Quant à la porte qu'elle protégeait, elle n'existe plus. Les quelques vestiges même que l'on apercevait, il y a trois ans encore, au-dessus du puits de la ville, ont totalement disparu, depuis les réparations faites à la maison Bernard-Saysse.

3° *Porte de Berline.* — S'il ne nous a pas été possible de découvrir l'origine de ce nom, que nous trouvons déjà en 1516 (1), du moins nous savons fort bien où était cette porte, bien qu'elle ait disparu.

En 1534, Antoine Militis donne par testament à Denis Bertrand, notaire de Montfrin, outre sa maison d'habitation et son moulin, « un mas descouvert qui se confronte du « levant avec la place que l'on va au Pourtalet qu'on nom- « me de Berline ; daure avec la rue de l'infermarie ; de « marin avec la muraille de la ville (2). »

En 1595, les consuls vendent un tas de ruines, qui se trouvait à « l'endroict dict du Pourtallet de la Berline et rue de « la Sonnarie » (3).

En 1669, le marquis d'Aramon accorde à un particulier deux émines de terre à prendre sur les créments délaissés par le Rhône, « du costé du midy de la visée du corps de la « maison et molin à huille de noble Accurce de Bertrand, se « confrontant lesd. deu eymines... du couchant : le chemin « de la porte dicte de Berline allant au Rhône » (4).

De tous ces détails, pour quiconque connaît tant soit peu l'Aramon d'autrefois, il ressort clairement que la porte de Berline se trouvait entre la maison d'Honorine Meynier et celle de Richard Lambert, sur l'emplacement même de la

---

(1) Danhet, not., L. XVII.

(2) Ant. Orionis, not.

(3) J. Pitot, not.

(4) J. Arnaud, not.

chaussée. Le passage que l'on remarque, de la rue de la ville au Rhône, n'est autre chose que l'ancien chemin de la porte de Berline ; c'est même à ce titre, qu'il a dû d'être conservé, lors de la construction de la chaussée.

Cette porte était également défendue par une tour, et, de plus, en raison de son ouverture sur le Rhône, toujours dangereuse, en temps de guerre, pour la sécurité du pays, on l'avait faite de dimensions étroites : de là, ce nom de « portalet » que lui donnent généralement les écrits du temps.

Nous remarquons qu'on la murait souvent. Ainsi elle l'était en 1613, puisqu'à cette date, les consuls donnent ordre de la rouvrir, d'y mettre un solide portail et d'y construire deux murs parallèles à l'extrémité « pour servir au montoir « que l'on doit faire du costé du Rhosne » (1). Elle l'était également en 1651. « Pour l'avoir fermé, nous dit le clavaire « Pierre Villard, j'ai compté 15 l. à Pierre Poise, maçon « d'Aramon » (2).

Cette porte eut quelque importance jusqu'au milieu du XVIIe siècle, d'abord parce qu'elle était la seule à s'ouvrir directement sur le Rhône, et ensuite parce que là se trouvait le port proprement dit ; mais quand les temps furent devenus calmes et le commerce florissant, on la délaissa comme mal commode. C'est ainsi qu'elle est tombée au rang de simple passage.

4° *Portalet de Posquière*. — Vers 1625 (3), on ouvrit un autre portail tout près de la maison des Posquière. Qui sait même si ce ne fut point là l'œuvre de quelqu'un des membres de cette illustre famille, dans le but de se donner une issue facile vers le Rhône ? On l'appela naturellement Portalet de

---

(1) *Arch. comm.* BB. 10.

(2) *It.*, CC. 55.

(3) *It.*, CC. 28.

Posquière (1). Ce portail n'eut pas de tour pour le défendre, vu qu'il était fort petit et que, nous dit un document « la maison de Posquière servait de levant à toutes les « autres » (2) et en était comme le rempart naturel.

Lors de la construction du quai, au lieu de l'abattre, on le mura simplement en le faisant entrer dans le corps de la bâtisse, comme il est facile de s'en rendre compte ; mais, pour conserver le passage, on éleva là même, un escalier, qui permet aujourd'hui d'arriver sur le quai.

5° *Poterne du château et portail Mathéron.* — Nous les joignons ensemble, car ils ont une histoire commune.

Nous avons déjà dit que G. de Luetz avait obtenu l'autorisation d'ouvrir une poterne derrière son château, et que la communauté avait entrepris de la lui faire fermer (3).

Tandisque le procès allait son cours, survint la transaction de 1532, qui mit fin aux débats, au moyen de la clause suivante : « Item a esté accordé sur le différent de la posterle
« quelle sera remise en son premier estat, c'est d'estre close ;
« sauf que lesd. habitans seront tenuz fere un portal à la
« rue du Bourg-Mathéron, au dessoubz dud. chasteau pour
« le traffic et service dud. seigneur ; de laquelle porte led.
« seigneur tiendra une clef si bon luy semble ; réservé que
« jusqu'à ce que led. portal et passage dud. Bourg-Mathéron
« soit ouvert et le pavé d'icelluy acoustré, en sorte que led.
« seigneur, tant à pié que à cheval que avec charrette y
« pourra passer, lad. posterle demourera ouverte comme est
« à présent. Et faict comme dessus led. portal et acoustrée
« lad. rue et passaige, led. seigneur sera tenu fere clore lad.
« posterle. Toutesfoys pendant que lad. posterle demourera

---

(1) Il est cependant désigné quelquefois sous le nom de Porte de la Garenne, à cause de la garenne des Posquière qui l'avoisinait.

(2) *Arch. comm.*, DD. 3.

(3) *It.*, FF. 8.

« ouverte sera tenu led. seigneur assurer lesd. habitants en
« bonne forme que ne leur puisse venir aucun dommaige
« ny inconvénients pour lad. posterle » (1).

Il semble que, pour se délivrer de cette servitude gênante
et dangereuse, les habitants auraient dû se hâter de construire la porte du Bourg-Mathéron. Il n'en fut rien cependant.
Elle ne le fut qu'en 1647, comme nous l'apprennent les
comptes d'Accurce de Posquière : « Avoir donné 3 l. 4 s. pour
« ouvrir la muraille de la vile pour faire la porte Saint-
« Martin » (2), comme nous le confirment ceux de Pierre
Villard : « Avoir donné à Pierre Poise, maçon, pour journées
« à la porte du Bourg-Mathéron... » (3). Cette porte existe toujours, mais sous le nom préféré de Portail-neuf.

Quant à la poterne, nous la trouvons fermée en 1620. A
cette époque, H. de Goudin, demanda à M. de Richard, l'autorisation de la rouvrir. La lui accorda-t-on ? C'est probable.
Mais ce qui est certain, c'est que la porte était ouverte en
1653 (4).

Avec le temps même, la poterne s'agrandit et devint au
XVIIIe siècle, le grand portail que nous voyons aujourd'hui,
et dont il sera parlé à l'occasion des armoiries que voulait y
placer le marquis d'Aramon (chap. XXV).

6° *Porte de l'Angle*. — On l'appelle vulgairement Portail
des Angles, et si l'on interroge les habitants sur l'origine de
ce nom, ils vous répondent que c'est son orientation vers le
village des Angles, qui le lui a valu.

Erreur. Son vrai nom est Portail de l'Angle, et il le doit

---

(1) *Arch, comm.*, AA. 1.

(2) *It.* CC. 50. — C'est le nom que cette porte prit d'abord, eu égard à son orientation vers la chapelle St-Martin.

(3) *Arch. comm.* CC. 55.

(4) L. XIV.

à l'ancienne rue de l'Angle, qui venait aboutir là, autrefois, et y formait une place.

D'ailleurs ce portail n'a pas d'histoire ; tout se réduit pour lui à une date : 1771 qu'il porte sur la clef de voûte de son cintre. Comme pour la porte Béague, ouverte de nos jours, entre le portail Mathéron et celui de l'Angle, en le construisant, on céda aux réclamations des habitants de ce quartier, qui se plaignaient de ne pouvoir sortir commodément de chez eux.

IV. **Port.** — Le mot de port a deux sens dans nos vieux écrits : il signifie tantôt l'endroit d'où se faisaient les expéditions par le Rhône : les docks dirions-nous, si le mot n'était pas trop ambitieux ; et tantôt le monopole du transfert d'une rive à l'autre : ce qu'on appelle bac aujourd'hui.

Nous avons peu de choses à dire sur le port entendu dans le premier sens. Nous savons seulement : 1° qu'il existait déjà en 1395, et était classé comme tel, sur les registres des maîtres des ports (1) ; 2° qu'avant le XVIe siècle, le port se trouvait à la porte de Berline, et avait pour entrepôt la petite place voisine (2) ; 3° que plus tard, quand l'ordre et la paix régnèrent en France, et que le commerce eut pris de l'essor, le port s'étendit sur toute la rive, d'un faubourg à l'autre, mais principalement à l'endroit dit le Billot (3) ; 4° qu'alors les vacants qui avoisinaient les portes de la ville, et qui, au dire d'un document de 1592, étaient d'une superficie totale de « 1 salmée, deux eymines et 4 pougadières, » tinrent lieu d'entrepôt (4) : 5° que le port d'Aramon prospéra si bien, que l'on y établit une succursale de la « compagnie de navi-« gation du Rhône, » à la tête de laquelle se trouvèrent les

---

(1) *Archives de Nimes.* L. XI.

(2 L. XVII. 1556.

(3) *Arch. comm.*, BB. 9. Pierre Bonnefoy, not., 1596.

(4) L. XI., 1692.

deux Soumille, Enemond et Louis, et Antoine Labrousse et dont les bureaux étaient au faubourg Saint-Jean (maison Philippe Cadenet, aujourd'hui) ; 6° que le port est resté en activité jusqu'à la construction de nos grandes routes et des chemins de fer, qui ont alors attiré à eux tout le commerce : 7° enfin, qu'il y avait un « garde pour le roy au port et pas« saige d'Aramon » et un « recepteur des droits forains » (1).

Quant au mot de port pris dans le sens de bac, nous possédons une foule de détails le concernant qui ne seront pas sans intérêt.

Disons d'abord que ce service n'avait rien de régulier dans le principe. En effet, un extrait des Archives de Nîmes nous apprend que, le 31 mars 1475, l'inspecteur des ports en Languedoc donna ordre aux habitants d'Aramon de mettre « une « ou deux personnes pour régir le port et bateau à passer et « repasser personnes étrangères et privées, leurs marchan« dises et biens, avec la licence de la garde commise aud. « lieu par le maistre des portz en payant les droictz accous« tumés au roy. » Et quant aux habitants eux-mêmes, « chascun pourra, déclare l'inspecteur, tenir pour luy un « bateau dans les isles qui sont au droit dud. Aramon pourvu « qu'il ne passe personne. » (2).

On peut le dire, de cette ordonnance date l'organisation de notre bac. Plus tard, on apporta quelques modifications. Ainsi, on exigea du fermier qu'il tînt à la disposition des passants deux bateaux, l'un sur la rive droite, l'autre sur la rive gauche, pour plus de célérité dans le service (3); ainsi, on fit transporter le bac aux endroits les plus commodes, eu égard aux circonstances et aux temps : tantôt en face du bourg Saint-Jean, où il se trouvait en 1653 (4); tantôt à la

---

(1) Ant. Bonnefoy, not., 1558. — J. Pitot, not., 1599.

(2) *Arch. de Nîmes*, L. XI.

(3) J. Arnaud, not., 1653.

(4) *Item*.

roche d'Acier où il est resté jusqu'à la Révolution ; tantôt, enfin, plus près d'Aramon, là même où nous le voyons encore aujourd'hui. Mais ce ne furent là que des points de détail. Les principes établis par l'Inspecteur restèrent comme base de ce service, et, un siècle, deux siècles, trois siècles après, tout s'y faisait « suivant les coustumes », (1), c'est-à-dire conformément au règlement élaboré par lui.

Le bac appartenait, dans le principe, à la communauté, nous venons de le voir ; mais le 3 février 1480, les syndics, dans le but de venir en aide à « l'œuvre de l'Eglise », qui était pauvre, le lui cédèrent (2). Dès lors, ce furent les « ouvriers » qui, assistés des consuls, affermèrent le bac. Nous avons trouvé dans Nic. Bonnefoy, notaire, trois baux, l'un du 31 mars 1523, passé à Joseph Vigouroux, au prix de 20 florins, chaque florin valant 12 sols ; les deux autres de 1525 et de 1527 à Etienne Vigouroux — un parent de Joseph sans doute — presque au même prix que le premier.

En devenant une source de revenu, le bac ne tarda pas à tenter la cupidité du seigneur. Nous lisons dans la fameuse transaction de 1532, imposée de force aux habitants par G. de Luetz : « Item tochant le port et passaige dud. lieu a
« esté accordé que luy (au seigneur) demeurera pour en fère
« à sa volonté, sauf et réservé aux nobles et habitans
« dud. Aramon, qui passeront francs, excepté ceulx qui
« auront laboraige de là le Rosne et ce accordera led. seigneur
« avecques eulx. Et porront lesd. habitans avoir penelles
« (barques) pour eulx et leur usaige. Et parce que lesd.
« habitans avoient attribué led. port à l'evre de l'esglize,
« bailhe et donne led. seigneur à lad. esglize et pour le
« intertenement d'icelle, huict saumées de terre à l'isle de
« Moton et autres isles, pour estre converties à lad. répara-
« tion, selon l'advis tant dud. seigneur que des ouvriers

---

(1) Boyer, not., 1651.
(2) L. XI.

« de lad. esglize. Et sera tenu led. seigneur bailler lesd.
« huict saumées de terre à un des boutz de lad. isle selon
« l'advis et conseils de deux hommes esleuz par lesd. parties
« et tout à une pièce. » (1).

En effet, les huit salmées furent livrées (2) et le bac devint la propriété des seigneurs d'Aramon (3), qui n'eurent garde de l'aliéner jamais. Il rapportait 36 livres en 1540 (4); 50 livres en 1541 (5); 15 écus sol en 1590 (6); 350 livres en 1653 (7).

Cette cession fut très fâcheuse pour le pays : en échange d'une propriété que le Rhône ne tarda pas à démolir, on donnait un monopole d'un produit sûr et toujours croissant et, de plus, on se mettait à la merci d'entrepreneurs souvent peu commodes. Les tracasseries commencèrent bientôt.

Il avait été entendu, en 1532, que les habitants ne payeraient rien. En 1625, la communauté se trouvant en procès avec le seigneur, le fermier du bac sentant bien qu'il n'aurait pas de reproche à essuyer et peut-être même excité sous main, ne cessait de vexer les habitants, soit en exigeant deux des taxes arbitraires, soit en leur enlevant de force une partie des provisions qu'ils allaient acheter aux localités voisines. Ces violences amenèrent des troubles et un procès. Saisi de l'affaire, Gabriel de Bartheloys, conseiller au Parlement de Toulouse, enjoignit au fermier d'appliquer strictement le règlement et aux habitants de ne plus troubler le fermier, dans l'exercice de sa fonction et de ses droits (8).

---

(1) *Arch. comm.*, AA. 1.

(2) L. XVI, 1538.

(3) Ant. Orionis, not., 1540.

(4) *Item*.

(5) *Item*.

(6) J. Pitot, not.

(7) J. Arnaud, not.

(8) *Arch. dép.* E. 2.

En 1668, nouveaux abus, plus graves cette fois. Pour extorquer aux habitants un droit de passage, qu'ils ne devaient pas, tantôt on les faisait indéfiniment attendre sur la rive, tantôt on chargeait les bateaux au point de les faire couler bas. Un jour, qu'on avait entassé sept personnes, un cheval, treize vaches et un âne, la pauvre barque, arrivée au milieu du Rhône, chavira sous l'action du courant et on eut toutes les peines du monde à sauver le chargement et les personnes : il fallut une énergique intervention du premier consul, Ch. Martin, pour mettre fin à ces abus (1).

A la Révolution, le bac devint propriété nationale. Le 27 vendémiaire, an IX, on l'afferma à Jean Noble, au prix de 300 francs, payables par trimestres. On l'appelait alors le bac de Saint-Pierre ; il se trouvait près du mas dit « La Gardette ». En 1838 environ, on le mit au-dessous de la maisonnette du chemin de fer (2). On aperçoit encore le tronçon de l'un de ses mâts sur la rive droite.

Vers 1847, ce bac étant tombé, le maire d'Aramon en acheta le matériel « vu la modicité du prix, 135 francs » et dans la pensée que si « le gouvernement abandonnait ce passage en « faveur de la commune, on serait monté de tout. »

L'année d'après, 1848, deux entrepreneurs, Gardon et Noël, offrirent de le rétablir ; leur démarche n'eut pas de suite, malgré l'approbation unanime du Conseil.

En 1852, nouvelles propositions, faites par Guinan, chaufournier à la Roche d'Acier, toujours avec l'appui du Conseil.

Cette fois, la tentative réussit, et, depuis lors, le bac fonctionne.

Il ne fonctionnera pas longtemps, car il a cessé de suffire aux besoins d'Aramon et des pays voisins.

Déjà, en 1860, lors de l'enquête agricole, un vœu avait été

---

(1) J. Arnaud, not.
(2) Souv. de M. Desmaret.

formulé pour la création d'un pont sur le Rhône, à la hauteur d'Aramon et ce vœu avait été favorablement accueilli par le délégué du Gouvernement.

Quatre ans après, le Conseil municipal d'Aramon avait à son tour émis un vœu dans le même sens et à l'unanimité.

En 1871, ce vœu avait été renouvelé avec énergie et l'on avait demandé « en attendant la construction d'un pont « définitif », d'installer à Aramon le pont de bateau d'Arles, devenu inutile à ce pays depuis la construction d'un pont en pierre. Le préfet, M. de Champvans, se rendit lui-même sur les lieux quelques mois après, accompagné de l'ingénieur départemental, M. Thouvenot, pour voir ce qu'il y aurait à faire, mais tout en resta là.

Et ce n'a été qu'en 1898, que la question a été résolue, grâce aux incessants efforts de M. le comte Terray, vigoureusement soutenu par le maire d'Aramon, M. Léonce Brun. Nous aurons donc notre pont, un beau pont suspendu. Aramon donne 50.000 francs.

Il se dressera sur l'emplacement même du bac, endroit où le fleuve a 240 m. de large, et aura 273 m. 66 c. de long. Il sera d'une seule portée et reposera sur deux pylones hauts de 43 m. (de la base au sommet, non compris les 5 m. de fondation). Hauteur du tablier au-dessus de l'étiage : 11 m. (1).

V. **Chaussées.** — Aramon, de tout temps, a eu dans le Rhône un voisin redoutable, à la fonte des neiges surtout et lors des pluies d'automne. Aussi, sommes-nous convaincu que de tout temps également, il a cherché à se mettre à l'abri de ses fureurs, en élevant de fortes digues le long de son cours.

La plus ancienne, dont parlent nos archives, existait déjà en 1517 et portait même, à cette date, le nom de « chaussée

---

(1) Mesures données par M. Arnodin, constructeur du pont.

vielhe » (1). Elle suivait à peu près le tracé de la route actuelle de Théziers, du pont du chemin de fer près Saint-Martin à la Bastide-Vieille. Ce qui nous le prouve : 1º c'est que dans nos compoix une foule de terres, situées à la grande palun, ont pour confront au midi la Levade-Vieille (2) : 2º c'est qu'il y avait à Saint-Bénézet « un coup à pescher (3) » ; ce qui indique le voisinage du Rhône et par suite l'existence d'une chaussée ; 3º c'est que c'est le seul moyen d'expliquer comment le sol de la palun se trouve en contre-bas à partir de cette ligne (voir chap. XII), etc. (4)

La chaussée vieille n'était pas seule à l'époque dont nous parlons. A défaut de son nom même, qui nous l'indique clairement, nous possédons plusieurs écrits qui nous le prouvent. Ainsi il est dit qu'en 1517 « pour payer les terraillons qui « avaient entrepris de réparer les levades, levadons et bras-« sières et lever les ruines », les consuls vendirent à Nicolas Bordaud le vingtain de l'huile de la communauté (5) ; ainsi encore, nous voyons qu'en 1549, les consuls bailhent à « réparer les levades (6) : il fallait bien d'ailleurs, à mesure que le Rhône se retirait vers le midi, que l'on portât les chaussées dans ce sens, pour s'assurer la conquête des terres laissées par lui.

---

(1) CC. 2.

(2) Notons encore que dans la vente des biens de Valentin Bonnet, l'un des complices de G. de Luety, il est question d'une terre située aux « Hyères », et à laquelle on donne pour confront, au nord, la chaussée vieille. Or, au midi de la palun, et au nord des aires, se trouve justement le chemin de Théziers.

(3) *Arch. comm.*, CC. 1.

(4) M. Desmaret possède un plan de ses « casers » daté de 1602, qui démontre nettement que la chaussée-vieille était sur le tracé même du chemin de Théziers. A la bifurcation du chemin de Théziers et du chemin de St-Martin, c'est-à-dire au point de départ de la chaussée-vieille, il y avait autrefois la « croix de M. Villiard ».

(5) *Arch. comm.* DD. 3.

(6) *Item.*

La seconde chaussée que l'on construisit, partait du « can-
« nier » ou, comme on disait plus tard du clos de Pierre
Perret (1), et passant au-dessus de l'emplacement où se trouve
aujourd'hui le mas du Lapin (2), se dirigeait en droite ligne
vers la Bastide-Vieille. Elle était encore ainsi en 1589, car
nous lisons que Ch. Martin et Jean Cadaix réparèrent, cette
année-là, les brèches qui s'étaient produites aux chaussées
« despuis la murailhe estant droict le jardin du sieur Perret
« jusqu'au bout et fin d'icelles estant droict la metherie
« Vielhe » (3), et il n'y aurait rien d'étonnant à ce que le
tronçon qui va aujourd'ui de la Croix de Dunan à la Bastide
Vieille, ne fit autrefois partie de cette seconde chaussée.

La troisième chaussée date de 1756 : c'est celle qui va
aujourd'hui du clos de P. Perret (jardin de M. Cadenet, pharmacien) au pont des Agasses. En voici l'histoire (4).

Le 30 novembre 1755, une inondation s'était produite qui
avait causé de grands dégâts : « pour cent mille cinq livres,
« d'après estimation, disent les documents, sans à ce com-
« prendre les chaussées, palières et brassières (5). »

Il fallait réparer au plus tôt ces dégâts. H. Pitot fit donc
un devis qui se monta à 20.000 l.

Mais où prendre l'argent ?

On s'adressa aux Etats Généraux, et, en attendant, pour
mettre le pays à l'abri d'un plus grand malheur, on supplia

---

(1) *It.*, CC. 2.

(2) *Arch. comm.*, DD. 3., 1587. — J. Pitot, not., 1590-1595. — P.
Perret s'était engagé, en retour de certaines concessions de terrain,
à entretenir à ses frais la partie de la chaussée qui l'avoisinait : de là
le nom de Chaussée du clos de P. Perret donné à cette dernière.
(*Arch. comm.*, DD. 3).

(3) *Arch. comm.*, DD. 3.

(4) En 1745, lors de la réparation nécessitée par l'inondation du
du 7 nov. même année (*Arch. comm.*, BB. 20), on fit passer la chaussée au-dessous du mas du Lapin, qui existait alors. (Souv. de M.
Desmaret.)

(5) *Arch. comm.*, BB. 24.

l'Intendant d'ordonner l'adjudication des travaux, ce fut Claude Pourpre, qui l'obtint, le 11 août 1756.

L'entrepreneur se mit immédiatement à l'œuvre, mais voulut de l'argent. La communauté dut alors faire plusieurs emprunts : 15.000 l. au total.

Enfin, les secours arrivèrent : 8000 l. le 12 octobre 1756 ; 8000 l. encore le 29 novembre 1757.

Cependant la construction n'ayant absorbé que 23.500 l., la communauté se disposait à affecter les 7.500 l. qui restaient encore, à éteindre une partie de sa dette, mais le marquis s'y opposa. Il prétendit que cette somme devait être consacrée « à la continuation du caladat de Bertrand » qui, commencé en 1645, était resté inachevé (1).

Le marquis avait là surtout ses propriétés.

Une action s'engagea aussitôt par devant l'Intendant.

Tandis qu'elle se poursuivait, le pays craignant d'être spolié de ces 7500 l., et guidé, d'ailleurs, par Ch. Ant. Martin « homme très intelligent et le seul en état de soutenir les « intérêts de la communauté », se hâta de faire construire certains « ouvrages de perfectionnement » que l'on avait jugé à propos d'omettre d'abord, dans un but d'économie : lesquels vérifiés par l'inspecteur Grangent et approuvés par lui, se montèrent à 3.289 l. Le tour était joué.

Devant le fait accompli, l'Intendant s'inclina ; mais, en véritable opportuniste, il fit au marquis sa part, en décidant que les 3959 l. restantes seraient consacrées, selon sa demande, au caladat de Bertrand (2).

En effet l'adjudication de cet ouvrage eut lieu le 15 octo-

---

(1) L. XI.

(2) *Arch. comm.*, BB. 24. — En 1760, le marquis eut l'applomb de demander à la communauté de participer aux dépenses qu'il faisait pour la pose d'un caladat dans son île. On lui répondit que l'on n'avait plus de fonds, et que le travail en question devant amener fatalement la démolition des propriétés voisines, on n'avait pas à y participer. (*Arch. comm.*, BB. 25).

bre 1759, à Montpellier. Les plans et devis étaient encore de l'inspecteur Grangent (1).

Il paraît que le caladat ne fut pas terminé. En 1776, il restait encore 100 toises à faire pour arriver au territoire de Vallabrègues : ce qui représentait une dépense d'environ 2500 l.

Auzillon, tuteur du jeune marquis, invita la communauté à prendre cette dépense à sa charge. Elle refusa vivement « vu qu'il s'agissait là, dit-elle, de garantir une propriété « dont le marquis jouissait noblement » (2). On s'en tint là.

Cependant la chaussée une fois construite (3), on songea aux levadons ou chaussées de ceinture. Leur création fut décidée en conseil général, le 16 juin 1775. L'affaire alla vite. On avait présenté une requête à l'Intendant, à l'issue même du conseil, et, le 7 septembre suivant, « la publication au « rabais des travaux » était autorisée.

Ce sont ces mêmes levadons que nous voyons aujourd'hui, allant du Trou du Lapin à la Croix de Dunan, et de la Croix de Dunan à la Bastide-Vieille. Il est vrai qu'ils ont été souvent réparés depuis et exhaussés.

VI. **Quai.** — Il est parlé du quai pour la première fois, en 1595 ; mais il est évident qu'à cette date il existait depuis longtemps déjà.

Or, ce quai ayant été emporté par l'inondation de 1595, les consuls, Joseph de Malavalette et Jacques Villard, réunirent le conseil général de la communauté, et, après avoir

---

(1) *Arch. comm.*, BB. 24.

(2) *Ib.*, BB. 28.

(3) Nous n'avons rien dit de la chaussée construite par M. Sorbier de la Pougnadoresse, en amont de la ville, quartier dit *Croix de Courtet*. Mais nous reconnaissons volontiers qu'elle est utile au pays, et tout notre regret est que l'on n'ait pas permis autrefois à ce noble descendant des Posquière, de la prolonger, comme il l'avait offert. (Souv. de M. Desmaret).

exposé tous les dégats occasionnés par le débordement du fleuve aux chaussées, tant au-dessus qu'au-dessous de la ville et principalement à la partie comprise « entre la garenne de « Posquière et le jardin des hoirs de Pierre Perret, » proposèrent de faire de sérieuses réparations, pour sauver les faubourgs. L'assemblée, d'une voix unanime, se rallia à l'avis des consuls, et il fut décidé que l'on ferait sans tarder une demande en autorisation d'emprunt, avec pouvoir d'en répartir le montant sur tous les « ayans et possédans biens, « tant nobles que roturiers; » mais, qu'en attendant, vu les dangers de la situation, les consuls auraient à se procurer 600 l. pour commencer les travaux les plus urgents (1).

J. de Malavalette offrit cette somme, séance tenante. On lui en passa obligation, quelques jours après, le 7 janvier 1596 (2).

L'affaire fut menée rapidement. Le 15 janvier 1596, eurent lieu les enchères. Pierre Roustaing « terrailhon » d'Arles, offrit de « fere et dresser le long de la rivière au bourg infé-
« rieur ung bilhot avec terre, boys et pierres et ce despuys
« la palière des hoirs du sieur P. Perret jusque droict le jar-
« din de Pierre Vincent (3), de la longueur de 55 cannes et
« 9 cannes de largeur. Prix : 400 escus sol. »

Deux jours après, nouvelles enchères. Cette fois, ce furent trois personnes du pays, Antoine Guiraud, bourgeois, François Pallier, laboureur, et Antoine Drôme, maçon, qui proposèrent de faire le même travail, au prix de 335 escus sol. Ils promettaient d'avoir tout terminé le 15 avril 1596. L'adjudication leur resta.

---

(1) J. Pitot, not.

(2) *Item.*

(3) Un ancêtre de l'abbé J. Vincent. Sa maison se trouvait au couchant de celle des Jossand, c'est-à-dire sur l'emplacement même où s'élève aujourd'hui celle de M. Léonce Brun, maire d'Aramon. (Souv. de M. Desmaret).

Il paraît que cette construction ne fut pas sans éprouver des contretemps. Ainsi, les entrepreneurs, ayant confié à plusieurs individus le soin de faire les portes du quai, il arriva que l'un d'eux, François Malortigue, après avoir accepté le travail, ne se mit pas en mesure de le faire. De là, retard. Il fallut que la commission chargée de surveiller les travaux, menaçât les entrepreneurs de les rendre responsables des dégâts que pourrait avoir à subir le pays de ce fait, pour décider Ant. Guiraud à confier le travail de F. Malortigue à un autre ouvrier (1).

Enfin le bilhot fut terminé dans les premiers mois de l'année 1597, et, après examen d'experts, accepté par la communauté (2).

Ce bilhot était loin d'avoir l'élégance et la solidité de notre quai d'aujourd'hui. On veilla néanmoins à bien le conserver; une preuve entre mille : en 1603, Jean de Jossaud, conseiller du roi au Présidial de Nîmes, ayant fait construire un « molin à bled sur bâteau » à l'endroit dit « garenne de Posquière, » et ce moulin endommageant le bilhot, Pélegrin Chaniol, premier consul, protesta et en obtint le déplacement (3).

Le quai a eu, de tout temps, un ennemi terrible dans le Rhône. Aussi que de fois n'a-t-il pas été renversé.

Il l'a été vers 1680, puisque nous lisons sur une pierre — *la*

---

(1) J. Pitot, not. — P. Bonnefoy, not.

(2) *Arch. comm.*, BB. 9. Il paraît qu'à cette époque on fit un second bilhot au Bourg supérieur, pour la construction duquel on avait voté « 55 escus sol », dans la séance du 8 nov. 1598; mais nous n'avons trouvé aucun détail le concernant dans nos archives. L'ensemble des deux bilhots constituait ce que nous appelons le quai aujourd'hui. Notons toutefois qu'on a conservé, dans le langage du pays, le nom de Bilhot à la partie du quai qui va de la maison Posquière à l'ancien clos de P. Perret.

(3) *Arch. comm.*, BB. 9.

*peyro escricho* — encastrée dans la maçonnerie du quai, près du Planet, côté du Rhône :

> LUDOVICO MAGNO REGNANTE,
> EUROPÆ VICTORI VEL ARBITRO
> PRODUCTIS IMPERII FINIBUS,
> PACE UBIQUE IMPERATA,
> HANC MOLEM ARCENDO FLUMINI
> ORNANDÆ URBI CONSTRUXIT
> S. P. Q. A.
> CONSULIBUS EDMUMDO SOMMILLE
> ET FRANCISCO ANTHEAUME
> ANNO MDCLXXX. (1)

Il l'a été encore en 1827, dans presque toute sa longueur. La réparation en fut confiée à M. Chambon, de Beaucaire, sous la direction de M. Journé, ingénieur du département. Elle coûta 17.200 fr., dont 13.533 fr. 75 c. à la charge de la commune et le reste à celle de l'Etat (2).

Enfin, il l'a été en novembre 1843. A cette date, alors qu'on n'était pas encore remis de l'inondation de 1840, une brèche de 20 m. de long s'étant produite au quai, en face de la maison Labrousse (couchant du Planet), les eaux se précipitèrent dans la ville, et commirent d'affreux ravages.

Fatiguée de ces attaques incessantes, la population voulut en finir avec son terrible voisin. M. Surel, ingénieur du département, fut donc appelé et présenta des plans et devis.

Il s'agissait, selon lui, d'élever une forte digue, allant du

---

(1) Sous le règne de Louis-le-Grand, le vainqueur ou l'arbitre de l'Europe qui, après avoir étendu les bornes de son empire, fit régner la paix partout, le Conseil et le peuple d'Aramon ont construit ce quai pour maîtriser le fleuve et orner la ville, Edmond Sommille et François Antheaume étant consuls. Année 1680.

(2) Dél. comm., 1829.

jardin des Récollets (1) au clos de P. Perret, en utilisant bien entendu, les travaux existant déjà et ceux en particulier, que venait de terminer M. Braye, de Tarascon, sur les plans de l'ingénieur Perrier.

Ces travaux coûteraient cher sans doute, disait l'ingénieur ; 180.000 francs, en y comprenant certaines réparations aux chaussées, etc. : mais 1° on n'aurait pas à y revenir de longtemps au moins; et 2° l'Etat prendrait à sa charge les deux tiers de la somme.

Le conseil accepta et emprunta les 60.000 francs qui lui incombaient, à la caisse des dépôts et consignations, au 4 1/2 pour cent.

M. Sigaud, de Nimes, qui avait obtenu l'adjudication des travaux, résilia bientôt son bail et ce fut M. Court, de Saze, qui lui succéda.

Tout fut terminé en 1849.

Le quai construit par MM. Braye et Court, avait pour couronnement une sorte de bordure en dalles : quelque chose d'assez primitif.

Vers 1865, on remplaça cette bordure par la belle et solide rampe que nous voyons aujourd'hui.

A cette date également, on élargit le quai pour la solidité duquel on craignait, en diminuant l'inclinaison du perré.

---

(1) Nous avons parlé de la construction d'un billot au Bourg supérieur, en 1598. Ce billot dut être bientôt démoli et ne fut pas remplacé. Au XVII° et au XVIII° siècles, on se contentait, quand le Rhône débordait, de boucher, avec des batardeaux, les portes des maisons de ce faubourg, faisant face au fleuve. (1763. *Arch. comm.*, BB. 23.) On s'était plaint souvent d'être ainsi sacrifié, surtout depuis les travaux faits par les Provençaux sur la rive gauche qui, en dirigeant le courant du Rhône contre le faubourg étaient cause de graves dommages, et l'on demandait instamment la construction d'un quai (*Arch. comm.*, BB. 28). On s'était même adressé sur la fin du XVIII° siècle, aux Etats-Généraux. Mais les temps de trouble arrivèrent et, malgré des démarches d'une part, des promesses de l'autre, l'affaire n'aboutit pas. En 1816, on en était encore aux batardeaux. En 1832, Jean-Pierre Sauvan, maire, fit construire une petite chaussée ou plutôt un mur, absolument incapable de résistance. Ce fut tout, jusqu'aux grands travaux de 1840-1849.

Ce fut l'ingénieur Rondel qui fit le plan de ce travail, et M. Bourret, de Villeneuve, qui l'exécuta. Depuis lors, rien n'a été touché.

Et aujourd'hui, grâce à ces réparations, nous possédons un fort beau quai, qui, bien mieux que celui de 1680, est un ornement pour la ville — *ornandæ urbi* — un rempart contre les fureurs du fleuve — *arcendo flumini*.

Désormais, le Rhône, en coulant à nos pieds, pourra bien nous caresser, mais nous menacer ?.. il aura de la peine.

VII. — **Mairie.** — La mairie — « curie (*arch. comm.* BB. 1) ; — ostel de la ville (*arch. comm.* A. A. 1) ; — maison consulaire (*arch. comm.* BB. 9. 10, etc.) ; — maison commune (*arch. comm.* BB. 9. 10, etc.) ; — et définitivement hôtel de ville (*arch. comm.* BB. 26, etc.) ; — était assise au-dessous du château, à mi-côte du Puech et au centre de la ville. Ce n'est plus aujourd'hui qu'une vieille masure, sale et délabrée, servant de refuge aux mendiants de passage et à quelques familles pauvres du pays.

Elle a, malgré des réparations nécessitées au cours des âges, conservé son aspect d'autrefois.

Au dehors, côté du levant, le long de la rue, on aperçoit toujours son vieux mur du XII<sup>e</sup> siècle, parfaitement reconnaissable à ses moellons de roc noyés dans un dur béton, à quelques assises disposées en forme d'arêtes de poisson, à sa fenêtre géminée du plus pur roman.

Et quand on franchit le seuil du vieil édifice, il est facile de reconnaître le « porge » qui conduit à la « court », puis, à droite, le local qui servait de lieu de réunion aux assemblées politiques et générales de la communauté, comme aussi de « maison d'escolle », et enfin — vis-à-vis la porte d'entrée — les « deux membres » affectés au logement du valet des consuls (1).

---

(1) Il y a aussi quelques pièces basses, caves ou prisons. L. XI.

Le tout a une superficie de « 27 cannes, 6 pans » ainsi réparties : « la maison : 20 cannes ; le porge 7 cannes (1) ».

En parcourant nos vieux registres de délibérations, nous remarquons que c'est tantôt dans la « chambre haute », tantôt dans la « chambre basse », mais généralement dans celle ci, que l'on se réunissait pour les conseils de la communauté. L'autre « chambre » semble avoir été plus spécialement affectée aux écoles, dans les derniers temps surtout.

On pénétrait dans la salle basse par une large porte romane, que l'on aperçoit, bien que murée, dans le milieu de l'escalier.

Plus tard, lorsqu'on eut décidé d'adoucir la rampe de l'escalier, pour en faciliter l'accès à nos jeunes écoliers, on construisit une nouvelle porte, un peu plus au midi ; c'est celle qui existe encore. Le cartouche qui la surmonte nous donne sa date : 1714.

Notons, d'ailleurs, que toutes les réunions ne se tenaient pas à la mairie.

La charte de 1532 reconnaissait aux habitants d'Aramon le droit de se réunir « en l'hostel de la ville et partout où bon « leur semble » (2). Ils en profitaient. Ainsi, de 1580 à 1616 (3), avec cette mention : « dans la maison consulaire », nous trouvons celle-ci : « dans la salle basse du cloître » ; ou encore : « dans le tablier et botique de moy notaire. » Ce n'est qu'en 1745, que réparait la vieille formule : « dans la « maison commune, salle basse » et parfois : « chambre « haute d'icelle » (4). Cela dura jusqu'à l'achat de la maison de M<sup>me</sup> Vigile de Forton.

On a essayé bien des fois de se défaire de la vieille mairie;

---

(1) Il faut probablement comprendre, dans le mot « porge » la petite cour qui y est attenante.

(2) *Arch. comm.*, AA. 1.

(3) *It.*, BB. 9, 10.

(4) *It.*, BB. 23, 24, 25, 26.

on ne l'a jamais pu, tantôt pour un motif, tantôt pour un autre : eh bien, tant mieux.

C'est là qu'a battu, durant des siècles, le cœur du pays, et qu'ont été agitées toutes ces questions d'honneur, d'intérêt, de liberté, qui peuvent légitimement passionner un peuple ; à ce titre, elle nous est chère et ce serait avec un vif regret que nous la verrions disparaître (1).

---

(1) Pourquoi ne pas la restaurer et en faire ensuite une sorte d'établissement — succursale de l'hospice, — où l'on logerait gratis les familles pauvres du pays, les enfants de Dieu par excellence.

Cela ne coûterait pas bien cher.

Et puis, quelle fin plus digne du vieil édifice, qui a si longtemps abrité sous son toit les libertés, droits et privilèges de nos pères ?

# CHAPITRE XIV

## ŒUVRES DE BIENFAISANCE

**I. Hôpital** (1). — Nous ne saurions déterminer exactement la date de sa fondation.

Il existait sûrement en 1303 : c'était même, à cette époque, un établissement déjà organisé, comme en fait foi l'acte présenté en 1487 par les tenanciers des îles de Tamagnon et Ribeyrole à Antoine de Morillon, président au Parlement de Toulouse : acte dont il sera parlé plus loin.

Bien mieux, il n'y aurait rien d'étonnant à ce que notre hôpital, situé aujourd'hui à l'extrémité du faubourg Saint-Jean, ait fait suite en quelque sorte, à un établissement de même genre, installé, celui-ci, dans l'intérieur de la ville.

Ce qui nous porte à le croire, c'est cette mention bien des fois répétée que nous trouvons dans les compoix de 1478 et 1517 : « quartier de las infermieres.... rue de l'infirmarie » mots, qui, au dire de Frédéric Mistral (2), ne signifient autre chose que : « quartier... rue de l'infirmerie ». Les confronts nous permettraient même d'en fixer l'emplacement. Il est dit :
« Peyren Chrestal : un hostal à las infermieres, d'aure dreche
« en l'hostal de Garnier de Saze, de midi en la carrière

---

(1) Cet établissement parait n'avoir pris le nom d'« Hôpital Saint-Jean-l'Evangéliste », sous lequel on le désigne encore aujourd'hui, qu'au XVIIe siècle. Jusque-là on ne le nomme, dans les vieux documents, que « l'Hospital des pauvres de Jésus-Christ ».

(2) *Dictionnaire* de Fréd. Mistral.

« publique (rue de la ville) de cocant en le four de la ville
« (maison Gibert) » (1).

L'hôpital primitif se serait donc trouvé au levant des fours, dans ce pâté de maisons, qui va de la rue de la ville à la vieille mairie, et sa place là eut été assez naturelle : près du port (porte de Berlin) bien qu'à l'abri du Rhône; entre les deux portes de la ville (Avignon et Montfrin); dans un endroit relativement isolé : les patis.

Plus tard sans doute, lorsque des maisons eurent été bâties tout auprès, et en des temps où les épidémies étaient fréquentes, cette proximité dut incommoder les habitants et les décider à le transporter hors de la ville, au quartier St-Jean.

Et bientôt tout disparut de ce qui pouvait rappeler le souvenir de notre vieille « infirmarie ». Dans le compoix de 1560, plus de quartier, déjà, plus de rue de ce nom (2).

Notre hôpital Saint-Jean, fondé à la suite d'une entente et probablement à frais communs, par les seigneurs et habitants d'Aramon « et autres circonvoisins. » (3) dans le but non pas seulement de soigner les malades, mais « de recevoir
« les povres de Jésus-Christ et iceulx norrir, (4) » paraît avoir été peu de chose au début : « une chambre de prestres...
« une chambre de l'hospitalier... une chambre de vers la
« ville » renfermant « cinq litz garnys... une chambre
« basse avec quatre chalictz (bois de lit) sans matelas (5)
« — un jardin et une court » contenant la maison « 33 canes,
« 7 palmes; la court 24 canes 4 palmes et le jardin 2 pou-

---

(1) *Arch. comm.*, CC. 1.

(2) *It.*, CC. 3.

(3) Ant. Orionis, not. — *Arch. comm.*, GG. 18. Cette expression indique nettement que certaines communes voisines, Théziers peut-être, Domazan, etc., avaient participé à la fondation de cet établissement.

(4) Ant. Orionis, not.

(5) *Item*.

« gnadieres et demye » (1) — enfin peut-être une chapelle (2) : voilà ce que nous trouvons, vers 1550, c'est-à-dire trois siècles au moins après sa fondation...

Et le mobilier, à cette époque, n'était pas moins misérable. Un inventaire, signé d'Ant. Orionis, notaire, nous en énumère les diverses pièces, dans les termes suivants :

« Et primo ung peyrol (chaudron), une certan (poêle), 18 linceulx neuf, 15 linceulx vieulx, un chaplict (bois de lit), une coistre (sorte de paillasse en plumes) avec son matelas de layne et son traversier aussi de plume; cinq litz garnys chescung des matelas de layne blanche, son transversier de pailhe, deux flassades (couvertures) faictes en borras (toile grossière) ; une cheres pertuse (chaise percée); quatre chalictz sans matelas, chescunz ayant sa couverte de layne, les troys blanches et l'auctre faicte en barres en sorte de tapis » (3).

Avec le temps et grâce aux dons qu'il reçut, l'hôpital s'accrut et s'embellit. En 1601, nous voyons qu'un entrepreneur nommé Daniel Delestre offrit de faire « une imaige de Mgr Saint-Jehan avec un aigle au-dessus à la porte d'entrée dud. hospital. » Il s'engageait, en plus, à élever une croix, en pierre de taille de Pernes, dans le cimetière de cet hôpital, « bien et deuement ouvrée » le tout pour « 20 escus sol : » proposition qui fut acceptée du conseil (4). En 1607, nous remarquons que l'hôpital possédait une écurie (5). Et il y eut sans doute bien d'autres améliorations, dont les monuments du temps ne nous ont pas conservé le

---

(1) *Arch. comm.*, CC. 3.

(2) La chapelle ne figure pas dans l'inventaire donné par Ant. Orionis, not., en 1552. Il est donc très probable, pour ne pas dire certain, qu'elle n'était pas alors une dépendance de l'hôpital.

(3) Ant. Orionis, not., 1552.

(4) *Arch. comm.*, BB. 9.

(5) *It.* BB. 10.

souvenir. Mais la plus importante de toutes, celle qui a mis l'hôpital dans l'état où il est aujourd'hui, avec sa façade régulière en belles pierres de taille, son grand escalier, etc., paraît dater de la fin du dernier siècle et être l'œuvre de M. François Fabre, maire d'Aramon (1).

En créant l'hôpital, on avait sans doute établi un règlement : la nomination du recteur, en 1420 et les années suivantes, le donne assez à entendre (2); mais il paraît qu'au XVIe siècle, on n'en tenait plus aucun compte : l'hospice était mal tenu et ses revenus gaspillés. G. de Poitiers, pour lors seigneur du pays, entreprit de réprimer ces abus (3). Après avoir fait annoncer hautement l'intention où il était de demander aux anciens administrateurs leurs comptes et de pourvoir, à l'avenir, l'hôpital de « personnaiges souffizans « et y donnes pour l'administration d'icelluy », il donna ordre à Jean Gauthier, son bailli, de réunir le peuple à la maison commune.

La réunion eut lieu le 4 décembre 1547, et, après une rude admonestation du bailli, parlant au nom de son maître absent, il fut décidé :

1º Que, chaque année, le jour de saint Blaise, on nommerait, en dehors du recteur, dont il a été longuement parlé au chap. VIII, un « hospitalier » qui aurait mission, après avoir prêté serment aux mains du viguier, de recevoir et loger les pauvres, du consentement du recteur, de tenir propres le linge et les lits, de distribuer scrupuleusement ce qui lui serait remis pour les pauvres, et auquel on donnerait comme gages, deux salmées de blé, deux cannes d'huile, plus le revenu de deux vignes situées l'une au Moulon, l'autre à la

---

(1) Arch. de l'Hospice.

(2) Arch. comm., BB. 5.

(3) Peut-être aussi ne faisait-il que se conformer à l'ordonnance de François Ier, qui réglementait ces sortes d'établissements. Arch. comm., GC. 18).

petite palun, avec charge de les entretenir en bon père de famille (1).

2º Que les pauvres logés à l'hôpital recevraient, chaque jour, du recteur « une livre de pain, une felhete de vin et « deux lyardz pour leur pitance, pour employer en chair ou « en œufs que mieulx quonviendra et la moytié de ce pour « ung reppas »; mais défense de quêter par le pays, sous peine « d'estre pourchassé dud. lieu incontinent ».

3º Que les malades et infirmes d'Aramon seraient visités par le recteur, et, au besoin, des secours accordés, après un rapport fait aux consuls ; de même, s'il se trouvait dans le pays des pauvres honteux, le recteur devait en dresser la liste, celle de leurs besoins également et soumettre le tout à l'approbation des consuls, assistés du procureur juridictionnel du château, avant de rien donner (2).

4º Que, sur les revenus de l'hospice, on prendrait la somme nécessaire à l'achat de deux « coffres », dans l'un desquels on serrerait les papiers de l'hôpital, et, dans l'autre, le linge : le premier serait déposé dans l'église paroissiale ou à la maison commune ; le recteur en aurait la clef ; le second, à l'hospice et resterait à la disposition de l'hospitalier.

5º Enfin qu'aucun étranger — et il paraît qu'il en arrivait de partout, « même de Savoye et du Briançon » avec femmes et enfants; sortes de pillards, qui causaient mille dégâts dans

---

(1) En 1595, nous voyons que l'hospitalier restait en charge tout le temps qu'il plaisait à la communauté — qu'il habitait l'hôpital avec sa famille — que sa femme et lui servaient les pauvres avec ordre de les « traicter doulcement et bénignement, ayant envers « lesd. povres de toute amitié fraternelle et charitable, sans aultre-« ment les molester et maltraicter, soit de parole, soit de faict, en « tout temps : peste, guerre, famine », — qu'il faisait « croset fosse « de ceulx qui aud. lieu, terroyr et jurisdiction décédoient... comme « ont coustume fère les précédents hospitaliers, moyennant 5 sols « pour chasque fosse d'homme ou femme, et 2 s. 6 d. pour enfant ». (J. Pitot, not.).

(2) On sent, à la lecture de cet article que l'Hospice et le Bureau de bienfaisance ne formaient alors qu'une même œuvre.

la campagne — ne serait admis au droit de cité et à la jouissance des privilèges attachés à ce titre, que s'il apportait, de son pays d'origine, un certificat en bonne et due forme, constatant son honorabilité ; encore faudrait-il qu'il payât « au profit dud. hospital 20 livres tn. par une foys » (1).

Cette organisation avait bien son mérite, surtout si l'on considère — détail dont le susdit règlement ne parle pas — qu'il y avait déjà en 1563 un « sirurgien » André Huc, pour soigner « les povres malades » de l'hôpital, auquel on donnait, pour ses gages, deux salmées de blé (2).

Plus tard, d'ailleurs, diverses ordonnances vinrent compléter cette sage organisation.

En 1657, l'Evêque d'Uzès, après avoir ordonné que la reddition des comptes aurait lieu désormais en présence du prieur (ou de l'un de ses curés), des consuls et du recteur (il n'est pas encore question du procureur juridictionnel) (3) ajoutait, autant pour alléger les charges de l'hospice alors bien appauvri, que dans un but de moralité. 1° « qu'à l'ad-
« venir les pauvres estrangers ne pourront coucher qu'une
« seule nuict ou deux tout au plus, dans la rigueur du froid
« ou de la pluie, passé lequel temps, on leur donnera congé »;
2° « qu'on logera séparément les hommes d'avec les femmes,
« sans que, pour quelque cause que ce soit, on puisse les
« loger ensemble, à moins qu'ils ayent fait voir au préalable
« un certificat de leur mariage en bonne forme. » (4).

Mais le monument le plus important, en cette matière, fut

---

(1) Ant. Orionis, not. — *Arch. comm.*, GG. 18.

(2) *Arch. comm.*, GG. 19. — Ant. Bonnefoy, not., 1580. — *Arch. comm.*, BB. 9 et 12. — Ces honoraires furent en usage jusque vers le milieu du XVII° siècle.

(3) En 1758, le bureau se composait du maire, des consuls, du curé « iceulx en qualité d'administrateurs », de l'ouvrier de l'église, du recteur, du Conseil politique, du 1er officier du seigneur et du procureur juridictionnel. (*Arch. comm.* BB. 25).

(4) L. XII.

l'ordonnance de Louis XIV, en date du 12 décembre 1698. C'est elle qui a mis la dernière main à l'organisation des hôpitaux, et que l'on suit encore aujourd'hui, dans ses lignes essentielles (1).

Il paraît cependant que l'hôpital d'Aramon eut ses misères, en dépit du règlement ; nos vieux écrits l'attestent. Tantôt, c'étaient des recteurs qui négligeaient de rendre leurs comptes, à l'expiration de leur mandat (2) ; tantôt, c'étaient des fermiers, qui ne payaient pas leur ferme (3) ; tantôt, c'étaient des hospitaliers, qui ne remplissaient pas les devoirs de leur charge ; de là des discutions, des expertises, des procès. Une histoire, que nous trouvons aux délibérations communales, nous montre les hospitaliers surtout, sous un bien vilain jour. La voici :

Le 31 mai 1598, André Juvénel, l'un des membres du conseil, annonce à ses collègues que Jean Jaboin, d'Aramon, s'offre à remplir les fonctions d'hospitalier, aux conditions suivantes : il abandonnera à l'hôpital les deux salmées, qui font partie des gages de l'hospitalier ; il achètera et entretiendra à ses frais « une beste pour pourter les pauvres comme il « est accoustumé faire sans en prendre aulcun salayre : » il remplira également la charge de « garde-fruits, sans aussi « prendre aulcun salayre, sinon tant seullement les peynes « et accuses accoustumé prendre. » Bref, il ne demande, pour toute rétribution, que la jouissance des propriétés (vignes), que l'on donne habituellement à l'hospitalier.

Ces conditions paraissent excellentes à A. Juvénel, qui propose au conseil de les accepter.

Mais alors se lève Pierre Chenier, qui déclare, aux applau-

---

(1) L. VI. Le projet de règlement, élaboré en 1783, dit que la déclaration de 1698 « sert de règle pour tous les hôpitaux du royaume ». (Arch. de l'Hôpital).

(2) Arch. comm., BB. 13. — Ant. Bonnefoy, not., 1586.

(3) Ant. Saladin, not., 1587.

dissèments de ses amis, « ny avoir lieu recevoir l'offre dud.
« Jaboin pour avoir il esté cassé dud. hospital pour la lubricité
« et pailhardise et bourdelaige qu'il faisait aud. hospital, y
« estant hospitalier, accompagné de mauvaise vie, larresin
« et plusieurs aultres suffizantes causes et occasions, ainsi
« qu'a esté cogneu tant en justice et actes d'icelle que par le
« conseil général dud. Aramon, qui pour la vie escandaleuse
« qu'il et sa famille menoit aud. hospital, en auroit esté
« comme dict est dégecté et en scelluy mytz Jehan Pallier
« par bail et acte publique qui ne peut estre revocqué que
« par générale deliberation des habitants dud. lieu ».

Le portrait n'était pas flatteur ; il devait être vrai, car
A. Juvenel se contenta de répondre « qu'estant faicte inqui-
« sition de la vie et mœurs desd. Jaborn et Pallier se trouve-
« rait led. Pallier estre de vie pire et condition que led.
« Jaboin », ce à quoi personne ne contredit.

Puis, sur cette déclaration peu rassurante pour les pauvres
de l'hospice, on signa le procès-verbal, jugeant sans doute
qu'entre deux candidats aussi peu recommandables, il n'y
avait pas de préférence à faire et qu'autant valait garder
celui qui se trouvait en place (1).

Ajoutons que, mauvais employés, les hospitaliers se montrèrent de plus très exigeants, au point de vue du salaire.

En 1745, on fut obligé de fermer l'hôpital, parce qu'on
n'en trouva pas à des conditions raisonnables. Un peu plus
tard, deux se présentèrent Charmasson et Rabasse. Ils
demandèrent, en outre de la paye ordinaire, « 20 livres en
« argent, par an, un pic, une pelle et un lit de bois avec la
« garde paille. » Plutôt que de laisser plus longtemps l'hôpital fermé, on accepta leurs propositions (2) ; mais on comprend que l'on cherchât à sortir le plus tôt possible d'une
telle situation : l'occasion se présenta.

---

(1) *Arch. comm.*, BB. 9.
(2) *It.*, BB. 20.

On avait entendu parler, à Aramon, du grand bien que faisaient à Nimes et à Beaucaire les sœurs de Nevers. Cette circonstance donna à l'administration l'idée de confier l'hôpital à des religieuses de cet ordre. On en fit la demande, en priant l'Evêque d'Uzès de vouloir bien l'appuyer : ce qu'il fit très volontiers. Et, le 5 août 1783, la supérieure générale, sœur Pélagie de Molènes, écrivait que la demande était agréée en principe, et que, quant aux conditions, on s'entendrait avec « Monseigneur d'Uzès qui devait, lui avait-on dit, « passer par Nevers, à son retour de Paris. »

Malheureusement, l'Evêque modifia son itinéraire. Huit mois se passèrent. Il fallut que l'abbé J. Vincent écrivit de nouveau. Enfin, la supérieure générale fit savoir que l'on allait envoyer trois sœurs.

De fait, elles partirent de Nevers, le 14 juin 1784 et arrivèrent à Aramon une quinzaine de jours après, reçues avec le plus grand enthousiasme par la population.

En prenant possession de l'hôpital, les sœurs ne passèrent pas de traité avec l'administration.

Nous avons bien trouvé un long règlement élaboré en 1783, par MM. F. Fabre, maire, J. Vincent, curé, et Choisity, qui pourrait à la rigueur passer pour un traité, dans ce sens qu'il détermine parfaitement les droits et les devoirs de chacun, mais, tout bien examiné, il n'y a rien là qui lie les parties.

Aussi, le 25 septembre 1838, le Ministre de l'Intérieur ayant envoyé une circulaire pour sommer les hôpitaux, qui n'auraient pas de traité passé avec les communautés religieuses, d'avoir à le faire au plus tôt et de les lui soumettre, les membres de la commission administrative se réunirent et en rédigèrent un, le 28 mars 1839, lequel, nous ne savons pourquoi, ne fut approuvé par le Ministre de l'Intérieur que le 15 janv. 1843 (1).

---

(1) *Archives de l'Hôpital*. La première supérieure d'Aramon s'appelait Angélique **Bernus**.

Lors de sa réorganisation, en 1347, l'hôpital avait 500 l. tn. de revenu annuel, qui provenaient de « censes, rentes et « aultres biens, meubles et immeubles » (1). Mais ces revenus, déjà considérables pour le lieu et pour l'époque, ne tardèrent pas à s'accroître. On vivait alors en des temps de foi et nous remarquons qu'à cette époque, aucune personne aisée ne meurt, sans laisser quelque legs à l'hôpital. Signalons quelques-uns de ces généreux bienfaiteurs.

Le 14 août 1539, Blanche Chalaudère, veuve de Jean Thérond, donne tous ses biens à l'hôpital (2);

Le 6 octobre 1558, Jean Bruneaud fait de l'hôpital son légataire universel (3);

Le 17 janvier 1670, Catherine Moreau lègue, par testament, à l'hôpital, 6.000 l., à la condition que le capital sera inaliénable (4).

Le 12 août 1732, Antoinette Boisselle affecte à l'hôpital divers biens, qui, en 1745, étaient affermés 300 à 350 l. par an (5), etc.

Et c'est ainsi que l'hôpital était arrivé, au XVI° siècle et jusqu'à la fin du XVII°, non seulement à faire face à ses dépenses courantes, mais à acheter des terres (6) et à placer de l'argent, sur des particuliers et des communautés (7).

Le principal revenu de l'hôpital lui venait de « Tamaguon, « au delà du Rhône. » Cette propriété se composait d'une « méthérie » et d'un « tènement ». La métairie comprenait 28 cannes

---

(1 *Arch. comm.*, GG. 18. Notons ici qu'il était défendu aux juges et aux greffiers de ne rien prendre, en fait d'émoluments, sur les biens des pauvres de l'hôpital et de la charité.

(2) Ant. Orionis, not.

(3) Ant. Bonnefoy, not.

(4) G. Faulquet, not.

(5) *Arch. comm.*, BB. 19. M. A. Reboulet, not.

(6) Ant. Orionis, not.

(7) Tous les notaires.

de superficie et consistait en « une maison composée de deux
« membres haut et bas, avec un four à cuire le pain, estable
« poullalier et vanade joignant » (1). Quant aux terres, fort
considérables autrefois, puisqu'on parle de 50 salmées, elles
étaient loin d'avoir la même étendue au xvii$^e$ siècle. C'étaient
12 salmées en 1606 (2) ; 13 en 1655 (3) et elles se composaient
« d'un jardin avec son puitz, d'un canier, de terres semables,
« de muriers, de bois taillis de saules, d'herbages, de terres
« incultes » (4).

Quelquefois, on affermait cette propriété à mi-fruits (5) ; le
plus souvent à rente fixe (6). Son revenu variait beaucoup.
En 1524, l'hôpital recevait 32 s. 3 éminées de froment (7); en
1604, 17 s. (8) ; en 1666, environ 20 s. (9). Le fermier s'engageait à compter ces salmées de blé « mesure d'Aramon, à
« les porter à ses frais dans le grenier qui lui serait indiqué,
« à chaque an, jour de la Madeleine ». De plus, il devait donner annuellement, de 25 à 30 « bourrancades pailhe blanche,
« moitié à la Madeleine et moitié à la Noël pour garnir les
« litz dud. hospital, que le hospitalier sera tenu de recevoir
« sur le port dud. Aramon ».

Avant l'entrée du fermier dans la métairie, on faisait une
« vérification » des bâtiments et le fermier était tenu, à son
départ, de les laisser dans le même état. Il devait payer « les
« rayes et cultures faites par le précédent fermier ». Défense

---

(1) G. Faulquet, not., 1673.

(2) J. Pitot, not.

(3) J. Arnaud, not.

(4) *Item*.

(5) J. Pitot, not., 1589.

(6) Nic. Bonnefoy, not., 1524.

(7) *Item*.

(8) J. Pitot, not.

(9) L. XI. Notons que les oliviers de l'hôpital rapportaient 80 l. au xvii$^e$ siècle. (J. Pitot, not.).

à lui de couper les bois « taillis de saule que deux fois durant
« les six ans d'arrentement, de trois en trois ans et peu de
« bestail dans les bois. » « Item de toucher aux muriers, si
« ce n'est pour enlever les branches mortes ». « Item de re-
« mettre sa ferme à quelqu'un qui ne serait pas d'Aramon ».
Autre chose : il sera obligé de replanter, à ses frais, les arbres
qu'il aura arrachés dans la propriété. La dernière année de
son bail, il laissera dans « l'hyère » la paille récoltée : toutes
les autres devront être « consommées » sur place, et le fumier
porté aux terres. Il prendra à sa charge les risques et périls
provenant de la guerre, de la tempête et de l'inondation, et
veillera enfin à ce qu'on n'empiète en rien sur les limites du
tènement (1).

Tamagnon constituait donc, pour l'hôpital, une belle source
de revenu ; malheureusement cette propriété eut deux grands
ennemis : le Rhône et le seigneur, le seigneur surtout.

Une première reconnaissance passée au roi, en 1303, une
seconde du 5 novembre 1379, également passée au roi, démontrent qu'à cette époque, l'île de Tamagnon appartenait
presque entièrement à l'hôpital, qui la tenait en franc-
fief (2).

Néanmoins, vers la fin du XVe siècle, elle fut confisquée par
le maître des eaux et forêts, en vertu sans doute des droits de
régale. Les consuls protestèrent aussitôt. Saisi de la plainte,
le procureur du roi au Parlement de Toulouse, ordonna une
enquête. On en chargea Antoine de Morillon, président au
même Parlement, lequel, sur le vu des deux pièces citées
plus haut, n'hésita pas à reconnaître le bien fondé des réclamations des consuls et la propriété resta à l'hospice (3).

Après cette première tentative, dont le dénouement avait été
heureux, grâce à la loyauté d'Antoine de Morillon, l'hôpital

---

(1) G. Faulquet, 1673.

(2) L. XI.

(3) *Item.*

jouit paisiblement de Tamagnon, jusque vers 1695. Mais, à cette date et les années suivantes, le Rhône causa de tels dégâts à la propriété qu'il la démolit presque entièrement (1), ce qui, joint à la mortalité des oliviers (2), aux exigences des hospitaliers (3) et au refus opposé par les recteurs et les fermiers de rendre leurs comptes ou de solder leur ferme, mit l'hôpital dans la cruelle nécessité de fermer ses portes (4).

Quelques années se passèrent ainsi, pendant lesquelles la situation de l'hospice fut des plus précaires : on ne parvint à faire face à ses besoins, qu'au prix de mille sacrifices, et grâce à la gestion remarquablement intelligente et dévouée de Ch. Martin.

Les choses en étaient encore là en 1753, lorsqu'un jour on s'aperçut que l'on n'avait cessé, depuis un demi-siècle, de payer l'impôt pour une propriété que l'on n'avait pas. Mieux encore, que cette propriété revenue en nature était occupée par le marquis d'Aramon, Alex. de Sauvan, qui en « jouissait « noblement. »

Sur le champ, on déposa une demande en déguisement.

Le marquis se trouvait à Paris. Il fit répondre qu'il s'occuperait « de cette affaire » à son retour (5).

Et deux ans se passèrent.

Enfin, en 1756, Ch.-Ant. Martin, devenu premier consul, revint à la charge.

Lui-même, il se transporta à Tamagnon avec quelques hommes intelligents et experts. Il fut constaté, clair comme le jour, que le marquis jouissait presque entièrement des 24 s. 3 ém. qui appartenaient à l'hospice.

Ch.-Ant. Martin, à son retour, se rendit accompagné de

---

(1) *Arch. comm.*, BB. 23.

(2) *It.*, BB. 13, 1709.

(3) *It.*, BB. 13 et 20.

(4) *It.*, BB. 13.

(5) *It.*, BB. 24.

l'abbé J. Vincent, chez S. de Jossaud, bailli du seigneur, et lui exposa le résultat de ses investigations, avec prière de vouloir bien en aviser le marquis.

Celui-ci fit répondre, avec sa hauteur ordinaire, qu'il estimait ne jouir d'aucune terre de l'hospice, mais que, d'ailleurs, on n'avait qu'à s'adresser à ses officiers, lesquels feraient le déguisement, s'il y avait lieu.

Le 12 septembre 1756, Ch.-Ant. Martin fit part au Conseil de tous ces faits ; et le Conseil, considérant qu'une telle situation constituait une grave atteinte aux intérêts des pauvres et de la communauté, décida, tout d'une voix, de poursuivre le déguisement.

On en fit, en effet, la demande le 30 septembre ; le 10 octobre suivant, les officiers du seigneur, après avoir pris connaissance des pièces, déclarèrent que l'on nommerait des experts d'office et que l'on procèderait par devant le viguier, Antoine Sauvan, au déguisement jusqu'à concurrence de 21 s. 3 ém, mais à la charge par les consuls et le recteur d'apporter au préalable « une délibération du Bureau « de l'hôpital composé conformément à la déclaration du « roi du 12 décembre 1698, pour se faire autoriser dans leur « administration » (1).

C'était là une mauvaise querelle suscitée uniquement dans le but de retarder, le plus possible, l'heure de la restitution.

Le 2 janvier 1757, le Conseil répondit que l'assentiment

---

(1) *Arch. comm.*, BB. 24. Il paraît qu'après l'annulation de la charte de 1532, par le Parlement de Toulouse, en 1619, les habitants d'Aramon ne se crurent plus tenus d'inviter le marquis ou l'un de ses officiers à se trouver présent lors de la clôture des comptes de l'hospice. D'ailleurs, l'ordonnance de l'évêque d'Uzès, en 1657, ne les y obligeait pas non plus. Mais ils auraient dû se conformer à la déclaration de 1698, qui désignait les procureurs juridictionnels des seigneurs pour faire partie de ces sortes de Bureaux. Le marquis profita de cette légère infraction de forme, pour susciter des difficultés, dans une pensée malhonnête, comme on va le voir.

du Bureau n'était pas nécessaire pour autoriser les administrateurs et recteur à demander le déguisement d'un bien appartenant à l'hospice ; que de temps immémorial, le second ex-consul était de droit recteur, le curé et les deux consuls en charge, administrateurs, et que, lorsque s'élevait une difficulté, elle était portée devant le conseil de la communauté « comme formant l'entier bureau de l'hôpital. » Puis, sur cette déclaration, on chargea les recteur, curé, consuls, de poursuivre le déguisement jusqu'à satisfaction complète.

Le 3 mars, autre incident. Le marquis, sentant bien qu'il a contre lui tout le conseil politique, demande sa dissolution, sous prétexte qu'il ne se compose que de cinq conseillers, « qui s'arrogent le despotisme à l'exclusion des principaux « contribuables », avec injonction à la communauté, « de « procéder en la forme ordinaire à la nomination de 24 con-« seillers de première et deuxième échelles et de les renouveler « ensuite par moitié chaque année, conformément à l'arrêt « du Conseil du 20 septembre 1689, à peine de 500 livres « d'amende » (1).

A cette nouvelle attaque, on répondit que le marquis était dans l'erreur, puisqu'il y avait présentement 21 conseillers et non pas cinq ; et que, quant à les renouveler par moitié, chaque an, il ne fallait pas y songer, vu le petit nombre des personnes à même de remplir cette charge.

On le voit, le débat s'éternisait et, pendant ce temps, le marquis faisait couper les bois et enlever les blés dans l'île de Tamagnon.

La communauté d'Aramon comprenant enfin qu'elle n'avait rien à attendre des officiers du seigneur, qui venaient, d'ailleurs, de confirmer leur premier jugement (28 mars 1757) assigna le marquis devant le sénéchal (7 juillet). Outre le déguisement, on demandait la restitution des fruits, indû-

---

(1) *Arch. comm.*, BB. 24.

ment perçus par l'adversaire, depuis le jour de la première instance, à dire d'experts nommés par le sénéchal.

La sentence du sénéchal parut bientôt ; elle était ainsi libellée : ordre à la communauté de réorganiser le Bureau de l'hospice, conformément à la déclaration de 1698 — ordre au marquis de procéder au déguisement et de restituer les fruits (1). On s'inclina de part et d'autre.

Cependant le Bureau, une fois réorganisé (2) et le déguisement fait, il s'agissait de régler l'indemnité « pour prix « des osiers coupés à Massegaule (quartier de Tamagnon), par « le fermier, dans la partie du terroir déguisé en faveur « de l'hospice ». Le marquis fait alors sommer Ch.-Ant. Martin, trésorier de l'hôpital, d'avoir à accepter 105 l.

C'était une offre dérisoire, vraiment, sans parler des considérants qui l'accompagnaient et qui frisaient l'injure. Ch.-Ant. Martin la refusa donc, et son refus, hautement approuvé du conseil, le 18 mars 1759, fut signifié au marquis, le jour même.

Alors la fureur de ce dernier ne connut plus de bornes ; Ch.-Ant. Martin avait été l'âme de la résistance : c'est contre lui qu'il dirigea ses coups.

Par son ordre, son procureur fiscal Bazile — un nom prédestiné ! — fait signifier aux consuls un jugement des officiers d'Aramon, portant que Ch.-Ant. Martin rendra compte de son administration et de celle de son père, en tant que trésoriers de l'hospice (3).

On ne pouvait trouver mieux pour faire planer d'odieux soupçons sur ces deux hommes et les déshonorer.

Ch.-Ant. Martin aurait pu, il est vrai, s'abriter derrière

---

(1) *Arch. comm.* BB. 24.

(2) Comme nous l'avons dit, le premier officier du seigneur et son procureur juridictionnel en faisaient partie, mais ne participaient pas aux délibérations lorsque les intérêts de leur maître étaient en jeu. (*Arch. comm.*, BB. 24).

(3) *Arch. comm.*, BB. 24.

l'approbation donnée à sa gestion et à celle de son père, le 6 février 1756, par Joseph Guiramand et Jean Séveyrac, députés à cet effet, comme aussi derrière le visa apposé par l'évêque d'Uzès, le 28 octobre 1757, lors de sa visite pastorale : c'eût été parfaitement légal et ses adversaires auraient été obligés de s'incliner ; mais il dédaigna ce moyen que l'on n'aurait pas manqué d'interpréter malignement dans l'entourage du marquis, et, fièrement, en homme sûr de lui, il se déclara tout prêt à rendre ses comptes et ceux de son père.

En conséquence, le 25 mars 1759, réunion de « l'entier Bureau » ; mais, dès l'ouverture de la séance, Bazile demande que l'on en forme un nouveau, conformément aux prescriptions de l'ordonnance de 1698 et de l'arrêt du sénéchal (1).

C'était chose inutile : le nouveau Bureau ne pouvait être que la reproduction de l'ancien, étant donnée l'opinion du pays. Mais qu'importait à Bazile ? Pendant ce temps, la calomnie ferait son chemin : c'est tout ce qu'il voulait. On le comprit fort bien dans le Conseil.

Toutefois, pour ôter à Bazile tout prétexte à de nouvelles tracasseries, on nomma, séance tenante, un autre Bureau, les mêmes hommes au fond et des hommes honorables entre tous, dans le pays : l'abbé J. Vincent, curé, M. A. Reboulet, 1er consul, Jean-Joseph Féline, 2me consul, et Ant. Dunan, recteur.

Le nouveau Bureau prêta serment aux mains du Viguier, Ant. Sauvan, et fixa, au 17 juin, la vérification des comptes des Martin.

L'opération eut lieu ce jour-là, en effet ; inutile d'ajouter que les comptes furent approuvés sans débat et les Martin couverts de fleurs, pour leur gestion aussi désintéressée qu'habile.

On n'en eut pas fini pour cela avec Bazile. Fidèle à sa

---

(1) Lors de l'arrêt du Sénéchal, on avait laissé les mêmes hommes au Bureau, en se contentant d'appeler aux réunions le 1er officier du seigneur et son procureur juridictionnel.

tactique, et toujours dans le but de nuire aux Martin, il se présente le 8 juillet au conseil politique et demande que l'on fasse apporter les pièces remises au Bureau de l'hospice, le 17 juin, « pour être examinées et débattues en sa présence « dans une ou deux réunions qui seront convoquées à cet « égard..., se réservant lui-même, ajoute-t-il, d'y faire les « impugnations de droit... » (1) C'était trop fort cette fois. Indigné, le conseil tout entier se lève et, après avoir déclaré qu'il a toute confiance aux Martin et aux membres du Bureau, il refuse d'entendre plus longtemps l'odieux calomniateur.

Les Martin étaient vengés.

Cependant, le procès soulevé à l'occasion de l'indemnité offerte par le marquis et refusée par Ch.-Ant. Martin allait son cours. Il se dénoua en 1761, par une sentence du Sénéchal, qui condamna le marquis à restituer à l'hospice, non pas 105 l., mais 1147 l. 10 s. : ce qui, joint aux autres frais du procès, s'éleva à la somme de 3166 l. 14 s. (2).

La leçon était bonne : il paraît cependant que le marquis ne se tint pas encore pour battu, puisque nous voyons, d'une part, qu'il obtient, le 12 juin 1761, des lettres en règlement de juges devant le Conseil du roi ; et, de l'autre, que le Conseil politique décida de nommer un avocat, « pour poursui- « vre le rejet de l'injuste demande du sieur marquis et le « renvoie de la cause devant le Sénéchal pour l'exécution de « lad. sentence qui a été rendue » (3).

Maintenant, comment finirent toutes ces chicanes? Nous l'ignorons ; mais ce qui est certain, c'est que la propriété de Tamagnon resta le point de mire des convoitises des Sauvan et qu'ils n'ont eu repos ni trêve jusqu'au jour où, profitant du passage à la mairie d'amis complaisants (vers 1825), ils ont obtenu cette propriété en échange de celle des Plantiers :

---

(1) *Arch. comm.* BB. 24.

(2) *It.*, BB. 25.

(3) *Arch. comm.* BB. 25.

fond médiocre, très inférieur à celui de Tamagnon, mais alors bien tenu et de bon rapport, que le Rhône a ravagé depuis, en emportant la digue (1) (1872).

A la Révolution, l'hôpital passa de bien mauvais jours. La loi de Messidor, an 2, ayant mis les biens des hospices au nombre des biens nationaux, cet établissement tomba dans une misère noire. Le 5 Prairial, an 3, on s'adressa au gouvernement pour en obtenir un secours de 8.000 fr., « sans « quoi, disait-on, on se verrait obligé de faire sortir les « pauvres ». Heureusement que le sursis à la vente des biens des hôpitaux, ordonné par la Convention, le 9 Fructidor, an 3. et plus tard, la loi du 26 Vendémiaire, an 5, décidant que « les hospices conserveraient la jouissance de leurs biens et « recevraient des rentes sur l'Etat, en échange de ceux que « l'on avait aliénés », rétablirent les choses dans leur premier état. L'hôpital reprit dès lors sa marche accoutumée. Les dons affluèrent, d'ailleurs, parmi lesquels nous remarquons ceux de M. François Fabre, ancien maire ; de l'abbé François Fabre, curé du Buisson, dans le Vaucluse (1870) ; de l'abbé Louis Martin (1845) ; de l'abbé Auguste Bayle (1865) ; de M$^{me}$ Rosalie Féraud, veuve Hébrard (1866), et de sa sœur, Jeanne-Françoise Féraud, en religion sœur Saint-Macaire (1866), etc.

Aujourd'hui, les revenus de l'hospice sont de 3.425 francs, se répartissant ainsi : 1° rentes sur l'Etat : 758 francs. — 2° rentes sur les particuliers : 42 francs. — 3° revenus des propriétés : 2.625 francs (2).

II. *Bureau de bienfaisance.* — Il y a, aux archives, un livre écrit en langue vulgaire, malheureusement incom-

---

(1) Depuis lors, la propriété des Plantiers ne produit presque rien. Si les revenus de l'hospice qui étaient, en 1840, de 8,062 fr. 66 c., (*Journal du Pair de France*) ne sont plus que de 3,425 fr., c'est là une des principales causes.

(2) Rôle du percepteur.

plet, allant de 1498 à 1506, dans son état actuel. Or, voici ce que nous y lisons : « L'an mil quatre cens LXXXXVIII et le « XXII jort de abril, ey Simon Tornet et Piero Peyret et « Jeanne Valeri et Jacques Puquart, quaritadiés viels, aven « fach quaritadiés novels Furmin Guiraut, Rostan Monnier. « Imbert Fourquet et Glaude Costandi : alsquals aven deli- « vart le present libre et quatre estrumens ensemble cour- « duras, en un saquet ; item un peyrot grant de lad. Caritat. »

(Suivent les censes que les Caritadiers ont reçues, et cette sorte de procès-verbal se renouvelle, chaque année, dans les mêmes termes).

Dans ce livre est transcrit également un acte en latin intitulé : « *Arrentamentum terrarum Karitatis præsentis* « *loci Aramonis* ». (Arrentement des terres de la Charité, au présent lieu d'Aramon).

Enfin, toujours dans le même livre, nous remarquons le passage suivant : « s'ensuit lo pan qué aven bayllat nos « autres caritadiés, so es assaber io Guylhem Jordan et « Anthony Sausynos, et Francès German et mestre Jehan « Collyn, de l'an mil V sens et II et à XXVIII de mars » (1).

Il n'est pas difficile de reconnaître à ces traits notre moderne Bureau de bienfaisance, qui, on le voit, ne date pas d'hier. Entrons dans quelques détails.

L'« Aulsmône de la Charité, » comme on appelait alors cette institution, avait une double source de revenus : c'étaient d'abord diverses propriétés — dons sans doute de personnes pieuses, laissés par testament, à leur décès — qui comprenaient au commencement du xvie siècle : 8 à 10 salmées de terre avec une belle oseraie, au Mouton (2), plusieurs olivettes (3), un mas (4) et autres petits immeu-

---

(1) *Arch. comm.*, GG. 19.

(2) Nic. Bonnefoy, not.

(3) *Arch. comm.*, DD. 3.

(4) *Item*, 1522.

bles (1). C'étaient ensuite des censes annuelles, payées par certains agriculteurs : l'usage étant à Aramon, nous l'avons dit, que chacun pût mettre en culture « garrigues et patis, » à la condition de verser une redevance à la caisse de l'Œuvre (2).

Chose curieuse ! La distribution de « l'aumône » ne se faisait qu'une fois l'an : le lundi de Pâques « en partie du « blé quy se paye desd. garrigues et patys que se bailhent à « rompre et moitié en nature aultres » et s'adressait, nous dit le texte, « à tous allans et venans, généralle » (3).

Cet établissement fonctionna tout un temps fort bien. Mais il paraît que, vers le milieu du XVI$^e$ siècle, bien des abus s'y étaient glissés. Aussi fut-il compris dans l'acte de réforme du 4 décembre 1547.

Jusque-là, l'œuvre, absolument indépendante de l'hospice, avait été administrée par 4 caritadiés — toujours des roturiers — qui désignaient eux-mêmes leurs successeurs, à l'expiration de leur mandat. Dans la transaction de 1547, il fut décidé qu'à l'avenir, ce serait le recteur de l'hospice « un « homme souffizant et cappable » nommé en assemblée générale à la Saint-Blaise, qui aurait la direction de l'hospice et de la Charité (4).

D'ailleurs, cet état de choses ne dura pas longtemps. A partir de 1581 au moins, les caritadiers reparurent. Il est vrai qu'alors ils ne sont plus que deux, nommés le jour de Saint-Blaise, et placés, comme des officiers publics, sous la direction des consuls (5). C'était sans doute pour alléger la

---

(1) *Arch. comm.*, DD. 3.

(2) Trans. du 3 janv. 1543, — Ant. Orionis, not.

(3) *Item*.

(4) *Arch. comm.*, GG. 18.

(5) Ant. Bonnefoy, not. — Ant. Saladin, not., 1586. — J. Pitot. not., 1589.

responsabilité du recteur, que l'on avait modifié la clause de la transaction de 1547 concernant la Charité.

A cette époque, nous remarquons que les rentes de l'OEuvre sont peu considérables. Ainsi, en 1589, les terres ne rapportent net que 4 s. et demie de blé (1); en 1666, 228 l. 18 s. 9 d. (2).

Cette œuvre, avons-nous dit, s'appelait d'abord l'« aulsmône « de la Charité » (3) et avait été régie tour à tour, par des caritadiers et par les recteurs de l'hôpital. Dans la suite, elle changea plusieurs fois de nom et même d'organisation.

En 1666, l'œuvre, tout en restant distincte de l'hospice, était de nouveau régie par les recteurs, toujours sous le nom de Charité (4).

En 1736, elle s'appelle la « Miséricorde » et ce sont des dames « qui distribuent de l'argent aux pauvres nécessiteux « de la ville » (5).

En 1785, nous voyons l'abbé J. Vincent « directeur né de « lad. œuvre » (6).

En 1792, l'abbé L. Savoy, le curé intrus, succède à l'abbé J. Vincent, dans ces fonctions ; mais, après la dernière apostasie de l'abbé L. Savoy, le conseil général, sur la motion du maire, Pierre Moulet, décide, le 25 Thermidor an II, « que « les revenus de l'œuvre de la miséricorde feront désormais « partie de ceux de l'hospice ; que la même administration « régira les uns et les autres, et que le trésorier de l'hospice « sera le même que pour lad. œuvre ».

Puis, arrive le décret du 7 Frimaire, an 5, qui crée les Bureaux de bienfaisance. A cette occasion, on affecte à la

---

(1) *Item.*

(2) L. 1.

(3) *Arch. comm.* GG. 18.

(4) L. 1.

(5) M. A. Reboulet, not., 1531.

(6) Ant. Dunan, not.

création nouvelle tous les biens ayant appartenus à la Charité.

En 1820, nous lisons dans le journal du pair de France : « Aramon possède un Bureau de bienfaisance, qui donne « aux pauvres du pays par l'entremise des dames de la « miséricorde ; ses revenus sont de 600 francs environ. »

L'œuvre resta longtemps ainsi.

Enfin, depuis 1879, l'administration de l'œuvre est composée de six membres renouvelables, plus le maire : deux de ces membres sont nommés par le conseil municipal, qui peut les prendre hors de son sein, et quatre par le Préfet (1).

Les revenus actuels de notre Bureau de bienfaisance sont de 567 fr., dont 547 provenant de rentes sur l'Etat et 20 fr. payés par des particuliers (2).

III. — **Pauvres filles à marier.** — Le 12 août 1732, une femme du peuple « Antoinette Boisselle, veuve de Jean « Mounet, ribérier, d'Aramon » (3), se trouvant indisposée, fit appeler le notaire Reboulet et lui dicta son testament. Or, dans ce testament, qui n'est au fond qu'une longue nomenclature de legs pieux, figure une clause que nous allons transcrire *in extenso*, car c'est l'acte constitutif de l' « œuvre des « pauvres filles à marier ».

« ... donne et lègue lad. Boisselle testatrice les revenus qui « proviendront annuellement à perpétuité de 17 eyminées ter- « res de contenance acquises savoir : (suit l'énumération des propriétés avec leur contenance et leurs confronts : détails sans intérêt pour nous ; puis, l'acte continue) : lequel revenu desd. 17 eyminées de contenance « terre,

---

(1) Diction. de la perception.

(2) Rôle du percepteur. Il n'est pas question de biens fonds appartenant à l'œuvre. Il faut donc croire que les anciennes propriétés furent vendues à la Révolution (Loi du 23 Messidor an II), et restituées ensuite sous forme de rentes sur l'Etat (Loi du 20 Ventôse an V).

(3) M. A. Reboulet, not., 1699.

« veut que soit employé pour marier et establir des
« pauvres filles dud. Aramon et non d'ailleurs, comme aussi
« veut et ordonne lad. testatrice que ce qui proviendra desd.
« sommes à elle dues par divers particuliers par obligations
« et autres actes publiqs et argent comptant qui sera trouvé
« lors de son decedz soient employés pour le payement des
« legats par elle faits cy-après qui seront payables en argent
« comptant et du surplus desd. obligations et autres actes
« publiqs et argent comptant il en sera fait un fondz, le
« revenu duquel sera employé de même que led. revenu des
« 17 eyminées terre comme est dit cy-dessus pour l'établis-
« sement desd. pauvres filles dud. Aramon et non d'ailleurs,
« et pour cet effet lad. Boisselle, testatrice, a nommé et
« nomme Charles Martin, bourgeois dud. Aramon et ses suc-
« cesseurs à perpétuité pour nommer lesd. filles et
« distribuer lesd. revenus ausd. filles soit plus ou moins
« à aucunes d'icelles et de la manière que led. Martin et ses
« successeurs à perpétuité trouveront à propos, à l'exclusion
« de toute autre personne, s'en raportant à tout ce qui sera
« fait par led. sieur Martin et sesd. successeurs à ce sujet,
« pour le bien desd. pauvres filles, donnant lad. Boisselle,
« testatrice, pouvoir aud. sieur Martin d'affermer les 17 ey-
« minées terre, pour telle rante qu'il trouvera à propos et de
« retirer de ses débiteurs les sommes qui se trouveront dues
« à lad. testatrice par lesd. obligations et autres actes publiqs
« et de fournir véritable quittance des sommes qu'il recevra
« de sesd. débiteurs et de leur quitter gratuitement ce qu'il
« advisera, pour ce qu'il recevra estre employé par led. sieur
« Martin et sesd. successeurs à ce qu'est dit cy-dessus sans
« que luy ny sesd. successeurs soient tenus ny obligés d'en
« donner aucun compte, de quoy elle les a déschargés et
« descharge et approuve et confirme dès maintenant tout ce
« qui sera fait pour raison de ce dessus par led. sieur Martin
« et ses successeurs à l'advenir, lesquels ne seront responsa-
« bles de rien, soit dans le cas où il ne pourrait exiger le
« payement desd. obligations et des suites pour l'esta-

« blissement dud. fondz, qui en sera fait, ny autrement
« pour quel sujet, cause, occasion que ce soit et puisse
« estre, dont de tout elle les décharge se confiant entièrement
« en la probité et conscience dud. sieur Martin et de sesd.
« successeurs, auxquels elle donne aussi pouvoir de traiter,
« et convenir amiablement avec sesd. débiteurs et leur faire
« telle grâce qu'ils trouveront à propos... »

Sept mois après (12 mars 1733), ce testament fut suivi d'un codicille, qui, après avoir assuré à l'Œuvre quelques autres ressources, en modifiait le fonctionnement,

« ... Et quant à l'égard des fruits, bled, vin et huile,
« qui se trouveront dans lad. maison d'habitation de lad.
« Boisselle et l'autre maison joignant celle dud. Fabre, lors
« du décèd de lad. Boisselle, ils seront vendus incontinent
« après sond. décèd et le prix en provenant employé pour
« faire fond au payement des légats de sond. testament qui
« sont payables en argent et à l'establissement des pauvres
« filles, comme est porté par sond. testament...

« ... Et comme lad. Boisselle par sond. testament elle aurait
« nommé M. Charles Martin, bourgeois de cette ville d'Ara-
« mon et ses successeurs à perpétuité, pour nommer les
« pauvres filles dud. Aramon à marier et establir et distri-
« buer à l'advenir les revenus des fonds et autres choses
« qu'elles a destinés par sond. testament pour l'establissement
« desd. pauvres filles, suivant son intention contenue dans
« sond. testament, et désirant lad. Boisselle codicillante,
« nommer des adjoints aud. Sr Martin et ses successeurs à
« l'advenir pour lad. nomination desd. pauvres filles à marier
« et establir et pour la distribution des revenus des fonds et
« autres choses destinées pour led. establissement desd. pau-
« vres filles, et pour cet effet lad. Boisselle, codicillante, par
« le présent son codicille a nommé et nomme pour adjoint
« aud. sieur Martin Charles et à sesd. successeurs à l'advenir
« MM. le premier consul dud. Aramon, qui sera en charge
« annuellement et à perpétuité et messire le curé de la pa-
« roisse St Pancrace dud. Aramon, qui a l'advenir sera en

« charge de la cure de lad. paroisse St Pancrace dud. Ara-
« mon, pour lesd. sieurs premier consul et curé conjointement
« avec led. sieur Martin et sesd. successeurs à perpétuité
« faire d'un commun accord lad. nomination desd. pauvres
« filles à marier et establir dud. Aramon et distribuer lesd.
« revenus des fonds et autres choses destinées pour led.
« payement desd. pauvres filles, le tout suivant et conformé-
» ment et sous les mêmes pactes, conditions, clauses et
« descharges contenues dans sond. testament dud. jour 12$^{me}$
« d'août 1732, reçu par moi not. royal... »

Il faut croire que cette modification, apportée par Ant.
Boisselle à son testament, froissa Ch. Martin, car voici la
déclaration que nous lisons, faisant suite au codicille : « L'an
« 1733 et le 12$^e$ jour du mois de Mars, avant midy, par
« devant nous, notaire royal soussigné, et témoins bas nom-
« més, a esté présent M. Ch. Martin, bourgeois, habitant de
« cette ville d'Aramon, lequel de son gré, par le présent acte
« a déclaré qu'ayant esté prié par messire Méro, prêtre, curé
« perpétuel de la paroisse de St Pancrace de cette ville
« d'Aramon, doyen de Remoulins, de l'accompagner à la
« maison d'Ant. Boisselle, vefve de Jean Mounet dud. Aramon
« qui était détenue dans son lit malade ; laquelle souhaitait
« de lui communiquer ses intentions, pour la disposition de
« ses biens, parmi lesquelles dispositions lad. Boisselle l'au-
« rait prié en présence dud. sieur Méro, curé, de vouloir se
« charger à son exclusion et de tout autre, d'estre le déposi-
« sitaire et distributeur, luy et ses successeurs à perpétuité
« du legs pie qu'elle a fondé dans son testament du 12 aoûst
« de l'année dernière 1732, reçu par moi notaire, pour servir
« à l'establissement des pauvres filles de cette paroisse et le
« nominateur desd. pauvres filles ; laquelle charge led. sieur
« Martin aurait acceptée dans led. testament ; et comme lad.
« Boisselle a changé à cet égard sa première disposition con-
« tenue dans sond. testament par son codicille de ce jour d'hui
« reçu par moi notaire, led. sieur Ch. Martin par le présent acte
« déclare à lad. Boisselle et la prie de trouver bon qu'il désiste

« et se départe comme dès à présent il désiste et se départ à
« son particulier seulement et pour luy et ses successeurs de
« l'acceptation qu'il avait fait, lors dud. testament de lad.
« distribution et nomination desd. pauvres filles à establir,
« louant toujours pourtant la bonne œuvre de lad. Boisselle,
« et souhaite qu'elle soit exécutée avec autant de désintéres-
« sement, de justice et d'équité que led. sieur Martin désirait
« de la remplir et de l'inspirer à ses successeurs ; de laquelle
« déclaration et contenu cy-dessus led. sieur Martin a requis
« acte à moi notaire, pour servir et valoir en ce que de raison
« qui a esté fait et réservé aud. Aramon, dans la maison de
« lad. Boisselle, près son lit où elle est gisante, en présence
« des sieurs Jean-Paul Pujet, chirurgien, et sieur Joseph
« Bon, bourgeois, habitants d'Aramon, signés avec led. sieur
« Martin et moi » (1).

A partir de ce jour, l'œuvre fonctionna, sur les bases établies par la fondatrice et conformément à ses intentions. Nous remarquons en effet : 1° que, le 16 septembre 1733 et le 16 janvier 1735, deux sommes d'argent, l'une de 830 l., l'autre de 800, provenant de la vente des denrées trouvées chez Ant. Boisselle, à son décès, furent placées sur la communauté d'Aramon au denier vingt ; 2° que le premier consul et le curé affermèrent les 17 éminées de propriétés, à divers particuliers ; enfin, 3° que les revenus des susdites sommes et propriétés servaient à doter les filles pauvres du pays (2).

Rien de particulier à remarquer, d'ailleurs, dans le fonctionnement de l'œuvre, jusqu'à la Révolution, si ce n'est un certain accroissement de revenus : bien des personnes, durant ce laps de temps, ayant fait divers dons et grossi ainsi les fonds laissés par Ant. Boisselle.

---

(1) M. Ant. Reboulet, not. — Ant. Boisselle dut mourir en 1733, car il n'est plus question d'elle dans les actes qui suivent. Dans son codicille, elle avait désigné cinq filles pauvres et leur avait assigné 30 l. à toucher lors de leur mariage.

(2) M. A. Reboulet, not. — *Arch. comm.*, BB. 29, etc.

Mais l'an 12 (21 niv), en vertu d'un arrêté préfectoral, basé sur la loi du 16 vendemiaire, an 5, et sur un arrêté du gouvernement du 23 Brumaire suivant, l'œuvre des pauvres filles à marier fut réunie à l'administration de l'hospice, et régie par celle-ci d'une façon souveraine et indépendante.

Le Pair de France rapporte dans son journal, qu'en 1840, on donnait « 30 francs à toute jeune fille sage ayant son père « et sa mère et se mariant avec une dot de moins de 500 « francs et le double si elle était orpheline de père et de « mère ». Il fallait encore, à cette époque, que la jeune fille présentât « un certificat de mariage du maire pour le civil, « du curé pour le sacrement reçu. »

On le voit par ces derniers détails surtout, l'œuvre des pauvres filles à marier avait un caractère éminemment moral et d'une utilité incontestable, dans un pays où la légèreté est proverbiale, les mœurs faciles, les occasions nombreuses; elle le perdit malheureusement en 1879.

Et depuis lors, on distribue à toute jeune fille pauvre qui se marie, qu'elle qu'ait été sa conduite, une somme de 60 à 100 francs ; cela dépend du nombre des mariages de l'année.

Les revenus de l'œuvre, qui étaient montés, vers 1840, jusqu'à 2.500 francs, sont tombés aujourd'hui à 912. (Rentes sur l'Etat : 647 francs ; rentes sur divers particuliers : 55 francs ; revenu des propriétés affermées : 210 francs).

# CHAPITRE XV

## LES POITIERS (1426-1489)

Depuis la cession de nos pays, faite à la France, par les comtes de Toulouse, jusqu'à l'année 1426, Aramon paraît n'avoir eu, en dehors de nos rois, que deux seigneurs hauts justiciers : le cardinal Gui de Bologne et Geoffroy le Meingre de Boucicaut.

G. de Bologne (1) reçut, le 4 août 1344, du roi Philippe VI, la seigneurie d'Aramon. D'après la charte royale, cette seigneurie, en y comprenant certains revenus pris sur d'autres villes et au besoin « sur la recette de Beaucaire et « Nimes (2) », devait former une rente annuelle de 1.000 l. (3). D'ailleurs nous ne connaissons guère (4), à Aramon, ce personnage que par deux actes : l'un qui a trait aux coseigneurs et qui nous le montre refrénant leurs

---

(1) Il joua un grand rôle au xiv⁰ siècle. A. Gabourd affirme qu'il empêcha la guerre d'éclater entre le roi de France, Jean le Bon et le roi de Navarre, ce qui eût été désastreux pour notre pays (A. Gab. T. VII). Nous voyons de plus (Pièces personnelles imprimées, 3), qu'il s'entremit, en 1353, pour le renouvellement de la trêve entre la France et l'Angleterre, et qu'il prit part, dans la suite, à une foule d'autres négociations. C'est sans doute en récompense de tous ces services, que le roi lui donna la seigneurie d'Aramon.

(2) P.P. 17.

(3) L. VI.

(4) Il est encore question de lui dans un acte en payement de lods, fait en 1351, mais insignifiant pour l'histoire (Pièces officielles du château, 173 ; — elles sont manuscrites, numérotées et reliées en un volume).

prétentions et les traitant en vassaux ; il en a été déjà question au chapitre IV ; le second relatif au droit de pacage, dans le territoire d'Aramon et à la police des propriétés : sorte de règlement rural qui révèle un administrateur habile aimant l'ordre et sachant le faire respecter (1). Il mourut le 23 novembre 1373 (2). A sa mort, le don étant viager, Aramon revint au roi.

Mais, en 1396, le 27 mai, Charles VI en disposa de nouveau, toujours à titre viager, en faveur de Geoffroy le Meingre de Boucicaut (3), qualifié de chambellan dans un document du XVII$^e$ siècle (4) ; de chevalier du roi, conseiller et gouverneur du Dauphiné, dans un verbal d'élection de 1402 (5) : un proche parent, sinon le frère, du fameux Jean de Boucicaut, maréchal de France (6). Ce don représentait alors, pour Aramon et Bertrand seulement, un revenu de 119 l., 3 s. 2 d. (7). Il paraît que ce seigneur, véritable oiseau de proie, pressura atrocement le pays (8). Des plaintes arrivèrent jusqu'au roi, qui, indigné, lui retira ses dons, par lettres patentes du 12 août 1405. Ce fut Guillaume Saignet, seigneur de Vaucluse et sénéchal de Nimes et Beaucaire, qui mit à exécution la sentence, le 5 octobre suivant (9), en révoquant

---

(1) L. XVII.

(2) L. XI.

(3) L. VI.

(4) L. XVII.

(5) *Arch. comm.*, DD. 3.

(6) Jean le Meingre de Boucicaut était né à Tours en 1364. Fait prisonnier à la bataille d'Azincourt (25 oct. 1415), il fut conduit en Angleterre où il mourut en 1421 (*Diction. de Feller*).

(7) L. XI.

(8) P.P. 17.

(9) *Item.*

tous les anciens officiers et en replaçant la terre d'Aramon sous la main du roi (1).

Mais il faut croire que ce seigneur avait de puissants appuis, ou que, du moins, il était fort habile, car nous trouvons, à la date de 1420, une élection de syndics qui fut faite, nous dit le document, « du commandement de Pierre Ducrés, « notaire, lieutenant de noble Guillaume de Sénas, viguier « d'Aramon pour Geoffroy le Meingre de Boucicaut. » (2). Sa disgrâce n'avait donc été que momentanée.

Conformément à l'acte de donation, après la mort de Boucicaut, Aramon fut réuni au Domaine, et il y resta jusqu'en 1426, époque à laquelle il en sortit pour toujours, à la suite d'un échange fait entre Charles VI et Louis de Poitiers. Voici comment s'opéra cet échange si regrettable pour notre pays, et qui fut le point de départ de misères sans nombre.

L'histoire raconte qu'en 1349, Humbert II, seigneur du Viennois, ayant perdu, par la mort de son fils, l'espoir d'avoir un héritier direct, offrit de céder à Charles, fils de Jean le bon et petit-fils de Philippe VI, le droit de lui succéder dans cette grande principauté, moyennant la somme de 120.000 florins d'or, une fois payée et l'obligation, pour le fils aîné du roi, de porter le titre de Dauphin, par honneur pour cette nouvelle province (3) : ce qui fut accepté (4).

Or, tout auprès de la nouvelle province et faisant pour ainsi dire corps avec elle, se trouvaient le Valentinois et le Diois : sorte de souveraineté (5), qui appartenait à la maison de Poitiers (6), et formait un beau fief, comme on peut s'en

---

(1) *Arch. comm.*, BB. 4.

(2) *It.*, BB. 5.

(3) A. Gabourd, T. II, p. 185.

(4) Traité de Vincennes du 23 avril 1343. (*Item*).

(5) P.P. 20.

(6) La maison des Poitiers était, paraît-il, une branche de celle des Dauphins. (PP. 20).

convaincre par l'importance de Valence et de Die, ses villes principales (1). Le Dauphin en eut envie et l'obtint, nous ne savons à quelles conditions, de Louis de Poitiers. Bien plus, celui-ci n'ayant pas d'enfant, établit ce prince, son héritier universel par son testament du 22 juin 1419 (2), ne réservant expressément que la baronnie de Clérieu et quelques terres déjà cédées par lui à Charles de Poitiers, son oncle (3).

Mais, à sa mort, une grave contestation éclata. Un autre Louis de Poitiers, fils de Charles, prit aussitôt le titre de comte de Valentinois et Diois, et réclama la propriété du comté, indépendamment des biens réservés par le testament, qu'on ne pouvait lui contester (4).

Il disait que la jouissance du comté lui ayant été garantie par une clause en substitution, insérée dans les deux testaments d'Aymard IV, son bisaïeul, sous les dates du 13 janvier 1332 et du 12 août 1339, et dans un troisième, de Louis I, son grand-père, du 23 mai 1345, le comte de Valence son cousin germain, n'avait pu en disposer validement (5).

Il ajoutait que les droits, résultants pour lui de cette substitution, avaient été reconnus par le comte de Valence lui-même, dans un accord que les seigneurs de Montlaur, d'Entraigues et de Crussol, leurs parents et amis communs, avaient ménagé entre eux, dans le château de Graine, le 18 août 1416 (6).

Et, en effet, nous trouvons dans l'« Histoire des Comtes de Valentinois par André du Chêne » page 68, et sous la date susdite, un acte par lequel Louis de Poitiers accorda, entre

---

(1) P.P. 1.

(2) *Item.*

(3) P.P. 20.

(4) *Item.*

(5) P.P. 1.

(6) P.P. 1.

autres choses, qu'au cas où il viendrait à décéder sans enfant mâle et légitime, les comtés de Valentinois et de Diois appartiendraient au seigneur de Saint-Vallier « pour lui et ses « enfants mâles procréés en légitime mariage, excepté le « Châteauneuf de Domasan, » qui demeurerait à Lancelot, fils naturel du Comte (1).

Aussi, fort de ses droits, Louis de Poitiers, sieur de Saint-Vallier, au lieu de recourir aux tribunaux et de leur confier le dénouement du conflit, ne craignit pas de s'en remettre à la justice du Dauphin. « Sur lequel différent, dit encore André « du Chêne, page 72, Louis de Poitiers, assisté de Jean de « Poitiers, son frère, évêque de Valence et de Die, de Fouquet « d'Agoutte, seigneur de Forcalquier, et de Guillaume Contour « de Sagnes, seigneur du Luc, chevaliers, offrit de tenir ce « qui en serait ordonné par la justice même du Dauphin, « après une due connaissance et information de ses droits. « De quoi il y eut acte passé à la Combe-Bélion, le 16e jour « de juillet 1419 en présence de... »

Le Dauphin crut pouvoir exiger de son loyal adversaire une somme de 30.000 l. écus d'or, et le seigneur de Saint-Vallier rentra, à ce prix, dans tous ses droits.

Mais, à peine monté sur le trône, sous le nom de Charles VII, l'ancien Dauphin regretta d'avoir abandonné ses prétentions sur le Valentinois et le Diois, et manifesta un vif désir de réunir ces deux comtés à la couronne.

Une négociation fut ouverte dans ce but avec l'Evêque de Valence, frère de Louis de Poitiers et son procureur fondé. Le prélat se rendit à Bourges, où se trouvait alors le roi. L'affaire fut soumise au conseil, et, « après grande et mûre « délibération, » disent les documents du temps, on passa, le 4 mai 1423, un acte préliminaire, dans lequel l'Evêque de Valence promit de céder au roi tous les droits, que son frère avait sur les seigneuries « du feu comte de Valentinois,

---

(1) *Item.*

« dernier mort... en considération de quoi, le roi promit, de
« sa part, bailler et transporter à son dit cousin de Saint-
« Vallier et toujours et perpétuellement, pour lui et ses hoirs.
« 7.000 florins de rente ou revenu annuelle et perpétuelle,
« à compter 15 sols tn. par florin, en villes, châteaux et
« forteresse, avec la justice et seigneurie, fruits et
« revenus » (1).

Cette promesse réciproque fut scellée par un acte authentique du 29 décembre 1424, dont les dispositions se trouvent reproduites dans un nouvel acte du 24 juillet 1426. Ce dernier fut passé avec la plus grande solennité, devant le garde du Scel de la Prévôté de Bourges, et confirmé par des lettres patentes du même jour.

Il est seulement à remarquer que les 7.000 flor. de revenu, mentionnés aux actes préliminaires de 1423 et 1424, sont réduits à 5.000 (2), dans l'acte définitif de 1426, sans que l'on puisse indiquer le motif de cette réduction. Voici, du reste, les principales clauses de ce traité :

On commence par y rappeler les longs débats qui ont eu lieu entre les parties, et les titres nombreux dont on s'est prévalu respectivement. A la suite de cette exposition, l'acte s'exprime ainsi : « Et sur lesd. procès, discords et débats,
« comme sur lesd. choses douteuses et incertaines... ont
« transigé, composé et accordé ; transigent, composent et
« accordent en la manière que s'ensuit :

« C'est à savoir que led. frère en Dieu, Monseigneur l'évê-
« que de Valence, comme procureur de son dit frère et en son
« propre nom, cède, baille, transporte et délaisse perpétuel-
« lement au roi, notre seigneur... tous les droits, noms et
« actions, raisons, seigneuries et possessions quelconques,

---

(1) Cet acte se trouve in extenso aux preuves du livre de du Chêne.

(2) On avait conservé, aux archives du château, jusqu'à la Révolution, un de ces florins. En 1789, ce florin valait, au prix courant de de l'or. plus 10 fr. (P.P. 2).

« que led. Monseigneur de St Vallier, son frère, et l'Hôtel et
« famille de Poitiers avaient, ou ont, ou doivent avoir, à
« quelque cause... et par quelques moyens que ce soit esdits
« comtés de Valentinois et Diois et en toutes les villes, châ-
« teaux, forteresses, fiefs, arrières-fiefs, justice, seigneuries,
« cens, rentes, eaux, garenes et toutes les appartenances et
« dépendances desdits comtés et terres... et par manière
« de transaction et en récompense desd. droits, raisons et
« actions appartenans et qui peuvent compéter et appartenir
« aud. seigneur de St Vallier et à l'Hôtel et famille de Poitiers
« esdits comtés et terres de Valentinois et Diois, par le moyen
« et titre des testamens de plusieurs des prédécesseurs et
« d'autres titres y contenus et plus amplement détaillés, et
» écritures sur ce faite... le roi mondit seigneur a baillé,
« cédé, transporté et délaissé ; baille, cède, transporte et
« délaisse audit seigneur de St Vallier, son cousin, perpé-
« tuellement et à toujours, pour lui et ses héritiers et ayant
« cause, et lui promet garantir delivrer et défendre en juge-
« ment et dehors, toutes les fois que requis il sera, 5.000 flor.
« de rente ou revenu annuels et perpétuels, à compter 15 sols
« ty. par florin, en villes, châteaux et forteresses, avec la
« justice et seigneurie, fruits, revenus et droits et apparte-
« nances d'iceux villes, châteaux et forteresses ou autrement
« compter édifices en valeur, de la manière qui s'ensuit : »
(Ici l'acte mentionne les diverses propriétés, que le roi cède
à Louis de Poitiers et dont l'ensemble doit produire un revenu
de 1650 florins. Vient ensuite la clause relative à la terre
d'Aramon.

« Item, en la cause ci-dessus, lui baille en assiette les villes
« d'Aramon et de Vallabrègues, avec la justice, seigneurie,
« fief, arrière-fiefs et tous autres droits et appartenances
« comme dessus, pour la somme, rente et revenu annuel de
« 483 flor. 4 gros et demi. »

Le roi cède, pour le surplus, certains revenus provenant
des greniers à sel du Rhône ; et, parce que la Provence,
appartenant à la maison d'Anjou, à l'époque de l'échange,

pouvait avec le temps passer sous la domination d'une puissance étrangère : ce qui aurait fait nécessairement d'Aramon et de Vallabrègues deux places frontières utiles à conserver (1), on ajoute cette clause très importante : « Et en cas qu'il « plairait au roi notre dit seigneur ou à ses successeurs de « ravoir et de racheter lesd. rentes ou revenus desd. terres « d'Aramon et Vallabrègues et desdits greniers ou partie, « notre dit seigneur pourra la ravoir en baillant à son dit « cousin ou aux siens, autant de rente ou revenu, raisonna- « blement, autre part, sans compter édifices « (2).

Enfin, le roi promet « en parole de roi, » et Monseigneur de Valence « par la foi et par le serment de prélation, de « faire tenir, garder et accomplir les choses ci-dessus dites. »

Et toutes ces choses se passent en présence de la Reine de Sicile, des Comtes de Foix et de Vendôme, du Chancelier de France, de l'Evêque de Toulouse et d'autres grands personnages (3).

Tel fut donc le pacte solennel, par lequel les Poitiers devinrent seigneurs d'Aramon. Et, à ce sujet, il nous a paru curieux de rechercher en quoi consistaient, en dehors de l'hommage et du ressort, que se réservait par exprès le roi, sur les terres d'Aramon et Vallabrègues, les droits utiles cédés par lui. Or, voici ce que nous avons trouvé dans les « comp- « tes des recettes du domaine du roi, » aux années 1424 et 1425 (sénéchaussée de Beaucaire et Nimes).

1° Le produit des domaines, bois, patus, garrigues ;

2° Le produit des biens en déshérence ;

3° Le produit de quelques menus cens de peu de valeur, la plus grande partie des biens fonds étant possédée en franc-alleu ;

---

(1) P.P. 2.

(2) Il sera souvent parlé de cette clause de réméré, aux chap. XXIV et XXV de cette Histoire. Longtemps, au milieu de ses luttes, le peuple la regardera comme une planche de salut.

(3) P.P. 1.

4° Le produit des lods perçus sur le pied de deux sols, quatre deniers pour livre ;

5° Le produit des greffes, du sceau et autres droits et émoluments sur les procès, protocoles des notaires, etc. ;

6° Le produit des épaves, sur terre et sur eau ;

7° Le produit des amendes et confiscations ;

8° Le produit du péage perçu à Aramon, sur les bateaux de sel, voiturés par le Rhône ;

9° Le produit du péage sur terre et sur eau, établi à Comps, dépendance de la terre ;

10° Le produit du port de Comps, sur la rivière du Gardon ;

11° Le produit des langues de bœufs et de la leude, sur les consommations ;

12° Le produit de 8 aloses de redevance annuelle, pour chaque pêcherie établie sur le fleuve, dans l'étendue de la seigneurie ;

13° Le produit du droit de moulin, sur le fleuve, dans la même étendue ;

14° Enfin le produit de régale (1) sur les créments et attérissements, les anciens lits et canaux desséchés, les îles et îlots, qui se forment aux bords, ou dans le fleuve (2).

---

(1) Voici ce que nous lisons dans un document du XVIII° siècle : « On distingue, sous le nom de Régales, les grandes régales, *majora regalia*, et qui sont incommunicables, attendu qu'elles ne peuvent être séparées du sceptre, d'avec les petites régales *minora regalia*, qui n'étant point nécessairement inhérentes au sceptre en peuvent être séparées, ce qui fait qu'elles sont communicables et cessibles. Les grandes régales sont : 1° de se qualifier : *par la grâce de Dieu* ; 2° de faire des lois ; 3° le dernier ressort ; 4° de créer des officiers ; 5° de faire la guerre ; 6° de traiter par ambassadeurs ; 7° de faire battre monnaie ; 8° d'affranchir des impositions ; 9° de donner des lettres de grâce, de noblesse et de légitimation ; 10° d'amortir des héritages ; 11° de fonder des universités ; 12° d'ériger des foires et marchés publics ; 13° d'établir des courriers publics ; 14° d'assembler les États Généraux ou provinciaux ». (P.P. 13). Tous les autres droits du souverain tombaient dans la catégorie des régales mineures et, à ce titre, pouvaient être valablement cédées à des particuliers.

(2) P.P. **2**.

Ce n'est pas tout. Poussant plus loin nos investigations, nous avons également trouvé, dans les comptes du domaine de la sénéchaussée de Nimes et Beaucaire, qu'aux années 1424 et 1425, époque de l'échange, les cens, lods et domaines ne rendaient guère que le sixième de ce revenu ; le péage du sel, à Aramon, le péage avec le port de Comps, la leude, les épaves, les amendes, les confiscations, les droits de greffe, de tabellionage, de pêche, des moulins, à peu près les deux tiers ; et les droits, casuels de déshérence et de régale sur les créments, les îles et les lits desséchés, l'autre sixième (1).

On le voit, la couronne ne cédait rien ou presque rien de ce que l'on appelle fonds productifs ou terres, dans le sens vulgaire du mot ; mais des droits purement seigneuriaux (2).

Il est vrai qu'il y avait là des articles extrêmement élastiques, le 7e et le 14e, par exemple, grâce auxquels un seigneur, rapace et sans conscience, pouvait, tout à son aise, dévaliser ses vassaux et se tailler dans leurs héritages, pour lui et pour les siens, de riches apanages : nous l'avons déjà montré en parlant du déguisement, (chapitre IX) et nous le montrerons encore au sujet du droit de confiscation (chapitre XXIII). Mais ce n'est pas le cas pour les Poitiers. Bien que besogneux, comme tout grand seigneur à cette époque, il est à remarquer que suivant, dans leur administration, les grandes traditions de la royauté, à laquelle ils succédaient chez nous, ils furent généralement bons pour le peuple et se montrèrent respectueux de ses libertés et de ses biens, lui accordant des chartes libérales (3), prenant le plus grand soin de ses intérêts (4) et fermant même les yeux sur certains empiètements de peu

---

(1) P.P. 2.

(2) P.P. 1.

(3) *Arch. comm.*, AA. 1.

(4) L. XIX.

d'importance (1), au point de faire dire à l'un de leurs ayants cause, mais qui n'était pas de leur sang, dans un factum écrit en plein XIXe siècle : « que certains de leurs actes ne s'expli-
« quaient que par l'ignorance de leurs droits « (2). Et si plus tard, les Aramonnais regrettèrent amèrement cet échange (3), le regardant pour eux « comme la source d'une infinité de
« maux; » s'ils déclarèrent hautement, que » lorsque le roi
« était leur seigneur, tout était paisible dans ce lieu, que per-
« sonne ne les inquiétait, mais que, depuis que la seigneurie
« avait été aliénée, leur bonheur avait cessé et que, outre
« mille autres chagrins qu'on leur avait fait, on les avait
« toujours tenus en procès, soit pour les dépouiller de leurs
« justes possessions et de leurs droits, facultés et autres
« privilèges anciens, soit pour les assujettir à de nouvelles
« servitudes » (4); enfin, s'ils luttèrent avec l'énergie du désespoir, pour s'arracher à un joug devenu intolérable et se remettre sous la juridiction du roi (5), nous devons à notre impartialité d'historien de le constater hautement : rien dans ces plaintes ne visait les Poitiers.

Louis de Poitiers fut mis en possession de la seigneurie d'Aramon, le 16 octobre 1426 (6). Maintenant vint-il dans nos pays, en cette circonstance ? Nous ne le pensons pas. Ces grands seigneurs auraient eu vraiment trop à faire, s'ils avaient dû se déplacer pour si peu, ayant des biens aux quatre coins de la France, et, d'ailleurs, vivant à la cour le plus souvent. Ils se contentaient généralement d'établir des viguiers pour gouverner les pays, et des baillis pour en percevoir les revenus. C'est ce que dut faire Louis de Poitiers.

---

(1) Chap. XVIII.

(2) P.P. 1.

(3) P.P. 17.

(4) P.P. 17.

(5) Chapitre XXIII.

(6) *Arch. conim.*, DD. 3.

En mourant, celui-ci laissa la seigneurie d'Aramon à son fils Charles, comme le prouve l'hommage rendu par ce dernier, au roi Philippe VI, le 20 novembre 1443 (1), et dans lequel, parmi bien d'autres fiefs, figurent Aramon et Vallabrègues. Cet hommage, le plus ancien que nous trouvions de Charles de Poitiers, nous paraît coïncider avec la mort de Louis, son père, l'usage étant de remplir cette formalité, dès que l'on entrait en possession d'un fief noble.

Charles eut d'abord un fils, Aymard. Ne comptant pas en avoir d'autre, vu son âge avancé, il l'établit son légataire universel. Mais, quelques années après, Anne de Montlaur, sa femme, l'ayant rendu père d'un autre enfant, Guillaume, il modifia son testament, et, par un codicille daté d'Arlampde, le 8 février 1454, il légua à ce dernier, à titre d'institution particulière, diverses terres, et, entre autres, celles d'Aramon et Valabrègues, mais sous la réserve suivante, qui n'est pas sans embarrasser quelque peu l'historien : on va le voir.

Le testateur, donc, après avoir légué Aramon et Vallabrègues à son fils puîné, ajoutait : « Et si, ce qu'à Dieu ne
« plaise, il arrivait que led. Guillaume, mon fils légitime et
« naturel mourût sans enfants mâles nés de lui, par un légi-
« time mariage ; dans ce cas, je lui substitue, dès mainte-
« nant, mon autre fils, celui que j'ai désigné dans mon tes-
« tament, comme mon héritier universel ; puis, après lui,
« l'aîné de ses fils, en ligne droite et jusqu'à l'infini, pourvu
« qu'ils soient aptes à recueillir cet héritage ; et si, quod
« Deus avertat, contingeret dictum Guillemum filium meum
« legitimum et naturalem sine liberis masculis ex suo pro-
« prio corpore et legitimo matrimonio procreatis... decedere...
« tunc, in hunc casum, ex nunc substituo... hæredem meum
« per me institutum in dicto meo testamento, eidemque, et
« ejus liberis, legitime procreatis... liberos legitime procrea-
« tis... liberos legitime procreatos vel procreandos, primo-

---

(1) *Item.*

« genitum ex iisdem, descendendo per rectam lineam, usque
« ad infinitum dum habilis et idoneus ad hujusmodi succes-
sionem. » (1).

Du texte que nous venons de citer, il résulte clairement que la terre d'Aramon et Vallabrègues constituait une sorte de *fidei-commis*, au profit de l'aîné des enfants de la maison de Poitiers, qui devait se transmettre graduellement et perpétuellement, de branche en branche, tant qu'il existerait, dans la descendance, un rejeton mâle, et qui, à ce titre, ne pouvait être aliéné qu'au décès du dernier des Poitiers (2). Or, Guillaume étant mort sans enfant, les terres d'Aramon et Vallabrègues revinrent naturellement à Aymard (3). Mais, ici, les choses s'embrouillent. Aymard, après en avoir joui quelques années et sans tenir compte de la clause en substitution, les vendit, en effet, au prix de 11.000 flor., à Perrette de Sarras et à son mari, Antoine de Luetz, docteur en droit d'Avignon : (4)

---

(1) P. P. 4.

(2) G. de Poitiers, frère de la célèbre Diane, mort en 1548, fut le dernier des Poitiers ; c'est donc en lui qu'aurait dû s'éteindre la substitution légalement.

(3) P. O., 161.

(4) Le M<sup>is</sup> d'Aubais dit (T. I, p. 5), que c'est Perrette de Sarras qui acheta la terre d'Aramon et Vallabrègues, le 20 oct. 1489, et qu'à cette époque elle était veuve. Ces deux assertions ne nous paraissent pas exactes, la dernière surtout.

D'abord, Perrette de Sarras n'était pas veuve en 1489, c'est certain, puisqu'il existe à la bibliothèque d'Avignon un codicille sur parchemin d'Antoine de Luetz, époux de Perrette de Sarras, daté de 1494 : ensuite il est probable que ce ne fut pas au nom seul de cette dernière que l'on acheta la terre d'Aramon et Vallabrègues, puisque nous trouvons plusieurs extraits de la « vente faite par Aymard de « Poitiers à Antoine de Luetz et à Perrette de Sarras, le 25 octobre « 1489 » (P. O. 41 et 451), et que d'ailleurs, nous possédons une reconnaissance passée à Ant. de Luetz, « seigneur d'Aramon et Vallabrègues », le 7 nov. 1493. (P. O. 175).

En comparant les extraits divers que nous avons sous les yeux, nous remarquons que ceux qui sont datés du 20 octobre disent tous que c'est **Perrette de Sarras** qui a acheté étant veuve, tandis que

lesquels, par eux ou par leurs descendants, les possédèrent jusqu'en 1540. Le contrat fut passé par devant Pierre Borrie, notaire d'Avignon, le 25 octobre 1489 (1).

Comment expliquer cette vente?

Mais voici qui est plus curieux. Aymard laisse un fils, Jean. Celui-ci, légitime héritier de la terre d'Aramon et Vallabrègues, en vertu du *fidei-commis*, aurait dû, ce semble, protester contre la vente faite par son père aux Luetz, et en poursuivre, au besoin, la cassation devant les tribunaux. Or, il n'en fait rien. Nous remarquons qu'au décès de son père, il se contente d'accepter la succession, sous bénéfice d'inventaire (2), et qu'il laisse les Luetz jouir paisiblement de leur acquisition. Bien mieux, dans son testament, qui est daté du 26 août 1539, et où il étale pompeusement, selon la coutume du temps, ses moindres titres : « seigneur de Saint-Vallier « Privas, Arlampde, vicomte d'Estoile, baron de Clérieu, « Sérignan, Chalancon, Florac, Val, Chantemerle, Pisancon, « Chevrière et Pinet » (3), il ne nomme pas Aramon, bien que relativement à certaines localités ci-dessus mentionnées, notre pays ne manquât pas d'importance. Enfin, plus tard, lorsque son fils Guillaume voudra rentrer en possession de l'héritage de ses pères, il ne mettra pas en avant les droits que lui confère la clause en substitution du testament de Charles ; mais commencera par désintéresser les créanciers de sa famille : le chapitre de Saint-Romans et le sieur d'Anthezieu ; et ce ne sera qu'après s'être substitué en quelque

---

ceux du 25 octobre affirment que c'est Antoine de Luetz avec sa femme. D'où nous concluons qu'il y eût deux contrats, l'un du 20, l'autre du 25, mais que le second seul est exact.

(1) P.P. 4

(2) *Item*.

(3) *Item*.

sorte à ces derniers, qu'il revendiquera hautement **ses droits** sur Aramon et Vallabrègues (1).

Evidemment, entre le père et le fils, il y avait eu une entente, dont l'existence ne nous est pas révélée par les documents du temps, mais en vertu de laquelle, et pour faire face à une situation pécuniaire, que nous savons avoir été des plus embarrassées, on avait décidé de concert la vente d'Aramon et Vallabrègues, en passant par dessus la clause en substitution, qui de fait se trouva abrogée.

C'est, croyons-nous, la meilleure explication que l'on puisse donner de ce fait étrange. A notre sens, le silence de J. de Poitiers et celui de son fils Guillaume ne furent que le résultat d'une parole donnée ou d'une consigne reçue. Ils connaissaient les emprunts d'Aymard; ils y avaient souscrit pour l'honneur de leur maison, et c'est pour cela, qu'ils se turent, attendant, sans doute, que des temps meilleurs leur permissent de dégager leur parole avec leur héritage.

Disons, en terminant ce chapitre, que c'est à l'un des Poitiers, Guillaume, qu'Aramon est redevable de sa transaction la plus libérale et la plus ancienne, celle de 1466 (2). Nous avons déjà fait, au cours de cette histoire, surtout à la partie administrative, de nombreux emprunts à cette transaction; nous n'y reviendrons pas. Qu'il nous suffise de dire qu'elle constitue le dépôt sacré des droits de notre pays, de ses libertés et de ses privilèges. Et, en effet, chaque fois que la

---

(1) A la mort de son père, Guillaume songea un instant à se servir de la clause en substitution pour rentrer en possession d'Aramon et Vallabrègues; c'est dans ce but qu'il fit faire un triage des biens personnels et des biens substitués de sa famille (P.P. 4); mais il abandonna ce moyen comme étant sans valeur, après un silence de 50 ans, et préféra tout bonnement racheter cet héritage des créanciers de sa famille.

(2) *Arch. comm.*, AA. 1. — Guil. de Poitiers devait être très jeune alors, puisque le codicille de son père est de 1454. La transaction fut donc l'œuvre d'un conseil de famille. Elle ne fait pas moins un très grand honneur à Guillaume et aux siens.

communauté a été menacée dans ses biens ou dans son honneur, par des seigneurs rapaces ou violents, c'est à elle qu'elle a eu recours, et c'est par elle qu'elle a finalement triomphé.

Et ce qu'il y a de piquant, c'est que cette transaction, que l'on avait eu soin d'inscrire sur un parchemin, que nous possédons encore, mesurant 8 m. 50 c. de long, et qui était enfermée dans un riche étui, comme un objet précieux, cette transaction, disons-nous, porte avec elle, sur le même rouleau une autre transaction, la moins libérale de toutes, celle-ci, émanant de G. de Luetz : comme si on avait voulu, dans un même tableau, au moyen d'un saisissant contraste, montrer et ce que notre pays était en droit de posséder, et ce que certains de ses seigneurs étaient capables de lui ravir.

Le fait est que si les seigneurs bienveillants s'inspirèrent toujours de la première, les mauvais n'invoquèrent jamais que la seconde, même après que l'arrêt de 1619 l'eut annulée, comme ayant été arrachée par violence au peuple.

Les administrations qui se sont succédées, depuis la Révolution, les ont soigneusement conservées et les montrent depuis, avec fierté, à qui désire les voir. Elles ont raison : c'est un vrai monument, digne de passer à la postérité et bien fait pour apprendre au peuple, ce qu'eut de bon et ce qu'eut de mauvais le régime disparu, sous lequel vécurent nos pères.

# CHAPITRE XVI

## LES LUETZ (1489-1539).

L'orthographe du nom patronymique de cette famille illustre a subi quelques variantes. Etienne Bertrandy, jurisconsulte de Carpentras, dans un recueil de consultations, que le marquis d'Aubais a eu sous les yeux, dit : « Hueti, « se fondant sur des titres de 1496 et 1510 (1), et c'est ainsi, d'ailleurs, qu'il figure au bas du codicille d'Ant. de Luetz, dont nous avons parlé à la fin du dernier chapitre. Ant. Orionis, notaire donne tantôt « Luet » (1527), tantôt « Huet » (1539). Enfin, tous les modernes, à partir même de 1540, écrivent « Luetz. » C'est cette dernière orthographe que nous avons adoptée de préférence aux autres, comme étant celle qui se trouve dans le contrat de mariage de G. de Luetz, par Jean Nicot, notaire à Nîmes.

Remarquons, d'ailleurs, que Gabriel lui-même, dans tous les actes officiels que nous avons pu consulter, n'a jamais signé qu' « Aramon » (2).

Ant. de Luetz, avons-nous dit, exerçait à Avignon « la pro- « fession de jurisconsulte — *doctor legum.* » C'était « un « homme vraiment noble et distingué — *Nobilis et egregius* « *vir.* » Il avait épousé Perrette de Sarras, qui était la sœur ou peut-être la tante de Jacques de Sarras, seigneur de Bernis, lequel fut plus tard curateur de G. de Luetz (3).

---

(1) Mis d'Aubais. T. I.

(2) Ant. Orionis, not., 1527, etc.

(3) Mis d'Aubais. T. I.

C'était donc une noble famille que celle des Luetz, et par elle-même et par ses alliances.

Ant. de Luetz mourut à Avignon, en 1494, frappé de la peste, et demanda à être enterré dans le chœur de l'église St Agricol, pour la construction duquel il avait donné une somme importante (1).

Il laissa trois enfants : Gaspard, Jean et Marie (2).

Les deux frères furent d'abord conjointement seigneurs d'Aramon et Vallabrègues. C'est à titre indivis, en effet, qu'ils inféodèrent à Claude Louène, deux salmées de terre situées à l'îlot du Débat ou des Agasses, le 15 octobre 1498 (3), et qu'ils acquirent, le 2 juillet 1500, de Léonard d'Aramon, seigneur de Lédenon, et de son fils Guillaume, seigneur de Clausonne, les parts qu'ils possédaient aux seigneuries d'Aramon et de Vallabrègues, moyennant la somme de 428 écus et demi d'or (4).

Mais, dès 1503, ils avaient dû faire un partage. A la date du 21 Mars, en effet, nous trouvons un dénombrement fait au roi, par J. de Luetz « seigneur d'Aramon. » Puis, le 21 décembre même année, un second dénombrement des terres de Vallabrègues, par G. de Luetz « seigneur dudit lieu ; » dans ce dernier dénombrement, est compris le péage de Comps (5).

G. de Luetz mourut le premier, ne laissant qu'un fils naturel, Honorat, et la seigneurie de Vallabrègues revint à Jean, comme nous le dit le marquis d'Aubais (6) et comme nous

---

(1) Bibliot. d'Avignon. Musc. 2648, page 53.

(2) Elle épousa Louis Galean, seigneur de Védene, et lui apporta en dot 1,500 écus d'or, du coin du roi de France. (M$^{is}$ d'Aubais. T. I).

(3) P. O. 183.

(4) P. O. 29.

(5) P. O. 161. — Il y a dans Nic. Bonnefoy, not., un accord passé entre Jean Méralde (1525) « seigneur de Comps », Mathieu et Thomas Imbert, etc. Comps appartenait-il alors à un seigneur particulier ?

(6) M$^{is}$ d'Aubais. T. I.

le prouve l'acte d'achat d'une maison, à Vallabrègues (11 juin 1522), dans lequel J. de Luetz est qualifié « seigneur « d'Aramon et Vallabrègues » (1).

Jean avait épousé Jeanne de Laudun, fille de Gabriel, seigneur de Laudun, qui était veuve de Joachim des Astars, seigneur de Mirabel, au diocèse de Viviers. Il en eut trois enfants, Anne, Marguerite et Gabriel (2).

Il fit son testament à Lyon, le 29 juin 1526, et, comme Gabriel son fils était encore mineur, il lui donna pour tuteur Jean de Béziers, seigneur de Vénéjan (3).

Dans ce testament, il paraît que J. de Luetz substituait son neveu, Honorat, à ses propres filles (4). Cette substitution fut d'ailleurs rendue inutile par la confiscation de la seigneurie d'Aramon, sur Gabriel.

Nous n'avons rien trouvé de certain, touchant le lieu de naissance de Gabriel (5), ni sur les premières années de sa vie. Nous savons seulement qu'il était né vers 1507, puisque dans la fameuse transaction de Montfrin, en 1532, il se déclare lui-même « majeur de 25 ans » (6).

Le 6 janvier 1526, G. de Luetz épousa à Nimes Dauphine de Montcalm, fille de Jean, seigneur de Saint-Véran, Candiac et Tournemire (7) et de cette célèbre Florette de Sarra, dont

---

(1) P. O. 213.

(2) Mis d'Aubais. T.-I.

(3) Mis d'Aubais, T. I.

(4) *Item*.

(5) M. Bondurand, dans une note de son *Inventaire sommaire des Archives du Gard*, dit qu'il était né à Nimes.

(6) C'est donc à tort que le Marquis d'Aubais le donne comme né vers la fin du XVe siècle.

(7) Jean de Montcalm, juge-mage de la Sénéchaussée de B. et N. exerça cette charge avec la plus grande distinction. Aussi, la Cour l'honora-t-elle de diverses commissions importantes, en Languedoc, comme l'aliénation du Domaine en 1531, l'emprunt sur le clergé en 1539, et la tenue des Grands-Jours, en Velay (Mis d'Aubais. T. I).

Claude Baduel, professeur au collège de Nîmes, fit, au rapport du marquis d'Aubais, l'oraison funèbre en latin.

Dauphine de Montcalm pouvait avoir alors de 18 à 20 ans, l'âge à peu près de Gabriel, ses parents s'étant mariés le 28 février 1506. Sa dot fut réglée à 1700 écus au soleil, qui valaient, ainsi que le dit contrat, 3.400 l..G. de Luetz venait de perdre son père ; il fut assisté à son mariage par Jacques de Sarras, seigneur de Bernis, son parent et son curateur, nous l'avons dit (1).

Polde d'Albenas, auteur contemporain, qualifie Gabriel de « citoyen à Nîmes (2) : » ce qui nous porte à croire qu'avant ses ambassades, il faisait sa principale résidence dans cette ville (3). Peut-être, s'y était-il fixé à l'occasion de son mariage.

On conserve encore, dans le vestibule du château d'Aramon, près de la porte du grand salon, côté droit, le portrait de G. de Luetz. Regardez, c'est bien lui, tel que nous le dépeignent ses actes : lui, le diplomate intelligent et habile, qui servit avec succès nos rois dans les missions les plus délicates ; lui, le seigneur fier et dur, qui traita ses vassaux sans pitié. Parlons d'abord du seigneur, nous nous occuperons ensuite du diplomate. Ainsi le veut, d'ailleurs, l'ordre chronologique.

Au moment où G. de Luetz entra en possession de la terre d'Aramon et Vallabrègues, celle-ci ne rapportait que 400 l., biens fonds et droits seigneuriaux compris ; c'est à ce prix qu'elle fut affermée, le 22 juillet 1527, à Pierre de Moussat, curé d'Aramon, et à Guillaume Millon « aussi dud. Ara-

---

(1) Mis d'Aubais, T. I.

(2) *Item*.

(3) Il devait venir de temps à autre à Aramon ; car, dans le bail à ferme de ses biens, en 1527, nous voyons qu'il se réserve « le chasteau « ses meubles, et tout l'apartement du logis dud. chasteau, etc. » (L. XI).

mon » (1). G. de Luetz, qui avait des goûts de grand seigneur et qui habitait la ville, trouva sans doute que c'était peu. Le fait est que dès 1527, des contestations éclatèrent au sujet des îles d'Acier, Ribeirole, Tamagnon, Bertrand et Petit Mouton (2). G. de Luetz, ce semble (car les documents ne sont pas très explicites), tracassait les propriétaires, pressurait les fermiers. Les procès commencèrent donc, et, avec les procès, les récriminations et les violences. En peu de temps, les choses arrivèrent à un point d'acuité extrême, pendant lequel bien des gens se compromirent, révoltés par les exigences de G. de Luetz ou entraînés par leur esprit turbulent et léger. Tout cela pouvait mal finir, même pour G. de Luetz, contre qui avait été dirigée une information sur la plainte des habitants. Enfin, le 20 mars 1532, par les soins, de Marguerite de Clermont, dame de Lers, Montfrin, Rochefort et autres places (3), un accord se fit. On décida de mettre fin « aux procez pendans entre eux tant au
« Grand Conseil que par-devant hault et puissant seigneur,
« Monseigneur de Castelnou et Clermon, gouverneur et
« lieutenant du roy nostre sire en son païs de Languedoc, et
« aussi en la souveraine Cour de Parlement de Tholouze et la
« Cour présidial de M. le Sénéchal de Beaucaire et Nismes et
« de M. le gouverneur de Montpellier et pareillement en la
« Cour ordinaire dud. seigneur d'Aramon », et de ne rien rechercher du passé ; mais ce fut à des conditions extrêmement onéreuses pour le peuple, et dont nous pouvons d'autant mieux nous rendre compte, qu'elles ont été insérées tout au long, à la suite de la transaction sur parchemin de G. de Poitiers : le code officiel de nos libertés communales (4).

---

(1) L. XI.

(2) Nic. Bonnefoy, not., 1527.

(3) Cette baronne de Montfrin, qui servit de médiatrice entre G. de Luetz et les habitants d'Aramon, devait être la fille ou une parente de M. de Clermont, gouverneur du Languedoc. (*Arch. comm.*, AA. 1).

(4) *Arch. comm.*, AA. 1.

Ce que nous remarquons d'abord, c'est une foule de modifications apportées à cette dernière transaction et toujours dans un sens restrictif. Ainsi, pour donner des exemples dans tous les articles qui concernent les poids et mesures, la création des impôts, les peines à appliquer aux malfaiteurs, la saisie des troupeaux dans les champs, etc., c'est l'autorité du seigneur qui est substituée à celle des syndics. Puis, viennent les articles nouveaux, au nombre de dix, qui constituent des abus de pouvoir ou consacrent de véritables spoliations. D'après ces articles, en effet, les patis et vacants appartiendront au seigneur ; *item*, les créments qui s'y ajouteront ; *item*, les cinq dévés (bois) d'Aramon et du Terme ; *item*, le port d'Aramon moyennant une compensation donnée à l'œuvre de l'église (Fabrique). De plus, le seigneur aura seul le droit de posséder des moulins à blé sur le Rhône, et de les rendre banaux ; il prendra les clefs de la ville, toutes les fois qu'il en aura besoin ; il gardera chez lui une clef de l'hôpital ; il conservera la poterne attenant à son château jusqu'au jour où l'on aura ouvert une porte au Bourg-Mathéron, dont il se réserve une clef ; enfin, il est entendu que les habitants rendront carrossable la rue qui monte au château (1).

Cette charte passée au château de Montfrin, le 20 mars 1532, par les consuls, Antoine Martin et Jacques Guiraud, assistés d'une commission, fut ensuite ratifiée, le 23 février 1533, dans une assemblée générale des habitants, tenue à la maison commune, par Nicolas Bourdaud, premier consul, et Nicolas Bonnefoy, notaire, second consul. G. de Luetz était présent.

C'est sur ces accords que G. de Luetz et les habitants d'Aramon vécurent en paix, jusqu'en 1539 ; mais, si la charte mit fin aux luttes apparentes, elle laissa substituer, au cœur du peuple, un levain de haine, qui ne tarda pas à se faire

---

(1) *Arch. comm.*, AA. 1.

jour, à l'occasion des démêlés de G. de Luetz avec Guillaume de Poitiers, dont nous allons donner le récit.

Aymard de Poitiers, nous l'avons dit, avait vendu la seigneurie d'Aramon aux Luetz. Mais, Aymard étant mort couvert de dettes, le Parlement de Grenoble adjugea, en août 1539 (1), la terre d'Aramon et Vallabrègues, à Gabriel Allemand, seigneur d'Anthézieu, et au chapitre de Saint-Bernard de Romans, créanciers d'Aymard (2), « vu, dit le jugement. « que les dettes de ce dernier dataient d'avant le contrat « d'aliénation de 1489 » (3). Le procès-verbal de prise de possession, au nom desdits créanciers, par Jean Gualbert, conseiller au Parlement du Dauphiné et commissaire-exécuteur des arrêts de la Cour de Grenoble, porte la date du 6 septembre 1539 (4).

A ce moment se présenta Guillaume de Poitiers, fils de Jean (5) et petit-fils d'Aymard.

Celui-ci commença par demander une réunion de tous les créanciers de son père : ce qui lui fut accordé, le 22 octobre 1539, par le Parlement de Grenoble. Ensuite, il fit faire un triage des biens qui avaient appartenu à son père et à ses ancêtres personnellement, et de ceux qu'ils avaient détenus, en vertu de la substitution de Charles de Poitiers : la terre d'Aramon et Vallabrègues fut reconnue comme faisant partie de cette substitution (6).

Pour rentrer en possession de ce dernier domaine, deux

---

(1) Nic. Bonnefoy not.

(2) *Archives departementales*, E. 8.

(3) P.P. 5.

(4) P.P. 5.

(5) J. de Poitiers avait été condamné à mort pour avoir favorisé la fuite du Connétable de Bourbon. Ce fut sa fille, la célèbre Diane, qui obtint sa grâce, en se jetant aux pieds de François Ier. (*Dict. de Feller*).

(6) P.P. 4.

moyens se présentaient : invoquer la clause en substitution, ou bien désintéresser les nouveaux propriétaires. Or, le premier de ces moyens, qui paraissait le plus simple et le moins coûteux, était en réalité plein d'aléa, avec ses deux procès en perspective, l'un contre G. de Luetz, l'autre contre le sieur d'Anthezieu et le chapitre de Romans : procès de l'issue desquels on ne pouvait répondre, surtout après l'abandon qu'avaient fait les Poitiers, pendant un demi-siècle, de la clause en substitution ; tandis que le second, s'il imposait des sacrifices et pouvait faire craindre des complications du côté des Luetz, dont il lésait les droits. avait du moins toute chance d'aboutir, grâce à l'appui que lui prêtait l'arrêt du Parlement de Grenoble.

Aussi, ce fut pour ce dernier moyen qu'opta G. de Poitiers. Les choses allèrent vite : le 25 octobre 1539, le sieur d'Anthézieu lui cédait tous ses droits ; le 5 février 1539 (1), c'était le tour du chapitre de Romans (2).

Il s'agissait maintenant de déloger G. de Luetz. La résistance fut des plus vives, et elle s'explique, à notre sens, fort bien.

G. de Luetz pouvait se croire légitime possesseur. Le contrat de 1489, une possession de 50 ans, lui en donnaient le droit. Or, voilà que tout à coup, brutalement, sans compensation — du moins il n'en est pas parlé — on lui signifiait d'avoir à céder la place. N'était-ce pas révoltant ?

Il est vrai que l'on a cherché à expliquer cette spoliation. On a dit que les 11.000 florins, prix de l'achat par les Luetz, n'avaient pas été payés ; mais c'est sans preuve, et nous aurions grand'peine à le croire, quand nous voyons, d'une part, les Poitiers, à court d'argent, qui ne réclament pas, et,

---

(1) C'est 1540 qu'il faudrait dire aujourd'hui. Mais alors l'année commençait à Pâques. Il en fut ainsi jusqu'à l'édit de Roussillon, rendu par le roi Charles IX en 1564.

(2) P.P. 5.

de l'autre, les Luetz qui font d'autres acquisitions importantes (1).

On a dit encore que probablement on aurait laissé G. de de Luetz prendre rang à la suite des premiers créanciers. Mais, outre qu'il risquait fort, vu le grand nombre des hypothèques, de perdre le montant de sa créance, rien ne nous dit qu'on le lui ait offert (2).

Pour nous, nous n'hésitons pas à chercher ailleurs l'explication de ce fait, et à voir en lui le résultat de l'influence, alors toute puissante, de Diane de Poitiers, sœur de Guillaume ; ce qui nous le prouve, c'est d'abord la facilité avec laquelle on pardonna à Luetz ses violences ; c'est ensuite la faveur dont il fut bientôt l'objet de la part de la cour : évidemment, on sentait en haut lieu le besoin de réparer une injustice (3).

Quoi qu'il en soit, G. de Luetz, que son caractère ardent ne portait que trop aux excès, se mit en mesure de résister à la force par la violence. A la tête de quelques gentilhommes et d'une troupe armée, il se rendit à Aramon, où se trouvait déjà G. de Poitiers, l'attaqua, le mit en fuite, puis dépouilla, battit, chassa les officiers que ce dernier avait établis en son nom. Enfin, les habitants ayant voulu prendre fait et cause pour les gens de Guillaume, « parce que, dit un acte, les « Poitiers les traitaient bien », peut-être aussi pour venger d'anciennes injures, ils ne furent pas mieux traités : G. de Luetz pilla leurs biens et mit le feu à leurs maisons (4).

Guillaume, se voyant le plus faible, s'adressa au roi pour lui demander aide et secours. François Ier rendit une ordon-

---

(1) P.P. 1.

(2) P.P. 5.

(3) Une preuve encore que l'on avait conscience de cette injustice, c'est que l'on refusa au Parlement de Toulouse de se saisir de cette affaire, qui lui revenait de droit, pour l'attribuer à la Cour du Dauphiné, toute dévouée aux Poitiers. (*Arch. dép.*, E. 8).

(4) *Arch. dép.* E. 8. — Nic. Bonnefoy, not.. 1539. — P.P. 4.

nance, le 18 mars 1539, aux termes de laquelle ordre était donné à M. de la Voûlte « prévost général des connétables « et mareschaussés de France » de faire leur procès à G. de Luetz et à ses complices « avec l'aide ou assistance de huit de « ses officiers ou avocats (1) ».

Ce fut en vertu des lettres et commissions du Prévôt Général « que noble Humbert Correau, prévost des mareschaux « de France en Dauphiné, décerna quelques prinses de corps « et adjournemens contre plusieurs délinquants. Adverti « même qu'ils s'étaient retirés dans le chasteau d'Aramon, « il s'y rendit pour les saisir et arrester » ; mais il fut obligé de se retirer devant la résistance à main armée de « Luetz et des autres » (2).

Alors François Ier manda aux gouverneurs de Languedoc et de Provence de prêter main-forte au Grand Prévôt ; ils obéirent, et ce ne fut que devant une artillerie formidable et un nombre incalculable de gens de guerre, amenés par Correau, sous les murs d'Aramon, que G. de Luetz, se sentant impuissant à lutter davantage, se retira secrètement du château (3). Aussitôt le procès commença.

Les complices de Luetz étaient : Gaspard et Jean Audibert, de Lussan ; Imbert Fabre, de Bert ; Martin, de Limoges ; Jean du Jardin ; Pierre, Jean et Imbert Lepéroux ; Barradasti ; Jean Valeri, dit Tourtebarri ; M<sup>re</sup> Valentin Bonnet, diacre ; Louis de Ranquet ; Michel Boudin ; Jean de Beust ; Mathieu Imbert ; Pierre Bocoiran ; Jean de la Beyssère ; Simon de Tarascon ; Jean Estrucaye ; Jean de Manic ; M<sup>re</sup> Roberte als requeue ; Pierre de Martre ; Lyon le flamand ; Cassediable.

---

(1) Nic. Bonnefoy, not., 1539.

(2) *Item*.

(3) Nous voyons également : 1° que Jean d'Alizon, secrétaire de G. de Poitiers, avait levé des troupes en sept. 1539 (Ant. Orionis, not., 1541 ; 2° que G. de Poitiers avait un camp aux alentours d'Aramon et faisait lui-même la guerre à la tête de ses troupes, (*Item*). Le pays était devenu un vrai champ de bataille.

Baptiste, son compagnon ; André Sallustre; Balthazar Pinet; Antoine Radon ; Nicolas le provençal et son frère : **Jean Vincent, dit de Catherine Boisseron** ; le baron de Grammont; Jean, le bâtard du Doyen de Villeneuve ; François Fabre, de Château-Renard ; Petit-Jean, le coucadier ; Gabriel, fils d'un boulanger d'Uzès (1).

Correau, prévôt du Dauphiné, rendit son jugement, le 15 août 1540, qui condamnait par contumace G. de Luetz et ses complices à la confiscation de leurs biens et au bannissement perpétuel, et, s'ils rentraient en France, « à la peyne « de hart (2) ».

Par ce même jugement, Antoine Martin et Antoine Alinop, deux hommes considérables d'Aramon, furent **nommés séquestres des biens des condamnés, avec** mission de les affermer (3).

Enfin, comme pour réduire les rebelles, on avait fait d'assez grosses dépenses qu'il était urgent de payer, le Prévôt demanda, à quelque temps de là, l'autorisation de prélever, sur les biens des condamnés, jusqu'à 500 l. On la lui accorda et nous trouvons aux minutes de Nic. Bonnefoy, relatée tout au long, la vente qui fut faite dans ce but, des biens de l'abbé Bonnet et de Th. Constrantin (4).

Telle fut la répression de la révolte.

Un mot encore. Les biens de G. de Luetz et de ses compli-

---

(1) Nic. Bonnefoy, not., 1540. — Cette liste, que nous **trouvons dans** Nic. Bonnefoy, not., n'est pas complète. Aux noms déjà cités, et qui sont presque tous des noms de marque, il faut ajouter ceux de Thomas Constrantin, dit l'Anglais, de Saze, de Jean Lafare et de Luc de Laudun, seigneur de Fournès : un parent de G. de Luetz, sans doute. Luc de Laudun, s'étant constitué prisonnier, fut condamné à **1,000 l.** d'amende envers le roi; et **2,000 l.** envers le comte de Poitiers, et à dix ans de bannissement du royaume. (Nic. Bonnefoy, not., **1540.** — P.P. 319. — *Arch. dép.*, E. 8.)

(2) Nic. Bonnefoy, not., 1540.

(3) L. V.

(4) Nic. Bonnefoy, not., 1540.

ces, avons-nous dit, avaient été confisqués au profit du roi. Or, presque au lendemain du jugement, celui-ci en fit don à Guillaume: (1) nouvelle preuve qu'en cette affaire la favorite avait tout mené.

D'ailleurs, à peine en possession de ces biens, Guillaume prit le parti de les vendre. Le 23 juin 1541, il chargea de ce soin son procureur, Jean d'Alizon, notaire d'Orange, auquel il adjoignit, Jean Gauthier, son bailli, Antoine Dalmas, juge d'Aramon et Vallabrègues, et Jean de Dailhe (2). Ceux-ci se mirent immédiatement à l'œuvre, et durent réaliser de jolies sommes, à en juger par les détails que nous fournissent les notaires (3) : l'opération des Poitiers avait été fructueuse.

Cependant, quelque lourde et profonde qu'eût été sa chute, G. de Luetz n'y succomba pas. Grâce à des amis puissants, et, peut-être aussi, à un remords du roi, il obtint bientôt son pardon, à la condition toutefois « que le don fait par le roi à « Guilllaume de Poitiers desd. terres d'Aramon et Vallabrè-« gues sortirait à effet (4) ». Bien mieux, comme si sa rébellion, en mettant en évidence ses grandes qualités « pour le maniement et la conduite des affaires (5) », avait attiré sur lui les regards du roi, il fut appelé à la Cour, et, en dépit de l'influence toujours croissante de la favorite, investi des fonctions d'ambassadeur à Constantinople, auprès du sultan Soliman II, dit le Magni-

---

(1) Ant. Orionis, not., 1541.

(2) C'est pour la première fois que ce nom apparait dans nos archives.

(3) Nous voyons également qu'à ce moment-là, des propriétés et maisons confisquées sur Luetz et ses complices, furent données, en guise d'indemnité, soit à des hôteliers qui avaient hébergé les soldats de Guillaume et Guillaume lui-même, soit à des chirurgiens qui avaient soigné les blessés, soit à des malheureux qui étaient sortis estropiés de la lutte, lesquels se montrèrent très satisfaits. (Ant. Orionis, not., 1540-1541-1550).

(4) P.P. 4.

(5) M$^{is}$ d'Aubais, T. I.

tique. C'est dans cette nouvelle situation qu'il nous reste à l'étudier.

A cette époque, l'alliance du sultan, bien que regrettable et blâmée de l'Europe chrétienne, était fort utile à la France, menacée par Charles-Quint et les protestants. Déjà maître d'une partie de la Hongrie, ce prince pouvait en effet, sur un mot venu de Paris, se jeter en Autriche, forcer Charles-Quint à diviser ses forces et nous faciliter la victoire ; et bien des fois sans doute, la possibilité d'une telle diversion troubla le sommeil de notre impérial adversaire.

Mais il y avait un danger à cette politique. N'était-il pas à craindre qu'après avoir renversé l'Autriche, cette barrière de l'Europe, les Turcs, avec leur besoin de conquête, avec leur haine du nom chrétien, ne se répandissent une fois de plus comme un flot dévastateur sur le monde civilisé, et ne missent tout à feu et à sang ? C'eût été le pire des maux, et, devant Dieu, comme devant l'histoire, quelle responsabilité pour François I<sup>er</sup>.

Il fallait donc, tout à la fois, au moyen d'une diplomatie habile, conserver à la France un allié si précieux et l'empêcher de se ruer sur l'Europe. C'est la double mission que semble avoir reçue G. de Luetz : mission délicate, inconciliable presque, et dans laquelle il réussit pleinement. Entrons dans quelques détails, en nous aidant de la relation de son « *Voyage à Constantinople, écrit par Jean Chesneau son secrétaire.* » (1).

G. de Luetz partit de Paris, le 5 janvier 1547, et arriva à Constantinople le 13 mai suivant. En mettant le pied dans cette ville, il apprit une bien fâcheuse nouvelle : François I<sup>er</sup>, son protecteur, venait de mourir (31 mars 1547). Qu'allait-il se passer pour lui ? Diane de Poitiers, sa puissante ennemie, n'obtiendrait-elle pas sa disgrâce ? Aussi différa-t-il de se présenter devant le sultan, jusqu'à l'arrivée d'un secrétaire,

---

(1) M<sup>is</sup> d'Aubais, T. I.

qui lui apporta des lettres de confirmation, signées du roi Henri II.

Au cours de son audience, G. de Luetz offrit au sultan, au nom du roi, son maître, une foule de présents. Parmi ces présents, nous remarquons « un grand horloge fait à Lyon, « où il y avait une fontaine qui tirait par l'espace de 12 heu_ « res de l'eau qu'on y mettait, qui estait un chef-d'œuvre et « de haut prix. »

Bien reçu du Sultan, G. de Luetz ne tarda pas à prendre sur lui un ascendant considérable. Le fait suivant nous en fournit la preuve.

Il y avait alors à la cour, un prince autrichien, le comte Christophe de Roquendorf, qui s'était retiré là, à la suite d'un différend avec l'empereur Charles Quint, et sur la double promesse qu'on lui avait faite, de lui donner un bel emploi et de le laisser vivre dans sa religion.

Or on n'avait pas tenu parole : on le laissait sans emploi et on le sollicitait vivement à se faire musulman.

Pour sortir de cette situation fâcheuse, le comte s'enfuit un jour secrètement. Mais, arrêté dans l'île de Candie, il fut ramené à Constantinople, les pieds et les mains liés, puis enfermé au château des Sept-Tours, où il serait mort probablement.

C'est alors qu'intervint G. de Luetz. Reconnaissant, vis-à-vis du comte, de la sympathie qu'il n'avait cessé de témoigner à la France et de l'intention qu'il avait eue d'entrer à son service, il s'intéressa à lui : il commença par pourvoir à tous ses besoins et finit par obtenir sa grâce, avec l'assentimen de Henri II.

Roquendorf, étant sorti de prison, après quatre mois de captivité, se retira à la Cour du roi de France, où il acquit, par ses services, une haute situation. Nous verrons plus tard qu'il n'oublia pas son bienfaiteur.

Cette influence de G. de Luetz, qui venait de se manifester en cette circonstance, ne fit que s'accroître avec le temps. A cette époque, survint une guerre entre le sultan et le sophi des Perses, voici en quelle occasion.

Ce sophi, homme débauché, s'était épris de la femme de son frère Elcas, qui était fort belle, et, sous prétexte d'expédition, mais en réalité pour l'enlever plus facilement, il avait envoyé celui-ci en Circassie. Au cours de sa mission, Elcas, mis au courant de tout, revint en diligence, et, comme on peut bien le penser, n'épargna à son frère ni les reproches, ni les menaces.

Ceci pouvait être son arrêt de mort. Ses amis le comprirent et lui conseillèrent de fuir.

Elcas se retira donc auprès du sultan qui le reçut fort bien; mais, le souvenir de son affront restant toujours présent à sa mémoire, il ne cessait d'exciter le prince à la guerre contre le sophi, affirmant que lui-même jouissait d'une grande popularité dans son pays, et qu'il n'aurait qu'à paraître pour le soulever tout entier en sa faveur.

Le sultan fut vaincu par tant d'insistance, et, heureux peut-être d'avoir un prétexte pour faire la guerre à un prince qu'il détestait, il leva une armée formidable et se disposa à entrer en campagne.

C'est alors que, mis au courant de la situation, Henri II, qui tenait à être agréable au Sultan et surtout à sauvegarder l'influence de son ambassadeur, enjoignit à ce dernier d'accompagner le prince et de le seconder en tout.

Sur cet ordre, G. de Luetz équipa tous ses gens. Au moment du départ, ils se trouvèrent environ quatre-vingt, bien montés, bien armés, et munis de toutes les choses nécessaires à une expédition de longue durée : une litière à deux mulets excita surtout l'admiration des Turcs.

L'armée quitta Constantinople, le 2 mars 1548, et se mit à la recherche du sophi.

Cette guerre fut plutôt une course à travers le désert, l'ennemi ayant pris pour tactique de se dérober sans cesse. On ne trouva guère quelque résistance qu'au château de Van « merveilleusement fort, assis sur une roche inaccessible,

« avec environ 2000 Persiens, touts vaillants gens et choisis
« du roy de Perse pour la garde de chasteau ». Et ce ne fut
qu'à G. de Luetz que l'on dut de le prendre. En effet, raconte
J. Chesneau, « le second jour après que le Grand-Seigneur
« ayant approché les tranchées, l'on commença à faire la
« batterie en deux endroits et dura environ neuf jours sans
« faire aucune brèche, ne prest à faire, n'eust été l'ambassa-
« deur qui alla visiter l'assiette dud. chasteau, et advisa que
« si on le battoit d'un autre côté qui lui sembla estre de plus
« débile, que l'on pourroit en avoir raison ; ce qu'il fait en-
« tendre aud. Grand-Seigneur et ses bassas. Et son advis
« fust trouvé fort bon ; en sorte que le lendemain on com-
« mença à faire la batterie où il avoit advisé, qui donna à
« penser à ceux du dedans ; lesquels, peu de temps après,
« demandèrent à parlementer ; ce qui leur fust permis, de
« manière qu'ils rendirent ladite place. »

Après ce temps d'arrêt, la poursuite continua. Elle dura
d'août à novembre, mais sans plus de succès. Enfin, voyant
appprocher l'hiver, le sultan donna ordre de se concentrer
autour d'Alep. On y arriva le 23 novembre, et l'on y séjourna
jusqu'au 8 août 1549, dans le repos et les plaisirs.

A la reprise des hostilités, G. de Luetz, comprenant que sa
présence au camp était inutile, et cédant aussi à son humeur
aventureuse, demanda au sultan l'autorisation d'aller visiter
Damas, Jérusalem, le Caire, Alexandrie, etc. Le sultan se
prêta à ce désir et fit même remettre à l'ambassadeur des
lettres de recommandation pour les autorités de ces pays.

Parti d'Alep, le 30 juin, G. de Luetz parcourut successivement ces diverses contrées, étudiant les mœurs, visitant les
monuments, partout bien accueilli, d'ailleurs, à Jérusalem
surtout, où la population presque entière se porta au devant
de lui, à une demi-lieue « gouverneur et seigneurs d'icelle »
en tête.

Il aurait poussé plus loin ses pérégrinations, s'il n'avait
appris, au Caire, la réconciliation survenue entre Elcas et son

frère, et la décision prise par le sultan de retourner à Constantinople.

Lui-même, il prit également le parti de rentrer, et, le 26 octobre, donna ordre à la caravane de se mettre en marche. Le retour fut particulièrement long et fatigant. Mais enfin, le 28 janvier 1550, les voyageurs arrivèrent à Constantinople, heureux d'avoir vu tant de pays, et « louant Dieu « de les en avoir si bien ramenés. »

Après cette expédition, G. de Luetz reprit son poste auprès du sultan ; mais, jusqu'en janvier 1551, nous ne remarquons rien, dans sa vie, qui soit digne d'intérêt.

A cette dernière date, il se rendit en France, chargé par le sultan de communiquer au roi le projet qu'il caressait de porter la guerre en Barbarie. Il fut très bien reçu de Henri II, qui, pour lui témoigner sa satisfaction des services rendus, le nomma Gentilhomme ordinaire de sa Chambre, et lui donna deux belles galères. Il resta six mois en France, choyé de tous.

A son retour, en se rendant à Marseille pour s'y embarquer, il descendit le Rhône, de Lyon à Avignon, où il s'arrêta quelques heures, pour embrasser sa femme qu'il n'avait pas vue depuis dix ans. Ce fut une fête pour cette ville ; les gentilshommes d'Avignon et des environs, allèrent le voir. De là, sans passer par Aramon, dont il put cependant apercevoir de loin le vieux donjon, il se rendit chez le comte de Tende, gouverneur de Provence et passa la nuit chez lui, en son château de Marignane. Le lendemain il était à Marseille.

G. de Luetz s'embarqua sur ses galères, le 5 juillet 1551. Il avait avec lui le sieur de Saint-Véran, frère de madame d'Aramon, le baron de Laudun, et le sieur de Fleury, son propre neveu ; plus quelques gentilshommes, qui avaient reçu mission de lui faire escorte jusqu'à Constantinople, et parmi lesquels nous remarquons le « sieur de Montenard, « Dauphinois, homme d'armes de la compagnie du comte « de Tende. »

En passant à Malte, il fut prié par le Grand-Maître de

dissuader le général de l'armée ottomane de faire le siège de Tripoli, place occupée, paraît-il, alors par les chevaliers de l'Ordre. G. de Luetz vit donc le général et lui demanda cette grâce ; mais celui-ci se montra inflexible, disant que le sultan était très irrité contre les chevaliers de Malte, qui, après avoir juré, lors de la reddition de Rhodes, de ne jamais plus porter les armes contre les musulmans, n'avaient pas tenu parole, et qu'il avait décidé de les chasser de l'Afrique.

G. de Luetz, comprenant qu'il n'y avait rien à attendre de ce côté, déclara qu'il allait partir pour Constantinople : il avait le secret espoir d'être plus heureux auprès du sultan. Mais le général devina son dessein et s'opposa opiniâtrement à son départ, sous prétexte qu'il avait besoin de lui, pour porter à Constantinople, la nouvelle de la prise de Tripoli, alors imminente : il fallut se résigner.

Cependant tout ne fut pas perdu. A la prise de Tripoli, on trouva parmi les prisonniers, deux cents chevaliers de Malte, qui selon les lois de la guerre devaient être réduits en esclavage. Mais G. de Luetz intervint, et il fit tant et si bien par ses présents et ses promesses, qu'il finit par obtenir leur liberté, ainsi que celle de vingt autres chevaliers qui lui furent cédés personnellement. Lui-même, il les prit tous sur ses galères, et, en repassant devant Malte, il les y déposa.

C'était assurément un grand service rendu à l'Ordre ; il en fut mal récompensé.

Lors de la cession des 220 chevaliers, il s'était engagé à obtenir la liberté de 30 esclaves turcs, retenus dans l'île de Malte. Or, le Grand-Maître, non seulement refusa de souscrire à cet engagement, mais joignant la calomnie au refus, il écrivit à Henri II que son ambassadeur avait été cause de la prise de Tripoli.

De retour de Constantinople, G. de Luetz se hâta d'annoncer au sultan la prise de Tripoli. Ce prince lui en fut très reconnaissant. A ce moment, d'ailleurs, son crédit était plus grand que jamais : les « gouverneurs et seigneurs du païs lui « étaient dévoués, » le sultan le consultait sur ses moindres affaires, et c'est alors qu'il obtint la promesse, bientôt après réalisée, de la jonction de la flotte turque à la flotte française, en vue d'une action commune, sur les côtes de Sicile. Ce fut son dernier triomphe.

Quelques temps après, alors que le sultan songeait à reprendre son expédition contre les sophides Perses, G. de Luetz se décida à rentrer en France. Il partit de Constantinople, le 14 septembre 1553, laissant à J. Chesneau, le soin de gérer l'ambassade, en « attendant qu'il plust au roy « envoyer autre ambassadeur. »

Ce qui détermina G. de Luetz à se démettre de sa charge, ce furent sans doute les tracasseries (1) qu'on ne cessait de lui susciter à la cour du roi de France, et peut-être aussi le désir de retourner auprès ds siens. D'ailleurs, il espérait trouver dans son pays une récompense proportionnée à ses services. Mais, ici, il se trompa. L'influence de la favorite, alors à son apogée, eut enfin raison de lui. Le roi ne le retint pas à la cour et ne lui donna pas la moindre compensation. Tout se réduisit pour lui aux deux galères qu'il avait reçues et à une troisième que lui-même avait fait faire à Constantinople.

Sa situation aurait pu devenir précaire, si le comte de Roquendolf, plus généreux que le roi, n'était venu le mettre à l'abri du besoin.

Nous avons dit que celui-ci, après sa délivrance, s'était retiré auprès de Henri II. Or, un jour, le roi, pour le récompenser de ses services, lui fit don des îles d'Hyères, après les

---

(1) Déjà, en juillet 1547, nous voyons un baron de Fumel qui, soutenu par un parti, à la Cour, entreprend de supplanter G. de Luetz et y serait peut-être arrivé, si le sultan s'était prêté tant soit peu à ses intrigues (J. Chesneau). — Nous remarquons aussi que Luetz se plaint de ce qu'on lui fait attendre outre mesure ses émoluments et de ce que l'on a fait distribuer de l'argent, aux troupes ottomanes, par un autre que lui, et il ajoute : « ce qui n'a pas esté petite dé-« pense à ces peines avec les autres que l'on m'a faites, qu'il (le « roi) scait trop bien. (Instruction de d'Aramon à Saint-Véran).

avoir érigées en marquisat. C'était là un beau présent, car ces îles sont, dit-on, les plus agréables de la Méditerranée, au double point de vue de la douceur du climat et de la fécondité du sol. Mais Roquendolf, trouvant ici une bonne occasion de payer à G. de Luetz la dette de sa reconnaissance, se démit de ces îles en sa faveur (1).

G. de Luetz accepta volontiers le présent. C'est là, qu'au retour de son ambassade, il se retira, et probablement aussi qu'il mourut. Il y était, dans tous les cas, en février 1555 : sa lettre à J. Chesneau, dans laquelle il l'invite à venir le rejoindre, est datée de ce pays et de cette année.

A cette époque, sa femme, Dauphine de Montcalm, était morte, et il avait épousé, en 1553, à son retour de Constantinople, Jeanne Doni, fille de Paul Doni et de Gilette Damiane de Vernègue.

Il ne resta pas longtemps avec elle. Il dut mourir vers le milieu de l'année 1555, puisque sa veuve se remaria avec François de Perruzi, par contrat passé au château de Montfrin, le 4 juin, même année.

Il ne paraît pas qu'il ait laissé des enfants de ses deux femmes (2). C'est l'opinion du Marquis d'Aubais.

Nous avons déjà porté notre jugement sur G. de Luetz ; nous n'ajouterons qu'une simple réflexion, en clôturant ce chapitre.

Ses fautes ont été grandes sans doute, et sa mémoire aura toujours à souffrir du souvenir de ses violences ; mais, n'importe, nous devons de la reconnaissance à cet homme, qui

---

(1) Cette cession eut lieu sur la fin de l'ambassade de G. de Luetz, car ce dernier, écrivant à Saint-Véran, lui dit : « Fera aussi entendre « à Estève (son régisseur) qu'il me doibve faire entendre l'estat... en « quoi se trouvent mes isles d'Hyères... »

(2) Nous lisons cependant dans ses instructions à Saint-Véran : « Fera aussi tenir à M<sup>lle</sup> d'Aramon, mes lettres et délivrer sa pen- « sion ». Cette demoiselle d'Aramon était-elle sa fille ? Était-elle sa sœur ? Il ne nous a pas été possible d'éclaircir ce mystère.

garda, toute sa vie, le nom d'Aramon et l'associa à toutes ses gloires : par lui, notre pays fut connu au loin et rendu célèbre.

D'ailleurs, si le malheur est une expiation, ne fut-il pas en butte à ses coups? Nous le voyons successivement dépouillé de ses biens, exilé de sa patrie, menacé de la mort la plus ignominieuse — celle de la hart — flétri, ruiné, proscrit, et, lorsque, après s'être élevé, à force de talent et d'énergie, aux plus hautes fonctions de l'Etat, il va enfin recueillir le fruit de ses travaux, la récompense de ses services, il faut le voir encore privé de tout, par les agissements d'une femme déshonorée, et terminant ses jours dans la disgrâce.

En vérité, cet homme méritait mieux.

# CHAPITRE XVII

## GUILLAUME ET DIANE DE POITIERS
(1539-1566)

Au moment où Guillaume de Poitiers prit possession de la seigneurie d'Aramon, celle-ci se composait : 1° des immeubles et des droits cédés par le contrat de 1426, aux Poitiers ; 2° des acquisitions faites par Gaspard et Jean de Luetz ; et enfin 3° des propriétés confisquées sur les complices de Gabriel de Luetz : propriétés, qui, vendues par ordre de G. de Poitiers, durent rapporter un joli denier.

Une fois débarrassé de son redoutable adversaire, G. de Poitiers songea à mettre de l'ordre dans ses affaires et dans celles du pays : c'était bien nécessaire, après ces deux années d'anarchie, de lutte et de pillage, et, d'ailleurs, des réclamations surgissaient de toutes parts. Le peuple, longtemps foulé par son ancien seigneur, en appelait à la justice du nouveau, et revendiquait hautement ses biens, ses droits et ses privilèges.

Le 21 mars 1540, on se réunit donc dans la maison claustrale. C'étaient, d'une part, G. de Poitiers lui-même, et, de l'autre, Jean de Posquière, au nom des nobles : puis, Germain Perret co-syndic ; Antoine Martin, Nicolas Bourdaud, Jean Saussine, Jacques Guiraud, Roi Guiraud, Antoine Chaniol, Antoine Villard, Jean Boyer, Jean Mounier, conseillers ; Nicolas Bonnefoy, notaire-greffier et plusieurs autres.

Les délégués de la noblesse et du peuple présentèrent à G. de Poitiers la transaction de 1466, et, après en avoir fait donner lecture à haute voix, par le greffier, ils supplièrent eur nouveau seigneur de vouloir bien la ratifier.

A cette demande, G. de Poitiers répondit que « les articles
« contenus dans lad. transaction lui paraissaient justes et
« raisonnables, et fondés en équité et que voulant traicter
« bénignement lesd. habitans, ses subjects, après mûre ré-
« flexion et avoir pris avis de son conseil, de son bon gré,
« pour lui et ses successeurs à l'advenir... il approuvoit,
« louoit, ratifioit, confirmoit, homologoit et authorisoit,
« de point en point, selon leur forme et teneur lesd. articles,
« sans en iceux rien inover excepté aux deux articles cy-
« dessous escriptz et que s'ensuivent : »

1° Sur l'article concernant la saisie du bétail étranger, il voulait que « incontinent après la prinse du bétail faitte, en
« sera notifié à sa justice et sera dénombrée par escript à
« son greffier pour après pouvoir poursuivre le droit de son
« ban ou péynes, sy elles y eschéent : » 2° et, sur l'article relatif au déguisement, « qu'il pourra faire faire déguisement
« toutesfois et quante que lon luy semblera pour pouvoir
« prendre et mettre à sa main les soubres et restans desdits
« crost » (1).

Au fond, ces réserves étaient peu de chose, et, en signant cette transaction, les habitants durent se sentir soulagés d'un grand poids : c'était la fin de la tyrannie et le rétablissement de tous leurs droits.

Cette charte fut, d'ailleurs, bientôt suivie d'un accord qui la compléta. Encouragés sans doute par la bienveillance de G. de Poitiers et comptant sur sa justice, les habitants lui adressèrent en 1541, une pétition, dans laquelle ils le priaient de reconnaître le droit qu'ils avaient eu de tout temps, « de
« rompre et extirper les garrigues. »

Cette nouvelle demande fut favorablement accueillie. G. de Poitiers ordonna aussitôt à son juge d'ouvrir une enquête.

En conséquence, les hommes les plus honorables du pays

---

(1) L. XIX. — Ant. Orionis, not,, 1540.

furent invités à déposer : Jean de Posquière et Jean Cadau entre autres. Ils déclarèrent que, de tout temps, les syndics avaient donné des guarigues et patis à qui en demandait et la quantité qu'on en voulait, à la double condition pour l'acquéreur de payer les tailles royales et de donner annuellement une pougnadière de blé à l'œuvre de la Charité. De plus, à l'appui de ces déclarations, on produisit des livres contenant les noms des syndics qui avaient usé de ce droit, ainsi que les noms des acquéreurs, et, en marge, ce que ces derniers payaient à l'œuvre : la démonstration était complète.

Devant de telles preuves, G. de Poitiers, avec sa loyauté ordinaire, s'inclina, et, le 22 mars 1541, passa une transaction qui donna toute satisfaction aux pétitionnaires et consacra officiellement leurs droits (1).

Cependant, malgré ce bon vouloir de G. de Poitiers, il y eut, vers 1547, quelques tiraillements, qu'il faut attribuer autant, ce semble, à l'ignorance du procureur de Guillaume qu'aux emballements du peuple.

Le procureur prétendait qu'en vertu de ses droits de régales sur le Rhône, son maître devait jouir de toutes les îles, sans en excepter celles de Méjean et du Mouton ; que, comme seigneur juridictionnel, il pouvait revendiquer les cinq dèves qui se trouvaient dans le terroir d'Aramon et du Terme, les vacants et les patis ; enfin, qu'il était en droit d'exiger que l'on fît les criées en son nom et non pas au nom des consuls, et que l'on n'instituât aucun officier sans son asssentiment.

La communauté répondait, de son côté, que l'île du Mouton et celle de Méjean, qui dépendait de la première, lui appartenaient, comme étant l'ancien territoire du Terme ; que, quant à l'île de Bertrand, elle l'avait autrefois possédée, avant que le Rhône l'eût agrandie par ses dépôts, et qu'elle lui était venue par déguisement ; qu'elle ignorait quels pou-

---

(1) Nic. Bonnefoy, not., 1541.

valent bien être les cinq dèves réclamés par le seigneur, mais que, si ce dernier parvenait à prouver, par des témoins dignes de foi ou par des actes authentiques, qu'il en avait possédé anciennement, elle les lui abandonnerait sans peine ; que les garigues, patis, vacans étaient sa propriété, comme en faisait foi l'accord passé en 1541, devant Nic Bonnefoy ; que le jour de Saint-Blaise, on avait de tout temps nommé, par voie d'élection, les officiers de l'administration municipale, mais qu'on ne manquait jamais de les présenter au Viguier, pour qu'ils prêtassent serment entre ses mains ; enfin, qu'en ce qui concernait les criées, si elles s'étaient faites au nom des consuls, c'était par erreur, et que l'on savait fort bien qu'il fallait les faire au nom du seigneur.

Au cours de ces démêlés, le peuple d'Aramon, avec cet esprit impressionnable et toujours porté aux excès qui lui est propre, se laissa aller à des actes fâcheux. Les documents de l'époque nous apprennent qu'après s'être réuni en nombre, on allait dans les îles couper le bois, enlever le blé, cueillir les fruits : — tout ceci par force et violence — et bien des gens avaient été condamnés à de fortes amendes. G. de Poitiers, mis au courant de la situation et voulant couper court à des troubles qui pouvaient s'aggraver, proposa une transaction.

Il fut décidé 1° que, conformément aux anciennes coutumes, les habitants jouiraient de 136 salmées de terre, dans l'île du Mouton et celle de Méjan, moyennant quinze sols de directe au seigneur et les accroissements qui se produiraient ; 2° que le seigneur aurait l'île de Bertrand, avec obligation de donner, sur cette île, le déguisement aux habitants qui y auraient droit ; 3° que le seigneur prouverait par des titres que les cinq dèves en litige lui appartenaient et que sinon, ils resteraient à la communauté ; 4° que les habitants jouiraient des garigues, herbages, patis et vacants, à la condition de payer une redevance à la Charité ; 5° que, comme par le passé, les officiers d'administration prêteraient serment aux mains du seigneur ou de son viguier ; 6° enfin que les criées seraient toujours faites au nom du seigneur.

Cette transaction, où se révèle une fois de plus l'esprit de justice et la bonté de G. de Poitiers, fut passée dans la maison commune, le 4 décembre 1547, par Jean Gauthier, bailli et procureur général du seigneur et les syndics, Antoine Villard et Manaud Quicard, assistés de Guillaume Martin, Pierre de Lhosteau et Ant. Orionis, notaire-greffier.

Elle fut ratifiée le 1er février 1547 (vieux style), par G. de Poitiers qui se trouvait alors à son château d'Estelle, «près le « Pesquier, dans la chambre basse joignant la grande « salle ». Etaient présents comme députés de la communauté, Ant. Villard, consul ; Elyas de Récord, conseiller, et Ant. Orionis. G. de Poitiers avait à ses côtés : noble Honoré-Jérôme Provans ; Jean Roux, seigneur de Flassans ; Guillaume Dufort ; Jean Gauthier, bailli du seigneur, tous écuyers ; plus Jean Arnaux, dit Grinche-guerre, de Sérignan ; Etienne Mateau, courtier d'Aramon. Tous ces témoins signèrent l'acte (1).

Cette transaction, qui est du même jour que celle de la réorganisation de l'hospice (chapitre XIV), fut le dernier acte politique de G. de Poitiers. Il mourut l'année suivante, sans laisser d'enfants (2). Mais déjà, par son testament daté du 12 mars 1546 (3), il avait légué tous ses biens à sa sœur, la célèbre Diane de Poitiers.

Diane de Poitiers succédait à son frère, dans la seigneurie d'Aramon et Vallabrègues, en vertu d'un titre authentique et indiscutable. Elle devait donc, comme lui, jouir de tous les droits et revenus attachés à ce fief (4). Mais, vers l'année 1556,

---

(1) L. XIX.

(2) P.P. 4.

(3) P.P. 1.

(4) On a dit que Diane de Poitiers n'avait pas une grande confiance en la légitimité de ses droits, et que c'est pour cela qu'elle demanda

c'est-à-dire après huit ans d'une possession paisible, l'ordre ayant été donné au sénéchal de B. et N. « de reduire les isles « et crémentz estans sur la rivière du Rosnes, en la main du « Roy, » Diane de Poitiers se vit à la veille d'être dépossédée de son héritage. Cependant elle n'eut pas de peine à parer le coup (1). Toujours puissante sur le cœur d'Henri II, elle demanda et obtint, le 6 déc. 1556, de ce roi, alors à St-Germain-en-Laye, des lettres patentes adressées au sénéchal, où il était dit : « Et pour ce que en procédant à l'exécution de nosd. « lettres, vous pourriès comprendre les isles et crémentz « estans dans la juridiction d'Aramon et Vallabrègues, appar- « tenant à nostre très chère et bien aymée cousine la du- « chesse de Vallentinois, aux prédécesseurs de laquelle nos « prédecesseurs ont donné lesd. terres d'Aramon et Vallabrè- « gues, par eschange, nous vous avons déclairé et déclairons « que... nous n'avons entendu ni entendons avoir comprins « lesd. ysles et crémentz ni autres chozes estans dans les fins « et limites desd. seigneuries d'Aramon et Vallabrègues, ains « les avons comme appartenant à nostred. cousine, exceptées « et réservées... à elle pour en jouyr et des profficts que nous « pouvons préthandre desd. ysles et crémentz et de tout dis- « poser comme de sa chose propre. » (2).

Cette déclaration du roi ne fut d'ailleurs pas isolée. Le 6 mars 1556 (v.st), il en parut une seconde, par laquelle, tous les baux et inféodations, faits par G. de Luetz et autres, des îles et crémentz délaissés par le Rhône « tant deçà que delà

---

des lettres patentes de confirmation à Henri II. C'est une erreur ; la simple lecture de l'acte le démontre ; ces lettres ne mettent pas en doute, le moins du monde, les droits de Diane de Poitiers, mais en proclament la légitimité et les protègent contre les erreurs possibles du Sénéchal.

(1) Il paraît que les patentes du 6 mars 1566 (v. st.) avaient pour objet de suppléer aux titres, dont G. de Luetz s'était emparé et qu'il avait détruits. (P.P. 3).

(2) 6 déc. 1556. (*Arch. départ.*, E. 26).

« de la rivière du costé de Provence, » dans toute l'étendue de la juridiction d'Aramon et de Vallabrègues, furent cassés et annulés (1). Puis, une troisième, le 31 juillet 1557, qui incorporait à la place d'Aramon les îles du Mouton, Maliven, Roquier « pour par lad. dame en jouir comme de l'ancien « domaine de lad. terre »(2). Enfin, une quatrième du 12 nov. 1557, et une cinquième du 14 mars 1558, qui condamnaient le vicomte de Cadenet, seigneur de Boulbon, à enlever les moulins, qu'il avait établis sur le Rhône, sans l'autorisation de Diane de Poitiers (3).

Tout ceci avait évidemment pour but d'obtenir de la terre d'Aramon et Vallabrègues le plus grand rendement possible, mais ne devait pas tarder à occasionner des troubles profonds, que nous allons raconter.

Disons-le tout d'abord : que Diane de Poitiers eut ou n'eut pas la nature généreuse de son frère, ce n'est pas sur elle que doit retomber la grosse part de l'odieux en cette affaire ; et la preuve, c'est que, pendant les huit premières années (1548-1556) qu'elle occupa la seigneurie d'Aramon, il ne s'y passa rien d'anormal. Les libertés et les droits des habitants furent respectés, et tout alla selon les traités. Mais le grand coupable, à notre sens, ce fut Elyas de Récord, son régisseur, en qui elle avait mis sa confiance.

Cet homme : « ung fin homme », comme disait Jean de Posquière (4) ; cet homme donc, venu on ne sait d'où à Aramon, pour faire du commerce (5), ne tarda pas à s'y créer une place. Il était membre du Conseil en 1547, et c'est à ce titre, nous l'avons vu, qu'il fut envoyé au château d'Estelle, pour assister à la ratification de la charte de 1547. A

---

(1) P. O. 3.

(2) P. O. 4.

(3) P. O. 5.

(4) *Arch. comm.* FF. 38.

(5) Ant. Orionis, not., 1547.

partir de ce moment, son nom figure dans tous les actes qui touchent à la vie politique et sociale de notre pays. Nous remarquons, en particulier, qu'il se montre dévoué au peuple et qu'il s'occupe avec ardeur de ses intérêts.

Mais, un jour (1556), tout change : il venait d'obtenir la ferme générale du château. Plus de zèle pour les intérêts du peuple ; il ne songe qu'aux siens ; c'est alors que paraissent les cinq ordonnances analysées plus haut, et dont l'application, naturellement violente et déloyale en de telles mains, devait donner lieu à tant d'abus, soulever tant de passion, amener tant de désordres.

Ce n'est pas tout. Un jour encore, il parvient, à force d'intrigues, à se faire nommer régisseur : c'était pour lui l'impunité ou peu s'en faut. Il en profite pour réaliser au détriment de tout le monde — sans en excepter sa maîtresse — son rêve le plus cher, qui est de s'enrichir, et nous le voyons alors enlevant les archives, tronquant les compoix, falsifiant les minutes, le tout avec un révoltant cynisme.

Nous parlons du cynisme de cet homme, en voici une preuve entre mille : catholique, il passe aux protestants, quand sa maîtresse s'en montre l'ennemie acharnée. Et pourquoi ? Afin d'avoir, au château, un pied dans les deux camps. C'était prudent, paraît-il, alors.

Bref, et pour tout dire en mot, cet E. de Récord est l'homme le plus corrompu qu'il nous ait été donné de rencontrer encore, au cours de cette étude, et d'autant plus redoutable qu'il peut mettre, au service des pires instincts, une intelligence remarquable et une infatigable activité. Le voici à l'œuvre, d'ailleurs.

En vertu des ordonnances royales, Rozel, docteur et avocat au Présidial de Nimes, fut chargé par Diane de Poitiers, de procéder aux nouvelles reconnaissances (1). Il se rendit

---

(1) Déclaration que l'on faisait au terrier d'un seigneur pour les héritages que l'on tenait de lui à cens. (Bècherelle aîné).

donc à Aramon vers 1558, et fit appeler au « logis » de E. de Récord, où il était descendu, les consuls, Jean Faulquet et Ant. Orionis, auxquels il demanda les compoix et cadastres de la communauté. Il en avait besoin, disait-il, « pour quel-
« ques reconnaissances de la dame de Poitiers ». Les consuls les lui prêtèrent, sous promesse, bien entendu, qu'il les leur rendrait aussitôt après les avoir consultés.

Il paraît cependant que l'on ne se pressait guère de les rendre. Alors, sur l'invitation du conseil, J. Faulquet se transporta au domicile de E. de Record et les réclama. Celui-ci était absent ; ce fut sa femme qui les remit. Mais, à quelques jours de là, E. de Record vint les reprendre lui-même à la maison consulaire.

Au reste, voici qui est mieux. Après le départ de Rozel, son secrétaire, Philibert Cheminas, notaire à Bais-sur-Bais, près le Pouzin, continua le travail, avec l'aide d'un copiste. E. de Record s'offrit à lui fournir les documents, dont il aurait besoin, et trouva pour cela un moyen bien simple : ce fut de se faire nommer consul.

On le sait, les consuls avaient à leur disposition les archives communales. E. de Record profita donc de sa charge pour enlever « toutz les papiers, transactions, mainlevées, desgui-
« sements, remissions et autres instruments des archiefs de
« la maison consulaire, mesmes les propres cadastres et livres
« des compoix les plus anciens... dont despuys, ne se sont
« veus » (1). Il parvint même à se saisir des minutes des anciens notaires, « ou par achaizt qu'il en auroyt faict, ou par
« impression ou par force, se prétextant de l'authorité de
« lad. dame » (2).

Ajoutons que Cheminas, qui logeait au château avec E. de Record, était de connivence avec lui et ne valait guère mieux.

---

(1) *Arch. comm.*, FF. 38.

(2) *Item.*

Un document nous dit que « l'ung faisait la main à l'autre » (1). Le fait est que ces deux hommes se livrèrent à des tripatouillages inouïs.

D'ailleurs, ce beau zèle d'E. de Record n'était pas désintéressé, tant s'en faut : c'est pour lui qu'il travaillait surtout. Les écrits de l'époque nous apprennent qu'une fois maître des documents en question, il se fit faire une foule de « baux à soy ou à autres personnes interposées, qui lui pres« tèrent le nom, des pièces desd. particuliers propriétaires « desquels après il se seroyt fait fère commission ; » (2) et pour couper court à toute difficulté, il recommandait « fère « et desppecher bailz et achaiptz, sans cryées, ni solemp« nité. » C'est ainsi, concluent les vieux écrits, qu'il parvint à « s'emparer des biens d'une infinité de povres personnes « quy en sont à la faim » (3).

De tels actes de brigandage avaient naturellement exaspéré le peuple. Dans les commencements on s'en était pris au régisseur de Diane de Poitiers, un nommé Bas, dont la faute était de suivre trop servilement les inspirations d'E. de Record. On l'avait assassiné le soir de la Noël (1556), et les meurtriers, leur vengeance satisfaite, avaient passé le Rhône et s'étaient mis à l'abri des poursuites sur le sol de Provence.

Mais la colère montait toujours et c'est E. de Record, le nouveau régisseur, que, mieux informé, on visait maintenant. Celui-ci le comprit. Il se hâta de mettre en lieu sûr les documents qui lui assuraient l'impunité devant la loi : ils furent envoyés à Uzès ou à Montfrin ; puis il partit lui-même pour

---

(1) L. 3.

(2) L. 3. — Nous en trouvons plusieurs dans les pièces officielles du château, qui prouvent que le gredin opérait en grand : 1° une de 15 salmées de terre sur les bords du Rhône, le 5 nov. 1558 (n° 317) ; 2° une autre de 20 s., presque au même endroit, le 4 nov. 1558 (n° 317) ; 3° une autre d'une « vergantière », le 22 juin 1559 (n° 272), etc.

(3) *Item.*

ce dernier pays, avec sa femme et toute sa famille, sur les chevaux du château, en toute hâte, comme un homme qui fuit.

C'était temps, l'orage arrivait.

Ici, qu'il nous soit permis de placer, sous les yeux du lecteur, les dépositions de deux témoins oculaires : celle de Jean Goujet, jardinier, et celle de son valet, Claude Bourgaud, cités tous deux à la demande d'E. de Record. L'ensemble de ces dépositions formera un récit complet de cet évènement, que nous serions incapable de rendre avec le pittoresque et l'intérêt qu'il a dans le texte.

I. *Déposition de Jean Goujet* : « a dit que sur le commen-
« cement des troubles et guerres advenus en ce païs, encore
« de fresche mémoire et ung jour duquel, sor le lapz du temps
« n'est à présentz recortz, Hélyas de Recordz, produysant,
« qu'il cognoit bien, estant por lors au lieu de Montfrin avec
« sa famille où s'estoient desjà retirés depuys deux jours
« auparavant, il que deppoze estant travailhant et résidant
« ordinairement près dud. Aramon en ung jardin dud. de
« Recordz, qu'il depposant avoit prins à prisfaict et mettre
« en nature en bon estat de jardin, feust mandé venir au
« chasteau dud. Aramon par ung nommé Bellon, lequel de
« ce temps là, ensemblement avec led. de Recorez, gouver-
« noient et avoient charge des affaires de la dame dud. lieu
« et résidoient, mangeoient et couchoient aud. chasteau, où
« lad. produisant, avant s'estre retiré avoit toute sa familhe.
« Et dès lors qu'il feust led. jour de matin arrivé aud. chas-
« teau ayant mesmes quand et à luy ung nommé Claude
« Bourgaud, qui feust icy produict en témoin, lors son ser-
« viteur, travailhant à fère led. jardin, led. Bellon y estant
« avec un nommé le capitaine Aramon, luy dit qu'ilz s'en
« alloient jusques à Montfrin, où ne demeureroient guyères,
« le priant de demeurer avec sondit vallet et dame Saunarite,
« femme vieilhe, qui estoit aussi dans ledit chasteau, et se
« prendre soin et bien garder tout ce qu'estoit dedans comme

« si estoit saun propre, le lui recommandant fort et avoir
« beu et mangé. Ledit Bellon et Aramon environ midy s'en
« allèrent. Et lui recommanda de rechef de garder bien toutes
« choses. Et environ une heure après midy, estant il deppo-
« sant avec lad. Saunerite, seulz dans led. chasteau, de tant
« qu'il avoit mandé sond. vallet aud. jardin por se prendre
« garde, surviendrent avec grande furie beaucoup d'habitans
« d'Aramon que auparavant avoient esté fugitifs dud. lieu,
« à raison de meurtre commis en la personne du procureur
« de lad. dame dans le soir de Noël, l'an dernier passé,
« accompagnés de beaucoup d'autres hommes d'Avignon,
« Borbon et de Provence, en tel nombre qu'ilz estoient du
« moins quatre centz hommes trestous armés diversement
« de toutes sortes d'armes de guerre et arpicz de ribeiriers,
« en forme d'hostilité, au-devant dud. chasteau, forçant la
« porte, ayant tumbé la murete qu'estoit au-devant, pour ce
« qu'il depposant ne leur vouloit ouvrir sans permission et
« commandement des consulz que il leur dict et requist de
« ce tesmoigner. Mais cependant ung bon nombre entrèrent
« dans led. chasteau, par dernier, par une fenestre de la
« maison de jardin joignant. Quoy voyant, il leur allé ouvrir
« aux aultres la porte devant principale. Et trestous entrèrent
« dans le chasteau furieusement crians : thue, thue thue !
« menançans et offensans il depposant qu'ilz vouloient thuer,
« sans la faveur qu'il eust d'aulcuns. Et de faict, chacung
« d'eulz à qui plus se mect à rompre portes, fenestres, armoi-
« res dud. chasteau et les coffres, caisses et autres choses qu'es-
« toient dedans, prindrent, vollèrent et emportèrent entière-
« ment tout ce qu'ilz trouvèrent dedans led. chasteau d'Ara-
« mon, où seroit ung peu de bled qu'ilz y laissèrent de reste
« de celluy que estoit, singulièrement dedans la salle basse
« qui est devers le devant où led. produisant couchoit et
« y avoit encore son lict garny, de meubles et argent dans
« une grande caisse près du lict, et tables et aultres meubles
« à luy nécessaires ; ensemble aussi un coffre faict en caisse
« où tenoit et se trouvoit pour lors ses papiers siens ou aultres

« qu'il avoit en son pouvoir, desquelz papiers qu'estoient plu-
« sieurs et divers livres faicts à la main et joinct en piesse,
« instrumens, liasses, papiers et aultres escriptures, ledit
« coffre en estoit entièrement tout plein et rempliz. Et l'ayant
« rompu, chascun se prins à pilher led. coffre où trouvèrent
« quelque argent prindrent, rompirent deschirèrent lesdits
« livres, papiers avec les mains, qui plus en povoit rompre
« et les prenoient les aulcuns sen sortans hors avec beaucoup
« desd. papiers qu'ilz compoient, parmi lesd. chemins et
« rues ; tellement que l'on ne marchoit que sur papiers rom-
« pus dans lad. salle et jusque par tout le plan qu'est au-de-
« vant l'entrée dud. chasteau, voir presque jusques à la porte
« du village, l'on ne voyoit que papiers rompus et seumés par
« les rues. Et estant encore demeuré dans led. coffre quel-
« ques parties desd. escriptures en fulhes, de reschef par les
« derniers que venoient toujours y trouvèrent encore un
« Angellot, et parce que quelqu'ung y avoit jetté de pouldre
« le feu y print et bruslat soudain toutz lesd. papiers qui y
« estoient demeurés de reste, en sorte qu'il depposant crai-
« gnoit fort que tout le reste de la salle se brulât. Mais ne se
« y brula que lesd. papiers et non poinct mesmes led. coffre
« que feust à l'instant rompu et brisé. Et comme sus a dit, le
« tout fust par eulx vollé, prins et emporté, fors ung peu de
« bled et quelques trossons de bois des meubles rompus dans
« led. chasteau, dans lequel véritablement led. de Recordz
« avec sa femme et mesnage faisoit deux jours auparavant
« et den longtemps ou mois comme on disoit, et il depposant
« avoit vu durant huict mois qu'il avoit travailhé par luy,
« faisoit son habitation. et continuelle demeure. Et y tenoit
« dedans tous ses meubles, argent et papiers, ainsi qu'il deppo-
« sant a veu et qu'il enfermoit ausd. coffres et parfois qu'il
« en sortoit papiers et argent, en le freccuentant chacung
« aud. chasteau et y allant prendre vin et choses nécessaires
« y en ayant bonne mémoire ».

II. *Déposition de Claude Bourgaud* : « a dit que sur le
« commencement des troubles et ung jour dont n'est mémo-

« ratif. ung nommé Bellon et le capitaine Aramon prièrent
« Jehan Quojet, avec lequel il depposant demeuroit en service
« faisant lors le jardin que Helyas de Recordz, produisant
« que bien cognoit ha près dud. Aramon, de se aller un peu
« tenir dans le chasteau d'Aramon et se prendre garde avec
« il déposant, son vallet, à ce qu'estoit dedans, et n'ouvrir à
« personne quelconque, où seroit s'ilz voyoient venir trop de
« force qu'ilz ne se feissent pas battre et qu'ilz disent à ceulx
« que voudroient que tout ce qu'estoit dedans led. chasteau
« apartenoit à Madame et rien aud. de Recordz, disant ledit
« Bellon, qu'ilz s'en alloient on à Montfrin ou à Uzès, nest
« records aultrement du lieu. Et environ l'heure de midy, il
« depposant feust par led. Quojet mandé dud. chasteau où ilz
« estoient seulz, avec une chambrière vielhe, au jardin se
« prendre garde que rien ne feut dérobé. Et parmiz les che-
« mins hors le lieu trouva les habitans d'Aramon qui s'estoient
« **absenté** dud. lieu depuys et à cause du murtre du
« procureur de lad. dame d'Aramon... et après grand nom-
« bre de gens de Barbentane de Borbon, d'Avignon, et aultres
« lieux en grand nombre qui arrivoient à terre et aultres
« venoient toujours par batteaux de Province aud. Aramon
« trestous armés d'arquebouzes, bastons, d'hastes, aspictz,
« halebarde et aultres armes en forme de guerre et en collère
« et en furie. Et incontinent il retourna dud. jardin aud.
« chasteau et trouva toute lad. trouppe dans la ville au de-
« **vant** et alentour dud. chasteau d'Aramon sesforcans de
« rompre la porte pour ce que led. Quojet ne vouloit l'ouvrir
« comme disoit sans les consulz. Et enfin feust contrainct ou-
« vrir, de tant que aultres estoient entrés par aultre porte et ce
« faict entroient tous dans led. chasteau, qu'ilz remplissoient
« bonement, ou dès lors en grande furie prindrent led. Quojet
« et luy ferrent saulter une muraille, se merrent à grandz
« coupz de marteau et de bois et aultres choses à picquer et
« rompre portes et fenestres, coffres et tout ce qu'ilz rencon-
« trarent et à prendre, piller et emporter tout ce questoit
« dans led. chasteau, sans y en laisser dedans que quelques

« trossons de bois, non obstant quil depposant que entra avec
« eux aud. chasteau leur remonstra avec sond. maître que
« tous lesd. meubles, bledz, huilles, et aultres choses qui y
« estoient en grande quantité, apartenoient à lad. dame ;
« mesmement entrèrent à la première porte dans la salle basse
« où estoient les titres, coffres et meubles dud. de Recordz
« qui résidoit continuellement avec sa femme et mesnage dans
« led. chasteau avec led. Bellon, rompirent les coffres et em-
« portèrent tout ce questoit dans lad. salle, singulièrement
« rompirent une caisse ou coffre questoit tout plain de papiers
« instrumens, livres et escriptures. que chacun d'eulx pre-
« noit, rompoit et jettoit partout et dedans et dehors ledit
« chasteau, auquel dans lad. salle, on ne marchoit que sur
« lesd. papiers et au bord du chasteau et dehors jusqu'à la
« porte de la ville, y en avoit grand nombre par les rues, à
« la boue, ayant faict pluye ce jour-là ; et lung desd. soldatz
« avec sa pouldre mest sans y panser le feu en icelle et aulx
« papiers questoient à l'environ et aud. coffre et se brus-
« loient soudain sans aultre chose. Duquel feu led. soldat se
« brusla ses choses, comme il depposant estant présent veist
« et cognent. Et scait il bien que led. de Recordz, habitant
« comme sus a dit aud chasteau, tenoit aud. chasteau mes-
« mes en lad. salle basse où couchoit ses meubles, mesnages
« papiers et argent luy ayant veu sortir de coffre questoit
« près du lict, une infinité de fois, argent et papiers et parfois
« y en mettre dedans. Et bien souvent bailhait dud. argent à
« il depposant pour aller achapter des graines et aultres cho-
« ses, allant et venant il depposant par commandement de
« sondit maistre et dud. de Recordz, à la salle où estoit led. de
« Recordz le trouver por avoir des vivres qu'il leur fornissoit
« de jor en jor et par sesmaines et couchoient l'hivers et lors
« de lad. ruyne aud. chasteau, quest cause de son scavoir » (1).

---

(1) *Arch. comm.*, FF. 38. — Tous les détails suivants sont tirés du dossier de cette affaire. Inutile d'y renvoyer le lecteur à chaque alinéa.

E. de Records avait donc échappé à la vengeance du peuple; il ne fut pas quitte de tout pour cela. Des hommes courageux ne craignirent pas de se dresser en face de ce redoutable adversaire, et de le traîner devant les tribunaux. De ce nombre, furent Pélégrin de Posquière et Antoine Bertrand (Ant. de Bertrandy).

Ils avaient possédé, eux ou leurs ancêtres, de l'aveu de tout le monde, des propriétés en Bertrand « au-devant du pont « des Baysses le vieulx. » Ces propriétés, après avoir été submergées par le Rhône, étaient revenues en nature. D'après les usages, ils devaient donc en jouir de nouveau. Malheureusement les titres attestant leurs droits avaient été dérobés par E. de Record.

Indignés de se voir ainsi dépouillés, P. de Posquière et Ant. Bertrand portèrent plainte au sénéchal qui ordonna, en 1566, de faire une enquête. Elle fut confiée à Claude Guiraud, « subdélégué et juré en la cour du sénéchal de Nîmes et « Beaucaire ».

P. de Posquière se présenta devant ce magistrat, tant en son nom qu'au nom de Ant. Bertrand, s'offrant à prouver, comme l'y autorisait le sénéchal, que les biens en question n'étaient pas de « l'adverement » de E. de Récord.

E. de Récord, mandé plusieurs fois devant ce magistrat, et notamment le 8 février 1566, refusa d'abord de comparaître, et, lorsqu'enfin il se présenta, ce fut pour déclarer que tout lui était suspect : le commissaire, le local et le pays. Pour tout arranger, on lui offrit alors de choisir lui-même le lieu. Il désigna Montfrin, et, dans Montfrin, la maison d'Auzias Gondable ; mais, comme la commission de Claude Guiraud était pour Aramon, il fallut prier le tribunal de nommer un autre commissaire : ce fut François Lauze « délégué de la « cour du présidial de N. et B. »

Les dépositions commencèrent le 11 février. E. de Record produisit quelques témoins : gens sans aveu et dont les témoignages, d'ailleurs, tout en lui étant favorables, n'infirmèrent en rien les déclarations de P. de Posquière et de Ant. Bertrand.

S'ils affirmèrent que les propriétés en litige étaient couvertes par le Rhône trente ans auparavant, et que, depuis huit à neuf ans, E. de Récord les avait données à nouvel achat, ils ne purent démontrer que P. de Posquière et Ant. Bertrand ne les eussent possédées autrefois, et leur impuissance sur ce point équivalut à un aveu.

L'enquête se poursuivit le 11 mars, par-devant un nouveau commissaire, Clément Laverture « substitué juré à la cour du « Présidial de Nîmes. » Elle eut lieu à Aramon, logis de Lange. E. de Record, un moment effrayé, avait repris toute son audace ; comptait-il sur la bienveillance de Laverture ? (1) Ou bien se sentait-il fort des succès obtenus alors dans nos régions, par ses coreligionnaires ? Toujours est-il qu'il avait l'air de tout diriger ; ici, faisant citer un nombre incalculable de témoins, aux dépositions les plus insignifiantes ; là, exigeant de la commission qu'elle se déplaçât sans cesse : d'Aramon à Montfrin, de Montfrin à Nîmes, de Nîmes à Beaucaire, etc.

En lisant cette partie de la procédure, on a l'impression très nette que cet homme bernait la justice.

Un incident se produisit cependant, qui le força à un aveu. Dans un procès pendant entre la communauté d'une part, les Chartreux et les Laudun de l'autre, le syndic du diocèse qui avait à donner son avis, demanda à E. de Record le cadastre d'Aramon. Celui-ci fut très embarrassé, mais, poussé dans ses derniers retranchements, il finit par dire que Ph. Cheminas venait de les remettre au sénéchal.

Cependant, P. de Posquière et Ant. Bertrand ne s'en tinrent point là, surtout après l'incident que nous venons de signaler. Le 25 mars 1566, ils déposèrent une nouvelle plainte contre E. de Record, déclarant que, de concert avec Ph. Cheminas, il avait volé leurs titres et qu'il les avait toujours en sa pos-

---

(1) P. de Posquière et Ant. Bertrand n'avaient pas confiance en ce commissaire ; ils exigèrent qu'on lui adjoignît Jean Ortolan, « praticien d'Aramon ».

session : lui-même s'en serait vanté ouvertement et aurait affirmé qu'il ne les rendrait pas. « Ainsy, poursuivaient les
« accusateurs, c'est luy seul qui en rapporte les profficiz,
« s'estant approprié les pièces des ungs et des aultres en grand
« nombre après sestre saisi de leurs tiltres et leur avoir ousté
« le moyen de les recouvrer et vérifier leurs droicts par lesd.
« cadastres ou cottetz, mesme s'en estant approspriez aulcuns
« de Madame, lesquelles despuys elle luy a ousté ».

A la suite de cette seconde plainte, des enquêtes furent faites, au cours desquelles on interrogea, entre autres témoins, Jean Goujet et Claude Bourgaud, dont nous avons cité *in extenso* les dépositions.

Leurs témoignages, nous l'avons vu, n'innocentèrent pas E. de Record, tant s'en faut. Tous s'accordèrent à dire que E. de Record et Ph. Cheminas avaient eu chez eux des minutes de notaires, des livres de cadastres, etc. ; mais qu'ils ignoraient s'ils les avaient tous rendus (1). C'était la reconnaissance indirecte des tripatouillages.

Nous ignorons quelle fut la suite du procès, et la sentence qui intervint. Mais il est probable que celle-ci fut défavorable à E. de Record. Dans tous les cas, Diane de Poitiers, mise au courant de ses agissements, lui enleva les biens qu'il s'était adjugés et le cassa de sa charge. Lui-même, et pour que fût prouvée une fois de plus la vérité de ce proverbe : « *Biens volés ne profitent guère* », ne tarda pas à tomber dans la gêne. A sa mort, qui arriva en 1572 (2), « sa succession fut
« discutée », et Antoine Bernard, curateur nommé, vendit tout
« par voie de justice et authorité de la cour d'Aramon » (3) :
juste châtiment d'un homme qui avait passé sa vie à convoiter le bien des autres et mis en pratique les moyens les plus détestables et les plus criminels pour se l'approprier.

---

(1) Il est à remarquer cependant que tous ces témoins avaient été cités à la demande d'E. de Record, comme témoins à décharge.

(2) *Arch. comm.* GG. 1, 1587.

(3) Ant. Bonnefoy, not., 1581.

# CHAPITRE XVIII

## GUERRES RELIGIEUSES. — PESTE. — FAMINE
(1562-1597)

La fin du xvi<sup>e</sup> siècle fut désastreuse pour Aramon. La guerre, la peste et la famine : les trois plus grands fléaux qui puissent affliger un pays, semblèrent s'être donné le mot pour l'accabler.

I. **La Guerre**. — Les doctrines de Luther, le moine apostat de Wittembert, n'avaient guère réussi à se propager en France ; Aramon n'eut pas à en souffrir. Mais il n'en fut pas ainsi de celle de Calvin.

Avant 1562, il y avait des protestants à Aramon. A la suite d'un acte passé, le 31 mai 1562, entre Domergue Gilles et Jean Millon, consuls, d'une part, et Guillaume Perrin, maître d'école, de l'autre, Ant. Bonnefoy, notaire, nous en donne une liste assez longue, bien qu'incomplète. La voici :
« Pellegrin de Posquière, Jean du Jardin, Jacques de Lau-
« dun, Jacques Guiraud, Hélias de Records, Jacques Poujet,
« Antoine Poujet, Pierre Fabre, Pierre Chausit, Jean Poujet,
« Jacques Bonnefoy, Laurent Arnaud, hoirs à feu Denis
« Bertrand, escuyer et viguier de Montfrin ; Jean Soubrier,
« Mathieu Blanchard, Jean Bujard, Pancrace Drôme, maçon ;
« Roustang Bousquel, cordonnier ; Pierre Bentrier, hoste ;
« la veuve et les enfants d'Antoine Orionis, notaire d'Aramon
« en son vivant ; Louis Vrac et Pierre Casseirol, pêcheurs ;
« Jean Valéri et Colin Poche, rivériers ; Jean Teyssier, car-
« deur ; Pierre Cavenelle, mercier ; Pierre Astruc, Thibaud

« Rivier, coutelier ; Antoine Blanchon, également coutelier ;
« Martin Raymond, barbier, et plusieurs autres. »

Il faut croire cependant qu'ils n'étaient pas les plus forts, car nous savons par le même document, qu'après avoir vainement essayé de mettre la main sur le pays, ils en furent chassés, le 8 juin, et se réfugièrent à Domazan, d'où ils ne rentrèrent qu'après l'édit de pacification d'Amboise (1).

Les catholiques, maîtres d'Aramon, gardaient donc alors tranquillement la place, protégés qu'ils étaient par de fortes murailles, une bonne garnison et plusieurs coulevrines, que leur avait prêtées le Sr de Mondragon (2).

D'ailleurs, jusque-là, les entreprises des huguenots n'avaient été dirigées que contre des places plus importantes et dans un rayon plus éloigné d'Avignon, admirablement gardé par Fabrice de Serbellon (3).

Mais, en 1563, les Huguenots se rapprochèrent. Ils s'emparèrent de Roquemaure et tentèrent de prendre Saint-Laurent-des-Arbres. Le brave Paillet les ayant repoussés (4), ils se répandirent dans la campagne, aux alentours, jusqu'à Aramon, où ils commirent une foule de brigandages : les maisons situées hors des remparts furent brûlées, les récoltes enlevées, les jardins détruits : c'était navrant (5). Les habitants d'Aramon, exaspérés par toutes ces attaques, voulurent en finir : ils se réunirent au nombre de 300, et, à leur tour, allèrent ravager les territoires de Montfrin, Théziers, Fournès et Valliguière, alors aux mains des protestants (6).

A ce moment, Montbrun, qui commandait en Dauphiné, voulut surprendre Orange ; mais, ayant échoué et craignant

---

(1) Ant. Bonnefoy, not., 1562.

(2) *Arch. comm.* BB. 9.

(3) De Fornery. — De Perussis, etc.

(4) De Fornery.

(5) Ant. Bonnefoy, not., 1564-1571-1573.

(6) Père Justin.

un désastre, il rentra précipatamment dans sa province. Serbellon, mis au courant de cette retraite, jugea le moment venu de s'emparer de Camaret ; il partit donc pour faire le siège de cette place, qu'il prit, d'ailleurs, le 5 mars (1).

Or, le jour même de la prise de Camaret, alors qu'on se réjouissait à Avignon de ce succès, voilà que l'on apprend tout à coup que les huguenots du Languedoc, dans le but de faire une diversion, se sont approchés d'Aramon avec mille soldats et quatre canons, sous la conduite de François de Pavée, s$^r$ de Servas, et Pierre Suau, dit le capitaine Brouillargues (2) ; qu'ils ont repoussé les catholiques, sortis au-devant d'eux, leur tuant une centaine d'hommes (3), et qu'ils cernent déjà la ville (4).

A cette nouvelle, le Vice-Légat, cardinal d'Armagnac, fit partir deux grosses barques remplies de soldats, qui, descendant le Rhône, aidèrent la garnison à repousser les assaillants ; deux cent quatre-vingt-dix de ces derniers restèrent sur le champ de bataille (5).

D'ailleurs les catholiques triomphaient partout, depuis la victoire de Dreux, remportée le 19 déc. 1562, par le duc de Guise, sur le prince de Condé. Mais bientôt après le duc de Guise ayant été assassiné, les catholiques, aussi découragés que les protestants, acceptèrent de faire la paix. Elle fut signée à Amboise, le 19 mars 1563 (6) : quinze jours après la tentative inutile contre Aramon. Alors la tranquillité régna dans

---

(1) J. Pitot, not.

(2) De Forton. — *Hist. de Beaucaire.* — Père Justin.

(3) Ant. Bonnefoy, not., 1563.

(4) De Fornery. — Cette attaque dut être terrible, si l'on en juge par les traces que les boulets et les balles ont laissées sur les murs de l'ancienne clastre, en face du Rhône.

(5) P. Justin.

(6) L. Ménard, T. IV.

nos pays malgré tous les agissements du duc de Crussol (1), et grâce à la sage administration de Henri de Montmorency, sr de Damville, gouverneur du Languedoc. Toutefois Aramon fut laissé sous la garde d'une bonne garnison : on comprenait l'importance de cette place (2).

Les protestants profitèrent de la paix d'Amboise, pour s'organiser et s'étendre. Ils bâtirent des temples à Nîmes, firent venir des ministres de Genève, gagnèrent même à leur cause cinq membres du Chapitre : pauvres dévoyés, qui, entrés dans le sanctuaire sans vocation, profitaient des circonstances pour secouer un joug au-dessus de leurs forces (3).

Aramon se ressentit de cet état de choses. Là comme ailleurs, les protestants levaient la tête. Jean de Laudun, l'un d'eux, étant mort, sa sœur Etiennette, veuve de Jean de Jossaud, somma, par acte notarié, Benoît de Gore, curé d'Aramon d'avoir « à le laisser ensevellir suyvant l'ordre de la religion « réformée dans une chapelle fondée par leurs ancêtres dans « le temple de ce lieu ; » menaçant, au cas où il voudrait s'y opposer de le rendre responsable « du trouble et cédission « que pourroit advenir, aussi de tous dépans, dommaiges et « de recours aux supérieurs ». Et le curé, en homme qui ne se sent pas le sol assuré sous ses pas, de répondre aussitôt qu'il « n'entend empescher que soit led. de Laudun ensepveli « en la manière et ordre, aussi dans la chapelle ou aultre « lieu que bon à lad, de Laudun semblera » (4).

Au reste, les concessions faites aux protestants par le traité d'Amboise (5), ni même les interprétations abusives

---

(1) Jacques de Crussol, dit Beaudiné, frère du duc d'Uzès. On l'appelait aussi duc d'Acier..

(2) De Pérussis.

(3) L. Ménard, T. V.

(4) Ant. Bonnefoy, not., 1563.

(5) Ce traité restreignait quelque peu la liberté de prêcher accordée aux calvinistes par l'édit de janvier 1562, mais, au fond, était plutôt favorable aux intérêts des réligionnaires. (A. Gabourd, t. 10).

qu'ils lui donnaient, ne leur suffisaient plus. Ce qu'ils voulaient, c'était l'anéantissement de la religion catholique (1). Ils ne pardonnaient pas à Damville sa neutralité bienveillante à l'égard de cette dernière : ils auraient voulu qu'il marchât hardiment sous leur drapeau ; et c'est pour cela que le roi Charles IX étant venu à Nîmes, le 12 déc. 1564, ils se plaignirent amèrement du gouverneur. A ces divers symptômes, on sentait que la guerre était proche : elle éclata bientôt.

En 1565, au cours de son voyage à travers la France, le roi poussa jusqu'à Bayonne, pour voir sa sœur Elisabeth, femme de Philippe II. Aussitôt on répandit le bruit, que le prince et sa mère, Catherine de Médicis, avaient profité de cette circonstance, pour conjurer la perte des protestants, de concert avec le duc d'Albe. Ce bruit était faux (2), malgré des apparences contraires ; mais n'importe, il en résulta une grande excitation dans les esprits et des bagarres en mille endroits, le tout couronné par la tentative d'enlèvement du roi, à Monceau (18 sept. 1567).

Les hostilités reprirent donc, et c'est Jacques de Crussol qui vint à Uzès en signifier, au nom des princes, l'ouverture aux protestants. On obéit (3).

Les protestants commencèrent par s'emparer de Nîmes, où ils firent un vrai carnage de catholiques : carnage connu dans l'histoire sous le nom de *Michelade* (29 sept. 1567) ; puis,

---

(1) Charles IX disait à Coligny : « Il n'y a pas longtemps que vous vous contentiez d'être soufferts par les catholiques ; aujourd'hui, vous demandez à être égaux ; bientôt, vous voudrez être seuls et nous chasser du royaume ». (A. Gabourd, T. 10).

(2) Ce qui avait pu donner lieu à ce bruit, c'est : 1° le conseil qu'avait donné le duc d'Albe de mettre fin à l'hérésie en massacrant les protestants, ajoutant, pour vaincre les répugnances de Catherine de Médicis, que « mille grenouilles ne valent pas la tête d'un saumon ; » 2° l'édit de Roussillon qui restreignait les avantages accordés aux protestants par l'édit d'Amboise. (A. Gabourd, T. 10).

(3) L. Ménard, T. V. — De Fornéry.

ce fut le tour de Beaucaire et d'Aramon : ils s'y établirent fortement (1).

A Aramon, ils commirent une foule de dégâts; c'est alors sans doute que le clocher fut démoli, les cloches brisées et l'abside mutilée. S'il faut en croire le p. Justin, c'est ainsi qu'ils procédaient généralement. A Nîmes, à Montpellier, à Uzès, à Bagnols, à St-Esprit, à Viviers, à Barjac, ils rasèrent même la plupart des églises (2).

Cependant, la présence des protestants à Aramon contrariait le vice-légat. Il voyait avec peine le passage du Rhône par la Roche d'Acier aux mains des ennemis ; il pouvait craindre, à chaque instant, des incursions jusque sous les murs de la cité papale ; enfin, c'était pour la révolte un poste d'observation : il résolut d'en chasser les ennemis.

En conséquence, le 23 mars 1568, les généraux catholiques, c'est-à-dire le duc de Joyeuse et le comte de Tende — celui-ci avec une partie des troupes du Pape — partirent de nuit d'Avignon et firent défiler leur armée par le Pont. Huit pièces de canon embarquées sur le Rhône furent conduites à l'île de Posquière où l'on dressa les batteries (3). Puis, comme on s'aperçut que, par suite de l'éloignement, les coups restaient sans effet, les assiégeants passèrent entièrement le fleuve sur des barques et firent venir d'Avignon deux canons de plus (4).

La brèche étant faite, on donna l'assaut ; mais les ennemis se défendirent d'abord si bien, que l'on fut obligé de se retirer, avec quelques pertes et entr'autres un neveu du capitaine Chaux, qui fut tué sur la brèche (5).

Cependant, comme les catholiques continuèrent à battre la

---

(1) De Fornéry.

(2) P. Justin.

(3) De Fornéry.

(4) P. Justin.

(5) De Fornéry.

place et qu'ils se préparaient à donner un nouvel assaut, les ennemis sonnèrent la « chamoie » ou branle-bas du départ — sur la fin de la nuit probablement — et sortirent d'Aramon où les catholiques entrèrent le jeudi 24 mars, au point du jour, faisant prisonniers Posquière et Formiguière d'Orange. Tel est du moins le récit de Fornéry.

Le P. Justin donne une version différente. D'après lui, les ennemis, *craignant d'être emportés d'assaut, se seraient rendus à composition avec la liberté de se retirer sans armes et bagages.* Cet historien raconte ensuite un incident regrettable. Tandis que les religionnaires étaient assez loin déjà, ils furent aperçus par un détachement de catholiques qui descendaient le Rhône et qui, ignorant les articles de la capitulation et croyant avoir affaire à des fuyards, fondirent sur eux, sans que le commandant, auquel ces malheureux se firent entendre, pût retenir ses soldats, qui s'animaient les uns les autres en criant : « En voici un qui a tué mon père « et mon frère. En voici un qui a trahi mon pays et mis le « feu à l'église. » Il n'en échappa aucun (1).

Cependant, Jacques de Crussol accourait au secours de la place, avec trois cents chevaux et quatorze compagnies d'infanterie. Sur l'avis qu'ils en eurent, les catholiques marchèrent au devant d'eux dans la plaine de Montfrin et les chargèrent si vigoureusement qu'ils les mirent en fuite au premier choc. La cavalerie se jeta précipitamment dans Montfrin, laissant quarante morts sur place, et abandonnant l'infanterie qui fut taillée en pièces. Les ennemis eurent en tout huit cents hommes tués ou noyés dans leur fuite. La cavalerie, qui s'était réfugiée dans Montfrin, profita des ténèbres de la

---

(1) Lors de la reprise d'Aramon, les catholiques paraissent avoir commis quelques actes de représailles, à l'égard surtout des notaires qui étaient tous d'ardents sectaires. On saccagea leurs études. Nous lisons dans un document : « Tous leurs livres et liasses ayant été « veues parmi les rues, rompuz et lasserez, une feuille de ci, une « feuille de là, sur lesquelz papiers les gens et les bestes marchoient « comme sur la boue et fange. (P. O. 327).

nuit, que rendit plus épaisses une forte pluie, pour s'évader. Les catholiques, fatigués du combat et d'une longue marche, n'eurent pas la force de les poursuivre.

Après cette expédition, l'armée, ne trouvant pas assez de fourrage (1) pour les chevaux dans le pays et ses alentours, quitta Aramon, en ayant soin toutefois d'y laisser une des compagnies du comte de Suze.

Malgré cet échec, les protestants étaient toujours forts. L. Ménard raconte que, le 15 novembre 1569, ils s'emparèrent de Nîmes par surprise et y commirent d'affreux massacres. Ce succès doubla leur audace. Ils se sentaient d'ailleurs moralement soutenus par l'approche de Coligny, qui, battu à Montcontour (3 octobre 1569), descendait vers le midi, au devant des renforts envoyés par l'Allemagne. Pour parer à toute attaque, le cardinal d'Armagnac leva 700 h. dans le Comtat et renforça les garnisons de St-Esprit, Bagnols, Roquemaure, Aramon, Marguerittes « tous postes importants pour lesquels il y avait à craindre, » dit le P. Justin.

Coligny ne fut pas heureux dans le midi. Il échoua deux fois devant Lunel, et finit par se retirer au château de Saint-Privat, près Remoulins. Les villages des alentours : Saint Hilaire, Théziers et Bezouce, composés uniquement de catholiques, eurent beaucoup à souffrir de ce voisinage. Coligny y fit faire un massacre général, en sorte qu'ils restèrent complètement déserts (2).

Aramon lui-même sentit le contre-coup de ce voisinage. Françoise de Brézé, duchesse de Bouillon, était alors seigneuresse de ce pays. Or, les protestants, qui la détestaient, comme ils avaient détesté sa mère, crurent le moment favorable de satisfaire leur haine contre elle. Ils s'unirent et formèrent le complot de piller le château. C'étaient « Gabriel de

---

(1) Il paraît que le séjour des troupes catholiques dans ce pays avait fait monter le prix du fourrage à 20 s. tn. le quintal et l'avoine à dix florins la salmée (De Fornery).

(2) P. Justin.

« Laudun (1) ; Tannegui Jossaud ; André Bertrand ; Pierre
« Carcirol dit Francy ; Pierre et Laurent Malavalette ; Durant ;
« André Amat ; Robert Calmen ; Louis Bertrand, de Mont-
« frin ; Gabriel Arlac ; Guillaume Carrière, de Vallabrègues ;
« Charles Arnaud ; Sébastien Cambade, de Saint Quentin ;
« Mathieu Barjeton, d'Uzès ; Marqués Massellian ; et Bernard
« Arnaud, dit la Cassaigne, de Nîmes ». Nous ignorons
comment ils s'y prirent ; mais le château fut pillé, les biens
enlevés, des ruines accumulées. Il faut croire, cependant, ou
qu'ils ne furent pas les plus forts, ou qu'ils craignirent des
repressailles, car, le coup fait, ils s'enfuirent. Cités devant le
Parlement de Toulouse, « eulx et leurs complices de la novelle
« seste » et ne s'étant pas rendus, ils furent « déclarés contu-
« maces, atteints et convaincus des excès qui leur étaient
« reprochés, et du crime de lèse-majesté, condamnés à être
« pendus à Toulouse sur la place publique de St-Georges, et,
« de plus, à 4.000 l. de dommage envers la duchesse de
« Bouillon, solidairement (13 juillet 1570) » (2).

Damville avait rendu bien des services, l'un desquels et non
le moins précieux avait été de rejeter Coligny dans le Velay et
de ramener Saint Gilles, Lunel et plusieurs autres places à
l'obéissance du roi (3). Après la Saint-Barthélemy (24 août
1572) — le crime de Catherine de Médicis — alors que les
protestants exaspérés se soulevaient de toutes parts, il avait
encore maintenu Nîmes dans le devoir, de concert avec
Joyeuse, et repris Sommières, secondé par le comte de Suze (4):
ses sentiments n'étaient donc pas discutables.

---

(1) Thér. de la Barbézière disait de lui dans un de ses factums :
« Il servit d'exemple au public par un arrêt de la Cour, du 15 juillet
« 1570, poursuivi par la dame de Brézé pour avoir mis le feu au
« château d'Aramon et commis divers autres crimes, et poussé par
« les exemples domestiques de ceux qui avoient précédé la peine
« qui les fit expier. » (P.P. 7).

(2) *Arch. dép.*, E. 8.

(3) P. Justin et de Perussis.

(4) P. Justin.

Mais, en novembre 1574, Henri III étant venu à Avignon, les protestants s'agitèrent et osèrent même attaquer son escorte, dont ils enlevèrent plusieurs chevaux (1). Les ennemis de Damville profitèrent de cette circonstance pour le perdre. Ils le dénoncèrent au roi comme favorisant secrètement ces menées et le roi le disgracia : ce fut un malheur.

Quelques années auparavant, en 1568, un parti s'était formé, parmi les catholiques, qui, prenant pour prétexte le peu d'ordre qui régnait dans l'Etat, s'était, sous le nom de « parti des malcontents » ou « des politiques », uni aux protestants et avait mis à sa tête le maréchal de Montmorency, frère aîné de Damville.

Damville, tout en restant catholique et dans le seul but de se maintenir en Languedoc, malgré sa disgrâce, entra dans ce parti, et, après avoir passé un acte d'union avec les protestants assemblés à Milhau, en Rouergue, il fut déclaré leur chef dans nos pays et se trouva dès lors en lutte avec le duc d'Uzès, toujours protestant, qui avait reçu du roi le commandement des troupes catholiques dans la région (2).

Damville était fort aimé ; aussi entraîna-t-il dans sa révolte la plupart des villes du Languedoc. Aramon fut du nombre. Nous voyons que Damville avait établi là, dans l'île de Posquière, un fort où commandait, « pour ceux de « l'union », Salsan d'Aigayère, dans le but de faciliter aux troupes rebelles le passage du Rhône : ce qui fut cause que l'on détacha, vers 1577, par ordre du Vice-Légat, une compagnie du comte de Carce, « pour assurer la frontière du « Rhône » (3).

Damville ne resta pas inactif. Comme si l'affront qu'il avait reçu lui avait communiqué une nouvelle ardeur, il s'empara,

---

(1) De Fornery.

(2) A. Gabourd (Henri III). — P. Justin. — L. Ménard. T. V. — De Fornery.

(3) De Perussis.

à la tête des protestants, d'Aiguesmortes, Saint-Gilles, Alais, Sommières, etc.

Le roi comprit alors la valeur de cet homme, et tenta de le séparer des protestants, par l'intermédiaire de la comtesse de Joyeuse, sa parente, qui échoua. D'autres tentatives commencées en 1575 échouèrent également. Cependant, comme Damville n'avait rien du sectaire et qu'il laissait une certaine liberté aux catholiques, à cause de cela comme aussi des rapports qu'il conservait avec la Cour, les protestants le mirent en suspicion et le lui firent sentir en plusieurs circonstances. A la fin, Damville froissé se réconcilia avec le roi qui lui accorda des lettres d'abolition et le rétablit dans la possession de tous ses biens, honneurs et gouvernements. Les religionnaires, désignèrent pour le remplacer Thoré, son frère, catholique également (1).

La guerre continua toujours avec succès pour les catholiques. Sur les bords du Rhône, nous voyons le duc de Luynes, « commandant pour le roi à Pont St-Esprit », qui fait prisonnier un parti de cinquante protestants, commandés par de Daille, d'Aramon (2).

A Nîmes et dans les environs, nous voyons aussi Damville et le maréchal de Bellegarde, qui, unissant leurs efforts, obtiennent de magnifiques succès, etc. (3).

Aramon resta tout le temps aux mains de Damville, et c'est Accurce de Granier, viguier, qui y commandait en son nom. La garnison se composait tantôt de dix soldats, tantôt de vingt-cinq ; un moment même, il y en eut jusqu'à soixante, sans compter les habitants que l'on enrôlait en plus ou moins grand nombre, selon les besoins du moment. On montait la

---

(1) L. Ménard, T. V et P. Justin.

(2) De Pérussis raconte que de Daille, après avoir été gracié, alors que ses compagnons étaient pendus à Avignon, étant retombé dans la révolte, fut repris plus tard (1586) et jeté tout lié dans le Rhône.

(3) L. Ménard, T. V.

garde nuit et jour. Mais, le soir venu on fermait les portes de la ville et l'on plaçait des sentinelles sur les remparts, dans des guérites échelonnées de loin en loin. On avait également établi des postes dans les champs, aux endroits par où l'on pouvait arriver dans le pays : « au moulin des hyères » en particulier, et ceux qui se présentaient là, étaient conduits aux « aubes », où se trouvait un Bureau chargé d'examiner leurs papiers (1).

La vie n'était pas heureuse ; il y avait des alertes à tout instant. Et quelle mobilité chez ce peuple à la tête ardente ! Un bruit fâcheux circulait-il ? Vite on augmentait la garde, on fermait les portes, on suppliait le viguier de redoubler de vigilance.

Au contraire, les nouvelles étaient-elles bonnes ? Revirement complet : on ne voulait plus de garnison, on refusait de monter la garde. Pour les rendre prudents, il fallait que le viguier menaçât de sévir (2).

Il y avait alors, sans doute, la « trêve des laboureurs », c'est-à-dire que, moyennant une redevance payée par le Diocèse, les belligérants s'engageaient à ne pas troubler le paysan, pendant tout le temps des semailles, à respecter sa liberté et sa vie (3) ; mais le pays épuisé par des exactions de tous genres, et, dès lors, incapable de faire honneur à ses engagements, voyait amis et ennemis fondre sur lui tour à tour, lui enlever troupeaux et bêtes de trait, le menacer même d'un siège (4). En ces temps-là, les chemins étaient si peu sûrs, que tout citoyen, député à Uzès ou même à Beaucaire par ordre du Conseil, exigeait des consuls et de la communauté *en corps*, la promesse, devant notaire, d'être indemnisé du prix de sa rançon et de la perte de ses effets,

---

(1) *Arch. comm.*, BB. 9. — J. Pitot, not. — Ant. Bonnefoy, not.

(2) *It.*, BB. 9.

(3) L. Ménard, T. V. — J. Pitot, not. 1588.

(4) *Arch. comm.*, BB. 9. — J. Pitot, not.

s'il venait à tomber aux mains des ennemis. Aussi, bien des gens avaient-ils quitté le pays, et s'étaient-ils retirés, avec leurs troupeaux, en Provence, où régnait la paix la plus complète, sous l'habile administration du comte de Tende (1).

II. **La peste.** — On en était là, lorsque la peste fondit sur le pays.

Déjà, en 1586, bien des villes et villages de la contrée en avaient été atteints, « mesmes du long du Rosne et quartier « du Lion » ; et devant ces menaces, le conseil politique avait pris, dès le 9 novembre 1586, de sages mesures. On avait décidé :

1° Qu'il serait défendu à tout batelier de remonter le Rhône au-dessus du « gué de Roquemaure », sans une permission expresse des consuls et que, dans ce cas, on aurait à subir une première quarantaine hors du territoire, et une seconde dans le territoire, « soubz telle garde qu'il plaira « aux consultz et de la santé adviser ».

2° Que tout habitant qui demeurerait hors d'Aramon plus de trois jours, « suivant la rivière », apporterait un certificat établissant le lieu où il aurait séjourné et le temps qu'il y serait resté, sous peine de quarantaine et autres garanties que les consuls jugeraient nécessaires.

3° Que l'on ne recevrait aux faubourgs aucun batelier étranger et que si l'un d'eux y entrait sans la permission des consuls, on le chasserait immédiatement *hors de la ville et du territoire*.

4° Que, pour « avoir l'œil à la conservation de la santé, » on nommerait une commission. Et, de fait, on avait désigné André Bertrand, Antoine Guiraud, Antoine Saladin et le capitaine Juvenel, avec mission de veiller à tout.

Ajoutons que l'on tint la main à l'observation de ce règlement. Le 15 novembre 1586, Jean Bourdaud, Pierre Roux,

---

(1) *Arch. comm.*, BB. 9. — J. Pitot, not., 1588.

etc., s'étant avancés sur le Rhône jusqu'au Bourg, il leur fut défendu de rentrer dans Aramon avant huit jours. Ensuite les consuls les poursuivirent pour infraction aux règlements et les firent condamner à une amende (1).

Cependant le fléau approchait. Le 15 juillet 1587, on apprend qu'il fait d'affreux ravages à Saze. Le conseil se réunit et décide d'abord de mettre des gardes salariés « aux « avenus de Saze, et tant loing que se pourra », pour écarter du pays les malheureux fuyards. Puis, comme si la peur rendait ces braves gens féroces, on chargea les consuls de chasser d'Aramon tous les étrangers, hommes et femmes, nouvellement établis dans le pays et qui n'avaient pas des moyens suffisants d'existence (2).

On décida également, dans la même séance, de se procurer en toute hâte un chirurgien et une apothicaire (3).

Toutes ces précautions, d'ailleurs, si elles ralentirent la marche du fléau, ne l'arrêtèrent pas. Il fit enfin son apparition le 25 mars 1588. Sa première victime fut l'enfant de l'hospitalier Sébastien Berfeuille. Trois jours après, l'hospitalier lui-même succombait (4).

Cette peste ou « *mal contagieux* », comme on disait alors, avait dû être apportée à Aramon par quelque passant; ce qui nous le fait croire, c'est la destination même du lieu où débuta le fléau : on sait que l'hospice servait d'asile aux pauvres passants ; c'est ensuite la décision prise en 1589, par le Conseil politique de louer une maison, près de l'hôpital pour loger les passants, avec défense à l'hospitalier et aux siens de communiquer avec eux, sous peine de rester quarante jours dans cette maison (5).

---

(1) *Arch. comm.*, BB. 9.

(2) *Item*.

(3) *It.*, BB. 9.

(4) *It.*, GG. 2.

(5) *It.*, BB. 9.

Quoi qu'il en soit, d'ailleurs, cette peste fut terrible. Dans l'espace de six mois, elle enleva 206 personnes. En mars : 7 ; en avril, 32 ; en mai, 67 ; en juin, 53 ; en juillet, 27 ; en août, 13 ; en septembre, 7. Les registres nous ont conservé les noms de tous les morts ; nous ne les donnerons pas ; cela nous mènerait trop loin. Signalons seulement une victime de marque, Jean Gilles, premier consul, qui succomba avec son fils, en juillet, après s'être généreusement dévoué au bien de tous (1).

La ville n'avait pas tardé à présenter un aspect lugubre. Presque toutes les maisons étaient fermées. Parmi les habitants, les uns avaient abandonné le pays, les autres s'étaient réfugiés aux champs, et c'est à peine s'il restait, avec les deux consuls Jean Gilles et Guillaume Domergue, quatre ou cinq citoyens, pour faire face aux besoins de la situation (2).

Cette désertion inquiéta beaucoup le duc de Montmorency. Sans doute que, le 10 avril 1588, il avait passé, au nom de la communauté, un accord, aux termes duquel le capitaine Domergue d'Ornano, chef des troupes ennemies dans la région, s'engageait à laisser les habitants vaquer tranquillement à leurs affaires. Mais cet accord ne suffit pas à le rassurer : il craignit un coup de main sur Aramon. Il écrivit donc au viguier, Ac. de Granier, pour lui recommander d'augmenter la garnison et d'en porter le chiffre jusqu'à soixante hommes. Celui-ci s'empressa d'exécuter l'ordre de son chef. On logea les soldats dans toutes les maisons, indistinctement, que les propriétaires y fussent ou non (3).

Nous avons dit que, dans la séance du Conseil du 15 juillet 1587, avant même l'apparition de la peste, on avait songé à se procurer apothicaire et chirurgien. Le premier qui se présenta fut Antoine Boucyron, originaire d'Aramon, ce

---

(1) *Arch. comm.*, GG. 2.

(2) *It.*, BB. 9. — Ant. Saladin, not.

(3) *It.*, BB. 9.

semble. On convint avec lui de six écus par mois, et pour deux moix seulement : avril et mai (1). Mais le malheureux s'acquitta si mal de ses fonctions, qu'il occasionna la mort de trente-six personnes. L'administration s'alarma. Pour ranimer son zèle, on lui offrit trente écus et on lui procura un serviteur à même de le seconder (2). Ce fut en vain : cet homme avait peur.

Dès les premiers jours de mai, Joseph de Malavalette fut donc chargé par la communauté « d'aller chercher un chi-
« rurgien, à Avignon, à Vienne, où que ce fût. » Nous ignorons s'il réussit dans sa mission ; mais, à partir de cette époque, nous trouvons deux chirurgiens dans Aramon : Jean Devaule, de Valence, et Jacques Monestier, auxquels on donnait vingt écus par mois, les médicaments et la nourriture ; et, de plus, un apothicaire qui recevait des émoluments que nous n'avons pu déterminer (3).

Outre les chirurgiens et les apothicaires, il y avait encore les « parfumeurs, » et même les « parfumeuses. » Joachim Dumas, d'Avignon, avait, dès les débuts de la peste, offert de « nétoier et désinfecter les maisons, » moyennant un salaire mensuel de cinquante écus sols pour lui, de dix écus sols pour son serviteur, et « la moitié de ces deux sommes seulement, pendant la quarantaine. » Les consuls décidèrent d'accepter ces propositions et l'accord fut signé « à la « méthérie d'Antoine Guiraud, en Castillon, » le 20 avril 1588, dans une rencontre qu'eurent avec lui le viguier, les consuls, Ant. Guiraud, André Bertrand, et Jacques Gaucherand, députés, à cet effet par la communauté (4).

Avec Dumas, une « dame Bernadette, de la montagne de « Sauque » fut également appelée à Aramon et y resta deux

---

(1) *Arch. comm.*, BB. 9.
(2) Ant. Saladin, not., 1588.
(3) Ant. Bonnefoy, not., 1588.
(4) *Arch. comm.*, BB. 9.

mois, pendant lesquels on lui donna quatre-vingt-dix écus, pour ses parfums et son salaire, sans compter sa nourriture et celle de ses serviteurs ou servantes (1).

Enfin, on avait désigné « deux mestres de la santé, » André Berly et Jean Tavernier, auxquels on donnait pour gages, chaque mois, quatorze liv. Leurs fonctions consistaient « à visiter de loin les mallades, » et à leur distribuer les vivres fournis par les consuls. Ils devaient également pourvoir à la subsistance de Dumas, Bernadette, etc. (2)

La peste cessa entièrement le 21 septembre 1588 (3). Toutefois, on ne fit le « démurement » de la porte de Montfrin et celui de l'une des avenues du faubourg supérieur que le 13 février 1589 (4).

III. **La famine.** — Il est facile de comprendre l'état de misère où se trouvait le pays, après de telles épreuves. Les écrits du temps en font foi, d'ailleurs. Déjà, en 1587, nous remarquons qu'une foule de gens ne pouvaient payer leurs contributions (5). De plus, on avait été obligé, à plusieurs reprises, de vendre le blé de l'hospice pour subvenir aux besoins des « vrayment povres » (6). Enfin, uniquement par peur de la famine, les consuls avaient fait défense de porter le blé hors du pays : ils voulaient qu'il fût réservé « aulx « povres gens, qui en demandoient et n'en trouvoient « pas » (7).

Mais ce fut bien autre chose après la peste. En dépit de divers emprunts, on se trouva dans l'impossibilité de payer

---

(1) J. Pitot, not., 1588.

(2) *Arch. comm.*, BB. 9.

(3) *It.*, GG. 2.

(4) *It.*, BB. 9.

(5) J. Pitot, not.

(6) *It.*, BB. 9.

(7) *Item.*

leur salaire aux chirurgiens, apothicaires et hospitaliers. Bien plus, pour solder au valet de ville quinze livres de gages qui lui revenaient de l'année écoulée, Ch. Martin, chargé par le conseil de se procurer cette misérable somme, fut autorisé à offrir à celui qui l'avancerait, en dehors d'intérêts au cinq pour cent, « 1º l'exemption de monter la garde, de jour comme de nuit; 2º *Item* de couper du bois pour la garnison; 3º *Item* de participer aux réparations pendant un an (1) ». Voilà qui en dit long.

Dans cette extrémité, on s'adressa aux pouvoirs. Chacun y mit du sien. Le duc de Montmorency fit accorder cent écus. Le marquis de Péraut retira ses compagnies de guerre, etc. Mais les temps étaient si mauvais pour tous! C'est alors que, pour la première fois, on songea à vendre l'île du Mouton. Ce projet n'eut, d'ailleurs, pas de suite (2).

Cette misère dura longtemps, car de tels maux ne se guérissent pas en un jour. Même sous l'administration de Sully, la gêne fut grande à Aramon, et ce n'est réellement que sous Louis XIV que le bien-être reparut dans le pays (3).

Aramon avait toujours suivi la fortune politique de Damville; c'est dire qu'il ne fut pas pour la Ligue, comme certaines villes voisines : Roquemaure, par exemple. Mais, sans être mêlé activement aux luttes de cette faction, il en ressentit le contre-coup. A partir de 1589, c'est un incessant va-et-vient de troupes; ce sont des réparations sans nombre au château et aux remparts; c'est l'appel sous les drapeaux de tous les citoyens valides, nobles ou roturiers. Aujourd'hui, on tremble d'être attaqué par le duc de Soubise; demain, on s'attend à l'être par le duc de Savoie; Aramon est devenu comme un camp retranché.

Henri IV, il est vrai, abjure en 1593, mais cela ne met pas

---

(1) *Arch. comm.*, BB. 9.

(2) *Item.*

(3) *Item.*

fin aux troubles. Durant quelques années encore, des bandes infestent le pays, rançonnant les villes ouvertes, faisant main-basse sur le bétail : il faut toujours être sur le qui-vive.

Ce n'est qu'en 1596, que l'on se décide à ouvrir la porte d'Avignon, à démolir les guérites, à abattre les revélins ; la paix pour Aramon ne date que d'alors (1).

Durant ces temps malheureux, trois hommes surtout s'étaient distingués : Joseph de Malavalette, Charles Martin et Accurce de Garnier.

Le premier fut l'homme politique. Nous le voyons toujours en course ; ici, représentant le pays aux Etats-Généraux ; là, remplissant quelque mission auprès des autorités les plus hautes ; ailleurs, entrant en pourparlers avec les ennemis, et, dans ces divers emplois, servant le peuple, non seulement avec dévouement, mais avec succès. Pendant la peste, c'est lui qui procure à la communauté, chirurgiens, apothicaires, parfumeurs ; pendant la guerre, c'est lui qui obtient des ennemis la restitution du bétail enlevé, à des conditions inespérées, et passe avec eux des conventions qui assurent au pays une tranquillité relative. Pendant la famine, c'est lui qui, s'insinuant dans les bonnes grâces du marquis de Peraut et du duc de Montmorency, en obtient une foule de concessions ou de faveurs. Aussi, nous ne sommes pas éloigné de croire que si, en 1619, lors du fameux procès entre nobles et roturiers, on n'hésita pas à le reconnaître pour co-seigneur, malgré la valeur douteuse de ses titres, ce fut uniquement pour le remercier de ses services.

Le second fut le financier. Lever les impôts, tenir à la disposition des consuls les sommes nécessaires, ménager des contribuables ruinés, tel fut son rôle, rôle ingrat, mais méritoire, et dont il s'acquitta merveilleusement à force de tact et d'énergie. Durant de longues années, il fit face à tout

---

(1) *Arch. comm.*, BB. 9.

dans cet ordre de choses, et, grâce à lui, on put encore supporter l'extrême misère où l'on vivait.

Le troisième fut l'homme de guerre. Honoré de la confiance générale, celui-ci commanda, pendant trente ans, au nom de Montmorency comme au nom des consuls, avec pleins pouvoirs, faisant les levées qu'il jugeait nécessaires, organisant des sorties pour repousser de trop entreprenants ennemis, fortifiant tel ou tel point, et toujours avec une prudence et une habileté telles, que, pendant ce laps de temps, rien de grave ne se passa dans le pays. Le peuple adorait cet homme ; c'était son sauveur, presque un dieu. Qu'on en juge par ce trait : un jour, tandis qu'un peu d'accalmie régnait dans la région, Ac. de Garnier ayant parlé d'aller passer les fêtes de Pâques dans son pays, situé au Comtat, on faillit faire une émeute. Il lui fallut rester au poste.

A eux trois, on peut le dire, ces hommes tinrent le pays debout. Il était donc juste que leurs noms échappassent à l'oubli.

# CHAPITRE XIX

## LES LA MARCK — LES GONDIN — LES GRIMAUT
## LES SAUVAN

(1566-1635)

Diane de Poitiers, née en 1499 ou 1500 ; mariée, en 1514, à Louis de Brégé, grand sénéchal de Normandie ; veuve en 1531, mourut au château d'Anet (1) (Eure-et-Loir), en 1566, laissant deux filles : Françoise et Louise de Brégé (2).

Après son décès, ses deux filles se partagèrent ses biens (3). Françoise, l'aînée, eut dans son lot, parmi d'autres terres, Aramon et Vallabrègues, dont elle jouit jusqu'à sa mort (4).

Elle avait épousé Robert de la Mark (5), duc de Bouillon et en avait eu six enfants, dont voici les noms : 1° Henri Robert ; 2° Charles de Maulevrier ; 3° Antoinette (mariée à Henri de Montmorency) ; 4° Guillemette (mariée à Jean de

---

(1) Petite ville de 1.500 habitants, située dans une charmante vallée arrosée par l'Eure, et célèbre par le château construit par Henri II, pour Diane de Poitiers, sur les dessins de Philibert Delorme. (Bescherelle aîné).

(2) Bescherelle aîné. — *Dictionnaire* de Feller. — P.P. 4.

(3) En 1567, FF. 10.

(4) Le 13 octobre 1579. P.P. 4.

(5) Les de la Mark, originaires de Westphalie, jouèrent un certain rôle dans les guerres de François I$^{er}$ et Charles-Quint. Ils étaient protestants fanatiques. Le Robert, dont il est ici question, aurait obtenu le bâton de Maréchal en épousant, en 1547, Françoise de Brézé, grâce à l'influence toute puissante de Diane de Poitiers, sa belle-mère. (*Dict.* de Feller).

Luxembourg) ; 5° Diane (mariée au comte de Sagonne) ; 6°
Catherine mariée au sieur de Chanvallon) (1).

Ces six enfants avaient légalement droit chacun à un sixième de la seigneurie d'Aramon et Vallabrègues ; mais, d'abord, Antoinette et Guillemette renoncèrent par contrat de mariage, en retour de la dot qui leur fut faite, à ce qui pouvait leur revenir des héritages de leurs père et mère. Cette cession fut faite en faveur de leur frère aîné, Henry Robert (2), qui avait succédé à son père dans le gouvernement de Normandie (3).

De plus, ce dernier étant mort en 1574 — cinq ans avant sa mère — et ayant laissé lui-même trois enfants de son mariage avec Françoise de Bourbon : Guillaume Robert, Jean et Charlotte, l'aîné acquit, par voie d'échange, de son oncle Charles de Maulevrier et de ses tantes, Diane et Catherine, les trois sixièmes restants des terres d'Aramon et Vallabrègues (4) : du fait de cet arrangement, la baronnie d'Aramon appartint en entier aux descendants de Henry-Robert de la Mark.

Cependant des trois enfants de ce dernier, voilà que Jean meurt vers la fin de 1587 : il n'était pas marié. Puis, le 1er Janvier 1588, c'est le tour de Guillaume-Robert. Celui-ci, par son testament fait à Genève le 29 décembre 1587, après la déroute de l'armée étrangère qu'il avait amenée en France contre la Ligue, avait désigné sa sœur pour son héritière universelle, vu qu'il n'avait pas d'enfant, mais avec substitution, au cas où elle mourait sans enfant elle-même, en faveur de duc de Montpensier, son oncle (5).

Par suite de ces évènements, Charlotte de la Mark recueil-

---

(1) P.P. 4.

(2) *Item*.

(3) *Dict.* de Feller.

(4) P.P. 4.

(5) P.P. 4.

lit toutes les parts de la seigneurie d'Aramon et Vallabrègues, et en jouit paisiblement jusqu'à sa mort. (15 mai 1594) (1).

A ce moment, d'ardentes compétitions éclatèrent. Charlotte avait été mariée à Henry de la Tour, vicomte de Turenne, maréchal de France, et était morte sans enfant. Son mari se mit immédiatement en possession de ses biens, sous prétexte que Charlotte, dans un testament daté du 8 avril 1594, l'avait fait son héritier. Mais le duc de Montpensier s'y opposa, fort des droits que lui conférait la clause en substitution de son neveu, Guillaume-Robert de la Mark (2).

Un procès allait s'ensuivre, quand Henry IV, qui aimait beaucoup Henry de la Tour, intervint et ménagea un accommodement. Par ses soins, une transaction fut signée au Louvre, le 24 octobre 1594, et il fut entendu que le duc de Montpensier céderait à Henry de la Tour, tous ses droits sur Aramon et Vallabrègues « moyennant la récompense contenue » en lad. transaction. » Nous ignorons ce que c'était (3).

Et en effet, d'un compte de Guillaume Reboul, procureur de Henry de la Tour, il résulte que celui-ci toucha les revenus de la terre d'Aramon et Vallabrègues, pendant les années 1593, 1594, et même une partie de 1595 (4).

Tout paraissait donc arrangé, quand, un jour, le bruit se répand que le testament de Charlotte, dont on n'a montré qu'une copie, est apocryphe ; le comte de Maulevrier se présente alors et revendique pour lui, en sa qualité de dernier survivant de la famille, la succession de son neveu et de sa nièce. C'était une nouvelle lutte, et que de complications ! Pour en finir, les deux compétiteurs, soit besoin d'argent, soit désir de donner à leurs prétentions la force du fait accompli, ne trouvèrent rien de mieux que de vendre chacun de son

---

(1) *Item.*

(2) P.P. 4.

(3) P.P. 4 et 5.

(4) P.P. 4.

côté, les biens en litige : Maulevrier s'adressa, dans ce but, à Jean de Gondin et Henry de la Tour à la communauté d'Aramon elle-même « de préférence à tout autre, » dit l'acte (1).

Cette prétendue solution ne fit qu'aggraver le mal. Pendant les années 1597, 1598, 1599, 1600, ce ne sont que procès sur procès, devant toutes sortes de juridictions ; le tout avec les chances les plus diverses et sans résultat définitif. Un moment, Henry de la Tour semble prendre le dessus ; un arrêt du Parlement de Grenoble, en date du 26 septembre 1600, décide que « les parties seront plus amplement ouïes et qu'en atten-
« dant, sans préjudice des droits de chacune d'icelles, Henry
« de la Tour demeurera jouissant et possesseur desd. terres
« d'Aramon et Vallabrègues, en payant au préalable à la
« dame de Luxembourg la somme de 7.266 escus, deux tiers, »
à elle dûs pour sa renonciation aux terres d'Aramon et Vallabrègues. Mais, bientôt après, c'est Maulevrier qui paraît l'emporter ; si bien même que, tout à coup, Henry de la Tour, sans que nous sachions pourquoi, peut-être à cause de son impuissance à présenter le fameux testament, origine prétendue de ses droits, s'estime heureux de passer avec son compétiteur une transaction, aux termes de laquelle, moyennant certains avantages qu'on lui fait, il se désiste de tous ses droits sur Aramon et Vallabrègues (2).

---

(1) Nous voyons que l'offre fut faite par Charraban et Dugat, procureurs de Henry de la Tour, et que la communauté, séduite par une telle perspective, envoya à Nimes Choisity et Laurent de Posquière pour savoir d'un avocat : « 1° si cet achat se peust fère ; 2° si la pro-
« curation desd. Charaban et Dugat est suffisante ; et 3° la response
« quon a de fère au Sr de Carsan, venant aud. Aramon, pour se
« mettre en possession de la seigneurie dud. lieu, comme l'on pré-
« supose ». (Arch. comm., BB. 9. 9 nov. 1597). — C'était un « rachaipt perpétuel » que proposaient les procureurs « pour la somme de
« 20,000 l. applicables au payement de semblable somme par Mgr.
« deue à Mme Daubignon ». (P.P. 7). Inutile de dire que les négociations échouèrent.

(2) P.P. 4.

Cette transaction, qui est du 25 août 1601, mit seule fin à cette trop longue lutte.

D'ailleurs, ce n'étaient point là les seules difficultés, auxquelles donna lieu la baronnie d'Aramon et Vallabrègues.

Il paraît, en effet (c'est d'après le marquis d'Aubais que nous parlons. T. I.), qu'en dépit de la mise en possession de Diane de Poitiers, des terres d'Aramon et Vallabrègues par Jean d'Albénas, lieutenant principal en la sénéchaussée de B. et N., les officiers de cette sénéchausée, s'appuyant peut-être sur ce fait que les lettres de Henri II, n'avaient pas été enregistrées, s'étaient obstinés à revendiquer pour le roi cette propriété. Ils avaient même rendu une sentence, le 2 septembre 1583, dans ce sens. Louis de Montpensier, tuteur des héritiers de Henri-Robert de la Mark, fit appel au sénéchal lui-même de cette sentence, et en obtint une autre, le 29 juillet 1595, qui lui fut favorable, mais que cassa, le 17 octobre de la même année, le Parlement de Toulouse, séant à Béziers (1).

Nous ignorons quelle fut la suite de cette affaire. Mais, il faut l'avouer, si le dernier mot resta aux héritiers de Diane, comme en fait foi l'histoire, on comprend aisément que l'on tint dans cette famille à se débarrasser le plus vite possible d'une terre qui engendrait, pour ainsi dire, les procès : cette vente dut être un vrai soulagement pour les propriétaires.

Nous l'avons dit, Maulevrier l'avait offerte à Jean de Gondin. Celui-ci en fut déclaré acquéreur par deux actes des 10 mars et 22 avril 1597, au prix de 82.000 l., savoir : 42.000 l. pour la terre de Vallabrègues et 40.000 l. pour celle d'Aramon (2), « à la réservation de foy et hommage et ser-

---

(1) P.P. 4.

(2) L'arrêt de Rouen dit 14,000 écus pour le contrat du 10 mars et 13,333 écus pour celui du 22 avril (Pièces imprimées du château, 13). Il y a d'ailleurs toute apparence que les Gondin ne donnèrent qu'un acompte : un document parle de 21,800 l. seulement, qu'ils auraient payées aux créanciers de la maison de la Mark. (P. I. 7).

« ment de fidélité au roy » (1). Le nouveau propriétaire en paya le lods à Jean Cassagne, receveur des domaines en la sénéchaussée de B. et N. : 3.000 l., le 29 juin 1597, pour Aramon ; 7.400 l., le 24 juin 1598, pour Vallabrègues (2). Puis, le 15 mars 1598, il prit possession de la baronnie (3), et, le 5 mai, il fit hommage au roi et reçut l'investiture par devant les officiers de sa Majesté en la ville de Nîmes (4). Notons, toutefois, que cette propriété fut contestée aux Gondin, jusqu'après la transaction du 15 août 1601, survenue entre Henri de la Tour et le comte de Maulevrier (5).

Jean de Gondin, seigneur de Carsan, était président au tribunal d'Uzès (6) : ce qui constituait pour lui une haute situation, Uzès étant alors le siège d'un évêché et le chef-lieu de l'Uzège.

De plus, comptant de nombreux parents ou alliés au Parlement de Toulouse et dans la chambre de l'Edit de Castres (7) ; beau-frère du baron de Montenard (8), l'un des plus considérables personnages de nos pays ; créature et ami du « très haut et très puissant seigneur duc d'Uzès, », il jouissait par sa famille et par lui-même d'une grande influence. Il devait être protestant, comme l'étaient alors la plupart des gentilshommes dont nous avons à nous occuper : les la Mark, les Grimaut, les du Lac ; etc.. Ce qui est certain, c'est que sa femme, Claude du Buys, l'était, car l'état-civil nous

---

(1) P.P. 1. — P. O. 30. — PP. 5.

(2) Mis d'Aubais, T. 1. — P. O. 30.

(3) P. O. 170 et 175.

(4) P. O. 30 et 173.

(5) P. P. 4.

(6) P. P. 1.

(7) P. I. 7.

(8) *Arch. comm.*, GG. 2.

apprend qu'à sa mort elle abjura aux mains d'Et. Julien, prieur d'Aramon (1).

Jean de Gondin paraît n'avoir pas joui longtemps de la baronnie d'Aramon. Il dut mourir vers 1599 ; du moins son testament est de cette date (2). Il laissa un fils : Honoré de Gondin (3).

A sa mort, Claude du Buys, sa veuve, prit en main la tutelle de son fils, et c'est à ce titre, qu'elle passa, le 2 octobre 1601, une transaction avec le comte de Maulevrier et Henri de la Tour, qui, complétant celle du 25 août, mit fin à tous les démêlés pendants et assura aux Gondins la paisible jouissance des terres d'Aramon et Vallabrègues (4).

Nous ignorons l'âge qu'avait Honoré, à la mort de son père, et, par conséquent aussi, le temps qu'il resta sous la tutelle de sa mère ; mais il paraît qu'à sa majorité, en 1605 au moins, des démêlés éclatèrent entre sa mère et lui, au sujet de la terre d'Aramon.

Le domaine s'obstinait toujours à revendiquer pour le roi les droits de régale sur le Rhône, sans vouloir tenir compte de l'échange de 1426, ni des lettres patentes de Henri II à Diane de Poitiers ; tout récemment même, il avait inféodé certains créments à Jean de Jossaud, conseiller au siège de Nîmes et à Jean Fabre, apothicaire dans cette même ville : inféodations, d'ailleurs, qui n'étaient au fond qu'une sorte de déguisement, au moins en ce qui concernait les Jossaud.

Honoré de Gondin, ignorant ses droits, ou plus probablement *ayant touché dans l'affaire*, avait adhéré à l'acte du Domaine et même écrit dans ce sens aux intéressés. Mais alors intervint Claude du Buys, qui réclama du sénéchal l'annulation des lettres de son fils et celle de toutes les

---

(1) *Arch. comm.*, GG. 2.

(2) P. O. 217

(3) P. P. 1, etc.

(4) P. O. 216.

inféodations, déclarant d'abord qu'étant, elle, unique héritière de son mari, son fils n'avait rien à voir dans l'affaire, et ensuite que, jouissant des droits de régale *comme succédant aux la Mark*, elle avait, seule, qualité pour inféoder (1).

Le procureur du roi ne fut pas de cet avis et prit fait et cause pour Fabre et Jossaud. Battue à Nîmes, ce semble, devant le sénéchal, Claude du Buys porta l'affaire à la cour de Montpellier. Que se passa-t-il là ? Il est probable que Claude du Buys, tout en protestant contre les inféodations du Domaine (2) n'eut pas assez d'énergie pour faire triompher sa cause, ou que peut-être elle entra en accommodement avec son fils, qui devint bientôt seigneur d'Aramon. Ce qui nous fait pencher pour cette seconde hypothèse, c'est que Claude du Buys mourut chez son fils, au château d'Aramon, le 17 mai 1622.

L'Etat-civil mentionne, sous la date de 1646, le baptême de « Marguerite de Gondin, fille de noble Honoré de Gondin, « seigneur d'Aramon, et de Françoise de la Roquette » (3). Par cet acte, nous savons qu'Honoré était alors marié et qu'il était seigneur d'Aramon ; c'est tout ce que nous trouvons concernant ce baron, de 1605 (4) jusque vers l'année 1619 ; mais, à partir de ce moment, son nom est activement mêlé à l'histoire du pays.

Lors du fameux procès entre consuls et coseigneurs, qui

---

(1) FF. 11.

(2) Nous voyons que le 24 mars 1612, elle s'oppose à diverses inféodations, ce qui n'empêchait pas Jossaud, Fabre etc., de jouir de leurs îles. (L. XI).

(3) *Arch. comm.* GG. 5.

(4) Il est question cependant, en 1613, d'une tentative d'assassinat, qui aurait été faite sur la personne de Bertrand, premier consul, par Esprit Germondel, domestique du Sr d'Aramon. Celui-ci s'enfuit et fut pendu en effigie, par ordonnance de la cour Nimes, en présence et par les soins de Boschet, commissaire-député par cette cour. (*Arch. comm.*, CC. 20).

se dénoua le 31 août 1619 devant le parlement de Toulouse, il intervint, comme partie intéressée, demandant : 1º que la pierre placée par les consuls à la nouvelle tour — tour du berger, et, plus tard, poudrière, — avec leurs noms, prénoms et qualités, fût enlevée et ses propres armoiries mises à cette même place ; 2º que les vacants, patis, garigues ne pussent être donnés à l'avenir par les consuls à des particuliers, et que ceux qui avaient été déjà cédés revinssent au seigneur ; 3º que le droit d'établir des moulins à farine sur le Rhône lui appartînt exclusivement, et que ces moulins fussent banaux ; 4º qu'aucune porte ou fenêtre ne pût être pratiquée dans l'épaisseur des remparts sans son autorisation ; 5º que le banc des consuls fût déplacé du chœur et mis dans la nef « sans surciel » ; 6º que l'île du Mouton fût regardée comme étant de la directe du seigneur.

Pour obtenir gain de cause, Honoré de Gondin mit surtout en avant la transaction du 20 mars 1532 ; mais elle fut cassée par le tribunal qui, d'ailleurs, fit la part belle à Gondin.

En effet, s'il rejeta ses prétentions touchant le déplacement de la pierre de la tour ; s'il décida que la question des vacants, patis, garigues, serait tranchée par les anciennes transactions ; s'il refusa de reconnaître aux moulins un caractère de banalité : tout autant de points qui constituaient une victoire pour les consuls : il donna à Gondin pleine et entière satisfaction sur tout le reste. Ainsi, défense à la communauté d'établir des moulins sur le Rhône, sans la permission du seigneur ; défense de faire des ouvertures aux murs de la ville ; défense de placer le banc des consuls dans le chœur, etc.

On ne réserva que la question des chaperons (1).

C'était pour Gondin un demi-triomphe ; et, comme si ici-bas un bonheur ne venait jamais sans l'autre, presque au lendemain de cet arrêt, en sept. 1619, des lettres-patentes arrivè-

---

(1) Arrêt du 31 août 1619. L XIII.

rent, signées de Louis XIII, qui autorisaient Gondin à jouir des terres d'Aramon et Vallabrègues, « comme depuis « l'eschange d'icelle ont joui ses prédécesseurs » (1). Présentées quelques jours après à la cour de Montpellier, ces lettres-patentes y furent enregistrées sans opposition (2).

Il semble qu'Honoré de Gondin aurait dû s'estimer heureux de tous ses résultats ; il n'en fut rien, cet homme aimait la chicane.

Sous prétexte de faire trancher certains points laissés en suspens par le tribunal, et d'en faire expliquer certains autres, obscurs à son dire, il introduisit, en 1623 et les années suivantes, une foule d'instances, par lesquelles tous les droits acquis par la communauté étaient remis en question. C'était odieux et ridicule à la fois. La communauté se défendit vaillamment devant le sénéchal d'abord, puis au Parlement de Toulouse. Mais rien n'arrêtait Gondin, et la lutte paraissait devoir se prolonger longtemps encore, quand l'attention de ce plaideur obstiné fut attirée sur un autre point : il s'agissait pour lui de choses autrement graves (3).

En effet, un édit, connu dans l'histoire sous le nom d'*Ordonnance du Domaine,* avait paru en 1566, qui consacrait le principe de l'inaliénabilité du domaine de la couronne (4). Conformément à cet arrêt, le cardinal de Richelieu, qui avait besoin d'argent pour mener à bonne fin ses grands projets, envoya, vers 1624, des commissaires dans toutes les provinces, avec ordre : 1° de rechercher les domaines de la couronne aliénés; 2° de statuer sur les aliénations qui pouvaient donner matière à procès ; 3° de réunir autant que possible à la couronne ce qui en avait été séparé, pour le soumettre ensuite à une revente (5).

---

(1) P. O., 30 et 41.

(2) P. P. I.

(3) L. V.

(4) P. P. I.

(5) *Item.*

Or, à la suite de cette enquête, les terres d'Aramon et Vallabrègues furent comprises dans « l'état des immeubles qui « devaient revenir au roi (1). » Le procureur le déclara en 1624 (2). Gondin, qui se vit à la veille d'être dépouillé, invoqua les droits qui résultaient pour lui de son titre de « pro-« priétaire incommutable », en vertu de l'acte d'échange. On lui enjoignit alors de présenter ses titres ; ce qu'il fit (3). Il fallut se rendre à l'évidence. Aussi, la commission du Languedoc, siégeant à Montpellier, déclara-t-elle, dans son ordonnance du 27 décembre 1625, que « les terres d'Aramon et « Vallabrègues, leurs juridictions et dépendances n'étaient « pas comprises dans sa commission », et qu'elle ordonnait, en conséquence, « que ces terres fussent tirées du rôle des « portions du Domaine, sujettes à la revente, et que led. de « Gondin en jouirait, ainsi que lui et ses prédécesseurs en « avaient bien et duement joui. » (4)

Cette prétention du Domaine, qui allait se renouveler huit ans plus tard, à la veille même de la vente des terres d'Aramon, par décret, sans plus de succès d'ailleurs (5) était à peine écartée, qu'un nouveau danger surgit, qui devait être fatal à Gondin.

Honoré avait reçu de son père une fortune déjà fort ébranlée. Lui-même, par son faste et sa dissipation, acheva de la ruiner. Il devait, en particulier, une somme considérable à « Nicolas de Harlaz, Sr de Sancy, baron de Mente et autres « lieux. » (6)

Celui-ci, après avoir vainement tenté de se faire payer, obtint contre son débiteur deux arrêts d'abord, en date des

---

(1) P. P. 3.

(2) L. V.

(3) P. P., I.

(4) P. P. I.

(5) P. P. I. — P. O. 31 et 119.

(6) P. P.. 5 et 6.

24 et 25 mars 1625, qui établissaient ses droits de créancier à l'encontre de Gondin, pour une somme de 29,807 l. 19 s. 1 d. sans préjudice des intérêts échus ; puis, deux autres des 2 et 4 mai, même année, qui l'autorisaient à faire saisie, faute de payement (1).

En conséquence, le 5 janvier 1626, un huissier de Beaucaire, Jacques Varlet, se présenta au château d'Aramon où Gondin faisait sa résidence habituelle, et lui intima l'ordre, au nom de Harlay, de payer la somme susdite. De Gondin ne le pouvait. Varlet déclare alors saisies « les terre et « baronnie d'Aramon, avec haute, moyenne et basse justice, « mère, mixte et impère desd. lieux : Comps, Saint-Etienne « et autres membres en dépendant, fiefs, arrière-fiefs, auber- « gues, tasques, lods, cens, maisons, fours, moulins, places, « pour mettre et attacher yceux dans la rivière du Rhosne, « isles, forts, passages, péages, droicts de pescher, droict de « mettre et attacher coups, de prendre poissons dans la « rivière, soit dans lesd. isles et en terre ferme, terres cultes « et incultes, bois, garrigues, patis, et généralement tous « autres droicts seigneuriaux en dépendant, et outre, les « biens roturiers y estant, consistant en... (suit l'énumération de ces biens roturiers, en petit nombre d'ailleurs).

Puis, en signe de cette saisie, Varlet appose affiches et panonceaux royaux sur les portes du château, de l'église, etc., et désigne pour séquestre des biens saisis, Enémond Ridelet, bourgeois d'Aramon, qui accepte par écrit cette charge.

De plus, notification de l'acte est faite par l'huissier au châtelain dépossédé, avec défense de troubler en rien led. Ridelet dans l'exercice de ses fonctions, sous peine de 10,000 l. d'amende. On l'avertit également que les criées commenceront le dimanche suivant, à l'issue de la messe paroissiale, et se continueront de quinze jours en quinze jours.

---

(1) P. P. 5.

Enfin, le procès-verbal de l'opération est dressé, séance tenante, et signé par Jean Reboul, procureur, et Charles Denisset.

De fait, les cinq criées règlementaires eurent lieu, à l'issue desquelles Varlet assigna « tous prétendans droicts ausd.
« terres ou à renchérir et susdire à icelles, ensemble led.
« Sr d'Aramon, à comparoir dans six semaines par devant
« nos amés et féaux conseiller les maistres des requêtes
« ordinaires de nostre Hôtel, juges souverains en cette par-
« tie, où ils seroient receus pour voiradjuger les choses
« saisies aud. Sr de Sancy ou autre dernier susdisant. ».

Ajoutons que deux sentences du sénéchal de B. et N, datées des 27 mars et 18 mai 1626, déclarèrent que tout s'était fait régulièrement, et qu'un arrêt des Requêtes de l'Hôtel approuva les saisies, le 6 novembre, même année.

La vente allait avoir lieu. Sancy avait offert, en plus des 29.807 l., 19 s., 1 d. représentant la dette, 8.000 l., lorsqu'intervint un arrêt du Conseil d'Etat par lequel, à la suite d'un accord passé entre de Gondin, de Sancy et autres, « sans avoir égard à autres arrests », il est ordonné que
« led. de Gondin payera comptant es mains du trésorier de
« l'espargne, maistre Gabriel de Guemgang, la somme de
« 27.000 l., moyennant laquele, voulons et entendons que
« led. de Gondin et la succession de deffunct son père en
« demeure quitte et deschargée et que à l'advenir led. de
« Gondin ne puisse estre inquiété ni recherché, imposant
« silence à nos procureurs... leur faisant défense de faire
« aucune poursuite... De laquelle somme de 27.000 l. en
« sera délivré aud. sieur de Sancy 18.000 l., et à maistre
« Rodolphe de Maistre y dénommé 9.000 l., et outre paye-
« rait led. Gondin au sieur de Sancy la somme de 2.500 l.
« pour tous les despens, dommaiges et intérests, tant de
« l'obtention desd. arrests, exécution d'iceux et criées desd.
« terres d'Aramon et Vallabrègues, lesquelles demeureront en
« leur entier jusqu'à la fin de payement » (1).

---

(1) P. P., 6.

C'était une bonne solution pour Gondin, mais où prendre l'argent ?

Il faut dire que déjà, c'est-à-dire le 26 février 1626, se trouvant réduit à la dernière extrémité, Honoré de Gondin avait vendu la baronnie d'Aramon et Vallabrègues à Esprit d'Allard, marquis de Grimault « grand mareschal es logis du « Roy à Villeneuve-les-Avignon », au prix de 120.500 l. (1).

Celui-ci s'était ensuite rendu à Aramon, vers le milieu de l'année 1627, pour prendre possession de la seigneurie et avait été parfaitement accueilli de la population. A cette occasion, le Conseil municipal, dans sa séance du 20 juin 1627, avait arrêté que « tous les habitants devaient s'armer et « assister à lad. entrée, à peyne de dix livres d'amende, ou « fournir homme loyallement pour porter mousquet et arque- « buze » ; et l'on avait prié « monsieur le docteur de Bon- « nefoy de fère harangue pour la réception » (2). Puis l'an d'après (7 septembre 1628), le nouveau seigneur avait passé une transaction avec ses vassaux, représentés par une députation communale en tête de laquelle étaient les deux consuls Accurce de Posquière et Antoine Malortigue. Et cette transaction conçue dans un esprit très libéral — trop libéral peut-être pour qu'on n'y voie pas percer le désir d'éviter de nouvelles complications, à une heure où elles étaient déjà bien grandes — cette transaction, disons-nous, renfermait une renonciation implicite à toutes les prétentions soulevées par Gondin et confirmait toutes les transactions antérieures : 1er janvier 1466, 21 novembre 1540, 3 janvier 1543, 4 décembre 1547. Elle ne tranchait qu'un point spécial, mais d'une façon très heureuse : le marquis de Grimault abandonnait toute prétention sur les vacants, patis et garigues, dont il laissait l'entière jouissance à la communauté, et la commu-

---

(1) Mis d'Aubais, T. I.

2) L. II.

nauté, en retour, lui accordait cinq salmées de pré, à la petite palun (1).

Or, c'est ce nouvel acquéreur de la baronnie d'Aramon et Vallabrègues, qui se chargea de fournir les 27.000 l. en question. Un document nous apprend que, le 22 janvier 1627, il versa en effet cette somme aux mains du trésorier de l'épargne, contre reçu, et que ce jour-là, main levée fut faite, tant pour les biens d'Honoré de Gondin que pour ceux de ses père et mère.

Le marquis de Grimault, en déposant la susdite somme, avait pris hypothèque et s'était substitué au sieur de Sancy. Mais il négligea de mettre fin aux criées et de se faire adjuger les terres d'Aramon et Vallabrègues, par arrêt du tribunal : ce fut un malheur, car dès lors, rien n'était plus définitif (2).

Ayant eu connaissance de ce fait, Louise de Raymond, femme du sieur de Chemerole, Lancelot du Lac, laquelle était créancière de la maison de la Mark, en qualité d'héritière de son premier mari, Geoffroy de Raymond, sieur de Cussy ; Louise de Raymond, disons-nous, en profita pour demander d'abord que les terres d'Aramon et Vallabrègues fussent affectées aux dettes de Guillaume Robert de la Mark et de sa sœur Charlotte ; et ensuite qu'on lui permît de se substituer au sieur de Sancy, s'offrant d'ailleurs, à indemniser ce dernier de tous les frais qu'il avait déjà faits pour les poursuites. Les tribunaux firent droit à sa demande ; un arrêt du 20 mai 1628, autorisa la première (3) ; un autre du 11 mars 1632, la seconde (4). Forte de ce double résultat, elle fait alors nommer séquestre, à la place d'Enémond Ridelet, un bourgeois de Paris, Simon Dumoulin « y demeurant

---

(1) L. XIX.
(2) P. I., 6.
(3) P. I. 6.—*Arch. dép.*, E. 9
(4) P. I., 6.

« Faubourg Saint-Victor », ordonne de continuer les enchères en son nom, et fait offrir par son procureur, outre le prix réclamé par les créanciers, la somme de 10.000 l. (1). De ce jour, l'expropriation alla plus vite que jamais.

Honoré de Gondin n'avait pas été heureux dans sa défense. Il avait invoqué d'abord la prescription et on lui avait démontré qu'elle ne lui était pas acquise, sa possession ne datant que des lettres patentes de Louis XIII, données en 1619 (2) ; il avait objecté ensuite une prétendue substitution faite par Jean de Poitiers, au profit de Charles de Maulevrier, qui ne permettait pas de faire peser sur les terres d'Aramon et Vallabrègues, les dettes de Guillaume de Charlotte de la Mark ; et quand il avait voulu en donner la preuve, cette preuve s'était retournée contre lui : il avait été démontré que Jean de Poitiers n'avait jamais lui-même possédé ce fief (3); enfin il avait essayé de se retrancher derrière le marquis de Grimault, sous prétexte que les sommes versées par ce dernier lui donnaient des droits certains sur la baronnie d'Aramon et Vallèbrègues ; et les créanciers, pour éviter de nouvelles complications, après avoir déclaré devant les juges qu'ils entendaient ne nuire en rien aux intérêts du marquis de Grimault, avaient obtenu contre Gondin, l'arrêt du 20 mai 1628 (4); puis, débarrassés de ce redoutable adversaire, songeaient à faire appliquer le même arrêt au marquis de Grimault, quand celui-ci mourut en 1630, tué par le vicomte de Marets, dans un duel dont nous ignorons les motifs (5).

Cette mort fâcheuse raviva le procès. Immédiatement Marguerite de la Baume, veuve de Grimault, reprit l'instance en qualité de tutrice de ses enfants mineurs, s'appuyant sur

---

(1) P. I., 6.
(2) P. P., 5.
(3) P. P., 5.
(4) P. I. 8.
(5) M<sup>is</sup> d'Aubais, T. 8.

ce fait que les créanciers avaient déclaré ne vouloir nuire en rien aux intérêts du marquis de Grimault, elle revendiqua la propriété de la baronnie. L'affaire fut examinée par le tribunal ; mais un arrêt du 13 mai 1631 lui appliqua les conclusions de celui du 20 mai 1628 : une fois encore les terres d'Aramon et Vallabrègues furent déclarées hypothéquées, et la dame de Grimault invitée à « passer titre nouveau, sinon à « déguerpir » (1).

A ce moment, la dame de Chemerole (Louise de Raymond) venait d'être substituée au sieur de Harlay. La marquise de Grimault saisit cette occasion pour introduire une requête, le 25 mai 1634, demandant l'annulation de cette substitution : nouveau procès, suivi d'un arrêt, en date du 30 septembre 1634, qui met les parties « hors de cour et procès » (2).

La dame de Chémerole, forte de son droit, veut alors faire procéder à l'adjudication par décret. La veuve de Grimault se met encore en travers. Déboutée de son opposition par arrêt du 15 février 1635, elle introduit une autre requête, le dernier du même mois, puis au rejet de celle-ci, une autre encore ; c'est à s'y perdre, car tout lui est bon pour soulever des incidents. Pour l'arrêter, il fallut la sentence du 7 septembre 1637, qui lui défendit d'en appeler désormais à n'importe quelle juridiction et déclara le procès clos (3).

Cependant les enchères se poursuivaient activement aux Requêtes de l'Hôtel, et le prix des immeubles montait toujours Le 17 décembre 1634, Beauchamp en offrait 75.000 l. ; le 1er février 1635, Bouleau, 76.000 ; le 15 février, Roux, 80.008. Ce n'était, là d'ailleurs, qu'escarmouches entre pro-

---

(1) P. P., 5.

(2) *Item*.

(3) Tout ce qu'elle retira de son opposition, ce fut « d'être mise en « ordre » pour les 21.800 l. qu'elle et son mari avaient avancées aux Lamark : somme qu'elle ne toucha pas, d'ailleurs, ses propres créanciers l'ayant fait saisir. (P. P. 1, 4 et 5).

cureurs royaux : la grande bataille allait se livrer le 1er mars (1).

Ce jour-là, durant de longues heures, Bouleau, Roux, Morice, Brétonnière firent assaut l'un contre l'autre, couvrant mutuellement leurs offres : 81.000 l., 83.000, 90.000, 91.000, 92.000, 95.000, 96.000, 98.000, 99.000, 100.000, 101.000, 101.500, 102.000, 103.000, 103.500, 104.000, 104.500.

Ce fut Brétonnière qui offrit ce dernier prix, et personne ne s'étant levé pour couvrir son offre, l'huissier, Augran, au nom du tribunal, déclara alors que les terres d'Aramon et Vallabrègues lui étaient définiment acquises (2).

Cette déclaration faite, Brétonnière se présente au greffe des requêtes de l'Hôtel et annonce que « l'adjudication ci-« dessus, à lui faite desd. terres et baronnie d'Aramon et « Vallabrègues, est pour et au profit de maistre Jacques « Sauve, conseiller-secrétaire du roy, maison et couronne de « France ». Jacques Sauvan, qui avait accompagné Brétonnière, acquiesce à cette déclaration et promet de payer le prix convenu et d'en consigner le montant aux mains du trésorier de l'Etat (3), ce qu'il fit d'ailleurs effectivement, quelques jours après : le 24 mars 1635 (4).

Et, à partir de ce jour, Jacques Sauvan put se dire, non pas seigneur d'Aramon mais légitime propriétaire de la baronnie [note G.]

---

(1) P. I., 6.
(2) Item.
(3) Item.
(4) P. P., 5.

# CHAPITRE XX

## CES COSEIGNEURS

Nous avons vu (chap. IV) qu'au Moyen-Age la seigneurie d'Aramon était divisée en vingt-quatre parts, et que les rois de France, déjà suzerains du pays, en avaient successivement acquis le plus grand nombre.

Or, trois de ces parts, qui jouissaient de la juridiction basse seulement (1), devinrent, par succession ou par achat, la propriété de cinq familles nobles : les de Posquière, les de Laudun, les du Jardin, les de Jossaud, les de Malavalette, et valurent aux représentants de ces familles le titre de « coseigneurs. »

C'est à ces coseigneurs, dont le rôle a été important chez nous, du XVe au XVIIIe siècle, que nous allons consacrer quelques pages : ce ne seront peut-être pas les moins intéressantes de ce livre.

On le sait, les coseigneurs jouissaient partout de divers droits et privilèges, les uns politiques, les autres utiles, quelques-uns purement honorifiques. Ceux d'Aramon possédaient les suivants :

### I. — DROITS ET PRIVILÈGES POLITIQUES

1° *Création d'officiers* (2). — Le jour de Saint-Blaise

---

(1) Dans un dénombrement fait en 1464, par G. de Poitiers, seigneur d'Aramon, nous lisons : *Sunt tres domini bassi, videlicet Jacobus de Aramone et Laurentius de Aramone, necnon Margarita de Balma*, (L. XI).

(2) La fameuse charte de 1466 dit : « Sont (nobles et manants) en

(3 février), lorsque le peuple se réunissait à l'Hôtel-de-Ville, pour élire ses syndics et officiers, les coseigneurs se rendaient également en ce lieu, et, dans une réunion particulière, nommaient des officiers à eux : Ouvrier de l'église, Recteur de l'hôpital, Défenseur des patis, Capitaine de la ville, Arpenteur, Courtier, Voyer, Inspecteur des poissons et de la boucherie, Vérificateur des poids et mesures, lesquels, de concert avec les officiers élus par le peuple, veillaient à la bonne administration du pays.

2° *Clé de la Ville.* — Ils avaient une clé de la ville tout comme les syndics. Cette clé, ils étaient tenus de la rapporter à la maison commune le jour de Saint-Blaise, et de la déposer aux mains du seigneur ou de son représentant; mais, aussitôt l'élection faite, celui-ci la rendait au capitaine noble, nouvellement élu (1).

---

« liberté et possession, ung chescun an, le jour de Saint Blaise, de
« soy congréguer ensemble, par mandement et congié du viguier
« dudit lieu ou son lieutenant, en l'ostel de ville ou là où bon leur
« semble... et illecques mesmes sont les nobles avecque lesd. syn-
« dicz et font chescun de leur cartier leurs officiers comme sont
« obrier d'esglise, recteur de l'ospital, estimaires, deffenseurs des
« pactis, capitaines, termaires, corrétiers, carreyries, visiteurs de
« poison et de masel et de poids, lesquels officiers sont présentés
« par iceulx scindics et nobles aud. viguier, pour le sèrement de
« leur office ». (*Arch. comm.*, AA. 1). Et, de fait, les plus anciens monuments qui concernent notre administration communale, nous montrent ces droits et privilèges en exercice. Ainsi, à la suite d'une élection de syndics, faite en 1402, au temps de Geofroy le Meingre, dit Boucicaut, nous voyons : Blaise des Arbres et Bernard Gall, élus ouvriers de l'église *(operarii)*; Pierre d'Aramon et Etienne Jouve, capitaines des portes *(capitanei portalium)*; noble Jacques Genin et Jacques Long, estimateurs et voyers (*estimatores et correyrii*). (*Arch. comm.*, BB. 3). Toujours un noble et un roturier, et cela se continue les années suivantes.

(1) *Arch. comm.*, AA. 1.

## II. — Droits et privilèges utiles (1)

1° *Bans, peines, amendes etc.* — Les coseigneurs percevaient 13 deniers (2) par livre, sur les bans, peines, compositions, ainsi que sur les amendes, exploits de justice et cens.

2° *Alosage.* — Ils prélevaient chacun une demi-alose sur tout filet ou « coups » dressé sur le Rhône, dans la juridiction d'Aramon et du Terme (3).

3° *Leude.* — Ils avaient un droit, que nous n'avons pu déterminer exactement, sur toutes les charges de balais,

---

(1) Remarquons que seigneur et coseigneurs possédaient en commun ces droits et privilèges, mais non dans les mêmes proportions Le seigneur y avait généralement la part du lion.

(2) Nous lisons dans le dénombrement de G. de Poitiers en 1464 : « *Sunt tres domini bassi... quy tenent jurisdictionem a Domino Sancti Valery... et isty percipiunt super compositiones et bannia et pœnas dumtanat pro qualibet libra, XIII, d.* ». Notons que Jean de Luetz, dans son dénombrement du 21 mars 1503, ne leur reconnaît que 8 deniers par livre : « et sur icelle (il s'agit de basse juridiction) sont (les coseigneurs) es droitz de prendre sur les exploitz de justice; « bans et autres esmolumens quy y adviennent et y peuvent advenir. « VIII deniers pour livre ».

(3) Le nombre des aloses à prendre a beaucoup varié et n'a été définitivement fixé à une demi-alose que par l'arrêt de 1619; mais le droit lui-même apparaît déjà dès le xiv° siècle. Ainsi, nous voyons : 1° Jean Chauserdy qui, le 12 décembre 1370, cède à Philippe Brasfort, entre autres droits, celui d'alosage (Arrêt de 1619. L. XI) ; 2° Mascarone d'Aramon qui, trois ans après (7 mars 1373), vend au même Philippe de Brasfort, son droit d'alosage (*Arch. comm.*, FF. 2); 3° Philippe de Granville qui remet à François d'Aramon une partie de son droit d'alosage (Arrêt de 1619. L. XI). Or, Brasfort et Granville transmirent plus tard leurs droits aux de Posquière et aux du Jardin. (*Item*). — Notons de plus que, lors du procès de 1619, tous les autres coseigneurs affirmèrent avoir toujours joui de ce droit, eux et leurs ancêtres.

oignons, verres, pots, écuelles, vaisselles de terre, que les marchands forains venaient vendre à Aramon (1).

4° *Langues de bœufs et rognons de pourceaux*. — Ils recevaient les langues des bœufs ou des vaches que l'on tuait à la boucherie d'Aramon, et les rognons des pourceaux que l'on vendait en détail, dans le pays (2).

5° *Tarif du Pain*. — Ils faisaient cuire leur pain aux fours banaux, moyennant une redevance de deux pains sur trente-cinq, alors que cette redevance était de deux pains sur trente (3) pour les autres habitants.

6° « *Vet* » *du vin*. — Enfin ils étaient seuls en droit de vendre leur vin, durant le mois de juillet ou, pour parler plus exactement, du 29 juin, fête des saints apôtres Pierre et Paul, au 1er août. (4)

---

(1) Ce droit paraît être également très ancien. Il en est parlé dans l'acte du 7 mars 1373 ci-dessus mentionné. (*Arch. comm.* FF. 2).

(2) Nous trouvons dans l'arrêt de 1619 que « le 23 mars 1457, « Alzias de Posquière, Gibaud et Bertrand Marigny, frères, tous co- « seigneurs d'Aramon, firent acquisition du droit de langues de « bœufs et de rognons de pourceaux ». (L. XI) Un acte de Nic. Bonnefoy, notaire, nous a conservé le mode de perception de ces droits, employé de tout temps. Nous y voyons que seigneur et cosei-seigneurs se réunissaient devant notaire et, là, choisissaient, de con-cert, un homme qui ne fût suspect à aucun des contractants (*neutri parti suspectum*). Cet homme exigeait et levait les langues, les ro-gnons, la leude, etc., et les remettait, à tour de rôle, à chacun des ayants-droit, seigneur et coseigneurs. La sixième partie revenait de droit à cet exacteur (*exactori*); c'était pour ses peines (*pro laboribus*). Il va de soi que le seigneur et les coseigneurs pouvaient révoquer cet homme, s'ils n'en étaient pas satisfaits. L'acte le porte d'ailleurs ex-pressément. (Nic. Bonnefoy, not., 1525).

(3) Les coseigneurs déclarèrent, au cours du procès de 1619, « qu'ils estoient en possession de ce droict depuis plusieurs siè- « cles ». (L. XI.) Nous n'avons cependant trouvé aucun texte à l'appui de cette assertion, dans nos vieux documents.

(4) D'après l'exposé de l'arrêt de 1619, ce droit aurait été justifié,

## III. DROITS ET PRIVILÈGES PUREMENT HONORIFIQUES.

1° *Préséance*. — Les coseigneurs précédaient les consuls et le reste du peuple, dans toutes les assemblées publiques et privées (1),

2° *Banc à l'église*. — Ils occupaient *au lieu le plus marqué de l'église* un banc particulier, qui leur était exclusivement réservé. indépendamment de leurs bancs de famille (2).

Ajoutons, en terminant cette nomenclature, que tous ces droits et privilèges. sans en excepter peut-être le *vet* du vin et le tarif du pain avaient été reconnus par le pays, à diverses reprises notamment le 13 janvier 1552. A cette date, en effet, nous lisons, dans Nic. Bonnefoy, cette déclaration faite par les coseigneurs. devant les consuls, à la maison commune : « Et ont dict aussy que aud. lieu d'Aramon, « lesd. dessus nommés ont accoustumé despuis lesd. temps « immémorial et en ça, prendre portion des droits de « leude, alauzage, langues de bœufz et autres en pariage « avec le seigneur ou la dame dud. Aramon » : déclaration que les consuls laissèrent enregistrer paisiblement, comme une chose vraie : ce qui, étant connue leur susceptibilité en fait de libertés communales, n'eût pas eu lieu, s'ils avaient pu avoir le moindre doute sur sa légitimité.

La situation des coseigneurs, à Aramon, était particulière-

---

1° par un acte du 11 déc. 1395 ; 2° par un autre acte du 4 fév. 1375 ; 3° par un arrêt de la Cour des Aides de Montpellier, du 4 juin 1572. (L. XI). Mais il n'est pas dit dans l'arrêt que les coseigneurs aient présenté des textes authentiques. Nous-mêmes, nous n'avons rien trouvé non plus au cours de nos recherches, et nous comprenons fort bien les hésitations du Parlement de Toulouse sur ce point comme sur le précédent, dans son arrêt de 1619.

(1) Arrêt du 31 août 1619.
(2) *Item*.

ment délicate. Placés entre un seigneur généralement autoritaire et puissant, surtout quand il s'appelait cardinal de Bologne, Boucicaut ou Gabriel de Luetz et une population qui, si elle était ignorante et légère, avait à sa tête, dans la famille des Martin, des hommes de valeur: intelligents, energiques, entreprenants, et, par dessus tout, avides pour eux-mêmes et pour les autres d'indépendance, ils avaient forcement à souffrir et des empiétements d'en haut et des empiétements d'en bas. Aussi, que de luttes engagées par eux ou soutenues, pour se maintenir dans leurs droits. L'histoire de notre pays en est pleine, de la fin du XV$^{me}$ siècle à l'arrêt de Toulouse. Redisons-les rapidement.

L'attaque ne débuta pas brusquement. Ce fut de la malveillance d'abord à l'égard des coseigneurs, une sorte d'hostilité sourde. Ainsi, on négligeait de les convoquer aux assemblées publiques, ou bien encore on écartait systématiquement des fonctions communales les candidats de leur rang (1).

Mais bientôt les consuls s'enhardirent, forts de l'appui du peuple et peut-être aussi de la patience des coseigneurs, et, vers 1596, jugeant le moment venu de porter un coup décisif, ils refusèrent nettement à leurs adversaires le « droit.
« nous dit l'acte de 1619, de créer, de leur part, le jour de
« St. Blaise, recteur de l'hôpital, ouvrier de l'église, capi-
« taine de lad. ville, estimateur et défendeur des patus et
« brassières, visiteur du mazel, poisson, poids et mesures,
« auditeur des comptes et autres officiers, selon les anciennes
« coutumes et avoir une clef des portes de lad. ville (2).

Ainsi brutalement dépouillés, les coseigneurs se plaignirent au sénéchal, à la date du 1$^{er}$ février 1597, le priant de vouloir bien faire défense aux consuls et habitants d'Aramon

---

(1) Jusqu'à l'arrêt de Toulouse, nous n'avons relevé sur la liste des consuls que les noms de deux nobles.

(2) Arrêt de 1619. L. XI.

de les troubler à l'avenir, dans la jouissance de leurs droits.

Le sénéchal estima bien fondée la plainte des coseigneurs, et, par lettres du 11 février, il leur permit de citer devant lui les consuls et la communauté. En même temps, ordre était donné aux parties de présenter leurs dires par écrit, dans le plus bref délai : ce qu'elles firent ; la liste en fut très longue de part et d'autre.

Cette affaire, qui paraissait appelée à une solution rapide, traîna plus de deux ans en longueur. Enfin le sénéchal se prononça, le 10 septembre 1599, et donna raison aux coseigneurs sur tous les points, à l'exception d'un seul : celui concernant le recteur de l'hospice ; encore leur fit-il, sur ce point, une concession notable, ordonnant qu'après l'élection faite en commun, le jour de St Blaise, d'un homme « capable
« et suffisant « pour administrer l'hospice, « les coseigneurs
« pourraient incontinent nommer de leur part, un d'eux
« pour controlleur dud. recteur, durant lad. année de son
« administration, sans que pour led. controlle peut se de-
« mander ni se prendre aucunz gaiges et esmolumens; lequel
« controlleur, incontinent après sa nomination serait tenu
« prester serment entre les mains dudit seigneur ou son
« viguier de bien loyalement administrer lad. charge de
« controlleur et venant led. recteur de l'Ospital à rendre
« compte de sa dite administration, lesdits scindictz seraient
« tenus appeler nobles pour y assister et impugner lesd.
« comptes sy bon leur semble et sans despans » (1).

Cette sentence du sénéchal donna, pour quelque temps, la paix au pays. Mais, en janvier 1604, nouvelle attaque, qui

---

(1) Il résulte du texte même de l'arrêt de 1619 que le sénéchal, en retirant aux coseigneurs le droit de créer des recteurs, avait basé sa décision sur un accord passé entre ces derniers et le peuple, le 4 déc. 1547, par devant G. de Poitiers. Or, nous avons lu très attentivement la charte visée par l'arrêt, mais l'accord est loin de nous paraitre nettement établi, et nous nous expliquons fort bien dès lors la concession faite par le sénéchal, dont il vient d'être question. Ce n'était que justice.

porta cette fois sur l'un des droits utiles : on refusa aux coseigneurs « l'alosage » (1).

Ce refus, disons le d'ailleurs, avait quelque apparence de justice, et le peuple, en le formulant, pouvait être de bonne foi. Nous voyons, en effet, dans les considérants de l'arrêt de 1619, qu'une convention avait été passée entre le seigneur et les habitants, qui autorisait ces derniers « à pescher en la « façon que bon leur semblerait, moyennant la contribution « et payement de douze solz annuellement. » Il paraît même que l'on n'avait pas agi à la légère, et que ce n'avait été qu'après avoir minutieusement vérifié les *vieux titres* présentés par le seigneur, qu'on l'avait signée (2).

S'appuyant donc sur cette convention, et vu les termes généraux dans lesquels elle était conçue, le peuple et les consuls refusèrent l'alosage et sommèrent même Honoré de Gondin, seigneur du pays, de les soutenir, comme intéressé dans l'affaire. Les coseigneurs, ou plutôt deux d'entre eux : Accurce de Posquière et Laurent du Jardin, estimant avec raison que la susdite convention ne pouvait anéantir leurs droits : droits absolument distincts de ceux du seigneur, adressèrent une requête au sénéchal « contre Honorat « Chaniol (3) et autres habitants. » L'affaire fut appelée ; mais « de la part dudit Chaniol et desd. habitants n'ayant été « faite aucune production et à faute de ce étant demeurés « forclus, » le sénéchal accorda le 9 février 1607, « par ma- « nière de provision et sans préjudice des droits desd. « habitants, une demi-alose à chacun des plaignants » (4).

Aussitôt cette sentence connue, les consuls en relevèrent appel au Parlement de Toulouse. En même temps, cédant à leur rancune, ou peut-être à leurs instincts égalitaires,

---

(1) Arrêt du Parlement de Toulouse en 1619. L. XI.

(2) *Item*.

(3) Il avait été le premier à refuser la redevance.

(4) Arrêt de 1619. L. XI.

ils introduisirent une nouvelle instance auprès du sénéchal, pour qu'il fût défendu aux coseigneurs d'avoir un banc particulier dans l'église ; puis, bientôt après, sur le conseil de leur procureur qui désirait simplifier les choses, ils demandèrent la jonction de cette seconde affaire à la première, et son évocation devant la même cour : ce qui leur fut accordé par lettres du 2 janvier 1619 (1).

De leur côté, Accurce de Posquière et Laurent du Jardin, auxquels, dans l'intervalle, s'étaient joints Jean de Laudun, Joseph de Malavalette, Jean de Jossaud, André Bellon (2) et Marguerite de Tavernol (3), ne restèrent pas inactifs.

Dans le but de rendre définitive la sentence provisoire du 9 février 1607, ils la portèrent, le 25 mars 1619, au Parlement de Toulouse, et, à cette occasion, ils demandèrent qu'on leur reconnût le droit d'avoir un banc particulier dans l'église, celui également de précéder les consuls dans toutes les assemblées et enfin, rendant en ceci coup pour coup à leurs adversaires, « à ce qu'il fust enjoint à tous les hab. dud. Aramon « de nommer, créer et eslire annuellement ung des nobles « pour estre premier consul » (4).

Cette dernière prétention porta l'exaspération à son comble. Dans leur fureur, consuls et habitants décidèrent de refuser aux seigneurs tous les droits jusque là respectés : leude, langues de bœufs et rognons de pourceaux, cuisson du pain à tarif réduit, vet du vin en juillet. Bien plus, revenant sur le passé, ils en appelèrent au Parlement de la sentence portée par le sénéchal en 1599, relativement à la création des officiers politiques (5), et prirent toutes les mesures pour la faire casser.

---

(1) Arrêt de 1619. L. XI.

(2) Il était gendre ou beau-frère de Denis du Jardin,

(3) Nous ne savons à quel titre elle figure parmi les coseigneurs.

(4) Arrêt de 1619. L. XI.

(5) *Item.*

La situation ne pouvait être plus grave. C'était en somme tous les droits et privilèges des coseigneurs qui étaient remis en question, et sur lesquels allait définitivement statuer la Cour souveraine de Toulouse. Aussi, les parties ne négligèrent-elles rien pour s'assurer la victoire. Transactions, chartes, contrats, mémoires, tout fut apporté au tribunal, de part et d'autre, expliqué et combattu. A côté des arguments il y eut les invectives. Les nobles ayant déclaré avec hauteur que ce n'était pas l'intérêt qui les guidait dans leurs revendications, mais le bien du peuple ; qu'une ville intelligente et sage devait être fière d'avoir à sa tête des membres de la noblesse; que d'ailleurs, les nobles ayant le principal intérêt dans la bonne administration des deniers du pays, vu leur situation de fortune et les impôts qu'ils payaient, il était assez naturel qu'ils y occupassent les premières charges... les consuls répondirent par des considérations assez avancées pour l'époque, et dans lesquelles on sent l'esprit des Martin, disant que les coseigneurs n'agissaient ainsi que « pour esta-
« blir un gouvernement dans lad. ville et y usurper la supé-
« riorité sur les officiers d'icelle, pour après conduire et
« manier le peuple à leur appetit et fantaisie ; » que c'était
« absurde » de vouloir que « le plus petit nombre fist la loy
« au plus grand ; » et enfin qu'il y avait bien dans Aramon
« trente autres habitants quy estaient autant nobles que eux,
« voire même que le moindre d'heux estoit plus aise que le
« plus riche desd. prethendus nobles ».

Mais, soyons justes : les pièces produites par les coseigneurs furent absolument probantes. Aussi l'arrêt leur fut-il presque en tout favorable. En voici le dispositif dans les parties qui concernent notre sujet :« L'arrêt de nostre Procureur général
« de ce jourd'hui a maintenu et maintient lesd. de Posquière,
« du Jardin, de Laudun, de Jossaud, de Malavalette, Bellon
« et de Travernol, chascun en ce qui les concerne, en la
« faculté de lever et exiger le droit d'alauze par une demande
« sur chascun filet ou coup dressé dans la rivière du Rhôsne,
« durant l'estandue et juridiction dud. Aramon, tout ainsy

« qu'ils en ont jouy par sy-devant, comme ausy au droict
« de langues de bœuf et de vasches quy se tuent en la
« bouscherie dud. Aramon et des rognons des pourceaux
« quy se vendent en destail aud. lieu et pareillement au
« droict de lever sur chascune charge de balletz, oignons,
« verres, potz, cicueilles et vaisselles de terre que les
« marchands portent vendre aud. Aramon, conformément
« aud. dénombrement et comme ils ont accoustumé d'en
« jouir... et sans avoir esgard à la demande des Consulz
« touchant le déplacement du banc desd. nobles, a ordonné
« et ordonne que lesd. nobles seront appellés en toute
« assemblées quy se fairont par lesd. Consulz pour les
« affaires de la communauté néandmoins que les gentils-
« hommes dud. lieu quy se trouveront avoir fiefs nobles,
« précédèrent les Consulz en toutes assemblées publiques et
« particulières, enjoignant auxd. Consulz de mettre en
« élection un desd. nobles pour premier Consul, du moins
« alternativement et une année entre autre. Et avant dire
« droict sur la faculté prétendue par lesd. nobles de vendre
« leur vin au mois de juillet et de cuire leur pain au four
« de lad. ville à raison de deux pains seulement pour trente-
« cinq, a ordonné et ordonne que lesd. parties seront plus
« amplement ouyes, diront, produiront et vérifieront tout ce
« que bon leur semblera dans quinzaine après la proschaine
« feste Saint-Martin d'hiver. Et cependant par provision...
« lesd. gentilshommes payeront le fornage comme les autres
« habitants dud. lieu... et a condampné et condampne lesd.
« Consulz aux despans de l'instance jugée envers lesd. de
« Posquière, du Jardin..., montant à 300 l. Donné à Toloze,
« en nostre Parlement, le dernier jour du mois d'aoust
« 1619 (1) ».

Après un tel arrêt, si explicite et si avantageux, il semble
qu'il ne restait plus aux coseigneurs qu'à attendre paisible-

---

(1) Arrêt de 1619. L. XI.

ment la décision du tribunal, sur les deux points réservés, vet du vin et tarif du pain : décision de peu d'importance, en somme, et qui, d'ailleurs, pouvait leur être favorable ; mais soit qu'ils eussent hâte d'en finir avec tous ces procès, soit qu'ils préférassent des avantages matériels à des satisfactions d'amour-propre, soit enfin qu'ils ne voulussent pas surexciter davantage la population, en usant de droits qui humiliaient ses instincts d'indépendance, brusquement, c'est-à-dire le 6 octobre 1619, presque au lendemain de la notification de l'arrêt, ils proposèrent ou acceptèrent une transaction, qui en modifia sensiblement les clauses (1).

Dans cet acte, il fut conclu : 1° que les coseigneurs renonceraient à avoir le pas sur les consuls, dans les assemblées publiques, comme aussi à détenir une des clefs de la ville et à créer des officiers politiques, le jour de Saint-Blaise : capitaine, ouvrier, etc.; 2° mais qu'ils seraient maintenus en la faculté de vendre seuls leur vin, dans le courant de juillet et de cuire leur pain et celui de leur famille, à raison de deux sur trente-cinq. Quant aux autres clauses de l'arrêt de 1619, elles furent purement et simplement confirmées. Ainsi il fut entendu : 1° que l'un des coseigneurs serait consul, une année, l'autre non, alternativement avec un candidat de la première échelle, et que le gentilhomme sortant de charge aurait le droit de désigner deux autres coseigneurs, même ses parents, pour être soumis, l'année d'après, à l'élection (2); 2° que chaque coseigneur recevrait, à la mi-avril, une demi-alose ne dépassant pas trois livres l'une, pour chaque filet

---

(1) *Arch. comm.*, DD. 1.

(2) Il ressort de la délibération du 3 fév. 1681, qu'il n'en était plus ainsi à cette époque. En effet, c'est Enémond Soumille qui, sortant de charge, désigne les deux candidats nobles pour la présente année (L. XIII). Probablement que l'on avait trouvé des inconvénients à désigner un an à l'avance les candidats. Durant ce laps de temps, en effet, ceux-ci pouvaient mourir ou bouleverser le pays de leurs brigues. Nous croyons toutefois que cette modification se fit à l'amiable, car nous n'avons relevé aucun conflit à ce sujet.

ou coup établi sur le Rhône (1); 3° que les coseigneurs jouiraient, comme par le passé, des droits de leude, de langues de bœufs, de rognons de pourceaux (2).

Reconnaissons le, cette transaction fut très sage. En mettant fin aux conflits existants, et en fixant, d'une façon claire et définitive, les droits et les devoirs de chacun, elle cimenta la paix entre les coseigneurs et le peuple. Sans doute qu'il y eut encore quelques tiraillements, à l'occasion des biens roturiers, par exemple; mais ces tiraillements ne nuisirent en rien à la bonne harmonie. Il semble même qu'à partir de ce jour, nobles et roturiers aient marché la main dans la main, n'ayant plus qu'un souci : défendre leurs libertés communes et l'héritage de leurs ancêtres, contre les empiètements chaque jour renouvelés d'une race de seigneurs orgueilleux, violents et rapaces : les Sauvan.

Donnons ici la généalogie des familles des coseigneurs : il ne sera peut-être pas inutile de l'avoir sous les yeux, au cours des évènements qui vont se dérouler dans cette histoire.

### I. — Les de Posquière.

*Armes :* d'azur à un puits d'or maçonné de sable.

C'était une vieille famille, déjà fort connue, presque célèbre, au xi<sup>e</sup> siècle. Elle tirait son nom du gros bourg de Posquière, aujourd'hui Vauvert, dans le Gard, où le premier des Posquière avait été seigneur.

Marie de Posquière, fille unique de Rostaing 1<sup>er</sup>, avait épousé, vers 1066, Raymond Décan, chef de la première maison d'Uzès, qui prit alors le titre de seigneur d'Uzès et de Posquière. C'est de ce seigneur que sont issues les branches des

---

(1) *Arch. comm.*, DD. 1.

(2) Dans la transaction de 1619, il n'est question ni du banc des coseigneurs à l'église, ni de leurs droits sur les exploits de justice, amendes, etc. Nous ignorons ce qu'il en advint.

d'Uzès, des Posquière d'Aramon, des Laudun, des Sabran, des Amics, des Gaucelin, des la Tour-d'Aigues, des Mal-Tortel ou comtes d'Ariano ; bref, toutes les meilleures familles de l'Uzège.

Un descendant de cette famille, Elzias de Posquière vint se fixer à Aramon en épousant, le 17 juin 1445, Catherine Maroan, coseigneuresse d'Aramon, et devint ainsi la souche des Posquière d'Aramon.

I. Elzias de Posquière eut trois enfants de Catherine : Maroan, Jean et Pèlegrin.

II. Maroan épousa, le 20 juillet 1475, Agnès Raymond et en eut un fils, Jean, né vers 1479.

III. Jean épousa, le 9 mai 1501, Anne de Lagoret qui lui donna Pèlegrin.

IV. Pèlegrin, déjà veuf de Perrette de Laudun, épousa, le 22 janvier 1547, Madeleine de Rispe, et en eut Laurent.

V. Laurent épousa, le 21 septembre 1576, Madeleine Provencal. Il laissa trois fils : Honoré, Accurce et Denis.

VI. Accurce épousa, le 4 février 1610, Anne de Thierry, de laquelle naquit Jean-Louis. Accurce mourut en 1649.

VII. Jean-Louis épousa, le 6 janvier 1642, Françoise de Bertrandy. Il eut trois fils : François, Accurce, Gédéon et plusieurs filles, et mourut en 1686, à l'âge d'environ 72 ans. (*Arch. comm.* G. G 9).

VIII. François, le célèbre fondateur et grand-maître de l'Ordre de la Boisson [note H] épousa, le 12 mai 1693, Françoise-Louise de Missols, qui ne lui donna qu'une fille, Madeleine.

Avec François s'éteignit donc la branche directe des Posquière d'Aramon. Les biens, droits et privilèges de cette famille passèrent successivement, en vertu d'alliances, aux d'Estival d'abord, puis aux Sorbier de Pougnadoresse, dont il reste encore des rejetons.

Les Posquière avaient été maintenus dans leur noblesse par arrêt du 7 septembre 1668 (1).

---

(1) On sait que ces arrêts ou jugements furent rendus par M. de Bezons, intendant du Languedoc pendant les années 1668-66-70. (Mis d'Aubais)

L'hôtel des Posquière existe encore; il est situé sur les bords du Rhône, tout près de l'église, dont il n'est séparé que par une ruelle. C'est une masse énorme de pierres surmontée d'une tourelle et qui a quelque chose de l'aspect d'un édifice féodal : fort belle d'ailleurs et dans un état parfait de conservation. Les diverses parties qui la composent ne sont pas toutes de la même époque. Ainsi le grand salon, avec sa monumentale cheminée, est du XVIII<sup>e</sup> siècle; c'est l'œuvre des Pougnadoresse. A remarquer la vieille chapelle au rez-de-chaussée, qui possède encore des peintures assez bien conservées et dans laquelle se réunissaient, à la fin du dernier siècle, les Pénitents Gris. Elle sert aujourd'hui de cave ou d'atelier de vannerie.

Vendu, il y a quelques années par les Pougnadoresse, l'hôtel des Posquière est devenu la propriété de la famille Orgeas-Bonneton.

## II. Les de Laudun

*Armes :* d'azur au sautoir d'or en un lambel de gueules en chef.

Les Posquière et les Laudun, avons-nous dit, avaient une souche commune. En effet, Jacques d'Uzès et de Posquière, l'un des descendants de Raymond Décan, eut deux fils : 1° Bernard de Posquière, arrière grand-père d'Alzias, le mari de Catherine Maroan; et 2° Béranger d'Uzès, seigneur d'Uzès, pour un quart, grand-père de Blanche d'Uzès, fille unique et seule héritière de son père Guillaume, laquelle épousa Hugues de Laudun, seigneur de Montfaucon, et devint mère de Guillaume de Laudun, premier coseigneur probable de ce nom, à Aramon (1).

---

(1) Il ne nous a pas été possible de déterminer au juste l'année où les Laudun devinrent coseigneurs d'Aramon. Dans un acte de 1770 (L. VI,) ils disent bien que le compoix de 1389 faisait foi. qu'ils étaient alors coseigneurs d'Aramon; ils auraient même montré, à cette date, (1770) un « instrument d'achat » des droits seigneuriaux, juridic-

I. Guillaume de Laudun (1) (1424-1493) vendit le 8 août 1493, à Charles VIII, le quart de la seigneurie d'Uzès, qu'il tenait de sa mère, Blanche d'Uzès. Peut-être acheta-t-il alors la coseigneurie d'Aramon. Toutefois nous n'avons trouvé aucun hommage de lui.

Il eut deux enfants, Jean et Isabeau. Celle-ci fut religieuse de Sainte-Claire, à Nîmes.

II. Jean de Laudun « plus vieulx, recepveur des tailles, « revenus et aultres du diocèse de Nisme » rend hommage au Roi, le 4 juin 1499 (2) et meurt le 29 septembre 1518 (3). De sa première femme, Claudine de Boileau, il avait eu sept en-

---

tion haute, moyenne et basse, fait par Jean de Laudun en 1441. Mais 1° nous n'avons pu contrôler la première assertion, vu que le compoix de 1389 a disparu ; et 2° nous savons que, depuis le cardinal de Bologne, les coseigneurs ne jouissaient plus de la justice haute et moyenne. D'ailleurs, dans l'arrêt de 1772, relatif aux biens nobles, le tribunal ne voulut accepter, comme titre authentique, que l'hommage de 1499 (L. XVII). Nous ferons comme lui.

(1) Nous lisons dans le marquis d'Aubais : Guil. de Laudun, com-« pris avec Jean de Laudun, au sujet des bans et arrière-bans de la « sénéchaussée de Nîmes et de Beaucaire ». Ce Jean de Laudun devait être un frère de Guillaume et non son fils, et c'est de lui qu'il est question sans doute dans le procès-verbal des élections consulaires de 1424, où il figure comme témoin. (*Arch. comm.*, BB. 6.)

(2) « Le 24 juin 1499, J. de Laudun hommage la sixième partie des « menües (rognons.) leudes et alausage ». Déjà, c'est-à-dire le 4 avril, même année, il avait fait hommage « de ce qu'il tenait dans la ju-« ridiction d'Aramon, scavoir ; une maison dans le fort d'Aramon, « mas, écurie, jardin, 130 salmées de terre, 52 journées de preds, 60 « journées de vigne ». (L, XVII.) Il avait aussi des droits « sur le « peage d'Aramon, qu'il tenait de Monette de Masmolene, alias Coi-« ranne ». (*Arch. dép.*, E. 1.)

(3) Ce J. de Laudun était un vrai patriarche. Voici son épitaphe que nous avons trouvée dans les minutes de Thomas de Pine. « prestre, notaire et tabellion royal d'Aramon ». Nous la donnons à titre de curiosité.

| | |
|---|---|
| Cy gest des bons le parangon | Et des pouvrez (pauvres) toute l'adresse |
| Des nobles la humble noblesse | Que mort mordant a rendu cuyct (cuit) |
| Jehan des Lauduns tiers de ce nom, | Jour Saint-Michel, par sa rudesse. |
| Des receveurs léal (loyal) simplesse. | L'an mil cinq cens et dice et huit. |

fants : Jean, Antoine (il fut prêtre), Jacques, Etiennette (femme de Jean de Jossaud), Louise, Catherine, Perrette.

III. Jacques épousa Anne de Lauret, dont il eut Gabriel, Jean, Etiennette et Glaudine. Il testa le 19 septembre 1556.

IV. Gabriel épousa, le 28 juillet 1578, Marguerite Ramelle, qui lui donna un fils, Jean.

V. Jean épousa, le 23 avril 1632, Isabelle Favier de Forniguet, de qui naquirent Etienne, Jean et Gabriel.

VI. Etienne épousa. le 15 juin 1666, Marie de Roque-Clausonne, qui fut mère de Joseph-François.

VII. Joseph-François, premier maire d'Aramon en 1693, où il décéda le 28 décembre 1733, à l'âge de 72 ans, eut un fils Etienne.

VIII. Etienne fut maire à son tour, en 1736. Vers 1760, il quitte le pays et paraît s'être retiré à Tarascon (B. du Rh.). Il dut laisser un fils, Joseph-François qui, le 18 juin 1792, fit demander par Antoine Dunan, son procureur à Aramon, un certificat constatant qu'il demeurait depuis six mois à Toulouse.

Etienne laissa un fils, le dernier des Laudun dont nous ignorons le nom et qui mourut à Tarascon, vers le milieu de notre siècle, précédant de quelques années seulement, dans la tombe, son neveu par alliance, le dernier des Jossaud (Eugène). Ces deux grandes familles se sont donc éteintes presque en même temps (1).

Les Laudun avaient été maintenus dans leur noblesse par arrêt du 26 novembre 1668.

Les Laudun possédaient un bel hôtel, avec cour et jardin : aujourd'hui maison Blanc-Manivet. La porte d'entrée en était surtout remarquable. Elle fait encore l'admiration des touristes. Au rez-de-chaussée et au premier étage, se trouvent également deux cheminées dignes d'attention ; elles sont du xv$^{me}$ siècle.

---

(1) M$^{is}$ d'Aubais. — Charvet. — Tous les notaires. — *Arch. comm.*, BB. 12-17, etc.

La tour de forme polygonale, bien que découronnée, domine encore les maisons voisines, avec celle des Posquière et du prieur d'Aramon, et contribue à donner au pays, vu de loin, un caractère pittoresque.

### III. — Les du Jardin.

I. Haquinet du Jardin (1), le premier de cette famille, dont fasse mention le marquis d'Aubais, eut deux fils, Maroan et Jean, qui se partagèrent ses biens, le 26 mai 1517.

II. Maroan testa le 19 avril 1524 ; il eut un fils, Jean (2).

III. Jean épousa, le 3 octobre 1545, Gervaise de Faulcon (3) laquelle le rendit père de trois enfants : Denis, Guillaume et Anne (4).

IV. « Denis du Jardin vieulx » testa le 2 novembre 1635. Il avait épousé, le 20 avril 1596, Françoise Provencal dont il eut Denis et Claudine.

V. Le 9 juin 1649, Denis et sa sœur Claudine, veuve d'Aldebert, viguier de Vallabrègues, vendirent à Antoine Sauvan et à Laurent Choisity, tous les droits seigneuriaux, fiefs, directes etc., qu'ils avaient à Aramon, au prix de 409 l. Ils habitaient alors l'un et l'autre Vallabrègues (5).

---

(1) D'après un document sans date, les du Jardin faisaient descendre leurs droits coseigneuriaux de la fille de François d'Aramon. fils lui-même ou proche parent de Laurent d'Aramon. (L. XIII.) Mais, dans l'arrêt de 1649, il est dit qu'il fut présenté au Parlement un acte par lequel François d'Aramon aurait institué son héritier Jean du Jardin. Cette divergence, bien que portant sur un détail, était à noter.

(2) Il devait avoir aussi une fille qu'il donna à André Bellon « escuyer ». Marie de Bellon, fille d'André, épousa Honoré d'Arnaud, sieur de Prémont (L. XIII), ce qui explique comment les de Prémont sortaient des du Jardin.

(3) Ant. Bonnefoy, 1575.

(4) *Item*.

(5) G. Faulquet, not., 1645.

Les du Jardin furent maintenus dans leur noblesse par arrêt du 24 janvier 1671.

La maison qu'habitaient les du Jardin à Aramon n'existe plus, mais nous connaissons l'emplacement qu'elle occupait : c'est celui-là même sur lequel a été élevé, au XVIII<sup>e</sup> siècle, par les Sauvan, le bâtiment si bourgeois qu'on appelle aujourd'hui l'aile nord du château. Il paraît qu'il y avait à cette maison une vieille tour féodale (1).

### IV. — LES DE JOSSAUD.

Armes : d'azur au lion naissant d'argent, au chef d'or chargé de trois losanges de gueules (2).

I. « Jean de Jossaud fut compris parmi les gentilhommes
« d'Aramon, dans un arrêt entre lesd. gentilhommes et autres
« habitants dud. Aramon du 31 août 1519. Il épousa le 15
« février 1519, Etiennette de Laudun. François I<sup>er</sup>, créant un
« parlement à Turin, avec attribution des mêmes privilèges,
« dont jouissaient les autres parlements de France, Jean de
« Jossaud y fut nommé conseiller et pourvu de cet office, le
« 2 novembre 1539. Il eut encore un brevet du roy, le 3 juil-
« let 1553, pour le premier office vacant es Parlements de
« Paris, Toulouse, Provence et au Grand Conseil » (3).

On le voit donc, J. de Jossaud appartenait à ce qu'on appelait autrefois la noblesse de robe. Il dut probablement à son mariage avec Etiennette de Laudun et aux biens nobles qu'elle lui apporta en dot, d'entrer dans la classe des coseigneurs.

---

(1) Jean Pitot, not., 1596.

(2) On voit aujourd'hui ces armoiries au centre de la grande rosace de l'église. Cette rosace elle-même est un don de M. Casimir Chapus, légataire universel de M<sup>lle</sup> Louise de Jossaud, lequel, en serviteur reconnaissant et fidèle, a voulu perpétuer ainsi dans le pays le souvenir de ses anciens maitres.

(3) M<sup>is</sup> d'Aubais.

Nous voyons dans Ant. Bonnefoy, notaire, qu'il était mort en 1563.

II. J. de Jossand eut plusieurs enfants, Jean, entre autres. lequel, conseiller comme son père au Présidial de Nimes, testa le 19 juin 1617. Il avait épousé, le 16 juillet 1564, Françoise de Calvière, dont il eut deux fils : Pierre et Pons. Ce dernier s'établit à Tarascon et y fit souche.

III. Pierre, conseiller au Présidial de Nîmes, testa le 28 janvier 1624. Il avait épousé, en 1605, Bernardine Augier, de laquelle il eut : 1º Jean, conseiller au Présidial de Nîmes, par résignation de son père et provision du 12 avril 1624. Il épousa le 16 avril 1636, Suzanne de Génas ; 2º Jean-Simon, maintenu avec son frère, dans sa noblesse, le 20 mars 1670. Il mourut sans enfants (1). Il avait été viguier d'Aramon.

IV. Jean devint doyen du Présidial de Nîmes ; il l'était en 1689 (2). Il avait un fils qui fut prêtre et conseiller avec lui, au Présidial de Nîmes (3) : François. Avec ce dernier s'éteignit la branche aînée des Jossaud d'Aramon.

V. Mais un de ses cousins de Tarascon, Pierre, petit-fils de Pons (4), recueillit son héritage, et s'étant établi à Aramon, y fonda la branche cadette des Jossaud.

VI. Il eut un fils, Simon (?)

VII. Simon en eut plusieurs à son tour (5), parmi lesquels Jean-François.

VIII. Celui-ci fut père de Jean-Louis, de Pierre et de Joseph, dont il est souvent parlé au cours de la période révolutionnaire ; Joseph, juge de paix à Aramon, se noya, dit-on, dans le Rhône, en 1830. Il laissait un fils, Eugène.

---

(1) L. XIII.

(2) *Item*.

(3) *Item*.

(4) *Item*. — Le père de Pierre s'appelait Louis.

(5) Il est parlé d'un Antoine de Jossaud, neveu de Jean-François en 1775. (*Arch. comm.*, BB. 28).

IX. Eugène n'eut qu'une fille, Louise de Jossaud (sœur St-Gabriel) religieuse de St-Vincent-de-Paul, laquelle est morte, le 15 septembre 1896, à Aramon, où elle était venue fonder, à ses frais, un ouvroir pour les jeunes filles du pays. Avec elle a disparu le nom de Jossaud.

Les Jossaud de la branche cadette avaient été maintenus dans leur noblesse par jugement des commissaires de Provence, le 12 octobre 1668.

Les Jossaud habitèrent primitivement une maison qui devait se trouver sur l'emplacement de la maison du sieur Richard Lambert et qu'ils agrandirent en 1588. Puis ils achetèrent celle des Guiraud, élevée « sur l'emplacement ayant « appartenu à Elyas de Records », au couchant même de l'hôtel de Posquière, qu'ils transformèrent. Le dernier des Jossaud y est mort le 11 septembre 1885. Elle appartient aujourd'hui à MM. Gustave Bertrand, notaire, Casimir Chapus, propriétaire et Léonce Brun, maire d'Aramon (1).

### V. — Les de Malavalette.

Nous lisons dans Antoine Orionis, notaire, tantôt : « Jacques « Bologne dict Malavalette, marchand de la cité d'Avignon (2) » et tantôt « Jacques Malavalette dict Bologne, marchand de la « cité d'Avignon » (3). Quel est le vrai nom du personnage ? Nous l'ignoirons, mais c'est le second qui a prévalu.

Jacques Malavalette apparaît d'abord comme acquéreur des biens de Jean Valory, l'un des complices de Gabriel de Luetz (4) ; ensuite comme lieutenant de viguier à Aramon (5) ;

---

(1) M¹ˢ d'Aubais. — Armorial du Languedoc, par L. de la Roque. — *Arch. comm.* — Tous les notaires. — *Passim.*

(2) Ant. Orionis, not., 1542.

(3) *Item*, 1540.

(4) *Item*, 1541.

(5) Ant. Bonnefoy, not., 1556.

enfin comme fermier des biens de Panisse, coseigneur d'Aramon (1). Sa femme se nommait Domergue Fabresse (2). Il eut trois fils : Joseph « escuyer », Jean « marchand », Gaspard « capitaine » (3) qui, le 29 juillet 1596 (4), demandèrent au prieur d'Aramon, Et. Julien, conformément au vœu de leur père mourant, (il était mort le 10 septembre 1595) (5) « un « lieu estant près la chère, qui se trouve estre du cousté du « vent droict (nord), en s'engageant à en faire le tombeau de « famille et à y mettre une pierre de taille, avec les armes de « leur père gravées dessus ».

I. Joseph de Malavalette, l'aîné des fils de Jacques, devint coseigneur d'Aramon par l'achat qu'il fit : 1º des biens nobles de Pierre de Panisse en 1589 (6) ; et 2º des biens également nobles de Jean de Panisse en 1601 (7). Il avait épousé Françoise Martin, dont il eut Charles, Madeleine et Françoise (8).

II. Charles dut mourir jeune et ne laissa qu'un fils puîné, Jean (9).

III. Jean n'eut pas d'enfant, et, par testament du 27 février 1668, donna ses biens à son cousin germain Jean-Louis de Posquière (10).

---

(1) *Item*, 1565.

(2) Jean Pitot, not., 1596.

(3) *Item*, 1600 et 1603.

(4) *Item*, 1596.

(5) *Item*, 1595.

(6) Arch. comm., BB. 9.

(7) L. XI.

(8) Jean Pitot, not., 1599. — J. Arnaud, not., 1669. — J. Pitot, not., 1610.

(9) Nous lisons, en 1658 : « Nomination au consulat, 1re échelle, de « noble Jean de Malavalette, fils puîné de Charles, iceluy fils et lé« gataire de Joseph, un des chefs desd. 5 familles comprises dans la « transaction de 1619 ». (L. XIII).

(10) G. Faulquet, not., 1668.

Il n'est pas question de Jean de Malavalette, dans les jugements de M. de Bezons (1), ce qui nous porte à croire qu'il était déjà mort, quand l'enquête commença.

Sa tante, Françoise, qui s'était mariée à Jean de la Gorce, Sr de Concols, paraît avoir hérité du titre de coseigneuresse d'Aramon et l'avoir transmis à ses enfants (2). Nous voyons que c'est grâce à ce titre que les Coucols furent premiers consuls en 1673, et autres années suivantes.

Quant à la maison des Malavalette, voici : Nous avons trouvé dans un acte d'Antoine Bonnefoy que Jacques de Malavalette acheta, en 1556, de Diane de Poitiers, une place, près de la porte d'Avignon. De plus un acte de J. Pitot, notaire, daté de 1596, nous apprend que Joseph de Malavalette vendit à son frère, Jean, la quatrième partie de la maison paternelle, confrontant « du levant les hoirs de Pierre Perret, du couchant « Bertrandy escuyer, de vent droit la rue, de marin le rosne »,(3) au prix de « 83 escus sols ». Nous avons alors consulté les compoix de 1478 et 1560, et, du travail auquel nous nous sommes livré, il résulte que la maison en question ne peut être que celle de « la Balotte », ou tout au moins une maison à côté.

D'ailleurs, Joseph ne l'habita plus une fois établi. Il occupa une petite maison dont le compoix de 1560 détermine fort bien la position, quand il dit : « à la grand'rue confrontant « du levant avec le prieur du Terme (aujourd'hui maison « Ursule Bonjean, ép. Astran); de cochant avec le portail de « Montfrin et barry (remparts); de marin avec Guillaume « Martin ». Sept cannes de superficie. Evidemment, c'est la maison Armand-Rozier.

---

(1) Mis d'Aubais.

(2) J. Pitot, not., 1599. — L. XI. — J. Arnaud, not., 1666 et 1683.

(3) L. XIII.

# CHAPITRE XIV

## LES RECOLLETS (1)

Les Récollets, venus d'Espagne où leur congrégation avait pris naissance vers 1484, s'établirent en France, sur la fin du XVIe siècle. Recommandés par un pape illustre, Clément VIII, qui les appelait dans sa bulle du 15 septembre 1601, « les « vrais et légitimes enfants de St-François ; » patronnés par un grand roi, Henri IV, qui disait d'eux « qu'ils en estoit « mieux que de tous les autres religieux de son royaume » et qui ordonnait même dans ses lettres patentes du 26 octobre 1602, « à tous évesques et archevesques d'assigner pour « le moins, ausd. pères Récolez, deux couvents en chascun « de leurs diocèses, pour leurs demeures, exercices et habi- « tations », ces religieux firent dès leur apparition de grands progrès: Salon, Pertuis, Bonieux, Bollène, Tarascon les appelèrent dans leur sein ; le cardinal Jean de Bony les installa à Béziers, sa ville épiscopale ; Toulouse et Bordeaux les réclamèrent à leur tour ; en sorte qu'en 1612, on avait déjà créé trois provinces : l'Immaculée-Conception, en Aquitaine ; St-François, en Provence et St-Bernardin, en Languedoc.

Aramon n'échappa point à l'enthousiasme général ; il le subit d'autant mieux, pourrions-nous dire, qu'il eut plusieurs fois l'occasion de voir et d'entendre ces saints religieux, et

---

(1) NOTA. — Tous les faits insérés dans ce chapitre, sans indication de sources, ont été extraits des « *Archives du couvent des R.R. P.P. Récolez d'Aramon*, par le R. P. Césaire Cambin, archiviste de la province », livre qui se trouve actuellement dans la bibliothèque du château.

notamment deux célébrités d'alors : les pères Basile Garcin et Marin Camaret. Ils avaient été appelés à Aramon pour prêcher l'Avent de 1616 et le carême de 1617 ; ils le firent avec un tel succès que, nous disent les documents de l'époque, « on allait les attendre à une demi-lieu, loin du pays lors- « qu'on savoit qu'ils y devoient venir prescher ».

Cet enthousiasme et le bien qui en résulta donnèrent à quelques habitants d'Aramon, et non des moins notables : Jean et Pierre de Jossaud, père et fils — Jean de Laudun, vieux — Jean de Laudun, jeune: oncle et neveu — Pèlegrin Chaniol, etc., l'idée de fonder un couvent de cet ordre dans leur pays.

Sûrs de l'assentiment du peuple, ils se rendirent à Béziers pour obtenir du père provincial, Antoine Fouques, la création tant désirée. Celui-ci les félicita de leurs bonnes intentions et prit acte de leur demande ; mais, pour leur donner le temps de réfléchir, comme aussi de se renseigner lui-même, il ajourna sa réponse jusqu'après un voyage, qu'il devait faire leur dit-il, « sous peu à Avignon ».

Ce voyage eut lieu dans les premiers jours d'avril 1617. Dès qu'on le sut à Aramon, on écrivit au père Fouques. Voici la lettre, nous la transcrivons en entier : elle fait également honneur à ceux qui la reçurent et à ceux qui l'envoyèrent :

« Nous soubsignés, au nom des principaux qui peuvent
« tenir rang en Aramon, vous supplions d'accepter l'offre que
« nous vous faisons. Mais c'est avec autant de désir que nous
« avons de cœur et d'âme. C'est d'agréer de faire un petit
« couvent de vos religieux, pour nous prescher, exhorter,
« confesser, visiter en nos maladies et faire les autres fonctions
« charitables, que vous avez coustume de faire envers les
« pauvres âmes. Peut être que le dessain vous pourroit sem-
« bler difficile, mais nous croyons que Dieu opère divinement
« en ceci, et que, par conséquent, l'affaire réussira conformé-
« ment à nos désirs. Si vostre révérence a difficulté de bastir
« le corps de la ville taschera de faire un fond de 900 à 1000
« écus, sans les autres prétentions que nous avons. Pour le

« nombre des religieux, huit ou neuf y vivront aysément, et
« nous espérons qu'après avoir gousté le bon exemple de vos
« religieux, nous nous estendrons à faire davantage. De plus,
« nous vous donnons advis, comme il y a des lieux circon-
« voisins, à une lieu loin, qui vous pourroit faire de grandes
« charités. Mon père, ne nous refusez point, s'il vous plaît
« cette demande. Dieu vous en sera bon gré et nous aurons ce
« que plus nous souhaitons. Sur ce, attendant vostre réponse
« nous demeurons pour toujours de votre Révérence, très
« humbles et très affectueux serviteurs.

« En Aramon, le 16 avril 1617. Signés : Jean de Jossaud,
« Pierre de Jossaud, Jean de Laudun, vieux, Jean de Lau-
« dun, jeune, de Raoulx, Chaniol ».

A la réception de cette lettre, le père provincial se rendit
à Aramon. Il était accompagné du père Jean-Antoine Olivier,
« lequel, disent nos vieux écrits, avoit ésté honoré de Dieu
« du don d'extaze ». Or, un jour, tandis qu'ils étaient chez
l'archidiacre, Et. Julien, prieur d'Aramon, « Dieu permit que
« led. père Olivier fust ravy, laquelle extase ayant été vue
« de grand nombre de principaux habitants de ceste ville,
« qui ne pouvaient pas trop admirer ceste merveille extra-
« ordinaire, accreust en eux, encore plus, le désir de leur
« establissement ».

En effet, deux jours après, le dimanche, 30 avril 1617, il y
eut « conseil général et extraordinaire de la communautéà la
« maison du cloistre », sous la présidence de Denis du Jardin,
viguier d'Aramon.

Cent douze notables du pays y assistaient.

Les consuls, Denis Pitot et Barthélémy Grisard, proposèrent:
1° de construire une seconde tour à la porte d'Avignon et de
fortifier celle de Montfrin ; 2° « d'establir en ceste ville un
« couvent desd. pères récolez » comme le demandait « la
« dévotion de grande partie des principaux habitants de lad.
« ville et faisant le plus grand nombre ». — Ils ajoutèrent que, pour faire face à ces dépenses, il suffirait « de
« mettre en vente les grignons ou ossons des habitants, pour

« certain temps ». Tout le monde applaudit à cette proposition des consuls, sauf Pierre Michel, bourgeois, qui déclara « vouloir bien consentir à la vente des grignons, pour l'édifi- « cation de la tour...,mais non pour l'establissement des pères « récolez ». On passa outre, de l'avis du viguier et il fut décidé : 1º que l'on vendrait aux enchères publique les ossons des habitants, pour une période de neuf ans ; 2º que le produit de la vente servirait à construire la tour d'abord et le couvent ensuite ; 3º que les fonds déposés aux mains de Pierre Perret seraient affectés à cette double destination, par mandement des consuls.

Cette délibération ayant été mise sous les yeux du père Fouques, celui-ci donna, d'Avignon même, le 9 mai 1617, un décret du définitoire qui autorisait l'établissement d'un couvent de Récollets à Aramon : décret qui fut lui-même approuvé par l'évêque d'Uzès, Mgr Louis des Vignes, deux jours après, sur une demande faite par une députation de notables.

On fit diligence : tout d'abord un emplacement fut choisi, au quartier des Graves, dans les propriétés de Pierre Mille, Jérôme Pansier et Joseph de Malavalette. Puis, le 16 mai, on organisa une grande fête, pour la plantation de la croix sur ce terrain, en guise de prise de possession. Il paraît que Mgr des Vignes s'y serait rendu lui-même, « sans une affaire « de la dernière importance, qui le retint à Uzès ». Il chargea d'ailleurs, Et. Julien, son archidiacre, de le représenter à cette cérémonie qui fut très belle. Voici comment nous la décrivent dans leur naïveté, les documents du temps : « Sans parler de « la musique fameuse, qu'on fist venir d'Avignon et de Ta- « rascon, pour honorer une telle feste, ni moins du nombreux « escadron des petits innocents, vestus en anges, qu'on avoit « dispersés en plusieurs bandes, nous ne saurions taire la « dévotion du peuple en ceste action, puisque comme il n'y « eust aucun village circonvoisin qui ne s'y portât proces- « sionnellement, et surtout MM. les Pénitents noirs de Mont- « frin, qui, conjointement avec les blancs de ceste ville, vou- « lurent porter lad. croix, que led. Archidiacre bénit et posa

« de ses propres mains, au lieu désigné et en **présence de**
« **MM. les consuls** et autres plus qualifiés de ceste ville, qui
« furent présents à lad. action, composés du R. Père Pro-
« vincial et autres principaux de la province, un desquels,
« savoir le R. P. Martial Rat prescha très scavemment, sur le
« subjet de la croix, que l'on venoit de relever en triomphe,
« en lad. ville d'Aramon, ce qui porta un chascun à louer
« Dieu ».

Cependant l'emplacement choisi ayant paru défectueux, on rompit l'acte d'achat, et l'on acquit « prosche des susd. terres » et toujours « au terroir des Graves, » une propriété appartenant à Nicolas Roux. C'était une terre « fort estimée, puisque
« n'estant composée que de six eymines, trois pougnadières·
« deux dextres, elle aboutissait néanmoins aux deux chemins
« du levant, où sont aujourd'hui (1670) les cyprès ; et du
« couchant, par où l'on va à St-Martin ». L'acte fut passé le 15 octobre 1617, par devant Denis Pitot, notaire. Il y fut spécifié que l'on cédait cette terre « franche et quitte de tous
« droits et devoirs seigneuriaux, de présent et pour l'advenir
« de tailles et deniers royaux et de toute censive » au **prix de**
« **600 l. tn.** payables aud. Roux et aux siens, quand bon semblera à lad. communauté en payant la pension de lad.
« somme au 6 pour 0/0, à chascun jour de la Madeleine ».

Il semble qu'il n'y avait plus qu'à se mettre à l'œuvre, mais nous l'avons dit, « la tour devait passer avant le couvent ». Or, ce travail dura un an. Enfin, le 29 septembre 1618, sous le consulat « de François de Bertrandy, escuyer, et de Anthoine
« Giles, fils de Jean, mesnager... la première pierre de l'église
« fût fixée des mains de M. l'Archidiacre, avec non moins
« de solennité qu'au susd. plantement de croix ». Il y eut même, à cette occasion, une procession générale, à l'issue de laquelle « l'église comme le couvent, fust placée, suivant
« l'ordre de l'Evesque, sous le titre et protection du grand
« St-Michel ».

La construction de l'édifice fut ensuite confiée à deux maçons du **pays, Jean Thomassin et Antoine Canonge** par bail signé le 29 octobre 1618. Les travaux commencèrent le 1er décembre, sous la direction du père Tourette, d'après le type adopté chez les Récollets, pour ces sortes d'édifices (1).

Il avait été convenu que l'on payerait aux entrepreneurs « 34 sols pour chascune cane quarré tant plein que vuide ».

La communauté ne pouvait donner que 400 l. par an, provenant de la vente des gragnons : ce qu'elle fit, d'ailleurs, pendant 9 ans : c'était peu. Aussi, les travaux n'avancèrent-ils que lentement ; on ne sait même comment on aurait pu les terminer, sans les dons particuliers, qui affluèrent de toutes parts : le Prieur d'Aramon donna 250 écus ; les Etats de Languedoc 200 écus, grâce à la bienveillance du président, M. Bon, Jean et Pierre de Jossaud, conseiller au siège présidial de Nîmes, 200 écus (leur grand oncle avait donné la chaire et les bancs de l'église), les deux Jean de Laudun, 250 écus, etc. Elle est interminable la liste qui nous est fournie par les « Archives » du couvent ; nous y relevons des noms appartenant à toutes les classes de la société ; chacun donna selon ses revenus, mais tous avec une générosité remarquable.

Les pères, d'ailleurs fort populaires dans le pays, ne restèrent pas oisifs : les uns, comme le père Bonice Morel, mirent au service de l'œuvre leur activité ; les autres, comme le père Cyprien de Montfort — très riche celui-ci — y allèrent de leurs deniers.

Pendant que l'on construisait le couvent, les Récollets, au nombre de huit, s'étaient installés à Aramon. Reçus d'abord chez les Jossaud, « ils y prirent, pendant plus de six mois, « leur nourriture ». De là, ils allèrent loger, aux frais de la communauté, dans une « pauvre maison, près de l'église

---

(1) On reconnut plus tard que, soit par défaut de connaissance en matière d'architecture, soit par désir de faire trop simplement les choses, dans un esprit de pauvreté, l'édifice avait été mal construit ; de là, des frais d'entretien fort nombreux. C'est même à ce vice de construction qu'il faut attribuer la chute du clocher, arrivée le 7 janvier 1670. On en éleva bientôt après un autre « *quarré* », au moyen de 100 l. données par l'Assiette, et de 64 l. obtenues par une quête.

« de St-Jean », où ils restèrent plus de six ans, « preschant, « instruisant, catéchisant le peuple, festes et dimanches, non « sans des progrés merveilleux ». Ils vivaient là d'aumônes: la ville leur fournissait annuellement cent cinquante kilos de viande, « moitié bœuf et moitié mouton »,et ce don fut doublé à partir de 1643, sur la proposition de Jean Bonnefoy, 1er consul, et par délibération du conseil général. Elle leur donnait également chaque année à « l'entré du caresme, vingt-quatre « livres pour l'achepst des provisions nécessaires en ce temps « (œufs, poissons, légumes), sans parler des charités et dons « extraordinaires, qu'elle leur faict et ne cesse de leur exhiber « presque annuellement, suivant les besoins et nécessités des « susdits ». Mais ils avaient d'autres ressources : ainsi les membres des Etats leur votaient,tous les ans,dix livres ; ceux de l'Assiette d'Uzès des sommes qui variaient. Puis il y avait les fondations pour services funèbres ; les legs par testament; les dons de la main à la main ; les quêtes, qu'ils faisaient dans les pays voisins : Vallabrègues, Montfrin, Meynes, Estézargues, Fournés, Remoulins, Saze, Vers, St-Hilaire d'Ozilhan, Castillon, Boulbon, Comps, Théziers, Beaucaire, Uzès, etc., où ils avaient des personnes dévouées, chez lesquelles ils descendaient. Ajoutez enfin, que, malades, ils étaient soignés aux frais de l'hospice. C'était la condition expresse que Catherine Moreau avait mise à ses générosités vis-à-vis de cet établissement. L'acte dit : « On leur fournira tous les aliments et « médicaments qui leur seront nécessaires jusqu'à parfaite « guérison ».

Le peuple d'Aramon avait montré un grand attachement aux Récollets : il les avait logés à ses frais ; il avait pourvu à leur subsistance ; enfin, ne venait-il pas, au prix de mille sacrifices, en 1624, de les installer dans le couvent nouvellement construit, et ne s'occupait-il pas activement à les pourvoir de meubles et de linges?

A leur tour, les Récollets ne marchandèrent pas leur dévouement à la population, surtout au cours de la « maladie « contagieuse, » qui ravagea si cruellement le pays, en 1629.

Cette peste fut la plus violente qu'on eût encore vue à Aramon. D'après de vieux écrits, « il s'en fallust de peu qu'on « en vist une entière destruction, et qu'il n'y restât aucun ha- « bitant, si fort le feu de cette peste s'y estoit embrasé. » On raconte même « que les animaux de l'air, pour ne pouvoir « supporter la violence de ce venin, tomboient en douzaines, « chargés sur le dos d'une tumeur ou charbon de la grosseur « d'une felve, qui leur causoit mesme temps la mort ».

Elle éclata le 13 juillet 1629, sous le consulat de Jean de Jossaud et de Jean Advocat, et fut reconnue officiellement, « en la feste de Saint-Alexis » c'est-à-dire le 17 du même mois.

De ce jour on ouvrit une « infirmerie » à l'hospice, où furent soignés les malades qui voulurent bien y entrer. On leur fournissait tout : « pain, vin, chair, bled, huile, bois, sucre, « poisson et autres fournitures et alimens, comme aussi tou- « tes drogues et médicamens (1).

Quant à ceux plus nombreux sans doute qui préférèrent rester chez eux, ou se retirer « aux champs dans les oliviers » ils reçurent, par les soins des consuls, les secours qu'ils demandèrent : il est vrai que l'on tint compte de tout, sur un registre spécial (2).

De plus on désigna des maisons de quarantaine, où l'on envoya les convalescents pour deux mois, sous la surveillance d'infirmiers que l'on appelait « gardes de santé ».

Les mesures étaient bien prises, ce semble, pour combattre le fléau : il ne se laissa point désarmer. Parmi les victimes qu'il frappa, nous devons signaler, comme étant les plus

---

(1) *Arch. comm.*, GG. 37.

(2) On dépensa pour les malades de l'infirmerie : 6.237 l. 14 s. 11 d. et pour ceux de la ville et des champs, qui étaient les plus aisés, 1,369 l. 1 s. 5 d. On fit le « despartement » de ces sommes sur les divers malades, par arrêt de la Cour ordinaire d'Aramon du 26 avr. 1633, avec obligation pour eux de payer (*Arch. comm*, GG. 37).

illustres, les deux consuls : Jean de Jossaud et Jean Advocat (1) Mais que d'autres succombèrent avec eux !

Dans le registre des « noms et surnoms de tous les habitants « qui ont esté frappés de la maladie contagieuse, » il n'est fait mention, à la vérité, que de 217 personnes ; il paraît même que toutes ne moururent pas, mais il faut remarquer, qu'il ne s'agit là que des malades de l'infirmerie, c'est-à-dire, du plus petit nombre probablement.

L'état-civil n'est pas plus explicite ; les curés Jacques Drôme et Raymond Calmen « estant sortis pour servir aux « champs et esviter le danger de la maladie contagieuse, des- « puis le 16 juillet jusqu'au 2 décembre » eurent sans doute autre chose à faire qu'à consigner des décès sur les registres. Drôme n'y mentionne guère que ceux des membres de sa famille. Et cependant, quelle effrayante idée, cela seul ne nous donne-t-il pas du fléau ! Le curé d'Aramon perdit en effet : Antoine Drôme, son neveu, le 26 juillet 1629 ; Antoine Drôme, son frère, le 28 juillet. (Ils furent enterrés tous deux « dans les oliviers de M. Billon » (2) ; Antoine Drôme, son père, « après avoir esté retiré de lad. maladie contagieuse », le 5 mars 1630 ; puis, à la Vernède, commune d'Aramon, son autre frère, Nicolas Drôme, sa belle-sœur, Agnès Morelle, et, probablement aussi de la même maladie, les deux enfants de ces derniers, Guillaume et Catherine Drôme : sept corps en tout (3).

Ajoutons maintenant que, durant cette épouvantable épreuve tout le monde fit son devoir, les Récollets surtout. Ils étaient alors huit au couvent : 1º le P. Etienne Roussin, gardien ; 2º le P. François Lirony. 3º le P. Irénée Janin ; 4º le P. Jean-

---

(1) J. de Jossaud succomba dès les débuts ; il s'était tant surmené pour tout organiser ; et J. Advocat, le 14 octobre 1629.

(2) Il n'est pas rare de trouver, dans la partie du territoire complantée d'oliviers, au nord du pays, des débris humains : ce sont là, probablement, les restes d'anciens pestiférés.

(3) Arch. comm., GG. 37.

Jacques Archimbaud : 5° le P. Alexis Ramade ; 6° le Fr. Berning Icard ; 7° le Fr. Massé Leydier ; 8° le Fr. Bonnice Morel.

Dès que la peste fut officiellement reconnue, tous s'offrirent à soigner les malades. Le P. gardien, pour mettre à couvert sa responsabilité, leur demanda une déclaration par écrit : ce qu'ils firent sans hésiter ; puis, comme il n'était pas nécessaire que tous se dévouassent à la fois, il désigna le P. François Lirony et le Fr. Massé Leydier. C'est dans la chapelle, au pied de l'autel, que se passait cette scène touchante. Nos deux religieux, fiers de l'honneur qui leur était fait, s'avancèrent vers le P. Gardien et lui demandèrent à genoux de les bénir. Ensuite, ayant embrassé leurs frères, ils allèrent se présenter aux consuls qu'ils trouvèrent devant l'église au milieu d'un groupe de notables, déclarant qu'ils se mettaient à leur disposition.

Les consuls, ravis du zèle de nos bons religieux, leur assignèrent le quartier le plus éprouvé, naturellement. Ils s'y rendirent aussitôt, et, pendant quinze jours, ils se dévouèrent au service des malades avec un succès merveilleux, administrant les sacrements, distribuant des aliments et des remèdes, recevant les dernières volontés des mourants, relevant les courages abattus, ensevelissant les morts, surveillant les parfumeurs, gens peu scrupuleux de leur nature, paraît-il. « Ils « étaient partout, nous disent les Archives, on ne voulaient « qu'eux et ils faisoient plus qu'ils ne pouvoient ».

De telles fatigues, jointes aux émanations du fléau, ne tardèrent pas à avoir raison d'eux. Atteints l'un et l'autre, ils succombèrent : le père Lirony, le 7 août, et le père Deydier, le 10.

Dès que l'on apprit au couvent la fin tragique de ces deux religieux, deux autres se présentèrent, « décidant de servir « jusqu'à la mort les pestiférés : » c'étaient le P. Janin et le Fr. Marel.

En présence d'un tel dévouement, l'admiration du peuple fut sans bornes. Les malades campés aux champs, jaloux de voir ceux de la ville si bien soignés, exprimèrent le désir d'avoir des religieux à leur service. Le P. gardien, faisant droit à leur demande, désigna les PP. Ramade et Archambaud, qui se rendirent au poste assigné et déployèrent un zèle égal à celui de leurs frères. On aurait dit qu'entre ces religieux une lutte était engagée, pour savoir lequel ferait le plus de bien, lequel braverait le mieux la mort.

Ils finirent cependant par être tous frappés, dans le mois de novembre, et presque la même semaine. Deux moururent : le P. Janin, le 30 novembre, et le P. Archambaud, vers la fin de décembre. Le P. Ramade et le Fr. Marel furent longtemps malades.

Cependant le P. gardien ne restait pas oisif au fond de son cloître. Chaque jour, accompagné du Fr. Berning, il visitait les malades dont les huttes avoisinaient le couvent et leur rendait toutes sortes de services. Frappé à son tour, il faillit mourir. On raconte même qu'un jour, dans un accès de fièvre chaude, il se jeta de la fenêtre en bas, sans se faire pourtant aucun mal : ce qu'on regarda comme un miracle. Le Fr. Berning fut moins heureux. Ayant contracté le mal au chevet de son gardien, il en mourut bientôt après. C'était le cinquième religieux que l'on perdait : le couvent avait reçu là un glorieux baptême.

C'est en ces circonstances, qu'Aramon fut témoin d'un grand acte de foi, accompli par ses consuls. Devant les ravages du mal, et surtout devant l'impuissance à l'enrayer par des moyens humains, on sentit le besoin de se tourner vers Dieu. Un jour donc « les consuls et le reste du peuple se vouèrent à la Sainte
« Vierge, en corps de communauté, et promirent de se porter
« processionnellement à Avignon, en l'église de Nostre-Dame-
« des-Doms, pour y communier en chaperon, pour ceste fois,
« avec protestation de faire de mesure à perpétuité, en l'église
« paroissiale dud. Aramon au jour et feste de l'Assomption,
« auquel jour ils promirent de faire annuellement et à perpé-
« tuité une procession générale ».

Enfin, la peste, après avoir progressivement diminué,

cessa complètement le 3 février 1630 (1). Ce jour-là, l'infirmerie fut fermée ; mais Aramon resta longtemps encore au nombre des pays contaminés. Le 21 juin 1630 seulement, un arrêt du Parlement de Provence « séant à Sallon » déclara que « la peste ayant cessé depuis plus de six mois, à Aramon, « les habitants de cette ville auroient libre entrée, par toutes « les villes et lieux de Provence (2). »

Cette peste laissa un douloureux souvenir dans la mémoire du peuple. On en voit la preuve dans les écrits du temps. Il est bien rare, chaque fois que le mot de « maladie contagieuse » arrive sous la plume de l'écrivain : notaire, curé, consul, etc., qu'on n'ouvre une parenthèse, pour prier Dieu de la tenir loin du pays.

Elle revint cependant en 1640 : mais fut loin d'avoir la même violence. Elle débuta par quelques cas isolés ; nous relevons les suivants, dans l'Etat civil (3) : celui de l'abbé Drôme, prêtre de Montfrin, le 23 mars ; celui de Marie Drôme, le 1er mai ; celui de l'abbé Raymond Calmen, le 9 mai : « tous soubsonés de maladie contagieuse. »

En juin, elle atteignit l'apogée de sa violence. Heureusement que les malheurs de 1629 avaient donné de l'expérience. On établit immédiatement une infirmerie. On fit venir des « parfumeurs ». On installa des apothicaires. On créa un bureau de santé, etc. Grâce à ces mesures, les victimes furent relativement peu nombreuses. L'état civil ne désigne même que quatre personnes, comme étant mortes de la peste, mais l'état civil n'est pas complet, et nous remarquons qu'en 1640, comme en 1629, l'abbé Drôme n'a guère tenu compte que des défunts de sa famille.

Quoiqu'il en soit, le souvenir des services rendus par les Récollets, en 1629, porta les consuls à faire appel à leur dé-

---

(1) *Arch. comm.*, GG. 37.

(2) *It.*, GG. 38.

(3) *It.*, GG. 39.

vouement. Ils se présentèrent donc au couvent, pour savoir du père Gabriel Luponis, combien de religieux accepteraient de se vouer au service des malades.

Or, soit que le mal ne parut pas exiger les mêmes sacrifices, soit que réellement le zèle se fut refroidi, sur sept religieux, trois seulement s'offrirent : le P. François Pattus, les fr. Martial Andoque et le fr. Joseph Servais. Ils suivirent immédiatement les consuls et restèrent six mois au service des malades, se dévouant, jour et nuit, sans être atteints, « comme si Dieu eût voulu ainsi suppléer à la faute préten-
« due des autres. »

Cette défaillance, néanmoins, dut faire une fâcheuse impression sur l'esprit du peuple et l'indisposer contre les Pères. Nous en avons la preuve dans le fait suivant :

Un jour, sans que nous sachions, disent les Archives, « si
« ce fust par une fougue de populace ou bien par ordre des
« consuls, les pestiférés en foule se vinrent poster au cou-
« vent, dont ils chassèrent les religieux, qui ne sçavoient
« ensuite où se réfugier, en ces temps déplorables. »

On peut juger de l'état où ils mirent le couvent, et ce qu'il en serait résulté, si une panique n'était venue en débarrasser les religieux. Heureusement, le 4 octobre, des bruits insolites qu'on entendit dans les combles, et auxquels on attribua un caractère surnaturel : l'apparition vraie, ou prétendue telle, de Saint François d'Assise, une verge à la main, dans une attitude menaçante, glacèrent d'effroi les coupables. « Chas-
« cun s'enfuit sans attendre le jour, publiant partout, et
« notamment aux pères, ce qu'on avoit vu et entendu. »

Après leur départ, les religieux firent « parfumer » le couvent, réparèrent les dégâts et rentrèrent chez eux. La peste cessa bientôt après (1), et le peuple, touché du bien fait par les Pères, ne tarda pas à oublier sa rancune.

---

(1) La contagion cessa en septembre, et le premier vœu fut transféré à la fête de N.-D. de Septembre. (Mnsc. du château). D'après la statistique du Gard, par H. Rivoire, la communion des consuls

Nous avons dit que les religieux avaient pris, en 1624, possession de leur couvent. Mais, à cette époque, il y restait encore beaucoup à faire : ainsi l'église ne fut achevée qu'en 1631, sous le gardiennat du P. Roussin, « lequel la bénit
« ensuite, suivant le pouvoir, qu'il en avait obtenu de Mgr
« l'Evesque d'Uzès et feust le premier de nos religieux qu'on
« y vist célébrer la Sainte-Messe. » Le clocher même date de plus tard : il ne fut construit, qu'en 1639, aux frais de la ville, grâce à la bienveillante protection du 1er consul, Pierre de Jossaud.

L'église ne se composait primitivement que d'une nef. Les petites chapelles latérales ne vinrent qu'après, et successivement : celle du St-Sauveur, en 1631, (construite aux frais de l'apothicaire, Antoine Forestier) — celle de la Ste-Vierge, en 1671 (construite aux frais de Marguerite Thérond) — celle de St-Antoine, vers 1755 (vendue par les Pères à Antoine Sauvan, juge d'Aramon, et cédée plus tard à Henry de Pitot, qui y fut enterré en 1771).

Quant au grand dortoir, qui, au dire de vieux écrits, passait pour l'un des mieux « ordonnés » de la province, il fut commencé en 1639. Jacques Sauvan donna de quoi construire les six premières chambres.

D'ailleurs, en même temps que l'intérieur du couvent, l'extérieur s'était progressivement embelli : 1º le 4 septembre 1629, François Mille, en mourant, avait légué aux Récollets « une terre joignant le clos desd. Pères, du costé du midi, « contenant deux eyminades ; » 2º, le 21 avril 1641, Jean Viaud, ménager, avait vendu aux Pères « une terre de deux « eyminées, joignant le couvent du costé du couchant. » 3º, le 30 septembre 1646, Isabeau de Favier, veuve de Jean de Laudun, avait donné, en retour d'un service funèbre pour

---

fut en usage jusqu'en 1789. Ils recevaient ce sacrement la corde au cou, et, en dernier lieu seulement à la boutonnière. — Ajoutons que la fête du 8 sept. est très solennelle à Aramon, et qu'on l'appelle encore la fête du vœu.

son mari, un coin de terre « d'une pougnadière, un quart,
« un huitiesme, pour adroicter et faire à droicte ligne la
« muraille du jardin : » tout autant d'aquisitions fort avantageuses et dont les documents terminent la nomenclature
par ces mots naïfs : « Attendant à faire l'aquisition de la terre
« de Bertrandy, pour, par ce moyen, quarrer tout nostre
« jardin. »

Mais le plus bel ornement du Monastère fut sans contredit
« le cours devant l'église. » Jusqu'en 1663, il n'y avait pas
de chemin proprement dit, allant directement au couvent,
mais un simple sentier, qui partait de la rue St-Martin (1) et
aboutissait, après un circuit, à la façade de l'édifice : ce
n'était ni commode, ni gracieux. Un père, Pierre Bourrely,
eut l'idée de faire une belle avenue, « despuis la seconde rue
« du faubourg, jusqu'au coin de la maison des hoirs de
« Miaule, en tirant du levant au couchant, en droite ligne de
« la principale porte du couvent. » Dans son esprit, l'avenue
devait avoir « quatre canes de largeur, afin que l'on pût
« planter des ourmeaux de chasque costé. »

Ce projet présentait bien des difficultés ; le bon Père les
surmonta, grâce à l'appui des consuls, Etienne de Laudun et
François Moreau, qui, dans une réunion du Conseil général
et extraordinaire, tenue le 10 mai 1663, exposèrent la demande des religieux et firent prendre une délibération favorable.

Des rapporteurs furent nommés pour examiner la quantité
de terrain qui serait nécessaire et le prix auquel se monterait l'achat : ce furent Antoine Sauvan et Louis Soumille.
Le 1er décembre, ils se rendirent sur les lieux, et, après avoir
mesuré le terrain au cordeau, ils décidèrent de prendre « du
« clos de Viaud, trois pougnadières, moins un dextre » ; —
de celui des hoirs d'Innocent Icard « trois pougnadières

---

(1) A l'endroit même où est aujourd'hui le portail de la rue Saint-Martin.

« revenant le tout à une eymine et demye, moins un dextre. »
L'ensemble fut évalué à 190 livres.

Pour solder cette dépense, on fit dans le pays une quête avec le concours des meilleures familles : six mois après, l'avenue était faite (1).

Cependant, les Récollets travaillaient activement au bien moral du pays. Etablis à l'extrémité du faubourg supérieur, assez loin de la ville, ils avaient fondé là comme une seconde paroisse. Dimanches et fêtes, il y avait au couvent deux messes et souvent trois, et puis, dans le courant de l'année, une foule d'exercices pieux, comme l'adoration de la croix. « tous les vendredys de caresme et le premier vendredys de « chasque mois » (2) des neuvaines, des retraites, etc. On y accourait de tout le pays pour entendre la parole de Dieu, se confesser, assister aux offices. D'ailleurs, la vue seule des Pères était une prédication. Levés de grand matin, passant de longues heures, jour et nuit, dans la prière et la méditation, ne vivant que d'aumônes, vêtus grossièrement, se dévouant au service des malades, ils produisaient la meilleure impression sur le peuple.

Quelques-uns d'entre eux ont même laissé une véritable réputation de sainteté : le P. Isidore de Rigaud, entre autres. On raconte que, lorsqu'il mourut, le 25 oct. 1653, les enfants parcoururent le pays, pleurant et criant : « Lou sant es mort ! Lou sant est mort ! » et que le peuple mit en pièces ses vêtements et s'en fit des reliques.

Mais ce qui surtout produisit d'excellents résultats dans le pays, ce fut la création du Tiers-Ordre. Témoins de la

---

(1) L'avenue s'ouvrait du côté de la ville par une porte monumentale en pierres de taille. C'est celle-là même qui se trouve aujourd'hui à l'entrée de l'avenue des écuries du château, sur le bord de la route d'Aramon à Avignon, où elle a été transportée pierre par pierre. A remarquer : les deux croix qui la décorent.

(2) Cette fondation était due à Pierre Mauran, et datait du 7 juillet 1671.

sainteté des religieux, quelques âmes d'élite se sentirent portées à les imiter. Les Pères mirent à profit ces bonnes dispositions et formèrent l'association du Tiers-Ordre. L'œuvre fut solennellement érigée le 4 décembre 1655, par le P. Paul Gensolas. On fut peu nombreux d'abord : « quatre ou cinq », disent les archives. Mais ce nombre ne tarda pas à s'accroître. Les femmes, surtout celles des meilleures familles du pays, voulurent en faire partie. On en compta bientôt cinquante. Puis, vinrent les hommes. A la tête de toutes les bonnes œuvres, ne reculant devant aucun sacrifice, donnant en tout le bon exemple, les associés du Tiers-Ordre, hommes et femmes, firent un grand bien : grâce à eux, il fut bientôt de bon ton, dans le pays, de vivre chrétiennement.

Les associés du Tiers-Ordre avaient deux caveaux, dans l'église des Récollets, un pour les femmes, l'autre pour les hommes. Celui des femmes fut construit, aux frais de Marie de Rix, originaire d'Arles, morte à Aramon, le 4 sept. 1659, en odeur de sainteté (1). Celui des hommes le fut aux frais des confrères. Il était « au costé droit du bénitier. »

Du relevé que nous avons fait, sur les registres de l'œuvre, il résulte que l'on enterra dans l'église des Récollets, 83 personnes appartenant au Tiers-Ordre.

Le bien que firent les Récollets les rendit longtemps populaires à Aramon. On le voit, par le fait suivant : depuis le milieu du xviii<sup>e</sup> siècle, on se préoccupait beaucoup, dans les conseils du roi, de la situation fâcheuse où se trouvaient une foule de petits couvents de province, par suite du manque de ressources et de la difficulté à se recruter. Le 31 juillet 1766, on avait même nommé des commissaires, avec mission de faire une enquête à ce sujet. Le but, bien que non encore indiqué, était facile à prévoir.

A cette nouvelle, Aramon s'émut ; on écrivit longuement

---

(1) Vers 1666, comme le nombre des sœurs augmentait, elles firent faire un second caveau à leurs frais.

à l'Evêque d'Uzès, pour le prier d'intercéder auprès de l'Archevêque de Reims, l'un des commissaires-enquêteurs, sans doute. Et, de fait, l'affaire parut en rester là. Mais, bientôt, nouvelle alarme ! Un arrêt du Conseil d'Etat, en date du 3 avril 1767, venait d'ordonner la suppression de tout couvent qui n'aurait pas dix religieux ; les commissaires étaient cependant autorisés à faire quelques exceptions, à leur choix.

C'était grave. Aramon ne comptant que sept religieux. Immédiatement, le Conseil politique s'assemble, par les soins de Charles Martin (16 août 1767), et l'on décide, à l'unanimité, de demander au gouvernement, vu les services qu'ils ont rendus de tout temps au pays, de vouloir bien comprendre les Récollets dans l'exception. Puis, on envoie la délibération à l'Evêque d'Uzès, avec prière de la transmettre, chaudement recommandée, à l'Archevêque de Reims (1).

Sauvé, grâce à cette démarche, le couvent d'Aramon ne fit pourtant que décliner. La misère qui augmenta dans le pays, le manque de vocations, l'impossibilité de se faire payer certaines pensions (2), et surtout la mort de Ch. Martin, toujours si influent, toujours si dévoué, furent pour lui comme autant de coups mortels. Il fallut d'abord diminuer le personnel ; puis, pour se créer des ressources, aller prêcher dans les pays voisins : le service en souffrit, quel que fût, d'ailleurs, le dévouement du gardien, le P. Arnavon, qui se multipliait. Jean-Joseph Labrousse, le nouveau maire, en profita pour faire entendre de dures paroles, au sein du Conseil politique : « Nous ne réclamons en cela (il s'agissait « des messes supprimées), disait-il, que les devoirs desd. « Pères Récollets, leur obligation d'origine et leur reconnais- « sance, nous trouvant fort à plaindre de prêcher l'Evangile,

---

(1) *Arch. comm.*, BB. 26.

(2) Le seigneur de Vallabrègues entre autres, avait légué, en mourant, 200 écus aux Récollets. Son frère, le marquis de Lenoncourt, devait les payer. Il refusa. — Et il y en avait beaucoup d'autres dans ce cas.

« à ceux qui doivent nous le faire entendre. Nous éprouvons
« malheureusement, en ce siècle, que la plupart des corps
« religieux se sont éloignés de l'esprit de leurs fondateurs, en
« s'approchant de trop près des gens du monde. Leurs be-
« soins ont véritablement augmenté avec les nôtres, mais
« leur ambition devrait finir, quand la nôtre s'éveille ». Ensuite, comme sanction, on décida de supprimer le don de
viande, « jusqu'à ce que le gardien eût rétabli dans son cou-
« vent deux messes, les dimanches et fêtes (1) (1778). »

Il faut croire que les Récollets se trouvèrent dans l'impossibilité de remplir cette condition, car nous voyons que le
secours fut supprimé ; mais aussi leur détresse devint
extrême.

Dans les commencements de juin 1783, le P. gardien
déclara au conseil que l'on allait abandonner le couvent, les
quêtes ne produisant plus que six livres par semaine, et lui-
même s'étant vu obligé d'emprunter une assez forte somme
pour nourrir et vêtir les religieux. Devant ce douloureux
exposé, l'assemblée, qui n'était plus sous l'influence de J.-J.
Labrousse, fut prise de compassion, et considérant « l'utilité
« des Récollets et combien le P. gardien se rendait utile par
« la confession et autrement », elle donna « d'une voix una-
« nime » pouvoir au second consul, Manivet, d'emprunter et
de remettre aux religieux 72 livres « sans, dit pourtant l'acte,
« que cela pût tirer à conséquence ».

C'était là un témoignage de sympathie, mais le couvent
n'en était pas moins condamné dans la pensée des Pères, comme
dans celle du peuple. Aussi, quand l'Assemblée nationale eut
décrété la vente des biens domaniaux et ecclésiastiques,
jusqu'à la somme de 400 millions, Pierre Brice Féline, second
consul, et ses collègues du Conseil se contentèrent de revendiquer l'immeuble « *comme ayant été construit aux frais*

---

(1) *Arch. comm.*, BB. 29. — Il est plaisant d'entendre ce forcené
voltairien faire un crime aux récollets de leur prétendu manque de
zèle.

*de la Communauté* », s'engageant d'ailleurs à en faire « un « hospice salubre pour l'humanité souffrante » (9 mai 1790). Il va sans dire que leur demande resta sans réponse.

Et maintenant, rendons cette justice aux Récollets, qu'ils tombèrent dignement. Au moment de l'inventaire, fait le 30 mai 1790, par François Fabre, maire d'Aramon, ils étaient trois religieux au couvent : 1° le P. Vinceslas Signoret, gardien (50 ans) ; 2° le P. Romain Roman, définiteur (54 ans) ; 3° le fr. Célestin Chabert (66 ans). Ils déclarèrent tous « vouloir rester dans le couvent, tant qu'il ne serait pas sup- « primé ».

Et cette belle réponse, ils la renouvelèrent le 18 août 1790, à l'occasion d'un second inventaire, le premier n'ayant pas été trouvé régulier.

Il y avait du mérite pourtant à la faire. De l'inventaire même, il résulte qu'il ne restait en caisse que 17 livres : les recettes ayant été de 765 l. et les dépenses de 748 l., du 22 juin 1789 au 18 août 1790. C'était donc pour eux, en perspective, la misère noire.

A l'issue de l'inventaire, on offrit aux Pères de se charger de la garde des objets. Ils acceptèrent, et cet état de choses dura jusqu'au 7 juillet 1791. Mais, ce jour-là, J.-J. Labrousse s'étant présenté pour renouveler les scellés, les religieux lui demandèrent une décharge et lui déclarèrent qu'ils allaient sortir du couvent et « partir pour leurs familles », ce qu'ils firent sur le champ.

Le couvent fut vendu à Beaucaire le 15 juillet 1791, et acquis par Gaspard Viaud, ménager, au prix de 7.525 l. (1).

On ne comprit pas dans cette vente les objets religieux (on les avait déjà remis au curé Savoy), ni le mobilier et autres effets, qui furent vendus en place publique d'Aramon le 3 novembre 1792.

Qu'est devenu le couvent, depuis ?

---

(1) *Arch. de la Préf.* — Biens du clergé, n° 236.

Gaspard Viaud le revendit à Joseph Jouve, boulanger d'Aramon (1) : l'abbé Gerbaud nous raconte dans son manuscrit, qu'en 1801, il occupait, à titre de locataire, une chambre, dans l'ancien couvent et qu'il en payait la rente (12 fr.) à ce dernier. Mais les Jouve ne le gardèrent pas longtemps.

Vers 1802, au retour de l'émigration, Pierre-Philippe-Auguste-Antoine de Sauvan, irrité des dégâts faits à son château, pendant la révolution, et, d'ailleurs, peu disposé à l'habiter « n'en ayant jamais aimé la situation » (2), acheta des Jouve le couvent, pour en faire sa demeure. Toutefois, n'osant toucher au vieil édifice, il fit construire, au levant, contre le mur même, avec des matériaux tirés du château, les appartements que l'on y aperçoit encore, quoique bien délabrés, et s'y installa.

A sa mort, son petit-fils, qui n'avait pas les mêmes goûts, reprit possession du vieux château, après l'avoir fait réparer, et le couvent servit alors de demeure à Mme Mathilde de Chamoys, née Sauvan, qui l'habita jusqu'à sa mort (1880).

Nous lisons, dans un manuscrit du château, qu'en 1737, tous les ossements des personnes enterrées dans l'ancienne église des Récollets, entre autres ceux de Henri Pitot (3), furent transportés, par les soins et sous la surveillance de l'abbé Imbert, au cimetière de la paroisse.

Le manuscrit ne dit rien de plus. Mais ce seul acte ne dénote-t-il pas l'intention où l'on était déjà de donner une autre destination à l'édifice ? C'est alors, du reste, que, pour lui enlever extérieurement son caractère religieux, on abattit

---

(1) Joseph Jouve était le père de l'infortuné Xavier Jouve, qui fut guillotiné à Nîmes en 1793 (Mnsc. de l'abbé Ant. Gerbaud).

(2) Mnsc du château.

(3) Nous regrettons vivement que l'abbé Imbert n'ait pas songé à donner une place à part aux restes de Henri Pitot.

les chapelles latérales (1), où se trouvaient la plus grande partie des tombeaux ; le vieux clocher eut probablement le même sort.

Cette mutilation regrettable, la première qu'eut encore subie le vieux couvent, fut bientôt suivie d'un plus cruel outrage. Depuis 1802, le chœur des Récollets servait de chapelle au « NOUVEAU CHATEAU ». Il y avait même là, à droite de l'autel — côté de l'Evangile — l'ancien tombeau des Sauvan ; et à gauche — côté de l'Epitre — celui des Récollets : c'était donc un lieu deux fois sacré.

Mais en 1887, le nouveau marquis, Camille de Sauvan, désirant avoir, à Aramon, de grandes écuries, choisit pour leur emplacement, l'ancienne église des Récollets. En conséquence, il fit enlever les restes de ses ancêtres et ceux des religieux. Les premiers furent déposés dans un caveau de la chapelle rurale de Saint Martin, et les seconds, sous le piédestal de la croix, qui se trouve au-devant de la même chapelle. Puis, des maçons eurent ordre de construire, dans la nef, un magasin pour les harnais, de riches stalles pour les chevaux et de transformer le chœur en remise pour les voitures : ce qui fut fait.

Et, depuis, les jours de réception (2), c'est-à-dire tous les lundis, les invités du château, après un dîner fin, offert par leur hôte, ne manquent guère de descendre aux écuries, ornées pour la circonstance, avec un soin particulier ; et là, en présence de l'heureux propriétaire, qui s'y prête volontiers, on les entend s'extasier, tour à tour, sur le luxe de l'installation, sur la richesse des harnais, sur la beauté des chevaux... hélas ! sans un mot de regret pour de telles profanations !

Pauvre gloire humaine !

---

(1) On aperçoit encore les vestiges de ces chapelles sur le mur extérieur de la vieille église, côté du couchant.

(2) Quand les Sauvan viennent à Aramon, c'est toujours pendant l'hiver, et ils n'y séjournent que quelques mois.

Voici la liste complète des gardiens :

| | | |
|---|---|---|
| 1. | Jacques Galy | 1617-20 |
| 2. | Isidore de Lirac. | 1620-23 |
| 3. | Cyprien de Montfort. | 1623-24 |
| 4. | Thomas Turier. | 1624-25 |
| 5. | Louis de Tourette. | 1625-28 |
| 6. | Etienne Roussin. | 1628-30 |
| 7. | François Arnaud. | 1630-31 |
| 8. | Jacques Gontrand. | 1631-32 |
| 9. | Angélique Joannis, | 1632-33 |
| 10. | Nicolas Chabrier. | 1633-36 |
| 11. | Athanase Dille. | 1636-37 |
| 12. | Esprit Barralis. | 1637-38 |
| 13. | Gabriel Luponis. | 1638-41 |
| 14. | Thomas Gleize. | 1641-43 |
| 15. | Pacifique d'Antonelle. | 1643-46 |
| 16. | Gervais Réguier. | 1646-48 |
| 17. | Raymond Richard. | 1648-50 |
| 18. | Denis Torchas. | 1650-51 |
| 19. | Pacifique d'Antonelle (bis). | 1651-53 |
| 20. | Paul Genfolen. | 1653-56 |
| 21. | Bernard Nomy. | 1656-58 |
| 22. | Louis-François Bernard. | 1658-60 |
| 23. | Clément Doux. | 1660-63 |
| 24. | Victor Beaufort. | 1663-65 |
| 25. | Dorothée du Roure, | 1665-68 |
| 26. | Félix Roussillon. | 1668-71 |
| 27. | Dorothée du Roure (bis). | 1671-74 |
| 28. | Toussaint Olive, | 1674 |
| 29. | Apollinaire de Gerent. | (Sans date). |
| 30. | Angélique de Polvérière. | 1677-78 |
| 31. | Bernard Nouy (bis). | 1678-80 |
| 32. | Victor Beaufort (bis). | 1680-82 |
| 33. | Léon Vigier. | 1682-83 |
| 34. | Bernard Nouy (ter). | 1683-84 |

| | |
|---|---|
| 35. Angélique de Polvérière *(bis)*. | 1684-86 |
| 36. Clément Piélat. | 1686-89 |
| 37. Théodoric Raviot. | 1689-92 |
| 38. Joseph-Marie Pangnol. | 1692-94 |
| 39. Constance Leydier. | 1694-95 |
| 40. Benoît Jean, | 1695-97 |
| 41. Raymond Verdet. | 1697-98 |
| 42. Antoine Lombardon. | 1698-1703 |
| 43. Hiérome Simon. | 1703-05 |
| 44. Junifere Bressy. | 1705-07 |
| 45. Bruno Bazin. | 1707-08 |
| 46. Miltre. | 1708-11 |
| 47. Denis Loys. | 1711-13 |
| 48. Philippe Ripert. | 1713-14 |
| 49. Thadée Aycard. | 1714-17 |
| 50. Jean-Marie Roques. | 1717-19 |
| 51. Séverin Boutholan. | 1719-23 |
| 52. Basile Alberty. | 1723-26 |
| 53. Laurent Guigue. | 1726-29 |
| 54. Blanchard. | 1729 |
| 55. Joseph Disnard. | *(Sans date)*. |
| 56. Michel-Ange Basset. | 1732 |
| 57. Gabriel Sistéron. | *(Sans date)*. |
| 58. Basile Robert. | 1734 |
| 59. Casimir Etienne. | *(Sans date)*. |
| 60. Basile Robert (611). | 1738-41 |
| 61. Joachim Peyre. | 1741-43 |
| 62. Martin Auzias. | 1743-45 |
| 63. Valentin Berne. | 1745-47 |
| 64. Auguste Rochefort. | 1747 |
| 65. Gente Prouve. | *(Sans date)*. |
| 66. Maxime Castagne. | 1750-53 |
| 67. Denis Vincent. | 1753-56 |
| 68. Joseph Birot. | 1756-59 |
| 69. Denis Vincent *(bis)*. | 1759-62 |
| 70. Basile Rigaud. | 1762-65 |

| | |
|---|---|
| 71. Germain Buvaine. | 1765-68 |
| 72. Alexis Chanet. | 1768-70 |
| 73. Jean-Baptiste Forestier. | 1770-71 |
| 74. Prosper Roman. | 1771-73 |
| 75. Vital Delherbe. | 1773-75 |
| 76. Raymond Léard. | 1775-77 |
| 77. Zacharie Clément. | 1777 |
| 78. Louis Arnavon. | (Sans date). |
| 79. Basile Rigaud (bis). | 1780 |
| 80. Honoré Villevielle. | 1784 |
| 81. Joseph des Anges Dumont. | (Sans date). |
| 82. Maximin Coéb-Binay. | 1786 |
| 83. Joseph des Anges Dumont (bis). | 1786 |
| 84. Prosper Roman (bis). | 1787 |
| 85. Vinceslas Signoret. (1). | 1790-91 |

---

(1) Notons que le gardiennat est de trois ans. Donc, ceux des pères qui ne restèrent pas en charge ce laps de temps, ou bien furent surpris par la mort, ou bien furent appelés à d'autres fonctions. Les archives nous en désignent cependant deux ou trois qui démissionnèrent par suite d'infirmités graves.

# CHAPITRE XXII

## LES URSULINES

L'établissement des Ursulines suivit d'assez près celui des Récollets ; et cela s'explique d'autant mieux qu'il y avait là une lacune à combler.

Jusqu'au milieu du xvii<sup>e</sup> siècle, les jeunes filles d'Aramon avaient été confiées tantôt à des régents (1), dans des écoles mixtes, tantôt aux femmes ou aux filles (2) de ces mêmes régents, — lesquelles, soit dit sans injure, étaient loin de briller par un grand savoir, — et, naturellement, leur éducation s'en ressentait au double point de vue des connaissances et des bonnes mœurs. Le pays en gémissait ; on voulut mettre un terme à cet état de choses.

Dès l'année 1639, des efforts furent tentés dans ce sens. Nous le voyons par deux lettres d'un M. Vincent (3) de Saint-Remy (Provence), aux consuls d'Aramon, dans la première desquelles il dit : « On a voulu affirmer que vous aviés escript « à nos Dames de la Présentation, non une fois, mais deux : « si vous puis-je asseurer qu'elles n'ont reçeu aucune des vô- « tres. Tant il y a puisque vous leur faictes l'honneur de les « dézirer, dans vostre ville, elles tascheront de respondre à « vos louables soëts. Et, dans cet effect, dans huict jours et « plus tôt, si nous pouvons, je me porterai à Aramon, avec

---

(1) J. Pitot, not., 1599, etc.
(2) *Arch. comm.*, BB. 10.
(3) Probablement le supérieur des Dames de la Présentation.

« leur père directeur et confesseur, pour prandre avec vous
« les dispositions pour l'accomplissement d'une si bone
« œuvre. » Saint-Rémy, 23 septembre 1639. Et, dans la seconde, écrite le 28 du même mois, pour expliquer un retard involontaire de quelques jours dans son voyage : « Si, dans
« ce temps, M. l'Evesque faict sa visitte, vous pourrès le dis-
« poser d'agréer que nos Dames de la Présentation ayent
« l'honeur d'estre dans son diocèse et son obéissance, comme
« il en sera supplié par lesd. Dames religieuses, lhorsque
« j'aurai eu l'honeur d'en conférer avec vous et leur père di-
« recteur et quelles verront pouvoir faire quelque chose dans
« vostre ville, pour y cultiver la junesse et les eslever à
« la vertu (1). »

Ces négotiations pourtant fort avancées échouèrent, on ne sait pourquoi (2) ; puis douze ans se passèrent.

Enfin, le 15 juin 1643, l'affaire revint au Conseil de la communauté. On décida, cette fois. « de faire establir ung cou-
« vent de relligieuses Ursulines (3), » et l'on chargea Jean-Louis de Posquière, premier consul, de se rendre à Tarascon, où se trouvait un monastère de cet ordre, « pour scavoir l'in-
« tention desd. Dames religieuses » (4). Posquière partit le jour même : Dieu bénit sa mission.

Il y avait alors, à Arles, une noble femme, Catherine d'Icard, veuve de Trophime de Mondony, « quand vivoit escuyer (5) » qui avait conçu le pieux dessein« de faire une fondation desd.
« religieuses à ses frais et despans »(6). Mise au courant par

---

(1) *Arch. comm.*, GG. 17.

(2) Probablement que les religieuses demandèrent à la communauté quelques sacrifices, et que celle-ci ne put se les imposer, presque au lendemain de la peste de 1629, qui avait ruiné le pays.

(3) Comptes de J. L. de Posquière, premier consul, 1648. (*Arch. comm.*, CC. 52).

(4) *Item*.

(5) J. Arnaud, not., 1650.

(6) *Archives de la Préfecture*. Ursulines, H. 613.

sa sœur, Marie d'Icard, supérieure des Ursulines de Tarascon, de la démarche de Posquière, elle s'aboucha avec ce dernier. L'accord se fit très vite et les négociations commencèrent.

Il s'agissait d'abord d'obtenir le consentement de l'Evêque d'Uzès, qui se trouvait de passage à Nîmes. J. L. de Posquière se rendit auprès de lui, le 27 juillet 1648, et lui présenta une requête, « au nom de la Communauté et desd. « Dames pour « l'establissement dud. monastère » (1). L'Evêque approuva le projet et « pour faciliter d'avoir la permission de l'arche- « vesque d'Avignon » il « appoincta » (2) la requête, que Posquière remit le 29, aux religieuses de Tarascon.

A son tour l'Archevêque donna son assentiment. Tout allait donc bien, et Posquière en partant, le 4 août, pour la Capelle, résidence d'été des évêques d'Uzès, put se croire déjà en possession de l'ordonnance épiscopale; malheureusement une pièce manqua au dossier : la procuration du prieur d'Aramon, Gédéon de Pérault. L'Evêque refusa l'ordonnance ; il voulut de plus, « un contract conforme aux mémoires que le sieur « Jossaud lui avait envoyés » (3), et Posquière dut s'en aller comme il était venu.

Il ne se découragea pas cependant et les négociations reprirent aussitôt avec une nouvelle ardeur.

Enfin, le 22 septembre 1648, un contrat rédigé par Antoine Astier, notaire, dans le sens des desiderata de l'Evêque, fut signé, à Tarascon, par les parties intéressées : 1° Catherine d'Icard, veuve Mondony ; 2° le couvent de Tarascon ;3° J. L. de Posquière et Simon de Raoux-Laudun, délégués de la communauté d'Aramon (4). En voici la substance :

1° Catherine d'Icard s'engage à donner, pour la fondation du monastère d'Aramon, 3.600 l. « payable cette somme tant

---

(1) *Arch. comm.*, CC. 52.

(2) *Item*.

(3) *Item*.

(4) *Item*.

« en argent comptant qu'en meubles et linge » (1) ; mais elle se réserve le droit de faire entrer dans le futur couvent, comme religieuses de chœur, deux jeunes filles (2), qu'elle désignera plus tard, et cela « sans aucun dot spirituel ny aucun « ameublement » (3).

2° A son tour, le couvent de Tarascon fournira « le nom-
« bre de religieuses que par lui sera advisé et que sera néces-
« saire; comme aussi nourrira et entretiendra lesd. religieuses
« envoyées à Aramon, à ses coût et despans, jusqu'à ce qu'elles
« ayent fait paraître un état suffisant pour l'entretien dudit
« monastère d'Aramon ».

De plus, les religieuses envoyées à Aramon devront faire
« tant le service divin que la fonction d'apprendre et ensei-
« gner les filles pensionnaires et externes quy seront à leur
« classe et escole, laquelle classe promettent tenir ouverte,
« comme le font à tous les autres monastères; » et dans ce but, elles loueront une maison ou en « fairont bastir une à
« leur propre coût et despans, sans que pour raison de ce,
« elles puissent exiger ni prétendre aucun secours de la
« ville ».

3° Enfin les délégués de la communauté d'Aramon « ren-
« dront aux religieuses franche et quitte de toutes tailles tant
« royales qu'extraordinaires et municipales, à perpétuité, la
« quantité d'une salmée de terre soit vuide ou bastie, dans
« l'enclos de lad. ville d'Aramon ou aux faubourgs d'icelle, à
« l'endroict que lesd. Dames auront choisi et acheté, pour y

---

(1) J. Arn., not., 1650. — Extrait du testament de Catherine d'Icard. Par ce testament, nous savons que la fondatrice donna 1,800 l. en espéces et 1,200 l. en meubles et linge; quant aux 600 l. qui restaient, elles furent hypothéquées sur les biens de Renée de Mondony, fille de Catherine d'Icard, et payées plus tard.

(2) J. Arn., not., 1651. — Dans cet acte, Catherine d'Icard désigne définitivement : 1° la fille de son frère, Louis d'Icard, et 2° la fille de Renée de Mondony : sa nièce et sa petite-fille, espérant qu'il plaira à « Dieu, leur donner l'inspiration de se mettre en lad. religion ».

(3) *Item.*

« construire leur monastère et l'église ; et, en cas, elles en
« achètent plus grande quantité de terre que lad. salmée, le
« surplus d'icelle sera subject à la taille. Et quant aux cen-
« sives et autres droicts seigneuriaux, si lad. terre ou maison
« s'y trouvent assujéties, lesd. dames religieuses seules y
« pourvoyront ainsi que à l'achaipt, sans que pour cela ny
« pour l'amortissement et indempnité prétendus par les sei-
« gneurs directs, lad. ville et communauté leur soit tenue
« d'aucun secours et garantie, pour quelle cause que ce
« soit » (1).

Muni de cette pièce, dont les clauses étaient si avantageuses pour son pays, J.-L. de Posquière va trouver, à la Capelle, le vicaire-général d'Uzès qui représentait l'Evêque, alors absent, et en obtient enfin la précieuse ordonnance (2).

Ici, se présente une difficulté. D'après l'acte authentique que nous venons d'analyser, c'est avec le couvent de Tarascon que l'on traite, et c'est de Tarascon que doivent venir les sœurs fondatrices. Or, nous voyons, d'après d'autres documents non moins indiscutables, que les sœurs, Catherine de sainte Madeleine d'Icart (3) et Jeanne de saint Sacrement de Beaumont, désignées pour Aramon, viennent d'Arles (4) ; nous voyons également que leur pension est servie par le couvent d'Arles (5) ; enfin, nous voyons que la sœur Pierre de l'Hoste, envoyée bientôt après à Aramon, est qualifiée « professe (6) » du couvent d'Arles. Comment expliquer cette anomalie ?

---

(1) *Arch. de la préf.* Urs, H. 713.

(2) *Arch. comm.*, CC. 52.

(3) *Arch. comm.*, GG. 4. Sœur de la veuve de Mondony et de la supérieure de Tarascon. Elle mourut le 28 nov. 1675 et fut enterrée le 29 « dans la chapelle dud. monastère ».

(4) *Arch. de la préf.* Urs. 713.

(5) On payait 30 l. pour chaque religieuse. (*Item*).

(6) *Arch. comm.*, GG. 8.

Il faut croire que cela se fit en vertu d'un accord entre les deux maisons — accord ignoré de nous — et peut-être à la demande de M^me veuve de Mondony, qui n'était pas fâchée, naturellement, de voir l'une de ses sœurs à la tête du couvent qu'elle fondait.

Quoi qu'il en soit, les deux religieuses désignées ne tardèrent pas à se rendre à Aramon ; le 19 octobre 1648, elles affermèrent, par l'intermédiaire de S. de Raoux-Laudun, leur procureur, la maison de Jean Darmin, bourgeois d'Aramon, « assize dans l'enclos dud. Aramon, proche la maison de « Laudun (1), avec ses dépendances, pour le temps et terme « de deux ans, depuis le jour et feste de Saint-Michel dernier, « pour la somme de 75 l. par an. »

Les sœurs s'installèrent immédiatement dans cette maison : « en octobre (2) », disent les lettres patentes de Louis XIV ; et elles paraissent s'y être contentées du strict nécessaire : ce local, dans leur pensée, ne devant être que provisoire.

Il est probable aussi qu'en s'établissant, elles ouvrirent un pensionnat, puisque nous le voyons déjà florissant en 1654 ; mais elles n'oublièrent pas les enfants du peuple. Une école gratuite fut créée pour celles-ci dans la maison de Jean Pujet, voisine du couvent. Les consuls s'étaient chargés de l'emménager ; ils s'acquittèrent de ce soin avec zèle et conscience. Dès le mois de décembre 1648, ils firent ouvrir une porte de communication entre les deux immeubles; le 20 janvier 1649, ils commandèrent à Nicolas Peyric, menuisier, un pont en bois qui coûta 65 l. « pour le passage des religieuses à la « maison de J. Pujet, pour y tenir une eschole de filles » ;

---

(1) J. Arn., not., 1648. L'acte dit que « la court et passage de Dar-« min venoit respondre à la rue montant au chasteau ». Ce détail détermine clairement l'emplacement de l'immeuble. Puisqu'il se trouvait entre la maison de Laudun et la rue du Château, ce ne peut être que la maison Saysse-Féraud, habitée par les frères Granier.

(2) *Arch. de la préf.* Urs. H. 713.

enfin, le 30 du même mois, ils chargèrent « M. Guillaume, gipier » en renom, de construire une belle cheminée dans l'école : c'était presque du luxe en ces temps-là (1).

Il paraît que l'établissement prospéra : pensionnaires et externes affluèrent de toute part, si bien que, moins de deux ans après, on fut obligé de s'adresser à Arles pour demander deux autres religieuses. Le couvent désigna les sœurs, Jeanne de Constantin et Pierre de l'Hoste, qui partirent pour Aramon, après s'être fait assurer une pension par la maison-mère, où, sans doute, elles laissaient leur dot. Cette pension fut arrêtée au chiffre de 120 l. par an pour les quatre religieuses formant la communauté d'Aramon et le contrat passé par devant M$^{re}$ Brunet, notaire d'Arles, le 1$^{er}$ décembre 1651 (2).

Peu de temps après mourut, dans le monastère d'Aramon, où elle était « résidente » (3), Catherine d'Icard, veuve de Mondony, la fondatrice.

Atteinte déjà d'une maladie grave, en 1650, elle avait mis ordre à ses affaires, léguant par testament, le 16 novembre de cette même année, au couvent d'Aramon, en dehors de quelques legs sans importance faits à sa famille, « tous et « chascuns ses autres meubles, immeubles, noms, droicts, « causes, actions, présents et advenir, en quoy que consis- « tent ou que soient scitués » (4). La mort avait même paru si prochaine, que le 16 novembre également on avait de-

---

(1) Tous ces détails sont extraits des comptes de Gaspard Soumille, trésorier de la communauté d'Aramon, en 1648-1649. CC. 52.

(2) Cette pension (120 l.), fut payée jusqu'au retour de la sœur Jeanne de Beaumont, dans le monastère d'Arles, vers 1667, mais, comme alors le couvent d'Arles était « en quelque décadence » et que chaque religieuse n'avait là pour son entretien que 24 à 25 l., on réduisit la pension première, de l'avis de l'archevêque, à 75 l. pour les trois religieuses qui restaient à Aramon. La transaction est du 11 nov. 1667. (*Arch. de la préf.* Urs. H. 713.

(3) J. Arn., not., 1650.

(4) *Item*.

mandé au prieur d'Aramon et obtenu de lui une place dans l'église paroissiale pour y déposer provisoirement le corps de la mourante, « laquelle, nous dit un acte notarié, avoit eslit « sépulture dans l'esglise dud. monactère, lorsque l'esglise « d'icelluy seroit construite et sanctifiée » (1).

Elle ne mourut cependant que plus tard, vers 1654, mais resta souffrante jusqu'à la fin de sa vie, comme nous le fait clairement entendre « le roole des ordonnances faictes et des « remèdes fournis pour feu Catherine d'Icard, veuve de Mon- « dony, résidente au couvent des Ursulines (2) ». Dieu le voulut ainsi, sans doute, pour la sanctifier encore davantage, et peut-être aussi pour lui donner la consolation de contempler, avant de mourir, les heureux développements de son œuvre : ce fut là sa juste récompense d'ici-bas, en attendant celle d'en haut.

D'ailleurs, l'élan une fois donné ne se ralentit pas. En 1666, on comptait jusqu'à trente religieuses (3) : nombre prodigieux si l'on considère la date relativement récente de la fondation et le chiffre assez restreint de la population. C'est alors probablement que Madeleine de Fleurigny, veuve de Jacques Sauvan, leur « concéda par sa bonté (4) », une partie du château qui les avoisinait et où elles passèrent « plu- « sieurs années (5) », jusqu'au jour où la seigneurie d'Aramon ayant été saisie, pour dettes, sur les Sauvan, elles en

---

(1) J. Arn., not., 1650.

(2) *Arch. de la Préf.*, Urs. H. 717.

(3) J. Arn., not, 1666.

(4) Il paraît cependant que cette hospitalité ne fut pas absolument gratuite. Dans un acte notarié (J. Arn., not., 1669), nous voyons que mère Jeanne de Beaumont, supérieure, avait emprunté à Louis Soumille, le 2 août 1664, la somme de 400 livres, au nom du couvent, laquelle somme fut employée, suivant les ordres de lad. dame d'Aramon ». En 1669, les sœurs déclarèrent se réserver leur recours pour cette somme contre mère Jeanne de Beaumont et Mad. de Fleurigny.

(5) J. Arn., not., 1666.

furent brutalement chassées (1) par Eloi Febvrier, fermier judiciaire, en vertu d'un arrêt des requêtes du Palais obtenu le 27 octobre 1666 et confirmé vers les commencements de 1667 (2).

Reçues provisoirement, à titre gracieux, chez Honoré d'Arnaud, sieur de Prémont, elles se mirent immédiatement en mesure de trouver un logement. Ce ne fut pas long. Le 9 juin 1667, elles affermèrent une maison « scituée au bourg « inférieur, dans l'endroict dict Bilhot, tous les membres et « dépendances haus et bas, confrontant du levant le sieur « Louis Soumille.... de bize et midi, les rue publiques ». Le bail était pour dix ans, à partir du 1er juin 1667 ; et le prix, « 120 livres, payables à chasque jour de Noël ». Cette maison appartenait à Claude Guérin, « bourgeois de Domazan » (3).

Puis, comme elles se trouvèrent là encore trop à l'étroit, elles achetèrent, le 18 mars 1669, la maison de L. Soumille, qui, nous venons de le dire, touchait celle de Guérin au levant, « rue du long du Bilhot » avec « court, jardin et « pavillon (4), au prix de 1500 l., payables dans les six « années prochaines (5). »

---

(1) Febvrier refusa même de leur accorder un court délai « pour se pourvoir d'une maison capable de loger les trente religieuses et les autres personnes de service ».

(2) Febvrier les accusa même d'avoir recelé, à la prière de Mad. de Fleurigny, dans les appartements du château qu'elles occupaient, du blé provenant des terres saisies. Elles protestèrent aux requêtes du palais, et eurent gain de cause.

(3) J. Arn., not., 1667.

(4) *Item*. A côté du mot pavillon, nous lisons : « qui servoit de clocher ». Les religieuses devaient donc occuper déjà, en qualité de locataires, une partie au moins de la maison Soumille.

(5) Il paraît que les sœurs devaient encore à L. Soumille différentes sommes : 4.222 l., en tout. Il fut stipulé, dans cet acte, que l'intérêt de ces 4.222 l. servirait à payer la pension des deux filles de L. Soumille, et qu'au cas où elles se feraient religieuses, les 4,222 l.

L'achat de cet immeuble et l'emménagement de la maison Guérin auquel elles consacrèrent une somme assez ronde (1), semblaient dénoter, chez les Ursulines, l'intention d'établir là, définitivement, leur couvent ; une occasion qui se présenta de conclure une affaire avantageuse, les fit brusquement changer d'avis.

Jean Choisity, bourgeois d'Aramon, possédait, rue Cavenayre, faubourg inférieur, « une maison avec court, jardin, « pred, vanade, puitz. » La maison se composait elle-même de deux corps de logis, comprenant, le premier : « Six mem« bres bas avec cave joignant le passage ; trois en haut avec « un cabinet et deux greniers au-dessus ; » et le second « deux membres bas et deux en haut et encore un autre « membre à côté d'icelluy, haut et bas, contenant tout ce « quy est ici dessus, en assiette, 154 cannes (2). » C'était là un beau local « propre et convenable pour un monastère. » Les religieuses le virent et résolurent de l'acheter. Elles firent part de leur projet à Mgr Jacques Adhémard de Monteil de Grignan, leur évêque, qui délégua son vicaire-général, Antoine Esconin, pour le visiter. Celui-ci se rendit donc à Aramon, et, après avoir tout minutieusement examiné, de concert avec la mère Honorée de Martinon, Joseph Serratoris, curé d'Aramon et directeur du couvent, Antoine Richard, confesseur des religieuses, les consuls, Jean Elzière et François Guiramand, il déclara le local de tout point convenable.

J. Choisity demandait 11.000 l. : grosse somme pour de pauvres religieuses ; mais celles-ci ne se laissèrent pas effra-

---

leur serviraient de dot. De fait, une Lucrèce Soumille, fille de Louis, prit le voile, en 1679. (J. Arn., not., 1679).

(1) J. Arn., not., 1669.

(2) Il y avait également deux moulins à huile, dont J. Choisity se réserva la propriété, et qui ne furent acquis que plus tard par les religieuses. On les appelle encore aujourd'hui : Moulins des Mourgues.

yer, connaissant déjà sans doute les intentions du vendeur, et voici l'accord qui intervint :

Outre un fils, J. Choisity avait cinq filles, toutes « d'une « vertu exemplaire (1), » et, que pour cette raison, leur père croyait « estre appellées à lad. religion (2). » On lui offrit de les prendre comme pensionnaires d'abord, et ensuite comme religieuses de chœur, si elles y étaient d'ailleurs « appelées par l'esprit de Dieu (3). » En retour, on demanda à Choisity de laisser au couvent l'intérêt des 11.000 l., pour payer la pension de ses enfants, jusqu'à l'âge de quinze ans, et plus tard, la somme elle-même, si ses filles embrassaient la vie religieuse ; ce serait là leur « dot spirituelle », à raison de 2.200 l. pour chacune d'elles. Au cas, d'ailleurs, où l'une ou plusieurs de ces jeunes filles, leur éducation terminée, désireraient retourner dans le monde, il fut spécifié que l'on rembourserait à leur père autant de fois 2.200 l.

Les sœurs promirent, en outre, de faire dire six messes, au décès de J. Choisity ; autant, à celui de sa femme « damoiselle de Guiraud » et, pendant l'année qui suivrait le décès de l'un et de l'autre, un *De Profundis,* tous les jours, par la communauté (4).

J. Choisity, bon chrétien et père de famille avisé, accepta la proposition, et le contrat solennellement rédigé par les deux notaires du pays, G. Faulquet et J. Arnaud, fut signé en 1672 (5).

---

(1) Lettres patentes de Louis XIV. *Arch. de la Préf.*, H. 713.

(2) J. Arn., not., 1672. J. Choisity ne se trompait pas ; sur cinq filles, quatre furent religieuses. Louise, seule, refusa de prendre le voile, sortit du couvent le 5 nov. 1687, et toucha, bientôt après, les 2,000 l. qui lui revenaient sur le prix de la propriété.

(3) J. Arn., not., 1672.

(4) J. Arn., not., 1672.

(5) Les Ursulines s'établirent bientôt sans doute dans cette maison, puisqu'elles cédèrent, le 14 nov. 1672 « pour jouir à la Noël », la maison Guérin à Antoine Labrousse, marchand d'Aramon, et à Pas-

Nous l'avons dit : c'était un beau local. Avec le temps, les Ursulines l'agrandirent encore. Elles achetèrent successivement :

1º Le 4 juillet 1680, à Jean Choisity, fils, deux moulins à huile « sous le même couvert », près du monastère longeant la rue allant à Saint-Jean ». Prix : 5.000 livres. (Arch. de la Préf., Urs., H. 713) ;

2º Le 10 décembre 1689, au sieur de Bruges, une maison attenante au monastère. On lui remit, au lieu d'argent, quelques propriétés situées dans le territoire d'Aramon (*Item)* ;

3º Le 26 janvier 1699, à Barthélemy Belail, une maison « touchant du couchant et de bize » le monastère. Prix : 80 livres (*Item)* ;

4º Le 16 avril 1700, à Claude Lafont, une écurie, rue Cavenayre. Prix : 500 livres (*Item)* ;

5º Le 16 janvier 1728, à de Barrème, de Tarascon, et à Antoine Sauvan, avocat, un jardin et un « bastiment », quatre pougnadières en tout, « après le monastère ». Prix : 300 livres (*Item*).

6º Le 20 octobre 1775, à Raymond Pansier, droguiste, un petit jardin de deux pougnadières « joignant l'enclos desd. « Ursulines », du couchant et du midi. Prix : 250 livres (*Item*).

Le couvent d'Aramon n'avait eu à sa tête que des femmes de choix ; ce qui explique, dans une large mesure au moins, ses développements rapides. L'une d'elles, surtout, donna à l'œuvre une impulsion merveilleuse, et mérite à ce titre une mention à part : Geneviève de Prémont.

Elle descendait, par les femmes, de ce Denis du Jardin (1),

---

cal Henry, de Tarascon, agissant tous deux au nom de la Compagnie des bateaux du Rhône. Quant à leur maison du Bilhot, elles durent s'en défaire également, puisqu'il n'en est pas fait mention dans une déclaration des biens du couvent de 1690, par mère Honorée de Martinon (*Arch. de la Préf.*, Urs. H. 719).

(1) L. XIII.

qui fut l'un des cinq coseigneurs d'Aramon. Son père, Jean d'Arnaud, seigneur de Prémont et sa mère, Marie de Bellon, tous deux originaires d'Aramon, y étaient morts, laissant quatre enfants en bas-âge : Honoré-Louis, Isabeau, Marie et Geneviève. Les trois filles furent confiées par leur tuteur, Mathieu de Doux, abbé de Saint-André-de-Villeneuve, aux Ursulines d'Aramon, et elles étaient au couvent depuis quelques années déjà, lorsque, en 1654, « esmëues de dévotion « et inspirées de Dieu, elles firent dessein d'y prendre l'habit « de religieuse et y demeurer le reste de leurs jours au ser- « vice de Dieu (1) ».

Isabeau avait alors quatorze ans ; Marie, douze ; Geneviève, dix. Elles communiquèrent leur dessein à Honoré-Louis d'Arnaud, leur frère, « majeur de vingt ans », à leur tuteur et à leurs autres parents, les suppliant de vouloir bien les autoriser. Ceux-ci, « inclinant à leurs prières », y consentirent et s'engagèrent à remettre aux Ursulines, pour chacune d'elles, à titre de dot, 2.000 livres (2).

Les trois sœurs vécurent donc au couvent (3). Geneviève, distinguée de bonne heure par ses supérieures, y remplit avec le temps, les charges les plus importantes : elle était conseillère en 1679, zélatrice en 1683, assistante en 1692. Enfin, en 1694, elle fut élevée à la dignité de supérieure : elle avait alors cinquante ans (4).

Initiée de longue date aux affaires de son couvent, les connaissant même dans les moindres détails, et, d'ailleurs, douée d'un esprit net et ferme, elle prit les rênes d'une main sûre,

---

(1) J. Arnaud, not., 1654.

(2) *Item.*

(3) Dans l'acte d'achat de la maison de Choisity, en 1672, Marie et Geneviève figurent comme religieuses de chœur ; quant à Isabeau, il n'en est pas fait mention, à moins que ce ne soit la religieuse désignée, dans l'acte, sous le nom de « Elisabeth d'Arnaud ».

(4) J. Arn., not., 1679-1683-1692-1694.

en femme qui sait ce qu'elle veut et que rien n'arrête dans l'exécution de ce qu'elle a conçu.

Son premier soin fut de demander au roi Louis XIV des lettres patentes de confirmation. Dans son esprit, ces lettres devaient donner du prestige au couvent et lui apporter certains avantages matériels. Elle les obtint bientôt : le 22 décembre 1695, et telles qu'elle pouvait les souhaiter. Le grand roi, après avoir fait l'historique sommaire du monastère et constaté les services qu'il rendait au pays, ajoutait : « Nous « agréons et confirmons l'establissement de religieuses, leur « permettant d'accepter tous les legs et donations entre vifs « ou à cause de mort, acquérir, tenir et prendre tous biens, « meubles et immeubles, en jouir et user, sans qu'elles puis- « sent estre troublées et inquiétées pour quelle cause et pré- « texte que ce soit; et, en outre, de notre même grâce et auto- « rité, avons amorti et amortissons à perpétuité le fond de « terre et héritages où sont leur église, lieux claustraux, « jardin et clausture, comme à Dieu consacrés..., à la charge « cependant de payer les droicts d'indempnités et autres « droicts, dont lesd. fonds et héritages pourront estre tenus « envers autres que nous (1) ».

Ce point une fois réglé, Geneviève tourna ses vues d'un autre côté.

A diverses époques, les Ursulines avaient prêté de l'argent, soit à des communautés, soit à des particuliers ; or, on ne se pressait guère de leur en servir l'intérêt. — Elles avaient hérité, par testament, de plusieurs biens, meubles et immeubles ; or, des légataires universels, rapaces et sans conscience, refusaient souvent de leur délivrer ces legs pieux. — Elles avaient reçu dans le couvent, comme religieuses, des jeunes filles, dont les parents s'étaient formellement engagés à payer la dot ; or, en dépit des conventions, plusieurs d'entre eux

---

(1) Lettres patentes du roi Louis XIV. *Arch. de la Préf.*, Urs., H. 731.

ne voulaient rien donner (1). C'étaient là de graves abus, qui entretenaient la gêne au couvent et pouvaient mettre en péril son existence.

Geneviève de Prémont entreprit de les faire cesser. Tout fut mis en œuvre : prières, menaces, procès, et elle y arriva, mais non sans peine, comme nous le prouve cette phrase d'une lettre écrite par elle à Charles Martin, leur procureur : « Je vois bien que ces Messieurs (les débiteurs), quoique « gens d'honneur et de parole pour le reste du monde, en « manqueront éternellement pour nous. » 9 mai 1696 (2).

Ajoutons d'ailleurs à sa louange, que ces soins matériels ne lui firent point perdre de vue les intérêts spirituels du couvent. Ecole, pensionnat, monastère, tout prospéra dans ses mains habiles. A cette époque, vingt-cinq religieuses avaient leurs stalles au chœur (3) ; les meilleures familles du pays mettaient leurs enfants au pensionnat qui était devenu comme une pépinière de novices (4) ; enfin, presque tous les enfants du peuple étaient instruites dans les connaissances humaines et admirablement formées à la piété. (5) **On peut le dire, l'administration de Geneviève de Prémont fut l'âge d'or du couvent.**

De tels résultats ne pouvaient passer inaperçus ; ils portèrent au loin le bon renom du monastère et valurent à sa supérieure un insigne honneur dont nous devons parler ici. Mgr Cohon, évêque de Nîmes, avait fondé en **1664**, dans cette ville, un couvent d'Ursulines (6). De toutes ses œuvres ç'avait été même la plus chère à son cœur. Aussi l'avait-il

---

(1) *Arch. de la Préf.*, Urs., H. 731-737-723.

(2) *Arch. de la Préf.*, Urs., H. 731.

(3) Lettres patentes de Louis XIV. *Arch. de la Préf.*, Urs., H. 713.

(4-5) Tous les notaires.

(6) Il en existait un autre dans Nîmes, depuis 1636 (L. Ménard, T. VI., p. 10). Celui dont il est ici question porte dans l'histoire le nom de Second Couvent des Ursulines (L. Mén., T. VI., p. 156).

comblée de ses faveurs ; aussi y avait-il choisi sa sépulture. Or, il paraît que vers la fin du xviie siècle, ce couvent laissait à désirer : les sœurs en étaient toutes jeunes, et dans le nombre, pas une à même de diriger. Pour le relever, on eut l'idée de faire venir du dehors une supérieure. On vota donc, et le choix des sœurs se porta à l'unanimité sur Geneviève de Prémont (1). Elle en fut avisée par une lettre du chanoine Novy, écrite sur l'ordre de Fléchier (1706).

Il fallait, toutefois, l'assentiment de l'évêque d'Uzès, Mgr Pons de la Rivière. Fléchier, qui paraît avoir mené toute cette affaire, se chargea de la demander et l'obtint : le moyen de refuser quelque chose à un tel homme ! Mais ce fut à la condition expresse, que Geneviève de Prémont retournerait à Aramon, après trois ans.

Fléchier se montra plein de bienveillance pour l'élue. Voici ce qu'il lui écrivait en lui transmettant l'autorisation de l'Evêque d'Uzès : « La réputation de votre régularité et de « celle de votre monastère m'a fait souhaiter de vous voir à la « tête de ces bonnes religieuses, qui ont de la vertu et de « bonnes intentions, à qui il ne manque que l'âge et l'expé- « rience pour se gouverner elles mêmes. » Et plus bas : « Je « ne doute pas que vous ressentiez un peu la séparation de « vos chères sœurs ; mais nous tâcherons de vous consoler ; « je vous ferai goûter, ici, tout le repos et toutes les douceurs « qui dépendront de moi et dont vous pourrez avoir besoin « (1700). » On ne saurait être ni plus flatteur ni plus aimable.

Il paraît d'ailleurs que l'espoir de l'Evêque ne fut point déçu. Grâce à l'intelligence, grâce au dévouement de Geneviève de Prémont, tout fut bientôt restauré : édifices, finances, discipline ; et quand, après plus de trois ans, sur les instan-

---

(1) Chez les Ursulines, la supérieure est élue pour trois ans, à la majorité des suffrages. Après trois ans, elle peut être réélue, mais elle ne saurait l'être une troisième fois, qu'après un intervalle de trois ans, à moins de dispenses qu'on n'accorde que très difficilement.

ces chaque jour plus pressantes de Mgr de la **Rivière** (1), elle retourna à Aramon, ce fut un deuil pour le couvent : elle emportait l'estime et les regrets de tous (2).

Geneviève de Prémont ne dut pas vivre longtemps après son retour à Aramon (3), et ce fut un malheur ; il y avait encore tant à faire ! Dans un document du 3 nov. 1701, nous lisons :

« Nous, maire, curé, consuls, certifions que les dames reli-
« gieuses ne sont point basties, qu'elles n'ont n'y dortoir,
« ny esglise, ny cour et qu'elles sont obligées de se servir,
« despuis longtemps, pour leur esglise, d'un petit endroit,
« quy servoit autrefois de cuisine. En foi... »

L'église ne date, en effet, que de 1734. C'est l'abbé **Méro**, curé d'Aramon et doyen de Remoulins, qui en fit la bénédiction le 6 février de cette année (4), par délégation de Mgr François de Lastic, évêque d'Uzès.

Le reste ne vint que plus tard (5), comme l'atteste cet autre certificat du 12 avril 1738 : « Nous maire, consuls modernes,
« curé perpétuel et habitants de la ville d'Aramon, certifions
« que lesd. dames de Sainte-Ursule ne sont point encore
« basties, qu'elles n'ont n'y dortoir, n'y autre lieu régulier,

---

(1) Il lui écrivait de Montargis, le 4 juin 1704 : « de revenir à Aramon, où sa présence serait bien nécessaire dans le petit couvent ». (*Arch. de la Préf.*, Urs., H. 715).

(2) Dans l'attestation donnée par les religieuses du Second couvent des Ursulines de Nîmes, le 4 novembre 1704, il est dit que Geneviève de Prémont a fait construire un corps de logis et maintenu une exacte discipline. (*Arch: de la Préf.*, Urs., H. 713).

(3) Pas la moindre trace d'elle dans les documents qui nous restent.

(4) Il en avait posé la première pierre, le 11 mars 1732, et il paraît que bien des personnes du pays et d'ailleurs, avaient contribué, par des dons et par des legs, à cette construction. (Tous les notaires).

(5) M. A. Reboulet, notaire, nous apprend qu'en 1715, les religieuses possédaient dans leur jardin, une petite chapelle où brûlait une lampe d'argent. Cette chapelle, assez bien conservée, sert aujourd'hui d'atelier de vannerie à M. Denis Bernard.

« à cause qu'elles n'ont pas tout l'emplacement nécessaire
« pour le logement desd. religieuses (1).

Et si l'on procédait avec tant de lenteur, cela s'explique ;
d'une déclaration des revenus et des charges du monastère,
faite le 2 août 1727, il résulte, en effet, que les revenus étaient
alors seulement de 2429 l. 16 s. 6 d., et la dépense pour la
communauté composée de vingt personnes de 4095 l. (2). Or,
que faire avec un pareil budget ? Aurait-on même pu combler
ce déficit annuel, sans les ressources qu'apportait le pensionnat toujours prospère (3), sans les legs d'une foule de
personnes pieuses (4), sans les pensions de quelques femmes aisées, vieilles ou infirmes, que l'on soignait au couvent (5) ?

Et puis, il faut le dire encore : à cette époque, les religieuses
avaient essuyé bien des revers : 1° on avait diminué, jusqu'au
2 p. % l'intérêt de l'argent que leur devait encore la communauté d'Aramon, et cela, après leur avoir remboursé « une
« partie du capital avec des billets de banque » dont la valeur
était nulle, par suite du crac financier de Law (6) (1720) ; 2°
on les avait assujeties, contre toute justice, à des tailles et à
des impositions exorbitantes (7) ; 3° on leur avait, sans égard

---

(1) *Arch. de la Préf.*, Urs., H. 713. Il est vrai que nous avons
trouvé un document ainsi conçu : « Estimation des travaux à faire à
la construction du monastère : 9,894 l., » mais il ne porte pas de
date.

(2) *Arch. de la Préf.*, Urs. H. 718. Remarquons que cette différence
paraît avoir été normale. Le 9 août 1790, les recettes étaient de 6,524 l.
7 s. 2 d., et les dépenses de 8,591 l. 7 s. 2 d. (Inventaire fait par la
municipalité.

(3) On y venait de tous les pays voisins. Une Louise de Courtois,
de Beaucaire, y mourut en 1743. (*Arch. comm.*, GG. 13).

(4) Tous les notaires.

(5) *Item.*

(6) *Arch. comm.*, BB. 15.

(7) M.-A. Reboulet, not., 1723

pour leur misère, refusé le privilège d'avoir chez elles un four exempt de redevance (1).

La situation était donc fort pénible pour nos pauvres religieuses, et l'on ne sait comment tout cela aurait fini. Heureusement, une circonstance se présenta qui leur permit, en apportant une modification au contrat qui les liait au pays, de trouver quelques ressources devenues absolument indispensables.

L'école gratuite était tombée, soit que les Ursulines se fussent crues libérées de tout engagement vis-à-vis de la communauté, depuis que, en vertu des lettres patentes du roi, celle-ci ne payait plus de tailles royales pour le couvent ; soit que, en ces temps de misère, les parents se souciassent peu d'envoyer leurs enfants à l'école et les missent de bonne heure au travail.

L'Evêque d'Uzès, mis au courant de cette situation et justement inquiet, ordonna d'établir une école de filles. Les Ursulines offrirent immédiatement leurs services, mais demandèrent un salaire. A l'Evêché d'Uzès, où l'on connaissait la situation gênée du couvent, on décida de leur donner la préférence ; on fixa même le taux de la rétribution scolaire à 300 livres : « ce qu'on aurait donné à une institutrice. »

L'Intendant transmit à la communauté d'Aramon la décision de l'Evêque. On répondit brutalement que, par le contrat de 1648, les Ursulines s'étaient engagées à faire gratuitement l'école, et que, dès lors, on n'avait pas à les payer. Un procès allait s'engager.

Mais, le 14 octobre 1722, l'Evêque d'Uzès, se trouvant à Aramon, vit les Messieurs du Conseil et leur fit entendre

---

(1) La communauté d'Aramon, bien pauvre cependant, avait fermé les yeux sur la création de ce four. Ce fut Thér. de Barbézière qui souleva le procès et obligea la communauté à se joindre à elle, les fours étant banaux et indivis, à Aramon, entre le seigneur et la communauté. (Arch. de la Préf., Urs. II. 737).

raison. En conséquence, une transaction eut lieu sur les bases suivantes :

La communauté d'Aramon prit l'engagement : 1° de payer à l'avenir l'intérêt des sommes à elle prêtées par les religieuses, à raison de 4 %; 2° de voter une somme de 200 livres « pour une fois », que l'on emploierait à la construction d'une école, et la rétribution scolaire fut fixée, dans cet acte, à 5 sols, par mois, pour les enfants qui apprendraient à lire, et à 10 sols, pour celles qui apprendraient à écrire.

On désigna même le local destiné à la classe et dont on devait faire l'acquisition. C'était une maison qui « touchait « aux anciennes escolles desd. Dames (1) ».

A leur tour, les religieuses promirent : 1° de ne pas demander la restitution des tailles et autres impositions indûment payées par elles à la communauté, bien qu'elles y eussent été autorisées par une ordonnance de l'Intendant ; 2° de faire la classe deux fois par jour ; d'enseigner à lire et à écrire ; et, de plus, « de donner une éducation nécessaire à la vertu (2). » Cette transaction, qui en réglant la question d'école mettait fin aux différents conflits qui existaient entre la communauté d'Aramon et les Ursulines, est du 14 octobre 1722. C'est la dernière affaire, à proprement parler, dont les archives fassent mention (3).

A partir de cette époque, les Ursulines vécurent tranquilles au fond de leur couvent, aimées et respectées de tous, et ce bonheur dura longtemps : un demi-siècle.

Plus tard, lorsque tout se souleva autour d'elles, sous le souffle de la Révolution, et que, de toute part, des clubs,

---

(1) *Arch. comm.*, BB. 15. En 1722, les Ursulines demandèrent qu'au lieu de leur acheter une maison, on leur donnât les 2,000 livres en question, s'engageant à construire elles-mêmes une école dans leur couvent

(2) *Arch. comm.*, BB. 15.

(3) Il est encore parlé de quelques procès et d'une affaire Dupuis, le tout sans importance.

comme des assemblées communales, montaient des plaintes amères, de violentes attaques contre le clergé : les Récollets en particulier ; même alors, jamais un mot blessant contre elles, jamais un acte hostile, tant leur vertu en imposait! C'est à peine si, de 1780 à 1792, nous remarquons, comme signe du temps, une diminution, assez sensible d'ailleurs, dans le chiffre des vocations religieuses (1).

Elles pouvaient donc se croire à l'abri de tout danger ; mais un jour, le flot qui montait les atteignit. C'était le 9 août 1690 (2). Au matin, François Fabre, maire ; Pierre-Brice Féline, officier municipal ; Joseph-Antoine Menjaud, procureur de la commune ; Michel Séveyrac, greffier, vinrent frapper à la porte du couvent (3). « Ils avaient ordre, disaient-ils, en « exécution des décrets de l'Assemblée Nationale des 14 et 29 « avril 1790, sanctionnés par le roi, le 22, de procéder à « l'inventaire du mobilier, titres, propriétés, etc. du couvent ». Les Ursulines s'inclinèrent et l'opération commença.

A midi, on l'interrompit, pour la reprendre à 3 heures. Puis, quand tout fut inventorié, on pria les religieuses, toujours en vertu de la susdite loi, de déclarer : 1° combien elles étaient ; 2° si elles voulaient vivre et mourir religieuses, ou bien si elles préféraient sortir du couvent.

A la première question, elles répondirent qu'elles étaient dix sœurs professes: 1° Mère Victime Boissière de Bertrandy, supérieure (52 ans) ; 2° sœur de Sainte-Victoire Grossi, assistante (52 ans) ; 3° sœur de Saint-Louis d'Estival, zélatrice (62 ans) ; 4° sœur du Verbe Incarné Drôme (52 ans) ; 5° sœur de Sainte-Ursule Coullomb (59 ans) ; 6° sœur de Saint-Xavier

---

(1) Tous les notaires.

(2) Tout le récit qui suit est extrait des *Archives municipales*.

(3) L'acte déclare que les autres officiers municipaux étaient malades. Ce n'était là, évidemment, qu'un prétexte pour ne pas coopérer à cette triste besogne ; car la municipalité n'était encore composée que de braves gens, parmi lesquels nous remarquons l'abbé Vincent et l'abbé **Larguier**.

Guigne (57 ans); 7º sœur de Sainte-Pélagie d'Arlhac (57 ans); 8º sœur de Sainte-Thérèse Séguin (45 ans); 9º sœur de Sainte-Angèle Blanquin (48 ans) ; 10º sœur de Saint-Sacrement Lunel (24 ans).

Plus une novice : sœur du cœur de Jésus Romieu (20 ans) (1), et deux converses : sœur de Saint-Jean Roux (67 ans), et sœur Rose Castel (70 ans).

A la seconde question, toutes répondirent qu'elles voulaient vivre et mourir religieuses. L'une d'elles cependant, sœur de Sainte-Angèle Blanquin, déclara vouloir sortir du couvent d'Aramon « si c'était possible » pour entrer dans un autre ; et deux autres : sœur de Saint-Louis d'Estival et sœur de Sainte-Pélagie d'Arlhac demandèrent à consulter leur directeur, touchant la même question. Enfin, plusieurs se réservèrent expressément la pension accordée aux religieuses par les décrets de l'Assemblée Nationale. Il fut fait mention de tous ces détails au procès-verbal.

C'était là, évidemment, comme le premier coup de cloche d'un désastre final ; le second ne se fit pas attendre.

Le 8 janvier 1791, Jean-Joseph Labrousse, nouvellement élu maire, se présenta au couvent au nom de la Municipalité. Il s'agissait cette fois, conformément à la loi du 14 octobre 1790, d'inviter les religieuses à élire une supérieure et une économe, et l'opération devait avoir lieu sous la surveillance du délégué, pour éviter, sans doute, toute fraude. Les Ursulines comprirent bien, à cet empiètement dans le domaine religieux, qu'un grand pas avait été fait par la révolution ; mais, ne désespérant pas encore de l'avenir, elles se résignèrent.

Après avoir renouvelé, sur l'invitation de J.-J. Labrousse, leur déclaration du 9 août 1790, à savoir : qu'elles voulaient vivre et mourir religieuses, elles passèrent au vote. Par huit

---

(1) Elle ne mourut que le 14 février 1855, édifiant le pays jusqu'à sa mort. Bien des gens ont connu cette sainte fille, et tous en disent le plus grand bien.

voix sur neuf (1), sœur Victime Boissière de Bertrandy fut élue supérieure, et, par six voix contre trois, sœur du Verbe Incarné Drome, économe.

L'administration restait donc la même au couvent : preuve évidente que la liberté n'y était pas entrée avec le citoyen Labrousse.

Du reste, à partir de ce jour, les évènements se précipitent.

Le 12 juin 1791, Louis Savoy, l'intrus, est installé dans les fonctions curiales, au grand scandale de la population honnête.

Le 7 juin 1791. les Récollets sont expulsés de leur couvent et les scellés apposés aux portes.

Le 22 janvier 1792, un mouvement populaire éclate contre les sœurs de l'hospice, et met, un instant, leur vie en danger.

Le 18 septembre 1792, le vénérable abbé Vincent qui, depuis sa révocation comme curé, avait dit chaque jour la messe chez les Ursulines, part pour l'exil malgré son âge — 76 ans — et ses infirmités.

Cachées derrière les murs de leur couvent, les Ursulines assistaient, tremblantes à ces scènes douloureuses, se demandant à chaque instant si leur tour n'allait pas venir. Pauvres filles, quel martyre! Aussi, lorsque le **23 septembre 1792**, les citoyens Armand-Louis, Chaud et Claude Granier vinrent s'assurer, de par la loi du 16 août 1792, si tous les effets inventoriés étaient bien à leur place, la vérification une fois faite et une décharge obtenue, la supérieure et ses compagnes déclarèrent qu'elles allaient sortir sur l'heure du monastère.

Sur cette déclaration, Chaud et Granier mirent dans un

---

(1) Sœur de Sainte Angèle Blanquin ne faisant plus virtuellement partie de la communauté, depuis qu'elle avait déclaré vouloir sortir du couvent, ne vota pas. Il est parlé au procès-verbal, d'une sœur tourière, Madeleine Becas, qui demanda à sortir. Elle devait être fort agée.

premier coffre l'argenterie de la maison, qu'ils prièrent Charles-Gaspard Boissière de Bertrandy de faire transporter à Beaucaire, et dans un second, les ornements d'église qui furent remis au curé Savoy. Puis, ayant fermé à clé toutes les portes, ils confièrent la garde du couvent à Jacques Poise, maçon, « jusqu'à ce que, dit l'acte, il en soit disposé ».

Ajoutons qu'on en disposa assez vite. Le 3 novembre 1792, à 8 heures du matin « tous les meubles et effets des maisons « religieuses supprimées » furent vendus sur la place publique d'Aramon. Puis, le 21 janvier 1793, à Beaucaire, siège du district, le couvent eut le même sort. Il fut acheté au prix de 20.100 l. par un groupe de citoyens — trente-neuf — qui se déclarèrent solidaires (note I).

Aujourd'hui, le vieux couvent n'est qu'une ruine, asile de quelques familles. Son cloître, où méditèrent tant de saintes générations, est tombé entraînant dans sa chute la terrasse qui le couronnait. A peine aperçoit-on encore au couchant, deux ou trois arceaux, et puis, çà et là, quelques pans de mur qui vont s'émiettant chaque jour, et jonchent de leurs débris un sol inégal et fangeux. — Ses cellules qui ont abrité tant de vertu et où l'on accède par un grand escalier tournant, aux marches usées et branlantes, sont devenues pour la plupart des greniers auxquels des murs noircis et des plafonds délabrés donnent un aspect misérable. — Ses niches, que des mains pieuses avaient semées partout : dans les corridors, le long de l'escalier, au fond des cellules, sont vides, dégradées, presque informes. — Son puits lui-même est comblé.

Bref, c'est la dévastation partout, la dévastation et la mort !

Seule, l'église a échappé au double vandalisme des hommes et du temps. Elle est même si bien conservée, quoique rien au dehors n'en trahisse la destination première, que si un jour on abattait les deux étages suspendus à l'intérieur de ses murs, elle apparaîtrait dans son état primitif avec ses larges pilastres qui longtemps encore supporteront vaillamment l'édifice, ses chapiteaux ioniques aux fines arêtes, et son gracieux plafond, lequel, bien qu'en plâtre, est à peu près intact.

Lorsqu'on parcourt ces ruines désolées, on éprouve un sentiment pénible, mélange d'indignation et de tristesse, et l'on se dit : Est-ce bien là que devaient aboutir tant de sacrifices ?

Mais qu'importe après tout ? Ne savons-nous pas que l'œuvre de l'homme périt et que seule l'intention reste ?

Quand elles élevaient péniblement sur le sol ces constructions diverses, qu'avaient en vue ces saintes filles ? Honorer Dieu, faire du bien à leurs semblables, se sanctifier elles-mêmes : c'était tout.

Eh bien ! Dieu qui a connu leurs pensées, Dieu qui a vu leurs efforts, les en a déjà récompensées dans un monde meilleur. Que désirer de plus ?

Donnons, en terminant, la liste complète des supérieures d'Aramon et, en regard, les années où elles furent en charge, d'après les documents qui nous restent encore :

1º Mère Catherine de Sainte-Madeleine d'Icard : 1648-50-51-52-53-54-56-57--62-67-68-69 ;

2º Mère Jeanne de Saint-Sacrement de Beaumont : 1664-65-66 ;

3º Mère Honorée de Martinon : 1671-72-74-75-77-79-80-87-88-90-91-62 ;

4º Mère Dorothée d'Icard : 1683-85-86 ;

5º Mère Geneviève de Prémont : 1694-95-98-99 ;

6º Mère Marianne de Boisverdun : 17-03-04-06-10 ;

7º Mère Xavier de Raviot : 1719-20 ;

8º Mère de la Croix de Laudun : 1721-23-27-28-35-36 ;

9º Mère de l'Ange Gardien Guiraud : 1753 ;

10º Mère de Saint-Bruno de Courtine : 1755-57-60-63 ;

11º Mère de Jésus de Gastaldy : 1758-63-66-69-71-72 ;

12º Mère de Saint-Laurent de Courtine : 1772-73-75-85-86 ;

13º Mère François-de-Salles de Courtois : 1775-76-77-87 ;

14º Mère des Séraphins de Plagnols : 1779-81 ;

15º Mère Victime Boissière de Bertrandy : 1770-92.

# CHAPITRE XXIII

## LES PROCÈS. — PILLAGE DU CHATEAU
(1635-1656)

La seigneurie d'Aramon, telle qu'elle était au moment de l'achat par les Sauvan, ne valait guère que cent mille livres. L'énumération par nous déjà faite au chapitre XIX des divers immeubles, droits et privilèges qui la composaient, les comptes détaillés de 1628 à 1635, rendus par les fermiers au marquis de Grimault (1), et l'aveu même de Jacques Sauvan, en 1654 (2), en font foi : Aramon ne rapportait alors que 2.400 livres de rente (3).

J. Sauvan trouva moyen de donner à son acquisition une valeur bien supérieure.

A ce moment, plusieurs îles, c'est-à-dire la plus riche partie du terroir, se trouvaient aux mains de quelques particuliers : c'était l'île d'Acier, propriété des Posquière, qui la tenaient légitimement de Philippe Brasfort, un de leurs devanciers (4) ; c'était l'île de Jossaud qui, formée d'un débris de l'île d'Acier — débris cédé par les seigneurs à la famille Pey — et considérablement accrue des ruines de la propriété des Jossaud, avait été revendiquée par ces derniers et leur avait

---

(1) P. I. 7.

(2) *Item*.

(3) En 1581, on affermait les biens d'Aramon et Vallabrègues 520 écus d'or sols, ce qui faisait 1560 l. tn. (Ant. Bonnefoy, not.).

(4) *Arch. dép.*, E. 22.

été remise (1) ; c'était l'île des Agasses, inféodée à Jacques Fabre, docteur en médecine, de Nîmes, et à son fils Jean Fabre, conseiller au présidial de cette même ville, lesquels en jouissaient depuis 1601 (2) ; c'étaient deux grands ténements, l'un de quarante salmées, aux Canniers, l'autre soixante-douze, en Bertrand (3), échus à la communauté, le premier à la suite de la *discussion* des biens d'Elyas de Récord (4), le second par voie de déguisement, en retour d'une propriété qu'elle possédait autrefois sur cet emplacement (5); c'étaient enfin, en Bertrand et tout le long du Rhône, 22 s. appartenant aux Posquière (6) ; 20 s. aux Guiraud, sans parler des Bertrandy, des Carseyrol, des Soumille, des Féraud, des Buzet, des Vanière et d'une foule d'autres (7) : propriétés dont l'ensemble formait, comme on le voit, un beau domaine.

---

(1) Les trois frères, Laurens, Pierre et Jean Pey avaient acquis, avant 1597, des Poitiers-Lamark, seigneurs d'Aramon, certaines propriétés dans l'île d'Acier, « avec droit de remplacement sur le « reste de l'île et crémentz d'icelle ». Un îlot s'étant formé au-dessous de l'Acier, ils le prirent. Avec le temps, cet îlot s'accrut des démolitions d'une propriété voisine, celle des Jossaud, qui la tenaient des Laudun, par suite du mariage de Jean de Jossaud avec Etiennette de Laudun. Les Jossaud se firent céder, par les Pey, l'îlot en question, moyennant compensation sans doute, et l'accrurent au moyen d'inféodations qui n'étaient autre chose au fond, que des déguisements. Ainsi fut formée l'île de Jossaud, aujourd'hui Carlaméjean. Elle contenait alors quarante salmées seulement. (*Arch. comm.*, BB. 21. — L. XI. — *Arch. comm.*, FF. 11.

(2) *Arch. dép.*, E. 8. — *Arch. comm.*, FF. 11. — L. XI. — Arrêt du 18 déc. 1637.

(3) Au dire des consuls, en 1694, les 72 s. valaient à elles seules, 50,000 livres. (*Arch. comm.*, BB. 12).

(4) Voir le chap. X.

(5) *Item*.

(6) L. XI. — *Arch. dép.*, E. 17.

(7) 1653. — L. XX.

J. Sauvan voulut mettre la main sur tous ces biens (3) ; et pour y parvenir, il invoqua ce principe qu' « étant aux « droits de roi, il devait être maître de toutes les îles et « créments formés dans le lit du Rhône » (4).

Reconnaissons-le, ce droit était réel. L'acte d'échange de 1426 et les lettres-patentes de Henri II à Diane de Poitiers ne laissent aucun doute à cet égard. Mais, comme nous l'avons déjà expliqué au chapitre IX, ce droit avait un correctif, d'ailleurs bien nécessaire, un juste contrepoids dans la pratique du déguisement. Ainsi, une île venait-elle à se former dans le lit du Rhône, avant de s'en emparer, le seigneur devait « donner le déguisement, » c'est-à-dire rendre aux anciens propriétaires, sur ce sol nouvellement formé, ce qui leur avait appartenu autrefois, d'après les actes authentiques : contrats : cadastres, etc. Cette opération une fois faite, mais alors seulement, le surplus, s'il en restait, revenait au seigneur.

En théorie, le droit invoqué si haut par les Sauvan, aux XVII$^e$ et XVIII$^e$ siècles se fût réduit à peu de chose, si l'opération s'était faite loyalement et en bonne justice. Le seigneur n'aurait eu, en somme, que les fonds abandonnés par leurs anciens propriétaires ou ceux dont les titres légaux avaient disparu.

Mais en réalité, avec la faculté qu'avait le seigneur, à la

---

(1) En même temps que J. Sauvan cherchait à s'emparer des îles, il poursuivait le rétablissement du péage à sel, qui ne se levait plus depuis les guerres de religion. Le 10 octobre 1641, il obtint du visiteur général des gabelles en Languedoc, Pierre de Pascal, un arrêt de rétablissement donné à Montpellier. (*Arch. comm.*, FF. 17). Cet arrêt lui accordait un droit de « six livres, seitze sols, « huict deniers pour 16 gros muitz de sel chargés en police ». Gaspard Soumille, ayant refusé d'acquitter ce droit aux mains de Jean Plantier « commis à la recette du droit de péage », le 3 février 1642, eut ses quatre chevaux confisqués. Il se décida alors à payer 19 l. 11 d., mais en protestant contre la violence qu'on lui faisait.

(2) Chap. IX.

fois juge et partie dans la cause, d'admettre ou de refuser un titre, de susciter d'interminables procès, de violenter les pauvres gens, ce droit de déguisement devenait un moyen infaillible de spoliation.

J. Sauvan donc, à peine maître de la baronnie, réclama les divers immeubles en question. On les lui refusa ; les procès commencèrent.

La lutte fut chaude : il s'agissait d'intérêts si considérables ! Mais enfin, le 31 juillet 1638, intervint un arrêt des Requêtes de l'Hôtel, qui cassa toutes les inféodations faites par les officiers du Domaine depuis 1582, et mit J. Sauvan en possession des îles, créments et graviers du Rhône « à la « réserve toutes fois que led. sieur d'Aramon déguiseroict et « remplasseroict ses vassaux des terres et pocessions que lui « auroient esté démolies par lad. rivière » (1).

En conséquence de cet arrêt, les Jossaud, les Fabre, les Guiraud, la communauté d'Aramon (2), etc., furent dépossédés de leurs héritages. Seuls, les Posquière échappèrent, et ce ne fut encore qu'après avoir lutté pendant près d'un siècle, obtenu un nombre fabuleux d'arrêts : cent dix-neuf, et grâce à la fameuse visée établie en 1286 par l'évêque de Cavaillon, qui délimitait, d'une façon nette et durable, leurs

---

(1) Arrêt du 31 juillet 1638 (*Arch. dép.*, E, 8 et 9).

(2) La communauté faillit perdre, cette même année, ses « vacants, patus, paluns ». J. Sauvan les avait fait figurer parmi les biens à lui cédés par le contrat du 1ᵉʳ mars 1635. Mis au courant du fait, les consuls firent opposition à sa prise de possession. De là, procès. Jean Sauvan, père, et Antoine Sauvan, frère de l'acquéreur de la baronnie, pour calmer les appréhensions du peuple et échapper à ses rancunes, promirent alors verbalement de respecter les droits de la communauté. Mais les consuls, peu rassurés par ces protestations, leur demandèrent de s'engager par écrit : ce qu'ils firent par la transaction du 15 fév. 1638. Il fut entendu que les transactions des 1ᵉʳ juillet 1466, 21 mars 1540, 3 janv. 1543, 4 déc. 1547, 7 sept. 1628, et l'arrêt du Parlement de Toulouse de 1619 seraient respectés, et qu'en particulier, les habitants jouiraient des vacants, patus, paluns et garigues. Dès lors, le procès cessa. (L. XIX).

possessions de l'Acier : les Posquière avaient heureusement retrouvé cette pièce dans leurs papiers de famille (1).

Dès que J. Sauvan fut maître des îles, il y établit des fermiers : André Hertauld, Hector Broche, Hiéronime Pansier, etc. ; mais ne parla pas du déguisement (2), ou le renvoya à plus tard, sous divers prétextes (3).

Indignés, les malheureux dépossédés se coalisent ; ils enrôlent un certain nombre d'individus, auxquels ils donnent des armes et envahissent, à leur tête, leurs anciennes possessions, coupant les arbres, enlevant les récoltes, saccageant les fermes. Parmi les plus ardents, on remarque Jacques et Jean Fabre, Simon de Jossaud, Pierre Bertrand (4), Bouhier, consul de Vallabrègues, Algrain et deux femmes: Isabeau de Forniguet, veuve de Jean de Laudun, et la fille de Jean Fabre, dont nous ignorons le nom (5).

Les fermiers naturellement ne payèrent pas leur ferme (6).

J. Sauvan se plaignit au lieutenant du viguier de Taras-

---

(1) *Arch. dép.*, E. 17 et 22.

(2) Jusqu'à la Révolution, le peuple ne cessa de réclamer le déguisement, mais les Sauvan trouvèrent presque toujours moyen de l'éluder, et pourtant, que d'arrêts en faveur de cette sage institution ! nous en avons relevé une foule. Ce sont les arrêts du 30 juillet 1636 (L. XI) — du 31 juillet 1638 (*Arch. dép.*, E. 8 et 9) — du 5 mars 1646 (*Arch. comm.*, DD. 3) — du 8 juillet 1650 (DD. 3) — du 13 juillet 1654 (DD. 3) — du 23 nov. 1656 (L. XI) — du 29 mai 1657 (L. XI) — du 29 août 1658 (L. XI) — du 30 déc. 1660 (*Arch. comm.*, DD. 3) — du 27 mars 1661 (DD. 3) — du 19 janv. 1662 (DD. 3) — du 6 fév. 1663 (DD. 3) — du 10 fév. 1665 (DD. 3) — du 18 nov. 1667 (DD. 3) — des 13 mai et 11 août 1676 (DD. 3), etc., etc.

(3) *Arch. comm*, BB. 12. — P.P. 17.

(4) Ou Bertrandy, car on écrit indifféremment les deux, en 1650, sans que nous sachions pourquoi. Ce P. Bertrandy joua parait-il un rôle important dans cette affaire. Viguier d'Aramon, et, à ce titre, très puissant dans le pays, il avait rassemblé à lui seul plus de 150 hommes. Aussi, fut-il surtout en butte à la haine de J. Sauvan. (*Arch. dép.*, E. 9).

(5) *Arch. dép.*, E. 8 et 9).

(6) *Arch.* **dép.**, E. 9.

con, Alzias Borrely, qui informa contre les délinquants. L'affaire fut portée aux Requêtes de l'Hôtel. Ce tribunal, dans son arrêt du 10 avril 1646, ordonna que les nommés Simon Raoux de Laudun, Jean-Louis de Posquière, Pierre Bertrandy, viguier d'Aramon, seraient pris et conduits à la conciergerie du Palais, à Paris, et qu'au cas où on ne pourrait les prendre, leurs biens seraient saisis et mis sous séquestre ; de plus, il cita à comparaître à sa barre, dans le délai de six semaines, pour répondre aux accusations qui pesaient sur eux : Jean et Simon de Jossaud, Accurce de Posquière, Louis de Jossaud, de Tarascon, Ladet d'Albenas, le baron de Montfrin, François Moreau, Etienne Sabon, de Malblanc, jeune, le fils de la veuve Bertrandy, Honoré Roger et Raoux. Enfin, comme la surexcitation était extrême et que l'on pouvait craindre pour la vie des Sauvan, l'arrêt mettait J. Sauvan, son père et son frère, alors ses procureurs, ses fermiers, ses agents, ses préposés et tous ceux qui l'avaient assisté dans l'œuvre du dépouillement, sous la protection et la garde du roi (1).

Nous ignorons la suite qu'eut cette affaire ; seulement parmi les récalcitrants, nous remarquons que les uns : les Fabre, etc., abandonnent la lutte sans condition ni compensation (2) ; que d'autres : les Posquières (3) etc., continuent à soutenir leur procès ; et que d'autres enfin : les Jossaud, entrent en accommodement avec leur adversaire. Un acte passé dans la salle basse du château, le 14 déc. 1650, nous apprend qu'à l'instigation d'amis communs, un accord fut ménagé entre les Jossaud et le chevalier François de Fleurigny (4), que J. Sau-

---

(1) *Arch. dép.*, E. 8.

(2) *Item*.

(3) *Arch. dép.*, E. 17.

(4) Fr. de Fleurigny, chev. de l'ordre de Saint-Jean de Jérusalem, seigneur de la Verrerie (*Arch. dép.*, E. 44), capit. d'une comp. du régiment de cavalerie « de Mgr le Prince ». (1651, J. Arnaud, not.) était

van venait de substituer à son père et à son frère dans la charge de procureur (1), espérant sans doute que cet homme, capitaine d'une compagnie, imposerait davantage à ses adversaires (2).

Par cette transaction, les Jossaud cédèrent l'île aux conditions suivantes : le chevalier de Fleurigny devait, 1° ne rien demander aux Jossaud des fruits perçus depuis 1635 ; 2° leur donner 5.000 liv. en dédommagement des frais qu'ils avaient faits pour conserver l'île et la fortifier ; 3° renoncer à tous procès, décrets, prises de corps envers eux comme envers leurs amis ; 4° enfin prendre à sa charge tous les frais du procès (3).

Aussitôt l'acte passé, le chevalier de Fleurigny afferma l'île à Louis Bouscadier, mais la rebaptisa du nom de Carlaméjean, sous prétexte qu'il y avait eu, sur cet emplacement autrefois, une île de ce nom — ce qui n'est pas démontré (4) — et plus probablement pour effacer tout vestige de la possession des Jossaud. Ceux-ci, d'ailleurs, satisfaits du marché et après en avoir touché le prix des mains de Laurent Choisity (5), fer-

---

beau-frère de J. Sauvan. Celui-ci avait épousé Mad. de Fleurigny, le 11 mai 1641. (M<sup>is</sup> d'Aubais, T. II, p. 278).

(1) Nov. 1659. — L. XX.

(2) Nous lisons dans une requête des consuls au comte de Bieules : « et craignent que led. sieur de Fleurigny, qui est en Dauphiné, ne « vienne aud. Aramon avec sa compagnie de Cavalerye et aultres « gens de guerre, pour reprendre led. château ; ce qu'arrivant, lesd. « hab. seroyent exposez à une totale ruine et dévastation ». (1651. Arch. dép., E. 9).

(3) 1650. L. XX. Cette ile renferme aujourd'hui environ 140 salmées (Note du percepteur). Les enrochements faits sur ses bords, et la démolition des propriétés voisines, qui en a été la conséquence, sont causes de cet énorme accroissement.

(4) Il existait une ile de Carlaméjean, en 1376, mais elle fut, bientôt après, entièrement détruite, et rien n'indique, dans les anciens écrits, quelle était sa position exacte. (L. XI).

(5) 1650. L. XX.

mier général de J. Sauvan, restèrent tranquilles et devinrent même les amis du château (1).

Nous avons déjà dit qu'en 1635, la baronnie d'Aramon rapportait à son possesseur 2.400 l. de rente. Grâce aux diverses acquisitions, que nous venons de signaler, elle en donnait 10.000, en 1657 (2). Déjà donc le fisc aurait pu dire ce qu'il proclamait en 1830, à savoir que « la terre d'Aramon était d'une « étendue d'environ 1000 salmées et qu'elle valait 1.000.000 ». Maintenant on sait pourquoi (3).

J. Sauvan triomphait ; mais on comprend que de tels actes eussent laissé au cœur du peuple un levain de haine et de vengeance. La noblesse aramonaise de son côté, justement fière de ses aïeux, voyait avec colère cet audacieux parvenu l'humilier et la dépouiller. Aussi, on sentait que, sous ce double courant, un orage se formait qui ne tarderait pas d'éclater. Ce fut J. Sauvan lui-même qui le déchaîna.

Encouragé par ses premiers succès, J. Sauvan voulut pousser plus loin les choses. Or, il y avait aux confins des territoires d'Aramon et de Montfrin, mais dans les limites de ce dernier (4), une île appelée *le Milan* (5). Hector de Montenard, baron de Montfrin, l'occupait (6). J. Sauvan voulut la lui ravir, sous prétexte qu'elle relevait de la juridiction de Vallabrègues, et en vertu de ses droits de régale. Il ne savait

---

(1) *Arch. dép.* E. 1.

(2) En 1647, elle fut affermée ce prix-là à Laurent Choisity. (*Arch. dép.*, E. 17).

(3) Les Sauvan auraient pris ainsi environ 800 s., d'après l'estimation du conseil politique. (1719. *Arch. comm.*, BB. 14) (P.P. 1). Peut-être y a-t-il quelque exagération dans ces appréciations du fisc et du conseil politique : nous n'avons pu, d'ailleurs, les contrôler.

(4) Comme l'a définitivement tranché le Parlement de Toulouse, par son arrêt du 7 sept. 1667. (*Arch. dép.*, E. 16).

(5) Cette île fait suite à la Coiranne.

(6) P. I. 7. — Les Montenard l'occupent encore.

pas à qui il s'attaquait cette fois : Montenard se chargea de le lui apprendre (1).

D'une nature violente (2), plein de dédain pour la justice qu'il avait vue de trop près peut-être, mais comptant beaucoup sur son épée, à laquelle il faisait appel volontiers (3), enfin, d'autant plus porté aux excès, en cette circonstance, qu'il était irrité de la dépossession de son parent, Honoré de Gondin, menacé dans ses propres intérêts, humilié, lui, le grand seigneur par les prétentions de son chétif adversaire, un parvenu de la chicane et de l'argent : pour toutes ces raisons, le baron de Montfrin jura la perte de Sauvan et faillit y arriver, grâce aux puissants moyens dont il disposait au Présidial et sur la noblesse, en sa qualité de sénéchal de Nîmes et Beaucaire. Cette lutte est trop curieuse pour que nous ne la retracions pas tout au long.

Honoré de Gondin, après son expulsion de la baronnie d'Aramon et Vallabrègues, s'était retiré à Boisseron, près de Sommières, dont il était seigneur (4). Mais ni la charge de Grand-Prévôt de Languedoc, qu'on lui avait donnée, paraît-il, en compensation de la baronnie (5), ni les soins dévoués de

---

(1) Plus tard, J. Sauvan disait à Malzac, son procureur, en la Chambre de l'édit de Castres : « Vous me ferez plaisir... de me garder « de surprise, ayant affaire à un homme qui ne dort jamais et tous « jours au guet pour surprendre ses parties... » (1657. *Arch. dép.*, E. 15). C'est le langage d'un homme qui a tâté du fer jusqu'à la garde.

(2) Il ne se gênait guère, paraît-il, pour jeter ceux qui lui déplaisaient dans le fameux puits des Masques, au fond de sa grande tour. (*Arch. dép.*, E. 16).

(3) Jean-Louis de Posquière disait hautement et en pleine place publique que « luy (Posquière) et le baron de Montfrin se moquoient « de la justice et chicanne et qu'ils vouloient aller dans la propre « maison du sieur Sauvan, frère, luy faire faire par force ce qu'ils « voudroient et qu'il n'appartenoit qu'aux petites gens de plaider « mais que pour les gens de cœur, ilz faisoient la justice d'eux-« mêmes ». (*Arch. dép.*, E. 18).

(4) *Arch. dép.*, E. 52.

(5) Les Gondin durent avoir autre chose plus tard. En effet, sous

sa femme Françoise de la Roquête n'avaient pu lui faire oublier ses malheurs (1). Frappé, en 1635, d'une paralysie générale qui l'avait cloué sur son lit, il s'était éteint en 1645 (2) laissant deux enfants : Hercule de Gondin, Sr de Boisseron et Bernard, Sr de Montagne (3).

Or, du vivant même de son père, Hercule de Gondin, l'aîné, dans l'espoir de ressaisir l'héritage de ses ancêtres, avait introduit devant le Présidial de Nîmes une demande ayant pour but de se faire reconnaître « comme substitué aux « biens de Jean de Gondin, son grand-père », en vertu du testament de ce dernier, sous la date du 9 juillet 1599. Une sentence du sénéchal faisant droit, le 15 juillet 1639, à cette demande, avait déclaré la substitution ouverte à son profit (4). Toutefois, soit qu'il fut détourné de la poursuite de cette affaire par son père, à qui de tels procédés n'avaient guère réussi, soit — ce qui est plus probable — que les circonstances ne lui parussent pas encore assez favorables, il tint l'ordonnance secrète.

Mais, le 15 novembre 1650, Hercule de Gondin, devenu libre de ses mouvements par le décès de son père, et voyant le *tolle* général que soulevait contre lui J. Sauvan ; poussé d'ailleurs dans la voie des violences par son cousin, Hector de Montenard, il adressa une requête au sénéchal de Nîmes et Beaucaire, pour être mis en possession de la baronnie

---

la date du 6 juillet 1683, nous trouvons un arrêt du Parlement de Paris, qui oblige les Lamark à restituer aux Gondin diverses sommes avancées par ces derniers, « vu, dit l'acte, que les Gondin ont été « dépouillés de la baronnie » (P. O. 215). Il est vrai qu'à leur tour, les Lamark obtinrent, le 9 mai 1685, des lettres en forme de requête civile, à l'encontre de l'arrêt du Parlement de Paris. (P. O. 215). Mais nous avons tout lieu de croire que le dernier mot resta aux Gondin, car leurs droits étaient réels.

(1) *Arch. dép.*, E. 52.

(2) *Item*.

(3) P. I. 33.

(4) P. I. 7 et 13.

d'Aramon et Vallabrègues, conformément à l'ordonnance de 1639. Immédiatement, une commission est donnée dans ce sens, et Jean Sébille, lieutenant de justice en la baronnie de Lunel, est chargé d'en assurer l'exécution : le 24 janvier 1651, Hercule de Gondin est installé dans la baronnie d'Aramon et Vallabrègues (1).

Il faut croire que, du côté des Sauvan, les choses n'allèrent pas sans une vive opposition. Le fait est que Gondin ne put se maintenir au château. Mais alors commencèrent les violences. Sous prétexte de mettre à exécution l'ordonnance de 1650, le baron de Montfrin s'achemina vers Aramon dans la soirée du 25 avril 1651, accompagné d'Hercule de Gondin, de plusieurs gentilshommes et d'environ 250 hommes «armés de « mousquets, fusils, mousquetons, hallebardes et pertuisia- « nes (2) ». Puis, vers minuit, il attaqua la ville, cherchant à faire une ouverture du côté du pont (3). L'opération dura jusqu'au jour, mais sans résultat. Alors Montenard a recours à la ruse. Il fait dire par Charles Mauran, son valet, qu'une femme se meurt aux faubourgs et demande les secours de la religion. Sur cette parole, on ouvre (4). Les conjurés se précipitent aussitôt. Des corps de garde sont établis en divers endroits : sur la place publique, devant la maison du premier consul et jusque dans l'église ; on craignait, paraît-il, qu'on ne sonnât la grosse cloche pour réunir le Conseil (5). Ensuite, on court au château ; il n'y avait que le concierge. Sur son refus d'ouvrir la première porte, on l'enfonce, et, apposant des échelles aux fenêtres, on pénètre dans les appar-

---

(1) P. I. 13.

(2) P. I. 8.

(3) P. I. 7. — Faisons remarquer ici que tout ce qui porte le n° 7 émane exclusivement des Sauvan, et se trouve nécessairement sujet à caution.

(4) P. I. 13.

(5) P. I. 8.

tements : les armoires sont brisées, les titres enlevés, etc. : un vrai pillage (1).

Antoine Sauvan, pour avoir refusé de livrer les clefs, et le concierge pour n'avoir pas voulu ouvrir, furent, le premier grossièrement injurié dans sa propre maison, le second roué de coups (2).

Une fois maîtres du château, les conjurés, désirant, ce semble, procéder légalement, firent dresser un inventaire par Jean Sébille, huissier de Lunel (3) mais, au dire des Sauvan, deux heures seulement après le sac, alors que bien des objets avaient disparu et par un homme sans mandat, puisque Sébille n'était plus officier ministériel depuis trois ans. Cet inventaire, qui nous paraît très détaillé et sincère, n'aurait même été signé par les consuls — toujours d'après les Sauvan — que sur les injonctions de Montenard, qui avait alors plus de 50 hommes dans la place.

On termina le tout en établissant au château une bonne garnison, au nom de Hercule de Gondin (4).

Cependant, dès le lendemain, 27 avril, une requête en forme de plainte fut présentée au sénéchal contre Gondin, et, ce jour-là même, le sénéchal ordonna une enquête (5). Ce fut Alzias Borrély, lieutenant du Viguier de Tarascon, qui la fit (6). De plus, Guil. Faulquet porta au château, le 29 avril, une protestation de J. Sauvan, dont il donna lecture à Gondin. Mais tout cela, à quoi bon? Gondin pouvait dormir tranquille.

---

(1) P. I. 7-8.
(2) P. I. 7. 8.
(3) *Arch. dép.*, E. 9.
(4) P. I. 7.
(5) P. I. 13.
(6) P. I. 13. — A la Chambre de l'édit de Rouen, lors de l'arrêt qui termina ce procès, la partie de la procédure de Borrély, antérieure à l'arrêt du 23 mai 1651, fut cassée pour cause d'incompétence.

J. Sauvan, comprenant enfin qu'il n'avait rien à attendre du sénéchal, s'adressa au conseil privé du roi et en obtint, le 13 mai 1651, un arrêt ordonnant que les informations faites par A. Borrély, seraient continuées et déposées au greffe du Conseil ; que J. Sauvan ou ses procureurs rentreraient en possession du château et des terres d'Aramon ; que Gondin sortirait de la ville, aussitôt après la signification de l'arrêt, sous peine *d'être apprhendé et expulsé de force*, et enfin que les consuls et habitants d'Aramon prêteraient mainforte aux gens de la justice, pour l'exécution de cet arrêt.

César Roussin, huissier royal de Beaucaire, s'étant présenté au château, le 1er juillet 1651, avec son recors, le nommé Jacques Tronc, pour signifier l'arrêt, fut tué comme ce dernier, d'ailleurs, d'un coup de fusil. Informé du crime, le Présidial désigna des médecins pour faire l'autopsie et déposer un rapport. Puis, le 16 juillet, le conseil privé donna ordre au juge royal de Beaucaire de poursuivre les coupables jusqu'à sentence définitive, en même temps qu'il faisait défense à Gondin d'attenter à la vie des Sauvan ou des agents employés par eux (1).

Gondin ne se troubla pas pour si peu ; nous le voyons, à cette époque, tranquillement occupé à passer des baux : le 8 juillet 1651, affermant à Pierre Lyon et à son gendre, Antoine Malortigue, les biens d'Aramon pour 4 ans, à raison de 2,300 liv. par an (2) ; le 22 août, vendant le bois de l'Aiguille, près Comps, à Jacques Bonine (3) ; le 1er septembre, remettant à Etienne Coulomb de Montfrin, dit le capitaine Coulomb, 120 aubes de l'île des Agasses, etc. (4), puis, insti-

---

(1) P. I. 13.

(2) L. XX et XXIII.

(3) L. XXIII.

(4) *Item.* — Il paraît que les fermiers établis par J. Sauvan firent de l'opposition lorsqu'on les chassa, et qu'on en tua quelques-uns : Hector Broche, etc.

tuant des officiers seigneuriaux, faisant rendre la justice en son nom et en touchant les émoluments, etc. (1).

Il n'aurait, certes, pas agi autrement, s'il avait été le maître incontesté du lieu ; mais, en même temps pour échapper aux conséquences de l'arrêt du 23 mai, il se pourvoyait à la Chambre de l'Edit de Castres (2) ; tout fut donc suspendu (3).

J. Sauvan, se voyant les bras liés, s'adressa de nouveau au Conseil privé du roi. Le 18 juillet, un arrêt fut rendu par ce tribunal, portant confirmation du précédent et renvoyant les parties au grand Conseil. Nous remarquons dans cet arrêt que Hercule de Gondin est déclaré privé de sa charge de Grand Prévôt de Languedoc, dont il avait hérité de son père « jusqu'à ce qu'il aura obéi ». (4).

Gondin riposta immédiatement en saisissant le Parlement de Toulouse ; puis, ce fut encore le tour de Sauvan ; celui-ci fit rendre un arrêt, toujours au conseil privé, le 19 septembre, qui ordonnait que, sans s'arrêter à celui de Toulouse, les arrêts des 23 mai et 18 juillet seraient exécutés.

Cela ne pouvait durer ainsi, sous peine d'éterniser le débat. Aussi, fort de son droit, Sauvan, après avoir hésité longtemps à se rendre devant le Parlement de Toulouse, à cause de l'influence dont disposaient, au sein de cette cour, Gondin et Montenard, soit par eux-mêmes soit par leurs parents et amis, s'y décida enfin ; il n'eut pas à le regretter. Le Parlement mieux informé, ou ne s'inspirant que de la justice lui donna raison, et, par son arrêt du 22 novembre, ordonna de plus fort l'exécution des trois arrêt précédents (5).

---

(1) *Arch. dép.*, E. 10.

(2) P. I. 7.

(3) A cause de ce pourvoi, le comte de Bieules, lieut.-général du Languedoc, s'opposa à l'exécution du précédent arrêt, malgré tous les efforts de A. Borrély (P. I. 13).

(4) P. I. 13.

(5) P. I. 7.

Cependant la ville d'Aramon était dans une agitation extrême. Les soldats de Gondin, chaque jour plus nombreux, se montraient d'une rare insolence vis-à-vis de la population injuriant les femmes, menaçant les hommes. Un jour — c'était le 22 mai 1651 — sept à huit d'entre eux se rendent à la métairie des Agasses, dont Choisity était fermier, prennent du bois qu'ils chargent sur un bateau, font main basse sur la volaille, au grand désespoir de la servante ; puis, leur butin mis en sûreté, ils reviennent à la charge et enlèvent ce qui reste de la basse-cour, après avoir frappé de leurs mousquetons l'un des valets de Choisity (1).

Choisity revenait d'Avignon, ce moment-là. A la vue de ce qui se passe, il veut courir sus aux pillards. Mais l'un de ses amis, Boissay l'arrête, craignant un plus grand malheur. Choisity porte alors plainte au premier consul qui fait sonner la cloche pour réunir le conseil.

Or, à ce moment des soldats viennent à passer, chargés d'une partie de la volaille enlevée. Choisity qui se trouvait à la fenêtre de sa maison les aperçoit, et ne pouvant se dominer, il leur reproche, en termes violents, leur conduite. Aussitôt les soldats se retournent, dirigent sur lui leurs mousquetons, prêts à faire feu ; il n'eut que le temps de se retirer.

Ce n'est pas tout. La cloche avait annoncé le conseil. On se rend chez Jean Arnaud, le secrétaire, où se tenait ordinairement la réunion. Arnaud était absent. On attendait devant la porte, lorsque viennent à passer quatre cavaliers qui montaient au château. Y eut-il provocation de la part des gens réunis là, à l'occasion du conseil, ou bien les cavaliers obéirent-ils à un mouvement de mauvaise humeur? Toujours est-il qu'ils tirèrent trois ou quatre coups de mousquetons, visant en particulier Choisity qui, par une heureuse inspiration se

---

(1) *Arch. dép.*, E. 9. — Il est dit aux Pièces Imprimées, n° 13, qu'un valet de Choisity fut tué, et au n° 7, que la métairie des Agasses fnt incendiée. Ne serait-ce pas en cette circonstance?

jeta à terre et ne fut pas atteint ; seulement un cavalier lui passa sur le corps.

Toutes ces violences irritaient le peuple ; mais ce qui porta la colère à son comble ce furent les propos des partisans de Gondin et les bruits menaçants qui couraient. En pleine place publique, Ch. Mauran disait : « Ah ! pauvres femmes « d'Aramon, dans quelques jours vous serez bien f... et sa- « vonnées ». On savait d'ailleurs que de Crillon, des Issards et de Quent levaient des troupes à Avignon et aux environs dans le but de s'emparer de la ville et de la livrer au pillage.

C'est alors que les consuls, après avoir consulté les principaux habitants, décidèrent d'envoyer le prieur de Pérault, « parent dud. Boisseron, » et Arnaud auprès de Gondin pour le prier de contenir ses soldats, s'engageant eux-mêmes à calmer le peuple. Gondin le prit de haut. Après avoir déclaré qu'on faisait beaucoup du bruit pour une douzaine de poules et que si, on y tenait, il les payerait à raison d'un écu la pièce, s'adressant à Arnaud, il lui dit qu'il voulait le faire pendre. Arnaud ne perdit pas son sang-froid. Il répondit qu'il n'avait pas à craindre ce châtiment, étant un honnête homme ; puis, comme s'il eut puisé dans cette menace une nouvelle énergie, il déclara à Gondin qu'il profitait de la circonstance pour lui signifier, au nom des consuls, l'ordonnance de l'intendant de Breteuil, « vu, dit-il, qu'aucun ser- « gent n'avait osé se présenter au château.

Ce jour-là même, au retour des deux députés, on envoya à Nîmes, Jacques Argaud, porteur ordinaire de la ville, pour mettre le Présidial au courant de la situation et demander une enquête sur tous ces faits. Malheureusement le porteur ne put s'acquitter de sa commission. Arrêté à Théziers et conduit à Montfrin, on le détint deux jours dans les prisons du château, après lui avoir enlevé ses dépêches.

Le lendemain, 23 mai, Gondin manda auprès de lui Jean Bonnefoy, premier consul. Celui-ci, qui se savait très mal vu au château, craignant un coup de main, prétexta la nécessité où il était de contenir le peuple et dépêcha Boissay et le curé Drôme. Au cours de la conversation, Boissay ayant représenté à Goudin le danger qu'avait couru Choisity, Gondin l'interrompit disant qu'il regrettait qu'on ne l'eût tué ; puis, se laissant aller à la colère, il ajouta : « que le peuple en vérité « faisait aujourd'hui des siennes, mais que le lendemain il « aurait 500 chevaux pour faire le dégât de leurs bleds ».

Ces dernières paroles, colportées de bouche en bouche, exaspérèrent le peuple. Convaincu que l'on voulait introduire des soldats dans la ville par la porte du château et mettre les maisons au pillage, il décida de couper le pont. Pour l'arrêter encore, les consuls tentèrent un dernier effort. Le 24 mai, l'abbé de Saze, « allié au seigneur de Boisseron, homme fort « cogneu et estimé de tous les habitants », étant venu à Aramon, on le pria de s'entremettre pour tout pacifier. Celui-ci accepta volontiers la mission, et, après avoir vu Gondin, descendit annonçant que ce dernier sortirait du château, mais à la double condition qu'il y serait remplacé par l'abbé de Saze lui-même et que Montenard ratifierait cet accord (1).

Le peuple, sur cette parole, commençait à se calmer quand on apprit que Montenard avait refusé tout accommodement. A cette nouvelle, le peuple s'ameute. On court au pont pour l'abattre ; une lutte s'engage avec la garnison du château, au milieu de laquelle François d'Ermigny, gentilhomme de Tarascon, reçoit une blessure à la tête, dont il meurt sept jours après (2). Avec lui sont blessés ou tués six autres habitants ; mais la victoire reste au peuple : le lendemain, 25 mai, le pont était coupé.

Ce soulèvement fit réfléchir Gondin. Il signa ce jour-là même avec les consuls, mais en dehors des Sauvan, un traité, qui mit momentanément fin aux conflits. On décida 1º : *du côté du peuple*, que ni les consuls, ni les habitants ne se

---

(1) *Arch. dép.*, E. 9.
(2) *Arch. comm.*, GG. 6.

mêleraient à l'avenir des affaires de Sauvan et de Gondin, gardant en tout la plus stricte neutralité ; 2° *du côté de Gondin*, que les soldats ne se montreraient plus en ville, avec armes à feu et n'entreprendraient rien contre les personnes ou les biens des habitants ; ce sont là du moins les points principaux de la transaction (1).

Cependant la justice suivait son cours. Le 24 septembre 1651, ordre est donné au « capitaine d'Eure, exempt des « gardes », de se transporter à Aramon, avec tel nombre de personnes qui seront jugées nécessaires et de faire exécuter les arrêts rendus contre Gondin. En cas de résistance, il lui est même enjoint de forcer le château et de saisir les coupables (2). Il sera soutenu, d'ailleurs, dans cette opération par les consuls et les habitants et par le comte de Bieule, lieutenant général du roi, auquel une commission est envoyée le jour même dans ce sens (3).

D'Eure se présente donc pour exécuter sa commission, mais il est reçu à coups de feu, à la porte du château et force lui est de se retirer, malgré l'appui des consuls et des habitants (4), à qui Sauvan avait promis de les indemniser de tout (5). Quelques jours plus tard, le 15 janvier 1652, dans une lettre adressée à de la Vrillière, d'Eure accusa le comte de Bieule de l'insuccès de sa mission ; mais nous ignorons ce qu'il peut y avoir de fondé dans cette accusation, la réponse de Bieule ne nous étant pas connue (6).

Après cette tentative, si piteusement avortée, une année s'écoula, au cours de laquelle rien ne fut tenté, ce semble, contre Gondin, en dehors de deux arrêts, l'un du 12 juin

---

(1) *Arch. dép.*, E. 9.
(2) Commission n° 7.
(3) P. I. 13.
(4) P. I. 13.
(5) *Arch. dép.* E. 9. — *Arch. comm.*, FF. 18.
(6) P. I. 13.

1652 (1), refusant désormais toute audience à ce rebelle et lui interdisant l'exercice de la justice ; l'autre du 12 septembre, même année (2), contenant un décret de prise de corps contre lui et ses complices. Gondin profita de ce répit pour organiser encore mieux la résistance ; il fit venir de nouvelles troupes, fortifia le château, réunit d'énormes provisions de guerre et de bouche (3). Puis, comprenant qu'il s'était aliéné le peuple par sa conduite brutale, et qu'en conséquence il n'avait rien à attendre de lui, il chercha à le dominer par la terreur, en mettant la haute main sur le consulat. Dans ce but, il introduisit, le 22 janvier 1652, une requête au Parlement de Toulouse, demandant qu'il fût procédé à de nouvelles élections consulaires. Bien mieux, comme il avait à craindre l'influence, alors prépondérante au sein du conseil, de Choisity, Arnaud, etc., gens dévoués aux Sauvan, la veille même de l'élection, il les fait décréter d'ajournement personnel (4). Nous ne savons quel fut le résultat de ces manœuvres, mais nous croyons fort qu'il échoua. Les récentes injures avaient fait oublier au peuple les anciennes ; s'il n'aimait pas Sauvan, il ne pouvait aimer Gondin. Il savait, d'ailleurs, que les ordres d'en haut étaient de marcher avec Sauvan et de se séparer de Gondin. Or, le peuple a naturellement au cœur le respect du pouvoir.

Cependant, il fallait que force restât à la loi. Le 3 janvier donc, de l'année 1653, parut un arrêt du Conseil qui donnait commission au grand prévôt du lyonnais Jacques Gardon, sieur de la Roche, d'aller rétablir J. Sauvan dans ses biens, et, en cas de résistance, d'appeler à son aide les

---

(1) P. I. 10.

(2) P. I. 13.

(3) *Arch. dép.*, E. 10. — 1653. L. XX.

(4) P. I. 10. — Les élections avaient été probablement retardées à cause de tous ces troubles.

consuls et habitants d'Aramon, ceux des villes et bourgs du Languedoc (1).

Le prévôt se mit aussitôt en marche pour Aramon où il arriva le 1er février (2). Ce même jour, il notifia son arrivée à Expert, qui commandait au château, au nom de Gondin, et le somma d'avoir à en sortir avec sa garnison. Celui-ci refusa ; il fit même tirer quelques coups de feu sur les habitants et contre leurs maisons. Dans cette affaire, Pierre d'Albenas, de Nîmes (3), fut tué et plusieurs autres avec lui.

Révolté par tant d'audace, le prévôt décrète alors l'arrestation d'Expert, Pierre Bertrandy, viguier, Jean Pansier, Tristan de Bruge, chirurgien, Accurce Bertrandy, fils de Pierre, le laquais de Malavalette, le baron de Montfrin, Jean Coulomb, La place, le capitaine « Boesme » et plusieurs autres (4) ; ordonne d'abattre le pont et la porte de secours du château (5) ; fait saisir et enfermer dans la tour du Raviot tous les rebelles qu'il trouve dans la ville (6), bloque les avenues du château (7) ; donne pour consigne aux habitants de prendre les armes au premier coup de cloche (8) ; établit des corps de garde un peu partout (9); appelle à lui quelques gentilshommes du voisinage, leur recommandant d'amener avec eux « nombre de leur vasseaux » (10) ; etc. C'était un véritable siège qui commençait.

---

(1) P. I. 13.

(2) *Arch. comm.*, CC. 57.

(3) *Arch. dép.*, E. 10. — D'Albenas était d'une grande famille de Nîmes. On l'enterra dans la chapelle Saint-Nicolas, à Aramon. (*Arch. comm.*, GG. 6).

(4) *Arch. dép.*, E. 10.

(5) *Item.* — On avait dû rebâtir le pont depuis le 25 mai 1651.

(6) *Arch. comm.*, CC. 57. — *Arch. dép.*, E. 10.

(7) *Arch. dép.*, E. 10.

(8) P. I. 13.

(9) *Arch. dép.*, E. 10.

(10) *Item.*

Mais pendant ce temps, Montenard ne restait pas oisif. Déjà, depuis plus de deux ans, il pressait ses amis de se joindre à lui pour maintenir Gondin dans la baronnie d'Aramon. Le 8 février 1653, il leur avait même fait signer, dans son château de Montfrin, un « pacte d'union » (1). Puis, il avait levé des troupes : 1.500 h., commandés par 29 gentilshommes (2), s'était procuré des canons (3), et maintenant, à la tête de cette véritable armée, s'avançait au secours d'Expert, qui, serré de près, faisait des signaux de détresse (4).

Sur ces entrefaites, heureusement, arriva le comte du Roure, par ordre du roi (5). Celui-ci, plutôt que de recourir à des moyens violents et du succès desquels il n'était pas absolument sûr, ou bien peut-être secrètement gagné à la cause de Gondin (6), ménagea un accommodement entre les deux parties sur les bases suivantes : Sauvan et Gondin, leurs amis et leurs soldats se retireraient; le comte de Voguë, beau-frère de d'Expert, aurait la garde du château, la direction de la justice, l'administration des biens, sous les ordres du comte du Roure, pour trois mois; pendant ce temps, Sauvan et Gondin soumettraient au comte du Roure leurs droits et contestations, et celui-ci, avec le concours d'amis et de gens capables, tâcherait de terminer le différend à l'amiable. Si les parties ne pouvaient s'entendre, les trois mois **révolus**,

---

(1) P. I. 13.

(2) P. I. 7.

(3) *Item*.

(4) *Arch. dép.*, E. 10.

(5) P. I. 13.

(6) Nous avons remarqué qu'au moment où le prévôt allait commencer le siège du château, le comte du Roure lança une ordonnance portant défense aux consuls et habitants d'Aramon de prendre les armes, sous peine d'être traités comme des criminels de lèse-majesté, et mandant au prévôt d'aller le trouver pour lui faire savoir le motif de son entrée en Languedoc. Voilà des faits bien capables de faire naître le soupçon.

elles auraient le droit d'en appeler aux tribunaux, et le roi désignerait alors celui auquel serait remis le château (1).

Puis suivaient quelques articles de détail : ainsi les prisonniers faits de part et d'autre, depuis le 1er février 1653, devaient être rendus, et les revenus de la terre d'Aramon remis aux Sauvan, sous caution, prélèvement fait d'une somme de 500 l. en faveur de Voguë, à qui incombaient la garde du château et la direction de la justice (2).

Cet accord signé le 12 février fut mis à exécution le jour même, et les négociations commencèrent. Elles n'aboutirent pas, et, dit-on, par la faute de Montenard (3). Il fallut donc de nouveau recourir aux tribunaux. Le 6 mai 1653, J. Sauvan obtint un arrêt du Conseil privé, qui enjoignait à Voguë de rendre le château trois jours après la signification (4). De plus, le 8 mai, une lettre de cachet était écrite au comte du Roure pour qu'il eût à assurer l'exécution de cet arrêt (5). Montenard et Gondin se pourvurent à Nîmes et à Toulouse contre cette sentence, bien que la connaissance de cette affaire eût été retirée à ces deux tribunaux de par le Grand Conseil, et firent rendre deux arrêts, l'un du 7 mai, l'autre du 27, par lesquels prise de corps était décernée contre J. Sauvan, son père et son frère; Gardon de la Roche, prévôt ; de Jossaud, consul ; Choisity, Jean Pitot, Jean Damour, Antoine Damour, les deux Puget, menuisiers ; Honorat Brocquiert, Guiraud frères, Bras-de-fer, Jossand le conseiller, d'Aubussargues, de Caveirac, d'Albenas, d'Eymine, de Pouguadoresse, de Lengarend, de Fleurigny; de Caderousse, de la Roselle, du Chastellet, d'Aigues-Mortes, de Fournès, Jean Faulquet, Jean Beaufort, Louis Rouscadier, Jean Plantier,

---

(1) *Arch. dép.*, E. 10.

(2) 1653. L. XX.

(3) P. I. 7.

(4) P. I. 11-13.

(5) P. I. 13.

Labrousse, Jean de Prémont, Simon Plaisse. Mathieu Astruc (1).

C'était souverainement audacieux de la part de Gondin et de Montenard : mais, pour Sauvan, il fallait parer le coup au plus vite, sans compter qu'ayant fait sommer François Fromentin, lieutenant de Voguë, de lui remettre le château, celui-ci s'y était formellement refusé (2).

Le 11 juillet donc, 1653, J. Sauvan provoque un nouvel arrêt du Conseil, qui déclare qu'il sera sursis à l'exécution de celui de Toulouse (3). Puis, comme Gondin redoublant d'audace, avait fait rendre, le 5 novembre, toujours au Parlement de Toulouse, une sentence ordonnant que J. Sauvan et ses amis seraient « délivrez es mains de l'exécuteur de la « haute justice: lequel, ayans le hard au col, montez sur « un tombereau ou charrette, leur fera faire le tour par les « ruës et carrefours accoustumez de la présente ville (Tou-« louse) les conduira place du Salin, où sur un eschaffaut qui « sera illec dressé, tranchera la teste ausdits..... (4) ». J. Sauvan, en présence de telles menaces, que ses adversaires étaient hommes à faire exécuter, s'adresse au Conseil qui, le 12 décembre 1653, casse la sentence du Parlement de Toulouse, « comme par attentat ». La signification de cet arrêt fut faite aux intéressés le 20 janvier 1654 (5).

Mais déjà, le 23 décembre 1653, en vertu d'un arrêt donné contradictoirement et sur les instances de Montenard, les parties avaient agréé, d'un commun accord, la Chambre de

---

(1) *Arch. dép.*, E. 11. — P. I. 13. — P. I. 12.

(2) P. I. 13. — Bien qu'il ne soit fait mention nulle part de la cession du château aux Sauvan, il est certain qu'elle eut lieu vers le mois d'août, puisqu'en septembre, Fleurigny en régissait les biens.

(3) P. I. 13.

(4) *Arch. dép.*, E. 11.

(5) P. I. 13.

l'Edit de Rouen, pour terminer leurs démêlés, tant au civil qu'au criminel, et il avait été entendu qu' « à cette cour « estoit attribuée toute juridiction et connoissance de la cause « et icelle interdite à tous autres juges mêsmes au Grand « Conseil (1) ».

Ce point capital une fois réglé, il ne restait plus qu'à instruire le procès. C'est vers ce but que l'on tourna désormais tous ses soins.

Nous l'avons dit, une instruction avait été ouverte dès le début de l'affaire par A. Borrély et continuée par Gardon de la Roche, qui avait abouti à la mise sous séquestre (2) des biens des révoltés « au profit de Sauvan et de la justice » (3). Il fallait terminer cette instruction et ce fut Jean Charpey, lieutenant criminel au Présidial de Valence, qui en fut chargé, le 2 septembre, par l'Edit de Rouen.

Celui-ci commença par citer les accusés à sa barre ; ils étaient nombreux ; voici leurs noms : Hercule de Gondin, Hector de Montenard ; d'Expert ; Pierre et Jean-Louis de Posquière ; de Busquière ; de Rochemaure ; de Montrédon ; le capitaine Coulomb ; Jean de Malavalette ; Guillaume Malortigue; Pierre, Accurce, Charles et François Bertrandy; Antoine Roussière, juge de Remoulins ; Teissier, dit Carré; de Basseaux ; Rousset ; Antonin Borrelly ; Fabry, dit la Rosée ; Benoît la Grillade ; Pierre, dit le diable ; Léonard ; Le Régie ; Lexpinguier ; Cabot ; La Fleur ; la Jeunesse ; le Mignon ; de Crillon, d'Avignon ; des Issarts ; Chambon ; Antonin Claude,

---

(1) *Item.* — Montenard redoutait le grand Conseil, parce que les créanciers de la maison de Lamark, dont Sauvan avait les droits, y comptaient beaucoup de parents et d'alliés (P. I. 28). Sauvan, à son tour, ne voulait pas du Parlement de Toulouse, ni même de la Chambre de l'édit de Castres, composée d'une députation du Parlement, à cause des parents et alliés que Gondin et Montenard y avaient. (P. I. 7).

(2) Enémond Ridelet exerçait cette fonction. (1653. L. XXI).

(3) J. Sauvan prétendait qu'on lui avait fait pour 50,000 écus de dégats. (P. I. 7 et 13).

dit la Pierre ; Jean Pansier ; le laquais de Malavalette ; de Bruges ; Busquet ; Jean et Antoine Puget, frères ; Charles Moreau, dit le Jeune ; Mauran ; Jean Bonine, dit la pierre, maçon ; Jean Granel, de Lunel ; Guillaume Rigaut, juge d'Aramon ; Pierre Lyon ; Antoine Malortigue ; Jacques et Pierre Roussière ; François Moreau ; Antoine Crouzet ; Antoine Soulié et Jean Clavel. J. Sauvan avait même voulu impliquer dans ces poursuites Gédéon de Péraut, prieur d'Aramon, prétendant qu'il s'était servi d'un stratagème indigne pour faire ouvrir les portes de la ville. On le lui refusa (1).

Parmi ces accusés, les uns étaient en fuite, les autres dans les prisons d'Aramon. J. Sauvan aurait voulu les y garder ; mais ceux-ci s'étant plaint des mauvais traitements à eux infligés par Fleurigny ou ses agents, au cours de leur captivité : ce qui, d'ailleurs, fut démontré par une enquête, la Chambre de l'Edit de Rouen rendit une ordonnance, le 27 avril 1654, qui enjoignait le transfert des détenus aux prisons de Valence, dans le délai de six semaines par l'intermédiaire du prévôt. Quant à ceux qui n'avaient fui, disaient-ils, que pour échapper aux violences de Fleurigny (2), il leur fut enjoint de se constituer prisonniers à Valence (3). Puis, l'interrogatoire des accusés et des témoins commença. Pour le mener à bonne fin, J. Charpey dut se transporter successivement de Valence à Aramon, d'Aramon à Rochefort (4), etc. Et que d'incidents ! Tantôt c'étaient des témoins qui, au cours de la procédure désavouaient le lendemain ce qu'ils avaient affirmé la veille ; tantôt c'étaient des prisonniers enfermés à Valence qui brisaient les portes de la prison, de connivence avec le gardien et prenaient la fuite ;

---

(1) P. I. 13.

(2) C'est aussi ce qu'attestèrent les consuls de Montfrin, lieu où certains accusés s'étaient retirés d'abord. (P. I. 13).

(3) P. I. 13.

(4) *Arch. dép.*, E. 12.

tantôt, c'était Charpey lui-même qui, pour ne pas vouloir épouser les rancunes de Fleurigny, avait à subir ses violences et se voyait dans la nécessité d'informer contre lui. Cela dura deux ans. Enfin, l'instruction achevée et « défauts pris « contre les défaillants », la Chambre de l'Edit de Rouen rendit sa sentence, le 14 juillet 1656 (1). La voici, *in extenso* : elle va nous donner une idée de ce qu'était la justice à cette époque.

« Nostre Cour a déclaré et déclare led. Hercule de Gondin
« deüement atteint et convaincu des crimes mentionnez aud.
« procèz, à la complicité des nommés d'Expert, lieutenan'
« aud. château d'Aramon pour led. de Gondin ; Guillaume
« de Malortigue ; Accurce Bertrandy ; Jean Florin ; Saint-
« Amour ; un laquais dud. de Gondin ; Teissié, dit Carré ;
« de Basseaux ; Rousset ; Anthoine Borrelly ; le capitaine Col-
« lon, de Montfrin ; Fabry, dit la rosée, de Montfrin ; Benoît ; la
« Grillade ; Pierre, dit le Diable ; Léonard ; Bugin ; Lexpinguier ;
« Pierre Bonine et Lafon ; pour punition et réparation des-
« quels crimes, les a condamnés et condamne à faire répara-
« tion honorable, nuds, en chemises, tenant en leurs mains
« chacun une torche ardente du poids de deux livres, devant
« le grand portail de l'église de Notre-Dame de cette ville,
« et là demander pardon à Dieu, à Nous et à justice. Ce fait,
« estre lesd. Gondin, Guillaume Malortigues, Bertrandy,
« Florin, Saint-Amour, le laquais dud. Gondin ; Teissier, dit
« Carré, de Boisseaux, Rousset et Lafon rouez vifs sur un
« gril qui sera mis sur le pilory, en la place du Vieil-Marché
« de cette ville, leurs corps mis sur des roues pour y finir
« leurs jours, tant qu'il plaira à Dieu leur prolonger ; et les-
« dits Bourrelly, capitaine Collon, Fabry, Benoist, Lagrillade,
« Pierre, dit le diable ; Léonard, Bugie, Lesfinguier et Pierre
« Bonine estre pendus et estranglez en des potences qui
« seront plantées en lad. place du Vieil-Marché, leurs corps

---

(1) P. I. 13.

« après y avoir passé 24 heures, estre portez au lieu patibu-
« laire, leurs biens et héritages à nous acquis et confisquez
« ou à qui il appartiendra ; sur iceux préalablement pris
« 6.000 l. d'amende envers nous. 2.000 l, pour faire une
« fondation perpétuelle en la principale église d'Aramon,
« pour y faire dire messes et autres prières pour les âmes de
« ceux qui ont esté tuez ; en laquelle église sera mise une
« lame de cuivre où sera inscrit le motif et sujet de lad. fonda-
« tion ; 50.000 l. d'intérest envers led. de Sauvan ; et pour
« les cas résultats du procez, a condamné et condamne les
« nommés Cabot; Pierre Bertrandy; le valet dud. Bertrandy ;
« Lafleur ; la Jeunesse ; le Mignon ; Crillon d'Avignon ; des
« Essarts ; Chambon ; de Saint-Bonnet ; Lapierre ; Pansier; le
« laquais de Malavalette; Bruges; Busquet; Charles et Fran-
« çois Bertrandy ; Roussières; Jean et Anthoine Buget, frères,
« à nous servir en nos galères pour le temps de trois ans,
« et outre les a condamnés chacun en 100 l. d'amende envers
« nous et en 10.000 l. d'intérest par main commune, scavoir
« 4.000 l. envers led. sieur de Sauvan et 6.000 l. pour les
« veuves et enfans desd. Desminy, Albenas et Roussin.

« Et d'autant que le présent arrest ne peut estre exécuté
« es personnes des susdits, à cause de leur fuite et absence,
« ordonne qu'il sera exécuté par effigie, en tableaux qui
« seront attachez à des potences qui seront plantées tans en
« lad. place du Vieil-Marché de cette ville qu'en la place
« publique dud. Aramon. Ausquels tableaux, leurs noms,
« surnoms, demeures et causes de leurs condamnations seront
« inscrites. Et, à l'esgard dud. Charles Moran, l'a condamné
« et condamne en 100 l. d'amende envers nous et 2.000 l.
« pour tous intérêts et despens envers led. Sauvan et iceluy
« banny de la Sénéchaussée de Nîmes pour le temps de trois
« ans et défense à luy faite d'y rentrer pendant led. temps à
« peine de la vie. Et veu ce qui résulte du procez à l'esgard
« dud. Pierre de Pousquières l'a condamné et condamne en
« 100 l. d'amende envers Nous et 1.000 l. pour tous intérest
« et despans envers led. de Sauvan ; et interdit led. Rigaut de

« la fonction de sa charge pour le temps d'un an ; et en tant
« que led. Jean-Louis de Pousquière l'a condamné et le con-
« damne en 50 l. d'amende pour l'union par luy signée et en
« surplus l'a deschargé de l'accusation et conclusions dud.
« de Sauvan, sans intérets ny despans ; Et au regard dud.
« de Montenard, veu ce quy résulte dud. procez l'a con-
« damné et condamne en 400 l. d'amende applicables avec
« les 50 l. dud. J.-L. de Pousquière, à la déclaration et af-
« faires du palais ; et outre l'a condamné en 6.000 l. pour
« tous intérest et despans envers led. de Sauvan ; et deffen-
« ces à luy faites d'entrer dans lad. ville et faux-bourg d'A-
« ramon pour le temps de trois ans et de signer aucune
« association ou ligue à peine de la vie (1), et au regard
« dud. Lyon l'a condamné et condamne à la restitution du
« revenu de lad. terre d'Aramon, circonstances de dépen-
« dances pendant qu'il en a joui et ce sur le faits des baux-
« faits par led. de Sauvan à Laurens Choisity, sur ce des-
« duit ce qu'il justifiera avoir payé au nommé de Vogüe,
« sauf son recours de ce qui pourrait avoir payé à d'autres
« ainsi qu'il advisera, bien et outre l'a condamné à 3.000 l.
« pour tous intérest et despans envers led Sauvan, tant pour
« l'incendie de la métairie des Agasses que pour les bois par
« luy couppez et vendus au préjudice des deffenses à luy
« signifiées, sauf à luy à poursuivre ceux qu'il prétendra
« avoir commis led. incendie, de laquelle restitution du re-
« venu de lad. terre, led. Ant. Malortigues est déclaré prena-

---

(1) Cette condamnation, relativement légère, à l'encontre du plus grand coupable, nous paraît s'expliquer par cette considération que Montenard avait été assez habile ou assez puissant pour faire annuler l'enquête d'Alzias Borrély, qui le chargeait très fort, et aussi pour faire accepter son intervention dans l'affaire du sac du château, comme nécessitée par le besoin d'apaiser le conflit et de maintenir l'ordre. Ajoutons, d'ailleurs, qu'alors comme aujourd'hui, les filets de la justice ne retenaient guère, dans leurs mailles, des oiseaux de cette envergure.

« ble solidairement pour tous intérests et despans, et
« laquelle restitution et payement de lad. somme de 3.000 l.
« lesd. Lyon et Malortigues seront tenus faire dans l'an, du
« jour de la signification qui leur sera faite du présent
« arrest à personne ou domicile, autrement les a, dès à pré-
« sent, condamnez par corps; et pour le regard dud. Jacques
« Bonine, l'a pareillement condamné en 2.000 l. envers led.
« de Sauvan, pour tous intérests et despans, pour les bois
« par luy couppez en la forêt la Gueille et ailleurs. Et fai-
« sant droict sur les conclusions dudit de Malavalette, l'a
« deschargé et descharge de l'accusation contre luy inventée,
« et a condamné led. de Sauvan en 150 l. pour tous intérests
« et despans contre iceluy. Et au regard dud. Moreau, Cro-
« zet, Sorbier et Jean Buget, père, les a pareillement des-
« chargés sans intérests ny despans. A condamné et con-
« damne tous les contumaz ci-dessus nommés en tous les
« despens du procez solidairement envers led. de Sauvan et
« a accordé et accorde main levée aux accusez présents de
« leurs biens, saisis en vertu des droicts mentionnez au pré-
« sent procez et ordonne que les séquestriers leur en ren-
« dront bon et fidèle compte ; à quoy faire ils seront con-
« traincts par toutes voyes deües et raisonnables ; a con-
« damné led. de Gondin aux deux tiers du rapport, les
« autres contumacez la moitié de l'autre tiers et ledit de
« Montenard le surplus, la taxe de tous lesd. despans par
« devers nostre cour réservée pour les bailler par déclaration.
« Si donnons mandement au premier des huissiers de nostre
« dicte cour du Parlement ou autre nostre huissier ou ser-
« gent sur ce requis, mettre le présent arrest à deüe et en-
« tière exécution, selon sa forme et teneur. De ce faite luy
« donnons plain pouvoir, puissance et authorité. Mandons
« et commandons à tous nos officiers et sujets à luy en ce
« faisant obéir. En tesmoin de quoy nous avons fait mettre
« nostre scel aud. présent arrest. Donné à Rouen, en nostre
« dicte cour du Parlement, ce 14ᵉ jour de juillet, l'an de

« grâce 1656 et de nostre règne, le quatorzième. Et publié à
« la barre de la salle du palais, le dernier jour dudit mois et
« an. Par la cour en la chambre de l'édict Signé : Vaignon et
scellé du grand sceau de cire jaune (1).

---

(1) Nous remarquons qu'à la suite de cet arrêt, il y eut une foule de transactions; car les Sauvan avaient grand besoin d'argent. Nous voyons, en particulier, que pour Guillaume Malortigue, Mad. de Fleurigny, procuratrice de son mari, J. Sauvan, offrit de ne pas exiger sa pendaison, si sa femme consentait à donner une somme d'argent. On convint de 440 liv. (1657. L. XXI).

# CHAPITRE XXIV

## ANNE-THÉRÈZE DE LA BARBÉZIÈRE DE CHÉMERAUT
(1657-1723)

J. de Sauvan ne survécut pas longtemps à toutes ces épreuves. Déjà gravement atteint en 1657 (1), il mourut dans les premiers mois de l'année suivante, emportant avec lui cependant la double satisfaction d'avoir triomphé de ses ennemis, et obtenu des lettres de noblesse, le 5 avril 1655, en considération de ses 20 ans de service, dans la charge de conseiller-secrétaire du roi (2). Il laissait six enfants en bas-âge : 1º Jacques-Antoine-Eléonore (3), baron d'Aramon ; 2º Claude, Sr de Lenoncourt ; 3º Guillaume-Alexandre, Sr de Vallabrègues ; 4º Jean-Philippe « avocat es conseils du roy ». 5º Marguerite-Françoise du Terme ; 6º Marie-Madeleine (4).

Sa veuve, Madeleine de Fleurigny, se trouva tout d'abord aux prises avec une foule de difficultés : hostilité de la noblesse, haine de la population, procès sans nombre engagés

---

(1) A cette date, il avait été obligé de remettre à sa femme la direction de ses affaires. (J. Arnaud, not.).

(2) Il avait été fait noble en vertu de l'édit de Louis XIV (juillet 1644), qui octroyait le privilège des nobles de race aux membres du Parlement de Paris, pourvu qu'ils eussent servi vingt ans ou qu'ils fussent morts dans leur charge. (Arm. du Lang., par L. de la Roque). Ses enfants furent maintenus dans leur noblesse, par jugement de M. de Bezoms, intendant du Languedoc, le 18 juillet 1669. (Mis d'Aubais, T. II, p. 278).

(3) C'était l'aîné. Baptisé le 26 sept, 1645, il n'avait pas treize ans à la mort de son père. (Mis d'Aubais).

(4) L. X. Arm. de Lang. T. I.

devant les cours de Nîmes, Montpellier, Toulouse, Paris, et par dessus tout, un pressant besoin d'argent : conséquence fatale du luxe princier où les Sauvan avaient voulu établir leur maison (1), et peut-être aussi des énormes dépenses qu'ils avaient dû faire, pour se maintenir en la possession de leur baronnie.

Or, Mad. de Fleurigny, avec sa nature plutôt douce et faible, n'était pas de force à tenir tête à l'orage.

Il lui fallut d'abord songer à liquider de vieux comptes avec Choisity, lesquels avaient déjà donné lieu à différents procès. Un accord intervint, aux termes duquel elle s'engagea à remettre à son ancien fermier 8949 l., 5 s., 1 d. ; mais, n'ayant pas d'argent présentement, elle fut réduite à demander, le 8 mars 1664, que l'on voulût bien repartir cette somme en six annuités consécutives (2). Un document nous apprend même qu'il n'y eut de règlement définitif que le 11 février 1687, c'est-à-dire 23 ans après (3). Voici d'ailleurs qui fut plus grave :

Le 5 janvier 1656, J. de Sauvan avait emprunté 5300 l. à Antoine Arnaud, l'un de ses collègues à la cour de Paris (4). Cet effet n'ayant pas été soldé lors de son échéance, il y eut plusieurs saisies. La première en date est du 10 juin 1662 (5).

A la suite de ces saisies, les Requêtes de l'hôtel décrétèrent la vente, aux enchères publiques, des terres d'Aramon et Vallabrègues, avec ordre, en attendant, à François Forcadel, commissaire général aux saisies du Parlement de Paris, de

---

(1) Ils avaient maitre d'hotel, maison de plaisance etc. (1667 L. XXI).

(2) 1664. L. XXI.

(3) 1687. L. XXI.

(4) L. X. — Cette créance passa successivement de Arnaud à Guiot Fornier, marchand de Rouen ; de Fornier à Michel Tildo : de Tildo à Pierre Boctrois. Ces deux derniers, membres du Parlement de Paris.

(5) *Arch. dép.*, E. 44. — L. X.

procéder à l'adjudication du bail judiciaire : ce qui eut lieu (1).

Alors fut mise à nu la situation pécuniaire des Sauvan. De toutes parts, surgirent des créanciers, car, dans leur détresse, ces gens-là avaient frappé à toutes les portes. Ils devaient :

1° 2000 l. à la communauté d'Aramon pour avances faites lors des réparations à la chaussée du Clos-Perret : réparations qui, de droit, incombaient au seigneur (2).

2° 1600 l. à Lucrèce Roque, veuve de Jean Gilles, en vertu d'un emprunt fait, par Mad. de Fleurigny, à cette dernière, le 2 octobre 1666 (3).

3° 21067 l., 8 s., 2 d. aux enfants d'Ant. Sauvan, qui avaient droit à cette somme, sur la succession de Jean Sauvan l'ancien marchand de Remoulins, leur aïeul commun (4).

4° 23.750 l. à Catherine Moreau, veuve de Jean Sauvan, jeune ; Jean Plantier, lieutenant de viguier ; Pierre Arnaud, marchand, et Guillaume Firmin : lesquels, en 1667, avaient réuni pareille somme, à la prière de Mad. de Fleurigny, alors à bout de ressources, pour payer des taxes royales imposées sur la succession de J. de Sauvan (5).

---

(1) L. X. — Le bail obtenu d'abord par Renée Jauneau, puis par Bros de Montfrin, passa, le 5 juillet 1665, à Eloy Febvrier « par remission », au prix de 8,000 l. Vinrent ensuite, au cours des trente ans que dura la saisie, Jean Musnier (1669 L. X); François Maurensac (1673. *Arch. comm.,* GG. 8); François Prieur (1674. L. X). Jacques Allier (1675. *Arch. comm.,* GG. 8); Gabriel de la Vergne (1680. L. XX); etc.

(2) L. X. Transaction de 1585.

(3) L. X.

(4) *Item.*

(5) 1667. L. XXI. — L. X. — Les biens de J. de Sauvan avaient ét frappés de cette taxe, en vertu de la déclaration royale de déc. 1664. Mad. de Fleurigny n'ayant pu solder, allait être expropriée, lorsqu'intervint Catherine Moreau qui sauva tout. L'acte nous apprend que cette dernière avait fourni, à elle seule, les 3/5 de la somme, et que les Sauvan s'étaient engagés à rembourser le tout en cinq ans, ce qu'ils ne firent pas d'ailleurs. Plus tard, Thér. de la Barbezière dé-

5° 36.000 l. à Anne-Thérèse de la Barbézière de Chémeraut: toute la dot qu'elle avait apportée en entrant dans la famille des Sauvan (1).

6° Une somme, qu'on ne spécifie pas, aux Carmes, du faubourg St-Germain, pour laquelle ceux-ci firent opérer des saisies sur les meubles des Sauvan (2).

Total, environ 100.000 l., le prix d'achat de la Baronnie.

Toutes ces dettes furent consignées au procès-verbal des enchères (3).

Cependant la vente des biens saisis n'avançait pas. Chaque fois qu'avaient lieu les enchères — et nous en avons compté jusqu'à quatre — quelqu'un se présentait qui faisait opposition. Les consuls se plaignaient que l'on eût classé, parmi les biens des Sauvan, des immeubles, droits et privilèges appartenant à la communauté. A leur tour, divers particuliers formulaient des réserves touchant certaines propriétés. Mais c'étaient surtout les parents ou les amis du château qui poussaient à l'ajournement. Leur but était manifeste : diminuer la valeur des immeubles que cet état de choses mettait nécessairement en souffrance, et permettre ainsi aux Sauvan de les racheter un jour à vil prix. De fait, nous remarquons qu'affermés d'abord 12.000 l., ils tombèrent successivement à 8.000, puis à 5.000 et enfin à 3.000 : une dérision. Les

---

sir téressa François Moreau, neveu et héritier de Catherine, et prit ses droits. Il resta 4,750 l. que Jean Baudouin, bourgeois d'Arles, acquit de Guil. Firmin, par contrat du 18 sept. 1672, plus les parts de Plantier et d'Arnaud qui passèrent à leurs héritiers. La part de Plantier n'était pas encore payée en 1677.

(1) L. X.

(2) *Item*.

(3) Signalons ici une complication qui dut, ce moment-là, accroître les difficultés de tutelle de Mad. de Fleurigny : c'est la saisie qui fut faite, en 1668, des îles du Rhône, au nom de M$^{lle}$ d'Elbeuf et duc du de Saint-Aignan, à qui le roi en avait donné le revenu pour 30 ans. Il fallut aller devant les tribunaux ; ce ne fut pas sans peine que **Mad. de Fleurigny triompha. (1669. L. XXI).**

créanciers finirent par voir clair dans le jeu de leurs adversaires, et, pour éviter d'être frustrés, ils demandèrent à prendre certaines mesures de conservation relativement aux immeubles. Un arrêt du Parlement de Paris, en date de 1683, les y autorisa : Hilaire Clément, leur procureur, fit même assigner certains usurpateurs devant le Sénéchal (1).

Cette période fut, d'ailleurs, marquée d'incidents extrêmement fâcheux. Le 6 avr. 1673, François Maurensac, bailliste judiciaire, pour n'avoir pas voulu sans doute entrer dans les vues des Sauvan, fut frappé de plusieurs coups d'épée devant la porte de l'église, où il se réfugiait et alla expirer sur les degrés de l'autel St-Nicolas. Quand le prêtre mandé en toute hâte arriva, il était déjà mort (2).

Les Sauvan prétendirent, il est vrai, que le malheureux Maurensac s'était pris de querelle avec les soldats du chevalier de Caderousse et que c'étaient ceux-ci qui l'avaient frappé. Mais les témoins protestèrent contre cette assertion et firent des dépositions telles que les sieurs de Lenoncourt et de Vallabrègues furent condamnés à mort par sentence du sénéchal de Nîmes et Beaucaire (3).

---

(1) *Arch. dép.*, E. 44. — L. X. — 1667. L. XXI.

(2) *Arch. comm.*, GG. 8. L'Etat-civil nous apprend encore que ce même jour et probablement à la même heure, une femme et une jeune fille furent blessées de quelques coups d'épée, à l'intérieur de l'église. De ce fait, l'église se trouvant polluée, le Saint-Sacrement fut porté, vers les 9 h. du soir, au couvent des Ursulines. Le 9 avril, Mgr Jacques d'Adhémar de Monteil de Grignant, vint à Aramon, réconcilia l'église, y célébra la sainte messe, et, après l'office des vêpres, alla prendre le Saint-Sacrement chez les Ursulines et le remit dans le tabernacle de la paroisse.

(3) 1588. L. XXII. — L. X. — Le sieur de Vallabrègues avait dû fuir, car, à partir de cette époque, nous le voyons représenté dans toutes les transactions de famille par Pierre Lefebvre, « curateur « créé à la mort civile et biens confisqués sur G. A. de Sauvan ». Il ne reparut à Aramon que vers 1696, et ce fut pour demander brutalement à sa mère, Mad. de Fleurigny, ses comptes de tutelle. (*Arch. dép.*, E. 44). Quant au sieur de Lenoncourt, il sut se ménager l'impunité au moyen d'une transaction fort habile : un document du 29

Du reste ce meutre ne fut pas isolé. Après Maurensac, c'est Jacques Allier, autre « bailliste judiciaire », que l'on assassina dans la soirée du 8 mars 1675, près de la petite porte du Rhône (1) ; puis, le 23 janvier 1686, c'est le tour de Léon de la Colombière, huissier d'Aramon (2) : crimes odieux que Thér. de la Barbézière cherchait à excuser en 1694, dans l'un de ses factums, disant : « que la nécessité les avait produits, que le « temps et le Prince les avait abolis » (3), crimes odieux que l'histoire ne saurait flétrir avec trop de sévérité.

Grâce aux manœuvres que nous avons signalées, les terres d'Aramon et Vallabrègues n'étaient pas encore vendues en 1691 ; il y eut même des saisies en oct. 1693 (4). A cette époque cependant tout paraît s'être arrangé. Dans un premier document, de 1690, nous trouvons que Robert Boctrois, frère de Pierre, le principal intéressé, avait passé une transaction, le 29 oct. 1688, avec les Sauvan, dans laquelle il déclarait faire main levée de la saisie : ce qui devait nécessairement paralyser les autres créanciers et les décourager ; puis, dans un second document de la même année, que les Sauvan, sous le nom de Nicolas Hanneau, bourgeois de Paris, se firent adjuger le bail judiciaire, au prix de 3.000 l. pour les années 1690 et 1691 (5). Ce ne sont là que des indices, évidemment, mais qui, rapprochés des résultats connus, nous portent à croire que les terres d'Aramon et Vallabrègues furent vendues

---

sept. 1688 nous apprend en effet que Jean Maurensac, frère de la victime, céda, tant en son nom qu'au nom de ses autres frères, à Charles Bret (l'homme du château), tous les droits qu'il avait contre Claude de Sauvan « en raison du meurtre commis en la personne de « Sʳ Fr. Maurensac, son frère, moyennant la somme de 1,500 l. » On voit le reste. (L. XXII).

(1) *Arch. comm.*, GG. 8.

(2) *Item.*

(3) P. P. 7.

(4) *Arch. comm.*, BB. 12.

(5) *Arch. dép.*, E. 44,

un prix très médiocre, en rapport, du reste, avec leur rendement présent, et achetées par les Sauvan, qui se les partagèrent entre eux (1).

On le voit, la situation des Sauvan, à la fin du xviie siècle, était loin d'être brillante, mais alors survint une femme qui sauva tout : Anne-Thérèse de la Barbézière de Chémeraut (2).

Presque sans fortune bien que portant un grand nom, cette femme avait surtout pour elle une grande énergie : ce fut là le secret de sa force et le principe de tous ses triomphes. Malheureusement, ce don en elle était gâté par un orgueil démesuré, par des emportements terribles, par un besoin de vengeance, qui la rendaient alors capable de tout. Il faut voir son portrait, aujourd'hui appendu au mur du grand salon, entre les deux fenêtres ; son visage ne manquerait pas de grâce, mais quelle dureté dans sa lèvre mince et serrée, dans son regard fixe et perçant, dans ses traits toujours tendus, et jusque dans son teint trop pâle. Après l'avoir considérée un instant, on comprend que des hommes, et non des plus lâches, aient tremblé devant elle.

Du reste, ce que le portrait ne dit pas, mais ce qu'attestent hautement les faits, c'est que, chez cette femme, la rapacité égalait au moins l'énergie. Oui, une fois ses intérêts en jeu, que ce soit affaire de tempérament ou nécessité de situation, rien ne l'arrête. En vain lui objecta-t-on ses droits : elle ne voit, elle ne connaît, elle n'admet que les siens ; en vain la

---

(1) Ant. Eléonor eut Aramon avec le titre de baron ; Guil. Alexandre fut seigneur de Vallabrègues ; Claude, Jean-Philippe et Marie-Madeleine, conservèrent des droits sur la terre d'Aramon ; enfin, Marguerite prit Saint-Pierre-du-Terme. (L. X).

(2) Un acte d'Ant. Orionis, not., parle déjà, en 1538, d'une « noble « damoiselle Madeleine de la Barbézière, femme de messire Jehan « Moret, licencié ès droits de la cité d'Avignon ». D'après l'armorial de la Roque, Noël de la Barbézière de Chémeraud, frère de Thérèse, et le dernier du nom, aurait été « lieutenant-général dans les armées « du roy, puis tué à Malplaquet en 1709 ». (Armorial de la Roque, t. 1).

menace-t-on des tribunaux : elle y court, et là, comme si elle était dans son élément, on la voit tour à tour (1) soulevant des incidents, provoquant des enquêtes, recusant des juges (2), bref, éternisant les débats jusqu'au jour où ses adversaires, fatigués et ruinés, abandonnent la lutte. Il n'est pas jusqu'à la pitié, à laquelle elle se montre inaccessible, elle une femme ! elle une mère ! et quand une malheureuse orpheline, Suzanne Gilles, s'efforce d'arracher quelques lambeaux de son patrimoine à sa sinistre avidité, elle s'acharne contre elle, multiplie ses poursuites, grossit comme à plaisir les frais, afin de mieux la ruiner, et semble enfin ne lui laisser qu'à regret ce que la loi refuse absolument de lui ôter. Cette femme fut un fléau pour le pays (3).

Elle avait épousé, le 15 mai 1671, à l'âge de 28 ans (4),

---

(1) Nous remarquons encore une de ses manies qui consistait à n'accepter d'un arrêt que ce qui lui est favorable et à poursuivre toujour la cassation du reste. (*Arch. comm.*, BB. 12).

(2) Dans l'affaire du déguisement, elle fit récuser Durand, président de la Cour des Aides, de Lauriol, conseiller de cette même cour; Gasquet, autre conseiller, etc.; 14. en tout. Elle ne les trouvait pas assez souples. (*Arch. comm.*, BB. 14).

(3) Il faut lire les documents de l'époque, et en particulier, les pièces du procès Gilles (*Arch. dép.*, E. 37 à 43), pour se convaincre qu'il n'y a rien d'exagéré dans ce portrait, pourtant bien sombre. Et, à ce sujet, ajoutons quelques détails sur l'affaire Gilles dont il a été déjà question au Chap. VI de cette histoire. Pour avoir tué son père, Catherine Gilles fut condamnée à mort et exécutée. Or, les juges de la cour ordinaire d'Aramon et ceux du Parlement de Toulouse avaient ordonné, conformément aux lois de l'époque, que les biens de Catherine resteraient acquis à Thér. de la Barbézière, seigneuresse du pays. En cela, il n'y avait donc qu'à s'incliner. Mais voici l'odieux : 1° Thér. de la Barbézière ne voulut pas tenir compte des dettes de la famille; 2° elle exigea la moitié des biens du père, dont Catherine n'avait pu hériter comme parricide; 3° elle fit enlever de force les fruits des terres confiées à des séquestres légalement établis; 4° elle laissa Suzanne Gilles, sœur de Catherine, pendant 9 ans, avec un revenu de 70 l. Et notez bien que Suzanne était la petite-nièce de Catherine Moreau, la bienfaitrice du château.

(4) *Arch. comm.*, GG. 12.

Jacques-Antoine-Eléonor de Sauvan (1). de deux ans plus jeune qu'elle (2), et en avait eu un fils, le 8 déc. 1683 (3) : Marie-Guilhaume-Alexandre.

Dès son entrée dans la maison des Sauvan, elle fut l'âme de tout. Comprenant, d'une part, qu'elle ne pouvait compter sur son mari. misérale organisation, vulgaire et sans ressort, lequel mourut jeune d'ailleurs (4) ; mais de l'autre, n'osant encore, nouvelle venue, se mettre en avant, elle chercha immédiatement autour d'elle, dans la famille de son mari, des auxiliaires à même de la comprendre et surtout de lui obéir. Ce ne fut pas long ; et par ce que nous connaissons déjà, on peut dire que les sieurs de Lanoncourt et de Vallabrègues furent des alliés dignes d'elle.

Cachée tout un temps derrière eux. elle dirigea tout. C'est elle. dit-on, qui poussa aux violences contre Maurensac, Allier. la Colombière ; c'est elle qui fit indéfinitivement ajourner la vente des terres d'Aramon et Vallabrègues ; c'est elle qui présida au partage des dépouilles, dans lequel elle se réserva naturellement la part du lion. Puis, quand elle se sentit maîtresse de la situation et par l'expérience acquise et par les services rendus, sûre d'être désormais en tout approuvée, elle jeta bas le masque et se mit résolument à la tête ; il le fallait, car les Sauvan allaient traverser une nouvelle crise, presque aussi grave que la première.

En effet, l'intendant du domaine, s'appuyant sur la clause de réméré, insérée dans le contrat d'échange de 1426, avait formé en 1680. devant le Conseil d'Etat, à l'encontre des hé-

---

(1) *Arm.* de la Roque, T. I.

(2) Mis d'Aubais, T. II.

(3) *Arch. comm.*, GG. 9. — Le parrain de Mar.-Guil.-Alex. de Sauvan fut son oncle paternel. le sieur de Vallabrègues, et sa marraine, Marie de Barbézière de Chémeraut, sa tante maternelle.

(4) *Arch. comm.*, GG. 9. — Il mourut le 14 avril 1688, à l'âge de 43 ans, et fut enterré dans la chapelle des Récollets.

ritiers Sauvan, une demande de réunion pure et simple à la couronne des terres d'Aramon et Vallabrègues (1).

Le Conseil, dans le but de s'éclairer, ordonna, le 6 octobre 1680, au directeur des domaines et aux Sauvan de produire leurs titres respectifs, par devant M. d'Aguesseau, intendant du Languedoc, lequel donnerait ensuite son avis (2).

Les titres furent donc présentés, mais les Sauvan jugèrent à propos d'ajouter une note dans laquelle ils faisaient justement remarquer qu'au cas où l'on voudrait exercer le droit de réméré, ce ne pouvait être qu'en distrayant, à leur profit, toutes les acquisitions faites par eux ou par leurs ancêtres depuis 1426, et qu'en leur donnant, en remplacement, d'autres immeubles, d'un revenu égal à celui qui était représenté, en 1426, par la valeur monétaire de 483 florins.

M. d'Aguesseau déposa son rapport le 5 février 1682, où se trouvaient résumés les dires et prétentions des parties, comme aussi la solution qui, à son avis, devait intervenir.

Trois mois après (9 mai 1682), nouvel arrêt du Conseil d'Etat, lequel ordonne avant d'aller plus loin : 1° de faire une estimation, par année commune, de la valeur et des revenus des terres en litige ; 2° de rechercher ce que pouvaient valoir 483 florins, à 15 s. l'un, de revenu en autres terres, eu égard à ce qu'ils valaient en 1426 ; 3° d'inviter les Sauvan à présenter à M. d'Aguesseau les titres des acquisitions, à la distraction desquelles ils prétendaient.

Sur ce, M. d'Aguesseau se met de nouveau à l'œuvre, et dans un second rapport en date du 17 août 1684, il déclare : 1° que les Sauvan lui ont présenté 38 contrats d'acquisitions, lesquels sont énumérés en détail ; 2° que les 483 florins de 1426 valent en 1684 : 2896 l., suivant un certificat du Sr Boigard, conseiller à la Cour des monnaies, et 2032 l. 12 s. 6 d.

---

(1) P.P. 3.
(2) P.P. 1. — P.P. 9.

seulement, d'après un autre certificat du Procureur général en la même cour.

Aussitôt le rapport connu, les Sauvan présentèrent une requête où ils se déclaraient prêts à accepter ou bien de nouvelles propriétés correspondant à la valeur des anciennes, à dire d'experts, ou bien le montant des terres d'Aramon et Vallabrègues en deniers comptants.

Mais le Domaine éleva d'autres prétentions. Il affirma que, pour exercer le droit de réméré, on n'était tenu à fournir aux propriétaires qu'une rente de 483 flor. à 15 s. l'un, soit 363 l., sans avoir égard à la plus-value des espèces monétaires.

Ce n'était pas juste, car si le roi avait bénéficié de la plus-value des terres de Valentinois et Diois, de quel droit priver les Sauvan d'un pareil avantage pour les terres d'Aramon et Vallabrègues ? Aussi, dans un nouvel avis qu'il fut chargé de donner, M. d'Aguesseau demanda-t-il que la liquidation fût faite sur le pied de 2415 l. de revenu, (1) non compris les édifices, et l'obtint-il aisément du Conseil d'Etat, le 31 mars 1685. L'arrêt est ainsi conçu : « Le Conseil d'Etat ordonne
« que les terres d'Ar. et Vallab. demeureront réunies au
« Domaine, selon la clause et faculté de réméré, portée par
« la transaction passée entre le roi Charles VII et Louis de
« Poitiers, le 24 juillet 1426, distraction préalablement faite
« au profit desd. sieurs Sauvan des terres et héritages acquis
« par leurs ancêtres (suit l'énumération des contrats), à la
« charge que les héritages mentionnés ci-dessus qui ont
« servi à l'augmentation de l'enclos et place étant devant le
« château, y demeureront réunis et que lesd. sieur Sauvan
« en seront remboursés, suivant l'estimation qui en sera faite
« par experts dont les parties conviendront devant led. sieur
« d'Aguesseau ; sinon, en sera pas lui pris et nommés d'office.

---

(1) On s'arrêta à ce chiffre de 2415 l., probablement comme représentant la moyenne.

« Et pour tenir lieu auxd. Sauvan du corps desd. terres
« d'Aramon et Vallabrègues, en l'état qu'elles étaient en
« 1426, il leur sera rendu et donné, des fonds de sa Majesté
« en Languedoc et le plus proche qu'il se pourra d'Aramon,
« d'autres terres, jusqu'à la concurrence de la somme de 24151.
« de revenu, à laquelle sont évalués les 483 florins de revenu.
« non compris les édifices. Et pour régler quelles terres leur
« seront données et en estimer le revenu, les parties, joint le
« Procureur du roi au Bureau des finances de Montpellier,
« contesteront par devant led. sieur d'Aguesseau, pour son
« procès-verbal ainsi rapporté, être ordonné ce que de
« raison. » (1)

Restait à faire l'application de cet arrêt. Ce ne fut pas facile. La terre de Meyrueix avait été proposée en échange de celle d'Aramon et Vallabrègues et acceptée par les Sauvan. Mais, quand on eut distrait les propriétés acquises depuis 1426, par les divers seigneurs qui s'étaient succédés à Aramon et surtout devant de nouvelles demandes en distraction chaque jour introduites par Thér. de la Barbézière, dans le but évident de décourager le Domaine et de lui arracher le plus possible, on comprit que la couronne ne gagnerait pas grand chose à cet échange et l'on devint très perplexe. C'est ce qu'attendait Thér. de la Barbézière pour donner le dernier coup. Avec son habileté ordinaire, et grâce aux influences dont elle disposait, elle fait alors offrir une misérable « albergue annuelle et perpétuelle de 300 l. » au Domaine qui accepte. Dès lors, sa cause était gagnée. Le 30 mai 1690, un arrêt était rendu par le Conseil d'Etat qui maintenait formellement « Anne-Thérèse de la Barbézière,
« ses héritiers ou ayant cause dans la possession des terres
« d'Aramon et Vallabrègues à titre de propriété incommu-
« table nonobstant la faculté de réméré, portée par led.

---

(1) P.P, 1. — P.P. 3. — P.P. 17. — P.P. 32.

« contrat du 24 juillet 1426, à laquelle sa Majesté a expres-
« sément renoncé et renonce » (1).

Cet arrêt, vrai triomphe pour Thér. de la Barbézière, fut un malheur pour le pays, qui s'en était trop désintéressé. On va le voir à ses conséquences.

Le Conseil d'Etat, en établissant Thér. de la Barbézière, propriétaire incommutable d'Aramon et Vallabrègues, l'autorisait à faire confectionner, à ses frais, un papier terrier pour les terres qui venaient de lui échoir définitivement. Celle-ci, désormais sans crainte sur l'avenir et désireuse de tirer de la situation présente le meilleur parti possible, se hâta de demander aux commissaires du Domaine qu'il y fût procédé par devant Jean-Jacques Maillan, conseiller au Présidial de Nîmes, ce qui lui fut accordé le 16 décembre 1690 (2).

Maillan vint à Aramon, se faisant précéder d'une ordonnance menaçante autant pour les nobles que pour les roturiers. Mais on refusa généralement de se présenter devant lui, d'abord parce que Thér. de la Barbézière avait englobé dans la juridiction d'Aramon, les tènements de Bertrand, Tamagnon et Ribeyrole, qui formaient, disait-on « corps à « part et dont la justice appartenait au roi ; » ensuite, parce qu'elle revendiquait la propriété des garigues, patis, paluns, vacants, qui appartenaient incontestablement à la communauté ; enfin, parce qu'elle entendait « déguiser en eau » certaines propriétés emportées par le Rhône : ce qui était une plaisanterie cruelle, et ne rien donner, contrairement aux usages, à ceux qui n'avaient conservé « cap ni « motte » (3).

On ajoutait, soit par crainte de Thér. de la Barbézière, soit

---

(1) P.P. 1. — P.P. 3. — P.P. 9. — P.P. 17. — *Arch. comm.*, BB. 12. Ajoutons que des lettres patentes, en date de juin 1690, confirmèrent cet arrêt.

(2) *Arch. comm.*, BB. 12. — L. V. — L. VI. — P.P. 17.

(3) *Item*.

par esprit d'indépendance, qu'on ne voulait pas aller porter ses déclarations au château (1).

A l'instigation de Thér. de la Barbézière, Maillan rendit alors plusieurs ordonnances plus abusives encore que la première ; on n'obéit pas mieux, et l'affaire fut portée devant les tribunaux (2).

Les nobles que l'on avait sommés de faire hommage, pour leurs fiefs, à Thér. de la Barbézière, et qui avaient fièrement refusé, disant qu'en leur qualité de coseigneurs, ils ne relevaient que du roi (3), eurent d'abord gain de cause devant la Cour des Aides. Un arrêt du 28 mars 1692 ne les obligea à la déclaration que pour leurs biens roturiers ; ils purent se croire sauvés ; mais Thér. de la Barbézière ne se découragea pas pour si peu. Elle commença par détacher sournoisement du syndicat des nobles, Jean de la Gorce, Sr de Concols, descendant des Malavalette, et François de Jossaud « sous « promesse, dit l'acte, d'îles, créments et autres gratifica- « tions » (4). Puis, quand ceux-ci, gagnés à sa cause, lui eurent fait hommage de leurs fiefs, forte de ce précédent, elle releva appel devant le Conseil d'Etat. Cette fois, la justice lui donna raison. Un arrêt en date du 16 août enjoignit « aux « possesseurs de fiefs mouvans desd. terres d'Aramon et « Vallabrègues d'en faire leur foy et hommage et fournir « leurs aveux et dénombremens à la suppliante comme pro-

---

(1) *Arch. comm.*, BB. 12. — L. V. — L. VI. — P.P. 17. — On donnait également pour raison : 1º le vol ou la mutilation des papiers de la communauté; ce qui mettait une foule de gens dans l'impossibilité de démontrer la légitimité de leurs possessions; 2º l'obligation qu'on leur imposait de payer les frais des déclarations, bien qu'ils possédassent leurs terres en franc-alleu, selon l'arrêt de confirmation du Conseil d'Etat de 1667, en faveur de tous les habitants du Languedoc.

(2) *Item*.

(3) Il paraît que plusieurs de leurs ancêtres n'avaient fait hommage qu'au roi. (*Arch. dép.*, E. 17, etc.).

(4) 1692. L. XXIV.

« priétaire incommutable desd. terres et seigneurie, à la
« charge par celle-ci, ses successeurs, de les rapporter en
« arrière-fiefs dans les aveux et dénombremens fournis à sa
« Majesté desd. terres d'Aramon et Vallabrègues » (1).

En vain les nobles protestèrent-ils contre cette décision, disant qu'ils n'avaient été ni appelés, ni défendus (2); en vain, usant de tous les moyens légaux, prolongèrent-ils la résistance, durant 35 ans encore, un dernier arrêt vint, le 1er juillet 1727, confirmer celui du 16 août 1692 et fixer définitivement leur sort (3). Il leur fallut se résigner, eux, des Posquière, des Laudun, des Prémond : noms illustres, s'il en fut, dans nos pays, à n'être plus que les simples vassaux des Sauvan. Quelle dérision !

Le peuple fut plus heureux. Ses consuls, Jean de la Gorce, Sr de Coucols, et André Peyric, étaient notoirement acquis à Thér. de la Barbézière ; il se passa d'eux et se mit sous la direction du « procureur du roi auprès de la communauté, » Joseph Arnaud, assisté de quelques citoyens d'élite, aussi remarquables par leur intelligence que par leur dévouement aux intérêts du pays. Puis, sûr d'être bien guidé et défendu, il entra bravement en lutte (4).

Il s'agissait d'abord de savoir s'il était possible de s'opposer à l'exécution des ordonnances de Maillan. Le Conseil, réuni le 1er janvier 1692, décida, malgré les efforts de de Coucols, 1er consul, de faire examiner la question par des hommes compétents et de s'en remettre à leur avis (5).

Les hommes de loi donnèrent pour conseil de se pourvoir à la Cour des Aides, et, en conséquence, le 15 janvier, une

---

(1) P.P. 3. — P.P. 1. — P.P. 9.
(2) 1692. L. XXIV.
(3) P.P. 1.
(4) 1692. L. XXIV. — L. V.
(5) L. V.

assignation fut donnée dans ce sens, à Thér. de la Barbézière (1).

Celle-ci comprit que la lutte serait chaude et chercha à l'enrayer. Sous le couvert de de Coucols, Peyric et quelques autres habitants : gens qui dépendaient d'elle pour une raison ou pour une autre, elle fit signifier une déclaration à J. Arnaud, le 26 mars 1692, portant qu' « ils entendaient n'assumer au-« cun frais dans un procès qu'ils réprouvaient » ; mais cette démarche n'intimida pas le conseil, qui, réuni chez Posquière, décida de ne pas en tenir compte (2).

Thér. de la Barbézière essaya alors de faire nommer au consulat une de ses créatures, Trophime Ferrare. Elle échoua encore : ce fut Gaspard Guiraud qui l'emporta et en exerça les fonctions en dépit de mille entraves (3).

Il ne restait donc plus qu'à engager la lutte sur le terrain juridique ; c'est ce qu'on fit, de part et d'autre, avec une égale ardeur. Pendant près de deux ans, tous les points de fond : juridiction de Bertrand, propriété des palus, conditions du déguisement, etc. ; tous les points de forme : confiscation pour refus de déclaration, amendes infligées aux récalcitrants, obligation de livrer les compoix etc.. furent successivement examinés et débattus. Enfin, le 23 novembre 1693, parut un arrêt de la Cour des Aides qui décida : 1° que l'entière justice du terroir de Bertrand, Ribeirole et Tamagnon, appartenait au roi, ainsi que la foncialité des îles de Bertrand, Ribeirole et Tamagnon, mais que « par manière de provision » elle resterait au pouvoir de Thérèse de la Barbézière, qui ferait continuer le papier terrier (4) ; le roi déciderait après s'il enten-

---

(1) L. V.

(2) 1692. L. XXIV.

(3) 1692. L. XXIV. — L. V.

(4) Ceci était le résultat d'une démarche habile de Thér. de la Barbézière qui, pour se ménager un moyen de salut, avait demandé, au cours du procès, d'être provisoirement maintenue en la justice de Bertrand, etc. Remarquons que ce fut le seul point tranché en sa faveur, mais qu'elle sut en tirer grand profit plus tard.

dait, oui ou non, en laisser définitivement la jouissance à Thér. de la Barbézière ; 2° que les particuliers condamnés individuellement à l'amende par Maillan, seraient déchargés de tous dépens, comme ayant été représentés par J. Arnaud, leur procureur général ; 3° que les opérations déjà faites,concernant le papier terrier seraient valables, mais qu'à l'avenir Maillan ne pourrait procéder à ce travail qu'à Aramon et dans une maison neutre, dont conviendraient Th. de la Barbézière et J. Arnaud ; 4° qu'il y aurait quatre registres : le premier pour les biens qui relèvent de la directe de sa majesté ; le second pour les biens qui proviennent des acquisitions de Thér. de la Barbézière et de ses auteurs ; le troisième pour les biens de franc-alleu, possédés par les habitants, lesquels seront reçus sans frais ni droit ; le quatrième pour les autres biens, à raison seulement de dix sols par déclaration ; 5° que les habitants qui n'avaient pas encore fait leurs déclarations, les remettraient à Maillan pendant son séjour à Aramon, sous peine de l'amende fixée par les règlements du royaume ; 6° qu'à son départ d'Aramon, Maillan nommerait comme greffier ou commis, un homme non suspect, c'est-à-dire qui ne serait ni officier, ni domestique du château, pour recevoir,dans la maison convenue, les déclarations qui n'auraient pas été faites ; 7° que Maillan aurait le pouvoir de juger tous les démêlés, contestations, etc., se rapportant au papier terrier, sauf appel à la Cour, bien entendu ; 8° que compoix, anciennes reconnaissances, expéditions notariées seraient incessamment livrés à Maillan, avec injonction à ce dernier de les remettre, à son départ, au greffier de la communauté qui,seul,a qualité pour les garder. Celui-ci d'ailleurs, en l'absence de Maillan, serait tenu de les exhiber au commis et de lui en donner des extraits au besoin ; 9° que Thér. de la Barbézière serait déboutée de ses prétentions à la propriété des vacants, patis, palus et garigues, conformément à l'arrêt du 31 août 1619 et à la transaction de 1638 ; 10° enfin que Maillan ferait le déguisement sans délai en recevant les déclarations, même à ceux qui n'avaient conservé « cap ni « motte » et non « en eau », mais en terre ferme (1).

On le voit donc, presque tous les points contestés par Thér. de la Barbézière étaient tranchés dans un sens favorable à la communauté. Aussi quel soulagement pour elle!

Lorsque la nouvelle de ce triomphe parvint à Aramon, dans la soirée du 29 novembre, Posquière, Laudun, Charles Martin Joseph Faïn et quelques autres étaient à dîner chez le premier consul, G. Guiraud, où ils s'entretenaient tristement ensemble des affaires du pays ; ce fut une explosion de joie : d'autant plus que Thér. de la Barbézière, avisée du résultat le matin même, avait fait répandre le bruit qu'elle était victorieuse, pour éviter toute manifestation. On décide aussitôt d'envoyer chercher une musette et de se rendre chez Posquière où se trouvaient les femmes des convives. Là, on dansa. La femme de Posquière, pour augmenter le concert, fit apporter un tambour : les violons étaient, paraît-il, alors des instruments inconnus à Aramon (2).

Sur la fin de la soirée, quelqu'un proposa d'aller communiquer l'heureuse nouvelle à l'un des principaux intéressés, Honoré-Louis d'Arnaud, S$^r$ de Prémond, alors malade. Il pleuvait ; on laissa les femmes. Puis tambour et musette en tête, on se met en marche, chantant à tue-tête ces paroles d'un opéra du temps : « Victoire! victoire! victoire! nous avons la « gloire d'avoir triomphé! » auxquelles on mêlait de temps à autre celles-ci : « Eveillez-vous, gens qui dormez, nous avons « gagné notre procès » (3).

Or, pour arriver chez Prémond, il fallait passer sous les fenêtres de la Barbézière. Inutile de dire que les cris ne ra-

---

(1) *Arch. comm.*, BB. 12. Il paraît que plus tard, Maillan, invité à venir s'occuper du déguisement des 72 s. des Agasses, par le procureur de la communauté, J. Arnaud, refusa de se rendre. Evidemment, il était gagné à Thér. de la Barbezière. (*Arch. comm.*, BB. 12).

(2) P.P. 8.

(3) *Item.*

lentirent pas : il y avait tant de joie dans les cœurs ! Les réjouissances ne prirent fin que vers les deux heures du matin, couronnées par un feu de joie (1).

Doublement furieuse et de son échec et de cette manifestation, Thér. de la Barbézière porta plainte le 2 décembre, par devant le procureur du roi, à Villeneuve-lès-Avignon. Dans un factum que nous avons sous les yeux, elle exagèra tout. D'après elle, on aurait crié : « Peuple d'Aramon, éveil-
« lez-vous, nous vous avons mis hors d'esclavage », et encore:
« Nous avons donné les étrivières à la dame de Barbézière » ;
puis, en passant sous les fenêtres de ses partisans : « A l'eau, à
« l'eau ! » D'après elle encore, Laudun, un bonnet rouge sur la tête, aurait pris le tambour et excité les manifestants, disant:
« Qu'il fallait aller danser sous les fenêtres du château et
« que si quelqu'un en sortait, il avait donné l'ordre de son-
« ner le tocsin pour y mettre le feu, et y brûler la dame de
« Barbezière et ses adhérents » (2).

Cette équipée ainsi présentée pouvait avoir des suites graves ; toutefois les choses en restèrent là pour le moment, le sénéchal de Nîmes et Beaucaire, et la Cour des Aides ayant également refusé un decret de prise de corps, eu égard à l'insignifiance des dépositions (3).

Mais à quelques temps de là, en janvier 1694, un nouvel incident réveilla cette affaire. C'était l'usage, d'ailleurs basé sur le droit (4), que les consuls nommassent un porteur de pains, à l'un des fours banaux. Pour vexer les consuls ou caser l'une de ses créatures, Thér. de la Barbézière nomma à cette modeste charge un individu nommé Sorbier. Les consuls

---

(1) P.P. 8.

(2) P.P. 7.

(3) P.P. 8.

(4) Dans son factum contre le maire et les consuls, nous remarquons que Thér. de la Barbezière ne conteste pas ce droit à ses adversaires.

voyant dans cet acte une atteinte à leurs droits, destituèrent Sorbier et mirent à sa place Simond Rousset. Thér. de la Barbézière n'en fait alors ni une ni deux. Elle se concerte avec ses beaux-frères, et une nuit, vers les deux heures du matin, deux soldats et Maurice Lavie, valet du château, sous la conduite, dit-on, d'un moine défroqué, Jean Damour, se présentent à la porte du four, attirent Rousset dans la rue sous un prétexte quelconque, et l'enlèvent après l'avoir roué de coups : trois jours après, on était encore sans nouvelle de ce malheureux.

Le 6 février 1694, le maire et les consuls dénoncent au sénéchal ce rapt odieux et en poursuivent énergiquement les auteurs.

Pour étouffer cette affaire, Th. de la Barbézière essaye d'une diversion : elle renouvelle sa plainte contre les manifestants du 29 novembre, mais en l'aggravant encore. A l'entendre : « c'est un crime de félonie qu'ils ont commis à son « encontre, une excitation à l'assassinat... il faut les priver « de leurs fiefs et les frapper des peines les plus sévères... » et c'est ainsi qu'elle arrache, le 7 avril 1694, l'autorisation de faire ouvrir une enquête (1).

Cependant les consuls avaient obtenu, le 20 avril, un décret de prise de corps contre J. Damour, en exécution duquel celui-ci avait été arrêté et conduit aux prisons de Nîmes. Ce succès fit leur malheur. En effet, Madeleine et Françoise Damour, sœurs de Jean, irritées de voir leur frère engagé dans une prévention grave, offrirent à Thér. de la Barbézière de déposer selon ses désirs dans l'affaire de la manifestation. Celle-ci profita habilement de ces dispositions : le 3 mai, elle fait procéder à une information avec trois témoins seulement : les demoiselles Damour et Lavie, son valet ; surprend à la faveur de leurs dépositions, un décret de prise de corps contre Posquière, Laudun, Guiraud, et d'ajournement contre

---

(1) P.P. 7.

Martin et Faïn, et le fait exécuter violemment à l'égard de Laudun surtout, qui est conduit avec éclat aux prisons de Toulouse, comme un vil criminel. Puis, fière de ce premier résultat et dans le but d'écraser entièrement ses adversaires, elle fait faire de nouvelles informations, produit de nouveaux témoins, forme de nouveaux griefs... Où se serait-elle arrêtée ? Mais le tribunal faisant la part de l'exagération, ne condamna les prévenus qu'à trois mois d'interdiction de séjour, avec obligation de faire des excuses à Thér. de la Barbézière : ils n'en étaient pas moins restés dix mois en prison (1).

Quant à Damour, homme très intelligent, bien que peu estimable, il se défendit si habilement que les preuves de culpabilité ne furent pas trouvées suffisantes. Le Tribunal de Nîmes d'abord, puis la Cour de Toulouse le relâchèrent. Celle-ci lui accorda même des dommages-intérêts (2).

Tous ces démêlés avaient retenti au loin, et attiré sur Aramon l'attention du pouvoir. Sur la fin de l'année 1695, M. de Lamoignon, intendant du Languedoc, vit à Montpellier François de Laudun, venu là pour assister aux Etats-généraux de la province et l'engagea vivement à terminer à l'amiable toutes les contestations pendantes entre la Communauté et le Château, ajoutant que c'était le désir de Thér. de la Barbézière. De Missols, viguier de Nîmes, joignit ses instances à celles de l'Intendant et fit même deux voyages à Aramon dans ce but. Pierre Chayssi, premier consul, réunit donc le Conseil le 27 nov. 1695, et, après avoir exposé, d'une part, les misères sans nombre que la communauté avait eues à supporter de la part de Thér. de la Barbézière, et, de l'autre, le désir exprimé par l'Intendant, il invita les conseillers à donner leur avis. Il n'y eut qu'une voix dans l'Assemblée : « Après « toutes les duperies du passé, s'écria-t-on, on ne pouvait « avoir confiance dans ces tentatives d'accommodement ;

---

(1) L'arrêt qui les délivra est du 11 août 1695. — P.P. 8. — P. O. 177.
(2) *Arch. comm.*, BB. 12.

« toutefois, pour répondre aux vœux de l'Intendant, on
« offrirait de s'en rapporter à sa décision, tout en le priant
« de vouloir bien veiller à ce que, l'accord une fois fait,
« Thér. de la Barbézière et ses beaux-frères ne pussent en
« éluder l'exécution, comme ils l'avaient déjà fait tant de
« fois ». Là dessus, les négociations commencèrent et l'on
espérait les voir aboutir, quand on apprit tout à coup que
Thér. de la Barbézière venait d'envoyer secrètement à Paris
son beau-frère, de Lenoncourt, pour tâcher d'obtenir au préjudice de la communauté la seigneurie de Bertrand. Les offres
d'accommodement n'avaient été qu'un leurre de sa part.
Tout fut rompu (1).

Voici d'ailleurs ce que nous lisons dans un document du
temps : « Les persécutions que les habitants ont souffert depuis
« plus d'un siècle seraient trop longues à déduire ; la meil-
« leure partie de leurs biens a été enlevée et usurpée par ces
« nouveaux seigneurs ; le nombre des procès qu'ils ont sus-
« cités est infini, et une seule famille d'Aramon (les Pos-
« quière) a été forcée d'obtenir contre eux, en se défendant,
« jusqu'à 119 jugements. Ce n'est pas seulement dans leurs
« biens que ces habitants ont été persécutés ; on a employé
« contre eux les violences les plus affreuses. Le sieur Mau-
« rensac, blessé à la porte de l'église, alla expirer au pied de
« l'autel. Les sieurs Allier et la Colombière furent massacrés,
« et les sieurs Pascon et Choisity ne réchappèrent qu'estropiés,
« l'un blessé d'un coup de fusil, l'autre assommé à coups de
« bâton. Il n'y a rien d'exagéré dans des faits si étranges ;
« ils sont notoires et récens. L'arrêt du Parlement de Tou-
« louse du 24 nov. 1694, portant que le procès serait fait par
« accumulation de crimes, aux sieurs Sauvan de Lenoncourt
« et Sauvan de Vallabrègues, ny l'ordre que la dame de Bar-
« bézière, récent du feu roy de sortir d'Aramon et de s'en

---

(1) *Arch. comm.*, BB. 12.

« éloigner de cinquantes lieues, ne purent arrêter le cours de
« ces fureurs souvent renouvelées » (1).

Et ce document, pour si sombre qu'il soit, ne dit pas tout. Que de tracasseries suscitées par Thér. de la Barbézière à cette époque : affaire d'Alzias Mouton, le poissonnier (2) ; affaire d'autorisation touchant les élections consulaires (3) ; affaire de la visite en chaperon (4) ; affaire du banc des consuls (5) ; affaire du dais, etc. (6). Nous n'en finirions pas si nous voulions les énumérer toutes.

C'est alors que pour y échapper, on eut l'idée de se « racheter au profit du roi » (7). Ce projet fit même l'objet de plusieurs délibérations ; mais soit qu'on eut l'espoir de voir bientôt cesser toutes ces violences, soit que l'on n'osât s'engager seuls dans une voie de grosses dépenses, on l'ajourna longtemps. Enfin, las de souffrir, on voulut en finir.

Les circonstances paraissaient d'ailleurs favorables : on venait d'apprendre que les habitants de Lunel (8) avaient obtenu de sa Majesté, par arrêt du 14 avril 1699, l'autorisation de se racheter. De plus, les communautés de Comps et Vallabrègues qui n'avaient pas moins à se plaindre de la tyrannie des Sauvan, proposaient de se joindre à Aramon et de participer aux frais de l'émancipation. Dès lors, on n'hésita plus, et le 7 février 1700, le Conseil général, réuni à la maison commune, vota à l'unanimité le projet (9).

---

(1) L. X.

(2) L. VIII.

(3) *Arch. comm.*, BB. 12.

(4) *It.*, BB. 13.

(5) *It.*, BB. 12.

(6) *It.*, BB. 14.

(7) *It.*, BB. 12.

(8) Le roi avait précédemment aliéné cette baronnie au profit du marquis de Calvisson.

(9) *Arch. comm.*, BB. 12.

Les délégués des trois communautés s'abouchèrent alors, et arrêtèrent entre eux les conditions du rachat, comme aussi la répartition des frais. Puis on présenta une requête au roi, qui l'envoya à M. de Basville, intendant du Languedoc, avec ordre de l'examiner et de faire un rapport : le roi prononcerait ensuite (1).

Basville, gagné, dit-on, par Thér. de la Barbézière, prétendit : 1° que les habitants d'Aramon n'avaient pas assez de fonds communaux pour payer aux Sauvan les 2415 l. de rente que représentait le revenu de la baronnie en 1426 ; 2° que les distractions à faire seraient une source inépuisable de procès et qu'en conséquence, il fallait rejeter la demande (2).

Son avis prévalut : un arrêt du Conseil d'Etat, en date du 14 juin 1701, maintint les Sauvan dans la possession de la baronnie, et les malheureux habitants durent renoncer à leur rêve de liberté (3).

A ce moment, d'ailleurs, tout semble les accabler : les Camisards, poussant leurs brigandages jusqu'aux portes d'Aramon, tiennent la population dans une agitation perpétuelle (4). Des inondations terribles ravagent pendant trois ans le territoire et y apportent la misère : plus de blé dans le pays, et quand l'Intendant autorise un emprunt de 6000 l. pour acheter des grains, on ne peut trouver cette somme ; il faut la répartir d'urgence sur douze des habitants les moins malheureux (5). Un hiver, tel qu'on n'en avait pas vu depuis des siècles, met le comble à la misère en tuant les oliviers

---

(1) *Arch, comm.,* — BB. 12. — L. VI.

(2) L. VI. — P.P. La communauté aurait pu payer, mais à la condition d'obtenir au préalable le déguisement et de rentrer dans la possession des 72 s. des Agasses ; ce qu'elle demandait inutilement à cor et à cri.

(3) L. VI. — P.P. 1.

(4) 1703-1704. *Arch. comm.,* BB. 13.

(5) *Arch. comm.,* BB. 13.

qui constituaient alors la plus riche récolte du pays : 50,000 écus (1). Des quantités de sauterelles arrivent de nouveau, comme si elles avaient le mot d'ordre pour détruire ce qui avait échappé aux inondations et au froid (2). La fameuse peste de Marseille menace Aramon : ce qui oblige le pays à une foule de précautions aussi gênantes que ruineuses (3). Le marquis de Montenard refuse de recevoir plus longtemps les eaux des paluns, vu qu'elles détériorent ses terres, et force les habitants à construire un canal de dégorgement — la grande brassière d'aujourd'hui — à travers le territoire d'Aramon (4), etc.

Aussi que de plaintes à cette époque, et quels appels désespérés à la pitié de l'Intendant ! C'est navrant !

Nous voudrions n'avoir pas à le constater, mais la seule chose qui parut apporter quelque espoir à cette malheureuse population, ce fut la mort de Thér. de la Barbézière, le principal auteur de ses maux. Elle décéda à l'âge d'environ 80 ans, et fut enterrée, le 7 août 1723, dans la chapelle des Récollets (5).

Elle avait rêvé de faire de son fils un « haut et puissant seigneur (6) ». Un entrefilet fantaisiste, inséré dans l'Armorial de la Roque par les Sauvan de nos jours prétend même qu'on ne l'avait acceptée dans la famille qu' « à la condition « d'en écarteler les armes et d'en relever le nom (7) ». Elle y parvint, mais à quel prix ?.....

---

(1) 1709. *Arch. comm.*, BB. 13.

(2) 1719-1720. *Arch. comm.*, BB. 13. — Elles avaient déjà paru plusieurs fois, et notamment en 1685. (*Arch. comm.*, BB. 13). On fit ramasser les œufs à raison de 10 d. par livre ; puis de 2 s., et enfin de 3 s. tn., pour permettre aux chercheurs de gagner leur vie.

(3) *Arch. comm.*, BB. 15.

(4) *It.*, BB. 15.

(5) *It.*, GG. 12.

(6) Titre porté par Alex. de Sauvan. Sous lui, la baronnie d'Aramon fut érigée en marquisat. Nous ignorons pourquoi.

(7) *Arm.* de la Roque, T. I.

Pour nous, ce fut désastreux ; car, si elle sauva de la ruine les Sauvan, en retour, elle mit au cœur du peuple, par ses violences et ses rapines, une haine inextingible contre tout ce qui est le pouvoir.

# CHAPITRE XXV

## MARIE-GUILLAUME-ALEXANDRE DE SAUVAN
(1723-1770)

La mort de Thér. de la Barbézière. saluée, nous l'avons dit, comme une délivrance par le pays, ne mit cependant pas fin à la lutte. Son fils, Marie-Guillaume-Alexandre de Sauvan, élevé dans des principes de grandeur et d'autoritarisme, ne fut que trop porté à suivre les errements de sa mère. D'ailleurs, n'avait-il pas, à ses côtés, dans ses deux oncles, Guillaume de Vallabrègues et Claude de Lenoncourt — dans ce dernier surtout — des conseillers funestes, bien faits pour le pousser dans la mauvaise voie ? La lutte continua donc, avec moins de violence peut-être mais plus d'astuce aussi.

I. **Affaire du rachat.** — Le rêve du pays était de se soustraire à la domination abhorrée de ses seigneurs ; nous avons déjà vu au chapitre précédent la tentative faite dans ce sens par les communautés d'Aramon. Vallabrègues et Comps : tentative qui échoua malheureusement. Or, le 21 nov. 1719, c'est-à-dire au moment même où Thér. de la Barbézière, vieillie, venait d'abandonner la direction des affaires à son fils, un décret parut, qui ordonnait la réunion au domaine de tous les biens de la couronne antérieurement aliénés. C'était là, pour Aramon, une bonne occasion de réaliser son rêve ; il la saisit.

Le 21 janv. 1720, le premier consul, Joseph Pansier, réunit donc la communauté en conseil général et extraordinaire, et propose de faire une demande de « réunion au domaine ou de

« rachat au profit du roi, » au nom d'Aramon comme au nom de Vallabrègues et de Comps, dont on avait déjà l'adhésion.

On acclame le consul, disant qu'en effet « l'unique espoir « qui reste à ces communautés de recouvrer les biens, la « liberté et le repos qu'elles ont perdus et dont elles sont « privées depuis si longtemps, est qu'elles soient tirées de la « domination des S$^{rs}$ de Sauvan et remises sous celle de sa « Majesté. »

Ensuite, séance tenante, on règle les conditions du rachat ; ce sont celles de 1700, sauf en ce qui concerne le chiffre de l'albergue que l'on double : 2000 l. au lieu de 1000.

Enfin, on désigne François de Posquière et Simon-Pierre de Missols, avocat au Parlement, pour dresser mémoires, instructions, rapports, etc., et les présenter à l'Intendant.

Les choses allaient vite ; mais le marquis veillait. Sitôt qu'il a connaissance de cette délibération, il présente à l'Intendant une requête « en maintenue des terres d'Aramon et « Vallabrègues », et pour lui donner plus de poids, il la fait suivre d'une pétition signée de 37 habitants, des créatures à lui, dans laquelle il était dit que sa majesté n'avait aucun intérêt au rachat, et qu'une telle mesure ne pouvait manquer de ruiner le pays.

M. de Bernage, intendant du Languedoc, eut ordre d'instruire l'affaire, par arrêt du 10 mai 1720 (1).

Ce ne fut pas long, d'ailleurs ; l'influence des Sauvan, l'arrêt de 1690, l'opposition de quelques habitants et peut-être aussi des difficultés réelles dans l'exécution de la mesure firent pencher une fois de plus la balance du côté des Sauvan. Le 6 décembre, le Conseil d'Etat, sur l'avis de M. de Bernage, ordonna que « l'arrêt du 30 Mai 1690 et celui du 14 « Juin 1701 seraient exécutés selon leur forme et teneur, et, « ce faisant, que les S$^{rs}$ Sauvan seraient maintenus dans la

---

(1) *Arch. comm.*, BB. 14.

« propriété incommutable des terres d'Aramon et Vallabrè-
« gues (1). »

Ces malheureux pays durent donc renoncer à leur doux
rêve et payer en plus 3,014 l., 14 s., qui avaient été dépensés au cours de ces négociations (2).

Ajoutons que le marquis ne fut pas généreux. Irrité sans
doute de cette nouvelle tentative d'indépendance, il renouvela
ses attaques à l'encontre de la communauté. L'une n'attend
pas l'autre : en Juillet 1722, à l'occasion du couronnement
du roi, il rend hommage de la baronie d'Aramon, mais en
y comprenant certains immeubles, droits et privilèges, qu'il
n'a pas, comme la banalité des moulins et la propriété des
vacants, patis, paluns et garigues (3) ; le 3 février 1723, il
fait signifier à la communauté, réunie en séance pour les
élections consulaires, d'avoir à suspendre l'opération et d'aller au préalable solliciter de lui l'autorisation de se réunir,
sous peine de poursuite (4) ; le 1er Janvier 1723, quand
déjà l'ingénieur a fait le tracé de la brassière — tracé qui
passe par la terre de la ville (72 s. de Bertrand), propriété de
la communauté autrefois — il s'oppose à l'exécution de l'ouvrage si on ne vient lui en demander la permission chez
lui, comptant bien se servir plus tard de cette démarche
comme d'une reconnaissance implicite de ses droits à la propriété de l'immeuble, etc. (5) : attaques qui occasionnent

---

(1) P.P. 1. — P.P. 3.

(2) *Arch. comm.* BB. 16. — Les communautés de Vallabrègues et
de Comps refusèrent d'abord de prendre à leur charge la moitié des
frais, ainsi que le voulaient les conventions. Pour les y obliger, il
fallut les menacer d'un procès.

(3) *Arch. comm.*, BB. 15.

(4) *Item.* — Faisons remarquer ici, que depuis la création des
maires, cette formalité n'était plus obligatoire.

(5) *Arch. comm.*, BB. 15. — Il paraît que pendant la suspension
des travaux, occasionnée par ce refus, les eaux envahirent les paluns
et mirent en danger toutes les récoltes des terres voisines.

mille soucis à la communauté et l'obligent à de coûteuses démarches.

**II. Affaire de Bertrand**. — Cependant le procès relatif à Bertrand suivait son cours.

Nous avons déjà vu (Chap. XXIV) que la Cour des Aides avait déclaré, le 23 nov. 1693; 1º que le tènement de Bertrand, Tamagnon et Ribeirole formait une juridiction distincte d'Aramon; 2º qu'elle appartenait au roi ; 3º que la communauté et Thér. de la Barbézière « se retireraient devant sa « majesté » pour savoir d'elle ce qu'elle comptait en faire ; et 4º qu'en attendant, Thér. de la Barbézière en aurait la jouissance.

Or, Aramon avait de grands intérêts dans cette affaire. Une foule de propriétaires possédaient des biens en Bertrand, et la communauté elle-même ne cessait de revendiquer les 72 s. de son vieux patrimoine, ravies par les Sauvan. Si donc Thér. de la Barbézière était déclarée seigneuresse de Bertrand, il fallait s'attendre à des tracasseries sans fin.

Aussi, les consuls assignèrent-ils Thér. de la Barbézière au Conseil d'Etat, le 19 janv. 1696, dans le but de faire trancher la question.

Selon l'usage, un arrêt du 7 septembre 1696 renvoya les parties devant M. de Basville et l'instruction commença.

De l'examen des pièces produites il résulte que Thér. de la Barbézière, sans s'inquiéter de l'arrêt de 1693, arrêt nul à ses yeux, puisqu'il lui était contraire, demandait à être maintenue dans la justice de Bertrand « comme faisant un seul et « même corps avec la terre d'Aramon ». Au contraire, les consuls voulaient que conformément à l'arrêté de 1693, Bertrand fût regardé comme « tènement à par soi », et qu' « il leur fût « permis de faire des offres pour la réunion à la communauté « de ce terroir ».

Déjà même, le 20 mai précédent, une délibération avait été prise en assemblée générale dans le but d'offrir à sa Majesté « une albergue annuelle de 300 l., sous la foy, hommage et

« serment de fidélité à chaque mutation (de roi) ou bien de
« payer en une seule fois une somme de 6,000 l. avec alber-
« gue d'une maille d'or évaluée 5 sols », et une requête avait
était présentée dans ce sens, le 12 novembre.

L'affaire semblait être dans une bonne voie, quand, à l'instigation de Thér. de la Barbézière, François de Jossaud et
quelques habitants se mirent en travers, en faisant signifier un
acte par lequel ils déclaraient vouloir n'être pour rien dans
ce procès.

Cette démarche paralysa les efforts des consuls et l'affaire
en resta là jusqu'à la fin de 1728.

A cette époque, Alex. de Sauvan la reprit, et, après avoir
offert aux consuls un semblant de déguisement, afin de se
donner le beau rôle devant les tribunaux, il les fit assigner (1).

De leur côté, les consuls, pour se rendre le tribunal favorable, décidèrent en conseil d'offrir une albergue de 500 liv.
au lieu de 300, plus un droit d'entrée de 1000 liv. une fois
payé (2).

Le 13 mai 1732, nouvel arrêt du Conseil qui renvoie les
parties devant M. de Bernage. Mais celui-ci ayant été dans
l'intervalle appelé à d'autres fonctions, ce fut son successeur,
M. Jean le Nain, qui eut à donner son avis (3).

Il le fit le 1er avril 1748, et voici en quels termes : « Nous
« croyons devoir proposer au conseil de maintenir le Sr d'Ara-
« mon en la justice du tènement de Bertrand et ses dépen-
« dances et en la foncialité des îles dont la contenance est
« marquée dans la disposition de l'arrêt de la Cour des Aides
« de 1693 qui déclare ces isles appartenir au roy, à la charge

---

(1) L. XVII. — Les documents de l'époque nous parlent du curieux
procédé employé par le marquis pour écarter le déguisement. Il se
disait très haut prêt à le donner ; mais en même temps, il se déclarait opposant au mode tracé par l'arrêt de 1693 : une vraie fumisterie.
Aussi, personne n'avait la naïveté de se présenter. (P.P. 16).

(2) Arch. comm., BB. 16.

(3) L. XVII.

« par led. S$^r$ d'Aramon de payer à sa majesté une nouvelle
« albergue tous les ans, telle que le Conseil l'arbitrera.

« Par là le marquis d'Aramon ne sera dépossédé d'une
« terre qui a toujours été jouie confusément avec celle dont
« la jouissance luy a été engagée et sur laquelle, par consé-
« quent, Louis de Poitiers, son autheur, semblait être en
« droit de compter lors de l'échange de 1426, et par là, sa
« Majesté en satisfaisant aux principes d'équité qui règlent
« toujours sa volonté ne préjudiciera point aux droits sacrés
« de son domaine.

« Nous ne déterminons point la valeur de la nouvelle alber-
« gue à laquelle le S d'Aramon nous paraît devoir être assu-
« jéty, et nous croyons seulement devoir observer qu'elle ne
« devrait pas être portée au-delà de 300 l. parce que la terre
« de Bertrand ne nous paraît point le permettre par sa pro-
« pre valeur, de laquelle nous jugeons, et par ce que les par-
« ties en ont dit dans le cours du procès, et par les comptes
« des receveurs du domaine quy sont produits, et par l'offre
« que la communauté d'Aramon fait elle-même à ce sujet (1).

« Nous ne croyons pas aussi qu'il faille accueillir les offres
« des consuls d'Aramon soit parce qu'il paraît qu'ils en ont
« été déjà déboutés par un arrêt du Conseil rendu en 1720 (2)
« soit parce que l'intérêt de la communauté s'oppose à de
« pareilles acquisitions de leur part, soit parce que la situa-
« tion de cette terre serait pour cette communauté et le
« S$^r$ d'Aramon, son seigneur, un nouveau sujet de procès entre
« eux (3).

Et malheureusement pour la communauté, l'arrêt du Conseil, que nous ne connaissons pas d'ailleurs, dut être conforme

---

(1) Pas exact. Ainsi que nous l'avons dit, la communauté avait offert 500 l. d'albergue et 1,000 l. de droit d'entrée.

(2) Nouvelle inexactitude : en 1720, il s'agissait de la baronnie d'Aramon et Vallabrègues, et non de la seigneurie de Bertrand.

(3) **En somme, toutes ces raisons nous paraissent bien faibles.**

à l'avis de l'Intendant, puisque les Sauvan ont gardé la seigneurie de Bertrand jusqu'à la Révolution.

III. **Affaire des biens roturiers**. — Cet échec, à propos de Bertrand, fut bientôt suivi d'un important succès qui dédommagea largement la communauté : il s'agit de l'affaire des biens roturiers.

Nous l'avons déjà fait remarquer (chap. IX et XXIII), le déguisement, qui, avec des seigneurs honnêtes, aurait été la sauvegarde des propriétés tant communales que particulières, était devenu, aux mains des Sauvan, un instrument de spoliation. Plus de dix arrêts les avaient jusqu'ici condamnés à appliquer cette loi. Ils l'avaient toujours éludée, tantôt sous un prétexte, tantôt sous un autre : la lecture des documents prouve qu'à ce point de vue les Sauvan étaient d'une incomparable habileté (1).

Mais ce qu'il y avait de plus révoltant dans tout cela peut-être, c'est que les biens ainsi usurpés par eux, avaient été « compésiés » autrefois, et que tandis que la communauté en payait toujours la taille, eux en jouissaient noblement : c'était pour la communauté une perte annuelle de 5 à 6.000 l. (2).

D'ailleurs, pour se maintenir dans cette possession injuste, ils auraient eu soin, s'il faut en croire un document, de défigurer les compoix : tantôt arrachant des pages entières, comme dans le compoix de 1478, à la partie surtout qui a trait à Bertrand ; tantôt falsifiant les chiffres de l' « allivre- « ment ; » tantôt augmentant ou diminuant la contenance des terres ; tantôt modifiant les confronts ou même les laissant en blanc, tantôt changeant les noms des quartiers, appelant Agasses ce qui était Bertrand, etc. (3).

---

(1) P.P. 16, etc.
(2) L. XVII. — *Arch. comm.*, BB, 14.
(3) L. XVII.

La communauté comprenant enfin qu'elle n'obtiendrait jamais le déguisement, chercha du moins à alléger le poids de ses tailles, en le répartissant également sur les biens dont l'avaient dépouillée les Sauvan. Se basant sur une déclaration du roi de 1712, qui ordonne de regarder comme « biens « roturiers les îles, quand elles ont été formées de fonds « roturiers, » elle se réunit en Conseil général, le 27 novembre 1712, et demande « à la Cour des Comptes l'autorisation « d'additionner au compoix terrier les biens ruraux qui n'y « auraient pas encore été compris et de cotiser dans la suite « ces biens dans toutes les impositions ordinaires et extraor- « dinaires. »

Cette autorisation fut donnée le 26 février 1713.

Aussitôt on nomme des experts : Jacques Sicard, viguier de Rochefort, Pierre Coulomb, notaire de Montfrin, et un arpenteur, le fils de Coulomb : des étrangers et pas le moins du monde intéressés dans ces opérations. On leur adjoint ensuite, à titre d'indicateurs, deux habitants d'Aramon : Jean Féline, ménager, et Claude Cavène, bourgeois (1).

Leur mission devait consister à déterminer exactement « tout ce qui s'était formé sur les côtes du Rhône et dans les « îles, depuis le dernier compiésement » (2).

Quand le travail fut terminé, les consuls inscrivirent au compoix que l'on confectionnait alors (celui de 1713) « diver- « ses propriétés : îles ou créments, appartenant aux Sauvan, « vu qu'elles figuraient comme biens ruraux sur les autres « compoix et que, selon la déclaration royale de 1712, une « telle origine suffisait à les faire considérer comme roturiers. » Ils les classèrent sous les six articles suivants :

« 1° Une contenance de terre contigüe de 114 saumées, « six eminées, deux pougnatières, situées au terroir d'Ara- « mon.

---

(1) *Arch. comm.*, BB. 14. — L. XVII.
(2) *Item.*

« 2º Une autre pièce de terre de contenance de 18 saumées,
« une eminée, six pougnadières, même terroir.

« 3º Un autre corps, partie en vigne, partie en terre culte
« ou herbage, contenant 11 saumées, même terroir.

« 4º Une terre culte contenant six éminées, trois pougna-
« dières, même terroir.

« 5º Une autre terre culte contenant deux salmées, trois
« eyminées, trois pougnadières, même terroir.

« 6º Une terre en isle, partie culte, partie herbage, conte-
« nant 40 saumées, six pougnadières. qui fait partie de l'an-
« cienne isle de Carlamejean » (1).

Aussitôt ce « compiésement » connu, c'est-à-dire dès le 19 juin 1720, les Sauvan assignèrent la communauté devant la Cour, pour le faire casser. En même temps, ils obtinrent du conseil du roi, auquel ils avaient adressé une requête, un arrêt ordonnant « que la taille des biens en question sera « payée par doublement, c'est-à-dire et par le seigneur et « par la communauté ». Le seigneur devait déposer la part qui lui incombait aux mains du « Trésorier de la Bourse » et la communauté la sienne dans la caisse du trésorier du Diocèse, pour y rester, le tout, en dépôt, jusqu'après la solution du procès (2).

Nous ignorons ce qui se passa ensuite, au moins, jusqu'en 1728. A cette époque, les documents mentionnent une curieuse intervention de M. de Bernage.

Celui-ci, soit qu'il fut gagné aux Sauvan, soit qu'il n'eut pas une connaissance suffisante de l'affaire, écrivit aux consuls, le 9 mai 1728, une lettre très dure, dans laquelle il disait en commençant : « Je ne puis m'empêcher de vous dire « qu'il me semble dans toutes vos démarches et même par ce « que vous m'écrivez que vons avez un grand désir de plai-

---

(1) XVII.

(2) *Arch. comm.* BB. 15.

« der » et qu'il terminait en conseillant vivement de clore leur procès par voie d'arbitrage.

Les consuls intimidés, ce semble, par un pareil langage, répondirent, le 22 mai, que « la déclaration du roi de 1604, « défendait expressément tout accommodement et arbitrage « au sujet des tailles et rotule des biens »; mais que, pour prouver que l'on ne tenait pas à plaider pour le seul plaisir de plaider, on enverrait à Montpellier des députés, avec mission de traiter, de concert avec l'intendant, la question de l'arbitrage.

Quelques jours après, nouvelle lettre, dans laquelle l'Intendant déclare que l'on a mal interprété l'édit du roi et que rien ne s'oppose à l'arbitrage.

Sur cette parole, la communauté se réunit. On décide d'accepter des arbitres, mais on a été si souvent trompé dans de semblables arrangements, que l'on prie l'Intendant d'accorder à ces arbitres « un caractère et une autorité pro« pres à assurer la décision qu'ils feront »; et l'on ajoute — ce qui n'est pas un langage de révoltés — « La communauté « prendra sur cela telle délibération que vous trouverez, « Monseigneur, nécessaire, et nous exécuterons ponctuelle« ment vos ordres. »

Notons-le toutefois, on sent à la lecture des pièces du procès que la communauté, comme si elle eût flairé un piège, ne se résignait qu'avec répugnance et par pure condescendance pour l'Intendant, à la voie de l'arbitrage.

Aussi, quand l'ordre arriva de prendre une délibération et d'envoyer des députés, avant de rien faire, on crut prudent de consulter des avocats. En conséquence, Charles Martin et Claude Cavène furent envoyés auprès de Rabiès et Potier, avec toutes les pièces relatives à cette affaire.

Ceux-ci ne se furent pas plus tôt rendu compte de la situation par l'examen du dossier et les explications des députés, qu'ils déclarèrent qu'il fallait bien se garder de « tirer le pro« cès de la Cour des Aides pour le donner à des juges d'at-

« tribution »; et qu'ils engagèrent vivement la communauté à poursuivre l'arrêt en cette cour.

On se rangea à cet avis et ce fut heureux.

En effet, le 1ᵉʳ octobre 1728, la Cour des Aides rendit son arrêt, déclarant « roturiers les biens compésiés aux quatre « premiers articles du chargement de 1713, le reste interlo- « qué, et le marquis condamné aux deux tiers des dépens; « les autres réservés ».

Cet arrêt fut signifié par les soins des consuls au procureur du marquis, le 16 novembre 1728, et au sieur de Lenoncourt, le 18.

Mais il était écrit qu'avec les Sauvan, il n'y aurait jamais d'arrêt définitif. Quelques jours après, le marquis introduit une requête en cassation. Débouté de sa demande le 18 juillet 1729, par le Conseil d'Etat, il fait intervenir son oncle, j'allais dire son compère, de Lenoncourt, sous prétexte, celui-ci, qu'il n'avait pas été appelé : ce qui était faux, et qu'il avait des intérêts dans l'affaire : ce qui était très contestable, Le 8 juin 1734, nouvel arrêt qui déboute également Lenoncourt (1).

Ainsi battus l'un après l'autre, il semble qu'ils n'avaient plus qu'à s'incliner. Mais non, leur audace redouble, et ils font tant par leurs instrigues qu'ils finissent par surprendre un arrêt du Conseil le 8 mai 1736, qui, en cassant ceux de 1728 et 1734, remet tout en question. C'était inouï.

La communauté, révoltée par tant de chicanes, prend alors le parti de « porter ses plaintes jusqu'au trône », en même temps qu'elle expédie Charles Martin à Montpellier pour exposer à l'Intendant la triste situation qui lui est faite et en obtenir aide et secours (2).

Cette fois, cependant, force resta au droit. Le Conseil du roi, mis au courant de tout par M. de Bernage, expédia de

---

(1) Arch. comm., BB. 16. — L. XVII, — P.P. 16.
(2) Arch, comm., BB. 17.

Dunkerque, sous la date du 17 juillet 1744, la sentence suivante : « Sur le rapport du Sr Orry, Conseiller d'Etat ordi-
« naire..., le roy en son Conseil, a débouté et déboute le
« Sr d'Aramon de la demande en cassation des arrêts de la
« Cour des Aides de Montpellier du 1er oct. 1728 et 8 juin
« 1734, et ordonne que lesd. arrêts seront exécutés selon
« leur forme et teneur (1). » Telle fut la fin de cet important débat.

Il y eut pourtant un corollaire.

L'arrêt de 1728, confirmé par celui de 1734, en atteignant plus particulièrement le marquis, avait eu un résultat d'ordre général. Le seigneur d'Aramon n'était pas seul à jouir noblement de certains biens. Des nobles, les Chartreux de Villeneuve (2) et plusieurs particuliers se trouvaient dans le même cas. Ils ne tardèrent pas à être englobés dans la même mesure.

Le 27 novembre 1737, sur les représentations souvent renouvelées et toujours plus énergiques d'un groupe considérable d'habitants, Jean Féline, second conseiller, proposa au Conseil de mettre à la taille « ce qui restait des biens prétendus nobles ». Ce serait, disait-il, pour la communauté un rendement annuel de 200 l.

L'Assemblée approuva la mesure et demanda l'autorisation de l'appliquer, à l'Intendant, qui chargea un avocat distingué, Astier, d'étudier l'affaire.

Astier, après avoir examiné les pièces, déclara, le 6 mai 1748 : 1° qu'en ce qui concernait les biens non encore « compésiés » du marquis (art. 5 et 6), les titres présentés lui pa-

---

(1) *Arch. comm.*, BB. 19.

(2) On voit par les actes et les mémoires qui furent remis à cette occasion, que les Chartreux possédaient le beau domaine de la Vernède. Ce domaine leur avait été donné par Véziane de Mérindol, dame d'Aramon, en 1370. De plus, ils avaient acquis 40 salmées de Paul Raoux, et d'autres fonds de très grande étendue de divers particuliers. (*Arch. comm.*, FF. 36).

raissaient suffisants pour détruire toute présomption de nobilité ; et 2° que quant aux autres biens : ceux des nobles, des Chartreux et des particuliers, ils devaient être regardés, en vertu même des édits, comme non fondés en présomption de nobilité.

Il ajoutait cependant qu'à son sens, une expertise était nécessaire pour savoir au juste si les biens du marquis et quels biens se trouvaient dans le cas d'être « allivrés » (1).

On se conforma à cet avis. En conséquence, une requête fut adressée à l'Intendant qui répondit de nommer trois commissaires et de procéder à la susdite vérification.

On nomma Jean Izaume, avocat de Roquemaure ; Mathieu-Thomas Dugas, avocat de Saint-Geniès ; Pierre-Nicolas Palezay, notaire royal de Rochefort.

Ces experts se rendirent sur les lieux, les examinèrent soigneusement, ayant d'ailleurs sous les yeux les compoix de la communauté et dressèrent un procès-verbal, dans lequel ils firent figurer, d'une part, les biens nobles, et, de l'autre, les biens roturiers (2).

A la suite de cette expertise, la communauté demanda « l'alivrement » des biens reconnus roturiers par les experts et l'obtint sans aucun doute, car, à partir de 1752, il n'est plus question dans nos archives, de « côte par doublement » (3).

Quant aux biens des nobles, Chartreux et autres particuliers, ils furent purement et simplement mis à la taille, selon les conclusions de l'avocat Astier. On protesta, mais on paya. Seuls, les Laudun et les Chartreux engagèrent un procès, qui durait encore à la Révolution (4).

---

(1) A priori, il n'y avait de fondés en nobilité, que les biens du seigneur. (*Arch. comm.*, BB. 20).

(2) *Arch. comm.*, BB. 21.

(3) *Arch. comm.*, BB. 22. — Après l'arrêt de 1744, la taille, par doublement des biens qui restaient (art. 5 et 6), était de 5491. 10 s. 6 d.

(4) *Arch. comm.*, BB. 22, 27, 28, 30, 31, 32.

IV. **Affaire des armoiries.** — Jusqu'ici il n'y avait eu guère en jeu, dans les diverses contestations que nous venons de rapporter entre la communauté et le seigneur d'Aramon, que des questions d'intérêt. Mais, durant les dernières années d'Alex. de Sauvan, nous ne rencontrons plus que des démêlés ayant trait à des droits honorifiques : démêlés fort curieux d'ailleurs. Le premier en date est connu sous le nom d' « affaire des armoiries » (1).

Au mois de mai 1764, à l'occasion du second mariage du comte d'Aramon, Claude-Alexandre-Marie de Sauvan, le marquis d'Aramon avait fait apposer ses armes sur les portes de la ville et les y avait laissées. La communauté, pensant que le marquis ne s'était décidé à cette entreprise que dans l'ignorance où il était de l'arrêt de 1619 et des transactions qui suivirent, délibéra « de lui faire un acte », en l'accompagnant d'un extrait sommaire des titres de la communauté.

Dans cet acte que nous possédons, on exprime au marquis le regret que l'on aurait d'en venir avec lui à des voies juridiques. En conséquence « on le prie, le requiert et le somme
« de faire enlever les armes qu'il a fait clouer et ficher aux
« deux portes de la ville, lui protestant qu'à faute de ce faire,
« la communauté sera obligée de prendre les voies de droit,
« pour l'y contraindre ».

Cet acte demeura sans réponse ; cependant la communauté ne se pressa pas d'y donner suite : « Elle espérait que le Sr
« adversaire, en réfléchissant sur ses vrais intérêts et sur
« ses droits, sacrifierait un honneur chimérique au bien de

---

(1) L'arrêt de 1619 avait débouté Honoré de Gondin « de la prétention de faire enlever les noms et prénoms des consuls inscrits sur « la tour nouvellement construite et d'y mettre ses armoiries ». De plus, en 1623, H. de Gondin ayant demandé au commissaire de Richard, et obtenu de lui l'autorisation de placer ses armoiries « au-« dessus des portes de la ville et au lieu le plus éminent ». La communauté fit appel devant la cour, mais la chose en resta là, le Mis de Grimault et Jacques Sauvan ayant paru abandonner cette prétention dans leurs transactions de 1628 et 1638. (P.P. 12 et 20).

« la paix ». Mais, après trois mois de silence, le marquis d'Aramon « pensant, comme il le dit lui-même, qu'il ne lui « convenait pas d'attendre une attaque annoncée », assigna les consuls devant le sénéchal par exploit du 9 janvier 1767. Il n'eut pas à s'en louer.

Vingt jours après, un arrêt fut rendu qui « faisant droit à « la requête des consuls, sans avoir égard quant à ce à l'ex- « ploit du Sr Alex. de Sauvan, marquis d'Aramon, de placer « ses armes sur les murs et portes de la ville d'Aramon, « ordonne que, dans la huitaine, le Sr marquis fera ôter celles « qu'il y a placées, et faute de ce, permet aux consuls de « les faire ôter aux frais et dépens dud. Sr d'Aramon » (1).

Le marquis se hâta de relever appel de cette sentence en la cour de Toulouse, et présenta une requête pour la faire casser (2).

La lutte reprit plus ardente.

Dans les nombreux mémoires imprimés qui furent produits à cette occasion, nous remarquons que le marquis s'appuie surtout sur l'arrêt du 30 mai 1690, et voici son raisonnement : « Cet arrêt, dit-il, en me subrogeant au roy, m'a maintenu en « la possession et jouissance de tous les droits utiles et hono- « rifiques quelconques, sans en rien retenir, excepter ni « réserver (3). Or, la communauté aurait-elle contesté à « sa Majesté, relativement à sa qualité de seigneur, le droit « de faire placer ses armes sur les portes de la ville, quand « la seigneurie était en ses mains ? » (4).

C'était là un grossier sophisme que la communauté n'eut pas de peine à réfuter.

« Les murs et les portes des villes, répondit-elle, n'appar- « tiennent qu'au roy ». Mille preuves l'établissent et en par-

---

(1) P.P. 12.
(2) Arch. comm., BB. 27. — P.P. 12.
(3) P.P. 19.
(4) P.P. 12.

ticulier, l'édit de Décembre 1681, si clair et si formel. Personne donc « ne peut y prétendre aucun droit de propriété, « ni seigneurie, directes et autres droits seigneuriaux en « quelque façon que ce puisse être. » Aussi « quand même « les armes de sa Majesté auraient été gravées sur les portes « de la ville d'Aramon pendant que la seigneurie était dans la « main du roy, le S<sup>r</sup> adversaire ne serait pas autorisé à y faire « graver les siennes, parce que l'apposition des armes est « un signe de souveraineté et non de seigneurie. En aliénant « la terre d'Aramon, sa Majesté n'a transporté ni pu trans-« porter sur la tête de l'acquéreur que les droits qui lui « appartenaient comme seigneur et non ceux qui lui appar-« tenaient comme roy. Le S<sup>r</sup> adversaire se croirait-il autorisé « à faire battre monnaie dans la ville d'Aramon, parce que « le roy était le maître d'en y faire battre, et que sa majesté « lui a transmis les droits et honneurs dont elle jouissait « avant l'aliénation ? » (1).

Il paraît que ces considérations, pourtant fort justes, ne furent pas du goût du marquis. Il s'emporta parlant avec dédain « de ces sept à huit paysans que la passion contre « leur seigneur égarait » (2) ; traitant leur demande « de « déclamation indécente et gratuite, » dont le seul but était « de ruiner l'autorité féodale et d'introduire une malheureuse « égalité pour faire perdre ses droits à leur seigneur et « l'abaisser jusqu'à eux. »

Il fut même plus loin et, dans un dernier factum, il prit à partie personnellement Charles-Antoine Martin, l'homme des justes revendications. La riposte ne se fit pas attendre et elle fut dure. Qu'on en juge d'ailleurs : « Le marquis d'Aramon « n'a pas voulu nommer cet homme *riche* et cependant *cha-* « *grin, possédé d'un esprit de domination qui le tour-* « *mente, détestant et cherchant à rompre les liens d'une*

---

(1) P.P. 12.
(2) P.P. 19.

« *subordination légitime qui le croisent, exerçant depuis*
« *30 ans, sur ses concitoyens qui le redoutent un empire*
« *tyrannique disposant des revenus des pauvres...* A ce
« portrait odieux, il eût été difficile de reconnaître le citoyen
« estimable que le marquis d'Aramon a cru désigner et dont
« il a sagement tu le nom. Il est vrai que cet homme *chagrin*
« n'a pas le bonheur de plaire au sieur de Sauvan ; mais il
« est assez dans l'ordre des choses qu'un citoyen ferme et
« vertueux ne soit pas au gré de tout le monde. Le prétendu
« *despote municipal* ne doit pas après tout se plaindre de
« son partage, puisqu'il jouit de l'estime de tout ce qu'il y a
« de plus distingué aux environs d'Aramon. Il peut citer
« entr'autres, M. le duc d'Uzès, le sieur marquis de Montfrin,
« M. l'évêque d'Uzès et beaucoup d'autres encore qui se
« connaissent en hommes autant que le marquis d'Aramon.

« La mauvaise humeur du marquis d'Aramon contre cet
« homme prétendu *chagrin*, qu'il accuse de disposer du
« revenus des pauvres, vient de ce qu'il l'attaqua en justice
« le dernier décembre 1756, après avoir rendu les politesses
« dûes à un seigneur pour lui faire rendre les biens fonds
« appartenant à l'hôpital d'Aramon qu'il possédait depuis
« longtemps... (chap. XIV). Mais laissons à l'écart les per-
« sonnalités épisodiques et réservons notre attention pour le
« mémoire historique, critique et politique dont le sieur
« adversaire a régalé le public, plusieurs mois avant de le
« produire en justice. Moins de doctrine et plus de logique
« aurait abrégé des trois quarts le savant écrit du marquis
« d'Aramon. Combien de pénibles recherches il aurait pu
« s'épargner en se renfermant dans l'espèce de la cause » (1).

Enfin, nous relevons ces mots qui sont en forme de conclusion : « On ne répondra point à toutes les belles choses
« que le marquis d'Aramon a débitées concernant les avan-
« tages de la hiérarchie féodale : si les exposants avaient

---

(1) P.P. 13. — P.P. 19.

« plus de temps et si la matière était moins étrangère au
« procès, on ferait voir au sieur adversaire que ses raison-
« nements politiques n'ont pas toute la justesse qu'il a cru
« leur donner » (1).

Ce procès dura plusieurs années encore, au cours desquelles le marquis, pour se venger du refus qui lui avait été fait d'apposer ses armes, même à la porte nouvellement construite par lui derrière le château, greffa sur l'instance principale deux demandes incidentes : 1° retrait du banc des consuls du chœur de l'église (2) ; 2° défense à ce dernier de faire les criées en leur nom. Enfin, en 1772 — deux ans après la mort d'Alex. de Sauvan — la Cour rendit sa sentence. Le marquis fut condamné à ôter ses armoiries des portes de la ville ; mais comme les consuls n'avaient pas cru devoir se défendre touchant les deux demandes incidentes, on leur donna tort sur ces dernières. Les consuls auraient pu relever appel, sûrs qu'ils étaient d'avoir pour eux le dernier mot ; ils ne firent pas même signifier le jugement « vu que, dirent-ils, les
« armoiries avaient été retirées depuis plus de trois ans des
« portes de la ville et que, d'autre part, les criées se faisaient
« au nom des consuls et que le banc restait à sa place » (3).

V. **Affaire des préséances.** — L'affaire des armoiries battait son plein, quand une autre commença ; celle des préséances.

La marquise d'Aramon, Marie-Jeanne-Louise de Marie, était morte le 10 août 1769 et devait être enterrée le lendemain chez les Récollets. Son fils, le comte d'Aramon, pria les consuls,

---

(1) *Arch. comm.*, FF, 32. — P.P. 21.

(2) A cette époque, le banc des consuls était, croyons-nous, sous l'arceau de la chapelle Saint-Joseph et non dans le chœur proprement dit.

(3) *Arch. comm.* BB. 27.

Antoine de Jossaud et Joseph Manivet d'assister aux funérailles (1).

Or, il faut dire que quelques années auparavant, le 27 Janvier 1756, le marquis avait obtenu de la Cour de Toulouse un arrêt qui obligeait les consuls à « assister en cha-
« peron aux convois funèbres dud. de Sauvan, son épouse et
« sa famille, de même qu'aux services qui devaient se faire
« pour eux dans lesd. églises, auquel effet ils étaient tenus
« lorsqu'ils seraient mandés, d'aller prendre en chaperon le
« deuil, dans la maison dud. de Sauvan, de l'accompagner
« encore dans sa maison à peine de 500 l. d'amende et d'en
« être enquis, sauf en cas de légitime excuse (2). »

De plus, le 2 Août, alors que la marquise se mourait déjà, on avait fait signifier cet acte aux consuls, qui s'étaient empressés d'y faire opposition.

Remarquons-le, grâce à cette opposition, l'acte n'avait rien d'obligatoire. Toutefois, pour un bien de paix, les consuls se rendirent à l'invitation.

Mais un incident se produisit alors, qui brouilla tout. L'arrêt ne parlait pas des officiers du marquisat, et les consuls entendaient bien avoir le pas sur eux, en vertu de la déclaration royale du mois de Juin 1766, qui remet les administrations municipales en possession de leurs anciens droits. Or, au moment où le convoi allait se mettre en marche, les officiers s'avancèrent pour occuper le premier rang. Aussitôt les consuls se retirèrent, et, malgré un acte de sommation intimé sur l'heure, ne reparurent pas.

Le surlendemain, conseil général de la communauté, où l'on félicite chaudement les consuls de leur attitude et où l'on décide d'attendre de pied ferme l'attaque.

Nous remarquons qu'en effet le marquis porta plainte au sénéchal et qu'une information fut faite dont nous ignorons le résultat.

---

(1) *Arch. comm.* BB. 27.
(2) P.P. **33**.

Le 29 septembre, nouvelle injonction aux consuls à l'occasion d'un service funèbre chez les Récollets, pour le repos de l'âme de la marquise, mais accompagnée cette fois « de ter-
« mes injurieux, odieux, insultants » comme ceux « d'es-
« prits inquiets, dévorés d'indépendance, frappés de vertiges, etc. »

Révoltés, les consuls réunissent la communauté; Ant. de Jossand prend la parole; il proteste d'abord contre les termes de la sommation « comme si, disait-il, de telles qualifications et
« autres pouvaient être appliquées à des chefs de commu-
« nauté qui ne demandent et ne désirent que l'intérêt de la
« patrie, qu'ils sont obligés de conserver contre un seigneur
« qui peu à peu, s'il trouvait tout aisé de faire à ses vues
« ambitieuses se rendrait le maître de ses plus légitimes
« droits. » Ensuite, arrivant à la question de fonds, il dit :
« Led. Sr Sauvan ne doit pas ignorer que nous nous som-
« mes déclarés opposants à l'arrêt de 1756, et que nous per-
« sévérons dans la même opposition jusqu'à ce que la Cour
« ait prononcé définitivement. Il devrait donc nous laisser
« tranquilles jusque-là.

« D'ailleurs, admettons pour un instant — ce que nous
« nions encore — que nous fussions obligés au convoi funè-
» bre de M$^{me}$ la marquise et au service solennel fait pour le
» repos de son âme, et de nous y rendre avec le deuil, ainsi
« que le prétend le Sr marquis, ce n'aurait été tout au plus
« qu'à celui qui se fit à la paroisse, le 26 Août, et non à
« d'autres. Quelle pensée plus déplacée que celle de se
« croire en droit de nous déranger de nos affaires publiques
« et de nous faire marcher tout autant de fois qu'il lui
« plairait? Il n'aurait alors qu'à faire faire 50 services funè-
« bres. Quelle méprise ! car les termes du susdit arrêt : *seront*
« *tenus d'assister en chaperon aux services qui se feront*
« *pour eux dans les d. églises*, ne sauraient jamais s'en-
« tendre que des différentes églises paroissiales des terres
« seigneuriales. »

Après ces paroles, A. de Jossaud mit l'affaire en délibération. Il n'y eut qu'une voix dans le Conseil pour décider que « les consuls ne bougeraient pas jusqu'à ce que l'opposition « faite au seigneur fût vuidée et que la cour eût prononcé ».

Et la séance fut levée sur ces fières paroles, qui réflètent bien l'état d'âme du conseil : « Il ne faut pas se rendre res- « ponsables d'une tâche que nous reprocheraient avec jus- « tice nos enfants » (1).

Ce démêlé, dont on remarquera le caractère particulièrement vif, cessa tout-à-coup. Ce fut sans doute la mort du marquis qui en fut cause. Cette mort arriva le 23 décembre 1770 (2). Il avait alors 88 ans et il fut porté le lendemain à son tombeau de famille, chez les Récollets. Avec lui, se termine le douloureux récit des luttes, des humiliations, des souffrances, dont on n'avait cessé d'abreuver la communauté depuis 1635.

Avant de clore ce chapitre, un mot encore ; nous le devons aux deux Martin, Charles et Charles Antoine, les héros de la lutte.

Leur famille était fort ancienne dans le pays. Un Pierre Martin figure déjà en 1373, comme témoin dans l'acte de vente de l'île de l'Acier, passé par Philippe de Graves à Philippe Brasfort (3).

Le compoix de 1478 parle, à son tour, d'un Séris Martin, homme riche et considéré, qui habitait une maison confrontant « d'aure dreche (nord) en la carriero de la plasse (rue « de la ville, et de vent (midi) en la cort (cour) de Clas- « tre » (4) ; aujourd'hui la maison Surry, ou une maison voisine.

Ce Séris Martin eut probablement pour fils, mais sûrement pour héritier, Guillaume Martin. Ant. Bonnefoy nous

---

(1) *Arch. comm.*, BB. 27.

(2) *Arch. comm.*, GG. 16. — *Arch. des Récollets.*

(3) L. VIII.

(4) *Arch. comm.*, CC. 1.

apprend que ce dernier étant malade, fit son testament, le 24 mai 1558, et qu'il laissa un fils, Charles Martin, et quatre filles (1).

Charles Martin tint une place considérable dans le pays, vers la fin du xvi° siècle et au commencement du xvii°. Les papiers du temps (2), nous le montrent grand propriétaire marchand, entrepreneur de travaux publics, exacteur des deniers municipaux, député à l'Assiette d'Uzès, premier consul, trésorier de la communauté, etc. Le pays avait grande confiance en lui ; nous en avons la preuve dans le fait suivant : on sait l'importance des archives municipales en des temps surtout où les biens, droits et privilèges des communautés étaient si souvent contestés par les seigneurs. Or, pour les mettre à l'abri de tout pillage, on ne trouva rien de mieux, en 1603, que de les confier à Charles Martin : sous la garde de cet homme elles ne risquaient rien et la communauté pouvait dormir tranquille (3).

Charles Martin habitait la vieille maison paternelle, mais il en possédait une autre dont il va être question (4). Il dut avoir plusieurs enfants. Nous trouvons : 1° en 1613, un Pierre Martin, bourgeois, qui fut envoyé à Montpellier avec Antoine Chaniol, François de Bertrandy, etc., pour soutenir un procès au nom de la communauté (5) ; 2° un Jean Martin, également bourgeois, qui, en 1619, fut trésorier de la communauté (6) ; 3° enfin un André Martin, qui, en 1643, habitait, « a la place publique une maison partie noble et partie

---

(1) Ant. Bonnefoy, not., 1558. — Il est souvent parlé, à cette époque, d'un Antoine Martin ; c'était un frère, probablement, de Guillaume.

(2) Chap. XVIII.

(3) *Arch. comm.* BB. 10.

(4) *It.*, CC. 4.

(5) *It.*, BB. 10.

(6) L. XI.

« roturiere, confrontant en corps, du levant la rue, du cou-
« chant, le prieur du Terme (maison Bonjean-Astran) et
« Jean Châtois (maison Rozier) et du midi, Pierre Bonnefoy
« (maison Mounet ou Hartmann) » (1). C'est la maison même
qu'habitèrent Charles et Charles Antoine : ce qui nous porte
à croire qu'ils descendaient d'André Martin (2).

Telle est la généalogie des Martin : généalogie qui ne manque pas d'éclat. Lorsqu'on parcourt les monuments publics, de 1690 à 1778, on est frappé du rôle prépondérant que jouèrent, au sein de la communauté, les deux derniers représentants du nom. Ces hommes, on les rencontre partout, qu'il s'agisse d'un abus à détruire, d'un droit à défendre, d'une injustice à flétrir, de quelque misère à soulager. Et ils le font avec une intelligence, avec une énergie, avec un dévouement vraiment admirables : pendant près d'un siècle, déjouant les ruses les mieux ourdies, affrontant les menaces les plus redoutables, sacrifiant sans compter leur temps, leur santé, leur patrimoine. On dirait que l'âme du pays s'est incarnée en eux, qu'elle bat dans leur poitrine, qu'elle parle par leur bouche, qu'elle dirige tous leurs actes. Sans eux, et quel qu'eût été le dévouement de quelques autres citoyens, d'ailleurs fort recommandables, tout aurait péri sans doute de ce qui fut le patrimoine de nos pères : leurs biens, leurs droits et leurs privilèges.

Et ne croyez pas qu'à l'exemple de certains intrigants de nos jours, qui ne flattent le peuple que pour s'élever eux-mêmes, les Martin se soient laissé guider par des vues ambitieuses. Non, leur désintéressement est complet. S'ils servent le peuple, c'est pour le peuple lui-même, sans ambition comme sans arrière-pensée. D'ailleurs, que pourraient-ils bien en attendre ? De l'argent ? Ils sont les plus riches du

---

(1) *Arch. comm.*, CC. 6.

(2) L. XV. — Cette maison, nous l'avons dit, sert de mairie et de presbytère aujourd'hui.

pays. Des honneurs ? Ils ont refusé jusqu'à des lettres de noblesse. Nous remarquons même qu'ils ne se montrent que lorsque les intérêts du peuple sont en jeu, et qu'une fois leur tâche remplie, ils rentrent volontiers dans les rangs : heureux, ce semble, du bon témoignage de leur conscience, plus encore que des marques d'estime que leur prodigue un peuple long-temps reconnaissant.

Chose étrange pourtant et qui ne manquera d'étonner certains esprits étroits comme on en trouve dans tous les camps, ces deux hommes, avec leur soif d'indépendance, avec leur amour pour le peuple, étaient d'ardents royalistes, des catholiques très pratiquants. Lisez, aux archives municipales, certaines délibérations émanées d'eux, peut-être même écrites sous leur dictée, suivez-les dans l'accomplissement de leurs modestes fonctions d'ouvriers de l'église. Quelle confiance en eux pour le roi ! Quel dévouement à la religion ! La Révolution ne prend même pas à Aramon des allures nettement républicaines et anti-religieuses que lorsque le dernier des Martin a disparu de la scène. Tant il est vrai que le principe d'autorité, s'il réprime la licence, n'est pas toujours ennemi de la liberté, et qu'au fond, il n'est pas de source meilleure que l'Evangile, où l'on puisse puiser l'amour du pauvre, du faible et du petit.

Charles Martin mourut en 1745 (1), au plus fort de la lutte ; la dernière délibération signée de lui est de cette année ; et Charles-Antoine, vers 1778 (2). Mais ce dernier, avant de mourir, eut la consolation de voir, au moins en partie, la réalisation de son rêve.

Un chagrin attrista pourtant ses derniers jours. Il n'avait pas d'enfant, et, d'un moment à l'autre, la lutte pouvait renaître entre la Communauté et le Château. Qui donc, après lui, défendrait les libertés communales ?...

---

(1) *Arch. comm.*, BB. 19.
(2) *Item.*

Or, il y avait parmi les enfants du peuple, un jeune homme remarquablement doué. Martin le prend et l'élève. Déjà même, fier de son œuvre, il croyait pouvoir dire comme le poète : « Je ne mourrais pas tout entier — *Non omnis moriar* » lorsque, séduit par de brillantes promesses et oubliant tous ses serments, le malheureux enfant passa à l'ennemi : Martin ne s'en consola jamais.

Voilà du moins ce que l'on racontait, dans les premières années du siècle, parmi les derniers survivants de l'ancien régime, qui avaient connu Martin et vécu avec lui. Nous connaissons le nom du transfuge, mais nous le tairons. La provenance du récit et son caractère anecdotique nous imposent cette réserve.

D'ailleurs, Martin pouvait mourir tranquille ; mieux que ne l'aurait fait un fils, la Révolution allait amener le triomphe de ses idées, en promenant sur la France entière son impitoyable niveau ; et elle arrivait à grand pas.

Nous avons déjà signalé, au cours des derniers évènements, le langage hardi, la résistance et les attaques des chefs de la communauté à l'encontre de leur seigneur. Or, le peuple n'était pas moins agité. A cette époque, les cabarets d'Aramon étaient devenus des lieux de réunion publique, que l'on fréquentait le jour, où l'on passait la nuit, et Dieu sait tout ce qui se débitait là, sous la double influence de la passion et du vin, d'invectives contre le pouvoir, d'idées subversives, de théories malsaines : comme toujours les plus violents étaient les plus applaudis.

Des cabarets, d'ailleurs, le désordre ne tarda pas à passer dans la rue : chansons impies, exhibitions obscènes, le jour ; farandoles échevelées la nuit, avec des flambeaux et des cris sauvages, on ne voyait, on n'entendait que cela. Les gens paisibles, nous disent les écrits du temps, n'osaient sortir le jour, ne pouvaient dormir la nuit, craignant à tout instant quelque outrage ou quelque incendie.

Mise au courant de la situation, l'autorité supérieure s'émut. On menaça d'envoyer une compagnie de grenadiers. On fit même saisir quelques jeunes gens, les plus mutins, que l'on enferma dans les prisons du Fort St André et du Pont St Esprit. Mais ces mesures, bonnes en soi et qui auraient suffi à tenir en respect cette population plus poltronne encore qu'elle n'est tapageuse, se trouvèrent paralysées par l'inertie des autorités locales. Les consuls n'osaient appliquer les règlements de police. Ils craignaient, paraît-il, des vengeances personnelles. Aussi les désordres s'accrurent-ils chaque jour, et, sans être prophète, on pouvait déjà prédire l'heure prochaine de la culbute finale.

# CHAPITRE XXVI

## DE LA RÉVOLUTION AU CONSULAT
### (1789-1799)

On peut dire que la Révolution française est née au château de Vizille, dans l'Isère (1). C'est là, en effet, que se réunirent, le 21 juillet 1788, sous la présidence de M. Morge, les députés des municipalités dauphinoises, et qu'après une séance de seize heures, au cours de laquelle se distinguèrent Mounier et Barnave, deux futures illustrations, il fut décidé, au milieu de l'enthousiasme général, que « les trois ordres « de la Province du Dauphiné n'octroiraient les impôts, que « lorsque leurs représentants auraient délibéré dans les « Etats-Généraux du royaume » (2).

Les autres provinces ne tardèrent pas à suivre l'exemple du Dauphiné. De tout côté surgirent les mêmes vœux. Devant cette poussée générale et sur la demande expresse de Necker, le roi rendit une déclaration, le 8 août 1788, qui convoquait les Etats-Généraux pour l'année suivante (3). De plus, un arrêt du Conseil, en date du 5 septembre, prescrivit, pour le 3 janvier 1789, une réunion des notables qui auraient pour mission de « délibérer sur la manière la plus

---

(1) Ce château, qui fut la propriété des Lesdiguières avant la Révolution, appartient aujourd'hui à la famille Casimir Périer. (G<sup>re</sup> Théraube. *Notice sur Uzès*).

(2) G. Théraube.

(3) Amédée Gabourd. T. 18, p. 69.

« régulière et la plus convenable de procéder à la formation
« des Etats-Généraux de 1789 » (1).

Dès (2) que ces dispositions furent connues à Aramon, le Conseil décida, le 22 novembre 1788, comme mesure préparatoire, de réunir, le lendemain, 23, en assemblée générale, les habitants. Cette réunion eut lieu à l'hôtel de ville, sous la présidence de M. Antoine de Pitot, 1er consul et maire. Les esprits étaient déjà très montés ; M. de Pitot les échauffa encore en adressant à l'assemblée un long discours, dans le style sentimental et ampoulé de l'époque. Quand il eut fini, on régla divers points, parmi lesquels nous remarquons les suivants :

1° Le roi sera prié d'organiser les Etats-Généraux de façon à donner au Tiers-Etat une représentation « égale en nom-
« bre aux députés réunis de la noblesse et du clergé. »

2° Les députés du Tiers-Etats seront choisis par leurs pairs, mais l'on devra repousser impitoyablement, dans ce choix, toute personne qui pourrait être directement ou indirectement sous la dépendance du clergé ou de la noblesse.

Et, comme pour prouver que l'on ne demandait là rien d'exorbitant, on eut soin de faire ressortir « que le Tiers-
« Etat qui soutient la noblesse et le clergé par son industrie
« et ses travaux, qui se distingue par ses lumières, qui forme
« les vingt-neuf trentièmes de la population du royaume,
« qui paye les sept huitièmes des subsides et qui est cepen-
« dant privé des faveurs, des charges et des honneurs, dont
« l'Etat dispose, doit avoir une voix active dans une assem-
« blée dont l'objet essentiel est d'appliquer une partie de
« sa propriété pour servir de ressource à l'Etat ».

D'ailleurs, à ces désiderata d'ordre politique, la communauté joignit quelques vœux d'intérêt local : l'un d'eux

---

(1) A. Gabourd. (Item). — Arch. comm., BB. 33.

(2) De ce chapitre à la fin du volume, tout fait ne portant pas indication de source est tiré des délibérations communales.

relatif aux réparations des chaussées, récemment dégradées par le Rhône ; un autre concernant le desséchement des marais qui étaient devenus un foyer d'infection pour le pays ; et l'on ajouta que si l'on établissait des assemblées provinciales, on demanderait à avoir auprès d'elles un représentant « chargé de fournir tous les renseignements « nécessaires ».

Cela fait, tous les membres présents et, à leur tête, l'abbé Vincent, curé d'Aramon, signèrent la délibération qui fut imprimée et envoyée à M. Necker, à l'Intendant du Languedoc et au Garde des Sceaux, avec prière de vouloir bien la mettre sous les yeux du roi, dans l'assemblée des notables.

Un mois après, nouvelle délibération. Le maire et les consuls d'Uzès venaient d'écrire à la communauté qu'une assemblée composée des trois ordres était convoquée à Uzès, le 23 décembre, pour délibérer « sur tout ce qui pouvait être « nécessaire et avantageux au Tiers-Ordre », et qu'on l'invitait à envoyer un député à cette réunion.

M. Ant. Dunan, notaire, fut choisi pour représenter le pays en cette mémorable circonstance. M. G. Théraube nous apprend que cette réunion eut lieu au jour dit, et fut entièrement favorable au Tiers-Etat. Il nous en donne même le procès-verbal, extrait des archives d'Uzès, avec les noms des députés, qui le signèrent. Mais nous n'avons pu trouver celui de M. Dunan : peut-être ne put-il se rendre à Uzès. Le seul Dunan, dont il soit fait mention dans l'acte, est qualifié député de Roquemaure (1).

M. Ant. Dunan fut également désigné comme député aux Etats Généraux qui devaient se réunir le 15 janvier 1789, à Montpellier ; mais ce ne fut pas sans peine cette fois. Le 11 janvier 1789, lors de la nomination du député, M. Ant. de Pitot, maire et 1er Consul, à qui cette fonction semblait

---

(1) G. Théraube.

revenir de droit, se trouvait indisposé. Dans le Conseil, on fit valoir cette raison pour nommer M. Dunan. M. de Pitot vit avec peine ce choix, et, soit qu'il n'eut pas confiance dans l'élu, à cause de ses accointances avec le château, soit qu'il fût vexé que l'on n'eût pas tenu compte d'un billet où il patronnait chaudement la candidature de M. François Fabre, il envoya aussitôt une protestation au second consul, dans laquelle il revendiquait pour lui l'honneur de la députation, que lui « conférait de droit, disait-il, le 1er Chaperon »; ajoutant que « si les conseillers réunis par le sieur Féline s'é-
« taient fondés sur sa maladie pour attribuer à M. Dunan la
« qualité de député, il était heureux de leur dire qu'il était
« à même d'aller à Montpellier et d'y remplir son mandat ;
« et qu'en conséquence, il défendait de mettre à exécution
« la délibération du 11 janvier, sous peine de tout dom-
« mage ».

Cette protestation parut embarrasser le Conseil. On se réunit donc à nouveau, le 12, pour trancher la difficulté. Un membre proposa d'envoyer l'abbé Vincent et M. Pierre Michel Séveyrac au domicile de M. de Pitot, avec mission de se rendre compte de son état. Les deux délégués partirent aussitôt.

A leur retour, ils déclarèrent que M. de Pitot était réellement malade, qu'on l'avait même administré quelques jours auparavant, et qu'il se trouvait dans l'impossibilité la plus absolue de se rendre à Montpellier.

Sur cette déclaration, la nomination de M. Dunan fut maintenue

L'heure était d'ailleurs aux assemblées. Le 24 janv. 1789, des lettres du roi convoquaient à Nîmes, pour le 16 mars. une assemblée de notables, sous la présidence du sénéchal. La communauté d'Aramon avisée se réunit donc pour rédiger « ses cahiers de plaintes, doléances et remontrances ». Que contenaient-ils ? Nous l'ignorons, car ils ne nous sont pas parvenus, et c'est regrettable ; nous aurions vu là comme l'état d'âme du pays : ses besoins, ses aspirations, ses espérances. Quatre citoyens choisis parmi les plus considérables du pays : MM. Charles-Gaspard Boissière de Bertrandy, avocat, et viguier d'Aramon ; Ant. de Pitot, chev. de St-Louis, premier consul et maire ; Jean-Joseph Labrousse, avocat ; Antoine Dunan, notaire et avocat, furent chargés de porter ces cahiers à l'Assemblée et d'y représenter le pays.

Cependant, en dépit de la décision des notables et conformément à l'avis de M. de Necker, le roi décida que l'on admettrait aux Etats-Généraux un nombre de députés du Tiers-Etat égal à celui des députés du clergé et de la Noblesse. Il se promit même, toujours sous l'inspiration de son premier ministre, de favoriser l'élection des curés, de telle sorte que dans les rangs du Clergé, l'élément pauvre et populaire prédominât. Quant à la question du vote par ordre ou par tête, il en abandonna la solution aux Etats-Généraux eux-mêmes : cette solution était dès lors facile à prévoir.

Ce fut le 5 mai 1789, que pour la première fois depuis le règne de Louis XIII, les Etats-Généraux du royaume s'ouvrirent à Versailles. Cette assemblée se composait d'environ 1200 membres.

Il faut avoir vécu à cette mémorable époque de notre histoire, pour comprendre tout ce qu'il y eut alors d'entraînement et d'enthousiasme dans le pays : on allait voir se réaliser des rêves jusque-là reconnus impossibles, et, il faut dire que, parmi les plus sages, nul ne demeurait étranger à ces vagues espérances. Chacun se disait que notre vieille monarchie était entrée dans une phase nouvelle et se préparait à prendre sa part des conquêtes de l'avenir.

On avait conservé pour la tenue des Etats les vieilles formes historiques. Les membres du haut clergé s'étaient rendus à l'Assemblée, revêtus de leurs ornements ; ceux de la noblesse avaient le magnifique costume en usage sous Louis XIII : le manteau orné de paillettes et de broderies et le chapeau rehaussé de plumes ; mais les députés du Tiers-Etat n'avaient qu'un simple habit noir. A cette distinction déjà humiliante, on ajouta de mesquines taquineries faites pour froisser ces représentants de la bourgeoisie. Le peuple chercha à les venger de ces précautions maladroites, en criant : « Vive le Tiers ! ».

Le gouvernement eut tort de ne pas aller droit aux réformes, dès les premiers jours. Par ses rouéries et par ses faiblesses, il encouragea les violents et perdit la confiance des modérés. Il aurait fallu là un homme qui fît de larges et justes concessions, proclamant l'égalité devant la loi comme elle l'est devant Dieu, l'admissibilité de tous les citoyens aux emplois civils et militaires, l'impôt pour la noblesse et pour le clergé : tout autant de vœux contenus, d'ailleurs, dans la plupart des cahiers des Etats. On aurait ainsi rendu populaire un roi naturellement bon et épargné des flots de sang au pays.

Au lieu de cela, la Cour s'entêta à contrecarrer ces légitimes aspirations, et, comme celles-ci s'incarnaient dans le Tiers-Etat, elle voulut tenir ce dernier dans une impuissante dépendance.

Le Tiers-Etat, se sentant soutenu par l'opinion, n'hésita pas à aller de l'avant. Dès le jour même de la réunion et après la séance royale, il demanda que les députés des ordres privilégiés se réunissent à lui et qu'il n'y eût plus qu'une seule assemblée, votant par tête, sans distinction d'origine, et non trois assemblées discutant séparément les affaires publiques.

Il y eut naturellement opposition de la part de la noblesse et du haut clergé, mais alors les députés du Tiers déclarèrent qu'ils se passeraient d'eux et procédèrent sur l'heure à la vérification des pouvoirs.

Ce qui était prévu arriva. Bien des membres du bas clergé, curés, vicaires, chanoines et quelques membres de la noblesse, le duc d'Orléans en tête, passèrent à l'opposition. Puis, le 20 juin, le roi ayant eu la maladresse de faire fermer les portes du local ordinaire, on se rendit au jeu de Paume, où après s'être déclaré Assemblée Nationale, on jura de ne se séparer que lorsqu'on aurait doté l'Etat d'une constitution solide.

Et le lendemain, malgré les ordres du gouvernement, la minorité de la noblesse se réunit au Tiers-Etat.

Pour conjurer les dangers de la monarchie, Louis XVI prit le parti de convoquer, le 23 juin, une assemblée générale des Etats. Les trois ordres s'y rendirent, et le roi, les considérant comme un lit de justice, leur fit donner lecture de diverses ordonnances qui renfermaient de sages concessions, mais qui imposaient des bornes fort étroites au désir d'innovation qui avait pénétré dans tous les esprits. C'était trop tard, et telle déclaration qui, un an auparavant, aurait été accueillie comme un bienfait, fut écoutée froidement.

Le roi, après lecture faite, sortit, ordonnant à l'assemblée de se séparer. La noblesse et la minorité du clergé obéirent. Le reste refusa, malgré les nouvelles injonctions du marquis de Brezé, et décréta que chacun de ses membres était inviolable et que quiconque attenterait à leurs personnes serait déclaré infâme, traître à la patrie et puni de mort.

C'était une déclaration de guerre. Le roi toujours hésitant, n'osa relever le gant. Il ordonna même à la noblesse et au clergé de se réunir à l'Assemblée nationale, et le régime des Etats-Généraux fut aboli.

Ces grands événements, qui avaient surexcité les esprits en France, ne passèrent pas inaperçus à Aramon. Il y eut quelque agitation dans un certain milieu, agitation qui s'accrut, lors de la prise de la Bastille. On fut obligé d'établir des gardes, la nuit ; on donna même à MM. Ant. Dunan et Brice Féline nommés « ministres de police » le droit d'entrer partout et de faire régner le bon ordre : grâce à ces sages mesures, la tranquillité fut à peu près complète (1).

Le maire, M. de Pitot, était en dépit de ses discours ampoulés, un excellent homme qui travaillait avec zèle au bien de sa commune. C'est lui qui, après la suppression des cou-

---

(1) Ce qui prouve que l'ensemble des esprits était calme, c'est que sur 503 citoyens actifs, il n'en votait guère alors que 50.

vents et des vœux monastiques, fit voter, le 3 janvier 1790, le maintien des Ursulines à la tête des écoles ; c'est lui également qui obtint, à force de demandes, le canton pour notre pays, lors de la division de la France en circonscriptions. Et il était admirablement secondé dans ses vues patriotiques par des hommes d'ordre et de religion, ses collègues au Conseil municipal.

Il disparut bientôt après cependant de la scène politique, soit que sa santé ne lui permit pas d'y rester plus longtemps, soit qu'il eût cessé de plaire. Il fut remplacé à la mairie par M. François Fabre, avocat à Nîmes.

Celui-ci avait longtemps hésité à accepter cette charge. Il occupait à Nîmes une si belle situation ! Mais enfin, vaincu par les instances chaque jour renouvelées du peuple, il se décida : c'était le 20 juin 1790.

En arrivant à Aramon, il dut songer d'abord à organiser la garde nationale. Par ses soins, un règlement provisoire fut fait, d'après lequel il devait y avoir six compagnies de trente-quatre hommes, ayant chacune un capitaine, un lieutenant, un sous-lieutenant, des sergents et des caporaux, et comme officiers supérieurs : un colonel, un lieutenant-colonel, un major et un aide-major.

Cela fait, on se réunit dans la chapelle des Récollets, qui était devenue le lieu des grandes assemblées politiques, et par 144 votants sur 503 inscrits, on nomma M. Bobé de Moyneuse, colonel ; M. Pierre de Jossaud, dit le Chevalier, lieutenant-colonel ; M. Goubier, ancien garde du corps, major ; M. Joseph de Jossaud, fils, aide-major. Il fut entendu que tous les citoyens « actifs » feraient partie de la garde nationale et leurs enfants également, à partir de dix-huit ans : ce qui devait former un contingent considérable.

Organiser la garde nationale, c'était bien, mais il fallait l'habiller et l'armer. Ce ne fut pas facile. Pour les six cents hommes environ, dont elle se composait, on ne disposait dans les commencements que de trente-six fusils. Plus tard, grâce à un emprunt fait aux Ursulines, on put s'en procurer jusqu'à cent dix, plus trois cents piques que l'on fit fabriquer à Aramon. Quant au costume, on se vit dans la nécessité de laisser chacun s'habiller à sa guise. Ce fut un vrai bariolage et tellement grotesque que dans ce pays, où le rire est facile, on s'en donna à cœur joie : il fallut bientôt édicter des peines relativement sévères pour protéger les « nationaux » contre les quolibets du peuple.

La fête de la Fédération approchait ; on voulut la célébrer avec pompe. Dans ce but, on invita tous les citoyens à se trouver, ce jour-là, sur la place publique, à dix heures. A ce moment, les cloches ayant sonné à volée, les membres du Conseil général du canton sortirent de l'hôtel de ville, parés chacun d'une magnifique écharpe aux couleurs de la nation (1), et se rendirent, escortés de la garde nationale, à l'église, où la population les avait déjà précédés. Le vénérable abbé Vincent monte alors à l'autel, et célèbre les saints mystères, au milieu du recueillement général. La messe terminée, tout le monde se rend à la place principale (le Planet, probablement). Là, un autel avait été dressé aux proportions monumentales, sur lequel on avait gravé, en lettres d'or aux quatre faces ces mots : « Vive la nation — « Vive le roi ! — Vive le roi ! — Vive l'union ! »

Quand tout le monde se fut groupé autour de l'autel, le maire prit la parole et prononça un patriotique discours. Ensuite, on prêta serment : chaque habitant, passant devant le maire, prononça cette formule : « Je jure d'être fidèle au roi et à la nation ».

Cette scène ne manquait pas de pathétique et de grandeur. Aussi, lorsqu'on rentra à l'église pour chanter le « *Te Deum* », tout le monde pleurait d'attendrissement et de bonheur.

La journée se termina par un bal, de magnifiques illuminations et le traditionnel feu de joie.

A cette heure, d'ailleurs, du haut en bas de l'échelle so-

---

(1) Elles avaient coûté 231 l.

ciale, l'enthousiasme régnait. On aurait dit que quelque chose de la nuit du 4 août avait passé dans toutes les têtes et y avait fait éclore les plus doux rêves : rêves de liberté, d'égalité, de fraternité. Malheureusement, le mirage aux brillantes couleurs allait s'évanouir bientôt. Déjà les hommes d'ordre s'effaçaient peu à peu, et les violents et les sectaires prenaient leur place.

A Aramon, M. Fabre ayant été élu, le 7 oct. 1790, juge de paix du district, par l'assemblée électorale de Beaucaire, on nomma maire, à sa place, le 24 octobre, M. Jean-Joseph Labrousse.

Un fort mauvais choix.

Sectaire haineux plutôt qu'écrivain distingué ou médecin habile (1), il avait déjà donné la mesure de son intolérance, dans l'affaire des Récollets (Chap. XXI). Mais, comprenant alors, à la réprobation soulevée contre lui, qu'il était allé trop loin, il se ravisa ; et, parce que rien ne coûte aux gens de cette trempe, pour reconquérir la faveur du peuple, encore chrétien, il se montra très assidu aux offices : il est vrai que doublement hypocrite, il ne s'y rendait qu'avec un roman dans la poche, qu'il lisait ensuite en guise de prière.

Longtemps l'opinion le bouda ; mais enfin son heure vint ; c'était le moment où la religion se trouvait en butte aux plus violentes attaques de la Révolution. Il prit, nous l'avons vu, une part très active aux mesures dirigées contre les couvents, mais c'est surtout dans l'affaire de la constitution civile du clergé que son rôle fut odieux (2).

---

(1) M. Labrousse passait, auprès de ses contemporains, pour un homme surfait. Etait-ce malveillance de leur part ou juste appréciation ? Nous ne saurions le dire. On ne l'appelait dans son monde que « M. l'inventeur de la Mégalantropogénésie ». Ses livres auraient été l'œuvre d'un autre et ses cures ridicules, à en croire MM. Pierre de Jossaud, Rame, apothicaire, etc.: des gens sérieux et non hostiles. (Souv. de M. Desmaret).

(2) Lorsque M. J.-J. Labrousse fut nommé maire, nous remarquons que l'abbé Vincent et M. Jean Séveyrac donnèrent leur démission

On le sait, cette constitution était schismatique, et dès lors ne pouvait être admise du clergé ; mais le roi ayant eu la faiblesse de l'approuver, l'Assemblée nationale rendit un décret, le 27 nov. 1790 aux termes duquel tout prêtre devait lui prêter serment de fidélité. A Aramon, l'abbé Vincent et ses deux vicaires : MM. Sicard et Larguier, interrogés sur leurs intentions, se rendirent à la mairie et déclarèrent devant la municipalité qu'ils prêteraient le serment en question, le dimanche, 6 octobre, « tel que le leur dicterait leur conscience ».

A cette nouvelle, M. J. J. Labrousse, pour qui un tel spectacle constituait un vrai régal, voulut l'entourer d'éclat. A dix heures donc, il se rendit à l'église, escorté d'un détachement de la garde nationale et de tout son conseil, et là, après avoir entendu la messe, il prit la parole pour démontrer « combien « mal fondés étaient les motifs de ceux qui refusaient le ser- « ment ». Ensuite, ayant fait l'appel des membres du clergé, il les somma de réciter la formule.

Le vénérable abbé Vincent s'avance alors, tenant à la main une feuille de papier, sur laquelle il avait écrit son serment, soit qu'il se défiât de sa mémoire, soit qu'il n'eût pas foi en la loyauté du maire, et voici les paroles qu'il prononça « Moi, « soussigné, promets de veiller avec soin sur les fidèles qui « me sont confiés, d'être fidèle à la nation, à la loi et au roi « et de soutenir de tout mon pouvoir la constitution du royau- « me décrétée par l'assemblée nationale et sanctionnée par le « Roi en tout ce qu'elle contient de purement civil et politique; « sauf le droit de l'église pour les objets purement spirituels « qui appartiennent essentiellement à la puissance ecclésias- « tique, promettant d'adhérer entièrement à lad. constitution, « lorsque l'autorité de l'Eglise sera intervenue et l'aura adoptée « En foi de quoi... Vincent curé d'Aramon ».

M. J.-J. Labrousse aurait voulu autre chose sans doute. Il reprit donc la parole pour faire observer à l'abbé Vincent

---

d'officiers municipaux. Le registre porte « pour cause de santé » ; mais il est plus probable que ce fut par répugnance pour l'élu.

que « suivant le décret de l'assemblée nationale du 4 du « mois de janvier le serment prescrit, par le décret du 27 « nov. 1790 devait être prêté purement et simplement dans « les termes mêmes du décret, sans qu'aucun des ecclésias- « tiques pût se permettre des préambules, des explications « et des restrictions. » L'abbé Vincent, se refusant à une discussion que ne lui permettait pas la sainteté du lieu et peut-être aussi la fierté de son âme, répondit simplement qu'« il persistait dans ce qu'il avait dit. »

M. J.-J. Labrousse s'adressa ensuite à l'abbé Sicard. Le premier vicaire prononça également un serment restrictif, et quand, sur les observations de M. J.-J. Labrousse, il fut invité, lui aussi, à le donner pur et simple, il fit la même réponse que son curé.

Ce fut alors le tour de l'abbé Larguier. Celui-ci eut la faiblesse d'adopter la formule du gouvernement. Quelle joie pour M. J.-J. Labrousse ! Mais, hâtons-nous de le dire, elle fut de courte durée. En effet, à quelque temps de là, le 29 mai 1791, un dimanche, l'abbé Larguier, qui chantait la messe, se tournant vers ses fidèles, rétractait, d'une voix émue et les yeux pleins de larmes, son malheureux serment, et, par cet acte, donnait au peuple plus de consolation, que ne lui avait apporté de tristesse sa faiblesse coupable.

Il fallait s'y attendre, ce généreux refus devint l'arrêt de révocation du clergé. Le 12 juin se présenta devant la municipalité l'abbé Louis Savoy, de Tarascon, ex-cordelier, âgé de 35 ans, qui déclara qu'ayant été élu curé d'Aramon par l'assemblée électorale du district de Beaucaire, le 29 mai, et proclamé le lendemain, il s'était présenté à Jean-Baptiste Dumouchel, évêque constitutionnel du Gard et en avait obtenu des lettres d'institution canonique. Sur-le-champ, il présenta les pièces en question, prêta serment et entra en fonction. On lui donna bientôt deux vicaires : Pierre Anez et Joseph-Michel Pansier : le premier ex-dominicain, également de Tarascon, le second tout récemment ordonné prêtre par J. B. Dumouchel et originaire d'Aramon.

La population ne fit pas bon accueil à l'intrus, les sœurs de l'hôpital surtout. Au dire de l'abbé Savoy, celles-ci, n'introduisaient jamais auprès des malades que des prêtres insermentés, et si, quelquefois, il parvenait lui-même à forcer la consigne et à pénétrer dans les salles, les sœurs, se retirant à l'étage supérieur, y faisaient un tapage tel qu'il se voyait obligé de sortir. Un jour même la sœur Marthe, supérieure de la petite communauté, lui aurait dit en face qu'« elle « ne le craignait pas plus que le dessous de sa pantoufle ».

L'abbé Savoy jura de se venger. Et en effet, le 22 janvier 1792, sur un mot venu de lui, une bande d'énergumènes se porte à l'hôpital et l'envahit, proférant les plus grossières injures, menaçant de se livrer aux derniers excès. Tout était à craindre de ces gens-là.

Heureusement que M. Ant. Duvray, alors juge de paix, averti par Madeleine Germany, servante de la sœur Marthe, accourut en toute hâte sur les lieux et contint les furieux. Bientôt après, d'ailleurs, les conseillers, qui se trouvaient réunis ce moment-là à l'hôtel de ville, se transportèrent à leur tour à l'hospice et achevèrent de rétablir l'ordre, déclarant « qu'en cas de récidive il serait usé de toute la rigueur « de la loi contre les mutins. »

Le lendemain, toutefois, après une nuit sans sommeil, la sœur Marthe, ne se croyant pas en sûreté à l'hospice, se fit porter malade et brisée, sur une chaise, au couvent des Ursulines, d'où elle ne rentra à l'hôpital que quelques jours après, quand tout fut redevenu calme.

Au reste, cette vengeance ne suffit pas à l'abbé Savoy. C'est à l'abbé Vincent et à l'abbé Larguier, l'âme de la résistance, à ses yeux, qu'il en voulait surtout. Il commença par porter plainte à Dumouchel contre ce dernier. Sur sa dénonciation, l'évêque intrus de Nîmes écrivit à la municipalité, demandant que défense fût faite à l'ancien vicaire d'Aramon « qui éloignait, disait-il, les fidèles du service divin, » d'officier à l'avenir dans la chapelle de St-François de Sales. Il fallut faire droit à cette demande, et, à partir de ce jour, l'abbé

Larguier ne célébra plus la messe dans l'église paroissiale. Le 8 septembre d'ailleurs, il quitta le pays, en vertu du décret du 26 août contre les prêtres insermentés et se retira en Italie, avec plusieurs de ses compatriotes et amis, les abbés Siccard, Troncard, Ant, Pansier et Menjaud (1).

Une fois débarrassé de l'abbé Larquier, l'abbé Savoy tourna ses coups contre l'abbé Vincent. Celui-ci, depuis sa révocation comme curé, disait chaque jour la messe chez les Ursulines, que lui servait un clerc tonsuré, l'abbé Jean-Nicolas Gerbaud (2). Agé de soixante-seize ans, accablé d'infirmités, n'ayant jamais voulu que le bien de ses ouailles, auquel il avait tout sacrifié pendant un demi-siècle : sa santé et ses revenus (3), il se plaisait à espérer qu'on le laisserait finir tranquillement ses jours dans son pays (4). Mais voilà que le 16 septembre, à l'instigation de l'abbé Savoy (5), « un nombre considérable de paysans se portèrent à la « maison du maire et demandèrent l'éloignement de l'abbé « Vincent et celui des abbés Clumans, Allard, Séveyrac et « Gerbaud, conformément au décret de l'Assemblée natio- « nale. »

Sur le champ, un acte de dénonciation est signé par six

---

(1) Manuscrit de l'abbé Gerbaud. Ce manuscrit, très important pour l'époque que nous étudions, est aujourd'hui la propriété de la famille Joseph Blanc.

(2) L'abbé Gerbaud n'avait reçu que les ordres mineurs. Au retour de l'exil, il se maria ; mais on continua dans le pays à l'appeler l'abbé, et sa femme devint l'« abbette », naturellement.

(3) L'abbé Vincent, né à Aramon en 1716 (*Arch. comm.*, GG. 12), « était curé de cette ville depuis environ 50 ans : homme qui avait « toujours sacrifié et sa santé, et ses revenus, pour le bien et l'avan- « tage de ses paroissiens. » (Mnsc. de l'abbé Gerbaud).

(4) Il aurait pu au moins ne pas quitter la France, car un article du décret du 26 août 1792 ordonnait aux vieillards et aux infirmes « de se rendre dans la ville capitale du département, où on les met- « trait dans une maison commune ». (Mnsc. de l'abbé Gerbaud.)

(5) Mnsc. de l'abbé Gerbaud.

plaignants (note J), et, le lendemain, le maire, M. A. L. Chand, notifiait aux intéressés l'ordre d'exil, disant même à l'abbé Gerbaud, pour l'effrayer peut-être, que « s'ils n'étaient pas partis le 23, on les mettrait à la lanterne (1) ».

L'abbé Vincent quitta le pays le 21 septembre à 5 h. du matin avec ses compagnons d'infortune. On dit qu'en se rendant de sa maison (café de M. L. Brun aujourd'hui) à la barque des sieurs Simon et Jean Noble, qui devait le porter à Aigues-Mortes, il se retourna vers la foule qui suivait ses pas avec cette curiosité cruelle particulière au peuple, et lui dit: « Méchantes gens d'Aramon, que vous avais-je fait? Vous « auriez pu me garder parmi vous et vous me condamnez à « l'exil. » (2) M. Joseph de Jossaud, son neveu, l'accompagna jusqu'à Aigues-Mortes, Jean et Simon Noble « fameux patriotes » les traitèrent convenablement et « eurent bien soin d'eux. »

Arrivés à Aigues-Mortes le 22, dans l'après-midi, ils y séjournèrent quelques jours, préparant tout ce qui était nécessaire à la traversée. Un patron nommé Aignan consentit à les conduire à Nice, moyennant soixante fr. en argent, par personne, ou cent vingt fr. en assignats, « s'obligeant, à ce « prix, à donner le pain, le vin, du fromage pour dessert et « du caffet pour déjeuner, jusqu'à ce qu'il pût les embarquer, « et de les nourrir totalement tant qu'ils seraient sur eau ».

Le 26, les proscrits se trouvaient encore à Aigues-Mortes, quand le maire, un digne homme, leur fit dire que des volontaires allaient arriver dans la ville, qu'il y avait pour eux du danger à rester davantage, et qu'ils feraient bien de se retirer aux bords de la mer.

Ce conseil fut suivi : les fugitifs allèrent loger, le 27, chez un Sr Zaras ; ils couchaient sur des roseaux, dans des cabanes.

---

(1) Mnsc. de l'abbé Gerbaud.

(2) Paroles que m'a citées le vieux Sébastien Fabrégas, qui les tenait de sa belle-mère, témoin elle-même du départ de l'abbé Vincent.

Ce ne fut que le 11 octobre, à 2 h. du soir, qu'ils s'embarquèrent sur la tartane du patron Aîgnan. Ils étaient là soixante-seize ecclésiastiques ou moines. Parvenus au Grau-du-Roi, à la tombée de la nuit, ils y couchèrent.

Le 12, à trois heures du matin, ils mirent à la voile, après avoir arrêté, de concert avec Aignan, que si au moment de leur arrivée à Nice, cette ville se trouvait aux mains de l'armée française, on les conduirait à St-Rême, ville de la République de Gênes, distante de Nice d'environ trente lieues.

« C'est une chose à faire verser des larmes même à l'hom-
« me le plus inhumain, dit l'abbé Gerbaud, que de voir
« soixante-seize personnes, dans une tartane, tellement serrées,
« qu'elles ne pouvaient pas étendre les jambes. Qui vomis-
« sait d'un côté, qui de l'autre, d'autres qui pleuraient... »

Le 13, sur le soir, on rencontra un bâtiment chargé de paille qui sortait du port de Toulon. On demanda au patron si la ville de Nice était prise. Sur sa réponse affirmative, on se dirigea vers St-Rême, conformément aux conventions.

Mais ce ne fut pas sans quelque danger que ces malheureux proscrits parcoururent ces parages : « A minuit environ,
« dit l'abbé Gerbaud, nous aperçumes un vaisseau français
« qui croisait la mer. Nous fûmes dans l'épouvante, craignant
« d'être appelés à son bord et d'être pris ; grâce au Seigneur,
« rien ne nous arriva. »

Le 14, à 3 h. du soir, ils abordèrent à St-Rême et purent croire leurs misères finies ; mais, quand ils demandèrent à débarquer, on le leur refusa. Toutefois, par compassion, on leur procura le passage sur un vaisseau marchand, qui se rendait à Gênes et ils s'y embarquèrent le 16, au soir.

A Gênes, où ils arrivèrent le 19, à 6 h. du matin, nouveau déboire : le Sénat ne consentit à leur accorder que trois jours de séjour dans la ville et force leur fut d'aller plus loin. Ils se décidèrent pour Civita-Vecchia (Etats du pape), et s'abouchèrent dans ce but avec un patron, par l'entremise du consul romain.

Cependant l'abbé Vincent, brisé par toutes ces émotions

et épuisé par toutes ces fatigues, avait senti, dès le 22, les premières atteintes de la fièvre.

Le 24, son état ayant empiré, il se décida à entrer le soir même à l'hospice, en priant l'abbé Gerbaud de rester avec lui.

L'abbé Gerbaud était trop dévoué à son curé pour l'abandonner en cette extrémité. Mais, nous l'avons dit, d'après les règlements, les fugitifs ne pouvaient séjourner que trois jours dans la ville. Que faire donc ? L'abbé Gerbaud tourna la difficulté en allant coucher tous les soirs à bord du bâtiment qui l'avait apporté et qui stationnait encore dans le port. Il restait ensuite, presque toute la journée dans la ville, auprès de l'abbé Vincent.

Après le départ des autres exilés, qui eut lieu le 26, la situation se régularisa d'ailleurs. Un noble Génois, nommé Grimaldi, s'étant rendu, selon sa coutume, à l'hôpital, pour visiter les malades, fut ému du sort de l'abbé Vincent, et, après avoir remis un don quasi-royal : 24 fr., à l'abbé Gerbaud, promit d'obtenir pour ce dernier la permission de rester dans la ville et l'obtint en effet.

Mais le dénouement fatal approchait. Le 7 novembre, l'abbé Vincent, se trouvant plus mal, se confessa au père Laurier, de Lyon, professeur de mathématiques à l'Université de Gênes, et reçut de sa main le St-Viatique et l'Extrême-Onction. Puis, quelques jours se passèrent : jours de douleurs physiques et d'amers chagrins, qu'il supporta vaillamment. Le 16, comprenant lui-même qu'il touchait à sa fin, il demanda encore à se confesser, et communia. Enfin, le 18, après avoir entendu une messe, célébrée près de son lit et que l'abbé Gerbaud servit à sa prière, il s'éteignit entre 7 et 8 heures du matin.

Le lendemain, on lui fit de belles funérailles ; son cercueil, escorté des Capucins qui desservaient l'hôpital, fut porté dans l'église attenante qu'on appelait l' « Annonciada del Portello ». On chanta une messe en musique, corps présent ; et, le jour suivant, quelques prêtres français, qui se trouvaient de passage à Gênes, touchés du bien que l'on disait du défunt autant que de ses malheurs, vinrent célébrer la messe dans cette église, pour le repos de son âme : le Ciel comptait un saint de plus (1).

Revenons en arrière. M. J.-J. Labrousse avait donné bien des gages à la Révolution, qui l'en avait récompensé en accordant toutes sortes de satisfactions à ses instincts de sectaire. Mais on était en des temps où les choses allaient vite. Il fut bientôt démodé et disparut, laissant même après lui une réputation de probité des plus équivoques (2). On lui donna pour successeur, le 13 novembre 1791, « le petit « bourgeois, Amand-Louis Chaud », un de ces hommes pâles, qui n'ont une heure de popularité, que parce qu'ils laissent tout faire (3). Sous son administration, le désordre s'accrut. L'hiver de 1789 qui, en tuant l'olivier, avait occasionné au pays une perte annuelle de 220 000 fr. ; le Rhône qui, lors de ses irruptions des 11, 12 et 13 nov. 1790, avait renversé les chaussées, emporté les murailles du cimetière, et ensablé les meilleures terres ; les paluns qui, par suite de l'obstruction des brassières, ne renfermaient plus que des eaux croupissantes, répandant partout l'infection et la fièvre ; toutes ces misères, auxquelles venaient se joindre la cherté des vivres et le manque de travail, exaspéraient le peuple, trop porté déjà aux violences par les exemples venus d'en haut. On pouvait craindre une insurrection, avec tout le cortège de maux qu'elle entraîne. Déjà, on menaçait « de « faire sauter les écharpes » et de « pendre certains mem-

---

(1) Tout ce récit est extrait du Mnsc. de l'abbé Gerbaud.

(2) MM. Marignan et Séveyrac, nommés pour vérifier les comptes de gestion de MM. F. Fabre et J.-J. Labrousse, déclarèrent, le 24 oct. 1793, que ce dernier était « relicataire, envers la commune, de la somme de 1,631 l., 18 s., 4 d. ».

(3) Devenu plus tard juge de paix du district, il avait l'habitude de dire, quand une affaire était épineuse : « *Renjas-vous entré vous* « *autri*. — Arrangez-vous entre vous autres ». Une nullité. (Souv. de M. Desmaret).

« bres du Conseil ». Déjà, on ne craignait pas de se porter sous les fenêtres du maire et un sieur Jean Magnan, homme violent et grossier, lui disait : « Eh bien, foutre ! nous vou-
« lons travailler. Que vous le vouliez ou que vous ne le
« vouliez pas, nous irons travailler à la brêche de l'enclos
« d'Aramon et, dimanche prochain, nous verrons beau jeu.
« Il y en aura certainement de mécontents ». Et ils y furent malgré des ordres contraires.

Devant cette agitation, le maire prit peur et informa le directoire du district de la situation. Celui-ci envoya deux brigades de gendarmes qui passèrent quelques jours à Aramon et y maintinrent l'ordre.

Ce même M. A. L. Chau présida au départ des prêtres insermentés, à la fermeture du couvent des Ursulines, à l'inventaire des objets de l'église paroissiale et de la chapelle des Pénitents blancs, etc.; c'étaient là de jolis états de service. Mais, avec la Convention, il fallait un homme plus avancé que lui ; c'est alors que parut Pierre Moulet. On le nomma le 10 décembre 1792, en lui donnant pour officiers municipaux Simon Delœil, Thomas Guillermet, Charles Castel, Alexis Cadenet, Pierre Pons, avec Paul Fabre comme procureur de la commune : la Terreur commençait.

Il s'était formé à Aramon, sous la présidence de Jean Meynier, une société puissante appelée « Société populaire
« des Sans-Culottes » ; on voulut établir dans son sein un conseil de surveillance composé de douze membres qui, à l'instar du Comité de salut public de Paris, donnerait l'impulsion au pays. On nomma donc Jacques-Pierre-Casimir Pascal, Meynier, Bernard, Lugagne, Jean Magnan, Jean-Joseph Pansier, Joseph Quiot, Jean Noble, Simon Noble et Pierre Saysse, auxquels on pria la municipalité d'ajouter deux de ses membres, pour compléter le nombre de douze : celle-ci nomma Moulet et Delœil.

Ce comité était composé des personnes les plus exaltées du pays : ce fut sous leur inspiration que s'accomplirent les mesures les plus violentes. Signalons, en particulier, la vente aux enchères publiques des meubles du château qui se fit sous la direction d'un sieur Pujade de Domazan : un mauvais garnement (1).

A cette époque (28 Ventôse, an 2), tout culte cessa à Aramon. L'abbé Savoy, accompagné de ses deux vicaires, Anez et Pansier, se rendit à la Société populaire des sans-culottes, « pour prier qu'on ne les appelât plus pour des fonctions « ecclésiastiques ». Puis, quelques jours après, le 15 Germinal, ces malheureux, mettant le sceau à leur apostasie, se présentèrent devant le Conseil général du pays et donnèrent leur démission en termes abjects, se glorifiant « de n'avoir « pas vacillé dans les sentiers tortueux de la Révolution ». On leur donna acte et copie de leur démission (2).

Le 14 Germinal, arrivèrent à Aramon trois agents du représentant Borie, qui avaient pour mission de s'assurer « de la fidélité de la déclaration des grains faite par les « citoyens dans le district de Beaucaire ». Cette mission remplie, ils ajoutèrent qu'ils avaient ordre de livrer aux flammes « les effets d'église qui n'étaient utiles ni pour « les habitants ni pour la République », et ils prièrent le Conseil général de leur livrer les clefs de l'église. Le Conseil hésita d'abord, « vu qu'il n'y avait, disait-il, aucune loi posi-

---

(1) Souv. de M. Desmaret.

(2) L'abbé Savoy se retira à Tarascon auprès de son frère. Après le 9 Thermidor, accusé d'avoir « prêché, pendant la tyrannie (de Robes-« pierre) et même avant le désordre, et la désorganisation sociale, et « fait promener des femmes sur des ânes », il fut frappé d'un mandat d'arrêt et ne dut de le voir rapporter qu'à un certificat de complaisance délivré par la municipalité d'Aramon. On avait aussi trouvé, parmi ses meubles, à la maison claustrale qu'il avait habitée, des objets d'église ayant notoirement appartenu aux Récollets et aux Ursulines. Il est vrai qu'il déclara, par lettre, que ces objets lui avaient été vendus. Ce malheureux mourut à Tarascon, le 5 février 1797, à l'âge de 41 ans, après s'être confessé et avoir reçu l'Extrême-Onction. (Note K). Nous ignorons la fin de l'abbé Anez; quant à l'abbé Pansier, il se retira à Remoulins et revint plus tard finir ses jours à Aramon, réconcilié et exerçant le saint ministère.

« tivé à ce sujet »; mais considérant ensuite que le représentant Borie n'avait pas agi autrement à Beaucaire, et voyant dans cet acte une ligne de conduite qu'il convenait de suivre, il se décida et livra les clefs.

Que se passa-t-il alors ?

Au bas de la délibération qui relate le fait, nous lisons : « néant », ce qui nous porte à croire qu'elle ne fut pas mise à exécution et probablement à cause de la réprobation du peuple.

Ce ne fut peut-être pas la seule, d'ailleurs, qui dut à pareille intervention de rester lettre morte.

Le 22 mai 1792, Noaille, procureur-syndic du district de Beaucaire, avait invité la municipalité d'Aramon à se contenter d'une seule cloche et à envoyer les autres à l'hôtel des monnaies, s'engageant à leur en faire restituer l'équivalent en numéraire.

C'était une rude tentation : la misère était si grande !

On refusa cependant, sous prétexte que le pays étant de grande étendue, ce n'était pas trop de quatre cloches, pour appeler le peuple aux offices.

Mais bientôt l'invitation se transforma en ordre. Un commissaire, délégué par le représentant du peuple près l'armée d'Italie, arriva à Aramon, le 25 novembre an 3, qui enjoignit de livrer les cloches, à l'exception d'une seule. Le Conseil général se réunit, et, devant cet ordre formel, se déclara prêt à obéir.

Six cloches se trouvaient dans l'étendue de la commune, en y comprenant celle de l'horloge. Il fut entendu qu'on en ferait transporter quatre au siège du district, et, avec elles, une foule d'objets en fonte, cuivre, plomb et fer, provenant de dons faits par les citoyens à l'armée française, et qui étaient en dépôt dans une des salles de la mairie. On désigna ensuite, d'une commune voix, les citoyens Louis Lambert, Jacques Poise, Jean-Antoine Meynier, les deux frères Fabre, Louis Gardon, maçons du pays; plus, Pierre Peyric et Armand

Cadenet, serruriers « à l'effet d'opérer la descente des cloches, « le lendemain, sans autre délai et par réquisition. »

Les cloches furent descendues ; le maire l'annonça au Conseil, dans la séance du 8 pluviose an 2 ; il est vrai qu'on ne parle alors que de trois cloches, au lieu de quatre. Et l'on décida de les faire transporter à Beaucaire par les soins des deux frères Noble, « ribériers » qui devaient à leur retour présenter un récépissé.

Tout paraissait donc consommé. Il n'en fut rien cependant et les cloches restèrent ; nous les avons encore, sans que nous sachions au juste à quoi attribuer ce résultat. [Note L].

Cependant il restait à l'église un dernier outrage à subir.

La commune de Clarensac, l'une des plus ardentes « dans « la voie de la Révolution » avait pris une délibération ayant pour but l'érection d'un autel, dans son église, à la déesse Raison : on copiait Paris. Le représentant Borie, charmé de cette idée, fit imprimer la délibération, le 4 Ventose an 2 et en distribua partout des exemplaires : c'était là une sorte d'invitation. A Aramon on le comprit et la Société populaire des sans-culottes, dans sa séance du 19 Germinal, enjoignit à la municipalité d'établir un pareil temple chez nous.

La municipalité obéit. Réunie le 5 Floréal, elle délibéra « conformément au vœu de lad. assemblée populaire et à « l'exemple des communes circonvoisines, d'ériger un temple « à la Raison dans l'église ci-devant paroissiale où les « citoyens seraient invités à chaque décade, pour y entendre la lecture des lois et des décrets, le tableau des actions hé- « roïques et vertueuses et s'y instruire sur les droits de « l'homme et des citoyens, y chanter des hymnes à la liberté « et à l'égalité, enfin s'alimenter des vrais principes répu- « blicains. »

Au reste, la délibération ne dit pas tout. Nous savons en effet, par des témoignages certains, que, sur l'emplacement même de notre maître-autel, on éleva une sorte de montagne de pierre et de terre et que, là, on offrit, à l'adoration du peuple, en guise de déesse, une pauvre petite fille de quinze ans et demi, Suzanne Lugagne (1) : double et bien triste profanation !

Et parce qu'un peuple sans religion est nécessairement un peuple cruel, on vit alors le sang couler. Xavier Jouve fut guillotiné à Nîmes ; Gaspard Boissière de Bertrandy, décrété d'arrestation, se précipita dans le Rhône pour éviter un sort pareil. D'autres furent incarcérés à Beaucaire, comme MM. F. Fabre, ancien maire, et sa femme, Charles Marignan, notaire, Antoine Blanc, Antoine Gerband, Jean-Louis de Jossaud et ne durent leur salut qu'au 9 thermidor, qui, en tuant Robespierre, fit rouvrir les prisons (2).

A ce moment, une détente se produisit a Aramon comme partout, d'ailleurs (3). L'administration du district de Beaucaire, dûment autorisée par le représentant Perrin, nomma une nouvelle municipalité. Louis Sauvan reçut l'écharpe de maire, c'était une garantie ; malheureusement, cette nouvelle municipalité était fort mêlée. A côté d'hommes très honorables et dont les noms étaient synonimes d'ordre et de sagesse, comme Antoine Blanc, Ant. Dunan, il y en avait d'autres que leur passé aurait dû faire exclure : Moulet, Castel, Mounet, tous gens compromis sous la Terreur. Leur présence au sein du conseil municipal n'avait rien de rassurant pour l'avenir. Aussi les exaltés, bien que déconcertés, ne désespéraient pas de reprendre le pouvoir et de reconstituer leur société populaire dissoute, qui avait fait tant de mal. Un Pierre Romieu, ancien appariteur, ne craignait pas de crier en pleine rue : « Vive la Montagne ! » et un Honoré-Pierre Bonnet, huissier, osait exciter les malheureux au

---

(1) Suzanne Lugagne, baptisée le 6 janvier 1777, était fille de Barthélemy Lugagne, autrefois jardinier et alors messager communal. (*Arch. comm.*, GG. 15).

(2) Mnsc. de l'abbé Gerbaud.

(3) Au bas de la page des délibérations communales correspondant au 9 Thermidor, on lit ces mots de la main de M. Victor Dunèn, greffier : « Vive la Convention ! » Un vrai soupir de soulagement.

pillage, disant qu' « il fallait aller dans les maisons prendre
« les denrées, s'il y en avait. »

Mais l'opposition se concentrait surtout dans la garde nationale qu'avaient épurée — on sait aujourd'hui la valeur du mot — les citoyens Delœil et Jean Noble et que commandait un maître hâbleur, vaniteux et brouillon : Jean-Joseph Pansier (1). Des réunions avaient lieu dans les cabarets et l'on s'y excitait mutuellement au mépris du pouvoir.

Un soir, vers les dix heures et demie, l'agent national, Joseph Cadenet, faisant la patrouille, trouva chez l'aubergiste, Michel Mounet, ex-capitaine, une vingtaine de personnes qui buvaient : presque tout l'état-major de la garde nationale, du temps de la Terreur. Cadenet invite les délinquants à se retirer. Jean Meynier répond qu' « il ne connaît « pas pour garde celle qui forme la patrouille », et J.-J. Pansier appuie fortement le propos. Une rixe s'engage dans laquelle les terroristes ont le dessous. Ils se retirent.

Mais, un quart d'heure après, la garde ayant repassé par là, trouva les mêmes individus, attroupés dans la rue, auxquels s'était joint Simon Noble, et leur enjoint de se séparer : ce qu'elle n'obtient qu'avec peine.

Tous ces faits, émanant surtout de personnes qui occupaient des situations officielles dans le pays, décidèrent les hommes d'ordre à porter plainte. Aussitôt, le représentant Olivier Gérente rendit plusieurs arrêts : un premier du 2 Prairial an 3, qui révoque Castel et Moulet ; un second du 4 Prairial, qui ordonne la réorganisation de la Garde Nationale et désigne M. Pierre de Jossaud pour commandant, avec

---

(1) Il pérorait un jour, selon sa manie, au club (chapelle de l'hospice), sur les abus de l'ancien régime. A l'en croire, il fallait abolir ceci, il fallait abolir cela. Pendant ce déluge de paroles, un nommé Champion ricanait, accroupi dans un coin. Impatienté, J.-J. Pansier l'interpelle : « Eh bien, quelle est ta motion, toi ? » « Citoyen Président, répond Champion, vous avez beau dire, vous avez beau faire, « abus il y a eu, abus il y aura. Qui a la berlue se la fasse ôter » ; et il sortit. (Souv. de M. Desmaret).

MM. Jean Ranguis, J.-Baptiste Gonnet, Pierre Troucard et Pierre Manivet, comme capitaines ; un troisième du 5 Prairial, qui nomme quatre nouveaux assesseurs de juge de paix, aux lieu et place des anciens, etc.

D'ailleurs, pour tenir mieux en respect les anciens conventionnels, et conformément à la loi du 5 Ventôse, an 3, qui voulait que tout fonctionnaire public, révoqué depuis le 10 thermidor, fût condamné à rester dans sa commune, sous la garde de la municipalité, jusqu'à ce qu'il en aurait été autrement décidé, on chargea Joseph Cadenet de veiller à l'éxécution de cette loi. J. Cadenet eut chez lui un régistre sur lequel les intéressés étaient tenus d'aller déposer leur signature, à chaque décade.

Bientôt même quelques-uns des plus compromis sous la Terreur furent arrêtés et mis en prison : Jean Joseph Bernard (1), Jacques Pascal, Antoine Granier, etc. ; mais l'administration municipale, soit qu'elle ne fût pour rien dans la mesure, soit qu'elle jugeât ces malheureux assez punis, ne tarda pas à favoriser leur mise en liberté.

Une fois le bon ordre rétabli, le maire s'occupa de la question des blés. Aramon avait vu sa misère s'accroître dans les derniers temps. On manquait de pain et le peuple menaçait de se révolter. Sur l'exposé qui fut fait au district, celui-ci s'émut. Par arrêté du 2 Nivose an 3, il autorisa le maire à prélever deux cents quintaux de grain sur la commune des Angles et cinquante sur celle de Montfrin. Mais Joseph Cadenet, envoyé dans ce but, essuya un refus complet à Montfrin et ne parvint à toucher soixante-quinze quintaux aux Angles qu'après bien des démarches. Il est vrai que, bientôt après, Comps et Aigues-Mortes fournirent cent cinquante quintaux chacun.

Mais qu'était cela pour tant de gens ? Le maire expédia alors

---

(1) Tête chaude qui avait toujours aux lèvres le mot d'Aristocrate, mais très honnête homme. (Souv. de M. Desmaret).

Jean-Joseph Jouve, ancien boulanger à Toulon et à Marseille, où l'on attendait du grain par mer. Là, nouvelle déception: défense était faite par les autorités locales de laisser sortir le grain du Var et des Bouches-du-Rhône. Au retour de Jouve, on apprend qu'il y a du blé à Lunel. Deux charrettes partent aussitôt, mais ne peuvent rapporter que douze quintaux, dont on fait du pain que l'on distribue au prix de vingt-un sous la livre.

Et cette misère dura de longs mois pendant lesquels les documents de l'époque ne nous parlent que de plaintes adressées au district, que de négociations avec telle ou telle municipalité, que d'envoi de charrettes dans une ville ou dans une autre, etc.

Cependant le mieux continuait dans l'ordre politique. Les élections générales, faites le 10 Brumaire an 4 furent excellentes. Les hommes d'ordre arrivèrent en grand nombre presque partout. A Aramon, ce fut M. Jacques-Honoré Bobé de Moyneuse qui obtint la présidence de l'administration municipale, avec M. Joseph de Jossaud comme agent communal.

Cette administration réalisa une foule d'améliorations. Elle demanda et obtint, lors de l'organisation des bureaux de poste qu'Aramon dépendit de Remoulins et plus tard de Villeneuve, au lieu de dépendre de Beaucaire bien plus éloignée de notre pays que ces deux dernières villes ; elle désigna deux personnes, Thomas Durand et Jean Champetier, pour faire à tour de rôle, tous les trois jours, le service des dépêches des autorités civiles et judiciaires, leur permettant toutefois, pour augmenter leur modeste salaire, de porter également les dépêches des particuliers ; elle réorganisa la Garde Nationale, sur le pied du décret du 19 Vendémiaire an 10; elle reconstitua le bureau de l'hospice fort négligé jusque là ; elle fit faire un sceau municipal représentant « la déesse de la liberté, « revêtue d'un bonnet, tenant d'une main une pique et de « l'autre un faisceau et tout autour ces mots : l'Administra- « tion municipal du canton d'Aramon » ; elle liquida ses comptes avec la municipalité des Angles et fit accepter à cette dernière quarante deux livres, par quintal de blé, au lieu de cent qu'elle demandait ; elle prit de sages mesures de police concernant les passants ; elle s'occupa activement de la levée des chevaux pour l'armée ; elle encouragea la chasse aux loups qui faisaient des ravages aux environs ; elle répara les dégâts occasionnés par le Rhône, les 11, 12, 13 Pluviose an 4, elle veilla à la rentrée de l'emprunt forcé, et, avec l'aide de Joseph Ferraud, parvint à réaliser les sommes imposées ; elle remit en honneur les écoles alors bien délaissées, peut-être même fermées, etc.: mesure éminemment utiles au pays et qni le relevaient à peu près de ses ruines.

Cependant les élections générales, en portant au pouvoir une foule de royalistes, avaient jeté l'alarme parmi les chefs du Directoire. Barras, Reubell et La Réveillière, qui formaient une sorte de triumvirat dont on avait exclu Barthélemy et Carnot, à cause de leurs opinions relativement modérées, appelèrent à Paris des troupes qu'ils confièrent à Angereau et firent contre les royalistes le coup d'état du 18 Fructidor, an 5.

Ce coup d'état eut du retentissement partout en France. M. de Moyneuse, à qui on ne pouvait guère reprocher que son peu d'empressement à célébrer les fêtes de la République et peut-être aussi quelques démarches ayant pour but de faire écarter le partage des biens de l'émigré Sauvan, fut suspendu de ses fonctions par un arrêté de l'Administration centrale, en date du 3 Niv., an 6, et ses collègues avec lui. Parmi les considérants, nous remarquons celui-ci : « que depuis longtemps « le canton d'Aramon est infesté de royalisme ; que les pa- « triotes y sont persécutés et forcés de fuir pour se soustraire « aux assassins » : considérant contre lequel protesta énergiquement M. de Jossaud, en séance publique et à l'occasion duquel il obtint un brevet de civisme. Pour les remplacer, le pouvoir central désigna Pierre Moulet, l'ex-maire de la Terreur, président ; Laurent Choisity, agent municipal ; Jean-Joseph Bernard, adjoint. L'installation fut faite par M. Antoine Despiard, commissaire du Directoire exécutif près l'Ad ministration centrale du Gard, le 11 Niv., an 6. Mais Choisity ayant refusé les fonctions d'agent communal, vu la difficulté qu'il avait à s'exprimer, ce fut l'encombrant J.-J. Pansier qui prit sa place.

Ajoutons que la suspensions de M. de Moyneuse fut suivie de sa révocation, le 2 Ventôse, an 6.

Bientôt après, le 1 Germinal, eurent lieu les élections du canton, dans la « ci-devant église des Récollets ». On était encore sous le coup du 18 Fructidor. Aussi s'en ressentirent-elles ? Furent nommés, pour Aramon : Etienne Lamouroux, « fils à Vincent, résident dans le territoire de Vallabrègues, « quartier de Calvière », président ; Jean-Joseph Pansier, agent communal et Jean-Joseph Bernard, adjoint. Ils furent installés le 1er Prairial. Mais rendons-leur ce témoignage qu'en dehors de quelques croix qu'ils firent abattre à Théziers et à Estézargues (1) des fêtes de la République qu'ils célébrèrent avec beaucoup d'entrain et de l'établissement d'un temple décadaire dans la chapelle des Pénitents que leur loua L. Lambert, ils se montrèrent réservés : l'expérience du passé leur avait servi : ils craignaient des représailles.

D'ailleurs, bien que gouverné encore par des terroristes, Aramon avait beaucoup perdu de son ardeur révolutionnaire. M. Bazille, notaire, écrivant à l'abbé Gerbaud, alors en Italie, lui disait (décembre 1795) « que les affaires de la religion « allaient assez bien » et il ajoutait qu' « un capucin avait « converti le pays », Il disait vrai ; le capucin en question n'était autre que le fameux frère Léon de Nîmes (Jean-Louis Pellenc) (2).

---

(1) Toutes les croix d'Aramon avaient dû disparaître. Nous ne connaissons le sort que de l'une d'elles, celle que l'on appelle aujourd'hui la Croix de Gabure et qui se trouve en Graves ou Mont-Couvin. En 1793, un Séveyrac, ascendant de M. Zachée Séveyrac, craignant quelque mutilation pour cette croix, dont il était propriétaire, la démonta et la déposa au pied d'un olivier. Plus tard, quand les temps furent calmes, il la remit à sa place. Cette croix porte le millésime de 1620.

(2) Né le 14 juillet 1760, profès le 14 juillet 1781, en résidence à

Voici ce que nous lisons dans une délibération du 5 Thermidor, an 3 : « a comparu le citoyen Jean-Louis Pellenc, prê-
« tre, qui a fait la soumission suivante : « En qualité de
« ministre du culte catholique, je viens en vertu de la loi
« du 11 Prairial dernier, vous déclarer que mon intention est
« de continuer de faire les fonctions de mon ministère dans
« l'église paroissiale de cette commune d'Aramon et d'inspi-
« rer toujours au peuple qui m'est confié l'exemple de l'union
« de la paix, de l'ordre public et enfin la soumission aux lois
« qui ne sont et ne seront pas contraires aux principes de la
« religion catholique, apostolique et romaine, que j'ai tou-
« jours professée. Je demande acte de la présente déclaration
« et profession. » « Le Conseil général, vu la loi du 11 Prairial
« et en conformité d'icelle, l'agent national entendu, a donné
« acte aud. citoyen Pellenc de sa comparution et de la sou-
« mission qu'il vient de faire aux lois de la République, l'au-
« torise en conséquence à exercer son ministère dans les
« édifices de cette commune consacrés au culte catholique. »
Ceci se passait sous l'administration de M. Louis Sauvan.

Nous possédons de plus, des régistres de Catholicité, écrits de la main du frère Léon. Or, il résulte de ces régistres : 1º qu'il avait déjà commencé ses fonctions, le 21 avril 1795, à titre de « délégué par les autorités ecclésiastiques pour « faire toutes les fonctions curiales dans le diocèse d'Uzès, » 2º qu'il exerçait ses fonctions « dans l'église des RR. PP. « Recollets, servant de paroisse aud. lieu d'Aramon » ; 3º que, dans le principe, il se contentait de bénir les mariages, et à leur occasion, de célébrer la messe, mais sans les publier, « en vertu des pouvoirs à lui accordés » ; enfin 4º qu'il ne commença guère à faire les publications qu'à partir de la soumission que nous venons de rapporter (1).

---

Uzès. Il se rendit, après l'expulsion des religieux, au couvent des capucins de Beaucaire, qui avait été affecté à la vie commune. Chassé de là, puis de Villeneuve-les-Avignon, il vint se fixer à Aramon. (*Études franciscaines* du Père Apollinaire).

(1) Registres de Catholicité. 1795-1797.

Il ne se conteutait pas de desservir Aramon, où il avait d'ailleurs établi sa résidence ; il rayonnait dans les paroisses voisines : Montfrin, Théziers, Domazan, Saze, Estézargues (1). Il resta à Aramon, jusqu'en 1797 ; le dernier acte signé de lui est du 2 septembre de cette année (2).

D'ailleurs, à partir du 15 novembre 1795, il n'était pas seul à Aramon ; nous trouvons plusieurs actes qui portent la signature de l'abbé Joseph-Antoine Pansier, alternativement avec celle du frère Léon (3). Cet abbé Ant. Pansier, cousin de l'assermenté, avait été exilé, mais était revenu déja en 1795 et vivait fort tranquille à Aramon (4).

Quand les prêtres d'Aramon, MM. Sicard, Larguier, Pansier revinrent de l'exil, le frère Léon se retira, jugeant son œuvre faite. Le père Apollinaire nous apprend, dans ses *Etudes franciscaines*, qu'il fut nommé, le 4 juillet 1803, succursaliste à Saint-Pierre et Notre-Dame de la Garde (Vaucluse), et qu'il mourut à Nîmes, vers 1808, prêtre habitué de la paroisse Saint-Paul, aimé et vénéré de tous : fin bien digne de ce saint religieux.

---

(1) Registres de Catholicité des paroisses voisines.
(2) Registres de Cathol. 1795-1797.
(3) *Item*.
(4) Mnsc. de l'abbé Gerbaud.

# CHAPITRE XXVII

## CONSULAT, EMPIRE, RESTAURATION
### (1799-1830)

Napoléon inaugura son consulat par une nouvelle constitution, celle de l'an 8, que le pays accueillit avec enthousiasme, las qu'il était de douze années de convulsions. Il s'occupa ensuite de la réorganisation de l'Etat. Ce n'était pas sans besoin. A Aramon, en particulier, il n'est question, à cette époque, que de conscrits qui refusent de partir, que de contribuables qui résistent au fisc, que de champs dévastés par la malveillance; partout le désordre.

Le 3 prairial an 8, notre pays fut doté d'une nouvelle municipalité. Un arrêté préfectoral nomma maire M. Louis Sauvan (1) et adjoint M. Joseph-Marie de Jossaud qui furent installés le 20 du courant, avec M. Victor Dunan pour greffier. Puis, le 6 thermidor, un second arrêté vint compléter la mesure, en désignant dix conseillers : MM. Ant. Dunan, Boissière de Bertrandy, de Moyneuse cadet, J.-J. Labrousse, Augustin Cavène, Desmarets, Raymond Pansier, Claude Granier, Manivet aîné et Pierre Manivet. C'étaient presque tous des gens honnêtes et modérés (1800).

A partir de ce moment, la détente s'accentua dans le pays. Les abbés Larguier, Séveyrac, Ant. Pansier, revenus de

---

(1) Il descendait de Jean-Louis Sauvan, fils illégitime de Jacques Sauvan. Ce Jacques Sauvan était lui-même fils d'Antoine Sauvan et neveu, par conséquent, du premier baron d'Aramon, Jacques de Sauvan. (*Arch. comm.*, GG. 10, 11, etc. — Ant. Reboulet, not.).

l'exil, purent célébrer ouvertement, chez eux, les saints mystères. De pieux laïques rivalisèrent de courage. Pendant la semaine sainte, quelques-uns se réunirent et, sur la proposition de Pierre Menjaud, chantèrent, dans l'église même, l'office des ténèbres, et ensuite les vêpres pendant les fêtes de Pâques.

Cet essai ayant réussi, on insista auprès de la municipalité pour avoir une grand'messe le jour de Saint-Roch ; elle fut chantée par l'abbé Ant. Pansier au milieu d'un immense concours et sans le moindre trouble.

Le 24 août, nouvelle messe, chantée cette fois par l'abbé Larguier. Dès lors, la révolution était faite et le service devint en quelque sorte régulier.

C'est à ce moment, d'ailleurs, que l'abbé Sicard, ancien vicaire d'Aramon, fut nommé « curé provisoire de la paroisse « par les Messieurs du Bureau des affaires ecclésiastiques du « diocèse d'Uzès ». Il est vrai qu'il resta à Rochefort, son pays natal, occupé à desservir la chapelle de Notre-Dame de Grâce, sans que nous sachions le motif de son éloignement.

Le 4 oct. 1800 mourut M. Jean-Louis Sauvan, maire d'Aramon : homme de bien, qui avait beaucoup aidé à la pacification des esprits et fourni une carrière des plus longues et des plus honorables. Il fut enterré le lendemain, vers les 10 heures. Tout le pays prit part à ses funérailles. Joseph de Jossaud, son adjoint, tous les conseillers, le juge de paix et ses assesseurs allèrent prendre le corps à la maison mortuaire et l'escortèrent jusqu'au seuil de l'église, mais « n'y « entrèrent pas, vu leur caractère officiel et pour ne pas « s'attirer les rigueurs du pouvoir, encore hostile à la reli- « gion ». L'abbé Larguier, confesseur du défunt, chanta la messe, corps présent, et, après l'absoute, accompagna le cercueil au cimetière.

Cette mort, en privant le pays d'un citoyen influent et sage, pouvait faire craindre pour sa tranquillité ; il n'en fut rien cependant. Le 12 déc. 1800, M. Joseph de Jossaud, qui faisait fonction de maire, fut revêtu de l'écharpe municipale, à la satisfaction de tous, et maintint la paix.

D'ailleurs, on ne voulait plus dans le pays du régime de la Terreur. La réaction devenait chaque jour plus courageuse et plus ferme. On ne craignait pas maintenant de tenir tête aux terroristes, la jeunesse surtout. Un jour même, le 27 déc. 1800, des jeunes gens qui appartenaient à ce que nous pourrions appeler, en style de l'époque, la jeunesse dorée, étant allé boire à l'*auberge des Trois-Poux*, chez le citoyen Santamayol, autrement dit Berna, et là, s'étant permis, en présence de quelques vieilles barbes, des chansons déplaisantes, une bagarre s'ensuivit. Plus nombreux ou plus robustes, les jeunes gens rouèrent de coups leurs adversaires et les chassèrent de l'auberge. A la suite de cette affaire, une plainte fut portée par le « nommé Gibert, dit « Magne-Jean, un mauvais sujet, » et un procès-verbal dressé, le tout sans résultat, ce semble (1).

Cependant, Napoléon, vainqueur à Marengo (14 juin 1800), venait d'imposer la paix d'Amiens qui fut publiée à Aramon le 18 Germinal, an 9. Le premier consul, tranquille du côté des ennemis de l'Etat, mit à profit ses loisirs pour effacer les traces des troubles révolutionnaires. A ce moment, régnait Pie VII. Bonaparte ouvrit des négociations avec lui, et le 18 Germinal, an 10, un concordat intervint, qui en rétablissant solennellement l'exercice du culte, détermina les nouveaux rapports de l'église de France avec le chef visible de l'Eglise universelle. La religion fut de nouveau proclamée et dix ans de blessures profondes cicatrisées en un jour. Un *Te Deum* chanté à Notre-Dame de Paris, en présence de Bonaparte et de ses généraux, sanctionna cet heureux événement, que la bulle *Ecclesia Christi* annonça au monde, quelques jours après.

Immédiatement, les Bureaux des affaires ecclésiastiques,

---

(1) L'abbé Gerbaud, Mnsc.

qui n'avaient pas cessé d'ailleurs de fonctionner, se mirent à organiser le service paroissial. A Aramon, l'abbé Ant. Pansier fut nommé pro-curé : c'était la juste récompense de sa fidélité, et il en remplit les fonctions à la satisfaction générale, jusqu'au 12 mai 1803, admirablement secondé par l'abbé Larguier, l'ancien vicaire (1).

A cette époque, le provisoire cessa et l'on nomma pour curé l'abbé Charles Falguier. Le premier acte signé de lui est du 19 mai 1803 (2).

C'était un saint prêtre que l'abbé Falguier, bien que, dans une heure d'oubli, il eût prêté serment à la Constitution (3), serment qu'il rétracta d'ailleurs. On lui donna pour vicaire l'abbé Ant. Pansier, et quelques années plus tard, en 1813 (4), l'abbé Michel Pansier, cousin d'Antoine, lequel après être resté caché à Remoulins pendant la Terreur, chez une honorable famille, était revenu à Aramon (5).

Il y avait beaucoup à faire. L'abbé Falguier ne recula pas devant la tâche, Le 22 janvier 1804, il s'occupa de la constitution d'un conseil de fabrique. Furent nommés : MM. Jacques Bobé de Moyneuse, Jules Moreau, Louis Jouve, Manivet aîné, Pierre Mounet et Cadenet fils (6).

Secondé par ces hommes de bien, l'abbé Falguier fit l'inventaire des ornements trouvés dans la sacristie (7) ; reprit

---

(1) Registre de catholicité.

(2) *Item*.

(3) Né à Alais ; prieur de Sainte-Croix de Laderle, aujourd'hui paroisse de Soudorgues ; il avait été curé constitutionnel et avait même, l'un des premiers, renoncé à tout culte, le 28 février 1794. Il regretta sa faute. (Note fournie par M. l'abbé Goiffon).

(4) Registres de catholicité.

(5) Souv. de M. Desmaret.

(6) Regist. de cath.

(7) Il n'est parlé, dans cet inventaire, que de deux calices en argent avec leurs patènes. Où donc était la relique de la vraie Croix ?

les anciennes dépendances de l'église situées derrière le chœur, dont on s'était emparé pendant la Révolution ; obtint le transfert à la vieille maison commune, des prisons de la ville, que l'on avait établies sous l'appartement du vicaire, et s'appropria ce local afin de donner plus d'aisance à la sacristie (1) ; débarrassa la chapelle St-Joseph de l'escalier qui conduisait au clocher ; acheta le tambour de la chapelle des Pénitents et le fit mettre à la grand porte de l'église paroissiale, l'ancien tombant de vétusté ; autorisa les fidèles à placer des chaises ou des bancs dans l'église, moyennant une rétribution annuelle de deux francs par chaise et de six francs par banc ; demanda les deux chaperons de velours cramoisi des anciens consuls et les douze écharpes des anciens officiers municipaux, six blanches et six bleues, dont il fit confectionner des ornements ; répara le pavé de l'église qui se trouvait dans un état complet de dégradation etc. (2). Et c'est ainsi que, grâce à l'abbé Falguier tout reprit bientôt sa marche accoutumée dans la paroisse.

Cependant toutes les épreuves n'étaient pas finies pour Aramon.

I. **Rhône.** — Les 19 et 20 Vendémiaire an 10, le Rhône déborda, renversant de fond en comble les chaussées de Bertrand, des Mouttes et de l'Aiguille de Thibaud. Les dégâts n'étaient pas réparés, quand, à la suite de pluies persistantes, une nouvelle crue se produisit les 17 et 18 Brumaire, qui compléta le désastre, en dépit des efforts faits pour le conjurer. Cette fois, toutes les chaussées construites en 1791, en face du clos des Sauvan, les seules qui eussent

---

Probablement qu'on l'avait cachée pendant la Terreur et qu'on la rendit plus tard.

(1) Jusqu'à l'administration de l'abbé Alexis Dijol (1866-1880), il n'y eut qu'une seule sacristie, C'est lui qui éleva le mur de séparation qui en forme deux aujourd'hui.

(2) Registre des délibérations de la Fabrique.

résisté jusque-là, cédèrent, et, avec elles, furent emportés les murs du cimetière. On ne voyait partout qu'excavations, ruines, monceaux de sable. Plus de chemins, plus de brassières. Il fallait remonter à 1755 pour trouver trace d'un pareil désastre.

On suspendit aussitôt les préparatifs de la fête de la paix, on renvoya la foire de St Martin au 10 frimaire, et l'on se hâta d'implorer l'aide du préfet, auquel on fit une peinture navrante de la situation.

Il faut croire que le fléau avait atteint d'autres pays et que la sollicitude du préfet n'avait pas à se borner au nôtre, car on ne se pressa pas de répondre à cet appel.

Le Conseil, fatigué d'attendre, se réunit le 3 frimaire et décida d'aller au plus pressé. On demanda l'autorisation de relever les murs du cimetière, avec prière d'accorder des secours à cet effet.

Cette demande était à peine expédiée, que l'on apprend que le préfet se trouve à Villeneuve. On court le prier aussitôt de vouloir bien se rendre à Aramon. Le préfet accepte et annonce que ce sera pour le 12 courant. A cette nouvelle, on organisa le cérémonial de réception : toute la garde nationale sera sous les armes; un piquet d'honneur placé sous les ordres du citoyen Barle, chef d'escadron, fera escorte au préfet ; on ira l'attendre, maire, adjoints, conseillers en tête du cortège, sur l'avenue du chemin d'Avignon et l'on tirera en son honneur des boîtes, à son arrivée et son départ.

Le préfet vint-il réellement à Aramon ? Nous ne saurions le dire. Mais le pays ayant appris, quelques jours après, qu'il devait se rendre à Lyon, auprès du premier consul et du ministre de l'intérieur, lui envoya un exposé de la situation, avec prière de vouloir bien le mettre sous les yeux de ces messieurs. Celui-ci écrivit de Lyon, le 23 nivose, qu'il avait été fort sensible aux malheurs des habitants d'Aramon, qu'il avait plaidé chaleureusement leur cause, et que le premier consul et le ministre de l'intérieur lui avaient fait la promesse d'apporter à leur situation tous les soulagements possibles.

De fait, une commission fut nommée pour examiner les dégâts et déterminer les réparations à faire ; elle était composée de l'ingénieur du département, du contrôleur des contributions de Beaucaire, et de M. Combe de Montfrin. Mais, les secours se faisant attendre, après avoir employé les arbres du Mouton à fermer les brèches de la chaussée et demandé à vendre certains biens patrimoniaux, on convoqua les plus fort imposés, en conseil extraordinaire, avec l'assentiment du préfet et peut-être sur son conseil, et l'on décida d'affecter six mille francs aux réparations, en déclarant toutefois que les travaux faits par ce moyen pourraient bien préserver le pays d'un léger débordement, mais qu'il faudrait de plus grands secours pour donner à ces réparations tout le perfectionnement nécessaire.

Le 3 Floréal, le préfet approuva l'imposition des six mille francs et envoya un ingénieur de Nîmes, M. Tandel, pour en faire la répartition (an 10). De plus, prenant en considération la détresse du pays, il fit surseoir à la levée des impôts, jusqu'après la cueillette des fruits. Enfin, on respirait : ce ne fut pas long.

II. **Les 72 Salmées des Agasses.** — Pierre-Philippe-Auguste-Antoine de Sauvan, avait obtenu, le 23 Messidor, an 9 (12 juillet 1801), par l'entremise de Joséphine de Beauharnais, sa radiation de la liste des émigrés. L'arrêté qui lui ouvrait les portes de la patrie portait, en plus, qu'il rentrerait immédiatement en possession de ceux de ses biens qui n'auraient pas été vendus, « sans cependant pouvoir prétendre aucune « indemnité pour ceux qui se trouveraient aliénés. » C'était net. M. de Sauvan ne tint pas compte de la restriction, et, après avoir pris possession des biens encore libres, par l'entremise de M. Claude Retourné, son fondé de pouvoir, il adressa une pétition au gouvernement, dans laquelle il insistait vivement pour être réintégré dans les 72 salmées des

Agasses, que les habitants s'étaient partagées, nous l'avons vu, en vertu de l'arrêté du 30 mars 1793.

Le 7 floréal, an 10, le préfet renvoya la pétition au maire d'Aramon, M. de Jossaud, avec prière de donner son avis.

Le maire, comprenant la gravité du cas, ne voulut pas prendre sur lui de décision et convoqua, le 12 Floréal, tous les chefs de famille pour leur communiquer la pétition.

Ceux-ci vinrent nombreux au rendez-vous, et dans quel état d'esprit ? Cela se comprend.

A l'unanimité, on fut d'avis de se défendre, et, dans ce but, on décida : 1° de verser vingt-cinq centimes par tête, ce qui, vu le nombre des copartageants (2.000), devait produire une somme de cinq cents francs : avec cette somme, on ferait face aux premiers frais (1); 2° de choisir deux hommes de loi, alors en renom : MM. Deleuze et Pierre, l'aîné, pour élaborer un mémoire et défendre les intérêts de la commune devant les tribunaux ; 3° de nommer quatre commissaires (2) pour s'aboucher avec les hommes de loi et leur fournir tous les renseignements voulus.

D'ailleurs, on ne s'en tint pas là. Comme pour montrer au marquis qu'on ne le craignait pas, le nommé Boucard déposa, séance tenante, une pétition, dans laquelle il réclamait, pour le pays, quarante salmées de terre à prendre sur l'île de Carlaméjean. Tous les citoyens présents la signèrent avec enthousiasme.

Et ce qui poussait Aramon à la résistance c'est que l'on venait de gagner un grand procès contre les communes de Boulbon, Barbentane et Saint-Pierre de Mézoargues ; voici à quelle occasion.

Le 15 janvier 1790, l'Assemblée constituante, en divisant

---

(1) On nomma même des commissaires pour percevoir cette somme à domicile. C'étaient MM. Raymond Pansier, Desmaret, Jacques Blanc, Pierre-Brice Féline, avec Ant. Granier en qualité de trésorier.

(2) « MM. Fer. Fabre, Séveyrac aîné, Labrousse, Sorbière-la Sau-« zade ».

la France en départements « avait fixé le milieu des fleuves « pour limite des territoires contigus l'un à l'autre. » Cette mesure appliquée à Aramon, qu'elle devait fatalement dépouiller, mécontenta la population. Celle-ci protesta aussitôt, en mettant en avant ses anciens droits (1). Mais le 1 Floréal, an 7, un arrêté du Directoire lui donna tort et la déposséda de trois cent une salmées au profit de Boulbon, Barbentane et Saint-Pierre de Mezoargues.

Aramon demanda alors que, puisqu'on lui ôtait des droits, qu'il avait toujours possédés, on voulut bien le dégrever des 2.269 fr. d'imposition qu'il payait sur le revenu communal de ces terres.

La demande paraissait juste et l'instance continua.

Que se passa-t-il alors? Nous l'ignorons; mais le 3 Ventôse an 10, intervint un arrêté des consuls de la République qui donna raison à ce pays, et, le 14 Floréal, les communes de Boulbon, Barbentane et Saint-Pierre de Mézoargues eurent ordre de cesser toute opposition : ce fut la fin du conflit. Revenons aux 72 salmées.

Aramon commença donc son procès contre le marquis. Les difficultés ne manquèrent pas. Les deux hommes de loi désignés d'abord refusèrent de défendre la commune. On s'adressa à deux autres, MM. Espérandieu et Marignan ; ceux-ci, après avoir un instant hésité, refusèrent à leur tour : évidemment l'influence du marquis était toute puissante.

Dans l'espoir d'être plus heureux à Avignon, on alla fraper à la porte de M. Verger, jurisconsulte de talent. De fait, celui-ci consentit à écrire le redoutable mémoire, en réponse aux dires du marquis : mémoire que l'on envoya au préfet, le 29 thermidor, an 10.

Mais à quoi bon ? Le siège était fait. En effet, le 10 Vendé-

---

(1) Aramon avait de tout temps joui de l'île du Mouton; cette île se trouvant, en 1790, soudée à la rive gauche, par suite du déplacement du fleuve, ce pays devait la perdre. Il en était de même pour les îles de Posquière, de Ribeyrole, etc.

miaire an 11, le Conseil de préfecture rendait un arrêté, qui annulait celui du 30 mars 1793, remettait provisoirement le marquis en possession des 72 salmées en litige, renvoyait les parties devant les tribunaux, avec cet adoucissement toutefois que les fruits ne seraient pas rendus. En même temps ordre était donné à la force armée de veiller à l'exécution de l'arrêté.

La publication de la sentence eut lieu un dimanche, à la tombée de la nuit « pour empêcher tout tumulte », disent les actes.

Cette précaution n'empêcha rien, d'ailleurs. Le 26 Vendémiaire, jour fixé pour la prise de possession par les Sauvan, le tocsin sonna ; il y eut un rassemblement énorme de citoyens sur le lieu même : gens décidés, ce semble, à s'opposer de vive force à l'exécution de l'arrêté. Que se passa-t-il alors ? Ici, nouvelle lacune qu'il ne nous a pas été possible de combler. Mais si le peuple s'inclina devant la force armée, comme il y a toute apparence, du moins il n'abandonna pas la lutte. Le 24 brumaire, une pétition couverte de signatures fut envoyée au ministre de l'intérieur, dans laquelle on demandait la cassation de l'arrêté de la préfecture. Puis, le 21 frimaire, M. de Jossaud, qui avait pris l'affaire à cœur, donna sa démission de maire en guise de protestation ; ce fut M. Augustin Cavène, 1er adjoint, qui en exerça les fonctions par intérim.

L'agitation augmentait naturellement. La publication de l'arrêté du gouvernement du 18 ventôse, qui annulait celui de la préfecture et constituait une grande victoire pour le pays, ne la calma point, au contraire. Le 14 germinal, on demanda au préfet d'autoriser Aramon à mettre à exécution la sentence du 15 vendémiaire, an 3, dans toute sa teneur, c'est-à-dire, d'obliger les Sauvan à restituer au pays : 1º les 72 s. des Agasses ; 2º les 40 salmées des Canniers ; 3º les 26361 l., 8 s., 6 d., d'indemnités, auxquels ils avaient été condamnés, ainsi que le portait le jugement.

Le préfet ne répondit pas, mais nomma maire M. Jean

François Sorbier. M. Sorbier refusa. Le préfet offrit alors l'écharpe à M. Jacques Bobé de Moyneuse, l'ancien agent du château. Très avisé, celui-ci se déroba. Enfin un arrêté du 4 fructidor désigna M. Antoine de Jossaud, oncle de M. Joseph de Jossaud, qui secrètement gagné à la cause du marquis, se laissa faire. Mais alors ce fut l'adjoint, M. Augustin Cavène, qui démissionna.

Ces évènements avaient attiré sur notre pays l'attention des représentants du Gard au Corps législatif et au Tribunat. Le 29 prairial, ils écrivirent à la municipalité une lettre collective, dans laquelle ils prêchaient la conciliation et le calme. Cette lettre fut lue en conseil, mais selon toute apparence, resta sans effet.

Vers le 23 brumaire, an 14, M. de Sauvan écrivit à son tour au maire, donnant à entendre qu'il était disposé à un accommodement. La démarche ayant paru sérieuse, on pria le préfet de vouloir bien interposer ses bons offices. Mais lorsqu'on connut les propositions du marquis, qui consistaient en une offre de 20000 francs, on les repoussa avec indignation, disant qu' « elles blessaient l'honneur et les droits des habi-
« tants », et l'on reprit la lutte de plus fort.

D'ailleurs nous ignorons ce qui se passa ensuite. Une main intéressée, toujours la même, ce semble, a fait disparaître le registre où nous aurions trouvé sans doute de précieux documents. Voici tout ce que nous avons pu recueillir touchant le dénouement de cette affaire, auprès de personnes intelligentes, dignes de foi et contemporaines des évènements.

En attendant l'arrêt du tribunal, chacun garda ce qu'il avait. Quelques personnes cependant, effrayées par des menaces habilement répandues ou fatiguées de la lutte, cédèrent leurs parts au marquis; les unes sans compensation, les autres contre échange (1). Enfin, parut un jugement du

---

(1) Cet achat déguisé fut très maladroit de la part du marquis et produisit, dit-on, un détestable effet sur le tribunal et dans le pays.

tribunal de première instance, qui donna raison à la commune et consacra ses droits (1).

Le marquis aurait pu aller en appel ; il ne l'osa. On raconte seulement qu'il faisait faire, tous les dix ans, par ministère d'huissier, un acte conservatoire, pour interrompre la prescription et sauvegarder ses droits d'appel : c'était entretenir l'irritation dans le pays. Mieux inspiré, son fils, une fois maître, abandonna toute poursuite (2).

Cependant on sentait en France le besoin d'une main ferme, et bien que Bonaparte fût tout puissant comme premier consul, il n'avait pas tout le prestige voulu pour mettre fin aux troubles du présent et fixer les incertitudes del' avenir : l'empire fut donc proclamé, le 18 mai 1804.

Aramon n'était pas d'opinion bonapartiste. Lorsqu'il s'était agi de créer Bonaparte consul à vie, nous remarquons que, sur deux scrutins ouverts, l'un à la mairie, l'autre chez M. Ant. Dunan, notaire, on ne put recueillir en tout que trente-cinq voix. De plus, aux fêtes du couronnement (2 Thermidor, an 13), on ne dépensa, en réjouissances publiques, que trente-huit fr. vingt-cinq centimes. Enfin, le 8 janvier 1808, on refusa d'acheter le buste impérial en marbre de Carrare, qui, convenons-en, coûtait une somme relativement élevée : 360 fr. On sent, d'ailleurs, très nettement, à la lecture des délibérations, que l'on se désintéressait, à Aramon, de ce nouveau monarque et que les cœurs étaient restés fidèles à l'ancienne dynastie.

L'élévation de Bonaparte n'en fut pas moins un bienfait pour le pays. M. Antoine Desmaret, maire, profita du calme qu'elle apporta, pour fermer les plaies de la Révolution. Mettre de l'ordre dans les finances, créer de nouvelles res-

---

Le fait est que l'on n'a pas l'habitude d'acheter ce que l'on sait vous appartenir.

(1) Souv. de M. Desmaret.

(2) *Item.*

sources sans écraser le contribuable, venir en aide au pauvre et au malheureux, tel fut le programme qu'il se traça et qu'il remplit fort bien. Qu'on en juge d'ailleurs.

L'ancien four banal tombait en ruines ; du reste, il était devenu inutile. M. Desmaret le vendit pour en affecter le prix au dessèchement des marais (1), cette éternelle plaie du pays. Remarquons seulement que l'ingénieur Féraud ayant fait des plans et devis qui se montaient à 46.498 fr., on recula devant la dépense (1$^{er}$ Prairial, an 13).

On avait demandé, le 26 Prairial, an 12, l'autorisation de créer un octroi, et, pour forcer en quelque sorte la main à l'administration, on avait, l'an 14, fait figurer au budget une somme de 1564 fr., comme rendement probable de cet octroi. Or, l'administration ne répondait pas. M. Desmaret insista vivement et finit par avoir gain de cause. L'octroi fut organisé le 1$^{er}$ mai 1810.

Les communes de Boulbon et Barbentane ne pouvaient se résigner à rester dans les limites qui leur avaient été assignées par l'arrêté du 3 Ventose, an 10. Elles voulaient étendre leur territoire jusqu'au Rhône. Un arrêté conçu dans ce sens avait même été rendu par la préfecture des Bouches-du-Rhône. M. Desmaret défendit énergiquement les droits de ses administrés : il en appela à l'arrêté de l'an 10, démontra que sur 535 propriétaires établis sur le terrain contesté, 508 appartenaient à Aramon, et obtint le retrait de l'arrêté de la préfecture des Bouches-du-Rhône (11 juin 1809).

Le directeur de l'enregistrement avait fait saisir, le 8 oct. 1808, certains biens patrimoniaux de la commune, et, entre autres, le cabaret du Mouton, pour se couvrir d'une somme de 2,123 fr. que le trésor aurait liquidé, disait-on, pour le

---

(1) Il est parlé, aux dél. comm., d'un plan de déssèchement élaboré par M. Desmaret lui-même. On assure que M. Desmaret répondait du succès et qu'il s'offrait à le réaliser à ses risques et périls. On prit une délibération favorable, puis, quelques jours après, on abandonna ce projet, sans que nous sachions pourquoi.

compte de la communauté. M. Desmaret s'adressa au préfet, lui faisant remarquer : 1° que l'on n'indiquait pas à qui la somme avait été remise ; 2° que, le 12 messidor, an (?), le district de Beaucaire avait vendu quatre prés appartenant à la communauté, au prix de 29,500 fr. ; 3° que les créanciers de la commune n'avaient touché aucun intérêt depuis le 24 août 1794 ; qu'ainsi il fallait des éclaircissements, et, au préalable, donner « un état désignatif des créanciers liquidés ». Cette défense habile et sensée n'aboutit cependant pas. Il paraît que, le 8 juin 1809, le conseil de préfecture déposséda la commune d'une partie de ses biens.

Le 25 avril 1809, le Rhône était sorti de son lit ; puis, le 26 mai, il avait fortement entamé les chaussées. M. Desmaret se multiplia. Il se mit à la tête de la population, fit exécuter une foule de travaux de défense et parvint ainsi à sauver les récoltes, qui, sans cela, auraient été infailliblement perdues, comme celles de l'année précédentes. Il y eut, en vérité, 1514 fr. de frais. Mais M. Desmaret, usant de l'ascendant qu'il exerçait sur le peuple, obtint que les indemnités allouées par le gouvernement serviraient à couvrir ces frais et à consolider les chaussées : ce fut là, de part et d'autre, un magnifique exemple de patriotisme.

L'abbé Falquier, curé d'Aramon, logé d'abord dans la maison de la veuve Fabre (2 mois et demi, à raison de 12 fr. par mois), puis, dans l'hôtel de Laudun, venait d'être installé dans la maison commune (le presbytère actuel). Or, cette maison se trouvait en mauvais état ; de plus, le logement du curé était très étroit. M. Falquier demanda deux autres pièces ; on les lui accorda. Mais, quant aux réparations, on le pria d'attendre des temps meilleurs : ce qu'il accepta volontiers, heureux, lui aussi, de ne pas aggraver la misère du peuple (16 août 1807).

On le voit par ce simple exposé, l'administration de M. Desmaret, si elle fut sans éclat, ne fut pas sans mérite. M. Desmaret se montra surtout bon pour le peuple. C'étaient de tristes temps qui ceux qui suivirent la Révolution. On ne

mangeait guère que du pain de millet ; le blé valait cent fr. la salmée, et il n'était pas rare de voir de pauvres gens déterrer, pour assouvir leur faim, les pommes de terre qu'on avait jetées comme semence dans les champs (1). M. Desmaret soulagea ces maux dans une large mesure, et cela avec un budget qui n'allait pas à 3000 fr. Voilà, croyons-nous, qui fait le plus grand honneur à son intelligence et à son dévouement, et nous ne sommes pas étonné de lire, dans une délibération du 3 oct. 1829, cet éloge de lui, lors d'une mission qu'on lui confia : « M. Desmaret connu pour son dévoue-
« ment à la commune et ses connaissances en particulier. »
Saluons, à notre tour, ce vertueux citoyen.

M. Desmaret quitta sa charge, sans que nous sachions pourquoi. La trouvait-il trop lourde pour ses épaules, ou bien, dans sa modestie d'homme simple et honnête, crut-il devoir s'effacer devant le marquis d'Aramon ? Quoi qu'il en soit, le 23 mars 1812, M. Pierre-Philippe-Auguste-Antoine de Sauvan arriva à la mairie.

Il y était depuis quelques mois à peine, lorsque de graves événements se produisirent. L'Empire, après des gloires incomparables, venait d'éprouver d'affreux revers. L'Europe, trop longtemps foulée, avait fini par se soulever, et, à l'instigation de notre éternelle ennemie, l'Angleterre, se ruait sur nous.

Nos troupes décimées, à moitié détruites, étaient chassées de l'Espagne, sous l'irrésistible poussée d'un peuple de patriotes, et une armée nouvelle, la grande armée, périssait à son tour, ensevelie sous les neiges de la Russie. Jamais pareil désastre !

Puis, avec le malheur, était venue la trahison : aujourd'hui c'étaient les alliés qui abandonnaient l'Empereur ; demain, c'était le Sénat qui proclamait sa déchéance ; et le grand homme se sentant perdu, signait son abdication à Fontainebleau (11 avril 1844).

---

(1) Souv. de M. Desmaret.

A cette occasion eut lieu, par toute la France, une sorte de plébiscite : on demandait aux communes si elles adhéraient aux actes du Sénat. Le 24 avril, la municipalité d'Aramon répondit affirmativement à l'unanimité. Le 11 mai, même, donnant libre cours à ses opinions royalistes, elle signa une première adresse au roi, dans laquelle, sans jeter l'injure à l'Empire, elle le confondait avec ces « théories funestes qui « avaient fait le malheur de la France et du roi » ; puis une seconde, le 26 juin, plus chaude peut-être, mais également digne, qui devait être portée au pied du trône par MM. le marquis d'Aramon, maire ; le comte d'Aramon, son fils, ancien aide-de-camp du duc d'Albuféra (Suchet) ; Achard, chanoine à Notre-Dame de Paris ; de Trinquelagues, avocat-général près la Cour de Nîmes, et Mounet, colonel.

De telles démarches ne pouvaient être qu'une recommandation pour le marquis d'Aramon auprès du roi ; aussi fut-il renommé maire le 28 juillet 1816. Il ne le resta pas longtemps d'ailleurs. Après avoir demandé, le 15 décembre 1816, la mise en régie de l'octroi, sur le pied de 1500 fr., essayé de rétablir les anciens marchés tombés alors en désuétudes, repris les vieilles armoiries communales, et créé quelques petites ressources absolument nécessaires au fonctionnement du budget, il se démit de sa charge de maire pour prendre celle de « Chef de Légion à la Garde Nationale ». Il est vrai de dire qu'il avait eu soin déjà d'assurer l'écharpe municipale à son fils, et que cette démission ne fut au fond qu'un bon moyen de tout garder.

Le comte Camille-Elisabeth de Sauvan fut nommé le 28 mai 1817, par arrêté préfectoral, et prêta serment entre les mains de son père, le 4 juin suivant (1).

D'ailleurs, disons-le à sa louange, le nouveau maire était

---

(1) Nous remarquons, dans les registres des délibérations : 1° que le comte d'Aramon n'était plus maire sur la fin de 1817; 2° que M. Victor Dunan, nommé maire le 2 janv. 1818, refuse cette charge; 3° que M. de Jossaud, installé maire le 15 février démissionne;

plus en harmonie avec l'esprit du temps ; il est même resté
assez populaire, dans le pays, sous le sobriquet de *jambe de
bois*. Il s'occupa très activement de sa commune ; les délibérations communales de l'époque en font foi. Voici rapidement énoncés les améliorations qu'il apporta et les services
qu'il rendit : il fit réparer les chaussées, alors bien avariées,
au moyen d'une imposition extraordinaire de 7.000 francs et
voter 400 fr. pour les chemins vicinaux (27 août 1818). Il
protesta contre l'ordonnance du 15 juillet 1818, qui avait
distrait la terre du Mouton du territoire aramonnais pour la
joindre à celui de Barbentane, et, afin de forcer la main à
l'administration, il demanda, s'appuyant sur le principe
même invoqué par le préfet, à savoir que « le Rhône fait la
« limite des communes », que l'on voulût bien alors unir au
territoire d'Aramon les terres relevant de la commune de
Vallabrègues, mais situées sur la rive droite du fleuve. Il se
remua beaucoup pour obtenir que les opérations du tirage au
sort se fissent à Aramon, conformément à la loi du 10 mars
1818, et dans le but d'ôter à l'administration centrale le prétexte, mis par elle en avant, de l'exiguité de la salle de la
mairie, il offrit de la faire agrandir en abattant une cloison.
Il choisit, passant peut-être sur ses répugnances personnelles,
pour premier adjoint, M. Jean-Joseph Pansier, l'ancien ora-
tour du club des sans-culottes, l'homme vaniteux par excellence, que cette avance flatteuse acheva de gagner à la bonne
cause et qui y fut fidèle. Il demanda une indemnité pour la
perte des 21,662 oliviers que l'hiver de 1809 avait fait périr
et obtint 1572 francs. Il porta de sages règlements relativement aux troupeaux, défendant aux propriétaires de posséder plus de trois bêtes à laine par arpent métrique, comme
aussi de confier la garde de leurs troupeaux à des jeunes
gens au-dessous de 16 ans. Il fit restaurer les anciens appar-

---

4° enfin, que le comte d'Aramon est renommé maire, le 27 août 1818.
Que signifie ce chassé-croisé? Il faudrait avoir vécu en ces temps
pour avoir la clé du mystère.

tements de M. Falguier que les successeurs de ce dernier, l'abbé Raynard (1) (1822-1823) et l'abbé Mathieu Hébrard (1823-1830) (2) avaient abandonnés, vu leur état de délabrement : son principe étant qu'il valait mieux réparer que payer des rentes. Il désigna deux membres du conseil, homme très compétents, pour inspecter l'un les chemins du grès, l'autre ceux de la plaine, avec mission d'en faire le recensement et d'en proposer au conseil, selon le cas, l'élargissement, le maintien ou la suppression. Il prit l'initiative, sur les conseils de son père, de l'ouverture des deux routes d'Aramon à Beaucaire et d'Aramon à Nîmes, et, dans ce but, convoqua chez lui les maires de Vallabrègues, Montfrin et Théziers, particulièrement intéressés à cette création. Il établit un officier de police (commissaire) aux appointements de 300 francs. Il obtint, au point de vue du service postal, le rattachement d'Aramon à Villeneuve : Remoulins étant d'un accès trop difficile, lors des crues de Gardon. Il s'opposa à la demande de la municipalité d'Uzès, ayant pour but de replacer notre pays sous la dépendance administrative de cette ville, comme avant la Révolution. Enfin, il allait faire réparer l'église, dont la toiture menaçait ruine, mais l'inondation du 12 octobre 1827 l'en empêcha : les fonds votés pour l'église allèrent aux chaussées et aux brassières (3).

Ce fut là son dernier acte administratif. Régulièrement nommé maire tous les cinq ans, avec M. Jean-Joseph Pansier pour adjoint, il se retira vers la fin de 1829. L'administration offrit alors l'écharpe à M. Desmaret qui la refusa. C'est que l'heure était grave et les responsabilités lourdes. En effet, Charles X, pour avoir méconnu les aspirations libérales du pays et essayé de faire revivre certaines lois de l'an-

---

(1) Il fut nommé à Sainte-Perpétue (Nîmes) où il mourut.

(2) Il fut plus tard curé d'Alais. (Registres des délibérations de la Fabrique).

(3) Le budget ne dépassait pas 5,000 fr. en recettes et en dépenses.

cien temps, se trouvait aux prises avec d'inextricables difficultés. Il crut pouvoir les attaquer de front ; on répondit en lui envoyant une chambre nettement hostile, qu'il cassa, mais qui fut réélue. Alors parurent les fameuses ordonnances de juillet. Ce coup de force mit le comble à la mesure. Une formidable insurrection éclata dans Paris. Pendant trois jours, on se battit dans les rues : lutte sanglante et fratricide ! Enfin, le peuple eût le dessus et le malheureux roi se vit forcé de prendre, avec sa famille, le chemin de l'exil. Louis-Philippe, duc d'Orléans, fut proclamé à sa place (9 août 1830).

# CHAPITRE XXVIII

## LOUIS-PHILIPPE — 3ᵐᵉ RÉPUBLIQUE NAPOLÉON III.

Les commencements du règne de Louis-Philippe furent marqués par des troubles un peu partout. Notre pays n'en fut pas exempt. C'est là, du moins, ce qui semble ressortir d'une délibération du 4 octobre 1831, où il est dit que « des « soldats séjournèrent à Aramon pendant l'hiver de 1830 à « 1831, et que l'on paya pour frais divers occasionnés par « eux la somme de 321 fr. 25 »

Mais revenons un peu en arrière.

Après le refus de M. Desmaret, l'administration centrale avait nommé maire, M. Antoine-Laurent Choisity, qui prêta serment le 8 février 1830. C'était un bon choix ; malheureusement les circonstances étaient difficiles. L'hiver, en tuant les oliviers (1), avait accru la misère du pays, et de mal intentionnés, exploitant cette situation, excitaient les esprits, poussaient au désordre. Il y eut même des violences. On parle, entre autres choses, d'un incendie dû à la malveillance, qui occasionna de grands dégâts au bois communal de la Réserve. Il fallut que le nouveau maire fît face à tout : ici, as-

---

(1) Il n'en resta, dit-on, qu'un seul dans tout le territoire. On le voit encore au quartier de Saint-Pierre, sur le bord de la route qui mène à Rochefort (ancien chemin d'Avignon). Des vieillards nous ont affirmé que cet olivier se trouvait alors abrité par un mur aujourd'hui disparu, et qu'il dut à cette circonstance d'échapper au désastre. Quoi qu'il en soit, tout le monde voulut voir l'heureux survivant ; pendant quelques jours, ce fut comme une procession.

surant l'ordre, là, soulageant la misère. Ce ne fut pas sans peine. D'ailleurs, il ne resta pas longtemps en charge. Le 31 mars 1831, une loi fut votée qui réorganisait l'ancien système électoral sur les bases plus larges, et qui, tout en laissant encore au gouvernement le choix du maire, exigeait qu'il fut pris au sein du conseil municipal. Aussitôt après la promulgation de cette loi, on procéda à des élections générales. A Aramon, ce furent des hommes d'ordre, bien qu'appartenant à l'opinion libérale, qui l'emportèrent et, à leur tête, M. Jean-Pierre Sauvan (1), que le gouvernement nomma maire, le 7 décembre 1831.

La nouvelle administration débuta par deux actes naturellement faits pour lui attirer la faveur du peuple. Le 2 janvier 1832, elle vota 1800 fr. pour diverses réparations aux chemins et aux chaussées : un moyen en somme de donner du pain aux indigents ; puis, le 3 février, elle autorisa les habitants à prendre dans les bois communaux les « faux-« bois ou batards », pendant les mois d'hiver : novembre, décembre, janvier et février. Il est vrai que, le 5 octobre suivant, elle rapporta son arrêté sur l'avis de l'inspecteur des forêts, et probablement après bien des dégâts commis.

D'ailleurs, soyons justes, cette administration n'en resta point là. Nous la voyons tour à tour améliorant les chemins et les défendant contre toute dégradation et tout empiétement; demandant un service postal journalier, dans le plus bref délai, et, bientôt après, un bureau de poste, lequel desservirait les communes voisines ; faisant agrandir le cimetière et obtenant à cet effet un secours de l'état ; rivalisant d'efforts avec la municipalité de Villeneuve pour que le chemin de fer projeté, de Lyon à la mer, passât sur la rive

---

(1) Il y avait autrefois, dans la région, plusieurs Sauvan : les Sauvan de Vers, les Sauvan de Remoulins, les Sauvan (de) du château ; et, du travail auquel nous nous sommes livré (note I), il résulte que c'était, au fond, la même famille. Les ancêtres de M. Jean-Pierre Sauvan étaient originaires de Tresque (Gard).

droite du Rhône ; insistant pour le rétablissement d'un commissariat de police, qui, d'ailleurs, fut accordé, le **30 janvier 1834** ; inaugurant deux pompes, l'une sur le puits du Planet, l'autre sur le puits du château ; réorganisant l'instruction primaire, conformément à la loi du 28 juin 1833, et établissant un conseil de surveillance ; adressant demande sur demande pour obtenir de l'Etat des secours en faveur de l'église, dont la toiture menaçait ruine ; réclamant le rétablissement de l'ancien marché, qui se tiendrait deux fois par mois : le premier mardi et le troisième ; attirant l'attention du gouvernement sur les dangers que faisait courir aux bateaux la *Roche d'Acier* (1), mise à nu par la démolition récente de l'île de Cazaux, etc.

Elle refusa cependant de participer aux frais de construction du pont de Montfrin, sur le Gardon, tout en acceptant, plus tard, c'est-à-dire le pont une fois fait, de coopérer, pour une somme de 3.000 fr., à la création du chemin de grande communication, allant d'Aramon à Théziers, Montfrin, Meynes, Ledenon et aboutissant, entre Saint-Bonnet et Bezouce, à la route royale n° 87, de Lafoux à Nimes. Ajoutons qu'elle demanda bientôt après et obtint que la susdite route passerait non plus par Théziers, comme le portait le plan primitif, mais à travers la plaine de Bertrand : ce qui était bien préférable pour Aramon.

Si M. Sauvan se fût borné là, son administration intelligente et féconde n'eût mérité que des éloges. Malheureusement il incarnait un parti, le parti hostile au château, et c'est ainsi que, sous prétexte de bien public, mais dans le but, en réalité, de satisfaire ses rancunes, il engagea la commune dans de longs et ruineux procès. Voici à quelle occasion :

Le 7 mai 1822, le conseil municipal avait émis le vœu que

---

(1) Il paraît même que plusieurs bateaux s'y étaient déjà brisés, et que, pour en finir, on la fit sauter avec de la poudre. (Souv. de M. Desmaret).

le maire fut autorisé à réclamer, au profit de la commune, les attérissements qui s'étaient formés contre les montagnes riveraines du Rhône, aux quartiers de Casseyrol et de St-Pierre. Cependant, soit que l'on ne voulût pas blesser des amis, soit que l'on craignit de commettre d'injustes spoliations, on en était resté là. Mais la nouvelle administration, qui avait son but, reprit l'affaire. Le 3 février 1832, elle demanda au préfet l'autorisation de poursuivre les détenteurs devant les tribunaux jusqu'à sentence définitive. L'autorisation fut donnée et les poursuites commencèrent.

On avait fait un choix parmi les occupants ; c'étaient MM. Choisity, père et fils, Desmaret, le marquis d'Aramon, Jean Court, Honoré Blanc : tous les chefs du parti contraire. Et ce qui prouve encore mieux le parti pris de la mesure, c'est que le bruit s'étant répandu que, ceux-ci une fois dépossédés, on s'attaquerait aux autres ; pour calmer le peuple qui murmurait (1), on se hâta de démentir la chose, en ayant soin d'ajouter que « les autres possédaient légiti-
« mement, comme s'y étant remplacés en vertu de l'article
« 563 du code civil et à titre d'anciens propriétaires de l'île
« du Mouton ».

Ce n'était peut-être pas très prudent, de la part de M. Sauvan, de soulever un tel procès, car, lui aussi, au dire de M. Desmaret (2), aurait été copartageant d'une alluvion considérable. Mais cette considération ne le retint pas, soit qu'il comptât sur l'impunité, soit qu'il fût fort de sa conscience.

Le procès dura plus de deux ans. Enfin, en août 1837, après enquêtes et contre-enquêtes, le tribunal rendit son

---

(1) Ils étaient, paraît-il, fort nombreux ceux qui avaient pris des attérissements. (Souv. de M. Desmaret).

(2) En février 1835, M. Desmaret avait adressé à la Préfecture une pétition dans laquelle il demandait que des poursuites fussent également dirigées contre M. Sauvan, puisqu'il était détenteur, lui aussi, d'attérissements au quartier de Saint-Pierre.

arrêt. M. Desmaret avait pu démontrer, par des extraits du compoix de 1478 et surtout par une déclaration de l'un de ses anciens fermiers, Jean Cavène, faite en 1791, au bureau de l'Enregistrement, que la montagne lui appartenait (1) ; il eut gain de cause. Il en fut de même, un peu plus tard, pour le marquis d'Aramon (2). Quant aux Choisity, bien que leur droit ne fût pas moins certain, dit-on, vu l'impuissance où ils se trouvèrent de l'établir, preuves en main (3), ils se virent condamnés à abandonner tout le terrain qu'ils occupaient.

Ce jugement constituait pour M. Sauvan une demi victoire ; il ne réussit pas à le satisfaire. Il en voulait surtout à M. Desmaret, qui ne devait, disait-il, son triomphe qu' « à « une erreur involontaire du Tribunal ». En conséquence, le 6 mai 1838, en dépit de M. Victor Dunan, qui conseillait la prudence et demandait que l'on fît appel aux lumières d'un bon avocat, il fit prendre par son conseil la résolution « d'aller jusqu'au bout, les droits de la commune étant évi-« dents ». Et le procès reprit.

Mais il faut croire que ces droits, si évidents pour M. P. Sauvan, le furent moins pour la Cour royale de Nîmes. En effet, le 22 mai 1838, celle-ci condamna la commune à payer, outre les frais du procès, une indemnité de 825,35 à M. Desmaret. Puis, sur la proposition de ce dernier et afin d'éviter toute contestation à l'avenir, on décida de planter des bornes « à l'amiable », à Casseyrol et à St-Pierre, pour délimiter d'une façon nette et définitive les biens communaux d'avec les propriétés particulières. L'opération eut lieu le 12 mai 1839.

Cette affaire, dont le dénouement fut si fâcheux pour la commune, eut cependant un corollaire utile dans la décision

---

(1) Souv. de M. Desmaret.

(2) *Item*.

(3) *Item*.

qui fut prise au Couseil le 11 août 1839. Nous la donnons *in extenso*, convaincu qu'elle pourra être utile à bien des municipalités de nos jours :

« Le Conseil municipal considérant que la perte des deux
« procès contre M. Desmaret et contre M. d'Aramon assujétit
« la commune à des frais considérables qu'elle est obligée de
« supporter et au payement desquels elle a été condamnée
« par des arrêts de la Cour royale, ce qui vraisemblablement
« ne serait pas arrivé, si préalablement des jurisconsultes
« avaient été consultés sur les prétentions qui ont fourni
« matière à ces procès ; considérant qu'on ne saurait trop
« user de prudence, quand il s'agit de réclamer ou de défen-
« dre par les voies judiciaires, contre qui que ce soit, les
« droits d'une commune ; qu'il est alors nécessaire de prendre
« l'avis de personnes instruites et capables de donner tous
« les éclaircissements dont on peut avoir besoin, a délibéré
« ce qui suit :

« Dorénavant, toutes les fois que pour la sanction et la
« défense des droits et prétentions d'une commune à faire
« valoir contre un ou plusieurs individus, il y aura lieu à un
« procès, le maire sera tenu, avant la moindre action judi-
« ciaire, de consulter des avocats éclairés, qui émettront un
« avis motivé sur ces droits et prétentions. Cet avis sera
« présenté au Conseil municipal pour le mettre à même de
« délibérer, s'il sera ou non de l'intérêt de la commune de
« faire des poursuites. En cas que la délibération du Conseil
« soit pour les poursuites, elle sera soumise au Conseil de
« Préfecture pour recevoir l'autorisation nécessaire. Tout
« procès qui sera intenté sans l'observation préalable de ces
« formalités, sera sous la responsabilité personnelle des
« membres du Conseil qui, contrairement aux dispositions
« de la présente délibération, auront été d'avis de plaider.

« Et en cas de *succombance*, les frais seront mis à leur
« charge ; le paiement de ces frais sera poursuivi contre eux,
« au nom de la commune par les soins et moyens de droit. La

« présente délibération sera soumise à l'approbation du
« Préfet » (1).

On peut juger, par cette délibération, du degré de mécontentement qu'avait soulevé contre lui M. P. Sauvan. Aussi, les élections partielles, qui eurent lieu en juin 1840 ne manquèrent pas d'amener à la mairie une majorité favorable au château. Le marquis d'Aramon, alors pair de France, se trouva au nombre des élus et devint maire par arrêté préfectoral du 19 juillet. Ce fut M. Sauvan lui-même qui dut l'installer. Quelle humiliation ! D'ailleurs, M. Sauvan resta dans le Conseil où, durant quelque temps encore, nous le voyons dirigeant l'opposition et imposant souvent à la majorité par son expérience des affaires et surtout par son habitude de la parole. En 1842, on le nomma conseiller général du canton ; c'était peut-être un bon moyen, pour le parti du château, de se débarrasser de ses incessantes taquineries, comme aussi de son gênant contrôle.

Cependant à peine installé, le marquis d'Aramon eut à s'occuper d'une terrible catastrophe. Le 1er novembre, en effet, survint une inondation qui dépassa en violences toutes celles dont la tradition locale avait jusque-là gardé le souvenir. Le fleuve, rompant ses digues, se précipita comme un furieux sur les deux faubourgs qu'il submergea en quelques heures ; puis, pénétrant dans la ville, il transforma les rues basses, et notamment la place de l'église, en vrais torrents. Douze maisons emportées, cinquante à soixante très endommagées, menaçant ruine ; voilà pour la ville. Dans la campagne, mêmes dégâts : les murs du cimetière furent renversés, les paluns couvertes d'eau à tel point, que six mois après, quatre-vingt-dix hectares se trouvaient encore submergés ; tous les canaux obstrués ; des brèches ouvertes un peu partout le long des chaussées ; les chemins défoncés ou

---

(1) Chose bizarre ! M. Sauvan avait signé la susdite délibération avec tous les membres du conseil.

disparus sous des amas de sable et de gravier : une vraie désolation.

Chose étonnante ! Au milieu d'un tel désastre, personne ne périt. On le dut au dévouement de quelques courageux citoyens, paraît-il, et surtout à l'équipage du bâteau *La Comète* — capitaine M. Joseph Pernelet — qui se trouvait alors amarré devant le pays. Ces braves gens, mettant à profit leur expérience nautique, sauvèrent une foule de personnes en les enlevant des maisons envahies par les eaux ou de celles qui menaçaient ruine. D'ailleurs, tout le monde fit son devoir : curé, maire, conseil municipal. Celui-ci ne pouvant se rendre à la mairie, alors cernée par les eaux, se réunit dans une des salles du château et déploya une très grande activité, tantôt organisant une souscription pour donner du pain aux malheureux et s'inscrivant lui-même en tête pour une somme de trois cents francs ; tantôt pressant le préfet de prendre en pitié le pays et d'envoyer l'ingénieur du département pour constater les dégâts et diriger les travaux de défense.

Le gouvernement fut généreux à son tour. Non content d'adresser de chaleureuses et publiques félicitations aux citoyens qui s'étaient le plus distingués, et de réserver au pays deux croix de la Légion d'honneur (1), il accorda à différentes

---

(1) On raconte que, consulté sur le choix des citoyens à décorer, le marquis d'Aramon aurait répondu que le dévouement ayant été égal chez un grand nombre, et les récompenses se trouvant réduites à deux, il était à craindre qu'en favorisant les uns on ne mécontentât les autres ; qu'en conséquence, son avis était qu'on lui donnât à lui, maire, la rosette d'officier, et à l'abbé Imbert, curé, le ruban de chevalier ; que ce serait honorer tout le pays que de décorer les deux hommes qui étaient à sa tête.

Cet argument, juste au fond, mais qui trahissait un sentiment quelque peu intéressé, ne fut pas du goût de tout le monde, et donna lieu à bien des plaisanteries. L'abbé Imbert s'en tira avec esprit. Un jour que l'appariteur lui reprochait de l'avoir porté sur ses épaules, à travers la rue transformée en torrent, ajoutant que c'était pourtant le curé que l'on avait décoré : « *Badau*, lui « dit tranquillement l'abbé Imbert, *es qu'as jamaï vis découra lou* « *chivau sus un champ de bataille ? Es toujour lou cavalié.* — Nigaud,

reprises des secours qui furent affectés à des réparations urgentes et qui paraissent s'être élevés à la somme de 50,000 fr.

Cependant les préoccupations occasionnées par cette catastrophe avaient dû décourager le marquis, le fatiguer même vu son grand âge : il donna sa démission. Le 2 mai 1841, son premier adjoint. M. Jean-François Monnet, fut nommé à sa place.

A ce moment, et au milieu d'emprunts à négocier, de secours à demander, de procès à soutenir, une grave affaire passionnait le pays : l'affaire du canton.

Montfrin, l'éternel rival d'Aramon, n'avait pu voir sans un profond dépit cette ville choisie en 1790 pour être le chef-lieu du canton. Aussi que de tentatives pour la déposséder.

Ses premiers efforts, isolés et timides, n'ayant pas réussi, il chercha à mettre dans son jeu St-Bonnet et Meynes, et il y parvint en faisant valoir qu'Aramon n'était pas central et que l'on avait bien des maux à s'y rendre, surtout en temps d'inondation. Puis, sûr d'être appuyé, il adressa en mai 1830 une demande au préfet, rédigée dans ce sens.

Le préfet transmit cette demande à M. Choisity, alors maire d'Aramon, qui assembla son Conseil (25 juin 1830).

On n'eut pas de peine à se défendre. On répondit : 1° qu'Aramon jouissait, depuis plus de quarante ans, de la prérogative disputée : ce qui était déjà un titre : 2° que les ressources de cette ville, son commerce, le voisinage du Rhône, le chiffre de sa population, le nombre de ses électeurs, en lui donnant une supériorité incontestable sur Montfrin, devaient lui assurer l'honneur d'être à la tête du canton ; 3° que, quant au défaut de « centralité » qu'on lui reprochait, ce ne pouvait être une objection sérieuse, une foule d'autres villes, Villeneuve et Roquemaure par exemple, restant chefs-lieux de canton, bien que n'étant pas plus qu'Aramon, au

---

« as-tu jamais vu décorer le cheval sur un champ de bataille ? C'est « toujours le cavalier ». Cette heureuse riposte, colportée dans le pays, mit fin aux quolibets.

centre de leurs communes. On terminait en disant que si jusqu'ici et dans un but de paix on avait fermé les yeux sur l'établissement, à Monftrin, du bureau de l'Enregistrement, maintenant, après les inqualifiables agissements de ce pays, on en demandait instamment le transfert à Aramon, cette dernière ville ne devant pas être traitée autrement que les autres chefs-lieux de canton.

La riposte était bonne, Montfrin se calma. Mais, en 1842, nouvelle attaque. Le Conseil municipal, présidé cette fois par M. Mounet, se réunit pour donner son avis. L'objection était la même : défaut de centralité ; la réfutation ne changea pas, mais fut peut-être plus savante et mêlée d'une certaine ironie. Qu'on en juge par cette première phrase : « La commune de « Montfrin aspire à l'honneur de devenir le chef-lieu du « canton d'Aramon, et, pour arriver à ses fins, elle fait valoir « une certaine centralité, qu'elle consteste à la ville d'Ara- « mon... »

Cette délibération (1) appuyée, d'ailleurs, à la préfecture (2), par M. Jean-Pierre Sauvan, conseiller général du canton, et à Paris (3), par le marquis d'Aramon, pair de France, obtint naturellement gain de cause. Toutefois Montfrin ne se résigna pas, et, jusqu'à nos jours, hanté par son rêve, nous le voyons tantôt profitant de ce qu'un juge de paix, enfant du pays, y rend quelquefois la justice, pour créer un précédent (Février 1848); tantôt poussant Vallabrègues à demander son rattachement au canton de Beaucaire, pour forcer la main au gouvernement. (Novembre 1851, avril 1865, etc).

A Aramon, d'ailleurs, on ne s'émeut pas outre mesure de ces attaques. Mais le moment venu, on fait enjoindre au juge

---

(1) On dit qu'elle avait été rédigée par M. Desmaret. (Lettre de M. J.-P. Sauvan à l'abbé Imbert).

(2) Lettre de M. Sauvan à l'abbé Imbert.

(3) Lettre du marquis d'Aramon à l'abbé Imbert. L'abbé Imbert s'était beaucoup intéressé au triomphe d'Aramon.

de siéger au chef-lieu du canton, ou bien on demande la jonction du territoire de Vallabrègues (c'est-à-dire de la partie située sur la rive droite du Rhône) à celui d'Aramon et tout s'arrête là. (1)

Du reste, l'objection tirée du défaut de centralité, cette objection déjà bien affaiblie, depuis 1880, par la création du chemin de fer de Nîmes au Teil, va l'être davantage par la construction d'un pont sur le Rhône, tout près du bac; et tout porte à croire que la tentative faite par Montfrin, sans plus de succès, d'ailleurs, en août 1879 (2), aura été la dernière. Avec ce pays, Aramon n'a plus à craindre désormais que les manœuvres souterraines ou les surprises déloyales (3). Que les consuls y veillent, comme on disait autrefois à Rome : *Caveant Consules.*

Cependant M. Mounet, qui venait de terminer cette affaire, ne se trouvait pas, à la mairie, sur un lit de roses. Créature du marquis, il était le point de mire du parti contraire ; administrateur médiocre, inconscient peut-être, il n'avait aucune autorité dans le pays. Nous remarquons même que ses propres conseillers ne prenaient pas la peine de répondre à ses convocations. C'était l'anarchie. Enfin, les élections du 28 mai

---

(1) Cette jonction s'imposerait le jour où Vallabrègues se séparerait de nous, car on ne saurait admettre 1° que le canton de Beaucaire pénétrât, par une enclave, jusqu'aux portes d'Aramon ; 2° que les habitants d'Aramon, Théziers, Montfrin, propriétaires de la presque totalité de cette partie du terroir, devinssent justiciables de Beaucaire : ce serait trop onéreux. Vallabrègues le comprend, et comme, d'autre part, ce pays est incapable d'équilibrer son budget, sans l'appoint du revenu communal des terres en question, il se tait toutes les fois qu'on menace de les lui ôter.

(2) Dans cette dernière attaque, on mit en avant la difficulté d'accès « en temps d'inondation ». Et Montfrin, donc ?

(3) Il est à remarquer que Montfrin, simple commune, a su : 1° conserver le receveur de l'enregistrement ; 2° se faire donner le contrôleur des boissons ; 3° *souffler* à Aramon le maréchal-des-logis. N'est-ce pas un acheminement vers la conquête du canton ? Et rien ne dit qu'il n'obtiendra pas autre chose encore.

1843 le débarrassèrent d'une charge bien au-dessus de ses forces. Ce fut M. Antoine-Laurent Choisity, l'ancien maire de 1830, qui lui succéda (5 novembre 1843).

M. Choisity se mit courageusement à l'œuvre ; la besogne ne manquait pas. L'inondation du 3 novembre 1843, supérieure de vingt centimètres à celle de 1840, venait de porter le désastre à son comble. Une brèche de vingt mètres s'était produite en face de la maison Labrousse, aujourd'hui maison Moulet ; une autre d'environ cent mètres, aux Canniers, etc., des maisons avaient été emportées, les deux faubourgs étaient sous l'eau, la campagne était dévastée, les semences perdues, la terre ravinée, des monceaux de sables partout.

Dans cette ruine générale, on courut au plus pressé. Séance tenante, le jour même de l'installation, on décida de prendre trois mille francs sur les fonds disponibles et de les affecter à fermer les brèches et à ensemencer de nouveau les champs; puis, on fit appel à la pitié du préfet, le priant de vouloir bien se rendre à Aramon, afin de s'assurer par lui-même de la triste situation du pays. (5 nov. 1843).

Le préfet vint en effet; il présida même la séance du conseil municipal (9 nov. 1843), et, ému de la misère publique, il s'efforça de la soulager. C'est lui qui envoya l'ingénieur départemental, M. Surel, avec mission de dresser les plans et devis de toutes les réparations à faire : plans et devis dont le montant s'éleva à 110,000 fr.; c'est lui qui obtint que l'Etat payerait les deux tiers de la dépense et laisserait l'autre tiers seulement à la charge de la commune.

D'ailleurs de la lecture des délibérations il résulte clairement que la réparation coûta bien plus cher, surtout que l'on voulut profiter de la circonstance pour exhausser les chaussées. Pour couvrir toutes ces dépenses, on fit des emprunts ; on vendit le bois de la Réserve ; ce fut très onéreux, mais si on s'imposa des sacrifices, on eut du moins la satisfaction de posséder, dans la digue insubmersible, un rempart solide contre les assauts du Rhône et, dans le quai, un gracieux ornement pour le pays.

Remarquons qu'entre temps M. Choisity s'était occupé d'obtenir le classement du chemin d'Aramon à Villeneuve par la fontaine du buis (4 février 1844) ; la rectification de la rampe de Dève qui coûta 1700 fr. : dont 600 fr. donnés par l'Etat (8 déc. 1844) ; une brigade de gendarmes à cheval (12 fév. 1845) ; l'établissement des Frères, après la mort de M. Lallemant (8 mai 1845) ; l'exécution d'un plan d'alignement dû à M. Simon Lacroix (12 août 1845) ; l'installation d'un commissaire de police (1 fév. 1846) ; le rétablissement de l'ancien bac à traille (7 nov. 1847) ; un service d'omnibus d'Aramon à Avignon, à la demande des frères Saysse, moyennant un secours de 200 fr. (14 nov. 1847) ; la création d'un inspecteur des viandes de boucherie (26 nov. 1847) : etc. : tout autant d'améliorations qui attestent l'intelligence et l'activité de M. Choisity.

Sous cette sage administration, Aramon sortait de ses ruines et s'embellissait comme le reste de la France, d'ailleurs, alors riche et prospère, lorsque survint la Révolution du 24 février 1848, qui suspendit tout. On connaît cette page d'histoire relativement encore récente : le pays réclamant des réformes dans la direction morale du pouvoir et un accroissement des droits électoraux ; Guizot se croyant sûr des Chambres et de l'armée et ne voyant pas le danger ou n'en tenant aucun compte ; des barricades se formant dans Paris, et le peuple tenant tête au gouvernement ; Louis-Philippe appelant, mais trop tard, au pouvoir Odilon Barrot, puis abdiquant en faveur de son petit-fils, sans plus de succès ; un gouvernement provisoire, issu en partie de la Chambre des députés, en partie de l'émeute, s'arrogeant des pouvoirs dictatoriaux, proclamant la République, abolissant la peine de mort, élargissant le droit du vote et ordonnant l'élection d'une assemblée constituante ; cette assemblée, réunie à Paris, le 4 mai, maintenant l'ordre que des factieux s'efforçaient de troubler et élaborant une constitution définitive proclamée en novembre, avec le suffrage universel à sa base ; le prince Louis-Napoléon Bonaparte arrivant par la députation à la Chambre, puis à la présidence, et le tout finissant par la destruction de cette même République, sur les ruines de laquelle Napoléon III allait asseoir l'Empire pour 18 ans, aux applaudissements de 8,000,000 d'électeurs..... quel drame !

Cette Révolution, qui avait occasionné plusieurs mouvements populaires en France, n'eut pas d'écho à Aramon. Des élections municipales eurent lieu, le 9 août, et, si elles amenèrent au pouvoir une majorité hostile au château, tout resta calme ; c'étaient, au fond, des hommes d'ordre. M. Charles Sauvan, élu maire par treize voix, contre sept données à M. Antoine-Joseph Pansier, fut installé le 19, avec MM. Gabriel Massis et Jules Menjaud comme adjoints.

Les nouveaux élus avaient dû prendre des engagements. Le fait est qu'à peine arrivés, ils supprimèrent l'octroi comme onéreux pour le peuple ; il est vrai que bientôt après ils y revinrent, faute de ressources. C'était un mauvais début ; la suite fut meilleure. On rétablit la ferme du balayage (24 oct. 1848) et celle du poids public (15 mai 1851) ; on favorisa l'établissement d'un nouveau bac (10 nov. 1848) ; on s'occupa activement de la création d'un bureau de poste (15 août 1849); puis de celle d'un second bureau de tabacs (15 sept. 1849) ; on négocia l'achat d'une partie du jardin de M. de Jossaud, pour la construction de la digue insubmersible (29 oct. 1849); on inaugura le système des concessions pour sépultures (21 août 1851); on fit l'acquisition d'une bonne horloge, l'ancienne se trouvant alors dans le plus mauvais état (27 fév. 1852). Mais la gloire de M. Sauvan est d'avoir mené à bonne fin un projet longtemps caressé en vain par les administrations précédentes ; nous voulons parler de l'établissement des frères à Aramon.

Notre pays a eu de tout temps, ce semble, des maîtres d'école. Dans nos vieux écrits, il en est souvent fait mention.

Ce sont tantôt des prêtres (1), tantôt des laïques (2). Nous connaissons même, dans les moindres détails le salaire qu'ils recevaient, les leçons qu'ils donnaient, les élèves qu'ils étaient chargés d'instruire ; et ces détails nous ont paru si curieux et si instructifs à la fois que nous n'hésitons pas à les consigner ici.

I. Le 29 nov. 1581 (3), Michel Bernard prend l'engagement devant les consuls (4) de remplir l'office de « régent » de l'école publique, jusqu'au 22 sept. de l'année suivante, moyennant la somme de « quinze escus un tiers », qui lui seront payés par quartiers (5).

Ce salaire, convenable pour l'époque, s'élève graduellement Il est de « vingt escus sols », en 1599 (6), de cinquante-une livres tournois, en 1609 (7) de soixante l. tn, en 1650 (8) de quatre-vingt l. tn., en 1671 (9), de quarante écus en 1770 (10) Mais il faut ajouter à cette somme, qui ne représente que la partie fixe du traitement, le montant de la rétribution scolaire payée par chaque enfant. En 1594, c'est six sols pour les « gra-« mériens », et deux sols pour « les aultres quy apprendront

---

(1) *Arch. comm.*, BB. 10 et CC. 53.

(2) Ant. Bonnefoy, not., 1562, 1581. — J. Pitot. not., 1599-1609.

(3) Le plus ancien document se rapportant aux écoles est du 30 mai 1562 (Ant. Bonnefoy, not.), mais ne donne aucun détail.

(4) Dans le principe, les consuls choisissaient et nommaient le maître d'école ; plus tard, c'est-à-dire à partir du milieu du XVII$^e$ siècle, il fallait l'approbation de l'évêque d'Uzès. (*Arch. comm.*, BB. 14-18-27-32).

(5) Ant. Bonnefoy, not.

(6) *Arch. comm.* BB. 9.

(7) J. Pitot, not.

(8) *Arch. comm.* CC. 53.

(9) *It.*, CC. 73.

(10) *It.*, BB. 32.

« à cognoistre les lettres » (1). En 1606, c'est « dix sols le moys
« pour ceux qui apprendront à lire, escrire, chifrer ; dix sols
« pour le latin et grammaire ; cinq sols pour l'a. b. c. d. et
« lire » (2), etc.

Enfin, le maître d'école avait le logement gratuit (3).

Et que l'on ne se figure pas que, si l'école était payante, les pauvres en fussent exclus. Dans un accord passé en 1594, entre les consuls et Bernardin Ruffy, de Digne, nous lisons : « et sera tenu led. Ruffy apprendre et instruire tous les en-
« fans des habitans tant povres que riches... et quant aux po-
« vres ne payeront rien » (4) ; et cette clause nous la trouvons insérée dans tous les contrats suivants, en 1604 (5), en 1606 (6), en 1608 (7), etc., et jusqu'à l'arrivée des Frères, époque à laquelle le principe de la gratuité scolaire fut proclamé à Aramon. Avant la Révolution, c'étaient les consuls (8) qui dressaient la liste des « vrayment pauvres » (9) ; après, ce furent les municipalités. Le régent devait instruire « tant
« pauvres que riches indifféremment », et les « traicter les
« uns comme les autres » (10).

Quant au programme scolaire, il nous est exposé dans un acte notarié du 10 oct. 1599. Nous y voyons que Louis Audibert s'engage comme régent « à bien et deuement monstrer
« et enseigner et instruire la jeunesse dud. lieu à lire, escrire,
« chifrer, parler latin et aultres instructions et enseignemens

---

(1) *Arch. comm.*, BB. 9.

(2) *It.*, BB. 10.

(3) J. Pitot, not., 1599, etc., etc.

(4) *Arch. comm.*. BB. 10.

(5) *Item*.

(6) *Item*.

(7) *Item*.

(8) Délibération du 14 mai 1843, etc.

(9) *Arch. comm.*, BB. 10.

(10) *Item*.

« requis et accoustumés fere pour les bons et vrais régens et
« précepteurs, avec tout exersise de bonnes mœurs » (1).

Et ce programme auquel il faut ajouter encore l'étude de l'« Algèbre » (2), fut maintenu tel quel jusqu'à la Révolution. En 1770, il est dit d'un sieur Jean-Joseph Molin, d'Avignon, qu'il offrit « tenir les escolles de cette ville, pour enseigner la « jeunesse de ce pays, tant pour écriture et arithmétique que « pour langue latine » (3). Ce n'était donc pas si mal.

L'école était mixte d'abord. L'acte cité plus haut, le dit nettement : « et led. sieur messire Audibert se fera payer aulx « enfans qu'il instruira, fils et filhes, semblable somme qu'ils « ont accoustumé aulx précédens régens (4). » Mais dès 1606 une amélioration se produisit. Nous remarquons qu'alors ce sont généralement les femmes ou les filles des régents qui se chargent d'apprendre aux jeunes filles « à lire, escrire et couldre » (5). Si la science n'y gagne rien, c'est du moins plus convenable. Bientôt, d'ailleurs, avec les Ursulines, l'école des filles ne laissera rien à désirer.

Il n'en fut pas ainsi pour celle des garçons. Malgré les certificats que l'on exigea des maîtres d'école, il y eut bien des abus. Sans parler de ce régent, Joseph Bret, qui passait le temps des classes à « festoyer avec les jeunes filles du « pays (6)» : ce qui pouvait n'être après tout qu'une exception, voici ce que nous lisons dans une délibération du 22 juin 1783 ; c'est Manivet, second consul qui parle : « Je sais qu'il « n'est aucun de vous qui ne gémisse sur les désordres, la « licence qui règnent dans cette ville ; plus de mœurs, plus « de religion, plus d'éducation ; la jeunesse est livrée à l'igno-

---

(1) J. Pitot, not.

(2) *Arch. comm.*, BB. 10.

(3) *It.*, BB. 32.

(4) J. Pitot, not.

(5) *Arch. comm.*, BB. 10.

(6) *It.*, BB. 13.

« rance la plus crasse ; la maison de Dieu est devenue le
« séjour du scandale et de l'impiété ; le respect et l'obéis-
« sance si expressément recommandés aux enfants envers
« leurs pères sont bannis des familles ; plus de subordination
« envers les magistrats ; les propriétés ne sont plus respec-
« tées ; enfin les abus en sont venus à un point qu'on doute-
« rait presque d'un remède efficace, si on ne savait par expé-
« rience que, dans toutes les villes qui ont actuellement
« l'avantage d'avoir des frères, les mêmes abus, la même
« licence règnaient peut-être avec encore plus d'empire et
« que cependant tout y est resté dans l'ordre (1) ».

Aussi, cette idée d'un établissement des frères à Aramon, éclose en 1783, si elle dormit tout un temps, finit par se réveiller plus vivace que jamais. Le 20 février 1835, un membre du conseil municipal déclarait en pleine séance : « qu'il
« y aurait un très grand avantage pour la commune, d'avoir
« une école dirigée par des frères dits des écoles chrétiennes;
« que partout où il en a été établi les enfants font des pro-
« grès plus rapides et profitent avec plus de fruits des leçons
« qu'on leur donne ; que d'ailleurs, les principes religieux
« qu'ils leur inculquent ont pour résultat de les rendre plus
« réservés et plus polis au dehors ; que conséquemment
« aucune considération ne doit arrêter le conseil dans la
« détermination qu'il a à prendre à cet égard... » « Et le
« conseil reconnaissant que les raisons alléguées par l'expo-
« sant sont incontestables ; que quelques grands que soient
« les sacrifices que la commune aura à s'imposer pour éta-
« blir dans son sein une école dirigée par des frères dits des
« écoles chétiennes, il ne doit point hésiter dans la détermi-
« nation qu'il a à prendre à cet égard. En conséquence le
« conseil, après en avoir délibéré, a décidé qu'il serait établi
« dans cette commune une école des frères dits des écoles
« chrétiennes ».

---

(1) *Arch. comm.*, BB. 28.

Les choses ne devaient cependant pas aller si vite. En effet, quelques mois après seulement (mai 1835), on constatait que l'on n'était pas en mesure de faire face aux dépenses nécessitées par un tel établissement, et, sans renoncer au projet, on passait un nouvel engagement avec le maître d'école, M. Lallemant, un fort digne homme d'ailleurs, aux conditions suivantes : appointements fixes : 300 fr. rétribution scolaire : 1 fr. pour les débutants ; 1 fr. 50 pour ceux qui écrivaient, et 2 fr. pour les plus avancés ; plus le logement (ancienne mairie). — En retour M. Lallemant devait accepter gratuitement 25 élèves pauvres.

Cette situation se prolongea jusqu'en 1844, avec quelques variantes. Nous voyons, durant cette période, qu'il y avait tantôt un seul maître, tantôt deux : le nombre des élèves grossissant toujours, et que l'on donnait alors 250 fr. à chacun des maîtres d'école, avec obligation pour eux de se partager les élèves pauvres.

En 1844, M. Lallemant étant mort et les finances de la ville se trouvant en meilleur état, on ouvrit des négociations avec les frères maristes de Lyon (8 mai 1845). Mais ces négociations traînèrent en longueur par suite d'une absence prolongée du supérieur général, et, sur les instances du préfet, il fallut désigner un maître d'école. On présenta, à titre d'instituteur intérimaire, « en attendant les frères », M. Surry, qui dirigeait alors une école privée. Le préfet, prévenu à tort, paraît-il, contre ce candidat, répondit qu'il le trouvait insuffisant au double point de vue du dévouement et de l'intelligence, mais qu'il ne s'opposait pas à ce qu'on lui allouât les 300 fr. inscrits au budget « à titre de subvention » (29 juin 1845).

Ce provisoire dura jusqu'en janv. 1846. Mais alors, fatigué d'attendre, le conseil cantonal menaça de nommer d'office un instituteur et le préfet écrivit pour recommander à la municipalité la candidature de M. Bessière, ex-instituteur à Milhaud.

Avant de répondre, le Conseil chargea M. Choisity, alors

maire, de faire une nouvelle démarche auprès des frères de Lyon. Celui-ci écrivit donc, et, une fois les conditions bien arrêtées de part et d'autre, le Conseil, considérant que le désaccord ne portait plus que sur une somme insignifiante (125 fr.), décida d'autoriser le maire à traiter définitivement avec les frères et de prier le préfet de vouloir bien tolérer le provisoire jusqu'à l'arrivée des frères : « Ce qui, disait-on, ne saurait tarder » (8 février 1846). Nous ignorons quel fut le résultat de cette démarche, mais il faut croire que le Conseil cantonal et le préfet finirent par mettre à exécution leur menace, et que l'on imposa un instituteur : c'est ce que nous donne à entendre la délibération du 6 février 1848.

D'ailleurs, toute la difficulté venait de l'impossibilité où l'on était de se procurer un local convenable (16 nov. 1847), l'ancienne mairie se trouvant dans un état de délabrement complet. On avait jeté les yeux d'abord sur l'ancienne chapelle des Ursulines (5 nov. 1835). Ce local ne convint pas, « autant par sa position que par son peu d'étendue » (15 nov. 1839), et l'accord déjà passé avec le propriétaire, M. Joseph Blanc, maréchal-ferrant, fut rompu. On songea ensuite à un local « appartenant à la commune qui est un reste d'une car« rière de pierres de roche, près le pont du Vieux Château « et au dessous d'une montagne appelée le Puech ». On fit même dresser des plans et devis par M. Henri Rivoire, architecte du département (23 décembre 1839) ; mais les inondations de 1740 et 1843 en firent ajourner l'exécution. On ne parla plus de rien jusqu'en 1847.

A cette époque, l'affaire revint au Conseil. Il fut successivement question de la maison de M. Eugène de Jossaud (2 mai 1847) ; du jardin de M. Joseph Féraud, époux Farde (16 nov. 1847) ; de la vieille commune que l'on ferait réparer, avec une maison pour les frères, que l'on louerait (6 fév. 1848) ; enfin, de la maison de M$^{lle}$ Jeanne Féraud, en religion sœur Macaire du couvent de St-Charles, que sa propriétaire offrait à la commune « à la condition, dit l'acte, d'une pension viagère « de 150 fr., qui serait reversible au Bureau de Bienfaisance,

« après le décès de la donatrice et de la dame veuve Hébrard,
« sa sœur, au cas où les frères quitteraient l'établissement,
« pour quelque cause que ce fût. » (27 fév. 1848).

Ces hésitations du Conseil municipal menaçaient de n'avoir pas de fin, quand M. Charles Sauvan arriva à la mairie (19 août 1848).

L'un de ses premiers soins fut de s'occuper de cette affaire. Après s'être assuré que le pays désirait les frères (1) et qu'il avait, d'ailleurs, en main de quoi les établir, au lieu d'aller chercher loin ce qu'il avait tout près, il se rendit à Avignon, vit le visiteur des frères des écoles chrétiennes et s'entendit avec lui. Il fut convenu : 1° que les frères viendraient s'installer à Aramon le plus tôt possible ; 2° qu'ils habiteraient provisoirement une partie du vieux château, gracieusement mis à leur disposition par le marquis d'Aramon et feraient la classe dans l'ancienne mairie préalablement restaurée ; 3° qu'on leur ferait construire, dans le plus bref délai, des écoles et une habitation.

De fait, les frères s'installèrent à Aramon le 10 oct. 1849. Ils étaient trois. M. Cyprien-Barthélémy Pommier, en religion frère Turibe, fut nommé directeur (13 nov. 1849). Le nombre des élèves s'éleva subitement : de 80 à 90 qu'ils étaient, ils furent bientôt 187 (8 nov. 1849). Jamais plus beau succès.

M. Ch. Sauvan tint parole. Soutenu par l'enthousiasme que la venue des frères avait mis dans le pays, il s'occupa activement de la construction de l'école. Après avoir un instant porté les yeux sur les écuries de M$^{me}$ Louise Joubert, veuve Truphemus, il arrêta son choix sur le jardin de M. Siméon Carrière, notaire, rue Cavenayre : un an après l'établissement était construit (février 1850).

On avait dépensé 27.916 fr. 69, ainsi répartis : achat du terrain : 2.800 fr. ; frais du contrat : 300 fr. environ ; cons-

---

(1) D'une note de l'abbé Imbert, il semble résulter que M. Sauvan obéit à la pression de l'opinion publique, plutôt qu'à ses goûts personnels.

truction : 17.802 fr. 99 ; trousseau et mobilier des frères : 3.600 fr. ; mobilier des trois classes : 1200 fr. ; indemnité au noviciat pour les trois frères : 1800 fr. ; enfin, réparations au local provisoire : 413 fr. 70.

Or, comme les ressources ne s'élevaient au total qu'à 21.791 fr. 40, savoir : fonds communaux affectés par délibération du 8 nov. 1849, à la construction de la maison d'école : 11.947 fr. 40 ; souscription faite dans le pays : 5.794 fr. ; don du marquis d'Aramon : 4.000 fr. et qu'il manquait encore pour balancer la dépense : 6.125 fr. 29 ; on adressa une demande de secours au gouvernement (10 févr. 1850). Nous ignorons, d'ailleurs, ce qu'il en résulta.

M. Sauvan s'occupa également des filles (1). Le 30 déc. 1857, conformément à la circulaire du préfet, il fit porter le traitement des sœurs à 700 fr. (2) et fixer la rétribution scolaire à 1 fr. et 1 fr. 50. Puis, le 12 nov. 1859, sur les observations de l'inspecteur primaire, et dans le but d'améliorer le local scolaire, composé « de classes insuffisantes, manquant d'air, humides », il proposa au Conseil d'acheter les maisons de MM. Jean Rosier et Jean-Louis Saysse, voisines du jardin de l'hospice, et de construire, sur leur emplacement, de nouvelles classes. Le montant de la dépense devait être payé au moyen de centimes additionnels. Le Conseil approuva tout.

---

(1) A la Révolution, l'ancienne école des filles avait disparu avec les Ursulines, et il ne paraît pas que, dans les temps troublés qui suivirent, on ait songé à en créer une nouvelle. Mais en 1811, une jeune sœur, Lucie Gibrat, ayant été adjointe à titre d'auxiliaire aux deux sœurs de l'hôpital, alors bien âgées, eut l'idée, pour échapper à l'ennui et se rendre utile, de donner des leçons à quelques jeunes filles. Le nombre des élèves s'accrut rapidement. En 1814, la supérieure de l'hospice étant morte, l'administration ne consentit à appeler une troisième religieuse qu'à la condition que la classe serait continuée. De ce jour, l'école fut officiellement fondée, et elle a fonctionné jusqu'à la laïcisation, en 1885. (*Arch. de l'hôpital*).

(2) Les sœurs institutrices étaient nourries par l'hospice (dél. du 26 nov. 1867), et la rétribution scolaire (660 fr. environ) revenait à la **commune** (dél. du **30 déc. 1857**).

Mais l'exécution de ce projet n'eut lieu qu'en 1861, sous l'administration de M. Jean-Joseph-Antoine Pansier.

Cependant, le pays s'agitait. C'était comme un vent de révolution qui passait sur la France et menaçait de tout emporter une seconde fois. A Aramon, on avait fondé une société politique sous le nom peu rassurant de *Société de la Montagne*. Elle se réunissait secrètement chez l'hôtelier Roussière, ancienne auberge des Trois-Poux. Composée surtout de jeunes gens à la tête ardente et tous imbus d'idées révolutionnaires, il n'est pas de motions absurdes ou violentes, paraît-il, auxquelles elle ne se livrât. La population était inquiète et se demandait avec anxiété si les mauvais jours de la Terreur n'allaient pas reparaître.

Mais, sur ces entrefaites, l'Empire ayant été proclamé, des mesures furent prises contre tout individu réputé dangereux.

Et, un jour, en exécution de ces mesures, des agents en civil, firent une descente chez Roussière, découvrirent, dissimulée derrière une armoire, la porte de la salle des réunions, l'enfoncèrent et se saisirent de la liste des sociétaires.

Parmi ces derniers, les uns furent arrêtés en pleine rue, les autres s'enfuirent dans les champs, d'où ils ne rentraient chez eux que la nuit, en cachette, pour se procurer des vêtements et du pain : ils payaient cher leur étourderie.

On eut pitié d'eux. En fév. 1852, l'abbé Imbert écrivit à M. Vidal, alors maire de Nîmes (1), qui sut intéresser le procureur général au sort de ces malheureux. On les traita avec bienveillance, et bientôt, d'ailleurs, l'Empire, trouvant qu'ils avaient assez expié leur faute, les amnistia.

Aujourd'hui les survivants de la société de la Montagne touchent une pension de l'Etat, à titre de victimes du 2 décembre.

---

(1) Le maire de Nîmes avait un frère, propriétaire du domaine de Graves, lequel était fort lié avec l'abbé Imbert.

Une fois l'empire proclamé, le malaise disparut et M. Sauvan put se livrer à d'utiles améliorations, secondé surtout qu'il était par son père, alors membre du conseil général : il consacra, chaque année, des sommes importantes à l'entretien des chemins vicinaux (25 mai 1852 — 14 mai 1859, etc.) ; il fit émettre un premier vœu en faveur de la création d'un bureau de poste à Aramon, conformément, d'ailleurs, à la demande de plusieurs communes voisines ; puis un second pour obtenir la transformation du service de piéton en service à cheval entre Pont d'Avignon et Aramon (37 fév. 1853 — 18 août 1858) ; il organisa, avec le secours de l'Etat, des ateliers de travail, pendant l'hiver de 1853 (17 déc. 1853) ; il lutta avec énergie contre l'envahissement du choléra (1), dont il atténua les ravages, dans la mesure du possible (juin-sept. 1854) ; il songea à transférer l'abattoir, hors la ville, dans un but de salubrité publique (6 nov. 1859) ; il obtint de l'Etat, après l'épouvantable inondation de 1856, qui emporta la chaussée en face du cimetière et causa d'affreuses ruines, un secours extraordinaire : 120,000 fr. environ (12 nov. 1859), etc.

Aussi fut-il nommé deux fois maire, successivement, par décrets impériaux du 22 août 1855 et du 4 août 1860, et cet homme intelligent et énergique — vrai tempérament de bonapartiste — serait resté longtemps encore à la tête du pays, craint sinon aimé, s'il n'avait commis une de ces lourdes fautes, d'ordre intime, c'est vrai, mais que les populations même les plus légères ne pardonnent pas à leurs chefs, quand elles prennent les proportions d'un scandale. Le 14 nov. 1860, après un intérim de quelques mois fait par

---

(1) Le choléra éclata le 22 juin 1854. Du 22 juin au 25 septembre, jour où il cessa, il fit périr 120 personnes. Il se montra particulièrement violent pendant le mois de juillet. On eut alors jusqu'à cinq enterrements par jour. L'abbé Imbert, qui s'était admirablement dévoué au service des malades, fut frappé le 4 juillet, à 6 h. du soir, et mourut à 10 heures, regretté de tout le monde. Son vicaire, **l'abbé Brassier, ne fut pas moins admirable.**

M. Massis, premier adjoint, il fut remplacé à la mairie, par M. Jean-Joseph-Antoine Pansier.

Sous l'administration de ce dernier, on continua les travaux de réparation aux digues (3 fév. 1861) ; on abandonna le projet déjà mis en avant de construire une tribune, au fond de l'église paroissiale et on livra au culte « d'une manière toute particulière » la chapelle de l'hospice (7 fév. 1861) ; on mit à exécution la délibération du 12 nov. 1859, ayant pour but la construction d'un nouveau local scolaire pour les filles (1) (3 fév. 1861) ; on s'opposa énergiquement aux empiètements du marquis d'Aramon, lequel, désirant créer un parc sur le Puech — celui-là même qui existe aujourd'hui — avait élevé un mur qui barrait le chemin aux propriétaires voisins et le rendait de fait possesseur du terrain communal (1 hect. 8 ar. 47 cent.) à l'endroit même où s'élève la vieille croix. Il est vrai que bientôt après, on transigea ; et ce ne fut pas, dit-on, pour le plus grand bien de la commune : en échange du terrain communal du Puech, on reçut en Bertrand, près de l'Aube, une oseraie de 1 hect. 4 ar. 20 cent., sur laquelle on se proposait de construire l'abattoir et que le Rhône a presque entièrement démolie (7 fév. 1861 — 12 nov. 1861).

Aramon était tranquille à cette époque et donnait de sa foi une preuve éclatante, lors de la mission de 1863.

Après la mort de l'abbé Imbert, on avait nommé à la cure d'Aramon l'abbé Jean-Baptiste Bernard, un saint prêtre, que

---

(1) Il fallait 12,564 fr. 20 c. pour la construction. On ne pouvait disposer que de 5,721 fr. 25 c. On décida, pour combler la différence, de faire une souscription. On nomma commissaires MM. le maire, l'adjoint, Siméon Carrière, Emile Dassas, juge de paix, Pierre-André Manivet, le curé et le vicaire. Nous ignorons quel fut le résultat de cette souscription, mais nous voyons que le 25 mars 1865, la commune versa 4.400 fr. pris sur les fonds restés libres de l'exercice 1864, à la caisse de l'hospice, et que celui-ci se chargea de faire construire une salle d'asile et une maison d'école pour les filles « suffisante et appropriée à sa destination ».

l'on ne sut pas comprendre et qui en mourut, dit-on. L'abbé Auguste Bayle lui succéda en mars 1858.

Sans se laisser décourager par l'insuccès de son prédécesseur, celui-ci, pour ramener le peuple, eut l'idée de faire prêcher une mission. Des Chartreux de Lyon furent donc appelés : MM. Mouton, Plantain et Michaudon et se mirent à l'œuvre, dès les premiers jours de janvier. Dieu bénit leurs efforts : on assure que tous les hommes du pays, à l'exception peut-être d'une demi-douzaine, s'approchèrent de la sainte-table : c'était le plus beau succès qu'on eût vu, depuis la célèbre carême des Récollets en 1617.

A ce moment, quelqu'un ayant proposé d'acheter par souscription une belle statue de la Vierge, en fonte, afin de laisser, dans le pays, un souvenir impérissable de la mission, tout le monde applaudit. De fait, la statue fut achetée, et, le jour même de la clôture, installée sur un brancard monumental, par les soins et sous la direction de l'un des plus honorables enfants du pays, M. Joseph Blanc, elle fut portée processionnellement à travers les rues de la ville, au milieu d'un enthousiasme indescriptible.

On voulait la placer sur la tour de l'horloge, d'où elle aurait facilement dominé le pays. Le Conseil municipal, à qui on en fit la demande, approuva l'idée en principe ; mais, craignant que le clocher ne fût pas en état de porter un tel poids, il subordonna sa décision à l'avis d'un architecte, ajoutant, d'ailleurs, qu'on pourrait toujours la mettre sur l'emplacement du moulin des *Trois-Triquettes*, au nord du calvaire : une position superbe également (20 janvier 1863).

Que se passa-t-il ensuite ? Nous l'ignorons. Mais provisoirement déposée au fond de l'église, elle y est restée, attendant là des temps meilleurs, et rappelant aux générations qui viennent, la foi des ancêtres.

Elevée sur un magnifique piédestal, entourée d'une grande grille, parée avec autant de soins que de bon goût, elle est pour les fidèles un objet de vénération. Ah ! qu'elle protège toujours notre pays !

Quelques mois après ces fêtes inoubliables, M. Pansier mourut. Il fut remplacé à la mairie par M. Massis, en vertu d'un décret impérial du 23 juillet 1863. Celui-ci n'avait pas l'étoffe d'un maire ; il ne fit que passer, d'ailleurs : un vœu pour la construction d'un pont sur le Rhône entre Aramon et Barbentane (8 février 1864) ; une demande ayant pour but le rehaussement des chaussées de ceinture (*Item*) ; une légère amélioration dans le service des dépêches, entre Avignon et Aramon *(Item)* ; un vœu pour la suppression du péage du Pont-d'Avignon (14 février 1865) ; une riposte aux gens de Vallabrègues qui demandaient, ponr la dixième fois, leur rattachement au canton de Beaucaire (20 avril 1865), tel fut le bilan de son administration. Le 26 août 1866, un décret impérial mit M. Simon Lacroix à la tête du pays.

Malgré son peu d'instruction, et sous des dehors vulgaires et chétifs, celui-ci était loin d'être le premier venu. Ses actes en font foi, d'ailleurs.

Homme essentiellement pratique, il commence par faire rejeter un projet de dessèchement des marais — lequel ne desséchait rien au fond et coûtait 46.000 fr. — jugeant avec raison que tous les résultats possibles avaient été obtenus, en ce qui concerne cette partie du territoire, soit au moyen des canaux qui conduisent au Rhône l'eau des sources et de la pluie, soit au moyen des vannes, qui aux jours des grandes crues du fleuve empêchent les eaux de remonter dans les marais (1) (10 septembre 1865) ; puis il se hâta de faire jouir l'hospice de la donation de Mlle Jeanne Féraud, en religion sœur Macaire : donation importante, puisque les droits de succession se montèrent à 1.081 fr. (20 mai 1866).

---

(1) Nos marais sont de véritables prairies naturelles, qui rendent le plus grand service au pays, en lui fournissant un fourrage abondant et de bonne qualité. Il suffit pour cela de veiller au bon fonctionnement des vannes et de tenir nettoyées les brassières.

Excellent chrétien, il fit réparer l'église et la sacristie, veilla au respect des choses saintes, donna l'exemple d'une grande déférence à l'égard du clergé : sentant bien qu'un peuple sans religion est un peuple sans élévation et sans mœurs (12 août 1866).

Dévoué à sa commune, il travailla à la garantir des irruptions du Rhône, en exhaussant les chaussées (20 mai 1866) ; refusa de voter aucun subside si la ligne du Teil, alors à l'état de projet, ne passait pas par Aramon (3 juin 1867); songea à agrandir l'hôtel de ville, dont il aurait fait un monument digne du pays, par l'achat des maisons Bonjean, Armand et Fabre (3 novembre 1867) ; poussa activement à la construction du chemin d'Aramon à Avignon, par la *resquiette*, en faveur duquel il fit voter des sommes considérables (9 août 1869 ; 14 mai ; 5 juin 1870).

Enfin, partisan de l'instruction, il plaida, pour l'école des filles, la gratuité absolue, qui existait déjà pour celle des garçons et fut assez heureux pour la faire adopter (13 février 1868).

On le voit, l'administration de M. Lacroix avait porté les meilleurs fruits, et tout semblait lui présager de longs jours. Mais hélas ! rien ne dure, ici-bas. Aux élections municipales de 1870, les légitimistes, ennuyés d'être tenus à l'écart et profitant de l'appui que leur offrait un homme de valeur, le docteur Michel Pansier, formèrent une liste d'opposition. Elle passa en entier. Mais du moins en descendant du pouvoir, M. Lacroix put se rendre ce témoignage qu'il avait rempli son devoir, et l'estime, qui le suivit dans sa retraite, lui prouva qu'il ne se trompait point.

FIN

# NOTES ET PIÈCES JUSTIFICATIVES.

### Note A

1º POSSESSEURS D'ALLEUX. — Les possesseurs d'alleux n'étaient au fond que les anciens envahisseurs, devenus maîtres du sol par droit de conquête. En théorie, ils ne relevaient que de Dieu et de leur épée, et ne devaient à personne ni tribut, ni hommage, mais, en réalité, sujets du roi, ils étaient tenus envers lui à la subordination et à l'hommage, comme envers leur chef militaire et l'oint du Seigneur. Ce droit fut souvent affirmé par Charlemagne, qui ne voulait admettre, de la part des grands vassaux, la possibilité d'aucune résistance.

2º BÉNÉFICIAIRES. — On appelait bénéficaires ceux qui avaient reçu des dons ou des domaines, soit du roi, soit des possesseurs d'alleux, et qui, en échange, étaient obligés envers le donateur à la fidélité, à une redevance, au service militaire, quelquefois même à un simple hommage. Ils pouvaient être dépouillés, bien qu'en principe, ce fût à vie.

3º TITULAIRES DE CHARGES PUBLIQUES. — Ceux-ci dépendaient encore plus directement du roi. C'étaient des comtes, vicomtes, etc., qui représentaient le roi dans les provinces et dans les villes et lui devaient une obéissance sans borne. Il est à remarquer que l'on donnait ce titre le plus souvent aux plus riches propriétaires des provinces et aux grands possesseurs de terres bénéficiaires. C'était un moyen de les tenir en respect par la crainte de perdre ces charges honorifiques.

## Note B

Impôts. — A dater de 1440, les impôts se divisent : 1º en *taille* ou impôt direct et roturier : taille personnelle ou taille réelle, selon qu'elle porte sur les personnes ou sur les biens ; 2º en *aide* ou équivalent : impôts indirects et de consommation, non spéciaux aux roturiers ; 3º en *gabelle* ou droit fixe perçu sur le sel. C'est tantôt un droit de vente et tantôt un droit de péage.

Mais il y en eut bien d'autres : 1º droit de *ban*. Les nobles devaient au roi le service militaire et cet impôt du sang devenait très ruineux dans les longues guerres ; 2º droit sur les *biens nobles*. Les clercs et les roturiers, possesseurs de biens nobles, payaient une redevance particulière ; 3º droit de *décime*. Outre l'impôt qui incombait aux membres du clergé, pour leurs biens nobles et roturiers, ils étaient soumis à la décime : sorte d'emprunt fait par le roi, mais qui n'étant jamais soldé, constituait un impôt déguisé, très onéreux. A quatre décimes on disait que le prêtre était réduit à mendier, s'il n'aimait mieux aller vivre chez ses parents ; 4º droit de *solde pour les villes closes*. Cet impôt représentait la solde et l'entretien d'un certain nombre d'hommes de guerre ; 5º droit de *passage et séjournement des troupes*. Les gens du Languedoc étaient obligés de fournir à ces troupes les vivres nécessaires. Henri II changea la fourniture des vivres et celle des ustensiles en une contribution pécuniaire. On l'appela le *taillon*. (Notons que l'entretien et la solde des gens de guerre (compagnies) étaient déjà à la charge des pays où ils résidaient) ; 6º droit de *foules*. Quand les troupes sont en marche, les syndics des pays situés sur leur chemin, à certains points désignés, leur apportent des vivres ; mais ils sont indemnisés ensuite sur les fonds du diocèse entier ; 7º puis il y a les *réquisitions directes, les indemnités et gratifications*, etc.

## Note C

1º Présidial. — Dans le principe, le Présidial était une simple réunion de conseillers, dont s'entourait le Sénéchal. Henri II érigea ce conseil en tribunal, qui prit le nom de « Cour présidiale » ou simplement « Présidial ». Mais le Sénéchal, absorbé par ses multiples fonctions ne tarda pas à prendre un « juge-mage » qui le remplaça à la tête de ce tribunal, et sans l'avis duquel il ne jugeait aucune cause et ne portait aucun règlement. Le Présidial se composait de neuf membres environ, parmi lesquels : 1º le lieutenant du Sénéchal ou juge-mage ; 2º un juge des crimes ; 3º deux procureurs généraux et un avocat du roi, chargés de défendre les droits du domaine ; enfin, 4º cinq à six avocats choisis par le Sénéchal, lesquels, sans aucun titre, prenaient part aux travaux de la Cour et à la gestion des affaires publiques : sorte de rapporteurs ou assesseurs qui opinaient dans les procès.

Nous remarquons aussi que le juge-mage avait un substitut.

Ce tribunal ne prononçait en dernier ressort, que dans certains cas et pour certaines sommes ; en dehors de là, on pouvait en appeler au Parlement et au roi : ce qui devenait très coûteux, d'ailleurs.

La puissance des Sénéchaux et celle de leurs tribunaux, par suite, diminuèrent beaucoup, lorsque les rois eurent établi des gouverneurs dans les provinces, qui les représentaient directement.

2º Aides. — Les Aides avaient été d'abord une section du Parlement. Louis XI les sépara de ce dernier, par lettres patentes du 7 décembre 1467, et plus tard, c'est-à-dire, en mars 1478, les fixa à Montpellier.

La cour des Aides était primitivement composée : 1º d'un président (il paraît que le gouverneur de la province ou son lieutenant avait le droit de la présider); et 2º de cinq généraux. Mais, dès 1552, elle comptait deux présidents et dix généraux et peut-être que ce nombre s'accrut encore.

Cette cour avait dans son ressort tout le contentieux des tailles, de la gabelle, etc. Sa juridiction allait « jusques à con- « damnation et exécution corporelle et mesmement de mort « et abcission de membres ». Enfin, elle était souveraine en matière d'impôts, ou plutôt elle n'avait au-dessus d'elle que le roi (Conseil d'Etat). Le Parlement dont elle diminuait le rôle, s'opposa d'abord à son installation et persista ensuite, pendant un demi-siècle, à juger en matière de finances, malgré toutes les interdictions,

3º COMPTES. — Avant le XVIº siècle, tous les officiers et commissaires, chargés de percevoir les deniers publics, devaient rendre leurs comptes à la Chambre des Comptes de Paris, où siégeait une section spéciale composée de deux *clercs*, avec mission « d'ouïr » et d'apurer les comptes du Languedoc. Ce système présentait de graves difficultés, vu l'éloignement et les dangers occasionnés par les guerres. On décida alors de faire rendre les comptes devant la Cour des Aides, dont les procès-verbaux seuls seraient apportés à Paris.

Mais, en 1523, François Iᵉʳ sépara la section des comptes de la Cour des Aides, et, l'ayant érigée en Cour souveraine, la dota d'un nouveau personnel : un président, deux maîtres, trois auditeurs, un procureur, etc.

Si, de toutes les grandes institutions languedociennes, ce fut la moindre, vu sa compétence limitée, elle n'eut cependant pas un rôle insignifiant : c'est devant elle que les receveurs diocésains rendaient leurs comptes, et c'est à son examen qu'étaient parfois soumis les comptes municipaux : grâce à elle donc presque plus d'injustices ni de fraudes.

4º PARLEMENT. — Ce corps célèbre fut institué par Charles VII encore dauphin, le 20 mars 1420, à la demande des Etats-Généraux réunis à Carcassonne. Dissous par le comte de

Foix, gouverneur du Languedoc et, rétabli en 1444, il dura jusqu'à la Révolution. Au début, il se composait de deux présidents et de douze conseillers, sans compter les gens du roi: procureur et avocats généraux. A l'avènement de François I$^{er}$ nous trouvons cinq présidents et vingt-quatre conseillers.

Le Parlement se recrutait lui-même dans le principe, et n'admettait, dans son sein, que des gens bien distingués ; mais François I$^{er}$, se trouvant à court d'argent, rendit ces charges vénales. Il en résulta : 1º que le nombre des membres s'accrut sensiblement : ainsi on en comptait 80 en 1539, plus un procureur et deux avocats généraux, six présidents et deux chambres des requêtes : 2º que la justice ne fût pas toujours exempte de soupçons : il fallait bien que les juges rentrassent dans leurs fonds. Le Parlement de Toulouse avait été investi, en 1444, de toutes les attributions de celui de Paris. C'était une haute Cour de justice qui embrassait tout dans son ressort, avant la création des Cours souveraines (Aides et Comptes). Elle n'avait que le roi au-dessus d'elle. Sa puissance la porta souvent à s'arroger un rôle politique : ce fut la cause de bien de brouilles.

5º Conseil du roi. — Le Parlement, la Cour des Aides, la Chambre des comptes étaient souveraines en droit et en fait ; mais le roi se réservait naturellement le dernier ressort, soit en cas de conflit entre ces cours, soit en cas d'appel à sa justice. De Charles VII à Henri II, le Conseil du roi était partagé en section, afin de mieux pourvoir à la multitude des affaires. Sous Louis XI, une partie des membres du conseil (Grand Conseil) fut habituellement réuni en Cour de justice, et, s'étant organisé peu à peu, finit par être le Conseil privé du roi ou Conseil d'Etat, c'est-à-dire la seule Cour qui fût vraiment souveraine.

6º Autres Tribunaux. — Notons encore 1º que les officiers, domestiques et commensaux du roi ne plaidaient qu'aux requêtes de l'Hôtel : tribunal où siégeaient les Maîtres des Réquêtes au palais, mais qui n'était pas souverain ; 2° qu'il y eut encore, au cours des siècles, divers tribunaux d'exception, qui, créés à l'occasion de certaines circonstances particulières, disparurent avec elles ; le tribunal des Grands Jours, par exemple.

## Note D

Consuls. — Les seigneurs ou leurs viguiers avaient choisi, dans le principe, parmi les gens les plus intruits et les plus honnêtes de leur entourage, une sorte de conseil, des lumières duquel ils s'aidaient dans l'administration des communautés. C'étaient des hommes exclusivement à eux et que l'on désignait sous le nom de consuls (consulere, conseiller, délibérer). Ils avaient une sorte de pouvoir judiciaire.

Vers cette époque également, les communautés obtinrent ou prirent le droit de se donner des procureurs ou syndics, d'abord temporairement, pour telle ou telle affaire. Leur pouvoirs émanaient des communautés, naturellement, tandis que les consuls tenaient les leurs des seigneurs ou des viguiers.

Bientôt les syndics profitèrent de leur influence, pour rendre leur charge permanente, étendre leurs attributions administratives, diminuer la distance qui les séparait des consuls.

Puis, quand les consuls disparurent, ils en prirent le nom, qu'ils trouvaient plus noble que celui de syndic. Et c'est ainsi que ce nom a fini par désigner deux institutions presque diamétralement opposées.

A partir du xiv$^e$ siècle, le mot de consul est devenu l'équivalent de syndic, mais sans aucune attribution judiciaire.

## Note E.

Voici la liste des prieurs d'Aramon, dont les noms figurent dans nos archives :

1º Nicolas de Salon (1533).
2º Pierre d'Airebaudouze (1551).
3º François Valentin (1572).
4º Jean Terront (1580).
5º Etienne Julien (1580-1621).
6º Gédéon de Faïn de Pérault (1621 — il avait 11 ans — 1682).
7º Jean-Baptiste de Balan (1682).
8º Giles-Ignace Huart (1687-.... 1714-....)
9º François Vernet (1728-....).
10º Pierre Rafin (1737-.... 1753-....).
11º ... Charvin (1790-....).

---

## Note F.

### *La Marcho di Rei.*

Ce matin, jour de Noël, j'écris ces lignes, — sans doute, hélas ! bien grises à côté du sujet qu'elles traitent, — dans mon cabinet parisien, tout embaumé par la mélancolie d'un temps morose qui suinte et fait la moue.

A chaque phrase qu'elle esquisse, ma plume s'arrête, pour laisser mes yeux se reporter vers une prose soleilleuse qui brille comme un diamant.

Les facettes de cette prose éclairent le papier, déjà un peu jauni, d'un journal provençal, daté du : *Dijou, 7 de janvier 1892.* Elle est signée : *Gui de Mount-Pavoun.* Elle sourit au bas de la première page, sous un *Noël* esquis, ou vibre mon pays, le pays vif et clair que j'aime. La joie superbe du cantique évoque les détails de la plus étonnante vision :

> De matin
> Ai rescountra lou trin
> De tres Grand Rei qu'anavou en vouiage,
> De matin
> Ai rescpuntra lou trin
> De tres Grand Rei dessus lou grand camin.

**Je les vois** les trois grands mages, parés d'or, parfumés d'encens, portant la myrrhe, et je crois les entendre s'avancer mélodieusement à travers le lumineux mystère d'une nuit étoilée ! Ils regardent l'astre qui les guide, et déjà ils approchent de Bethléem qui, dans mon imagination, ressemble étrangement à Arles... Et voici que mes souvenirs réchauffés entonnent l'air majestueux qui célèbre la marche royale !...

Cet air, quel génie musical l'a conçu et l'a écrit ! telle est la question que pose et discute l'*Aïoli* (c'est le nom de mon journal provençal)? *Quau a fa la marcho di Rei ?*

Ah ! que de fois, devant un chef-d'œuvre, elle se pose la question : *Quau la fa ?*... Souvent au cours de mon voyage en Allemagne, en face d'un monument, d'un tableau ou d'une statue, je demeurais muet de surprise et d'admiration ; j'interrogeais mon catalogue afin d'y trouver l'auteur, et pour tout nom je lisais . *Unbekant,* inconnu !...

*Unbekant* ! Oh ! le sublime artiste ! A lui les plus radieuses parmi les merveilles qui constituent le patrimoine immortel de l'humanité pensante et chantante ! Il a fait l'*Imitation*, il a fait la *Vierge de Nuremberg,* il a fait *Nuremberg,* la ville poème, il a fait la *Mort de Marie* du musée de Munich, il a fait les cathédrales, il a fait les solemnités, les colères ou les extases du plaint-chant, il a fait les refrains délicieux, les ondes charmantes, les accents naïfs où vibrent les ardeurs, les courages, la foi de nos pères, il a créé l'atmosphère sonore, picturale et poétique qui rafraîchit notre berceau, qui pleurera sur notre tombe...

*Unbekant !* l'inconnu ! la force mystérieuse ! l'anonyme ins-

piration ! Voilà peut-être les auteurs de la *Marcho di Rei* !...
*quau la fa* ?...

Il suffirait d'entendre et d'admirer. Mais notre âme n'est pas contente, si notre curiosité n'est pas satisfaite ; et notre esprit, qu'irrite l'enigme, cherche parmi les hypothèses, la source de notre admiration, comme l'explorateur cherche parmi les solitudes la source du peuple lointain.

*Quau la fa* ? Lulli — a-t-on prétendu — pour le triomphe de Turenne. On ne comprend guère — observe avec raison *Gui de Mount-Pavoun* — que cette *Marche de Turenne* ait été à ce point ignorée des Parisiens ; car ceux-ci ne la connaissent que depuis que l'*Arlésienne* de Bizet. dont elle est devenue le principal *leitmotiv*, la leur a révélée.

Pourquoi ne pas admettre une autre paternité infiniment plus vraisemblable ?

Notre Noël des Rois est signé dans tous les recueils : *Domergue, Decan d'Aramon.*

Quel était ce Domergue, et quand vivait-il ?

M. L. Valla, curé actuel d'Aramon, qui aime à fouiller le passé, à interroger les archives et à qui les papiers jaunis font de suggestives réponses, a trouvé un acte de décès, lequel pourrait bien s'appliquer à l'auteur de notre Noël :

« L'an que dessus (1728) et le second du mois d'avril décéda
« dans la ville d'Avignon messire Joseph-François Domergue,
« prêtre et curé de cette ville d'Aramon, docteur en sainte
« Théologie, âgé de trente sept ans. Son corps fut inhumé
« dans l'église du vénérable Chapitre de l'Eglise de Saint-
« Didier de la ville d'Avignon. Signé : Bermond, prêtre. »

Sur le registre, cet acte de décès est tout enguirlandé de laurier (dessein à la plume), et seul, il est gratifié de ce poétique ornement qui semble rappeler quelque noble conquête de l'art.

M. l'abbé Valla, ayant collationné les actes paroissiaux antérieurs à 1728, a constaté que le premier acte, signé du curé Domergue, est du 28 mars 1724, et que le dernier porte la date du 14 septembre 1727 ; il en conclut que son prédécesseur, à partir de cette époque, dut, sans doute, pour raison de santé, se retirer à Avignon, où il mourut l'année suivante.

De tout cela, il ressort que le Noël des Rois à été composé par le curé Domergue, lorsqu'il était doyen d'Aramon, entre 1724 et 1728.

Pour moi, j'en suis ravi. Vous en saurez la cause, quand je vous aurai dit que je suis presque un enfant d'Aramon, où je vais passer mes automnes. Le génie du curé Domergue chatouille très flateusement ma fibre patriotique, et je suis charmé que la vue de mes collines, dont j'aime les grisailles transfigurées par le soleil, ait inspiré l'un des thèmes les plus séduisants que j'ai entendus.

Emile de Saint-Auban.

Complétons le brillant avocat de Paris, par le grand poëte provençal, M. Fédéric Mistral ; car l'article suivant, paru dans l'*Aïoli*, le 7 janvier 1892, sous la signature : *Gui de Mount-Pavoun*, est de lui.

## QUAU A FA LA MARCHO DI RÈI ?

Nosto Marcho di Rèi, que lou musicaire Audran se n'éro ispira deja dins *Gillette de Narbonne*, encastrado pièi en plen pèr lou maestro Bizet dins l'*Arlésienne* de Daudet, ço que l'a dessempièi facho counèisse à Paris, es, sus un dire de Castil-Blaze, atribuïdo à Lulli. Pretèndon que Lulli, lou musician de Louis XIV, aurié coumpausa éu-meme aquelo marcho triounfalo, emé tambour, fifre e troumpeto, pèr la rintrado de Tureno après si brihànti vitòri. E aquelo supousicioun es foundado sus lou noum que porto l'èr di Rèi dins li recuei de Nouvè — qu'en tèsto di paraulo *De matin Ai rescountra lou trin* dounon l'endicacioun : *Èr de la Marcho de Tureno*.

Estouna qu'aquel èr de la Marcho de Tureno fuguèsse devengu incouneigu di Parisen e curious de saupre en que nous n'en teni, avèn dounc, aquésti jour, dubert uno pichoto enquèsto au sujét dóu Nouvé di Rèi ; e nous estènt adreissa à-n-Enri Maréchal, ispeitour di Courservatóri, autour de l'oupereto *Les amoureux de Catherine*, de la musico de *L'ami Fritz* e de l'opera de *Calendau*, veici ço que nous a respoundu aqui-dessus ;

« Ai counsulta, dis, subre l'èr La Marcho de Tureno, moun ami Wekerlin, lou saberu biblioutecàri dóu Counservatori de Paris. A passa tout un jour à furna au Counservatóri e dins sa propro biblioutèco, qu'es richo que-noun-sai, e noun a rèn trouva. Silènci aussoulu sus la Marcho de Tureno. Mai veici, se voulès, nosto óupinioun sus aquel èr. Es de-tout inversemblable que Lulli n'en fugue l'autour. Pèr la neteta de soun ritme, pèr la loungour de la fraso, pèr soun caratère enfin, tout endico, d'abord que la Marcho di Rèi n'est pas un cant poupulàri, mai qu'es l'obro d'un musicaire de la fin dóu darrié siècle, meten cènt an après Lulli — mort en 1687.

« Autro causo. Dins un óubrage, qu'ai vist encó de Wekerlin, entitula : *Musique et fêtes de la ville d'Aix* (1777), se ié cito forço èr que Bizet a mes dins *L'Arlatenco*, d'àutri que Dubois a mes dins *La Farandoulo*, d'àutri encaro qu'ai mes dins lou balet de *Calendou*, mai i'es jamai questioun de la Marcho di Rèi ; e Wekerlin n'en counclus meme que sarié, aquelo musico, estado coumpausado après 1777. Quant à l'endicacioum di recuei de Nouvé : *Èr de la Marcho de Tureno*, éu ié vèi qu'uno fantasié d'un autour desirous de de douna 'n titre rounflant à soun óubrage. Lou cas es frequènt dins lis èr populàri. E, de nosti jour vejan, avèn-ti pas de musicaire que, pèr aprouficha l'atualita rùssio, escrivon de moussèu emé de titre coume eiço : *Cronstadt, La Troïka, La Neva, Moscovite*, bèn que sènte puléu, sa musico, Mount-Martre emai Li Batignolo ! »

Aco-d'aqui, parai ? sèmblo proun bèn resouna ; soulamen i'a 'n entramble que se i'aubouro contro, pèr la questioun de la dato.

Noste Nouvè di Rèi, dins tóuti li recuei, es **signa** (pèr li paraulo) : *Domergue, decan d'Aramoun*. Quau èro aquéu Domergue e en queto epoco vivié ?

Avèn, pèr nous assabenta, escri au curat d'Aramoun, e M. L. Valla, curat-decan d'aquelo parroqui, après avé cerca dins lis archivo de sa clastro, i'a trouva aquest mortuorum, que pou èstre qu'aquéu de l'autour dóu Nouvè : *L'an que dessus* (1728) *et le second du mois d'avril, décéda dans la villi d'Avignon Messire Joseph-François Domergue, prêtre et curé de cette ville d'Aramon, docteur en Sainte Théologie, âgé de trente-sept ans. Son corps fut inhumé dans l'église du vénérable chapitre de l'église de St-Didier de la ville d'Avignon.* Signa : *Bermon, prêtre.*

M. l'abat Valla, aguènt pièi ressegui lis ate curiau anteriour à l'an 1728, i'a trouva que lou proumier ate, signa dóu curat Domergue, es dóu 28 de mars 1724, et que lou darrié sigua es dóu 14 de setèmbre 1827 ; e noste bènvoulènt courrespoundènt n'en presumis que soun predecessour, à parti d'aquelo epoco, avié degu proubablamen, pèr resoun de santa, se retira dins Avignoun ounte mouriguè l'an venènt.

De tout acò ressort que lou Nouvè di Rèi, escri pèr lou curat Domergue, quand éro decan d'Aramoun, a degu èstre coumpausa entre 1724 e 1728. Per consequèni, lou famous èr que n'acoumpagno li paraulo es d'aquéu tèms à tout lou mens ; e Lulli estènt mort mens de 40 an avans, l'oupinioun de Castil-Blaze que lou i' atribuïssié poudrié proun se sousteni.

Mai en counsiderant pamens que la *Marcho de Tureno*. que sarié lou moutiéu e proumié titre d'aquel èr, noun a leissa de traço en-lio e en-lio mai n'es menciounado qu'en tèsto de noste Nouvè ; en regardant peréu la formo di coublet dóu decan d'Aramoun, proun coumplicado e majestouso dèr avé douna tèmo à l'èr que l'acoumpagno — pulèu que pèr se i'èstre servilamen moulado, nous farié ges de peno de crèire qu'aquel èr es esta fa pèr li paraulo.

Avignoun, ounte avié viscu, soulamen cinquanto an avans, un musician tau que Saboly, Avignoun ounte — gràci à l'artistico enfluènci di Vice-Legat rouman — la musico èro alor largamen cultivado, poudié bèn d'aquéu tèms fourni lou musicaire de la Marcho di Rèi. E tant que l'eisistènci de la *Marcho de Tureno* sara pas demoustrado pèr d'àutri doucumen, sara permés, nous sèmblo, de crèire qu'Avignoun es la maire d'aquelo reialo cantadisso, se touto fés l'abat Domergue n'es pas éu-meme l'autour.

Gui de Mount-Pavoun.

## Note G.

Un marchand (1) de Remoulins (Gard), nommé Jean Sauvan, épousa, le 3 septembre 1587, Madeleine Faulquet, fille d'un ménager d'Aramon (2).

De condition modeste, il ne paraît pas que sa famille ait été mieux partagée. Un de ses parents, Jacques Sauvan, habitait Collias (Gard). dans un état voisin de la gêne, puisque sa fille, Isabeau Sauvan, ayant voulu entrer comme religieuse au couvent de Saint-Georges, à Avignon, ce fut une cousine par alliance (3) qui lui fit sa dot. fort modeste d'ailleurs: 200 livres (4). Un autre, Charles Sauvan, était simple ménager à Vers (Gard). En 1630, nous le voyons réduit à emprunter devant notaire, 63 livres (5). Enfin, son propre neveu, Jean Sauvan jeune (6), pour lequel il semble avoir eu une affection particulière, faisait également, dans Aramon, le commerce des grains et des bestiaux (7).

---

(1) Marchand de blé, d'huile, de brebis, etc. (Minutes des notaires.)

(2) *Arch. comm.*, GG. 1.

(3) Catherine Moureau, veuve d'un ancien premier consul d'Aramon, qui avait épousé, en secondes noces, le 12 juin 1630, Jean Sauvan, jeune. Riche et généreuse, cette femme fut la providence des Sauvan.

(4) G. Faulquet, not., 1666.

(5) D. Pitot, not., 1630.

(6) J. Arnaud, not., 1630.

(7) Nous trouvons encore un «Jean Sauvan, jardinier de Cavaillon,

En se mariant à Aramon, Jean Sauvan avait-il la pensée de s'y établir? C'est probable ; mais la peste qui éclata dans ce pays, en 1588, ne lui permit pas de donner suite à ce projet. Il se contenta d'un pied-à-terre à Aramon, dans l'intérêt de son commerce, et attendit à Remoulins probablement des temps meilleurs (1)

En 1595, il reparaît à Aramon. Outre sa femme, il a quatre enfants avec lui : Etienne, Jean, Jacques et Marguerite, lesquels, n'ayant été qu'ondoyés, furent solennellement baptisés le 27 décembre (2).

Ajoutons qu'au cours de cette même année 1595, Jean Sauvan acheta la maison du capitaine Roland Darmin, de Beaucaire (3), et s'y installa avec sa famille, après l'avoir fait soigneusement restaurer par un habile maître maçon d'Uzès, François Ardoin (4).

Des quatre enfants de Jean Sauvan, les deux aînés, Etienne et Jean, durent mourir en bas âge ; le fait est qu'il n'en est plus question dans les archives qui nous restent. Jacques et Marguerite (5) survécurent. Il est vrai que d'autres enfants

---

habitant à Orange », dont on baptisa le fils à Aramon — nous ne savons pourquoi — le 28 janvier 1585 (*Arch. comm.*, GG. 1). et un Accurce Sauvan, « meusnier à Aramon » vers 1630 (*Arch. comm.*, GG. 5). C'était la même famille, probablement.

(1) *Arch. comm.* GG. 2. — J. Pitot, not., 1589 et 1591.

(2) *Arch. comm.*, GG. 3.

(3) J. Pitot, not., 1595.

(4) Le compoix de 1602 dit que cette maison se trouvait « à la descente du château ». A en juger par les confronts, il n'y aurait rien d'étonnant à ce que ce fut la maison dite de Moyneuse, dont le rez-de chaussée supporte la terrasse du château, côté sud'ouest. Elle était tout au moins dans le voisinage.

(5) On la maria, vers 1612, avec une dot de 600 livres, à « Jean « Avond, baile de Théziers ». On appelait baile ou bailli (du latin *bajulus*, porteur) un officier subalterne qui rendait la justice, dans les villages, au nom du seigneur ; ou bien un agent chargé de recevoir les revenus seigneuriaux. Avond n'était donc qu'un fort petit personnage.

naquirent bientôt après : Antoine, en 1599 ; Françoise, en février 1601 ; Marie, en décembre 1610 (1), etc.

Cependant le commerce de Jean Sauvan avait prospéré. En 1616, nous le voyons trésorier de la commune d'Aramon ; c'est à ce titre qu'il solde le montant de diverses réparations faites aux murs de la ville (2), et les minutes de notaires nous le montrent tantôt achetant propriété sur propriété, tantôt prêtant de l'argent aux meilleures familles du pays, tantôt servant de caution et facilitant ainsi de grosses affaires. Bref, c'est le financier d'Aramon (3).

Une fois riche, Jean Sauvan voulut, paraît-il, les honneurs, sinon pour lui, au moins pour ses enfants. En conséquence, il achète pour son fils Jacques une charge de conseiller-secrétaire à la cour (4), fait nommer Antoine greffier de juge (5) à Aramon. marie Françoise à Denis Pitot, notaire-royal du pays (6) ; puis, son rêve ainsi réalisé, il se retire des affaires.

Détail curieux et singulièrement suggestif jusqu'en 1635, aucun des Sauvan ne porte la particule nobiliaire ; aucun d'eux n'a son nom précédé du qualificatif de noble. Dans tous les actes publics — et nous avons pris la peine de les parcourir tous, un à un, — on lit : « Jean Sauvan, Antoine Sauvan, Jacques Sauvan », même lorsqu'on qualifie ce dernier de conseiller-secrétaire du roi. Et cela est d'autant plus frappant, que, dans les actes qui précèdent comme dans ceux qui suivent, on voit : « Noble Alzias de Posquière, noble Jean de Laudun, noble Pierre de Jossaud, noble Denis du Jardin. » C'étaient les noms des cinq co-seigneurs d'Aramon (7).

---

(1) *Arch. comm.*, GG. 4.

(2) P. P.

(3) Tous les notaires, de 1605 à 1635.

(4) *Arch. comm.*, GG. 5.

(5) J. Arnaud, not., 1624.

(6) G. Faulquet, not., 1651.

(7) *Arch. comm.*, GG. 2, 3, 4.

Mais, à partir de 1635, la formule change, au moins pour Jacques Sauvan. Il se qualifie alors de noble, signe de Sauvan, et prend même le titre de baron d'Aramon (8). Que s'était-il donc passé ? Le voici :

La baronnie d'Aramon, après être restée de 1426 à 1597 — sauf une interruption de 52 ans — dans la noble maison de Poitiers, avait été vendue par Charles-Robert de la Mark comte de Maulevrier, héritier naturel de Guillaume et de Charlotte de la Mark, ses neveu et nièce, à Jean de Gondin, seigneur de Carsan, d'une des premières familles du Bas-Languedoc. Celui-ci en jouit paisiblement jusqu'à sa mort, qui arriva vers l'année 1612, et son fils, Honoré de Gondin, devint alors seigneur de Carsan et baron d'Aramon. Il fut de plus grand prévôt du Languedoc.

Malheureusement, la succession de Guillaume et de Charlotte de la Mark ayant été discutée, à cause des dettes qu'ils avaient laissées, les créanciers obtinrent, le 20 mai 1628, un arrêt de la Chambre de l'Elit de Paris, qui, sans s'arrêter à la vente faite par Charles-Robert de la Mark, leur adjugeait les terres d'Aramon et de Valabrègue. Honoré de Gondin défendit opiniâtrement ses intérêts, mais en vain ; et, après mille incidents qu'il serait trop long de raconter ici, ces terres furent mises en vente. Le 1er mars 1635, Jacques Sauvan, réunissant les ressources de sa famille, les acquit au prix de 104,500 livres.

C'était, en ces temps-là, une grosse somme, même pour des marchands enrichis. Aussi les verrons-nous tous ruinés par cet achat : Antoine vendra une à une ses propriétés; un jour même pour faire face à une misérable échéance de 200 livres, il engagera jusqu'à son argenterie (à). Le chevalier de Fleurigny, beau-frère de Jacques Sauvan, demandera qu'on lui cède, sa vie durant, les revenus de la terre de Valabrègue,

---

(1) *It.*, GG. 5. 6, 7.

(2) G. Faulquet. not., 1661.

pour le dédommager de ses sacrifices(1). Jacques Sauvan lui-même mourra au milieu d'inextricables difficultés, et sa veuve, Madeleine de Fleurigny, après avoir vu la terre d'Aramon mise quatre fois à l'encan, ne devra qu'à la généreuse initiative d'une autre femme, d'échapper à un désastre complet.

Plus tard, il est vrai, les Sauvan se relèveront ; ils doubleront même et tripleront la valeur de l'immeuble. Mais ce ne sera qu'en revendiquant sans pitié ce qu'ils appelleront, à tort ou à raison, leurs droits. De là, une foule de procès, de violences, de meurtres même : vrais drames, dont le récit trouvera naturellement sa place, dans l'histoire, en préparation du pays. Nous ne voulons relater ici qu'un fait, uniquement encore parce qu'il détruit une assertion du livre de la Roque.

Au XVI$^e$ siècle, les Jossaud possédaient l'île connue aujourd'hui sous le nom de « Carlamejean ». Comment l'avaient-ils eue ? Est-ce par achat ? est-ce par déguisement ? Ce qui est certain, c'est que cette possession paraissait légitime à tout le monde. Le peuple n'appelait cette île que « l'île de Jossaud ». C'est même sous ce nom que bien des gens la désignent encore dans le pays, et les officiers du Domaine ne s'opposèrent jamais aux diverses investitures et inféodations, qui furent faites par les Jossaud, de 1582 à 1635 (2).

Mais dès que les Sauvan arrivèrent au château, ils n'eurent rien de plus pressé que de revendiquer cette île. « Dans le Rhône, disent-ils, toutes les îles appartiennent au Roi ; or, en vertu du contrat de 1426, nous sommes aux droits du Roi. » C'était s'établir sur un bon terrain. Aussi le 31 juillet 1638, après un procès des plus vifs, un arrêt des Requêtes de l'Hôtel, faisant droit aux conclusions des Sauvan, leur concéda l'île en litige. Ils n'en jouirent toutefois que vers 1647 : ce jugement et cette date sont à noter.

---

(1) G. Faulquet, not., 1662.
(2) *Arch. dép.*, E. 9.

Mais revenons à Jacques Sauvan.

Une fois adjudicataire du château d'Aramon et de ses dépendances, celui-ci, — nous l'avons dit, — se hâta de prendre le titre de baron, bien qu'il n'en eût point le droit : la seule acquisition d'un fief ne conférant jamais, *ipso facto*, la noblesse (1). D'ailleurs, son père et son frère, qu'il avait établis ses procureurs à Aramon, retenu qu'il était lui-même à Paris par les soins de sa charge, ne tardèrent pas à l'imiter. Dès l'année 1638, Jean Sauvan et Antoine Sauvan deviennent « noble Jean de Sauvan, noble Antoine de Sauvan. » C'est sous cette dénomination qu'ils figurent dans les actes publics. Et il n'est pas jusqu'à Marie Pécherry, la femme d'Antoine, qui n'accole à son nom la particule nobiliaire : cette « damoiselle illettrée » (2), bien qu'étant d'Arles (3) où les couvents ne manquaient pas pour élever les jeunes filles de qualité.

Il paraît, d'ailleurs, que cette noblesse des parents de Jacques ne fut pas bien prise au sérieux dans le pays. Nous en avons la preuve dans un acte notarié du mois de novembre 1658, signé G. Faulquet, notaire royal d'Aramon. Qu'il nous soit permis de le donner ici presque en entier, car il apporte à notre thèse un argument sans réplique.

« ACTE DE SOMMATION ET PROTESTATION.

« L'an mil six cent cinquante huict et le huictiesme jour du mois de novembre, après midy, par devant moy, notaire

---

(1) La noblesse s'acquérait, suivant les Etablissements de Saint Louis, par la possession d'un fief à la tierce foi, c'est-à-dire qu'un roturier acquérant un fief noble, ses descendants étaient nobles à la troisième foi (hommage), et le possédaient noblement à la troisième génération (La Roque, préface p. XIV). Ce règlement resta en vigueur. Sous Louis XIV, la noblesse ne fut maintenue par les intendants qu'à la troisième génération, suivant la formule romaine : « *Patre et avo consulibus* ». (La Roque, préface, page XXIII).

(2) *Arch. comm.*, GG. 7.

(3) Guil. Faulquet. not., 1647.

roial soubsigné et tesmoins bas nommés, estably en sa personne noble Jacques de Sauvan (1), filz a noble Antoine de Sauvan de ceste ville d'Aramon et petit filz de feu noble Jean de Sauvan, lequel ayant la presence personnelle de Monsieur Pierre Guiraud et sieur Jean Angellier, consulz modernes dudit Aramon, leur a fait entendre que de tout temps immemorial, les gentilshommes habitant audit Aramon n'ont jamais logé aulcuns gens de guerre, sinon lorsque le regallement des foules se faisoit, payoient leur cote, pour raison des biens ruraux qu'ilz ont, ce que lesditz consulz ont observé jusques au jour d'huy ; et d'autant qu'il a pleu au feu Roy, d'hureuse memoire, d'anoblir ledit feu Jean Sauvan et toute sa posterité naix et a naistre en legitime mariage, par son edit du mois de novembre seize cent trente huict, letres patantes dudit mois de novembre audit an, et encore autres lettres patantes du huictiesme mars seize cent quarante cinq ; le tout verifié en la souveraine Cour des comptes, aides et finances de Montpellier, le vingt quatriesme jour de decembre seize cent cinquante deux, et au Parlement de Tholose, le huictiesme novembre, seize cent quarante cinq ; par tous lesquelz editz, letres patantes et arrestz de verification, il est expressement porté que lesdits Jean Sauvan et Antoine Sauvan, ses enfants, ensemble toute leur postérité naix ou a naistre en legitime mariage, seroient anoblis et qu'ilz jouiroient des mesmes exemptions, privileges, honneurs, preeminances, facultés et prerogatives que les autres gentilhommes du Languedoc ont accoustumé de jouir ; et par ainsy ledit noble Jacques de Sauvan a signisfié et notisfié lesdites letres d'anoblissement ausdits sieurs Guiraud et Angellier, consulz dudit Aramon, a ce que, a l'instard des autres gentilhommes habitanz dudit Aramon, ilz jouissent d'estre exemptz de loger aucuns gens de guerre

---

(1) Fils ainé d'Antoine Sauvan. Il était neveu et filleul de Jacques Sauvan, alors baron d'Aramon. (*Arch. comm.*, GG. 5).

dans sa maison, sinon payer pour ses biens ruraux sa cotte par des foules desdits gens de guerre et regallement d'icelles deubement faict. En cas de contravention a la vollonté de Sa Majesté et cours souveraine, ledit sieur de Sauvan a protesté et proteste contre lesdits sieurs Guiraud et Angellier, en leur propre et privé nom, de tous despans, domages et interests et de les prendre en partie formelle ; et a ce qu'ilz ne prethendent cause d'ignorance, ledit sieur Sauvan leur a exhibé extrait de tous les susditz editz, patantes et arrestz de verification en Parlement. Et pour le communiquer a leur conseil, leur en a offert coppies deubement collationnées par moy, notaire soubsigné, requerant du tout acte et response ».

Les consuls, peu convaincus, ce semble, du bon droit des Sauvan, acceptèrent, sans broncher, les pièces offertes, disant « qu'en effet, ils les examineraient avec leur conseil ». Maintenant, quel fut le résultat de cet examen ? Nous l'ignorons et n'avons pas à le rechercher ici : le reste nous suffit.

Voilà la vérité telle qu'elle résulte de documents authentiques, absolument indiscutables. Or, que nous sommes loin du récit de la Roque ! Il n'est là question, en effet, ni d'un « Jean de Sauvan, seigneur de Carsan, puis baron d'Aramon, de Valabrègue, etc. », père de Jacques Sauvan, le conseiller-secrétaire du Roi, — ni d'un » Jacques de Sauvan, seigneur « de Carsan », son aïeul, qui aurait épousé, le 23 février « 1549, Magdeleine de Jossaud », laquelle lui aurait » apporté en dot, du chef d'Etiennette de Laudun, sa mère, « l'île de Carlaméjean », — ni d'un » Jean-Joseph de Sau- « van » son bisaïeul, » gentilhomme de la Maison et Estat « du Pape, sous François I » (1).

Evidemment, ceci est la légende et le reste l'histoire. En réalité, Jean Sauvan ne fut qu'un vulgaire marchand de village ; sa famille était des plus roturières ; son fils, comme le disent formellement les jugements de M. de Bézoms (2),

---

(1) Armoirial par L. de la Roque. T. II., p. 476.

(2) M. de Bézoms, intendant du Languedoc sous Louis XIV, présida la commission souveraine chargée de la vérification de noblesse.

« ne dut qu'à 20 ans (1) d'exercice, dans la charge » **achetée**
« de conseiller-secrétaire du Roi, d'être fait noble, **le 5 avril
1655**, et de voir ses propres enfants maintenus dans leur
noblesse, comme fils de secrétaire du Roi, **le 18 juillet 1669** » ;
et il a fallu à l'inspirateur d'un article, où nous relevons
presque autant d'erreurs que de mots, une dose peu commune
d'ignorance ou de mauvaise foi, pour oser dire, sous forme
de conclusion : » C'est donc à tort que le marquis d'Aubais a
donné cette famille comme ennoblie par une charge de secrétaire du Roi ; sa filiation authentique, depuis Jean-Joseph,
a été établie par Pierre d'Hozier, en 1698 (2) ». Voilà ce que
devient l'histoire aux mains de certaines gens !

Et maintenant, qu'il nous soit permis de formuler un
vœu : sans doute qu'aujourd'hui la noblesse n'a **pas l'importance** d'autrefois ; ce n'est plus cette institution puissante, détentrice exclusive ou à peu près, des charges civiles
et militaires de l'Etat, comme aussi des privilèges et des
honneurs qui en découlaient ; mais c'est encore un **souvenir**
brillant, dont sont fiers, à juste titre, ceux qui le **possèdent** ;
disons plus — et ceci sans blesser en rien de légitimes
susceptibilités — c'est une richesse, dont quelques-uns au
moins tirent profit à l'occasion.

Eh bien ! nous voudrions qu'on respectât pieusement cet
héritage d'un passé à jamais éteint peut-être, mais qui ne
fut pas sans gloire. Il y a une probité en fait d'argent ;

---

L'authenticité des jugements de M. de Bézoms, publiés par le marquis d'Aubais (t. II), n'a jamais fait un doute pour les écrivains qui
ont étudié, à leurs sources mêmes, le annales de notre histoire. (L.
de la Roque, préface, p. XII).

(1) Un édit du roi Louis XIV, du mois de juillet 1644, enregistré le
8 août, octroie au Parlement de Paris le privilège des nobles de
race, barons et gentilshommes du royaume. Ils étaient réputés nobles, pourvu qu'ils eussent servi 20 ans ou qu'ils décédassent revêtus
de leurs offices, nonobstant qu'ils ne fussent issus de noble et ancienne race. (L. de la Roque, préface. p. XXII).

(2) *Armorial*, par L. de la Roque, t. II, p. 476.

pourquoi n'y aurait-il pas une probité en fait de titres nobiliaires ?

Et quant à ceux qui, pour se grandir, n'ont pas hésité à se tailler, dans le passé glorieux d'autrui, des généalogies fantastiques et menteuses ; oui, devant des travestissements pareils à celui que je viens de signaler et qui n'est pas isolé sans doute, nous voudrions qu'on revisât l'armorial, mais en puisant, cette fois, aux vraies sources : état civil, archives communales, minutes de notaire. N'y aurait-il point là de quoi tenter une plume honnête et laborieuse ? (Extrait du Bulletin de l'Académie de Vaucluse, 1896).

L. V. c. d.

## Note H

ORDRE DE LA BOISSON. — « Nous n'avons guère eu, dans les
« siècles qui ont précédé le nôtre, de société plus agréable,
« plus délicieuse et plus spirituelle que celle qui se forma
« dans le Bas Languedoc, vers le commencement de l'an 1703,
« sous le titre d'*ordre de la Boisson*. La plupart de ceux qui
« entrèrent les premiers dans cet ordre étaient gens d'esprit,
« un peu voluptueux et passionnés pour le plaisir et les déli-
« catesse de la table. L'*ordre de la Méduse*, établi par M. de
« Vibray à Toulon, de même que celui de *la Grappe*, par
« M. de Damas, sieur de Graveson, à Arles, donnèrent lieu à
« l'établissement de celui-ci. Ils étaient dans le goût bachique
« et c'était à table que l'on en avait eu la première idée (1).

« Ce fut M. de Posquière, gentilhomme d'Aramon (2), qui

---

(1) Je cite d'après le manuscrit autographe de Ménard, n'ayant pas le *Mercure* sous la main.

(2) Né dans cette localité, le 11 nov. 1660, ex-capitaine au régiment de Plessis-Bellière infanterie, qu'il avait quitté en 1693, pour venir se fixer au lieu de son origine, où il devait mourir le 7 sept. 1735. La nature, comme par une sorte de prédestination, lui avait imprimé

« le premier, conçut le dessin de celui de la *Boisson*. Après
« la mort de sa femme (1) il avait quitté Aramon, pour se
« transplanter à Villeneuve-lez-Avignon, avec sa famille dans
« le dessein d'y marier sa fille unique avec M. de Thiéry de
« Montsauve (2).

« Se trouvant un jour dans une partie de plaisir, qui se
« faisait à la campagne, on parla des deux ordres bachiques
« qui venaient de se former en Provence. C'étaient ceux de la
« Méduse et de la Grappe ; on critiqua plusieurs articles de
« ces deux établissements, et on paraissait en désirer un qui
« fût plus parfait, mais toujours dans le même goût. M. de
« Posquière proposa son idée ; elle fut aussitôt goûtée, et enfin
« on institua le nouvel ordre sous le nom de l'Ordre de la
« Boisson. Mais, comme la vue des fondateurs était d'enchérir
« sur les autres, on y ajouta le titre *de l'étroite observatrice*.
« On élut aussi sur le champ un Grand-Maître ; et, à très
« juste titre, le choix tomba unanimement sur M. de Posquière
« lui même, qui prit le nom de frère François Réjouissant (3),
« on lui donna de l'excellence.

« Vous ne sauriez croire, Monsieur, les progrès étonnants
« que fit cet ordre. Il devint fameux en très peu de temps,
« soit par le nombre, soit par la qualité et la naissance dis-
« tinguée de quantité des sujets qui se présentèrent pour être
« enrolés parmi les frères. Il fallut alors donner quelque
« forme à cet ordre. On dressa des Statuts, on fixa une formule
« pour les lettres de réception, on tint un catalogue exact des

---

au front, dès le ventre maternel, une grappe de raisin de couleur rouge, très bien marquée, dont plus tard il ne manqua pas de tirer une certaine gloire, de même que du jour de sa naissance, célébré gastronomiquement chez nos aïeux.

(1) M<sup>lle</sup> de Missol de Nîmes : elle lui fut enlevée au bout d'un peu peu plus de sept ans de mariage.

(2) Ce mariage manqua, et M<sup>lle</sup> de Posquière épousa, le 14 juin 1716, M. de Stival du Saint-Esprit.

(3) François était le prénom de M. de Posquière.

« frères, avec la date de leur promotion, on établit un
« Garde-Sceau, un Secrétaire, un Visiteur général, un Garçon-
« Major des caves, et divers autres officiers ; on établit aussi
« un historiographe et ce fut M. Mourgier (1), viguier royal
« de Villeneuve-lez-Avignon, qui fut choisi pour exercer cette
« dernière charge. On peut dire avec vérité que ce fut à lui
« principalement que cet ordre fut redevable de tout son
« accroissement. Il était plein d'esprit, et avait un talent par-
« ticulier pour le style comique et jovial.

« Les Gazettes de l'ordre, qu'il donna au public sous le
« titre de *Nouvelles de l'Ordre de la Boisson*, lui firent un
« honneur infini (2), et étendirent extrêmement la réputation
« de cette société naissante. Elles sont écrites dans le style
« badin et il y règne un ton singulier qui n'a jamais bien pu
« être imité. Il y a presque partout une allusion et un rapport
« admirable avec quantité de traits de l'histoire de ce temps
« là, qui sont très ingénieusement amenés, et adoptés au
« goût et à l'esprit bachique. On y trouve aussi des descrip-
« tions de quelques festins qui se donnaient alors entre les

---

(1) Vincent Saint Laurent l'appelle Morgier, dans la *Biographie universelle* de Michaud, et les détails qu'il fournit sur notre personnage diffèrent un peu, quant aux dates surtout, de ceux qu'enregistre Ménard.

(2) M. Mourgier était, selon Ménard, du même âge que M. de Posquière. Ancien militaire comme lui, il avait servi pendant cinq ans dans la première compagnie des Mousquetaires, après quoi le marquis de Seigneley, ministre et secrétaire d'Etat, l'avait choisi pour gouverneur de son fils. Il avait quitté cette position importante, vers la fin de l'année 1691, et avait, depuis lors, fixé sa résidence à Villeneuve-les-Avignon, où il s'était fait pourvoir de la charge de viguier royal qu'il exerça jusqu'à sa mort : « L'érudition de M. Mourgier était
« très profonde, ajoute Ménard, et son génie supérieur pour les
« belles-lettres. Il possédait parfaitement les poètes latins, dont il
« citait à propos les plus beaux endroits. Il était versé dans la con-
« naissance de l'Ecriture sainte, et les passages lui en étaient très
« familiers. Il était né poète... Il avait un goût et un talent merveil-
« leux pour le dessin ; il excellait en miniature... Il n'a pourtant paru
« de sa plume que les *Gazettes* dont nous avons parlé, mais qui ont
« suffi pour étendre sa réputation et son nom ».

« frères ; elles sont toutes charmantes, et je doute qu'on
« puisse donner aux choses un tour plus ingénieux et plus
« badin.

« Ménard rapporte, comme preuve à l'appui, divers extraits
« puisés dans ces *Nouvelles* (1), — le récit d'un banquet,
« par exemple, célébré à Avignon le 11 novembre, en l'hon-
« neur de la Saint-Martin « jour solennel parmi les frères de
« l'ordre », — et avoue franchement céder en écrivant ce
« mémoire, au plaisir que lui procura leur lecture.

« Cependant (poursuit-il) les succès de cet établissement
« singulier s'étendirent jusque chez nos voisins : il y eut des
« Espagnols, des Allemands, des Italiens et des Portugais,
« tous de marque et de distinction, qui s'empressèrent d'en-
« trer dans cette Société, et qui se glorifiaient beaucoup d'y
« avoir été admis... On imposait aux frères, lors de leur
« réception, des noms admirables qui avaient toujours quel-
« que rapport et une heureuse conformité avec leur caractère
« ou avec leur gout particulier. Tels étaient ceux de frère
« Jean des Vignes, frère Splendide, frère Roger Bon tems,
« frère Eméthique Athânor, frère Temponi, frère Bacquet,
« frère Le Goinfre, frère Templier, frère Godiveau, frère la
« Buvette, frère de Flaconville, frère de Viguecourt, frère du
« Cabaret, frère Boit sans eau, frère Boit sans cesse, etc. »

« Les noms des étrangers étaient aussi plaisants que ceux
« des frères de France : Dom Barrique Caraffa de fuantes
« vinosas, espagnol; le marquis Vinourski, polonais ; le comte
« de Bergue, Saint Vinox, flamand ; le chevalier Embria
« Cotti de las Casa Monte fiasconi, florentin; Dom Pausa

---

(1) Quelques-unes de ces *gazettes* sont consérvées à la Bibliothèque de Nimes. Voy. notamment les recueils cotés 9,391 et 9,408, dans le catalogue de Thomas de Lavernède. Cf. R., *Statistique du Gard*, 11,488, qui en indique aussi comme se trouvant dans la maison Sorbier de Pougnadousse, héritière de la maison de Posquières. — Les *Gazettes* amusaient beaucoup la cour. Un chanoine de Villeneuve, l'abbé de Charnes, mort en 1728, passe pour avoir eu part à leur rédaction.

« d'Avalos de la Gourmandillas, portugais. Il n'y avait pas
« jusqu'à l'imprimeur de l'ordre, qui n'eût un nom et une
« enseigne vraiment bachiques ; il s'appelait : frère Museau
« Cramoisy au papier raisin. Cet imprimeur annonçait
« quelquefois au public dans les gazettes des livres singuliers
« qui se distribuaient chez lui, et dont le titre qui en fait
« le plus bel éloge, répondait parfaitement à l'esprit de
« l'ordre. C'étaient par exemple : Introduction à la cuisine,
« par frère Le Porc, avec les figures ; Remarques sur les
« langues mortes, comme langues de bœuf, de cochon et
« autres, par un frère de la Société ; Recueil de diverses pièces
« de four, par frère Godiveau ; La Vie de Madame Guerbois,
« par frère Jean Broche ; Manière facile de rendre l'or potable
« et l'argent aussi, par le frère la Buvette ; l'Art de bien
« boucher les bouteilles ; Impression de Liège ; l'Itinéraire
« des cabarets, œuvres posthumes du frère Tavernier ; Ma-
« nière nouvelle de dresser une batterie de cuisine, par l'in-
« génieur de l'ordre de la Boisson ; Traité de l'anatomie du
« Gibier, par frère du Couteau ; Traité des offices et de la
« Sommelerie, par le frère Bacquet ; Essais de cuisine par
« frère Le Goinfre ; de Arte bibendi, auctore, frère Templier
« La plupart de ces noms et de ces titres étaient de l'inven-
« tion de M. Mourgier ; il avait un talent merveilleux pour
« cela.

« Les lettres de réception des frères étaient aussi de sa fa-
« çon. Au bas, le grand maître signait de cette manière :
« Frère François Réjouissant et fondateur de l'ordre de la
« Boisson, de l'étroite observance. Au-dessous, il y avait :
« Par son excellence, et ensuite la signature du secrétaire
« de l'ordre appelé : frère Altéré. A la marge était la date du
« scellé, signée par le garde-sceau, appelé : Frère Boit sans
« eau ; et au dessous, le cachet en cire rouge, où étaient em-
« preintes les armes de l'ordre : c'étaient deux mains, dont
« l'une versait du vin d'une bouteille, et l'autre le recevait
« dans un verre, avec ces mots pour devise : *Donec totum*
« *mipleat*. L'écusson était entouré de pampres...

« La réception des frères se terminait toujours par un
« festin, que le candidat donnait à tous les chevaliers qui s'y
« trouvaient.

« Là, on n'oubliait pas de faire usage d'un certain verre
« de cérémonie que l'on avait établi exprès pour les fêtes de
« l'Ordre et qui était d'un diamètre prodigieux.

« Dès que l'Ordre se fut accru, on en divisa l'étendue par
« cercles; division d'autant plus ingénieuse, qu'en se confor-
« mant à l'usage pratiqué dans tous les ordres de la chevalerie
« qui divisent ainsi l'étendue de leur domaine, on faisait une
« agréable allusion aux tonneaux si nécessaires à la boisson.
« On forma donc dix cercles qui furent Champagne, Bourgo-
« gne, Languedoc, Guienne, Provence, l'Espagne, l'Italie,
« l'Archipel, le Nekre et le Rhin, tous cantons qui produi-
« sent des vins excellents. Si nous en croyons la *Gazette* de
« l'ordre, qui annonça cette heureuse division, chaque cercle
« était tenu d'envoyer, tous les ans, au Grand-Maître, son
« contingent en vin...

« Outre cela, il y avait des Commanderies, dont le nom
« portait également le caractère de l'ordre : c'étaient les
« commanderies de Saint-Jean-pied-de-porc, de **Soufflencour**,
« de Vignerac, des Souches, etc. »

Ajoutons à cette analyse, tirée de la vie de Léon Menard,
par M. Germain, quelques détails cueillis çà et là, qui la
compléteront.

« ... le quartier général de l'Ordre était sur le territoire de
« Villeneuve-les-Avignon, dans une maison de campagne ap-
« pelée ripaille (1)

« Tous les diplômes (délivrés aux nouveaux frères) com-
« mençaient par cette formule :

« Frère François Réjouissant
« Grand-Maître d'un ordre bachique,
« Ordre fameux et florissant
« Fondé pour la santé publique.

---

(1) « Maison d'un certain Lamotte, préposé des douanes royales ».

« A ceux qui le présent statut
« Verront et entendront, salut, etc.

« Ces diplômes étaient imprimés par frère « Museau cra-
« moisi » au papier « raisin » et expédiés par frère « l'Al-
« téré » secrétaire...

« Chaque candidat était tenu de donner aux chevaliers
« qui assistaient à la réception, un festin où l'on se servait
« de la coupe de cérémonie qui était d'un diamètre prodi-
« gieux...

« Cette société cessa d'exister peu de temps après la mort
« du grand-maître qui finit tranquillement ses jours en 1735,
« au milieu de ses amis auxquels il recommanda d'inscrire
« ces vers sur son tombeau :

« Ci-gît le seigneur de Posquière,
« Qui, philosophe à sa manière,
« Donnait à l'oubli le passé,
« Le présent à l'indifférence ;
« Et pour vivre débarrassé,
« L'avenir à la Providence. » *Le Mercure.*

Il paraît que cet « Ordre » bachique donna quelque ombrage à Rome : il y avait eu tant de désordres dans certaines associations de ce genre (1). L'inquisiteur général d'Avignon, Joseph d'Albert, un dominicain, fut chargé de prendre quelques renseignements. Celui-ci qui débutait dans ses fonctions et voulait faire du zèle, rédigea un rapport qui représentait l'Ordre sous le plus triste jour. Il n'avait vu que les apparences et jugé du fond par la forme. On ne le suivit pas en haut-lieu, soit que l'on eut pris ailleurs d'autres renseignement, soit que l'on ne tînt pas à s'attirer des ennuis du côté de la France. On recommanda même au grand inquisiteur d'agir avec la plus grand réserve, tout en faisant le possible pour étouffer l'association. L'affaire en resta là.

---

(1) Pellegrin. — Relation de son voyage en Morée, 1722.

Ce qui prouve d'ailleurs, que Rome avait raison de ne pas s'alarmer outre mesure, c'est le testament de F. de Posquière que nous avons eu dans les mains : le bon chrétien s'y révèle à chaque ligne : la foi ni les mœurs n'avaient rien à craindre avec un tel homme à la tête de l'Ordre.

Achevons.

Au commencement du siècle, on voyait dans la maison de M. Sorbier de Pougnadoresse (descendant des Posquière), à Aramon, une toile d'assez grande dimension, représentant le fameux Grand-Maître assis devant une table chargée de pains et d'un monstrueux gigot et tenant de la main droite, un énorme verre. Au bas du tableau on lisait ce quatrain :

« Le voilà donc, Bacchus, ton fameux nourrisson
Que d'illustres buveurs ont choisi pour Grand-Maître ;
Sa face, sa rondeur, son air, tout fait connaître
Qu'il naquit pour fonder l'Ordre de la Boisson ».

On m'assure que ce tableau se trouve actuellement à Paris, chez l'un des Messieurs Sorbier de Pougnadoresse.

L. V., c. d.

## Note I.

*Noms des acquéreurs du couvent des Ursulines.* — « Honoré Cadenet, Jean Bernard, Joseph Roussière, Joseph Dupont, Joseph Vignon, Amant Cadenet, Pierre Boyer, Jacques Rouvière, Raymond Brémond, Jean Farde, Joseph Grèze, Louis Bernard, Claude Dupont, Jean Gibert, Thomas Savoyan, Pierre Viaud, Jean-Joseph Pey, Simon Deleuil, Jean Rosier, Etienne Guiraud, Joseph Guiot, Jean-Pierre Saysse, cordier, Charles Martin, Jacques Aimé, Antoine Tamayon, Louis Bernard, fournier, Pierre Pouly, Antoine Fabre, traiteur, Pierre Grèze, Laurent Sorbier, Antoine Fabre, ménager, Thomas Guilhermet, Roustan Mouret, Gaspard Viaud, jardinier, Jouve, ménager, Jean Granier, Claude Gerbaud et

Jean-Joseph Farde, d'Aramon, tous acceptant solidairement. »

(N° 271. *Arch. de la Préfect.* Biens du clergé).

## Note J.

*Verbal de dénonciation.* — « L'an 1792, 4ᵉ de la liberté, premier de l'égalité, et le dimanche 16ᵉ sept., à 7 h. du soir, par-devant MM. Chaud, maire, Joseph Cavène, Claude Granier, officiers municipaux, Aman Cadenet, procureur de la commune, se sont présentés : Joseph Jouve, fils d'Antoine Jouve, ménager ; Louis Fabre, maçon ; Pierre Boyer, fils d'Antoine Boyer, jardinier ; Antoine Tamagnon ; Honoré Cadenet, menuisier ; Etienne Martin, travailleur, et Joseph Emieux, aussi travailleur, habitants dud. Aramon qui ont dit que MM. Joseph Vincent, ci-devant curé d'Aramon ; François-Xavier de Clumann, ci-devant chapelain ; Claude Achard, ci-devant aumônier de l'hôpital de la ville de Beaucaire ; Jean Séveyrac, de la ci-devant congrégation de la doctrine chrétienne, prêtre ; Jean Gerbaud, clerc tonsuré ; tous domiciliés aud. Aramon, ont tenu des propos et fait des actes tendant à troubler le repos des habitants ; qu'en conséquence, ils demandent leur éloignement, conforme à l'article 6 de la loi du 26 août dernier. »

## Note K.

*Acte de sépulture de l'abbé Louis Savoy, curé intrus d'Aramon.* — « L'an 1797, et le 6 févr. a été présenté dans cette église de Sainte-Marthe (de Tarascon, Bouches-du-Rh.), Louis Savoy, prêtre cordelier, âgé d'environ 41 ans, mort hier, muni de la confession et de l'extrême-onction ; en foy de quoi je me suis signé.

REYNAUD, *curé* ».

(Extrait des Registres de catholicité).

## Note L.

1° La Grosse Cloche. — 40 quintaux, dit-on — dans l'arceau du couchant — inscription latine en lettres gothiques minuscules de quatre centimètres de hauteur : « Maria. vocor. « ego. in. pinaculo. qz. Demares. habito. sono. populum. « clamito. MC.C.C,LXXXVI ». (Je m'appelle Marie et j'habite le clocher de Demares, je sonne, j'appelle le peuple. 1486). — Son de toute beauté — Fa — diamètre le plus large : 1 m. 10 c.

*Nota* : Cette cloche porte deux médaillons : 1° Entre les mots « qz et Demares », la Vierge tenant sur son bras droit l'enfant Jésus, et 2° après « clamito » l'image du Bon-Pasteur, sa houlette à la main. Chacun de ces médaillons se trouve dans un cadre gothique. Enfin, faisons remarquer que cette cloche est une des plus anciennes cloches du Gard, la plus ancienne peut-être.

2° La seconde cloche. — Un tiers moins grosse que la première — dans l'arceau du nord — inscription latine en lettres romaines de 2 c. 1/2 de hauteur : « Hoc. tintinna- « bulum. œre. publico, dénuo. conflatum. est. nobili. J. F. « de Laudun. Aramonis, majore. et conss. d.d. P. Chaissy. « et P. Poise. et J. Gaucherand. parrocho. perpetuo. anno. M.D.CC.II. » (Cette cloche a été refondue aux frais du public, noble Jean-François de Laudun, étant maire d'Aramon, MM. Pierre Chaissy et Pierre Poise, consuls, et Joseph Gaucherand, curé perpétuel, en l'année 1702). — Son assez bon — Si bémol — Diamètre le plus large : 0,90 c. — On remarque une jolie croix en saillie, sur chacun des côtés qui envisagent le midi et le nord. A gauche de la première, il y a un I ; à droite, un L. A gauche de la seconde un A et un I ; à droite un A.

L'A, l'I et l'A de la croix du nord paraissent être les initiales du nom du fondeur ; l'inscription que nous lisons sur la quatrième cloche, en est, ce nous semble, la preuve. Mais, que signifient les lettres I et L de la croix du midi ? Sont-ce les initiales de l'associé du fondeur ? Peut-être oui.

3° La cloche de Saint-Martin. — Elle est de moitié plus petite que la précédente. — Dans l'arceau du midi. — Inscriptions latines en lettres gothiques minuscules. Nous lisons d'abord ces mots qui l'entourent dans sa partie la plus élevée : « A fulgure et tempestate libera nos Domine, 1568 ». (De la foudre et de la tempête, délivrez-nous, Seigneur, 1568). Ces lettres ont quatre centimètres de hauteur. Puis, un peu plus bas, ces autres mots séparés les uns des autres par une espèce de guirlande. « Te Deum laudamus... Te Deum lau-« damus... Te Deum laudamus... Laudamus ». (Nous vous louons, Seigneur... Nous vous louons, Seigneur... Nous vous louons, seigneur... Nous vous louons). Ces lettres n'ont que deux centimètres de hauteur. Très joli son. — Do dièse d'en haut. — Diamètre le plus large : 0.55 c.

A remarquer : quatre médaillons — le premier représente Jésus-Christ portant de la main gauche une hostie, dans laquelle on distingue un agneau ; il a la main droite sur son cœur — le second paraît être une vierge : elle tient une palme dans sa main gauche, tandis que, de la droite, elle montre un autel, au pied duquel est un vase de fleurs ; — le troisième, c'est la mort, la mort avec ses ailes ouvertes et sa faux à la main, mais dans l'attitude du repos, ce semble ; — le quatrième nous montre le Christ en croix ayant à droite, la Ste-Vierge et à gauche, St-Jean. On appelle cette cloche » la « cloche de St-Martin », soit parce qu'elle a appartenu autrefois à la chapelle rurale de ce nom, soit plus probablement, parce que l'on s'est toujours servi d'elle et que l'on s'en sert encore aujourd'hui pour annoncer les messes, qui se disent dans l'antique chapelle.

4° La petite cloche. — Très petite en effet. — Diamètre le plus large : 0.37 c. — Etait dans l'arceau du levant — Déposée à terre, une forte fêlure l'ayant mise depuis longtemps hors d'usage. — Elle porte une croix avec ces mots : « A. I. « ALIBERT. F. 1710. » (A. J. Alibert l'a fondue). Cette cloche est donc contemporaine de la seconde et sort des mêmes ateliers.

# TABLE DES MATIÈRES

|  | Pages |
|---|---|
| Chapitre I. — Période celtique | 13 |
| — II. — Période romaine | 25 |
| — III. — Période chrétienne | 49 |
| — IV. — Période du Moyen-Age | 63 |
| — V. — Saint-Pierre-du-Terme | 85 |
| — VI. — Institutions fiscales, judiciaires et communales | 109 |
| — VII. — Fonctionnement, modifications, décadence des institutions municipales | 131 |
| — VIII. — Auxiliaires de l'administration | 151 |
| — IX. — Droits et privilèges de la communauté | 177 |
| — X. — Propriétés de la communauté | 213 |
| — XI. — Monuments religieux | 249 |
| — XII. — Monuments religieux (suite) | 275 |
| — XIII. — Monuments civils | 301 |
| — XIV. — Œuvres de bienfaisance | 333 |
| — XV. — Les Poitiers (1426-1489) | 361 |
| — XVI. — Les Luetz (1489-1539) | 377 |
| — XVII. — Guillaume et Diane de Poitiers (1539-1566) | 399 |
| — XVIII. — Guerres religieuses, peste, famine. (1562-1597) | 417 |
| — XIX. — Les la Mark, les Gondin, les Grimault, les Sauvan (1566-1635) | 437 |
| — XX. — Ces Coseigneurs | 455 |
| — XXI. — Les Récollets | 479 |
| — XXII. — Les Ursulines | 505 |
| — XXIII. — Les procès; pillage du château (1635-1656) | 531 |

|         |         |                                                                 | Pages |
|---------|---------|-----------------------------------------------------------------|-------|
| Chap.   | XXIV.   | — Anne-Thérèse de la Barbézière de Chémeraut (1656-1723)        | 561   |
| —       | XXV.    | — Marie-Guillaume-Alexandre de Sauvan. (1723-1770)              | 587   |
| —       | XXVI.   | — De la Révolution au Consulat. (1789-1799)                     | 613   |
| —       | XXVII.  | — Consulat, Empire, Restauration. (1799-1830)                   | 643   |
| —       | XXVIII. | — Louis Philippe, seconde République, Napoléon III. (1830-1870) | 663   |

Notes et pièces justificatives .................. 691

Montpellier. — Imprimerie de la Manufacture de la Charité

www.ingramcontent.com/pod-product-compliance
Lightning Source LLC
Chambersburg PA
CBHW071708300426
44115CB00010B/1351